죠티샤, 운명 그리고 시간의 수레바퀴

Vedic Astrology, Destiny and the Wheel of Time

죠티샤, 운명 그리고 시간의 수레바퀴 上

발행일	2022년 3월 22일

지은이   베스 림
펴낸이   손형국
펴낸곳   (주)북랩

편집인	선일영	편집	정두철, 배진용, 김현아, 박준, 장하영
디자인	이현수, 김민하, 허지혜, 안유경, 한수희	제작	박기성, 황동현, 구성우, 권태련
마케팅	김회란, 박진관		

출판등록   2004. 12. 1(제2012-000051호)
주소   서울특별시 금천구 가산디지털 1로 168, 우림라이온스밸리 B동 B113~114호, C동 B101호
홈페이지   www.book.co.kr
전화번호   (02)2026-5777   팩스   (02)2026-5747

ISBN   979-11-6836-110-2 04180 (종이책)   979-11-6836-111-9 05180 (전자책)
        979-11-6836-109-6 04180 (세트)

(주)북랩 성공출판의 파트너

북랩 홈페이지와 패밀리 사이트에서 다양한 출판 솔루션을 만나 보세요!

홈페이지 book.co.kr   •   **블로그** blog.naver.com/essaybook   •   **출판문의** book@book.co.kr

작가 연락처 문의 ▸ ask.book.co.kr

작가 연락처는 개인정보이므로 북랩에서 알려드릴 수 없습니다.

카르마 택배원, 행성들이 굴리는
하늘의 마차 사용가이드

죠티샤,
운명 그리고
시간의 수레바퀴

Vedic Astrology,
Destiny
and the Wheel of Time

上

베스 림 지음

서양 점성학의 원조격인 인도 베딕 점성학 '죠티샤',
그 신비한 밤하늘의 세계로 여러분을 초대한다.

✳ 머리말 ✳

베딕 별과의 운명적인 만남

1992년 9월 초였다. 별들과의 운명적 만남을 처음 하게 되었던 것이. 되돌아보면 인생을 전환시키는 일생일대의 중대한 사건이었는데 당시에는 잘 몰랐다. 운명과 시간의 수레바퀴가 '카르마'라는 연료를 통해 얼마나 미스터리하고 신비로운 방식으로 우리들 삶을 굴러가게 하고 있는지. 어느새 30여 년 전의 일이다. 오로지 한길로 별들을 향한 삶을 살게 만들었던 운명적 만남이 일어났던 때가. 주마등처럼 눈앞에 떠오르는 지난 시간들이 삶의 무게로 와닿기보다는, 거대한 운명적 힘에 대한 어떤 경이로움을 새삼 느끼게 만든다. 이 책의 초안을 쓰고 있는 지금, 육체의 나이로는 어느새 육십을 바라보고 있다. 나는 다시 그때 당시에 느꼈던 어떤 운명적인 느낌이 재현되고 있음을 감지할 수 있다. 30여 년이라는 시간을 돌고 돌아서 하나의 커다란 서클을 완성하고, 또 다른 서클을 돌리기 위해, 운명의 수레바퀴가 움직이고 있기 때문이다. 다른 점이 있다면 30년 전에는 운명과 시간의 수레바퀴에 무의식적으로 끌려 굴러갔지만, 지금은 수레바퀴가 어떻게 굴러가고 있는지 분명하게 의식을 하고 있다는 점이다. 감정적으로는 만감이 교차하지만, 그러나 몸과 마음, 영혼은 너무나 평안하고 고요하여 오히려 숙연할 정도이다.

전 세계적으로 초월명상기법을 수련하는 이들이 베다 학문을 보다 깊이 탐구하기 위해 모이는, 미국 아이오와주 패어필드(Fairfield, IA)에 있는 마하리쉬 국제대학교(MIU, Maharishi International University)에 어학 수련을 위한 유학생 신분으로 도착한 지 얼마 지나지 않았을 때였다. 아무래도 국제대학인만큼 미국인뿐만 아니라 세계 여러 나라에서 온, 종교나 피부색이 다른 학생들도 많이 있었다. 그런데 교내식당 아나푸르나(Annapurna)는 제일 빠르게 대학 내의 삶과 환경, 사람들에게 익숙해질 수 있는 곳이란 걸 이내 알게 되었다.

아나푸르나는 대학 내의 평범한 교내식당이라기보다는, 교수진과 대학 직원, 그들의 가족들, 그리고 전학생들뿐만 아니라 패어필드 내에 살고 있는 명상자들도 모두 같이 와서 식사를 해결하는 것은 물론 영성의 길에 관심이 있는 다양한 사람들이 서로 만나고 새로운 정보교환을 하기도 하는, 이른바 패어필드 내의 명상자들을 위한 모임당 같은 곳이었다. 아나푸르나에는 아무도 정해놓고 앉을 자리를 만들지는 않았지만 저절로 비슷한 사람들끼리 모여 앉게 되는 무언의 합의 같은 게 있었다. 언어나 문화가 엇비슷한 서양인들은 그들끼리 한편에 둘러앉아 식사들을 하고, 일본이나 태국 그리고 한국 학생들과 같은 동양계 학생들은 다른 한편에 모여 식사를 하는, 그런 고정된 자리들이 있었다. 그런데 수염이 하얗고 허리가 약간 구부정한 미국 노인 한 명이 언제나 동양인 학생들 사이에 끼어서 같이 식사를 하고 있는 모습이 처음부터 인상적이었다. 모두들 데렉(Derek)이라는 이름으로 편하게 부르고 있었다.

나이는 육십 대 중반쯤이라고 하는데 백발이 세서인지 아니면 꾸부정한 허리나 가녀린 손가락들 때문이었는지 데렉은 실제 나이보다 훨씬 들어 보였다. 젊었을 때는 육상 국가대표선수로도 활약하다가 은퇴를 한 뒤에는 학업을 계속하여 물리학 교수까지 지냈다고 했다. 두세 번 이혼을 한 후 패어필드로 거처를 옮겨와 대학 내의 그룹명상 활동도 같이 하고, 취미 삼아 이것저것 공부하면서 조용한 은거생활을 보내고 있었다. 데렉은 청력이 좋지 않은 탓도 있었지만 평소에도 말 수가 적어서 떠들썩하고 요란한 몸짓으로 대화를 나누는 서양 사람들 사이에 끼는 것을 좋아하지 않았다. 대신에 젊은 동양계 학생들 사이에 끼어서 그들의 대화를 들으며 조용히 식사를 하는 게 그에게는 가장 즐거운 낙 중의 하나였다. 그런데 당시 죠티샤(Jyotisha, 베딕 점성학) 공부를 하고 있었던 데렉은 새로운 학생이 올 때마다 생년정보를 물어서 마치 수학문제를 풀듯이 꼼꼼하게 죠티샤 분석을 한 뒤 며칠 후에 A4 종이 몇 장에다 빽빽하게 적은 죠티샤 보고서를 주곤 하던 습관이 있었다. 나도 예외는 아니었다. 서로 인사말을 트기가 무섭게 그는 내게 생년정보를 물었다.

그때까지만 해도 나는 죠티샤가 무엇인지는 들어 알고 있었지만, 정작 죠티샤를 할 줄 아는 사람을 만나거나 혹은 개인적으로 죠티샤 상담을 받은 적은 없었다. 죠티샤 차트 리딩을 받으려면 생년월일뿐만 아니라 태어난 장소, 그리고 분초까지 정확한 생시가 필요한데 나는 정확한 생시도 몰랐다. 내가 그렇게 말하자 데렉은 몇 가지 인생의 중요한 사건날짜만 있으면 대충 알고 있는 생시만으로도 차트 리딩이 가능하다고 했다. 그래서 정보를 넘겨주었는데, 며칠 후에 나의 과거, 현재, 미래에 대한 인생분석이 자세하게 적혀 있는 보고서를 받게 되었다. 신기하게도 잘 맞았다. 특히 엄마의 지병 때문에 힘들었던 집안 여건, 엄마와의 사별, 아버지의 직업, 그리고 나의 건강이나 성격에 대한 분석들이 잘 맞았다. 성직자와 결혼한 언니나 두 동생들에 대한 묘사도 맞았다. 엄마가 남겨준 유산이 약간 있었는데 그것에 대한 언급도 있었다. 참 신기했다. 그런데 그중 걸렸던 것은 앞으로 내 배우자 될 사람이 외국 사람이며 내가 외국에 정착하고 살 것이라는 것이었다.

당시만 해도 나는 평생 독신으로 영성의 길만을 가리라 마음먹고 있었다. 유학을 마음먹었던 이유도, 아직 젊고 경험이 부족한 풋내기 명상교사로서 누군가를 영적으로 지도할 수 있는 자신감이 많이 부족했기 때문이었다. 그래서 견문과 영어 실력도 좀더 늘릴 겸, 당시 부산에서 운영하고 있던 명상센터를 동료 명상교사에게 잠시 맡겨놓은 채, 일 년 안에 돌아오겠노라 기약을 하고 떠났다. 공부가 끝나는 대로 한국으로 돌아가 다시 명상지도를 하고, 정신수양에 전념할 수 있는 삶을 꿈꾸고 있었다. 외국인을 사귈 생각이나 결혼, 한국을 떠나 살 생각은 전혀 해본 적이 없는 나로서는 그런 데렉의 예언이 마땅치 않았다. 그래서 그의 죠티샤 리딩을 반만 믿고, 반은 믿지 않기로 내심 마음을 먹었다. 하지만 운명과 시간의 수레바퀴는, 내가 계획했던 대로가 아니라 이미 정해진 방향을 향해 굴러가고 있었다.

그렇게 몇 주일 정도 지났다. 하루는 일본인 친구 꼬노에가 골든돔(Golden Dome, 대학 내에 있던 그룹명상 홀)에서 명상을 마치고 나오는 나를 발견하곤 반갑게 불러세웠다. 패어필드 타운에 있는 뉴에이지 서점에서 아르바이트를 하고 있는 한 남자를 잘 알고 있는데, 동양계 학생들의 영어 공부를 도와주기 위해 바가바드 기타를 이용한 무료 영어강습을 해주기로 했다며 나더러 같이 가지 않겠냐는 것이었다. 바가바드 기타에 대해서라면 이미 어느 정도 잘 알고 있던 나였던 지라 기타 공부라는 말에 솔깃하여 선뜻 승낙을 하였다. 그래서 며칠 후에 아나푸르나에서 저녁식사를 마친 후, 재빨리 숙소로 돌아가 다시 화장을 하고 반듯한 정장으로 갈아입은 뒤 스터디그룹이 모이기로 한 장소로 나갔다. 옷차림이나 외모에 별다른 규율이 없고 신경을 쓰지 않는 다른 미국 사회에 비해, 마하리쉬 국제대학의 중요한 규율 중의 하나는 수업시간에 정장을 해야 한다는 것이다. 그러나 아무리 정장이라도 미국인들이나 다른 외국인들이 입는 정장은 한국 사람들 정장 입는 것에 비해 비교도 되지 않는다. 한국에서 온 지 얼마 안 되었던 나는, 여전히 한국식으로 곱게 다림질을 한 정장 스커트에 스타킹과 구두까지 맞춰 차려입고 있었다. 그런데 같이 모였던 다른 학생들은 정규 수업도 아닌 스터디그룹인데다 저녁식사 후여서 대충 걸쳐 입은 편안한 복장들을 하고 있었다.

이내 리(Lee)라고 통하고 있는 남자 한 명이 복도 저만치서 털레털레 걸어왔다. 중국계 말레이시안이라고 했는데 미국에서 산 지가 꽤 되었다고 했다. 미국에서 대학원까지 마치고 현재 패어필드 타운에서 한의사 겸 뉴에이지 전문 서점의 매니저로 일하고 있는 사람이었다. 동양인치고는 키도 크고 덩치도 큰 데다가 젊은 사람에겐 어울리지 않게 짧은 턱수염을 기르고 있었다. 그런데 인상은 참 선해 보였다. 다른 학생들과는 이미 서로 잘 알고 있는 듯하였다. 반갑게들 인사를 주고받은 뒤 이내 수업을 위해 자리를 잡고 앉았다. 리는 목소리가 우렁차고 말도 천천히 또박또박 하는 습관이 있어서 그가 하는 영어는 알아듣기가 무척 쉬웠다. 또한 아무리 엉터리로 더듬거리는 영어를 해도 희한하게 잘 알아듣는 재주를 가지고 있었다. 아마도 그래서 동양인 학생들 사이에 특히 인기가 많은 모양이었다.

바가바드 기타 스터디에 들어가기 이전에 필요한 배경 이해를 위해 그는 마하바라타에 대해 설명을 하기 시작했다. 그런데 이미 마하바라타와 바가바드 기타에 대해서 웬만큼 잘 알고 있던 나는, 그가 하는 배경 설명에서 사건과 등장인물 묘사가 정확하지 않은 것을 알 수 있었다. 그래서 손을 들어 그의 설명을 약간 정정하게 되었다. 그게 인상에 남았던 모양이었다. 한국에서 갓 건너온 이 여자가 바가바드 기타에 대해서 잘 알고 있다는 사실이. 그리고, 스터디 그룹 공부시간에도 정장을 하고 나와 차갑고 경직된 자세로 꼿꼿하게 앉아 있는 자그마한 체구의 여자가.

그가 타운에서 제법 이름이 알려진 한의사라는 걸 나중에 알게 되었다. 당시에 건강이 많이 안 좋아져 있던 나로서는, 학생들에게 적은 비용으로 진료를 잘해준다는 말에 끌렸다. 그래서 며칠 후에 개인적으로 다시 찾아가게 되었다. 차후에 우리가 가까워진 뒤 알게 된 사실이지만, 그는 내가 나타나기를 기다리고 있었다고 했다. 죠티샤 리딩에 따르면 미래의 아내가 될 사람을 만날 시기가 대충 그때쯤으로 예언되어 있었기 때문이다. 그리고 나를 처음 만난 순간 내가 가진 인상이 예견되었던 미래의 아내에 대한 인상과 일치했다는 것이다. 하지만 그걸 알 리가 없는 나는, 계속 진료를 받으러 다니던 중에 그가 죠티샤에 대해서도 제법 잘 안다는 것을 알고 관심을 갖게 되었다. 데렉에 대해서도 잘 알고 있던 그에게, 내가 받았던 차트 리딩 보고서를 보여주었다. 그는 전문 죠티샤로부터 좀 더 상세한 리딩을 받을 것을 권유하며 미국인 친구이자 전문 죠티샤였던 아담(Adam)을 소개시켜주었다. 생시가 정확하지 않은 것을 아담은 교정(Rectification) 작업을 해서 바로잡아주기도 했다.

　　아담과 개인적으로 두 시간 남짓 동안 진행된 죠티샤 리딩을 통해 나는 내 인생에 대해 주관적, 객관적으로 많은 사실들을 배울 수 있게 되었다. 그전까지만 해도 나의 인생은 내 머리 속에서만 돌아다니던, 나 스스로도 확신이 서지 않던 의문과 암흑덩어리 자체였다. 그런데 신기하게도 데렉이나 아담처럼 생전 처음 만나는 사람들이 나나 내 인생에 대해 나보다 더 잘 알고 있었다. 뿐만 아니라 나의 과거나 가족들에 대해서도 알고 있었다. 죠티샤 리딩에서는 나의 앞날에 대해 상당히 긍정적으로 나왔는데, 그러나 그러한 긍정적인 예언들에 대한 기쁨보다는 어떻게 하면 죠티샤 리딩하는 법을 배울 수 있을지가 더 궁금해졌다. 아담이 하는 말이, 내게는 점성학 공부에 적합한, 타고난 영성적 예지가 있다고도 하였다. 그런데 리딩을 할 당시에는 아담이 말하지 않았지만, 끝나고 난 뒤 리에게 아무래도 내가 리의 아내 될 사람인 것 같다고 한 것을 나중에 알게 되었다. 리의 죠티샤 리딩을 이전에 한 적이 있는 아담은 리와 나의 차트가 매치(Match)하는 것을 단박에 알아차렸기 때문이다. 아담 외에도 이전에 인도에서 유명한 죠티샤가 리의 리딩을 하면서 그 내용을 녹음한 오디오테이프도 있었다. 그가 묘사한 미래의 아내에 대한 외모 묘사도 그렇고, 만날 시기에 대한 예언도 우리가 만나게 된 시점과 정확하게 일치했다. 그래서 그들은 내가 리의 배우자 될 사람이라는 걸 거의 확신하고 있었다. 하지만 그러한 사실들을 전혀 알 리가 없던 나는, 아담과의 미팅 이후 어떻게 하면 죠티샤를 배울 수 있을까 하는 욕심에 머리를 싸매기 시작했다. 대학의 코스 과정에도 포함되지 않은 학문이었다. 나의 그러한 관심을 알아챈 리는 일주일에 한번씩 자기가 개인적으로 죠티샤를 가르쳐주겠다고 했다. 죠티샤의 기본지식 정도는 갖추고 있었던 지라 개인교습을 핑계로 나와 가까워질 수 있는 절호의 기회를 만들었던 것이다. 나로서는 그가 처음부터 가지고 있던 이성적 호감을 모르는 바 아니었으나 외면하고 있던 터였다. 그런데 죠티샤를 배울 수 있다는 생각에 그와의 정기적 만남 제의에 선뜻 응낙을 하게 되었다.

그렇게 우리들의 만남은 시작되었다. 별들과의 만남, 그리고 인종과 국적과 언어가 다르지만 같은 영성을 지녔던 우리 부부의 만남. 얼마 지나지 않아 그가 가진 깊은 인성과 진실한 성품을 쉽게 알아차릴 수 있었다. 다양한 영성의 가르침들에 대한 흡수력이 빨랐던 내게, 그는 내가 관심을 가질 만한 온갖 책들과 비디오들을 구해와서 열심히 가르쳐주었다. 나의 죠티샤 수준도 금방 리의 기초 수준을 능가하게 되었다. 그가 가진 따뜻한 마음과 배려로 오랫동안 내 가슴속에 있던 얼음도 덩달아서 봄날 녹듯 녹아갔다. 그렇게 바가바드 기타와 죠티샤 별자리들이 중재해서 만나게 된 우리는 자연스럽게 부부의 인연으로도 곧 이어져갈 수 있었다. 나는 어학코스를 마친 후, 대학원으로 진학해서 학업을 계속하면서 다른 단체에서 주선하던 죠티샤 코스도 따로 밟게 되었다. 아담도 한술 거들어 내가 더 깊이 공부할 수 있는 데 도움이 될 만한 많은 자료들을 가져다주었다. 그중 하나가, 인도에서 명성이 높았던 유명한 죠티샤 Mr. K. N. Rao(이후 라오지Raoji라 칭함, 인도에서는 존경의 표시로 성 뒤에 'ji'를 붙임)를 미국으로 초청해서 강의를 한 세 개의 오디오 녹음 테이프였다.

테이프를 들으면서, 나는 라오지께서 가진 죠티샤 지식도 지식이지만 무엇보다도 그분의 꼿꼿하면서도 진실한 인간성이 금방 가슴에 느껴져 깊은 감동을 받게 되었다. 그래서 그분 테이프를 듣고 또 들었다. 그런 지 얼마 지나지 않아, 아담으로부터 그분이 뉴저지(New Jersey)주에서 3박 4일간 죠티샤 강좌를 하신다는 말을 들었다. 내가 있는 곳은 아이오와(Iowa)주였으니, 그분 코스에 참가하기 위해서는 학교 수업도 빼먹고 비행기를 타고 몇 시간을 날아가야 했다. 아직 가난했던 유학생이 부담하기엔 비용도 만만치 않았다. 그러나 그분을 만날 수 있다는 희망에 다른 아무것도 생각할 수가 없었다. 그래서 단숨에 전화로 코스 등록 신청을 하고 비행기표를 끊은 뒤 일정에 맞춰 코스가 열리기로 한 호텔에 도착했다. 미국 전역에서 이미 많은 사람들이 코스에 참가하기 위해 와 있었다. 당시 라오지께서는 세 번째로 미국을 방문하시던 때였는데, 그분의 명성이 이미 미국 내에서도 파다하게 퍼지기 시작해 닥터 쵸프라(Dr. Deepak Chopra), 로버트 핸드(Roberts Hand) 같은 유명한 인사들도 라오지와 개인면담을 하기 위해 줄을 서서 기다리고 있었다. 내가 비집고 들어갈 틈은 극히 희박해 보였다.

정해진 호텔방에 짐을 풀고 나니 초저녁이었다. 단체 저녁식사 시간까지는 아직 시간이 남아 있었다. 다른 코스 참가자들은 벌써 서로 명함을 주고받으며 대화 트기에 여념이 없었는데, 나는 아는 사람도 없고 해서 호텔 입구 밖에 혼자 나와 서늘한 저녁 공기를 맡으며 서성거리고 있었다. 그런데 저만치서 까만색의 승용차가 다가오는 것이 보이더니 이내 차가 멈추고 뒷좌석에서 라오지께서 내리셨다. 하얀 수염에 입으신 흰색 인도 옷이 남인도 분이시라 다크한 스킨과 묘한 조화를 이루고 있었다. 마침 달빛이 밝게 그분을 비추었는데 커다란 눈동자와 입가의 희미한 미소가 마치 이 세상 분이 아닌 듯한 신비로운 인상을 주었다. 그렇게 별안간 그분을 먼발치에서 뵙게 되자 가슴이 콩닥콩닥 요란스럽게 뛰기 시작했다. 내 쪽으로 시선을 돌리시던 그분과 눈이 마주쳐 나는 재빨리 인도식으로 나마스테(Namaste) 손을 가슴에 모으고 고개를 숙이며 인사를 올렸다. 자상하고 온화한 미소로 받아주시며 머리를 옆으로 가볍게 흔드셨는데, 그게 그분이 즐겨 쓰시는 제스처임을 나중에 알게 되었다.

단체 저녁시간이 되자 코스 주관자가 오프닝 인사를 하면서 라오지를 코스 참가자들에게 소개하는 것으로 코스는 시작되었다. 다음 날 이른 아침부터 삼 일 동안 쵸티샤 강의가 시작될 것이었다. 그런데 라오지와 개인적으로 리딩을 받고 싶은 사람은 따로 신청서를 작성하고 기다리라고 했다. 낮 강의가 끝난 후 밤에 순서가 돌아오는 대로 한 시간 남짓 개인면담이 가능한 모양이었다. 그런데 이미 많은 사람들이 신청해놓고 있어 내 순서가 돌아올지 어떨지 의문스러웠지만 어쨌든 신청해보기로 했다. 그동안 나름대로 쵸티샤 리딩이나 기본지식은 쌓아놓았던 터라 더 이상 내 인생에 대해 궁금한 것은 없었다. 단지 라오지와 개인적으로 만날 수 있다는 사실에 끌렸을 뿐이다. 그런데 그날 밤 거의 자정이 되어가는 시간에 코스 주관자로부터 전화가 걸려왔다. 라오지와의 면담순서가 바로 잡혔다는 것이었다. 부랴부랴 옷을 챙겨 입고 라오지께서 묵고 계시는 방으로 갔다. 아직 내 앞 순서의 사람이 끝나지 않아 잠시 문밖에 앉아 기다렸다.

곧 내 차례가 돌아왔다. 라오지께서는 침대 위에 앉아 프린트가 된 죠티샤 차트들을 여기저기 늘어놓고 돋보기 안경을 코끝에 걸치신 채 열심히 들여다보고 계셨다. 한편에 쭈뼛쭈뼛 서 있는 나를 보시자 반가운 미소와 다시 고개를 옆으로 흔드시는 제스처로 앞에 와 앉으라고 말씀하셨다. 라오지는 상담 리딩을 하기 전에, 상담자의 생년정보와 차트의 정확성을 확인하기 위해 항상 몇 가지 질문으로 체크하시는 습관이 있었다.

"So, you are a Korean girl?(한국에서 왔어?)"
"Yes.(예.)"

"What are you doing here?(미국에서 뭐 해?)"
"I am a student.(공부하고 있습니다.)"

"You know Jyotish.(죠티쉬를 할 줄 아는군.)"
"Yes, I studied a bit.(예. 조금 배웠습니다.)"

"You also do Pranayam.(요가도 하고 있군.)"
"Yes.(예.)"

"You are already engaged with a man who is not a Korean.(한국인 아닌 사람과 약혼도 이미 했어.)"
"Yes.(예)"

"He can speak few languages.(여러 가지 언어를 구사하는 사람이야.)"

"Yes.(예.)"

"Okay. Then, what do you want to know now?(좋아. 그럼 알고 싶은 게 뭐지?)"

"I don't have anything that I want to know.(더 이상 알고 싶은 것 없습니다.)"

"Then, why did you come here?(그럼 왜 나를 보러 온 거야?)"

"I studied your lecture tapes. So I just wanted to meet you.(라오지의 강의테이프를 이미 들었습니다. 그래서 그냥 직접 뵙고 싶었을 뿐입니다.)"

"All right, then. What should we do with the remaining hour?(좋아. 그럼 남은 시간 동안 우리 뭘 할까?)"

"Maybe we could just discuss my charts for study?(그냥 공부 삼아 제 차트를 설명해 주시면 안 될까요?)"

"Okay.(좋아.)"

그렇게 라오지와의 만남은 시작되었다. 그분은 마치 오래 전부터 서로 잘 알고 있었던 것처럼 처음부터 친근하게 나를 대해줬다. 남은 한 시간 동안 라오지께서는 여러 가지 죠티샤 포인트를 가지고 내 차트에 대한 설명을 해주셨고 나는 말씀을 녹음하며 열심히 귀를 기울였다. 원래 성격이 밝고 출중한 외모를 가지신 라오지는 오랜 수양을 통해 깊은 빛을 발하게 된 눈동자 때문에 육순이 넘으신 연세에도 불구하고 더욱 매혹적으로 보였다. 언제부턴가 잘 웃는 습관을 가지게 된 나는 라오지를 만난 기쁨과 재미있게 하시는 말씀에 내내 웃었는데 그럴 때마다 라오지께서는 반짝거리는 눈과 고개를 옆으로 갸웃거리시는 제스처로 같이 웃으셨다. 그게 라오지와의 인연의 시작이었다.

다음날 아침부터 시작된 강의 내내 나는 맨 앞자리에 앉아 열심히 들었다. 그런데 강의 도중 갑자기 내 차트를 스터디케이스(Case study)로 그룹 앞에 내놓으셨다. 내 차트가 가지고 있던 색다른 점들이 여러 가지 클래식 죠티샤 포인트들을 증명해줄 수 있는 좋은 예였기 때문이다. 라오지께서 내게 쏟는 관심에 같이 있던 코스인들이 질투하는 것을 느낄 수 있었다. 귀까지 빨개지면서도 동시에 기분이 좋아지는 것은 감출 수가 없었다. 그렇게 신나는 3박 4일의 강의를 마치고, 나는 강의 내용 전부를 녹음한 테이프들과 또 라오지가 사인하신 책들을 한 아름 안고 패어필드로 돌아왔다. 리에게 라오지 얘기를 신나게 떠들고 난 뒤, 다시 라오지 책들과 녹음테이프들을 쥐고 앉아 더 깊은 죠티샤 공부에 열심히 빠져들어갔다.

몇 개월이 지났다. 어느 날 코스 주관자로부터 전화가 걸려왔다. 라오지께서 다시 미국을 방문하시는데, 이번에는 패어필드를 거쳐가실 예정이라고, 나보고 라오지를 개인적으로 모시는 것은 물론 패어필드에서 죠티샤 강의 코스를 주최 해드리지 않겠냐는 것이었다. 내 귀를 의심했다. 닥터 쵸프라 같은 사람도 거절한 라오지께서 나한테 오신다니까 말이다. 당연히 춤이라도 출 만큼 좋아할 일이었다. 라오지의 명성은 이미 패어필드까지 파다하게 퍼져 있었기에 코스 개최와 상담 일정을 공지하자마자 참가자들의 예약은 순식간에 몰려오기 시작했다. 그렇게 기대치도 않게 맺어진 라오지와의 인연은 이후 몇 년 동안 그분이 미국을 방문하시던 동안 스승과 제자, 그리고 가족처럼 개인적인 관계로 계속 깊어질 수 있었다.

신을 만나고 싶어 나섰던 삶의 여행길에서, 나는 내 인생에 있어 가장 소중한 인연과 지식들을 아주 의외의 놀라운 방식으로 만났다. 하지만 그러한 만남들, 앞으로 평생을 따라다닐 별들과의 운명적 인연이 단지 시작에 불과했다는 것을 그때는 몰랐다. 마하리쉬 국제대학교에 유학의 길을 인도해주신 스승님들뿐만 아니라, 데렉, 아담, 그리고 라오지에게 분에 넘치게 받았던 특별한 애정과 가르침들은 앞으로 살아가면서 내가 두고두고 갚아야 하는 크나큰 카르마였다는 것은 더더욱 몰랐다. 별들과의 운명적인 만남, 이후에 이어진 낯선 땅에서의 무수한 사람들과 소중한 삶의 인연들과 관계성들은… 그렇게 단순한 배움에 대한 욕망에서부터 시작되었던 것이다.

다이아몬드를 시금치 가격으로 팔지 말라

사람의 몸을 받는다는 것은 아주 드문 일이다.

이 귀한 기회를 잘 활용할 수 있어야 한다.

한 영혼이 받게 되는 삶에는 모두 사백만 가지가 있다.

그런 후에 사람이 될 수 있는 기회,

인간의 몸을 받을 수 있는 찬스를 갖게 된다.

그러므로 이 찬스를 낭비하지 말아야 한다.

인간 삶에서 매 순간들이 아주 소중하다.

소중히 여기지 않으면 끝에 가서 눈물을 흘리게 될 것이다.

그대가 사람이기 때문에

신은 생각할 수 있는 힘을 주었으며,

옳고 그름에 대한 결정을 내릴 수 있게 하였다.

그러므로 자신이 할 수 있는 최상의 행위를 그대는 행할 수 있다.

그대는 절대로 자신을 약하거나 실패한 창조물로 여기지 말아야 한다.

지금까지 무슨 일이 있었든지, 그대가 몰랐기 때문이다.

하지만 이제부터는 조심해야 한다.

인간의 몸을 받은 뒤에 신에 다다르지 못하면,

그러면 그대는 다이아몬드를 시금치의 가격으로 판 것과 같다.

인간으로 태어나는 것이 데바로 태어나는 것보다 더 행운이다.

데바로 태어나는 것은 다른 유형의 삶을 취하는 것 중에 하나로 여겨진다.

데바로 태어나는 이들은, 디바인적인 즐거움을 누리기 위해

디바인과 연관된 특정한 희생의식이나

카르마 등을 행한 자들이 받은 것이다.

데바로 태어난 이들의 마음은 끊임없이 방황하고 있다.

천상에서는 즐거운 것들이 넘쳐나기 때문이다.

그래서 이들은 인간의 삶을 얻고 진화에 필요한 액션들,

푸루샤르타를 행할 수가 없다.

그렇기 때문에 인간으로 태어나는 것이 최상으로 여겨지고 있다.

가능한 푸루샤르타를 최대한 많이 행함으로써

결국에는 신과의 합일을 이룰 수 있기 때문이다.

인간이라는 존재는 마치 순금덩어리와도 같다.

그에 비해 데바들은 잘 가공된 보석들과도 같다.

고상한 보석처럼 완벽하게 만들어졌기 때문에

이들의 진보는 완성되었으며 더 이상 향상될 수가 없다.

그에 비해 순금덩어리는

아직 보석세공인에 의해 다듬어지지 않았기 때문에

잠재성이 완전히 비제한적이다.

그래서 인간이라는 존재로 태어나는 것이

액션을 행하기에 최고로 적합한 삶의 형태라고 하였다.

이러한 삶을 얻었으므로

함부로 행위를 하지 말아야 하며,

양심적으로 최상의 푸루샤르타를 행해야 한다.

파라마트마(대우주적 영혼)에 대한 믿음을 가지고,

동시에 자신의 다르마를 충족시키는 것이 가장 위대한 푸루샤르타이다.

이 생에서 신과 하나가 되기 위해 정진하라.

베다스와 샤스트라에 대한 확고한 믿음을 가지고,

또한 이것에 대한 믿음을 가진 현명한 사람들을 찾아서

함께 시간을 보내라.

오직 그리해야만 그대 삶의 목적이 충족될 것이다.

- 스와미 브라마난다 사라스와티, 북인도의 상카라차리야

늘 가슴 속에 깊이 새겨두고 있는 스승님(Guru Dev)의 말씀이다. 내 인생의 가치와 목적을 알 수 없어 고뇌하고 방황하던 젊은 시절, 생명의 소중함과 삶의 신비로움에 눈을 뜨게 해준 진리의 말씀이다. 나처럼 별다른 재능도, 존재감도 없던 미미한 존재에게 천상에 살고 있는 데바들도 부럽지 않을 만큼 든든한 인간적 자부심을 가지게 한 소중한 가르침이다. 이후 나의 삶은 참 많이 변했다. 그렇지만 아무리 오랜 시간이 지나고 많은 변화를 겪었더라도 한결같은 진리를 잊지 않고 살 수 있어서 얼마나 감사하고 다행스러운지 모른다.

오랜 세월 동안 외국에서의 배움과 가르침의 삶을 사느라 바빠서 조국은 미처 돌아보지 못한 채 살고 있었다. 내가 떠날 때까지만 해도 아직 군부독재주의 그늘에서 벗어나지 못한 채 국제적으로는 떠오르는 신흥국으로 인지되던 시절이었다. 그러다가 다시 눈을 돌렸을 때는 한류 문화와 싸이의 강남스타일이 전 세계를 강타하고 있었으며, 어느새 선진국으로 훌쩍 도약하여 아시아의 작은 호랑이로서의 위상을 세계 방방곡곡에 펼치고 있었다. 새삼 한국인이라는 것에 대한 감사함과 자부심을 뼛속 깊이 실감할 수 있었다. 연어가 강물을 거슬러 태어난 곳으로 되돌아가듯이, 나도 뒤늦게나마 타고난 뿌리와 혈연들에 대한 연결 끈을 되찾아 세월의 공백을 채우며 남은 생을 살고 싶었다.

그런데 내가 떠나 있는 동안 변한 것은 물질적인 환경이나 눈부신 산업적 발전뿐만이 아니었다. 사람들이 너무나 변해 있었다. 바람직한 방향이 아닌, 정반대 방향으로. 미국에서도, 말레이시아에서도 실감하지 못했던 심각한 문화충격을 조국으로 눈을 돌렸을 때 받게 되었다. 사람들의 삶이 힘들고 고단한 건 못살던 옛날이나 잘사는 지금이나 다를 바 없었다. 하지만 인기 드라마 「응답하라 1988」에서 묘사했던 것처럼 이웃

집에 숟가락이 몇 개 있는지 알 정도로 온 동네가 한 가족처럼 지내던 시절, 모두가 가난하고 옷이나 음식도 단출하지만 서로 나눠먹고 나눠주던 시절의 사람들은 참 인정도 많고 의리도 있었다. 비록 군부정권이 거듭되면서 핍박받고, 자유에도 많은 제한을 당했지만, 그래도 땀흘리며 한번 살아볼 만하고 통기타 가수들의 은유 시 같은 노래 소절들에 열광하기도 하던, 나름 낭만적이고 즐거운 시절이었다.

　그런데 몇십 년 만에 되돌아본 조국은 충격적인 변화로 나를 경악하게 하였다. 물질적인 풍요로움이나 발전에 대해선 이미 더 이상 놀랄 일이 아니었다. 하지만 이전에는 상상조차 할 수 없던 일들이 벌어지고 있었다. 남녀노소를 막론하고 일반인이나 유명 인사들, 정상에 오른 정치인이나 연예인들까지… 너무나 생명을 가벼이 여기고, 함부로 대하고, 타인뿐만 아니라 자신의 삶에 대한 인간적 존중심이 현저하게 결여된 암흑문화가 사회 곳곳에 팽배해 있었다. 어떤 연유로든 사는 게 힘들어지거나 원하는 대로 되지 않을 때, 자의든 타의든 삶이 궁지에 몰리게 되었을 때, 혹은 더 이상 살아야 할 의미나 이유, 비전 등이 보이지 않을 때… 사람들은 참으로 쉽게 죽음이라는 말을 입에 올리고 있었다. 더욱 말이 막히는 것은, 그렇게 가면 다음 생에 다시 더 나은 곳에 태어나서 새로이 시작할 수 있다는 믿음들을 가지고 있다는 사실이었다. 안일하고 무책임한 물질주의적 개념으로 카르마와 윤회사상의 원리도 자기합리화의 방식으로 이해하고 있었다.

　인간의 몸을 한번 받기가 얼마나 어렵고 소중한 기회인지, 하물며 더 나은 곳에 태어나서 더 나은 인생을 살 수 있기 위해서는 얼마만큼 공덕이 필요한지 사람들은 미처 알지 못하고 있었다. 사백만 유형의 생을 거쳐야 간신히 한 번 사람으로 태어날 수 있을 뿐 아니라, 좋은 곳이나 원하는 곳에 태어날 확률은 더더욱 희소하기에 그만큼 생명과 삶에 대한 공을 들여야만 가능하게 된다. 그런데 인간이 지을 수 있는 가장 큰 죄업은 요범사훈의 교훈에도 나와 있는 것처럼 생명을 함부로 대하거나 죽이는 살생이다. 그러면 비수 같은 말들로 다른 사람들의 심장을 난도질하여 죽음으로 몰고 가거나, 스스로 목숨을 끊은 살생의 죄업이 얼마나 무거울지 이들은 과연 짐작이나 할 수 있을까? 만약 그랬다면 그렇게 쉽게 생명의 존엄성을 파괴하거나 포기하는 행위들을 하지 못할 것이다. 데바들도 갖지 못한 인간 삶의 귀한 기회와 존엄성의 축복을 우리는 모두 동등하게 받았다. 그래서 내 삶이 귀하고 소중한 것만큼 다른 사람들도 마찬가지로 은혜롭게 대할 수 있어야 한다. 아무리 현실이 힘들고 막막하게 느껴지더라도 죽을힘을 다해 한번 제대로 살아보는 것이, 사백만 번이라는 윤회를 거듭해야 하는 것보다 더 쉬울 것이기 때문이다. 하지만 무지는 괴로움을 낳고 실수는 후회를 만든다. 이러한 무지와 후회를 억겁을 통해 거듭하게 만드는 힘이 바로 카르마, 인과의 법칙이 가진 저력이다.

죠티샤는 인간들이 가진 무지와 이해를 바로잡기 위한 신의 선물이다. 죠티르, 삶의 빛을 통해 생명의 소중함을 깨닫고, 온전한 책임감으로 자신의 삶을 포용하고, 삶의 매순간 최선을 다할 수 있게 하기 위함이다. 하늘에서 행운이 떨어지길 기다리거나, 자업자득의 불운을 피해갈 요행을 바라거나, 한방으로 홈런을 날리거나 혹은 모든 족쇄로부터 자유로워질 수 있다고 믿는 이들은 절대로 들을 수 없는 신의 목소리가 바로 행성들의 언어이다. 얼마나 다행스럽고 행운인가? 비록 인간은 지혜와 내공이 부족해 신의 목소리를 직접 들을 수 없지만, 행성들의 언어를 통해 신의 목소리를 들을 수 있고, 신의 의지를 알 수 있고, 신에게 닿을 수 있는 방법도 알 수 있으니.

그리하여 우리는,
생명과 삶을 소중히 여기는 마음
시간의 매 순간을 잘 활용할 수 있는 의지
지금껏 무슨 일이 있었든 몰랐기 때문에 그랬다는
비단 타인뿐만 아니라 자신까지 용서하고 품어줄 수 있는 마음,
앞으로는 소중하고 감사한 자세로 좋은 선택을 하며 잘 살겠다는 결의.
다른 사람들이나 권위적 대상의 지시대로 살다가 후회하는 인생보다는
내면의 지혜와 신성이 안내하는 대로 살다가 갈 수 있는 후회 없는 인생.
무엇을 얻고 얼마나 성취하든지
결국에는 맨 영혼으로 되돌아가게 되어 있음을 잊지 않고,

그리하여 언제든 신의 부름을 자랑스럽게 받아들일 준비가 되어 있는
그러한 인생을 계발해나갈 수 있게 된다.

그러한 죠티르(Jyotir), 삶의 빛을 죠티샤(Jyotisha)가 보여주고,
구르는 운명과 시간의 수레바퀴 끝에서 기다리고 있는 신과 합류할 수 있게도 해준다.
모쪼록 더 많은 사람들이 내면에 있는 죠티르의 빛을 발견하여 나날이 더욱 더 행복
하고 충만한 삶을 살 수 있게 되기를 바란다.

2022년 봄, 쿠알라룸포에서

베스 림(Beth Lim)

C · O · N · T · E · N · T · S

◆━◇ ◇　　상 권　　◇ ◇━◆

◇─┼◇ ◇ ◇   **하 권**   ◇ ◇ ◇┼─◇

3장 | 운명을 만드는 조합들

— 1장 —

죠티샤의 기본적 토대

죠티샤, 운명,
그리고 시간의 수레바퀴

Adhishthanm tatha karta karanam cha prithak-vidham

Vividhah cha prithak cheshta daivam chaivaatra panchamam

행하는 바를 달성하기 위해 갖추어야 할 다섯 가지 요소들이 있다.

육체적 몸, 행위자, 다양한 감각기관들, 다양한 유형의 행위,

그리고 디바인 보호가 다섯 번째이다.

- 바가바드 기타 18장 14절

    우리가 의도하고 있는 어떤 계획이나 프로젝트를 시행하는 데 있어, 예를 들어 경영학과 같은 현대적 개념을 빌려 표현하자면, 총 다섯 가지 팩터가 필요하다. 액션 계획이 첫 번째, 계획 매니저가 두 번째, 계획 수단이 세 번째, 계획 적용이 네 번째이다. **그러나 계획의 최종 결과가 성공할지 실패할지는 다섯 번째 팩터, 운명에 달려 있다.**

    이러한 다이바(daiva), 혹은 운명이 어떻게 시간의 수레를 따라 작용하는지, 그리고 신(God)이 그대에게 과연 얼마나 은총을 내릴지 하는 정도는 비록 희미하지만 점성가

들은 보다 선명하게 알고 있다. 점성가가 '볼 수' 있는 정도는 점성가가 아닌 사람들은 볼 수 없는 것이다. 그러나 행성들이 엮어내는 거대한 우주적 패턴은 경이로울 정도로 광범위하기 때문에, 아무리 뛰어난 점성가라도 그가 '볼 수' 있는 정도는 아주 '미미한' 부분에 지나지 않는다. 영적으로 초능력을 가진 사람들이 사실상 점성가가 볼 수 있는 정도보다 훨씬 더 잘 볼 수 있다. 때로는 신기, 심령의 능력을 가진 이들이 족집게처럼 산발적으로 점성가보다 더 잘 맞추는 경우도 있다.

점성학은 슈퍼 과학으로 만족을 줄 수는 있다. 하지만 어떤 점성가도 살아 있는 한 마지막 호흡이 다하는 순간까지 자신이 '보는' 것에 대해서만 만족하지 말아야 한다. 언제나 자신이 배우거나 알고 있는 것보다 여전히 알지 못하는 것이 훨씬 더 많다는 것을 자각하고 있어야 한다. 그는 아직까지 자신이 잘할 수 있는 기법들보다 더 월등한 기법들을 계발하지도 못했거니와, 그러한 기법들을 더 정확하게 사용할 수 있는 법을 잘 모르고 있다. 깊이를 헤아리기 힘든 운명, 그리고 시간의 수레바퀴가 작용하는 방식에 대해서 아직까지 알아야 하는 것들이 너무나 더 많은데, 그걸 알 수 있는 길이 없기 때문이다(『Astrology, Destiny and the Wheel of Time』, K. N. Rao, 1993, 서문 중에서).

어디에서 들었는지 기억이 나지 않지만, 늘 뇌리에 박혀 있는 말이 있다. "우리는 모두 한치 앞도 내다보지 못하면서 훗날을 위한 인생 계획표를 짜느라 분주하다. 하지만 신은 우리를 위해 전혀 다른 계획을 세우느라 바쁘기 때문에 우리의 계획표를 체크할 시간이 없다. 그래서 인생은 우리가 계획한 대로가 아닌, 신이 계획한 대로 흘러간다"고 하였다. 아마 라오 스승님께 들었던 말인 것 같다. 얼마나 진리의 말인가? 돌이켜보면 인생이 단 한번도 우리의 의지대로, 혹은 원하는 대로 되었던 적이 없다. 다른 이들은 어떨지 몰라도 최소한 내 경험으로는 그렇다. 분명히 나의 인생인데도, 내가 가진 자유의지보다는 항상 다른 어떤 힘에 의해 지배당하고 있는 듯한 답답함과 막막함을 늘 절실하게 느끼고 있었다. 그 힘이 무엇인지 알기 위해, 그리고 그 힘으로부터 벗어나기 위해 절망스런 몸짓으로 바둥거리곤 했다.

나는 태생적으로 어떤 종교적인 믿음이나 신앙보다는 자연의 이치와 섭리를 다루는 자연주의 사상에 더욱 끌렸다. 삶의 이면에서 작용하고 있는 어떤 초자연적인 힘을 단순히 신(神)이라고 규정하기보다는 자연법칙이라고 부르는 것이 내가 타고난 이성적 성향에 더 편안하게 와닿았기 때문이다. 무엇보다도 자연법칙 안에는 모든 종교와 영성, 다양한 사상과 인종들이 다 포함될 수 있어 좋았다. 그러다가 모든 자연현상에 다양한 신들의 이름과 신비한 스토리를 부여하여 삶의 숨은 진리들을 은유적으로 표현하고 있는 힌두이즘에 대해 알게 되었다. 어린 시절에 그리스 신화들에서 받았던 신비로운 느낌과도 비슷했다. 신(神)과 하늘이라는 말은 언제나 나의 가슴을 설레게 만드는 신비로움 자체였다. 특히 죠티샤에 대해 알게 되었을 때 이러한 설렘을 가장 강렬하게 느끼게 되었다. 행성들을 통해 마치 신의 목소리를 듣는 듯한 느낌이었다. 라오지와의 만남을 통해 신의 대변인을 직접 만난 듯한 느낌이었다. 나도 죠티샤에 대한 지식을 배우게 되면 그러한 신의 언어를 통달할 수 있을 것 같고, 삶에 흐르고 있는 자연법칙도 마스터할 수 있을 것만 같았다. 무엇보다도 가슴 한 켠을 늘 답답하게 누르고 있던 영혼의 체중으로부터 자유로워질 수 있을 것 같았다. 그래서 젊은 혈기의 모든 것을 걸고 뛰어들었다. 라오 스승님의 분(Boon)을 과분하리만큼 받아 마침내 나의 인생이 내 뜻대로, 의지대로 잘 굴러가는 듯했다. 하지만 내가 미처 알지 못했던 것은, 신께서 세우고 있던 다른 계획이었다. 운명과 시간의 수레바퀴는 내가 계획한 대로가 아닌 신의 계획대로 굴러간다는, 그것도 아주 천천히 구르고 있다는 사실이었다.

우리가 미국 생활을 정리하고 말레이시아로 돌아가기로 했다는 말씀을 드렸을 때, 라오지(Raoji)는 아주 기뻐하셨다. 평소에 라오지는 존경하시던 성자들이 오래전부터 예언한 당신의 영적인 미션, 때가 되면 서양으로 나가 베딕 점성학을 세계적으로 널리 알리는 데 결정적인 역할을 하게 될 거라는 다르마적인 의무감을 항상 새겨두고 있던 터였다. 그러다가 『점성학, 운명, 그리고 시간의 수레바퀴』라는 책이 1993년에 발간되자마자 큰 히트를 하면서 바로 미국으로 초청되어 전국 순회강연과 상담 투어를 시작하게 되었다. 가는 곳마다 라오지의 명성을 들은 사람들이 면담과 상담을 위해 줄을 서서 기다리며 장사진을 이루었다. 이름난 유명인들뿐만 아니라, 하버드대학이나 MIT 같은 학계의 쟁쟁한 지성인들도 라오지와의 만남과 교류를 위해 몰려들었다. 예전에 스승님들이 예언했던 것처럼, 라오지는 베딕 점성학이라는 새로운 학문에 대한 큰 열

풍을 서구 사회에 일으키는 미션에 성공할 수 있었다. 하지만 약 3년간에 걸쳐 미국 전역을 돌면서 쉴 새 없이 이어지는 일정들을 육순의 나이로 소화하시느라 우리가 마지막으로 페어필드에 모실 당시에 라오지는 이미 심신이 많이 지치신 상태였다. 무엇보다도, 그동안 미국이라는 나라와 사람들에 대해 아주 큰 실망과 배신감을 느끼고 앞으로는 더 이상 미국을 방문하지 않겠다는 폭탄선언을 하신 터였는데, 그나마 각별한 인연을 맺게 된 젊은 동양인 부부(나와 남편)가 마음에 걸리셨던 모양이었다. "그래, 자네들과 같은 동양인들은 미국처럼 이기적이고 외로운 나라에서 살지 말고, 따뜻한 인정이 살아 있는 동양의 나라에서 사는 게 더 나아!" 그렇게 말씀하며 축복을 해주셨다. 나는 말레이시아에 가면 베딕 점성학을 계속 공부하고 알리는 일을 하겠다는 약속을 드렸다. 그러자 즐겨 하시던 제스처, 반짝이는 눈과 가벼운 미소를 띤 입으로 머리를 양쪽으로 가볍게 흔드시며 우리가 자리를 잡는 대로 언제든 필요하면 강연과 상담차 말레이시아에 오시겠노라고 대답해주셨다. 우리가 말레이시아에 돌아간 이후에도, 항공편을 통해 여러 새로운 점성학 책들과 잡지, 강의 테이프 등을 박스채 보내오시곤 했다. 하지만, 운명과 시간의 수레바퀴는 우리가 기대하거나 예상했던 것보다 훨씬 천천히 다른 방식으로 구르고 있었다. 신(God)은 애초부터, 라오지 스승님도 나도, 혹독하게 그라인드(grind)할 전혀 다른 디바인 계획을 가지고 계셨던 것이다.

라오지는 1995년 겨울을 마지막으로 미국 방문을 멈춘 뒤, 『역사, 미스터리, 호로스코프로 하는 점성학적 기행(Astrological Journey Through History, Mystery and Horo-scopes, 1996)』이라는 책을 통해, 그분이 만나고 접한 미국 사회, 점성학회, 그리고 거의 모든 점성가들이나 사람들에 대한 신랄한 노출과 평판, 비판을 하는 엄청난 폭탄을 터뜨렸다. 이에 충격을 받은 그들은 라오지에 대한 서포트를 모두 철회하고 불편한 적들로 돌아섰다. 한편 라오지는 미국 방문을 멈춘 이후에도 계속 러시아와 유럽 쪽에 초청이 되어 몇 년 동안 방문하면서 서양의 베딕 점성학도들을 키우는 일에 전념을 하시게 되었는데, 간간히 나와의 통화와 메일을 통해 러시아인들은 미국인들에 비해 훨씬 인정과 의리가 많고 배움의 자세도 훌륭하다고 칭찬하시곤 했다. 하지만 칠순이 다 된 연로한 연세와 추위에 익숙하지 않은 신체에 너무 무리가 갔는지, 지병인 당뇨병이 악화되어 다리를 거의 사용할 수 없을 정도로 건강이 악화되는 바람에 몇 년간 병상 생활을 하셔야 했다. 몇 번 죽음의 고비도 넘기시면서 모든 대내외적 점성학 활동도 점차 멈추시게 되었다. 그렇게 양성하신 유럽 쪽 점성학도들 중에 이제는 전문적 점성가로 활동을 하는 사람들이 많이 있다.

그리고 나는 지상의 천국이라 불리는 패어필드에서의 낭만적인 유학생활을 정리하고, 이전에는 세계지도 어디에 있는지도 모르던 남편의 나라 말레이시아에 갓 돌이 된 아들과 함께 1997년 6월 1일 새벽에 도착하게 되었다. 당시만 해도 말레이시아는 개발도상국으로 막 넘어가던 시기였기 때문에 경제적 면이나 현대적 시설 등이 많이 낙후되어 있었다. 신KL국제공항도 아직 완성되기 전이었다. 비행기가 뜨고 내릴 때마다 먼지가 풀풀 날리던 구(舊) 수방(Subang)국제공항에 도착을 하니 열대국의 뜨거운 새벽공기와 함께 어디선가 처음 맡아보는 구릿하고 낯선 과일 냄새(두리안)가 진동을 하고 있었다. 몇 박스의 책만 들고 단지 남편의 나라라는 이상적인 낭만만으로 낯선 나라에 어린 아들과 무작정 살러 온 것이 얼마나 철부지 같고 무모한 선택이었는지 하는 현실의 무게가 가슴으로 파고들었다. 하지만 미국으로 발걸음을 되돌리기엔 이미 늦었다. 내가 세웠던 인생의 계획표도 다시 한번 무용화되는 것을 오지와 같았던 나라에 도착한 그날부터 절감할 수 있었다.

이후 꼬박 삼 년이 걸렸다. 새로운 삶의 장을 열 수 있는 자신감을 회복하기까지는. 다인종, 다문화, 다종교라는 독특한 말레이시아의 환경에서 마주하게 된 문화충격, 다수언어문화관습, 바로 터지게 된 IMF사태로 인한 경제적 곤경, 무엇보다도 일 년 내내 여름만 있는 열대국이라는 기후에 몸과 정신건강의 위기 등으로, 마치 보물섬 지도라도 가진 양 의기양양했던 나의 자존감은 바닥을 치게 되었다. 그동안 알고 있던 베딕 점성학 지도에 따르면 전혀 계산에 없던 난관들이었기 때문이다. 그리고 또 십오 년이 걸렸다. 마침내 내가 라오지에게 드렸던 베딕 점성학에 대한 약속을 지킬 수 있게 되기까지는. 하지만 그 길과 방식 또한, 애초에 비전하고 있는 운명의 그림과는 너무 달랐다. 회교 국가라는 종교적 특성과 나와 같은 외국인 배우자에 대한 엄격한 이민법 때문에 독립적인 경제활동을 할 수 없다는 제약이 있었다. 그래서 취미생활처럼 아파트에서 친해지게 된 몇몇 이웃들을 모아놓고 거실에서부터 요가를 가르치기 시작한 것이 발단이 되어, 점점 더 요가센터를 확장해갈 수 있었다. 그렇게 애초에 계획했던 점성가로서보다는, 요가 강사로서의 길을 먼저 트게 되었다. 라오지는 고위직 공무원이라는 안정적인 경제여건을 바탕으로, 평생에 걸쳐 무료로 상담과 강연을 하시면서 대쪽 같은 신념으로 점성학을 오직 영적 수행과 봉사의 수단으로만 삼아오셨다. 그분의 영향으로 인해 나 역시도 요가 학생들을 돕고 가르치기 위한 보조수단으로 점성학 연구와 무료 상담을 계속 해나갔다. 그렇지만 시간이 지날수록 베딕 지도에서 예언했던 삶과 실제 현실은 점점 더 거리가 멀게 형상화되었다. 흔들리는 확신감과 믿음의 괴리감을 채우기 위해 서양 점성학과 불교 공부를 겸비하면서 베딕 점성학이라는 포기할 수 없는 희망을 이어갔다. 그러는 사이 오랜 기간 동안의 혹독한 요가 수련, 그리고 제대로 저녁식사를 해본 적이 없을 정도로 꽉 찬 요가 수업 일정 등으로 인해 나의 몸과 마음은 극도로 쇠진해가고 있었다. 무엇보다도 점점 골이 깊어지는 믿음의 회의가 죽음처럼 힘들었다. 마침내 더 이상 요가를 가르칠 수 없을 정도로 건강과 의지가 무너졌을 때, 철옹성처럼 믿었던 베딕 점성학도 놓아버릴 수밖에 없었다. 요가센터 운영도 제자들에게 맡기고 소장하고 있던 막대한 점성학 자료나 책들도 모두 버리고, 삶에 대한 의욕이나 의지도 모두 잃은 채, 그대로 혼자만의 방에서 은둔하며 스스로를 칠흑 같은 어둠의 터널 속에 가두게 되었다. 한결같은 믿음과 헌신, 엄격한 수련으로 살아온 세월들에 대한 자부심이 모두 나 스스로를 기만하는 허상이었던 것만 같은 절망감에 사로잡혀 괴로웠다.

그러나, 어둠이 너무 짙으면 곧 새벽이 올 징후라고 하였던가? 그래도 죽을 수는 없어 어린 시절 붓을 들고 도화지를 색칠하던 실력으로 밤낮으로 그림 그리기에 몰두하였는데 얼마 지나지 않아 서서히 빛 줄기가 보이고 치유도 찾아오기 시작했다. 모든 것을 다 버렸다고 생각했는데 또 다른 문을 통해 다른 얼굴을 가진 베딕 점성학을 다시 만나게 된 것이었다. 그리하여 수없는 낙방으로, 죽음 아니면 더 이상 탈출구가 없게 된 가난한 선비가 밤낮으로 등불을 밝히며 정진하던 심정으로 새로운 시스템의 베딕 점성학을 섭렵하면서, 비로소 '집단적 카르마로 인한 인간적 오류'가 운명과 시간의 수레바퀴를 어긋나게 하던 근본 원인이었음을 깨달을 수 있었다. 디바인 지성과 힘은 언제나 완전함 그대로였지만, 인간이 가진 카르마적 무지와 한계성이 완전함을 제대로 인지하는 것을 막고 있었던 것이다. 또한 내 삶을 지탱해주던, 라오지를 통해 받았던 하늘의 은총이 얼마나 거대한 근원적 힘이었는지 깨닫고 다시금 확고한 삶의 목적과 방향을 재정립할 수 있었다. 이 책을 쓰는 목적은 어느 시스템의 베딕 점성학이 더 낫다거나 완벽하다는 것을 증명하기 위함이 아니다. 인간은 언제나 불완전하고 오류투성이일 수밖에 없기 때문에, 인간이 추구하는 학문들 역시 절대 완벽할 수는 없다. 하지만 그러한 실수와 수정의 과정을 통해 진화해나갈 수 있고, 그리하여 점점 더 완벽한 신성에 가까워질 수 있다는 데 핵심이 있다. 디바인 은총으로 인해 베딕 하늘의 별과의 운명적인 만남이 이루어지게 된 이후 긴 세월 동안 내가 애초에 가졌던 계획이나 의지와는 다르게 나를 끌고 있던 힘도, 다른 그 누구의 장난이나 작용도 아닌, 이전에 무수한 생을 통해 내게 할당되었던 카르마적인 부채 때문이었음을 오랜 시간이 지나고서야 비로소 이해할 수 있었다. 그러한 카르마적인 힘은 운명과 시간의 수레바퀴에 의해 몸과 마음, 영혼도 먼저 철저하게 그라인딩(grinding)하게 만들었던 것이다.

2.

카르마와
죠티샤

죠티샤는 힌두이즘의 핵심사상인 카르마(Karma, 인과의 법칙과 윤회사상)에 기반을 두고 있다. 카르마는 육체적, 정신적, 영적인 기능이 총체적으로 합산된 것, 드러난 삶의 이면에 작용하고 있는 무형의 세력으로, 점성학의 기본 토대를 이루고 있다.

세상은 인간에게 주어진 자유의지로 인해 돌아가는 듯이 보인다. 점성학은 원인과 결과의 상관관계성에 기반을 두고 있다. 원인이 있으면 반드시 그에 따른 결과가 있다는 인과관계의 상관성을 의미한다. 만약 오늘 좋고 나쁜 일이 일어났다면, 반드시 이전에 어떤 원인이 있었을 것이다. 비록 그러한 원인을 지금 알 수 있거나, 그렇지 않다고 하더라도 말이다. 어떤 원인, 카르마는 내일 당장 결과를 만들어낸다(상한 음식을 먹으면 바로 탈이 나는 경우처럼). 어떤 다른 카르마들은 아주 오랜 시간이 지난 후에 눈에 보이는 결과로 나타날 수 있다(뿌린 씨앗이 나무로 자라는 경우처럼). 또 다른 어떤 카르마들은 몇 년이나 몇십 년, 몇 생이 걸릴 수도 있다(전생의 업이 현생이나 후생에 나타나는 경우처럼).

그리하여 점성학의 토대를 이루고 있는 카르마의 법칙은 윤회사상에 대한 믿음을 전제하고 있다. 한 생에서 행한 카르마는 후생에 언젠가 결과로 나타나야 한다. 우리가 과거에, 혹은 과거 생에 행한 카르마들이 현생에 효과로 나타나 제약을 주게 되는 것처럼, 현재 우리가 행하는 카르마들은 마찬가지로 내생에 영향을 미치게 될 것이다. 우리에게는 자유의지가 있지만, 그러나 우리가 과거에 행한 카르마들의 결과 범위 내에서만 행할 수 있다는 제약이 있다. 카르마는 운명을 만들어낸다. 죠티샤는 그러한 운명을 연구하는 천문인문과학으로, 인도의 힌두이즘을 기본 배경으로 하늘과 사람이라는 대우주와 소우주의 상관관계성을 풀어내고 있다.

힌두이즘(Hinduism)과 사나타나 다르마(Sanatana Dharma)

힌두이즘은 세계적으로 크리스찬교(천주교와 기독교)와 이슬람교 다음으로 따르는 사람들이 많은 인도의 종교사상이다. 그런데 정작 인도 사회에서는 힌두이즘이 어떤 종교적 개념으로 존재하는 것은 아니다. 다른 기존 종교들처럼 어떤 뚜렷한 교리나 창시자, 유일신적인 우상숭배 대상을 가지고 있지 않기 때문이다. 전통적으로 인도인들은 힌두이즘을 사나타나 다르마(Sanatana Dharma)라고 불렀다. 사나타나 다르마는 '영원한 의무'라는 의미로서 모든 시대와 공간, 시간, 장소, 사람, 문화, 종교, 인종, 그리고 인간의 사고와 에고가 가진 한계성을 초월하여 존재하는, 모두가 이행해야 하는 바른 진리와 의무를 나타낸다. 베다스(Vedas)에 기본을 두고 있는 고대 인도의 영성 사상으로, 비단 힌두뿐만 아니라 다른 모든 인종들, 생명이나 무생물들, 식물들, 신들, 스타들, 행성들을 다 포함하여 이들 각자가 가진 각자의 역할과 의무를 바르게 이행하는 것이 우주와 세상의 질서, 조화, 균형을 유지하는 데 중요하다는 것을 강조하고 있다. 다르게 말하면 아무것도 특별히 섬기지 않으면서 동시에 모두 것들을 섬기고 우상화하고 있는 믿음 제도 체제인 것이다. 하지만 사나타나 다르마의 개념이 너무 광범위하고 포괄적이다 보니, 특히 비힌두교도들에게 자칫 난해하게 느껴지고 쉽게 이해하기 어려운 점들이 있었다. 그래서 서양 사회에서는 그들이 알고 있는 종교적 개념과 같은 맥락으로 인도의 영성 사상을 힌두이즘이라고 부르게 되었다.

아이러니하게도 오늘날 세상 사람들이 알고 있는 힌두이즘을 발견하고 오늘날처럼 독특한 종교적, 영적 철학이자 학문적 체제로 정립을 시킨 이들은 기독교의 서양인들이었다. 오리지널 기독교에는 카르마와 윤회사상이 존재하지 않는다. 전생과 후생이라는 개념은 없으며, 현생만이 유일한 삶이다. 육체의 출생과 더불어 모든 것이 시작되고, 육체의 죽음과 함께 모든 것이 끝이 난다. 모든 것들은 원초적 죄악으로 인한 징벌이나 보상, 죄인과 성인, 천사와 악마, 천국과 지옥이라는 뚜렷한 이분법적인 선과 악으로 나누어져 있다. 형체가 없거나 보이지 않는 것들, 오감으로 확인할 수 없는 것들에 대한 존재성은 배제되어 있다. 그러한 물질적이고 논리적인 사고방식을 바탕으로 근대문명이나 현대과학의 눈부신 발전이 이루어질 수도 있었다. 하지만 인간은 단순히 생존만을 위한 육체적 존재이기 이전에 마음과 영혼을 가진, 믿음과 신념을 필요로 하는 영적인 존재이기도 하다. 또한 삶의 이면에 흐르고 있는 우주적인 원리, 거대한 자연법칙의 당위성은 이러한 이분법적이고 물질적인 과학용어로만 설명하기에는 본질적으로 역부족이었다. 이러한 서양인들에게 처음으로 사나타나 다르마 사상을 소개한 인도인은 스와미 비베카난다(Swami Vivekananda)였다. 그는 19세기의 유명한 구루 라마크리슈나(Ramakrishna)의 제자로서 서구사회에 사나타나 다르마, 즉 힌두이즘이라고 하는 인도철학의 베단타(Vedanata)와 요가(Yoga)를 최초로 소개하였던 인물로 추앙되고 있다. 그는 1893년 시카고에서 열린 세계종교의회에서 모든 종교와 사상을 초월하는 동시에 포괄하고 있는 공통적 믿음의식에 대한 유명한 연설을 하였다. 이를 기점으로 하여 다수의 유명한 인도의 구루들이 서양 사회로 진출하여 본격적으로 힌두이즘을 전파하면서, 물질만능주의와 과학신봉주의로 인한 영혼적 괴리감에 시달리고 있던 서양인들에게 많은 환영과 각광을 받게 되었다. 이후 뉴에이지 운동이라고 하는 새로운 영성 문화가 피어날 수 있는 기반도 마련될 수 있었다. 그리하여 오늘날에는 요가와 명상이라는 전통적 힌두 수행 방식이 종교와 종파를 떠나서 글로벌한 라이프스타일 방식으로 자리매김을 하였을 뿐만 아니라, 힌두이즘의 핵심사상인 카르마와 윤회의 원칙도 일상적인 생활용어로 통용되게 된 것이다. 그와 더불어 인도의 점성학 시스템인 죠티샤도 서양 사회에 도입되어 서양인들이 가진 과학적이고 논리적인 마인드로 연구 집대성한 체계적인 학문 시스템으로 널리 자리를 잡을 수 있었다.

죠티샤는 카르마의 법칙과 윤회사상에 대한 학문

죠티샤는 인간 삶에 대한 어떤 주제를 다루는 학문들 중에서도 가장 기본적이고 중요한 주제인 카르마, 즉 어떤 원인이 있으면 반드시 그에 따르는 결과가 있다는 인과의 법칙을 다루고 있는 학문이다. 카르마의 법칙은 우리가 하는 모든 행위들에 대한 것, 그리고 그에 따라 귀결되는 결과들에 대한 것이다. 카르마(Karma)는 산스크리트어로 '액션, 행위'라는 의미를 가지고 있으며 베다스에서 유래되었다. 근대과학이 '모든 액션에는 그에 상응하는 리액션이 있다'라는 법칙을 발견하기 훨씬 이전부터, 고대 인도와 동양의 사상가들은 이미 카르마에 대한 인지를 하고 있었으며, 우리가 하는 모든 일들에 대한 리액션의 과학으로서 인과법칙에 대한 연구와 가르침을 펼치고 있었다. 카르마(Karma)는 크리(Kri), 즉 '해야 하는'이라는 산스크리트 어원을 가지고 있는데, 영어의 'Create'라는 단어가 유래된 어원이기도 하다. 우리 주변을 둘러싸고 있는 모든 것들은 언제나 보이지 않는 어떤 고리로 서로 연결되어 있다는 의미를 가지고 있다. 우리는 모두 어떤 액션을 함에 있어 그에 대한 결과들을 예측할 수 있는 능력을 가지고 싶어 한다. 이러한 이유로 인해 근대과학도 반복적인 실험과정을 통해 같은 결과를 예측할 수 있는 시스템으로 진보, 발전해올 수 있었던 것이다. 반복될 수 있다는 것은 어떤 특정한 액션들에 대한 결과들을 예측할 수 있다는 말과도 같다. 카르마의 법칙도 마찬가지이다. 우리가 하는 행위들이 어떻게 결과들과 연관되어 있는지 알 수 있게 해주는 행위의 과학이라 할 수 있다.

고대 인도의 영성 사상가들도 과학자들처럼 물질적인 것들을 연구하는 방식과 똑같이 원인과 결과에 대한 이론을 탐구하였다. 그런데 우리가 행하는 어떤 일에 대한 장기적인 효과를 궁극적으로 이해하기 위해선, 다른 세 가지 팩터에 대한 이해가 전제되어야 함을 깨닫게 되었다. 첫 번째는 행위를 하는 행위자, 두 번째는 행위 대상이 가진 물질적인 성향, 세 번째는 그에 따른 결과를 만들어내는 우주적 지성에 관한 것이었다. 카르마의 법칙은 단순히 현재 우리가 어떻게 행위를 하고 우리의 주변 세상을 어떻게 컨트롤하는지에 대해서만 관한 것이 아니다. 인과법칙에 대한 이해를 한다는 것은 단순히 물질의 기계적인 작용에 관한 것뿐만 아니라 본질적으로 내가 누구인가, 내가 추구하는 궁극적인 목적지는 어디인가, 그리고 우주적 지성이나 다양한 자연법칙들과 나 사이에서 형성되는 관계성까지 모두 알아야 함을 의미한다. 궁극적으로 우리 존재의 마지막이 어떠할지, 우리가 어디에서 왔고, 누가 혹은 무엇이 우주를 지탱하고 있고, 현재 우리가 하고 있는 삶의 경험들 너머에 어떤 가능성들이 더 있는지 등에 대한 내용을 전체적으로 다 포괄하고 있는 것이다. 현재 우리가 하는 무엇이 바르고 나쁜 행위인가 하는 윤리적 법칙에 대한 의문 외에, 우리가 하는 행위들에 대한 결과가 얼마나 오래 갈지, 미래의 언제까지 계속될지 하는, 현재의 액션으로 미래에 따라오게 될 결과들에 대한 의문까지 같이 품게 만든다. 그래서 카르마의 법칙과 윤회사상은 서로 같은 맥락으로 종종 사용되고 있다.

윤회사상은 비단 인도뿐만 아니라 동양의 다른 문화나 사회에서도 기본적으로 형성되어 있는 당연한 개념이지만, 근대과학이나 서양의 다른 종교들이 가진 이해에서는 간과되고 있는 사실이다. 윤회사상은 '나'라고 하는 행위자가 육체도 마음도 아닌, 다른 제3의 존재일 수도 있다는 점을 전제로 하고 있다. H-O-H라고 하는 물의 분자가 액체화되면 물이 되고, 고체화되면 얼음이 되고, 기체화되면 수증기가 되듯이 비록 형태는 환경에 따라 변하더라도 수소와 산소 원자들로 이루어진 물질적 성향은 물이 가진 본질적인 속성으로 어떤 형태도 없는 동시에 환경에 따라 변하지도 않는다. 마찬가지로, 행위와 결과의 주체인 '나'라는 존재의 본질은 육체와 육체, 생과 생을 통해 옮겨가면서 존재하고 있는, 파괴될 수 없는, 사라질 수 없는 영혼의 의식체들이다. 자연법칙 혹은 디바인 지성은 이러한 의식체들이 모여 이루어진 거대한 집합체로서, 궁극적으로 근원적인 힘인 포스(Force), 혹은 신(神)으로 부르는, 눈에 보이지 않는 세력을 의미한다. 이러한 자연법칙들은 뚜렷한 목적과 지성을 가지고 있다. 이를 관장하는 우두머리 법관도 있고, 그리고 각자 영혼들이 많은 생을 거듭하면서 결국엔 카르마의 잔고를 다 소진하고 본질적인 디바인 지성으로 진화할 수 있는 장기적 비전까지 함께 가지고 있다. 이처럼 개개인 영혼이 가진 카르마들의 잔고가 기록된 장부가 바로 죠티샤 차트이다.

대우주적인 카르마의 법칙과 죠티샤

죠티샤에 따르면 우리의 영혼이 가진 자유의지를 이용해 어떤 액션을 하는 것에 투자를 하게 되면, 그에 따른 특정한 결과들이 시간과 공간을 초월하는 한이 있더라도 항상 우리를 따라오게 된다고 한다. 때로는 택배가 늦어지는 한이 있더라도 한번 주문한 물건은 언제가 됐든 당도하는 것과 같은 이치이다. 그러면 이 뜻은 무엇인가? 우리의 영혼과 우주 어딘가에 액션에 대한 기록과 잔고들을 모두 담고 있는 장부가 있다는 의미와도 같다. 그리고 이러한 모든 액션과 카르마 잔고, 주문과 배달 과정들을 모니터하고 있는 어떤 이가 화면 뒤에 분명히 있다는 말이기도 하다. 죠티샤가 가진 기본적인 이론은 각자 영혼들이 과거에 행한 액션들에 대한 결과나 배달 스케줄의 정보가 출생 시에 행성들과 스타들의 위치를 통해 알 수 있도록 코드화되어 있다는 것이다. 대우주적 존재, 디바인(神)의 통솔하에 이러한 카르마(원인에 대한 결과)를 배달하는 이들은 바로, 디바인 택배원인 데바(천사)들이다. 이 뜻은 현재 우리의 삶에서 일어나고 있는 일들이 이전에 우리가 자유의지로 행한 액션들로 인해, 모두는 아니지만 어떤 일정한 부분은 이미 정해져 있었다는 의미이기도 하다. 우주의 디바인 지성은 우리가 상상할 수 있는 정도보다 더 훨씬 더 오래된 메모리 칩을 가지고 있어, 비록 영혼이 기억하지도 못할 까마득한 옛날과 전생에 행했더라도 언제든 한 만큼 되돌아오게 만든다는 것이다. 위대한 카르마의 법칙은 단순히 철학적 개념이나 실질적인 이해를 넘어서, 아주 광대한 스케일로 영혼의 여행과 진화과정을 다루고 있다. 수를 셀 수 없을 정도 수천억의 영혼들이 시공을 초월하여 우주적인 타임테이블에 맞추어 계속 진화하고 있는 모습을 보게 된다. 그래서 카르마의 법칙은 위대한 은하계 연방부의 법정에서 관장하고 있는 디바인 법률제도라고도 할 수 있다.

이러한 관점에서 본다면, 매번 육체를 취하거나 인간으로 태어날 때마다 우리는 오래된 카르마를 받고 새로운 카르마도 계속 만들고 있다는 것이 된다. 그렇다면 인과의 사이클에 매여 계속 고통받기보다는, 영혼이 가진 원래의 순수한 본성을 되찾아 언젠가는 디바인 지성으로 재합류할 수도 있다는 의미이기도 하다. 생과 생을 통해 영혼이 육체를 옮겨가며 윤회를 거듭하는 것을 산스크리트어로 '삼사라(Samsara)'라고 한다. 삶과 삶을 거듭하며 생(生)과 사(死)의 사이클을 계속 겪는 것을 의미한다. 그래서 카르마의 법칙은 근대과학에서 인정하고 있는 단기적 인과의 법칙뿐만 아니라, 많은 생을 통해 모든 영혼들에게 귀추되는 장기적 인과의 법칙까지 같이 포함한다. 죠티샤는 그러한 대우주적인 카르마의 법칙에 관한 것이다.

점성학과 카르마(K. N. Rao)

우리의 카르마 패턴은 지나온 과거 전생의 무수한 삶들을 통해 형성된 힘들로서, 점성학에서 행성들의 패턴을 형성하고 있다. 그리고 우리가 현생의 어떤 특정한 시기에 그러한 카르마의 열매를 즐기거나 혹은 고통을 받도록 할당된 것이 다샤 시스템으로, 점성학의 주요 주제인 운명과 시간 혹은 운명의 수레바퀴를 대변하고 있다.

과학주의에 집착하는 현대인들은 '운명의 손짓'이라는 아이디어 자체에 비웃음을 던지며, 누구든 그걸 믿는 이는 미신으로 치부한다. 운명이 존재함을 증명하는 예시들이 수없이 많으나, 그들은 과학이라는 이름으로 모두 외면하고자 한다.

이러한 모든 예시들은 우리 시대에 실제로 일어난 역사적 사건들이다. 운명이 있음을 증명하는 사건들이 우리 인간의 삶에서 일상적으로 수없이 일어나고 있지만, 그러나 우리는 머리를 돌린 채 외면하고 있다. 어떻게 보면 좋은 현상이기도 하다. 너무 쉽게 믿는 자들은 심약한 운명론자가 될 수 있기 때문이다. 그럼에도 불구하고 우리가 숙명이나 운명이 존재함을 받아들이지 않기에는 일상적 삶에 분명히 존재하고 있는 어떤 진리, 비록 완벽하지는 않지만 그래도 점성가들은 다른 사람들보다는 더 잘 '볼 수' 있는 삶의 진리를, 그저 미신으로만 치부해버리기엔 당위성이 부족한 것은 마찬가지이다. 설령 이러한 진리를 '본' 점성가라고 할지라도, 때로는 잘못된 예측을 하기도 하는 것은 점성가 자신의 카르마 때문이다.

그러면 의문이 생길 수 있다. 과연 점성가 본인은 그러한 운명의 손짓으로부터 얼마나 스스로를 구제할 수 있는가? 이러한 의문은 '운명과 자유의지'에 대한 영원한 논쟁을 점화시킬 것이다. 모든 이들이 각자 강한 의견과 선입견, 관점들을 가지고 있기 때문이다. 신의 은총은 그러한 운명의 손길로부터 어느 정도 우리를 구제할 수 있다. 혹은, 그러한 운명의 손짓이 주는 고통과 시련들을 견디도록 해준다.

브리핟 파라샤라 호라 샤스트라는 힌두이즘에 나오는 신들의 환생에 대한 언급으로 시작을 한다. 언제든 세상에서 악의 힘이 선의 힘보다 강해져서 삶의 균형이 무너지게 되면, 그러한 불균형을 바로잡기 위해 힌두 신들은 아바타라 크라마(Avatara Krama)라는 모습으로 지상에 환생을 하게 된다는 것이다. 그리하여 총 아홉 환생(아바타)들이 각자 특정한 행성의 길조적인 영향으로 태어나게 되었다. 태양으로부터 로드 라마(Lord Rama), 달로부터 로드 크리슈나(Lord Krishna), 화성으로부터 로드 나라심하(Lord Narasimha), 수성으로부터 로드 붓다(Lord Buddha), 목성으로부터 로드 바마나(Lord Vamana), 금성으로부터 로드 파라슈라마(Lord Parashurama), 토성으로부터 로드 쿠르마(Lord Kurma), 라후로부터 로드 수커(Lord Sooker), 케투로부터 로드 미나(Lord Meena)이다. 브리핟 파라샤라 호라 샤스트라는 이러한 디바인 환생에 대한 스토리로 시작되고 있다(『하늘의 금괴』 1장 「행성들의 신화」 참조).

그러면 인간의 환생에 대해 파라샤라는 어디에서, 어떻게 언급을 하고 있는가? 이에 대한 내용들 중에 어떤 것은 파라샤라의 책 초반에 기술되어 있지만, 대부분의 단서들은 여기저기에 많이 흩어져 있다. 여덟 번째 하우스는 푸르바파라 자누르 브리탐(Purvapara Janur Vrittam)으로 이것은 직업을 나타내는 말인데 전생의 직업을 의미하고 있다. 다음으로 파라샤라가 언급하고 있는 중요한 단서는 마라카(Maraka), 혹은 죽음의 시기를 다룰 때이다.

아이가 태어나면 처음 4년은 어머니의 나쁜 카르마로 인해, 다음의 4년은 아버지의 나쁜 카르마로 인해, 그리고 다음의 4년은 아이 자신의 나쁜 카르마로 인해, 출생 후에 총 12년까지는 살아남기가 힘들다고 하였다. 죽음의 특성 또한 개인마다 가진 과거 생의 카르마에 따라 각자 다르게 결정된다고 하였다. 왕의 분노로 인한 징벌, 불치병, 혹은 무기로 인한 사살, 독살, 익사, 화재, 혹은 높은 곳에서의 추락사 등등 다양한 형태의 죽음이 될 수 있다. 죽는 순간에 의식이 있거나, 무의식적이거나, 혹은 집에서 죽거나, 아니면 돌아다니는 중에 혹은 외국에서 죽거나 등등, 이러한 것들이 직접적으로 기술되어 있다. 파라샤라와 바라흐미히라(Varahmihira)는 모두 과거, 현재, 미래 생에 대해 가장 분명한 조건들로 기술을 하였다.

○ 전생

현생에 태어나기 이전에 어느 세상에 있었는지, 혹은 어디에서 왔는지 그 사람의 출생 근원지를 알고자 한다면 드레카나(Drekkna, D-3)에서 태양, 혹은 달을 통해 짐작할 수 있다. 여기에서 목성은 천상, 혹은 높은 영역에서 왔음을 의미하고, 달과 금성은 찬드라 로카(Chandra Loka, 혹은 피트라 로카Pitra Loka라고도 한다)에서, 태양과 화성은 인간들 세상에서, 토성과 수성은 낮은 세상에서 왔음을 의미한다.

○ 후생

파라샤라는 목성이 6번, 7번, 혹은 8번 하우스들에 있으면 죽은 후에 더 높은 곳으로 간다고 칭송하였다. 바라흐미히라(Varahmihir)는 목성이 10번 하우스에 있을 때를 칭송한다. 만약 6번, 7번, 혹은 8번 하우스에 아무런 행성들이 없으면 6번, 7번 혹은 8번 하우스의 로드 행성들과 함께 이들의 드레카나 상태들을 살펴야 한다.

○ 현생

그러면 파라샤라가 전생과 후생에 대해 기술을 하고 난 후, 현생에 대해 어디에서 어떻게 직접적으로 언급을 하였는가? 여러 군데에 직접적으로 언급을 하였지만, 가장 확실한 언급은 전생의 커스들로 인해 현생에 자녀들이 없을 것이라는 장(章)에서 하였다. 여기에서 전생의 커스들이 어떤 특정한 것들일지 알기 위해, 만디(Mandi)와 5번 하우스를 다른 행성들과 함께 분석할 수 있다. 예를 들어 만약 그러한 커스에 태양이 연관되어 있으면 아버지의 커스로 인해, 만약 달이 연관되어 있으면 어머니의 커스로 인해 등등이다. 그리고 만약 라후가 만디와 합치 하고 있으면 전생의 사르파 도샤(Sarpa Dosha)로 인한 것이라고 하였다. 파라샤라는 각 타입의 커스들을 조율하기 위해 그라하샨티(Graha Shanti, 행성들을 위한 진언)하는 법들까지 설명하였다. 그러므로 파라샤라가 한 이러한 기술들을 통해서 점성학이 전생, 현생, 후생과 모두 직접적으로 연결되어 있다는 사실을 분명히 알 수 있으며, 전체적으로 윤회의 법칙을 상당히 서포트하고 있음을 확신하게 한다.

육체적, 아스트랄, 코잘 바디

깨달음이란 무엇인가? 사람은 세 가지 바디, 즉 육체적 바디(Sthula Sharira), 보다 섬세한 아스트랄 바디(Ling Deh), 그리고 코잘 바디(Karana Sharira)로 이루어져 있다는 사실을 먼저 이해해야 한다. 영혼의 윤회는 아스트랄 바디와 직접적인 연관을 가지고 있다. 아스트랄 바디가 파괴되지 않고 남아 있는 한, 출생과 환생의 사이클은 끝나지 않는다. 마하바라타에 흥미로운 이야기가 있다. 로드 크리슈나를 가이드와 구루로 모시고 있었던 아르쥬나는, 쿠루크세트라 전장에서 바가바드 기타 설문을 통해 모든 높고 고귀한 영적 지혜의 강의를 들었지만 모두 잊어버렸다. 그리고 긴 시간이 지난 후에 그는 다시 크리슈나에게 강의를 상기시켜줄 것을 요청했다. 크리슈나는 아르쥬나가 소중한 강의를 모두 잊어버린 것에 대해 꾸지람을 하며, 다시 기타(Gita)의 핵심내용을 설명해주었는데 이것이 브라만 기타(Brahman Gita)이다. 그런데 아르쥬나는 다시 모두 잊어버렸다. 그런데 로드 크리슈나가 인간들 세상에서 타계하여 떠난 이후, 아르쥬나는 아주 깊은 영적 수행에 몰두하게 되었다. 쉬리만 바가바탐(Srimad Bhagvatam)은 아르쥬나의 아스트랄 바디가 그제서야 파괴되면서 기타의 모든 강의를 남김없이 기억하게 되었음을 기술하고 있다. 육체를 가진 생명들은 그렇게 아스트랄 바디가 파괴됨으로 인해, 깨달음, 묵티(Mukti)를 비로소 얻을 수 있다.

북인도의 브리구 삼히타(Bhrigu Samhita)와 남인도의 나디(Nadis) 고서들에는 전생에 대한 기술들이 언급되어 있다. 그러나 어떤 점성가이든지 이러한 고서들을 통해 누군가의 전생에 대해 자신 있게 아는 것은 불가능하다. 카르마 비팍 삼히타(Karma Vipak Samhita)라고 하는 점성학 고서는 어떤 사람의 전생을 잔마(출생 달)의 낙샤트라의 차란(Charan, 4분의 1, 파다)를 통해 추정을 해나간다.

이러한 사실들은 모두 점성학이 사람의 전생들이나, 현생, 후생들과 아주 밀접하게 연관성을 가지고 있다는 것을 나타낸다. 이것이 점성학과 점성가들이 세 가지 타입의 카르마에 대해 표현하고 있는 이유이다. 산치타(Shanchita) 카르마(모든 전생의 삶에서 축적된 카르마로서, 현생에 즐기거나 고통을 받아야 하는 카르마), 아가마(Agama) 카르마(바로 이전 전생과 현생의 카르마들로 인한 직접적인 결과들)이다. 이러한 모든 카르마들이 완전히 소멸되지 않는 한, 깨달음이나 묵티는 얻을 수 없다. 카르마가 완전히 소멸되려면 아스트랄 바디 자체가 완전히 파괴되어야 한다. 이런 이유로 인해, 파라샤라와 바라하미히라가 모든 사람들의 전생, 현생, 후생에 대해 기술하였던 것이다. 흥미롭게도, 재미니 점성학에서는 카라캄샤(Karakamsha, 아트마Atma 카라카)와 아마티야(Amatya) 카라카를 분석함으로써 그 사람이 최종적으로 깨달음, 묵티를 얻을 수 있을지 없을지를 알 수 있다고 한다.

점성학적 이론은 100프로 카르마와 윤회의 법칙에 토대를 두고 있다는 사실을 강조할 필요가 있다. 이에 대한 보다 과학적인 연구들이 서양에서 일어나고 있지만, 인도인들은 지금까지 카르마와 윤회에 대한 확신을 단지 전통적인 믿음으로 가지고 있었다.
마하바라타에서는 전생의 카르마에 대해 언급을 하고 있다. 그리고 누구도 자신이 만들었거나, 만들고 있는 카르마들의 효과들을 피할 수 없다고 분명하게 밝히고 있다. 카르마는 마치 송아지처럼 아무리 큰 무리 속에 있어도 어미 소를 찾을 수 있는 것과도 같다, 카르마는 행위자를 어떤 실수도 없이 쫓아다닌다. 이것이 마하바라타에서 "카르마는 고통받든지, 즐기든지 해야 한다. 그렇지 않으면 카르마들은 소멸되지 않는다"라고 말한 이유이다.

행성들이나 낙샤트라들이 길조적이거나 비길조적인 효과들을 주는 것이 아니다. 사람들은 흔히 행성들이 그 사람으로 하여금 바르거나 잘못된 행위를 하도록 부추긴다고 하지만, 그러나 모두 자신이 행한 카르마들로 인해 일어나는 결과들인 것이다.

기본 천문과 판창가
(힌두 음력 달력)

　점성학은 하늘에 떠도는 행성이나 스타들과 같은 천상의 바디들이 지구상에 살고 있는 인간들 삶에 미치는 영향들을 과학적으로 연구하고 적용하는 학문이다. 이러한 천상의 바디들은 천문도(Horoscope)라는 삶의 지도 안에서 천문학적, 수학적인 정확한 계산을 토대로 각자의 위치가 결정된다. 천문도에 위치한 행성들은 특정한 지리적 장소나 개인들 삶에서 일어나는 다양하고 구체적인 사건들을 나타내고 있다. 태양, 달, 화성 등과 같은 행성들과 스타들이 실제적으로 이러한 현상들을 일어나게 만드는지, 아니면 그러한 현상들이 일어날 것임을 암시하고 있을 뿐인지 하는 사실은 확언하기가 어렵다. 분명한 사실은 하늘에서 움직이고 있는 천상의 바디들이 지구상에서 일어나고 있는 사건이나 이벤트들과 아주 밀접한 상관관계를 가지고 있다는 사실이다. 그리하여 어느 시대나 문화에서든지 인류는 모든 삶의 영역 이면에서 작용하고 있는 우주근원적인 힘과 배경에 대한 이해를 하기 위해 점성학적 지식을 사용하고 발전시켜왔다.

죠티샤(Jyotisha), 베딕 점성학(Vedic Astrology)

○ 인도 점성학을 뜻하는 이름들에 대한 배경과 바른 이해

고대 인도 사회에서는 특히 '죠티샤(Jyotisha)'라고 알려진 전통적 점성학이 정치, 문화, 종교 등과 같은 기본적인 사회구조체제와 일상적 삶 전반에 걸쳐 오늘 날까지 깊은 영향력을 행사하며 현시대까지 보존, 발전되어왔다. 죠티샤(Jyotisha)는 산스크리트어로서, '죠티(Jyoti, 빛)'와 '이샤(Isha, 로드 혹은 신)'라는 두 단어가 합쳐진 말이다. 죠티샤는 문자 그대로 '빛의 로드'라는 의미로 태양, 달과 같은 스타들과 행성들을 의미한다. 그러므로 죠티샤는, 이러한 천상의 바디들이 인간들 삶에 미치는 영향력을 공부하는 천문과학이자 인문학문이다. 힌두이즘(Hinduism)이라고 하는 인도 문화와 깊은 상관관계성을 가지고 있기에, 힌두 점성학 혹은 인도 점성학이라는 이름으로 불리기도 한다. 20세기 중반부터 스와미 프라부파다(Swami Prabupada, ISKON, 크리슈나 의식국제협회 창시자), 마하리시 마헤시요기(Maharishi Mahesh Yogi, TM, 초월명상법 창시자) 등과 같은 인도의 유명한 구루들이 서양 사회에 진출하여 '힌두이즘'이라는 독특한 영성 문화를 알리고 대중화시키기 시작했는데, 특히 요가와 명상, 그리고 점성학이 서양인들에게 지대한 관심과 각광을 받게 되었다. 초창기에는 힌두 언어의 잔재적 영향으로 인해 '죠티쉬(Jyotish)'라는 호칭이 일반적이었는데 언제부턴가 '죠티샤'라는 호칭으로 굳어지게 되었다. 그리고 '힌두 혹은 인도 점성학'이라는 이름보다는 '베딕 점성학(Vedic Astrology)'이라는 이름으로 더욱 보편화되기 시작했다. 헬레니즘이라는 정신문화에 기본을 두고 발전되어온 서양 점성학과 분명한 구분을 짓기 위해서였다.

베딕 점성학(Vedic Astrololgy)은 고대 인도 문명에서 유래된 거대한 고전들인 베다스(Vedas)의 일부분이다. 베다스는 '쉬루티(Shruti, 들은 것들)'라는 전통에서 유래된 고전지식들을 의미한다. '베다스(Vedas, 지식)'는, 베딕 산스크리트어로 쓰여진 거대한 영적, 종교적 고전들로서 힌두이즘의 기본 골격을 형성한다. 높은 정신적, 영적 수준에 달한 고대 인도의 성자들이 깊은 명상 상태에서 신들에게 직접 들은 초인간적 지식들이라는 의미를 가지고 있다. 총 네 개의 베다스들로 이루어져 있는데, 리그베다(Rigveda, 가장 오래되고 방대한 베다), 야주르베다(Yajurveda), 사마베다(Samaveda), 그리고 아타르바

베다(Atharvaveda)이다. 네 베다스들은 부차적으로 각자 부속된 베다스들을 가지고 있다(부록의 '베다 나무' 참고). 우리의 신체로 비유할 때 이러한 네 베다스들은 몸통에 해당하며, 그 외에도 베다의 수족에 해당하는, '베당가(Vedangas)'라고 하는 여섯 개의 부속 학문들이 있다.

○ 베당가

베당가는 베다(Veda)와 앙가(Anga, 수족)가 합쳐져 이루어진 단어로 ① **식샤(Siksa, '코'에 해당)** ② **비야카라나(Vyakarana, '입'에 해당)** ③ **찬다스(Chandas, '발'에 해당)** ④ **니룩타(Nirukta, '귀'에 해당)** ⑤ **죠티샤(Jyotisha, '눈'에 해당)** ⑥ **칼파(Kalpa, '손'에 해당)**가 있다.

여섯 베당가 중에서 '눈'에 해당하는 죠티샤가 가장 중요한 비중을 차지하고 있다. 이러한 베당가의 죠티샤에 대해 아직 잘 알려지지 않은 한국에서는 '베당가 죠티샤'라고 부르는 이들도 있다. 하지만 '베당가 죠티샤(Vedanga Jyotisha, by Lagadha)'라고 하면 기원전 6~7세기에 라가다(Lagadha)라는 작가에 의해 쓰인 고대 인도의 천문학 고서를 의미하므로 혼돈을 야기시키기 쉬운 명칭이다. 라가다의 베당가 죠티샤는 천문학에 관한 저서이며, 죠티샤라는 베딕 점성학에 대한 고서들과는 다르다. 죠티샤에 대한 대표적인 고전들에는 브리핱 파라샤라 호라 샤스트라(Brihat Parashara Hora Shastra), 사라발리(Saravali), 재미니 우파데샤(Jamini Upadesa), 야바나 자타카(Yavana Jataka), 자타카파리자타(Jataka Parijaat), 사르바타 친타말리(Saravarth Chintamani) 등등이 있다(부록 참고).

이러한 베다스는 영원한 지식을 의미하는 베다 문화의 신성한 고전들로서, 본질적인 이해를 하기 위해서는 아주 깊이가 있는 지식 탐구 자세뿐만 아니라, 엄격한 도덕적, 영적 수행도 같이 필수적으로 요구된다. 그리하여 베다 문화에 익숙하거나 문화권 밖에 있는 사람들에겐 베다스들이 어떤 형식적이고 낯선 종교적 의례의식들 이상으로는 보이지 않을 수 있다. 하지만 모든 사상이나 독선, 종교, 문화와 언어 등의 차이 너머에 있는, 본질적 삶에 공통적으로 내재하고 있는 어떤 가장 깊은 참 진리를 추구하는 구도자들에겐 죠티샤는 진리의 눈을 밝혀주는 빛과도 같아서 깨달음을 향한 최상의 도구가 될 수 있다. 베다의 '눈'에 해당하며 과거, 현재, 미래를 볼 수 있는 힘을 가지고 있기 때문이다. 그리하여 베다 문명에서는 아주 오래 전부터 죠티샤를 인류지 대소사에 연관된 일들에 대한 예측이나 예언, 상담, 가이드 등을 위해, 혹은 어떤 행위를 하는 데 있어, 특히 종교적인 행위를 하는 데 있어 길조적인 기일이나 시간을 선택하기 위한 상담 수단으로 사용하여왔다.

베딕 점성학(죠티샤)에는 다음과 같은 세 가지 주요 분야가 있다.

○ 삼히타(Samhita)

먼데인 점성학(Mundane Astrology) 혹은 정치 점성학이라고도 칭한다. 정치나 선거, 집합적 혹은 집단적 현상들을 다루는 분야의 점성학을 의미한다. 다양한 지역의 기후나 기상예보, 농수산물 생산 예측, 자연재해나 홍수, 기근, 전쟁, 지진, 태풍, 경제적 시장 상황, 정치와 정부의 변화, 국내 및 국제 이벤트 등 대중들에게 영향을 미치는 거의 모든 일들을 다루고 있다.

○ 시단타(Siddhanta, 천문학)

탄트라(Tantra) 혹은 가니타(Ganita)로 점성학의 수학적인 면들을 다루는 분야이다. 시단타 점성학을 다루는 고전들이 여러 개 있지만, 그 중에서 가장 중요한 다섯 가지 고전은 다음과 같다. ① 수리야 시단타(Surya Siddhanta) ② 파우리샤 시단타(Paulisha Siddhanta) ③ 로마카 시단타(Romaka Siddhanta) ④ 바시쉬타 시단타(Vasishtha Siddhanta) ⑤ 파이타마하 시단타(Paitamaha Siddhanta)

○ 호라(Hora)

예측 점성학(Predictive Astrology)으로 일반적으로 가장 널리 알려져 있고 사용되는 분야의 점성학에는 두 가지가 있다. ① 개인적 호로스코프로 나탈 차트 혹은 자타카(Jataka)를 다룬다. ② 무후르타(Muhurta) 점성학으로 어떤 행동을 하기에 가장 길한 시간과 기일을 선택하기 위해 사용하는 점성학이다. 원하는 특정한 결과나 효과들을 얻기 위해 비록 점성학에 대해 잘 모르는 일반인들이라 하더라도 일상적 삶에서 간편하게 활용할 수 있도록 기본적인 무후르타 계산법만을 사용해 제작한 것이 판창가(Panchanga, 힌두 음력 달력)다. 인도 문화에서 중요한 종교 문화적 행사나 기일들은 모두 판창가를 기준으로 하고 있다.

○ 그 외의 몇 가지 서브 점성학(Sub Astrology)

① 스와 샤스트라(Swa Shastra), 음성 점성학(Phonetical Astrology)은 이름과 소리를 다루는 점성학이다. ② 프라즈나(Prasna), 호라리 점성학(Horary Astrology)은 나탈 차트와는 상관없이, 점성가에게 던져진 질문에 대한 답을 구하는 점성학이다. ③ 나디 점성학(Nadi Astrology)은 개인에 대한 자세한 예측이 적혀 있는 고전 문헌이다. ④ 박샤팔(Varshaphal) 점성학은 매년 개인의 생일, 솔라 리턴에 기준을 둔 점성학이다. ⑤ 궁합 점성학(Compatibility)은 주로 결혼을 위한 남녀 궁합 여부를 알기 위해 사용하지만, 부모와 자녀, 혹은 비즈니스 파트너 등의 관계성을 알기 위해서도 사용되는 점성학이다. ⑥ 의학점성학(Medical Astrology)는 죠티샤와 아유르베다(Ayurveda, 인도의 전통 대체의학)를 이용하여 건강과 질병에 대한 연구와 치료법을 주로 다루는 점성학 분야이다.

기본 천문

베딕 점성학은 천문학적으로 객관적 사실들에 기준을 두고 계산을 하고 있다. 고대 인도에서 천문학은 아주 고도로 발달된 학문이었으며, 천문학적인 지식은 점성가들이 필수적으로 갖추어야 하는 요건이었다. 고대 인도의 베딕 점성가들은 지구의 자전이나 공전 현상, 계절의 형성과 변화, 일식과 월식 현상, 양력과 음력의 개념, 하지와 동지, 하늘에 있는 행성과 스타들의 위치와 상관관계성 등의 천문 지식들에 대해 잘 알고 있었다. 현대의 망원경이나 복잡한 컴퓨터 시설들이 없어도 그들은 천상의 바디들의 다양한 위치나 움직임에 대한 섬세하고 정밀한 계산을 할 수 있었다는 사실은 놀라울 정도이다.

베딕 점성가는 우주에서 움직이지 않는 것은 아무것도 없다는 사실에 대해 잘 알고 있었다. 그리하여 하늘에 어떤 고정된 포인트를 선택한 뒤 그것을 기준으로 지구와 다른 행성들의 움직임을 고려하였다. 그의 입장에서 보면 끊임없는 움직임 속에 있는 전체 우주가 자신을 중심으로 회전하고 있다고 가정하는 것이 더 수월했다. 그리하여 자신이 살고 있는 지구를 기준으로 모든 하늘의 바디들 위치와 움직임들을 계산하였다. 따라서 고대 인도의 천문학은 태양 중심이 아니라 지구 중심으로 이루어져 있다.

○ 천동설에 기준한 천문학적 기본 토대

베딕 점성학에서는 행성들을 '그라하(Graha, 쥐고 있는, 즉 조디액의 라시들을 쥐고 있는)'라고 칭하는데 총 아홉 개가 있다. 태양, 달, 수성, 화성, 목성, 금성, 토성, 라후, 그리고 케투이다. 이들 중에 태양과 지구의 위성인 달은 스타들이고 나머지 다섯만 실제로 행성이지만 편의상 모두 행성(Graha, Planets)들로 부른다. 라후와 케투는 천문학적으로 일식과 월식을 일으키는 이클립 포인트들이지만 카르마적으로 중요한 상징을 가지고 있어 다른 행성들과 같은 동등한 지위의 행성들로 다룬다.

베딕 점성학에 대한 본론 설명들에 들어가기 이전에, 먼저 토대를 이루고 있는 기본적인 천문학 이론들을 이해해야 할 필요가 있다. 지구가 태양 주변을 회전하는 지동설이 기정사실이지만, 점성학은 편의상 지구를 우주의 중심으로 두는 천동설에 기준하여 천문학적 기본 개념들을 형성시킨다. 가운데에 지구가 있고, 행성들의 회전 속도에 따라 달, 수성, 금성, 태양, 화성, 목성, 토성의 순서대로 배치되어 있다. 이들이 지구 주

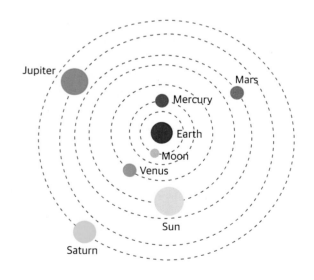

변을 한 번 회전하는 데 걸리는 시간들은, 달 약 27.32일, 수성 약 88일, 금성 약 224.7일, 태양 약 365.25일, 화성 약 687일, 목성 약 11.86년, 토성 약 29.46년이다.

○ **지구(Earth)와 타임 존**

지구는 공처럼 둥글지만 완벽한 원형의 모습이 아니라, 양극이 조금 평평하고 가운데 적도 주변이 약간 튀어나온 편원형(Oblate Spheroid Earth) 모양을 하고 있다.

지구는 가운데 있는 축을 중심으로 서쪽에서 동쪽 방향으로 회전을 하고 있다. 지구의 축은 중심을 관통하는 가상의 장대로서 위와 아래(북극과 남극)에 있는 두 개의 극이 세로로 연결되어 있다. 이렇게 둥근 지구의 표면 위로 북극과 남극을 연결하는 세로의 가상 선들을 그은 것이 경도(longitude)이고, 가로로 그은 가상의 선들이 위도(latitude)이다. 두 극과 같은 거리에 있으면서 가장 넓은 지름을 가진 가로의 가상 선이 적도(equator)이다. 지구의 중심을 지나는 원은 대원(The Great Circle)이라고도 하는데 적도가 유일한 대원이다. 적도에서 남극과 북극까지의 거리는 동등하다. 다른 원들을 소원(The Small Circle)이라 부르며, 남쪽과 북쪽으로 있는 위도들은 모두 소원에 해당한다. 위도는 적도를 0°로 두고, 북극과 남극까지의 거리를 0°에서 90° 사이에 있는 것으로 나타낸다. 위도의 단위는 북위N 00° 00' 00"/남위S 00° 00' 00"로 나타낸다. 적도는 자연스럽게 위도의 기준이 되는 반면, 경도는 자연적인 기준이 없어 임의적인 기준이 필요했다. 그래서 1884년 국제회의에서 영국의 그리니치(Greenwich)를 0°의 경도

(longitude)를 가진 본초자오선(Prime Meridian)으로 규정했다. 동쪽 혹은 서쪽으로 얼마나 떨어져 있는지 0°에서 180° 사이에 있는 것으로 나타낸다. 경도의 단위는 동경 180° E00'/서경 180° W00'으로 표기한다. 360° 경도는 지구가 1회 자전하는데 걸리는 시간 단위를 나타낸다. 1시간은 15°의 경도에 해당하며, 1°의 경도는 4분에 해당한다. 그리니치(GMT, Greenwich Mean Time) 시간이 국제표준시간(UTC, Coordinated Universal Time)으로, UTC를 기준으로 24시간 단위로 ±12시간의 타임 존을 표기한다.

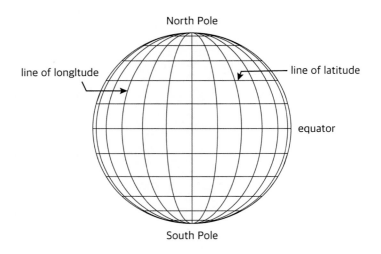

○ **천구(Celestial Sphere)**

지구 주변을 둘러싸고 있는 무한대의 공간을 향해 사방으로 그은 가상의 원형이 천구이다. 천구의 중심을 지나는 선이 천구의 적도(celestial equator)이고, 천구의 양극에는 천구의 북극(North celestial pole)과 천구의 남극(South celestial pole)이 있다. 천구의 북극과 남극을 연결하는 선들이 자오선(Meridian)이다. 영국의 그리니치를 지나는 자오선이 0°에 해당하는 표준자오선(standard meridian, 혹은 본초자오선)이다. 표준자오선을 기준으로 하여 북위나 남위에 있는 특정한 위치의 자오선을 알 수 있다. 천구의 적도(Celestial Equator)를 지나는 자오선의 북극점이 천정점(Zenith)이고, 남극점이 천저점(Nadir)이다. 천정점과 천저점은 천구의 북극과 남극, 적도를 자오선으로 같이 연결한다.

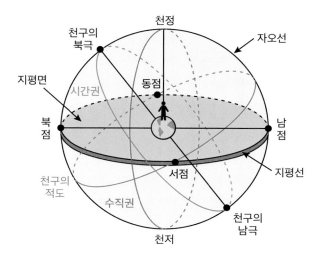

○ 천구의 적도(Equator)와 이클립틱(Ecliptic, 태양의 길), 그리고 계절의 형성

지구는 자신의 축을 중심으로 24시간 단위로 1회씩 자전을 하면서, 동시에 이클립틱을 따라 태양 주변을 한 번 회전하는 데 1년(365.2422일)이 걸리는데 이를 트로피칼 해(Tropical year)라고 한다. 지구의 입장에서 보면 태양이 지구 주변을 도는 것처럼 보이기 때문에 이를 이클립틱(Ecliptic, 태양의 길)이라고 부른다. 천구의 적도는 지구 중심을 동서 방향으로 가로지르며, 지구를 북위와 남위로 나누고 있다. 이클립틱은 적도와 평행이 아니라 약간 기울여진 모습으로 놓여 있다(2021년 현재 약 23.4° 각도이며, 행성들의

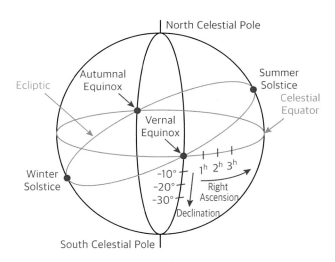

움직임으로 인해 약 100년마다 0.013°씩 줄어들고 있다). 이클립틱의 절반은 적도의 북쪽에, 절반은 적도의 남쪽에 있다. 태양은 천구의 적도를 1년에 2회 지나가면서 춘분점(약 3월 21일)과 추분점(약 9월 23일)을 만들게 된다. 춘분점을 기준으로 태양은 이클립틱의 북쪽을 지나고, 추분점을 기준으로 남쪽을 지난다. 이 두 점에서 전 세계적으로 밤과 낮의 길이가 동등해지게 된다. 춘분점을 지난 태양은 점차 북쪽으로 상향을 하다가 약 6월 21일쯤에 이클립틱의 최고점에 달하게 된다. 이때가 하지(Summer Solstice)이며 낮의 길이가 연중 가장 길다. 하지를 기점으로 태양은 남쪽을 향해 점차 하향을 하다가 약 12월 22일쯤에 이클립틱의 최저점에 달하게 된다. 이때가 동지(Winter Solstice)이며 밤의 길이가 연중 가장 길다. 동지를 기점으로 태양은 다시 북쪽을 향해 점차적으로 상향을 하게 된다(호주처럼 지구의 남반구에 있는 나라들은 정반대의 계절이다).

○ 조디액(Zodiac)

이클립틱을 중심으로 북쪽과 남쪽으로 8~9°씩 가상적으로 확장시킨 것이 조디액 벨트이다. 행성과 낙샤트라들은 조디액 벨트 내에 머물고 있다. 지구는 축을 중심으로 서쪽에서 동쪽 방향으로 24시간에 1회씩 자전을 하고 있다. 그리하여 지구에서 보면 전체 조디액이 지구를 중심으로 동쪽에서 서쪽 방향으로 24시간에 1회씩 회전하는 것처럼 보인다. 즉, 조디액을 구성하고 있는 열두 라시와 27 낙샤트라들도 지구를 중심으로 24시간에 1회씩 회전하는 것처럼 보이는 것이다. 일출에서 일몰까지가 낮이며, 나머지는 밤으로 규정한다. 열두 라시들 중에 6개는 낮에 올라오고, 나머지 6개는 밤에 올라온다. 특정한 낙샤트라들도 일출과 함께 동쪽 지평선에서 올라왔다가 일몰과 함께 서쪽 지평선으로 사라지는 것처럼 보인다.

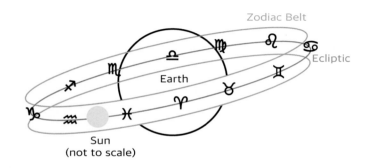

○ 라그나(Lagna 혹은 상승궁, Ascendant) 그리고 12 하우스, 12 라시들

어떤 개인이 출생하던 때에, 동쪽 지평선에서 올라오던 라시의 각도는 라그나 혹은 상승궁 포인트(동점)를 의미한다. 한 개의 라시 범위는 30°이므로 라그나 포인트는 30° 이내에 있다. 나탈 차트에서 가장 중요한 포인트로서, 이클립틱과 동쪽 지평선이 서로 교차하는 점이며, 1번째 하우스를 결정짓는다. 라그나 포인트의 180° 정반대편에 있는 포인트가 7번째 하우스(서점)가 된다. 그가 있는 장소를 가로지르는 자오선의 천정점이 '미드헤븐(Mid-heaven, MC)'으로 차트에서 10번째 하우스(남점)를 의미한다. 천정점에서 180° 정반대편에 있는 천저점이 차트에서 4번째 하우스(북점)를 의미한다.

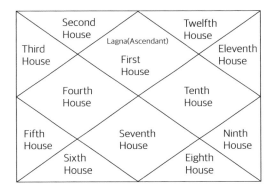

○ 열두 라시들의 길이, 혹은 동쪽 지평선에서 올라오는 데 소모되는 시간

360°조디액에서 각자 0°에서 30° 범위를 가진 열두 라시들이 차례대로 지평선에서 올라오는 데 걸리는 시간들이 모두 일정하지는 않다. 어떤 라시들은 다른 라시들에 비해 좀 더 시간이 오래 걸리거나 혹은 빨라지게 된다. 열두 라시들은 세 그룹으로 나눌 수 있다. 같은 그룹에 속하는 라시들은 동쪽에서 올라오는 데 동등한 길이의 시간이 소모된다.

	12	1	2	3	
	Pisces (Meena)	Aries (Mesha)	Taurus (Vrishabha)	Gemini (Mithuna)	
11	Aquarius (Kumbha)	Zodiac Signs (Rasis)		Cancer (Karkataka)	4
10	Capricorn (Makara)			Leo (Simha)	5
	Sagittarius (Dhanush)	Scorpio (Vrischik)	Libra (Thula)	Virgo (Kanya)	
	9	8	7	6	

그룹 1	산양(1, 메샤)	처녀(6, 칸야)	천칭(7, 툴라)	물고기(12, 미나)
그룹 2	황소(2, 브리샤바)	사자(5, 심하)	전갈(8, 브리쉬치카)	물병(11, 쿰바)
그룹 3	쌍둥이(3, 미투나)	게(4, 카르카)	인마(9, 다누)	악어(10, 마카라)

적도에서 북위에 있는 장소들에서는 6개의 라시들, 즉 4번째 게 라시에서 9번째 인마 라시까지는 올라오는 시간이 길어지고, 10번째 악어 라시에서 3번째 쌍둥이 라시까지는 빨라진다. 적도에서 남위에 있는 장소들에서는 정반대이다.

○ 두 개의 다른 조디액인 트로피칼(유동적) 조디액과 사이더리얼(고정적) 조디액, 베딕 점성학과 춘분점의 진행(Procession of Equinox)

대부분의 서양 점성학에서는 춘분점이 산양 라시 0°에 고정된 트리피칼 조디액(Tropical Zodiac)을 사용한다. 춘분점은 태양이 산양 라시에 진입하는 포인트로 매년 3월 21일쯤에 일어난다.

그에 비해 인도에서는 춘분점을 스타(낙샤트라)들에 고정시키는 사이더리얼 조디액(Sidereal Zodiac)을 주로 사용한다. 그래서 사이더리얼 점성학이라고도 부른다. 현재(2021년) 사이더리얼 조디액에서 산양 라시의 0°는 레바티 낙샤트라 그룹의 특정한 스타(물고기자리, 지타 별, ζ Piscium) 어딘가에 위치하고 있다. 이러한 사이더리얼 점성학이

인도의 정통 베딕 점성학이라고 알고 있는 사람들이 많이 있다. 하지만 베딕 점성학이라는 명칭은 베다스의 영성 문화와 연계성을 가진 점성학이라는 의미로, 헬레니즘 문화와 연계성을 가진 서양의 점성학과 구분하기 위해 1990년대 초반부터 사용하기 시작하여 점차적으로 '죠티샤'라는 이름과 함께 보편화되기 시작한 명칭이다. 그러므로 베딕 점성학은 모든 시스템의 인도 점성학을 의미한다.

지구는 24시간 만에 1회의 자전을 하는 동시에, 1년에 1회씩 태양 주변을 공전하는 움직임을 계속하고 있다. 그런데 약간 찌그러진 편원형의 모습으로 인해 어떤 고정된 스타를 기준하고 봤을 때 매년 같은 시간에 똑같은 위치에 되돌아오지 않는다. 즉, 태양이 조디액의 산양 라시에 진입하는 춘분점 포인트가 고정된 스타 위치보다 매년 천천히 앞으로 움직이고 있다는 사실이다. 이를 '춘분점의 진행(Procession of Equinox)'이라고 하는데, 약 71.6년 만에 1°씩 차이가 벌어진다. 그리하여, 태양이 산양 라시 0°도일 때 춘분점을 재는 트로피칼(유동적) 조디액과, 고정된 스타에 기준하여 춘분점을 재는 사이더리얼(고정적) 조디액의 차이가 서서히 멀어지기 시작했다. 두 조디액이 서로 일치하는 데는 약 25,800~26,000년 정도가 걸린다고 한다. 약 1,500~2,000년 전에 두 조디액은 완벽하게 일치하였다가, 지금(2021년 기준)은 약 20° 정도 차이가 나며 계속해서 더 멀어지고 있다.

○ **아야남샤(Ayanamasa), 니르야나와 사야나 시스템**

춘분점의 진행으로 인해 춘분점을 계산하는 포인트가 서로 다른 두 조디액의 차이를 '아야남샤(Ayanamsa)'라고 한다. 그러므로 아야남샤는 고정된 조디액과 유동적인 조디액의 차이를 의미하며, 천체력(Ephemeris)을 사용하면 해당 년도의 아야남샤 가치를 알 수 있다. 고정된 사이더리얼 조디액을 사용하는 점성학을 '니르야나(Niryana) 시스템'이라 하고, 유동적 트로피칼 조디액을 사용하는 점성학을 '사야나(Sayana) 시스템'이라고 부른다. 니르야나 시스템에서 행성들의 위치를 파악하기 위해서는, 사야나 시스템의 경도에서 먼저 파악하여, 해당 년도의 아야남샤 가치를 빼는 방식을 사용한다. 아야남샤의 종류에는 현재 40여 종이 있다(다음 항목 참조).

○ 행성들과 조디액

지구가 속한 태양계에서는 지구를 포함한 다른 행성들이 모두 조디액 내에 머물며 태양을 중심으로 각자 다른 속도로 서쪽에서 동쪽 방향으로 회전을 하고 있다. 지구는 축을 중심으로 자전하면서 태양 주변을 공전하고 있다. 이러한 자전 현상은 밤과 낮을 만들어내고, 공전 현상은 계절의 변화를 만들어낸다. 태양을 마주하는 면에 위치한 장소들이 낮이면 다른 면에서는 밤이 된다. 지구의 북반구에서 여름이나 겨울이면 남반구에서는 겨울이나 여름이 되는 것이다.

그런데 지구에서 보면 우리는 움직이지 않고, 오히려 해가 동쪽에서 뜨고 서쪽에서 지는 것처럼 보이고 태양이 지구를 중심으로 회전하는 것처럼 보이게 된다. 다른 행성들도 마찬가지이다. 이들은 실제로 태양을 중심으로 서쪽에서 동쪽을 향해 움직이고 있지만, 우리의 입장에서는 조디액 내에 머물면서 동쪽에서 서쪽을 향해 움직이고 있는 것처럼 보인다. 전체 조디액의 열두 라시들과 스타(낙샤트라)들도 모두 차례대로 동쪽 지평선에서 올라왔다가 서쪽으로 지는 것처럼 보인다.

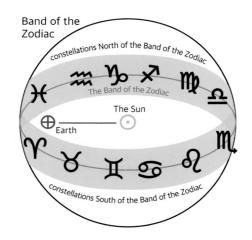

○ 내행성과 외행성

지구는 태양계에서 3번째에 위치하고 있다. 수성과 금성은 태양과 지구 사이에 회전 궤도를 가지고 있다. 지구의 궤도 내에 있는 이 둘을 내행성(Inner, 혹은 Inferior Planets)이라고 한다. 수성은 태양으로부터 최대한 27° 이상은 멀어지지 않는다. 금성은 최대한 47° 이상은 멀어지지 않는다. 화성, 목성, 토성은 지구의 궤도 밖에 있다. 그래서 이들을 외행성(Outer, 혹은 Superior Planets)이라고 부른다.

○ 행성들의 역행(Retrogression)과 직행(Direct motion)

행성들은 조디액을 따라 태양 주변을 서쪽에서 동쪽 방향으로 직행하며 움직이고 있다. 그런데 때로는 지구에서 보면 행성들이 뒤에 있는 스타들을 배경으로 반대 방향으로 움직이고 있는 듯이 보인다. 이를 행성들의 역행(Retrogression)이라고 하는데, 특히 예측 점성학에서 중요한 의미를 가지게 된다. 태양과 달은 항상 직행을 하며, 나머지 다섯 행성들(수성, 금성, 화성, 목성, 토성)은 정기적으로 역행을 하면서 궤도 조율을 하곤 한다. 실제 행성이 아니라 천문학적인 일식과 월식 포인트들인 라후와 케투는 항상 역행을 한다(라후와 케투 참조).

내행성인 수성과 금성은 태양과 지구의 중간에 들어올 때 역행을 하게 된다. 이들이 역행을 할 때는 그만큼 지구에 가까이 있기 때문에(Inferior Conjunction) 미치는 영향력도 더 뚜렷해지게 된다.

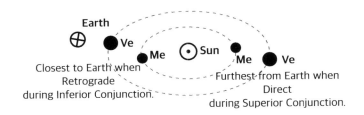

외행성인 화성, 목성, 토성은 지구를 사이에 두고 태양의 가장 반대편에 있을 때 역행을 하게 된다.

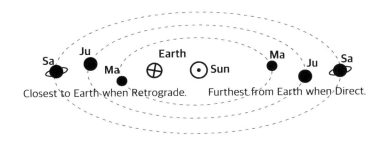

○ 행성들의 컴바스트(Combust)

이들 행성이 지구의 정반대편에 있을 때(Superior Conjunction), 지구에서는 가장 멀리 있는 반면 태양과는 그만큼 가까이 있기 때문에 '컴바스트(Combust)'가 된다. 태양이 중간에 들어와 지구를 가릴 때 컴바스트가 일어난다. 행성들이 태양에 너무 가까이 있으면서 지구에서는 보이지 않기 때문에 컴바스트가 되었다고 말한다. 컴바스트가 된 행성들은 가진 저력을 잃고 예측하기 어려운 방식으로 행위를 하기 때문에 예측 점성학에서 비길조적으로 여긴다.

컴바스트가 되는 범위는 달 12°, 화성 17°, 수성 14°, 목성 11°, 금성 10°, 토성 15°이다. 행성들이 태양과의 거리가 각자 해당 범위 내에 있을 때 컴바스트가 되었다고 간주한다(역행하는 행성은 컴바스트가 되지 않는다). 하지만 이러한 범위들은 천문학적 실제 범주를 의미하기 때문에, 조디액 내에 있는 행성들의 각도만 보고 판단하지 말아야 한다. 지구의 둥근 표면으로 인해 어느 위치에서 보느냐에 따라 행성은 다르게 보이기 때문이다. 그래서 비록 조디액에서는 행성들이 태양과 컴바스트 범위 내에 있는 것처럼 보이더라도 실제 천문학적으로는 서로 멀리 있는 경우가 자주 있다. 이는 마치 달이 산 위에서 보면 훨씬 가깝게 보이더라도 실제로 달과 지구 사이의 거리는 산 아래나 위나 별 차이가 없는 것과도 같다. 그래서 정확한 컴바스트 여부를 알기 위해선 천문 소프트웨어로 확인을 해야 한다(현재로선 칼라 소프트웨어 Kala Software가 유일하게 정확한 컴바스트 여부를 계산하는 프로그램이다).

컴바스트가 된 행성들은 그만큼 지구에서 멀리 있는 것이고, 역행하는 행성들은 그만큼 지구에 가까이 있게 된다. 지구에 가까이 있는 행성일수록 지구상의 생명들에게 미치는 효과들이 보다 분명해지게 되고, 멀리 있는 행성일수록 그만큼 미약해지게 된다. 그래서 베딕 점성학에서는 대체로 역행하는 행성들은 길조적이고, 컴바스트가 된 행성들은 비길조적인 효과들을 내는 것으로 간주한다.

판창가(Panchanga, 힌두 음력)

  판창가(Panchanga)는 고대 인도 문화에서 유래된 음력 시스템으로, 모든 베딕 의식이
나 일상적 대소사 행사들은 판창가에 기준하여 이루어져왔다. 고대 베다 시대부터 현
재까지 이러한 점성학적 지식은 인도 사회 문화 전반에 걸쳐 아주 핵심적인 비중을 차
지하고 있다. 오늘날 우리가 알고 있는, 개인적 삶에 대한 예측을 다루는 나탈 점성학
혹은 자타카(Jataka) 점성학은 고대 시대에는 오직 크샤트리야(Kshatriya, 왕족) 계급들
에게만 허용된다는 제약이 있었다. 이에 비해 일상적 삶이나 어떤 축제, 행사들을 하
고자 할 때 길조적인 시기를 알기 위해 판창가를 이용하는 무후르타(Muhurta) 점성학
은 비록 브라민이나 왕족들뿐만 아니라 일반 평민들에게도 허용되었으며, 현시대까지
도 모든 인도 사회와 문화권에 걸쳐 광범위하게 사용되고 있는 점성학 분야이다. 그리
하여 아주 오래 전부터 모든 시대의 인도 달력들은 판창가에 기준하여 만들어졌으며,
다양한 축제, 의식, 그리고 최적의 시기를 선택하는 데 도움이 되도록 행성들의 조합까
지 모두 자세하게 기술되어 있다.

  판창가(Pancha '5', Anga '부분')는 총 다섯 가지 부분들로 이루어져 있다.

티티(Tithi), 혹은 음력 날짜	한 개의 티티는 음력 하루에 해당하며, 솔라의 약 0.95일에 해당한다. 지는 달의 주기는 크리슈나 팍샤(Krishna Paksha), 뜨는 달의 주기는 슈클라 팍샤(Shukra Paksha)이다.
바아라(Vaara), 혹은 요일	해당 요일의 행성을 의미한다. 일요일(태양), 월요일(달), 화요일(화성), 수요일(수성), 목요일(목성), 금요일(금성), 토요일(토성).
낙샤트라(Nakshatra), 혹은 루나맨션	27개 낙샤트라들이 있다. 행성들이 지나가고 있는 배경 하늘을 의미한다. 모든 행성들이 낙샤트라 위를 지나가고 있지만, 특히 출생 시에 달이 위치한 낙샤트라가 제일 중요하게 여겨졌다. 출생 달이 위치한 낙샤트라를 잔마 낙샤트라(Janma Nakshatra)라고 한다.
요가(Yoga)	요가의 뜻은 '조합'이라는 의미이다. 판창가에서는 '달과 태양'의 구체적인 조합을 의미한다. 이러한 조합은 개인의 건강에 영향을 미치는 것으로 알려져 있다.
카라나(Karana)	카라나의 뜻은 '음력 반나절'이라는 의미이다. 총 11개의 카라나가 있다.

이 다섯 요소들 중에서, 바아라(요일)는 유일하게 태양에 의존하고, 나머지 넷은 모두 달의 위치, 혹은 달과 태양의 조합에 달려 있다. 그래서 인도의 점성학에서는 태양보다 달이 훨씬 중요한 비중을 가지게 되었다.

○ 음력, 사이더리얼(Sidereal) 그리고 시노딕(Synodic) 월(月)

달은 음력으로 한 달에 한 번씩 지구를 회전한다. 다른 행성들과 마찬가지로 달도 조디액을 따라 서쪽에서 동쪽 방향으로 움직이지만, 지구에서 보면 반대 방향으로 회전하는 것처럼 보인다. 정확한 음력의 주기는 각 문화마다 다르게 재지만, 인도 문화에서는 사이더리얼 음력 주기를 사용하였다. 즉, 고정된 스타를 기준으로 재어서 달이 그 자리로 되돌아오는 기간을 의미하며, 사이더리얼 음력 월(月)이라고 부른다. 이에 비해 시노딕 음력 월(月)은 초승달에서 초승달까지의 기간을 의미한다. 달이 지구 주변을 한 번 회전하는 동안 지구도 마찬가지로 움직였기에(공전으로 인해) 달은 그만큼의 거리를 따라잡아야 한다. 그래서 시노딕 음력은 사이더리얼 음력보다 조금 더 긴 시간이 걸린다. 양력과 비교를 하면, 사이더리얼 음력 한 달은 총 27.321일에 해당하고, 시노딕 음력 한 달은 총 29.531일에 해당한다. 판창가에서 사용하는 음력 주기는 시노딕 월(月)이다.

○ 달의 사이클과 팍샤(Paksha)

점성학적으로 음력 1년은 시노딕 음력 12개월을 보통 의미하며, 약 354일에 해당한다. 시노딕 음력 한 달에는 30개의 티티(음력 하루)가 있으며, 시노딕 음력 1년은 총 360개 티티(Tithi)들을 가지고 있다. 양력 1년은 약 365.25일이기에, 시노딕 1년과 약 11일의 차이가 난다. 그래서 완전히 음력 달력을 따르게 되면 양력을 따라 일어나는 다양한 계절의 변화들과 일치하지 못하는 현상이 일어나게 된다. 이러한 차이를 만회하기 위해 매 4년마다 시노딕 한 달을 추가하는 윤달 제도가 시행되었다. 그리하여 양력과 음력 달력 주기를 정기적으로 화합시킬 수 있었다.

팍샤(Paksha, '측면')는 시노딕 음력 15일에 해당한다. 시노딕 음력 한 달에는 총 2개의 팍샤인 크리슈나 팍샤(Krishna-paksha)와 슈클라 팍샤(Shukla-paksa)가 있다. 크리슈나 팍샤는 지는 달의 주기로, 보름달에서 초승달까지의 기간을 의미한다. 슈클라 팍샤는 뜨는 달의 주기로, 초승달에서 보름달까지의 기간을 의미한다.

○ 달의 노드들(Nodes)인 라후와 케투, 그리고 일식과 월식

달의 길(lunar orbit)은 태양의 길(이클립틱, ecliptic)과 나란히 병렬하는 것이 아니라 약 5° 9′ 정도 기울어져 있다. 그렇다 보니 두 길은 중간에서 서로 교차를 하게 된다. 북쪽에서 교차하는 점을 라후(Rahu, 혹은 어센딩 노드Ascending Node)이고, 남쪽에서 교차하는 점은 케투(Ketu, 혹은 디센딩 노드Descending Node)로, 이 두 점들을 달의 노드(Node)들로 칭한다. 라후와 케투는 항상 서로 180° 간격으로 마주하고 있다. 천문학적으로 두 점은 식(蝕, Eclipses)들을 일으키는 눈에 보이지 않는 포인트들이지만 베딕 점성학에서는 다른 행성들과 마찬가지로 그라하(Graha, 행성)들로 다루어지고 있다. 식(蝕, Eclipses)에는 일식과 월식이 있다.

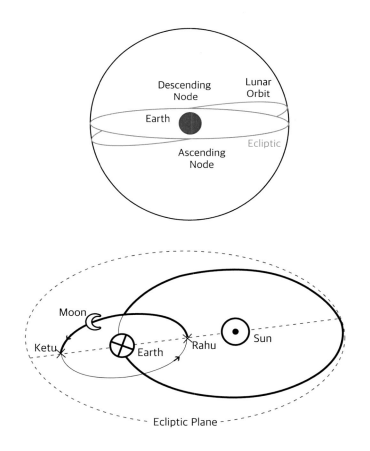

일식(Solar Eclipse)은 달의 그림자가 지구에 떨어질 때 생겨난다. 즉, 달이 태양과 지구 사이에서 일직선으로 정렬하게 될 때(태양-달-지구) 일어나는데, 보통 태양과 달이 합치하는 음력 초하루에 생기는 현상이다. 달이 이클립틱보다 약 5° 9′ 각도로 기울어져 있기 때문에, 매달 초하루마다 일식이 생기는 것은 아니다. 일식은 초승달이 달의 노드(라후, 혹은 케투)와 18.5° 범위 내의 거리에 있을 때 일어날 가능성이 높으며, 만약 15° 범위 내에 있으면 분명하게 일식이 일어난다.

월식(Lunar Eclipse)은 달이 태양의 반대편에 있고 지구가 중간에 들어와서 지구의 그림자가 달에게 떨어질 때 생겨난다. 즉 지구가 태양과 달 사이에서 일직선으로 정렬하게 될 때(달-지구-태양) 일어나는데, 보통 태양과 달이 정반대편에 있는 음력 보름날에 생기는 현상이다. 달의 길이 이클립틱보다 기울어져 있기 때문에 매달 보름날마다 월식이 생기는 것은 아니다. 달이 노드(라후, 혹은 케투)와 상당히 가까이 있어야 하며 맞은편에 있는 태양도 마찬가지로 상당히 가까이 있어야 한다. 대체로 보름달이 노드와 12° 범위 내에 있으면 일어날 가능성이 높고, 만약 9.5° 범위 내에 있으면 분명히 월식이 일어난다.

일식과 월식은 태양과 달이 노드들에게 '삼켜졌다'라는 표현을 쓰기도 하는데, 베딕 신화에서 라후와 케투가 생겨난 신화에서 나온 표현이다. 평균적으로 1년에 최대 총 7번 정도의 일식과 월식이 일어난다(일식이 4~5회, 월식이 2~3회).

○ 티티스(Tithis), 혹은 음력 하루들
티티스(Tithis)들은 태양과 달 사이의 거리를 의미한다. 음력 한 달은 총 30일이며, 음력 하루는 한 개의 티티에 해당한다. 그러므로 음력 한 달에는 총 30개의 티티스(Tithis)가 있고, 한 개 티티는 각자 12°(30 × 12 = 360°)의 범위를 가지고 있다. 30개 티티스를 절반으로 나누어 뜨는 달의 주기(슈클라 팍샤)에 15개의 티티스, 지는 달의 주기(크리슈나 팍샤)에 15개의 티티스가 있다. 조디액에 있는 달의 경도에서 태양의 경도를 빼고 12로 나누면 해당 티티를 알 수 있다.

예시: 달이 4번째 게 라시 12°, 태양이 2번째 황소 라시 20°에 있을 때		
달의 조디액 경도	102°	산양 30° + 황소 30° + 쌍둥이 30° + 게 12° = 102
태양의 조디액 경도	50°	산양 30° + 황소 20° = 50
티티	102 - 50 = 52 / 12 = 4.33	지는 달의 주기, 크리슈나 팍샤의 5번째 티티

티티	크리슈나 팍샤	슈클라 팍샤	주재신과 유익한 행위들의 특성
1	프라타마/파디야미 (Prathama/Padyami) 음력16일	프라타마/파디야미 (Prathama/Padyami) 음력 초하루	아그니(Agni): 모든 유형의 길조적이고 종교적 행위들에 유익한 티티
2	드위티야/비디야 (Dwitiya/Vidiya)	드위티야/비디야 (Dwitiya/Vidiya)	브라마(Bramha): 건물, 주택, 혹은 어떤 영구적인 것들을 짓기 위한 시작에 유익한 티티
3	트리티야/타디야 (Tritiya / Thadiya)	트리티야/타디야 (Tritiya / Thadiya)	가우리(Gauri): 머리를 깎거나, 손발톱, 면도 등의 행위들에 유익한 티티
4	차투르티 (Chaturthi)	차투르티 (Chaturthi)	야마(Yama), 가나파티(Ganapati): 적을 파괴하거나, 장애물을 치우거나, 전투적 행위들에 유익한 티티
5	판챠미 (Panchami)	판챠미 (Panchami)	나가(Naga): 약 처방, 독의 제거, 수술 등의 행위에 유익한 티티
6	샤쉬티 (Shashthi)	샤쉬티 (Shashthi)	카르티케야(karttikeya): 즉위식, 새로운 친구들과 만남, 축제, 향락 등 행위들에 유익한 티티
7	삽타미 (Saptami)	삽타미 (Saptami)	수리야(Surya): 여행을 시작하거나, 운송수단 구입, 다른 유동적 성향의 것들을 다루는 데 유익한 티티
8	아쉬타미 (Ashtami)	아쉬타미 (Ashtami)	루드라(Rudra): 총이나 무기 사용, 자기 방위나 보호할 수 있는 것들을 짓는 데 유익한 티티
9	나바미 (Navami)	나바미 (Navami)	암비카(Ambikaa): 적을 죽이거나, 파괴나 폭력을 쓰는 행위에 유익한 티티. 어떤 좋은 의식들을 행하거나, 여행에는 비길조적인 티티

티티	크리슈나 팍샤	슈클라 팍샤	주재신과 유익한 행위들의 특성
10	다샤미 (Dashami)	다샤미 (Dashami)	다르마자(Dharmaraja): 덕스런 행위, 종교행사, 영적 수행, 혹은, 어떤 경건한 행위들을 하기 유익한 티티
11	에카다시 (Ekadasi)	에카다시 (Ekadasi)	루드라(Rudra): 단식, 헌신적 행위들, 신에 대한 찬송 등에 유익한 티티. 특히 힌두이즘(Hinduism)과 자이니즘(Jainism)에서 중요한 티티, 대체로 그들이 단식을 행하는 날
12	드바다시 (Dvadasi)	드바다시 (Dvadasi)	비슈누(Vishunu), 아디티야(Aditya): 종교적 행위들을 행하고, 신성한 불을 밝히거나, 의무와 책임들을 행하기 유익한 티티
13	트라요다시 (Trayodasi)	트라요다시 (Trayodasi)	카마데바(Kamadeva): 우정을 맺거나, 감각적 향락을 즐기거나, 축제 등에 유익한 티티.
14	차투르다쉬 (Chaturdashi)	차투르다쉬 (Chaturdashi)	칼리(Kali): 독을 처방하거나, 에너지 혹은 영혼들을 소환하는 행위들에 유익한 티티
15	아마바시야 (Amavasya) 음력 30일	푸르니마 (Purnima) 음력 15일 보름	피트루 데바스(Pitru-devas): 조상, 혹은, 망령들을 달래거나, 수행적 행위들에 유익한 티티. 푸르니마는 달이 로드하기에 즐겁게 하는 일이나 불을 바치는 의식들을 하기에 적합한 날

티티(Tithi)는 일상적인 행사나 의식들을 행하거나, 무후르타 점성학에서 아주 중요하게 사용된다. 티티들은 슈클라 팍샤의 1번째 티티에서 세기 시작한다. 30번째 아마바시야(Amavasya, 크리슈나 팍샤의 15번째) 티티에서 태양과 달이 합치를 하게 된다. 달이 태양을 지나가면서 12° 범위 내에 있을 때 슈클라 팍샤로 뜨는 달의 주기 1번째 티티가 된다. 달과 태양이 180° 정면으로 있으면 푸르니마(Purnima, 보름달)이며, 이후 크리슈나 팍샤로 지는 달의 주기를 다시 1번째 티티부터 시작하게 된다. 그리고 달과 태양이 합치를 하는 15번째 아마바시야 티티까지 진행이 된다.

일출 때 올라오던 티티가 그날의 티티이며 전체 하루를 지배하게 된다. 하지만 예외적으로 한 개의 티티가 이틀을 연속적으로 지배하거나, 혹은 해당 음력 달의 주기에서 생략이 되는 경우도 있다.

브리디(Vriddhi, '추가적') **티티**	어느 하루의 일출 전에 올라와서 다음 날의 일출 때까지 계속 지속되는 티티는 브리디(Vriddhi) 티티라고 한다. 이틀을 연속적으로 지배하게 된다.
크사야(Kshaya, '생략된') **티티**	어느 하루의 일출 후에 올라왔다가, 다음 날의 일출 전에 끝나는 티티는 크사야(Kshaya) 티티라고 한다. 이러한 티티는 해당 음력 달의 주기에서 생략이 되는 것으로 간주된다.

사이더리얼 조디액의 라시와 낙샤트라들 범위 도표				
라시	**낙샤트라**	**조디액의 범위**	**파다**	**로드 행성**
1. 산양(메샤)	1. 아쉬위니 2. 바라니 3. 크리티카	13° 20' 26° 40' 30° 00'	4 4 1	케투 금성 태양
2. 황소(브리샤바)	3. 크리티카 4. 로히니 5. 므리그쉬라	10° 00' 23° 20' 30° 00'	3 4 2	태양 달 화성
3. 쌍둥이(미투나)	5. 므리그쉬라 6. 아드라 7. 푸나르바수	6° 40' 20° 00 30° 00	2 4 3	화성 라후 목성
4. 게(카르카)	7. 푸나르바수 8. 푸시야 9. 아쉴레샤	3° 20' 16° 40' 30° 00'	1 4 4	목성 토성 수성
5. 사자(심하)	10. 마가 11. 푸르바 팔구니 12. 우타라 팔구니	13° 20' 26° 40' 30° 00'	4 4 1	케투 금성 태양
6. 처녀(칸야)	12. 우타라 팔구니 13. 하스타 14. 치트라	10° 00' 23° 20' 30° 00'	3 4 2	태양 달 화성
7. 천칭(툴라)	14. 치트라 15. 스와티 16. 비샤카	6° 40' 20° 00' 30° 00'	2 4 3	화성 라후 목성
8. 전갈(브리쉬치카)	16. 비샤카 17. 아누라다 18. 지예스타	3° 20' 16° 40' 30° 00'	1 4 4	목성 토성 수성

사이더리얼 조디액의 라시와 낙샤트라들 범위 도표				
라시	낙샤트라	조디액의 범위	파다	로드 행성
9. 인마(다누)	19. 물라 20. 푸르바 아샤다 21. 우타라 아샤다	13° 20' 26° 40' 30° 00'	4 4 1	케투 금성 태양
10. 악어(마카라)	21. 우타라 아샤다 22. 쉬라바나 23. 다니쉬타	10° 00' 23° 20' 30° 00'	3 4 2	태양 달 화성
11. 물병(쿰바)	23. 다니쉬타 24. 사타 비샥 25. 푸르바 바드라파다	6° 40' 20° 00 30° 00	2 4 3	화성 라후 목성
12. 물고기(미나)	25. 푸르바 바드라파다 26. 우타라 바드라파다 27. 레바티	3° 20' 16° 40' 30° 00'	1 4 4	목성 토성 수성

○ 요가들(Yogas)

판창가에는 총 27개의 요가들이 있다. 판창가의 요가들은 티티스와 마찬가지로, 무후르타 점성학과 일상적 의례의식들을 하는 데 광범위하게 사용된다. 각 요가들은 13° 20' 범위를 가지고 있다(13° 20' × 27 = 360°). **한 개의 요가는 달과 태양의 경도를 합산한 것을 13° 20' 단위로 나눈 것으로 나타낸다.** 요가를 재는 범위가 낙샤트라의 길이를 재는 범위와 같지만, 둘 사이의 상관관계가 있는 것은 아니다. 달과 태양의 니르아나 경도들을 합한 것에서 13° 20'로 나눈 값이 해당 요가의 숫자를 나타낸다. 27개의 요가들은 다음과 같다.

예시: 태양이 황소 라시 20° 10'에 있고, 달이 쌍둥이 라시 5° 05'에 있는 경우
태양의 조디액 경도(50° 10') + 달의 조디액 경도(65° 05') = 115° 15' / 13° 20' = 8.64(9번째 슐라 요가에 해당)

No.	요가	자질	특성	길조적 일에 좋음/나쁨
1	비쉬쿰바(Vishkumbha)	서포트를 받는	적들을 이기는, 재물과 부를 얻는	나쁨
2	프리티(Preeti)	사랑받는	사랑받는, 이성에게 끌리는, 인생을 즐기는	좋음
3	아유쉬만(Ayushman)	장수하는	좋은 건강과 수명, 에너지	좋음
4	사우바기야 (Saubhagya)	좋은 행운	인생의 풍부한 기회들을 누리는, 행복한	좋음
5	쇼바나(Shobhana)	광채가 나는	욕정이 가득한 바디, 센스 감각을 누리는, 성에 집착하는	좋음
6	아티간다(Atiganda)	위험, 장애물	많은 장애물과 사고, 복수심을 갈고, 화가 난	나쁨
7	수카르마(Sukarma)	덕스러운	숭고한 행위를 행하는, 관대하고 자선적인, 부유한	좋음
8	드리티(Dhriti)	결의적인	부와 좋은 것들, 다른 이의 배우자를 즐기는, 다른 사람들의 환대을 누리는	좋음
9	술라(Shoola)	창, 고통	마찰, 충동, 다툼, 화	나쁨
10	간다(Ganda)	위험, 장애	도덕, 윤리에 흠이 있는, 문제가 있는 성격	나쁨
11	브리디(Vriddhi)	성장, 자람	총명한, 기회를 포착하고 분별력이 있는, 나이가 들수록 인생이 나아지는	좋음
12	디루바(Dhruva)	일정한	안정적 성격, 집중하고 인내할 수 있는, 부유한	좋음
13	비야가타(Vyaghata)	때리는	잔인한, 다른 이들을 해치고자 하는	나쁨
14	하르샤나(Harshana)	흥분에 가득한	총명한, 즐겁고 유머스러운	좋음
15	바즈라(Vajra)	다이아몬드, 천둥번개	잘 사는, 예측하기 힘든, 강요하는	나쁨
16	시디(Siddhi)	성공	재능이 있고 여러 영역에서 성취한, 다른 이들을 보호하고 서포트하는	좋음
17	비야티파타(Vyatipata)	위기	갑작스런 장애나 역전에 잘 걸리는, 변덕스럽고 믿기 어려운	나쁨

No.	요가	자질	특성	길조적 일에 좋음/나쁨
18	바리야나(Variyana)	편안함	쉽고 고급스러운 것을 좋아하는, 게으른, 향락을 누리는	좋음
19	파리가(Parigha)	막힘	삶이 진보하는 데 많은 장애를 겪는, 짜증을 잘 내고 귀찮게 하는	나쁨
20	쉬바(Shiva)	길조적인	윗사람과 정부의 명예를 받는, 유연한, 배움이 있고 종교적인, 부유한	좋음
21	싯다(Siddha)	성취한	잘 맞춰주는 성격, 기쁜 성향, 의식과 영성에 관심이 많은	좋음
22	사디야(Sadhya)	순종적인	품행이 바른, 매너와 예의가 바른	좋음
23	슈바(Shuha)	길조적인	광채가 나는 몸과 성격을 가진, 건강의 문제가 있는, 부유한, 짜증을 잘 내는	좋음
24	슈클라(Shukla)	밝은 흰색	겁이 많고 유약한, 인내심이 부족하고 충동적인, 불안정하고 변덕스런	좋음
25	브라마(Brahma)	프리스트, 신	신뢰할 수 있고 자신감이 넘치는, 야심적인, 좋은 분별력과 판단력	좋음
26	인드라(Indra)	우두머리	교육과 지식에 관심이 많은, 도움이 되는, 잘사는	좋음
27	바이드리티(Vaidhriti)	서포트가 없는	비판적인, 계략적인 성향, 파워풀하고 압도적인 성격이나 체형	좋음

○ 카라나(karana)

카라나들도 일상적 행사나 의식들, 무후르타 점성학에서 중요한 역할을 한다. 총 11개 이름의 카라나가 있다. 한 개의 카라나는 한 개 티티의 절반에 해당한다. 한 개의 티티는 12°이므로, 한 개의 카라나는 6°(360')의 범위를 가지고 있다. 음력 한 달에 총 30개의 티티들이 있으니, 총 60개의 카라나들이 있다. 60개 카라나들 중에서, 4개의 카라나들은 음력 1개월 주기 동안 1회씩만 일어나게 되는데, '고정적 카라나'라고 한다.

고정적 카라나는 다음과 같다.

샤쿠니(Shakuni)	크리슈나 팍샤의 14번째 티티(차투르다쉬)의 처음 절반에 해당한다.
챠투쉬파다(Chatushpada)	크리슈나 팍샤의 15번째 티티(아마바시야)의 처음 절반에 해당한다.
나가(Naga)	아마바시야의 나중 절반에 해당한다.
킴스투그나(Kimstughna)	슈클라 팍샤의 1번째 티티(프라타마)의 처음 절반에 해당한다.

나머지 7개의 카라나들은 음력 한 달 중에 8회씩 일어난다. 이들은 ① Bava(바바) ② Balava(발라바) ③ Kanlava(칸라바) ④ Taitila(타이틸라) ⑤ Gara(가라) ⑥ Vanija(바니자) ⑦ Vishti(비쉬티)이다. 이들은 슈클라 팍샤의 1번째 티티(프라타마)의 나중 절반에서 시작하여, 크리슈나 팍샤의 14번째 티티(차투르다쉬)의 처음 절반까지 순서대로 계속 이어진다.

4.

조디액과
아야남샤 분쟁

죠티샤가 '베딕 점성학'으로 불리게 된 경위

인도의 베다 문화에 기반을 둔 죠티샤는 오랫동안 힌두 문화권 내에서만 '구루-시시야(guru-shshya, 구루가 선택된 제자에게만 배움을 직접 전수하는 브라민 전통)'라는 체제를 통해 전해져 내려오던 어떤 특별한 비법과도 같은 영적 지식이었다. 근대 시대로 접어들면서 카스트 제도가 무너지고 이러한 엄격하고 비밀스런 전통적 체계도 어느 정도 흐려지기 시작했지만, 그러나 여전히 죠티샤는 산스크리트어나 힌두 언어에 익숙한 지식인들에게만 배움이나 접근이 가능하였으며, 다른 문화나 언어권의 사람들에게는 아무리 배우고 싶어도 배우기가 거의 불가능하던 학문이었다. 그러다가 힌두 문화의 전통적인 음력 달력 '판창가(Panchanga)'의 제작자이자 점성가였던 닥터 라만(Dr. B. V. Raman)이 1960년대부터 최초로 영어로 된 점성학 관련 책들을 대량으로 출판하기 시작하면서, 서서히 현대 인도 사회 내에서뿐만 아니라 외부적으로도 힌두 언어나 문화권 밖으로 죠티샤의 대중화가 이루어지기 시작했다. 당시만 해도 인도인들은 힌두 점성학을 전통적 표현 '죠티샤(빛의 과학)'로 칭하고 있었다. 그러나 서양인들과 같은 비힌두인들은 '힌두' 혹은 '인도'라는 말보다는 '베딕'이라는 표현을 더 선호하였다. 그러던

와중에 왕성한 저술활동을 통해 서양 사회에 힌두이즘을 알리는 데 결정적인 다리 역할을 한 미국인 프롤리(Dr. David Frawley) 박사, 그리고 그의 동료들이 1993년 11월에 설립한 ACVA(The American Council of Vedic Astrology)에서 닥터 라만을 초청하여 인도인으로서는 최초로 죠티샤를 공식적으로 외부 사회에 알리게 되었다. 다음 해에는 은퇴한 고위직 공무원이자 인도 사회에서 유명한 점성가였던 미스터 라오(Mr. K. N. Rao)가 1994년 제2회 ACVA컨퍼런스에 연사로 초청되어 유창한 영어 실력으로 신기적인 예지 능력들을 선보이면서 폭발적인 인기를 얻게 되었다. 이후 미스터 라오는 미국 전역에서 강연과 상담 활동들을 적극적으로 펼치게 되는데, 그리하여 서양 사회에 베딕 점성학이란 새로운 학문의 꽃을 피우는 데 역사적인 역할을 하게 되었다. 닥터 프롤리가 '미스터 라오 이전과 이후의 베딕 점성학(Vedic Astrology Before and After Mr. K. N. Rao)'라는 구절로 그가 미친 영향력을 피력할 정도였다. 이후 '죠티샤'보다는 '베딕 점성학'이라는 명칭으로 미국을 비롯한 다른 서양 사회에서도 널리 전파되기 시작했다.

이러한 일련의 사건들을 계기로 1990년대 중반부터 베딕 점성학은 미국에서, 그리고 이후 유럽 쪽에서도 빠른 속도로 퍼지면서 놀라운 호황기를 맞이하게 되었다. 베이비붐 세대들의 히피 시대와 맞물려 미국으로 건너간 유명한 인도인 구루들과 이들을 따르는 서양인 제자들을 통해 힌두이즘이라는 베다 문화에 대해 어떤 신성한 종교적이고 영적인 태도가 이미 확고하게 자리를 잡은 상태였기 때문이다. 이렇게 죠티샤라는 베딕 점성학의 도입은 그야말로 직구를 쳐서 홈런을 날린 것처럼 전 세계적으로 빠르게 퍼져나갈 수 있는 여건들을 조성할 수 있었다. 이후 베딕 점성학은 학문적인 탐구 열정을 가진 서양 사회에서 눈부신 발전과 연구들을 통해 거듭나면서 새로운 천문역학이자 인문과학으로 깊은 뿌리를 내리고 성장을 거듭하게 되었다.

베딕 점성학은 '힌두이즘'이라는 종교가 아닌 '죠티샤'라는 천문과학에 이론적 근거

앞 항목에서 베딕 점성학의 바탕 체제를 형성하고 있는 기본 천문 배경에 대해 간략하게 설명을 하였다. 베딕 점성학은 어떤 믿음 체계가 필요한 미신이나 종교가 아니라, 객관적인 천문학적 사실과 데이터들에 기본을 두고 있는 천문인문과학이다. 그럼에도 불구하고, 일부 사람들이 가진 힌두이즘이나 베다 문화에 대한 맹신적인 믿음과 태도로 인해 생겨나고 있는 베딕 점성학에 대한 많은 오해, 오류, 피해들에 대해서 먼저 짚고 넘어가야 할 필요가 있다. 인도 구루들과 그들을 따르는 서양인 제자들은 힌두 사이더리얼 조디액뿐만 아니라, 힌두 점성학의 다른 테크닉들을 포함한, 베다 문화의 많은 영적 개념과 사상들도 함께 서양으로 수출했다. 그렇게 베다스들의 신성한 가르침들과 죠티샤를 연결시킴으로써, 힌두 점성학이 영적인 배경을 가지고 있고 궁극적으로 신성을 되찾게 해주는 학문이라는 주장도 세울 수 있었던 것이다. 또한 서방 사회에는 부족한 '영적 전통과 뿌리, 스승과 제자 간의 특별한 관계성'에 대한 보상심리가 강하게 작용하여, '구루-시샤(구루와 제자)'라고 하는 가르침과 배움의 방식으로, 점성학이 가진 객관성보다는 그들이 형성하고 있는 영적 커뮤니티 테두리 내에서 스승이 가진 권위성과 전통이 훨씬 더 큰 비중을 차지하는 방식으로 점성학을 고수하게 되었다. 그리하여 소위 이러한 베딕 점성가들은 서양 점성학의 점성가들에 비해 훨씬 자신감이 넘치는 우월의식을 보이며, 그들이 믿고 있는 베딕 점성학의 절대성에 대해 어떤 회의나 의문이라도 표하는 이들에 대해선 아주 격렬하게 감정적으로 반응을 하게 되었다. 무엇보다도 더 심각한 오류는, 이들이 하는 베딕 점성학이 절대적으로 우월하고 영적인 점성학이라는 주장들, 마치 종교처럼 이들이 보이는 광신적인 태도와 옹호는 사실상 죠티샤가 진정한 천문인문과학으로 인정받기 위해 필요한 모든 요소들을 이미 갖추고 있음에도 불구하고, 점성학이라는 이름 자체가 내포하고 있는 비과학적, 미신적 요소들을 가중시키는 역할만 하고 있다는 사실이다.

전통적 힌두인들은, 약 5,000여 년 전에 점성학을 포함한 다른 베다스들이 인도의 신성한 성자(리쉬, Rishi, '깨달은 이')들에게 신들이 내려준 완벽하고, 영원하고, 신성한 진리의 지식들이라고 믿고 있다. 그들에게 있어 문화는, 서양인들의 문화처럼 시간을 두고 진보와 성장을 거듭하면서 발전해온 것이 아니라, 애초부터 디바인 존재들이 가장 최상으로 완벽한 형태로 내려주었으나, 시간이 지나면서 퇴색을 하게 되었다는 것이다. 그리하여 힌두 전통의 보수주의자들은 그들의 문화적 역사를 서양의 방식으로 해석하려 한다는 자체부터, 위대한 리쉬들에 대한 큰 모독으로 받아들인다. 베다스를 통해 전해져 내려온 베다 종교(힌두이즘)는 오늘날의 점성가들이 알고 있는 베딕 점성학과 아무런 상관관계가 없다. 필자 역시도 풋풋한 이십 대 초반부터 지금까지 오랜 외국생활을 통해 오직 힌두이즘만을 호흡하고, 배우고, 가르치면서 살아왔을 뿐만 아니라, 당대 최고의 점성가 미스터 라오를 직접 스승으로 모시고 베딕 점성학을 해오고 있었기 때문에, 이러한 힌두 보수적 마니아들이 펼치는 코스퍼레이드에 대해 직접적인 경험들을 많이 할 수 있었다.

베단타(Vedanta, 베다 철학)적인 관점에서 본다면, 점성학은 영적 수행이나 깨달음과는 전혀 상관이 없다. 그럼에도 이들은 물질적인 충족을 추구하는 다른 점성학들과는 달리, 베딕 점성학은 '깨달음(목샤, 삶의 네 가지 목표들 중의 하나)을 주는 학문'이기 때문에 훨씬 우월하다는 주장을 종종 펼친다. 아이러니하게도 힌두이즘의 경전과도 같은 바가바드 기타에서, 크리슈나는 영적 깨달음을 얻기 위해선 점성학이 필요하다고 가르친 적이 전혀 없다. 크리슈나에 따르면, 목샤는 '행위의 열매에 대한 어떤 집착도 없이, 모든 행위를 신에게 바치는 희생적 제물로 여기며 행동을 할 때' 얻어진다고 하였다. 그런데 비단 다른 점성학들뿐만 아니라 오늘날 우리가 알고 있는 인도의 점성학은 모두 물질적 세상의 일들과 연관된 것들, 속세에서의 재물이나 지위, 행복을 얻기 위한 수단으로 행해지고 있다. 모든 템플이나 영적 단체에서 행해지는 야기야(Yagya, 베딕 의식)들도 마찬가지로, 이러한 물질적 이득들을 최대화하기 위한 목적으로 행해지고 있다. 바가바드 기타뿐만 아니라, 다른 베다스들 어디에도 물질적 세상에서의 행복을 얻기 위해 점성학이 필요하다고 한 기록들은 어디에도 찾아볼 수 없다. 기껏해야 어떤 특정한 야기야 혹은 종교적 의식들을 할 때, 태양이나 달이 어떤 특정한 위치에 있을 때 하도록 권유하는 정도이다.

베딕 천문에 대한 고서들과 배경

베다스(Vedas)는 베다 문명의 신성한 가르침들을 모아놓은 종교적 고서들로서, 힌두이즘의 골격을 형성하고 있다. 하지만 오늘날 우리가 알고 베다스 어디에서도 나탈 점성학을 했다는 증거들은 찾을 수 없다. 베다스에 있는 내용들을 보면, 점성학의 기본 개념인 '조디액'이 어디에도 존재하지 않는다. 대신에 판창가를 이용하여 27(혹은 28)개의 낙샤트라(루나맨션)들에 따른 달의 위치, 달의 크기가 변화하는 주기, 이클립, 동지와 하지, 춘분과 추분 등에만 주 관심들이 쏠려 있는 반면, 실제로 행성들이 하는 역할이나 조디액의 열두 라시들에 대한 언급들은 어디에도 없다.

베딕 천문과 판창가(음력 달력)에 관련된 가장 오래된 고서, 라가다(Laghada)의 『베당가 죠티샤(Vedanga Jyotisha)』라는 작은 저술에 의하면, 고대인들은 순전히 베딕 야기야(희생 의식)들을 행하기 위한 목적으로 하늘의 천문현상에 대한 관찰을 하였다. 즉, 고대인들은 오직 태양과 달의 사이클에만 관심이 있었으며, 행성들이나 조디액의 라시들은 아무런 역할도 하지 않았다는 것을 알 수 있다.

『마하바라타(Mahabharat, 고대 인도의 친족 간에 일어난 전쟁 이야기를 다룬 대서사시)』와 같은 근시대에 가까운 고서를 살펴보아도 상황은 비슷하다. 마하바타라 안에 등장하는 인물들이 전쟁의 승리에 유리한 시점이나 기일들을 선택하기 위해 사용했다는 음력 달력과 천문학적 디테일만 언급되어 있을 뿐, 점성학적 요소들인 행성들, 조디액 라시들, 하우스들 등에 대한 언급은 전혀 없다. 다른 고전인 『라마야나(Ramayana, 라마 왕의 스토리)』에도 마찬가지로 점성학적인 디테일들에 대한 언급은 전혀 없다. 라마의 나탈 차트에, 달과 목성이 게 라그나에 있으며 총 다섯 행성들이 고양, 혹은, 오운 라시에 있다고 주장하는 사람들도 있다. 하지만 이러한 주장들은 나중에 도입된 헬레니즘 전통의 점성학에 기준을 둔 기술들이기 때문에, 오리지널 베딕 시대에 나온 것들이 아니라는 사실을 분명히 알 수 있다. 뿐만 아니라 푸라나스(Puranas)라고 하는 다양하고 방대한 인도 문학 전집들에 따르면, 조디액의 라시들은 헬레니즘 시대에 속하는 개념이라는 기술들이 있다.

이러한 고대 인도의 문학이나 베다스들에는 점성학에 대한 언급을 하는 예가 아주 희귀할 뿐만 아니라, 오히려 점성학을 사용하는 이들에 대한 부정적 인상을 가지고 있다. 기원전 200년 정도에 쓰인 것으로 추정되는 힌두 성서『마누의 법률(The Laws of Manu)』에 의하면, 점성학으로 생계를 유지하는 이들은 아주 불순하게 여겼으며 베딕 의식들에 참여하는 것이 금지되었다. 마하바라타의 위대한 영웅, 비쉬마(Bhisma)의 가르침을 모아 놓은 고서에서도 비슷한 내용들을 찾아볼 수 있다. 이러한 고서들을 인도의 점성가들은 성경과 같은 영적 권위로 여기고 있는데, 이들은 마누의 법률이 점성학 자체에 대한 금지가 아니라 돈을 요구하고 점성학을 해주는 점성가들에만 해당된다는 주장을 하기도 한다. 만약 점성학 상담을 받은 상담가가 점성가에게 선물로 바치는 돈이라면 받아도 된다고 이들은 믿는다. 또한 어떤 이들은, 비쉬마가 돈을 받는 점성가들을 의미한 것이 아니라 적절한 점성학 지식을 갖추지 않은 사기꾼들에 대한 비판을 한 것이라고도 주장한다. 그리고 이러한 관점들은 인도의 많은 학자들이 가진 자세이기도 하다. 어쨌든 이러한 고서들이 어떤 방식의 점성학을 의미한 것인지 확인할 방법은 없으며, 오늘날 우리가 익숙한 베딕 점성학은 이러한 고서들이 쓰일 당시에는 존재하지 않았다는 사실만은 분명하다.

그렇지만 베다 문학이 모든 유형의 점성학을 금한 것은 아니다. 예를 들어, 마하바라타에서 크리슈나는 지예스타 낙샤트라에 뉴문이 일어나는 시기에 전쟁을 시작하도록 권하였다. 지예스타는 신들의 왕, 인드라가 다스리기 때문이었다. 마하바라타 5권과 6권 부분들에는, 거대한 전쟁이 일어나기 바로 이전에 아주 흉하고 비길조적인 하늘의 징후들(이클립, 여러 행성들의 합치, 유성들 등)이 나타났음에 대한 기술을 하고 있다. 하지만 이러한 점성학적 내용들은 개인적 운명과 행불행에 대해 점치는 점술적 성격의 점성학과는 비교조차 할 수가 없다. 이러한 하늘에 대한 관찰들은 나라의 운명을 알고자 하거나, 자연적 현상이나 동물들 행위 관찰을 통한 자연재해나 이변들, 홍수나 가뭄 등에 대한 대처를 하기 위함이었다. 뿐만 아니라, 마하바라타에는 달이 각각의 낙샤트라 위를 지나갈 때 원하는 목적을 이루고자 한다면 어떠한 선물들을 바쳐야 하는지에 대해 기술을 하는 장(章)도 있다. 또 다른 장(章)에서는 달이 어느 낙샤트라에 있을 때 조상에 대한 제사를 올려야 길조적 이득을 얻을지에 대한 언급도 하고 있다. 이러한 모든 점성학 관련 내용들은 판창가 사용과 연관성이 있지, '예측'적인 점성학과는 아무런 관련성이 없다. 고대 시대의 영웅이나 위대한 인물들은 아무리 인생이 힘들거나 어려운 문제들이 있더라도 인생 상담이나 운을 점치기 위해 점성가들을 찾아간 적이 없다. 그러므로 오늘날 우리가 알고 있는 죠티샤 혹은 베딕 점성학은, 베다 시대가 아니라 근대 헬레니즘 문화가 유입한 이후부터 발전되었다는 것을 알 수 있다.

조디액의 기원은 서양에서 유래, 헬레니즘 점성학의 영향으로 만들어진 개념

보수적인 힌두 점성가들, 특히 인도인들에게는 이러한 베다스나 고전문학들에서 조디액과 라시들에 대한 기술이 있었는지 아닌지 하는 문제가 아주 중요하다. 조디액과 다른 점성학적 요소들이 헬레니즘 문화에서 인도로 유입되었다는 사실 자체가 그들에게는 참을 수 없는 굴욕이다. 그리하여 오히려 헬레니즘 점성학이 인도에서 유래되었으며, 베다스의 리쉬들이 내린 선물이라는 사실을 증명하기 위해 온갖 방도들을 동원하고 있다. 하지만, 그들이 주장하는 이러한 점성학적 영향들이 애초에 어느 방향에서 어떻게 흘렀는지 하는지에 대한 기록들은 어디에서도 찾아볼 수 없다.

반면에 메소포타미아와 그리스의 기원전 기록들을 살펴보면 조디액 사인들에 대한 내용들이 '설형문자' 형태로 남아 있다. 가장 분명한 예는 기원전 5~6세기에 번성한 수메르(Sumer) 문명의 '길가메시(Gigamesh)와 천상의 황소' 신화에서도 찾아볼 수 있다. 스토리를 묘사하기 위해 사용했던 조디액과 스타들의 그림들이 아직까지 남겨져 있다. 로마의 저자이자 해군 지휘관 대프리니우스(Pliny the Elder)가 작성한 초기의 백과사전, 『박물지(The Natural History)』에 따르면, 조디액 사인들은 기원전 500여 년 전에 살았던 테네도스(Tenedos, 지금의 터키)의 천문학자, 클레오스트라토스(Cleostratos)가 소개했다고 한다.

기원전 5세기의 것으로 추정되는 다른 고서들에서도 조디액 사인들을 수학적으로 각 30°로 나눈 조디액에 대한 기록들이 설형문자로 남아있다. 조디액을 사용한 행성

궤도에 대한 수학적 이론과 천체력 계산이 이 시대부터 계발되기 시작한 것으로 보인다. 이들 점성가들은 처음부터 천체력을 날마다 사용해야 했던 것이다. 하지만 언제부터 그리스인들이 30°씩 12개 동등한 규격을 가진 가상의 조디액을 사용하기 시작했는지 정확하게 알려진 바는 없다. 하지만 기원전 3~4세기에 살았던 천문학자 유독소스(Eudoxus)와 아라토스(Aratus)는 이미 이러한 조디액에 대해 알고 있었다. 기원전 3세기에 살았던 바빌로니아의 점성가 베로쓰서(Berossus)도 마찬가지이다. 그는 그리스어로 쓴 책에서 동료들과 함께 조디액을 사용했다는 기록을 남겼다.

반면에 인도에서는 어떤 고전들이나 유형물에서도 조디액에 대한 이러한 역사적 기록들을 찾아볼 수 없다. 비록 베다 시대에는 일 년을 12개월로 나누고 천문현상 관찰을 하였지만, 조디액의 사인이나 조디액 스타들에 대한 기록들을 베다스 어디에도 없다. 기원후 1세기에 들어서면서 인도에서도 조디액의 12 사인들에 대해 알려지기 시작했지만, 여전히 조디액 스타들에 대한 내용은 알려진 바가 없었다. 그래서 조디액은 애초에 인도에서 개발되었던 것이 아니라, 그들이 사용하고 있던 12개월과 27개 루나맨션의 개념들에다 조디액 시스템을 나중에 접목시켰던 것이라는 추정을 할 수 있다.

기원후 1세기에 들어오면서, 서양의 헬레니즘 점성가와 천문학자들은 그들의 지식을 인도에 유입하였다. 그리하여 인도의 천문과학이 새로운 높이로 발전할 수 있는 계기를 만들었다. 인도인들은 이미 가지고 있던 전통적 지식들을 버린 것이 아니라, 그리스 과학을 그대로 수용하였다. 그리고는 고대 인도의 지식과 그리스-바빌로니아, 그리고 그리스-이집트 지식들을 접목시켜서, 베딕 천문의 27 루나맨션과 그리스의 12개 사인 조디액의 퓨전 버전을 만들어내었다. 이렇게 루나맨션의 1번째 아쉬위니 낙샤트라 0°와 산양 라시의 0°를 조율한 조디액 외에도, 오늘날 베딕 점성학에서 중요한 역할을 하는 부속 차트들, 하우스들, 행성들의 품위, 그리고 다른 기법들도 모두 같이 만들어내었다.

안타깝게도 인도의 점성가들은 이러한 사실들을 인정할 수가 없다. 그들은 '베딕' 점성학을 순수한 '베다 종교(힌두이즘)'의 일부분으로 보기를 원하기 때문이다. 그들은 베다 종교를 시초부터 완벽하고, 절대적이고, 우주적인 종교적 권위인 것으로 여긴다. 하지만 고대 인도의 권위자들은 인도의 점성학에 미친 그리스 문화의 영향력을 인정하고 있다. 『야바나자타카(Yavanajataka, '그리스 원주민들에 의하면')』는 산스크리트어로 쓰인 가장 오래된 베딕 점성학 고전으로 꼽힌다. 기원후 1세기의 인물이었던 저자, 스퓨지드바자(Sphujidhvaja)에 의하면 이 책은 그리스의 영향을 근원으로 두고 있다고 한다. 이 책은 인도와 그리스적인 요소들이 뒤섞여 있어서, 마치 인도에서 쓰인 것으로 보이지만, 실제로는 헬레니즘 점성학 이론들의 영향이 깊이 배어 있다. 바라하미히라(Varahamihira, 기원후 6세기)와 칼야나바르만(Kalyanavarman, 기원후 800년)와 같은 작가들도 그리스의 점성가들에 대한 아주 높은 존경과 공경심을 표하고 있다. '야바나(Yavana)'라는 단어 자체가 이미 '그리스인'을 의미함에도 불구하고 인도의 보수적인 점성가들은 베다 전통의 부족이라고 우기기도 한다. 무엇보다도, 그리스 점성학적인 용어들을 조디액 사인들에서 많이 찾아볼 수 있기 때문에 조디액은 서양에서 유입되어 온 것이라는 사실을 부인할 수 없다.

서양과 인도에서 사용하는 두 개의 다른 조디액, 트로피칼과 사이더리얼 조디액, 그리고 춘분점의 진행(아야남샤)

인도의 고전들에서는 춘분과 하지, 추분과 동지 등이 일어나는 사인들을 산양, 게, 천칭, 악어 라시의 0°라고 기술하고 있다. 그런데 이러한 조디액의 정의는 오직 '트로피칼' 조디액에만 적용된다. 반면에 현재 대다수의 사람들이 알고 있는 '베딕' 점성학에선 '사이더리얼' 조디액을 사용하고 있다. 그렇다면 이러한 조디액의 차이에서 오는 문제들과 춘분점의 진행을 그들은 어떤 방식으로 해결하였는지 주목해볼 수 있다.

애초에 인도의 조디액 점성학은 순전히 사이더리얼도 트로피칼도 아니었다. 오히려 배티어스 발렌스(Vettius Valens, 기원후 2세기에 살았던 헬레니즘 점성가) 같은 이는 사이더리얼과 트로피칼 방식을 동시에 사용하였으며, 스타들과 계절의 변화들에 대한 연결을 하였다. 산스크리트어로 쓰여 있지만 그리스의 영향을 받은 가장 오래된 인도 점성학 고서, 『야바나자타카』의 마지막 장(章)에는 계절이 변화하는 포인트들을 산양, 게, 천칭, 악어 라시로 고정시키고 있으며, 태양이 모든 라시들을 365.2303일 내에 회전한다고 하였다. 이러한 1년의 길이는 사이더리얼 해(365.2564일)보다 트로피칼 해(365.2422일)에 더 가깝다. 그러므로 그는 실제 계절 변화에 대한 관찰을 통해 결정하였을 가능성이 짙다. 그런데, 『야바나자타카』의 첫 장(章)에는 조디액 라시들을 루나맨션에다 고정시켜서 사이더리얼 방식으로 해석을 하고 있다. 저자(Sphujidhvaja, 스퓨지드바자)는 트로피칼 천체력을 사용하고 있었던 것이 분명하지만, '춘분점의 진행'에 대한 언급을 어디에도 하지 않고 있기 때문에, 아마도 이러한 사이더리얼 조디액에 대해서 전혀 모르고 있었을 것이라는 짐작을 할 수 있다.

고대 인도의 천문학 고서 『수리야시단타(Suryasiddanta)』에서도 마찬가지로 트로피칼-사이더리얼 모순성을 보여주고 있다. 수리야시단타는 조디액을 트로피칼 해의 유동적 포인트들에 고정을 시키면서, 동시에 트로피칼이 아닌 사이더리얼 천체력에 대한 설명을 하고 있다. 춘분점의 진행에 대한 언급도 약간 있지만 아마도 누군가 중간에 해당 문구를 삽입하였을 가능성이 높다. 전체적으로 수리야시단타의 천문학적 계산에 춘분점의 진행이 사용된 적이 전혀 없기 때문이다. 그래서 수리야시단타는 트로피칼 조디액 관점을 가지고 있었지만 실제로는 사이더리얼 시스템을 사용했을 거라는 짐작을 할 수 있다.

그러다가 기원후 500년 정도에 접어들면서 인도의 천문가들은 춘분점의 진행에 대해 주목을 하기 시작했다. 바라하미리하(Varahamihira)에 따르면, 그가 살던 시대 이전의 고전에서는 하지가 아쉴레샤(23° 20' 게 라시) 낙샤트라의 중간 정도에서 일어났다고 했는데, 자신의 시대에는 게 라시의 초반에서 일어나고 있다고 하였다. 아마도 이때부터 바라하미히라는 사이더리얼 조디액을 사용하기로 정하였던 것 같다. 그럼에도 이 책의 다른 부분들에서는 하지가 정확하게 게 라시의 초반에서 일어나는 것이 아니라, 약간 앞의 라시에서 일어난다고 하였다. 그가 왜 사이더리얼 조디액을 선호하는지에 대한 설명들은 하지 않았다. 헬리니즘 점성가들과 마찬가지로 바라하미히라도 사이더리얼-트로피칼 이슈 문제들을 어떻게 해결할지 몰랐기 때문에 아마도 자세한 언급을 회피하였던 것으로 보인다.

　기원후 500년 정도의 인도 천문수학자 아리야바타(Aryabhata)도 마찬가지로 춘분점의 진행에 대해 알고 있었다. 하지만 트로피칼과 사이더리얼 조디액 중 어떤 것을 사용해야 할지 결정을 하지 못했던 것으로 보인다. 그가 저술한 유명한 천문학 고서『아리야바티얌(Aryabhatiya)』의 4장(章)에는, 산양 라시에서 처녀 라시까지는 '북위', 그리고 나머지는 '남위'라는 기술을 하고 있는데, 트로피칼 조디액과 정확하게 일치하고 있다. 그는 또한, 태양, 달, 행성들과 두 노드들, 그리고 고정된 스타들(Tarah)도 함께 이클립틱을 따라 움직이고 있다고 기술하였다. 고정된 스타들이 움직이고 있다는 표현은 트로피칼 조디액을 사용하였을 때만 가능한 개념이다. 그럼에도 불구하고 아리야바타가 태양, 달, 행성들의 위치를 계산하기 위해 사용한 시스템은 사이더리얼 방식이다. 하지만 춘분점의 진행(아야남샤)을 가산해야 한다고는 하지 않았다. 아리야바타는 사이더리얼 조디액 주의였던 것으로 보이지만, 책 어디에도 이러한 문제들에 대한 적절한 설명을 하지 않고 있다. 아마도 그가 살던 시대의 천문가들은 정확한 춘분점의 진행점을 계산할 수 없었거나, 어떻게 문제를 해결해야 할지 몰랐을 수 있다. 그리고 당시만 해도 두 조디액은 서로 상당히 일치를 하고 있었기 때문에, 이러한 차이점들을 급하게 해결해야 할 이유도 없었다. 서양 유럽 사회와는 달리, 인도에서는 다른 두 조디액의 문제를 풀어야 한다는 긴박한 감성들을 가지고 있지 않았던 것이다.

　천문학적으로 보면 사이더리얼 산양 포인트에는 아무런 특별한 것이 없다. 이 포인트의 하늘에는 이클립틱의 모든 다른 포인트들이 가진 중요성과 맞먹을 만한 어떤 스타도 없다. 그런데 고대 인도의 천문학에 따르면 우주의 역사적인 관점에서 이 포인트는 아주 핵심적인 역할을 맡고 있었다. 매번 유가(Yuga)가 끝날 때마다 모든 행성들이 이 포인트로 몰려와서 정확하게 합치를 한다고 믿고 있기 때문이다. 가장 최근이자 마지막으로 행성들이 그처럼 큰 합치를 한 시기는 기원전 3102년 2월 17~18일이었다. 그들이 칼리유가(Kaliyuga)의 시작점으로 규정하고 있는 시점이다. 뿐만 아니라, 고대인들의 이론에 따르면 춘분점의 진행 주기는 사이더리얼 산양 0° 포인트에서 정확한 날짜에 일어난다고 하였다.

수리야시단타에 의하면, 춘분점은 사이더리얼 산양 포인트로써 매번 7,200년을 주기로 최대 27° 범위 내에서까지 움직인다고 하였다. 이 이론에 따르면, 사이더리얼 조디액에서는 춘분점이 산양 27°와 물고기 3° 사이에서 앞뒤로 움직이고 있다는 의미가 된다. 칼리유가가 기원전 3102년에 일어났으면, 춘분점에 태양과 달, 다른 행성들 모두가 사이더리얼 산양 포인트에서 합치를 하고 있어야 한다. 하지만 근대 천문학에 따르면, 기원전 3102년 2월 17~18일에 어떤 큰 합치도 일어나지 않았으며, 역사적으로도 그날에 아무런 중요한 일도 일어나지 않았다. 뿐만 아니라, 춘분점은 이클립틱의 어느 한 점만을 기준으로 앞뒤로 움직이는 것이 아니라 아주 일정한 속도로 전체 조디액에서 천천히 움직이고 있다. 모든 천문학에서는 고대 인도의 천문학 고서들에서 기술한 사이더리얼 조디액이 잘못되었다는 증명을 하였다. 그래서 보수적 인도 점성가들이 주장하는 사이더리얼 조디액의 정당성이 더 이상 지켜질 수 없게 되었다.

사이더리얼 시스템과 아야남샤, 라히리 아야남샤의 적용

사이더리얼 '베딕' 점성학이 가진 가장 약한 주장은, 사이더리얼 조디액의 산양 0°의 배경에 아무런 일치하는 스타도 없다는 사실이다. 조디액의 시작점인 0° 포인트를 정확하게 잡아야 다른 중요한 요소들, 즉 행성들이 위치한 라시들의 위치, 낙샤트라들의 위치, 그리고 이클립틱의 다른 부속 포인트와 차트들을 산출할 수 있기 때문이다. 정확한 산출을 하지 않으면 점성학적으로 정확한 풀이나 예측들도 할 수가 없다. 근대 시대의 점성가들이 보여준 '사이더리얼 베딕 점성학'의 많은 모순적인 예측과 사례들이 이처럼 잘못된 조디액을 사용함으로써 발생하는 문제의 심각성들을 증명해주고 있다.

사이더리얼 조디액과 트로피칼 조디액의 차이점은 아야남샤(Ayanamsa)로 규정을 한다. 서로 산양 라시 0°를 계산하는 차이점을 아야남샤로 나타낸다. 근대 인도의 베딕 점성가들은 거의 대부분 라히리 아야남샤(Lahiri Ayanamsa)를 사용하고 있다. 라히리 아야남샤는 1956년에 인도 전체의 달력 개혁을 위해 인도 정부에서 공식적으로 채택한 아야남샤로, 천문가이자 점성가였던 N. C. 라히리(Nirmala Chandra Lahiri)의 이름을 따서 결정한 것이다. 이러한 달력 개혁 정책을 통해 힌두 달력에서는 동지가 태양이 사이더리얼 악어 라시에 진입하는 시점으로 결정되었다. 달력 개혁이 일어나기 전만 해도 인도 문화에서는 중요한 종교적 행사나 의식, 휴일들을 정하기 위해 각 지방마다 서로 다른 아야남샤들로 계산한 30 종류도 넘는 달력 시스템을 사용하고 있었다. 각 주마다 공휴일 등이 다르다 보니 행정업무들이 제대로 진행되지 못하는 심각한 문제들이 생겨났다. 그런데 새로운 달력 개혁 정책을 통해 전체 인도를 통틀어 모두가 같은 날에 종교적 행사나 축제, 휴일 등을 즐길 수 있게 되었다.

라히리 아야남샤는 사이더리얼 조디액의 산양 0°와 1번째 아쉬위니 낙샤트라 0°를 정확하게 치트라(Chitra, 스파이카Spica, Virginis와 동등) 스타의 정반대편에 두고 있다. 치트라는 14번째 낙샤트라의 이름이기도 하다. 라히리 아야남샤는 기원후 285년에 제로점을 가지고 있다. 이 해에, 라히리의 사이더리얼 조디액과 트로피칼 조디액이 서로 일치한 시점으로 여기고 있다.

어떻게 해서 사이더리얼 조디액을 스파이카(Spica) 스타에다 고정시키게 되었는지 분명한 근거는 제시하지 못하고 있다. 이들이 가장 중요한 토대로 삼고 있는 고대 인도 천문서 『수리야시단타』에는, 조디액 처음 시작점이 어딘지에 대한 모순적인 기술들이 여러 군데에 있다. 스파이카 스타가 천칭 라시 0°에서 시작한다고 가정하지만, 실제로 『수리야시단타』에서는 다른 스타들의 위치들을 언급하는 등의 모순적인 기술들이 있다, 또 어떤 곳에는 모든 행성들의 주기와 조디액의 시작은 레바티 스타(Revati, ζ Piscium)에서 한다고 되어 있다. 그러므로, 라히리 아야남샤와는 거의 4° 정도 간격이 벌어진다. 다르게 말하면, 나탈 차트에서 행성들의 사이더리얼 조디액 위치는 몇 도 정도 불확실성을 가지고 있다는 의미이다. 그리하여 라히니 아야남샤를 표준으로 채택하는 과정에서 아주 심각한 마찰과 불화들이 있었다.

라히리 조디액이 누구에 의해서, 언제, 어떻게 만들어졌는지는 아무도 모른다. 라히리 본인은 19세기 천문역사학자 미스터 딕시트(S. B. Dikshit)에 영감을 받았던 것으로 보인다. 미스터 딕시트가 결론지은 바에 의하면 베다 종교는 트로피칼 조디액의 유동적 포인트들(계절의 변화와 상응하는 포인트들)에 중요성을 두었기 때문에, 힌두 달력이 더 이상 사이더리얼 조디액이 아니라 트로피칼 조디액에 기준하여 개혁되어야 한다고 주장하였다. 하지만 그러한 주장이 현대 인도의 보수주의자들의 반대에 부딪혀 받아들여지지 못했다.

여러 아야남샤들 간의 분쟁

서양의 점성학에서는 트로피칼 조디액을 사용한다. 산양 라시 0°에 춘분점을 고정시키는 조디액으로 태양은 매년 봄을 시작하는 점, 춘분점에 정확하게 위치하고 있다. 반면에 사이더리얼 점성학은 고정된 스타를 기준으로 조디액 0°를 규정하기 때문에 춘분점이 실제 계절의 변화와 일치하지 않는다. 사이더리얼 점성학도 서양과 동양의 버전을 가지고 있다. 서양 버전을 사용하는 사이더리얼 점성학은 바빌로니아와 헬레니즘 전통을 따른다. 동양 버전을 사용하는 사이더리얼 점성학은 인도 전통을 따르는데, 이후 정통적인 '베딕' 점성학인 것처럼 둔갑을 하게 되었다.

사이더리얼와 트로피칼 조디액의 계산 차이점을 아야남샤로 잰다. 트로피칼 천체력을 사용해 행성들의 트로피칼 위치를 파악한 다음에 해당 년(年)의 아야남샤 가치를 빼는 방식이다. 아야남샤(Ayanamsa)는 아야남(Ayanam, 태양의 코스), 암샤(amsah, 부분)이라는 말이 합쳐진 산스크리트어이다. 문자 그대로 '코스의 부분'이라는 의미로, 유동적 조디액의 산양 춘분 포인트에서 고정적 조디액과 산양 춘분점과의 차이를 의미한다.

아쉽게도 사이더리얼 점성가들은 정확하게 하늘의 어느 포인트에 사이더리얼 조디액의 0°를 두어야 하는지 알지 못하고 있다. 여기에 대해 다양한 의견 차이들이 있다. 그리하여 다양한 아야남샤들이 상당히 나오게 되었다. 그렇다 보니 거의 매해마다 새로운 아야남샤가 창안되고 있는 실정이어서, 점성학을 새로 배우는 사람들은 어떤 아야남샤를 적용해야 할지 몰라 어려움을 겪게 된다. 따르는 스승이 있는 사람들은 스승이 추천하는 아야남샤를 대부분 따르게 된다. 인도의 점성가들과 그들을 따르는 서양인 제자들은 대부분 라히리 아야남샤를 따른다. 그에 비해 서양의 사이더리얼 조디액 버전을 따르는 사람들은 파간/브래들리(Fagan/Bradlely) 아야남샤를 선택한다.

2021년 현재 칼라 소프트웨어에서 선택 옵션이 가능한 아야남샤 종류는 40여 종이 있다. 현재까지 그나마 잘 알려진 몇몇의 아야남샤들은 다음과 같다.

사이더리얼 조디액의 아야남샤들

○ 파간/브래들리 아야남샤(Fagan/Bradley Ayanamsha)

파간/브래들리의 조디액은 사이더리얼 조디액 중에서 가장 오래된 것이다. 파간/브래들리 아야남샤는 원래 '히포소마틱(Hyposomatic)' 아야남샤로 불렸는데, 미국 점성가 시릴 파간(Cyril Fagan, 1896~1970)이 지어낸 아야남샤이다. 파간은 스파이카(Spica) 스타를 처녀 사인 29°에 두었다. 나중에 미국인 점성가 도날드 브래들리(1925~1974)가 스파이카 스타를 처녀 사인 29° 06'으로 교정하였다. 파간/브래들리 조디액은 헬레니즘 시대의 바빌로니아 점성가들이 사용하던 조디액과 상당히 일치한다.

○ 라히리 아야남샤(Lahiri Ayanamsha)

인도 정부에서 공식적으로 인정하고 있는 아야남샤로서, 힌두 종교 축제와 행사들의 일정을 정하기 위해 사용한다. 1955년에 인도 천문가 N. C. 라히리가 소개한 아야남샤로서, 1956년에 달력 개혁 운동을 통해 인도 전역에서 공식적으로 사용하도록 정해졌다. 인도에서 행하는 종교적 행사나 축제들은 태양이 사이더리얼 조디액 사인들에 진입하는 데 기준을 두고 있다. 그래서 판창가 달력을 만드는 데 있어 라히리 아야남샤를 사용한다. 인도 정부는 이렇게 공식적인 아야남샤 제도를 도입함으로써, 전국에 걸쳐 같은 날에 종교적 행사와 축제를 위한 공휴일들을 시행할 수 있었다. 하지만 라히리 아야남샤가 가진 역사적인 근거에는 하자가 있으며 많은 전문가들이 몇 도 정도 오류가 있다는 데 동의를 하고 있다.

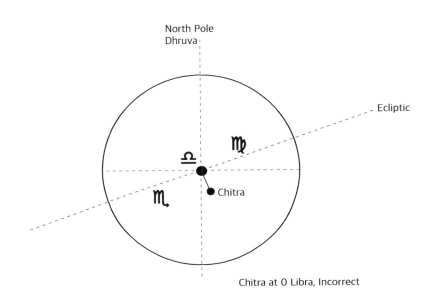

라히리 아야남샤는 애초에 스파이카(Spica) 스타가 천칭 사인 0°에 있는 것으로 규정하려 했다. 스파이카는 산스크리트어로는 치트라(Chitra)라고 한다. 그래서 라히리 아야남샤를 '치트라팍샤 아야남샤(Chitra Paksha Ayanamsha)'라고도 한다. 하지만 현재로서는 공식적 라히리 아아남샤에서는 스타와 사인이 정확하게 일치하지 않고 있다. 전통적으로 아야남샤를 계산하는 방식이 고정된 스타의 움직임들을 고려하지 않고 있기 때문이다. 그래서 어떤 점성가들은 새로운 버전의 아야남샤를 만들어내어 '트루 치트라팍샤 아야남샤(True Chitra Paksha Ayanamsha)'라고 부르기도 한다.

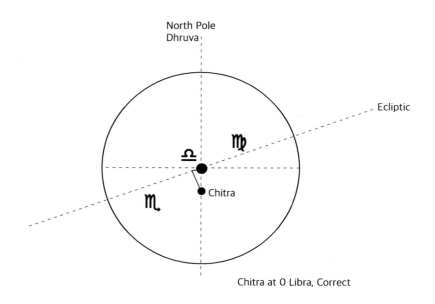

North Pole
Dhruva

Ecliptic

♎︎

♍︎

♏︎

Chitra

Chitra at 0 Libra, Correct

○ 트루 치트라팍샤 아야남샤(True Chitra Paksha Ayanamsha)

라히리 아야남샤의 오류를 보정한 아야남샤로 여겨지고 있다. 고정된 스타 스파이카(Spica, 산스크리트어로 Chitra)는 천칭 사인 0°도에 정확하게 일치하고 있다.

○ 크리슈나무르티 아야남샤(Krishnamurti Ayanamasha)

인도의 점성가 K. S. 크리슈나무르티(Krishnamurti, 1908~1972)가 사용하던 아야남샤로서, 라히리 아야남샤와 트루 치트라팍샤 아야남샤와 근접하다.

○ 닥터 라만 아야남샤(B. V. Raman Ayamasha)

현대 인도의 위대한 점성가인 닥터 라만(1912~1998)이 사용하던 아야남샤로, 중세기 시대의 천문학자 바스카라2세(Bahskara, 1114~1185)의 주장을 따라 계산한 아야남샤이다. 바스카라2세는 1183년에 11°의 아야남샤를 사용했다.

○ 쉬리 유크테스와라 아야남샤(Shri Yukteshwara Ayanamsha)

스와미 유크테스와라(1855~1936)의 이름을 딴 아야남샤이다. 스와미 유크테스와라는 요기의 자서전으로 유명한 인도 구루 파라마한사 요가난다의 스승이다. 그의 저서 『신성의 과학(The Holy Science)』에 의하면, 그는 생전에 확신 있게 조디액을 조율할 수 있는 천문학적 포인트를 찾지 못했던 것으로 보인다. 1894년에 춘분점이 20° 54' 36"이라는 아야남샤를 사용했는데, 동시에 춘분점이 레바티(Revati) 스타에 있다고 했다. 그는 레바티 스타가 산양 사인의 0°에 있다고 믿었기 때문이다. 하지만 당시에 레바티 스타는 춘분점에서 18° 23' 거리만큼 떨어져 있었다. 스와미 유크테스와라에 따르면 춘분점이 매년 4" 혹은 100년에 6' 40"씩 진행하고 있다고 한다. 미국인 점성가 닥터 데이비드 프롤리(Dr. David Frawley)가 1980~1990년대 초기에 따르던 아야남샤이기도 하다. 지금도 그가 계속 사용하고 있는지 여부에 대해선 알려진 바가 없다.

○ 트루 푸쉬야 아야남샤(True Pushya Ayanamsha)

인도인 점성가 미스터 나라심하 라오(P.V.R Narasimaha Rao)가 사용하는 아야남샤이다. 그는 점성학 소프트웨어 "자가나드 호라(Jagannatha Hora)"의 제작자로서, 인간 존재는 하트에 뿌리를 두고 있다고 한다. 하트(심장)는 게 라시에 해당한다. 그래서 그는 푸시야(δ Cancri,) 스타를 조디액의 앵커로 두고 있다. 고전에 따르면 푸시야 스타는 게 사인 16°에 있다고 한다.

레바티(Revati, zeta Piscium) 혹은 은하 센터(Galactic Centre)에 고정시키는 아야남샤들

이들은 레바티(Revati, zeta Piscium) 혹은 은하 센터(Galactic Centre)에 근접하는 아야남샤들을 사용한다. 그러면 조디액과 거의 일치하게 된다. 고대 인도의 천문가들은 은하 센터에 대해 알지 못했다는 사실을 감안한다면, 이렇게 레바티 스타와 조디액 간의 일치는 우연의 일치일 수도 있다. 철학적인 관점에서 본다면 사이더리얼 조디액을 어떤 스타에다 조율하기보다는 은하 센터에 조율하는 것이 훨씬 정당성이 있어 보인다. 모든 스타들은 은하 센터 주변을 회전하기 때문이다. 그래서 은하계에서 가장 중심에 있는 '센터 스타'라고 할 수 있다. 은하 센터는 어떤 다른 스타들보다 몇만 배나 더 무겁기 때문에 그만큼 안정적이기도 하다.

○ 수리야시단타 레바티(Suryasiddhanda Revati) 아야남샤

수리야시단타(기원후 4~5세기 천문학자)의 계산을 따르는 아야남샤이다. 수리야시단타에 따르면, 레바티 스타(ς Piscium)는 물고기 사인 29° 50'에 있다고 한다.

○ 우샤와 샤시 아야남샤 (Usha & Shashi Ayanamsha)

이 아야남샤는 두 명의 작가 우샤와 샤시의 이름을 따서 지어졌다. 레바티 스타(ς Piscium)가 산양 사인 0°(물고기 29° 50')와 가깝고, 은하 센터가 물라(Mula, 뿌리) 낙샤트라의 중간과 정렬하게 된다. 은하 센터는 은하계의 중심에 있는 블랙홀이다. 태양과 모든 스타들이 주변을 회전하고 있다.

○ 디루바 갤럭시 센터/물라의 중심 아야남샤(Dhruva Galactic Center/Middle of Mula Ayanamsha)

미국인 점성가 미스터 언스트 윌헴(Mr. Ernst Wilhelm)이 2006년에 도입한 아야남사이다. 이클립틱이 있는 천구의 북극점이 은하계 센터와 물라낙샤트라 중심과 정렬하고 있다. 수리야시단타, 그리고, 우샤와 샤시의 아야남샤와 상당히 근접하다. 이들의 아야남샤에서는 모두 레바티 스타(ς Piscium)가 사이더리얼 조디액에서 물고기 29° 50'에 있게 된다.

언스트 윌헴의 아야남샤는 낙샤트라들의 위치를 계산하기 위해서만 사용한다. 그는 트로피칼 조디액과 사이더리얼 낙샤트라들을 함께 사용하고 있다. 그의 이론에 따르면, 조디액은 계절의 변화를 주도하는 태양의 길이므로 트로피칼 조디액을 사용해야 하고, 스타들의 그룹으로 이루어진 낙샤트라들은 스타들의 위치에 맞추어 아야남샤 계산을 해야 한다(현재 필자가 따르고 있는 조디액과 아야남샤 방식이다. 이전에는 약 20여 년 동안 사이더리얼 조디액과 라히리 아야남샤를 사용했다).

조디액과 낙샤트라들의 관계

푸라나스(Puranas)에 기록된 내용들에 의하면, 동지와 하지는 악어 라시와 게 라시의 처음 부분에서 일어나며, 춘분과 추분은 산양 라시와 천칭 라시의 처음 부분에서 일어난다고 한다. 만약 고대 시대 인도인들이 사이더리얼 조디액을 사용했다고 한다면, 이러한 기술들은 춘분점의 진행을 따라 천문학적으로 계산하여 확인할 수 있다. 이러한 기록들은 사이더리얼 산양 라시의 0도가 어디에 있느냐에 따라(어떤 아야남샤를 사용하는가에 달려 있다), 아마도 기원후 200~600년 사이에 적혀진 것으로 추정된다. 만약 이 시대 이전에 기록된 것이라고 주장한다면 완전히 잘못되었거나, 혹은 트로피칼 조디액에 기준하여 기록되었을 것이라 할 수 있다. 모든 시대를 막론하고, 춘분점은 산양 라시 0도에서 일어나기 때문이다. 하지만 이러한 모든 고서들은 사이더리얼 조디액으로 산양 라시 0도는 아쉬위니 낙샤트라 0도에 해당한다고 가정하고 있기 때문에, 설령 우리가 트로피칼 조디액을 가정한다 하더라도 이러한 고서들이 나온 시기는 그다지 오래 전이라고 할 수가 없다.

베딕 점성학의 중요한 고전들, 바라하미히라, 아리야바타, 수리야시단타, 야바나자타카 등과 같은 저서들을 살펴보아도 마찬가지이다. 조디액 사인들과 춘추분점, 하지, 동지점들이 모두 유동적 라시의 처음 부분에서 시작한다고 모두 기술되어 있다. 그리고 이들 고전은 모두 기원후 1세기 이후에 쓰였지만, 인도의 보수적 '베딕' 점성가들은 훨씬 이전 시대에 나온 것이라고 비현실적인 주장들을 한다.

이들의 이러한 비현실적인 행동으로 인해 참담한 결과들이 따르게 되었다. 현시대의 '베딕' 점성학과 달력 계산은 순전히 사이더리얼 조디액에 기준을 하고 있다. 이들은 실제 계절의 변화, 춘분, 추분, 하지와 동지 등을 완전히 무시하고 있다. 그런데, 베다스에 따르면 트로피칼 해에 따른 계절의 변화와 춘분과 추분, 하지와 동지점들의 중요성을 아주 강조하고 있다. 뿐만 아니라 고대 인도의 가장 오래된 천문고전『베당가 죠티샤(Vedanga Jyotisha, Laghada 저)』에 따르면, 마가(Magha) 달의 시작이 동지와 일치하는데 초승달이 다니쉬타 낙샤트라의 시작 부분에서 일어난다고 하였다. 이는 트로피칼 조디액에 해당하는 위치이다. 그런데도 보수적 베딕 점성가들은 이를 완전히 무시한 결과로 인해, 매년 12월 21일 즈음에 동지를 기점으로 태양이 북쪽으로 상향하는 '우타라야나(Uttarayanam)'를, 현재 인도에서는 사이더리얼 조디액에서 태양이 악어 라시에 진입하는(마카라산크란티, Makarasamkrantih) 1월 중순으로 여긴다. 그리하여 오늘날에는 마가(Magha)의 달이 1월과 2월에 해당되며 더 이상 동지와 아무런 상관이 없으며, 베다스에서 중요하게 여기는 모든 종교적 휴일, 축제, 의식, 야기야 등이 달력상으로 완전히 '잘못된' 날짜들에 행해지게 되었다.

이러한 총체적 위기를 잘 증명해준 가장 근래의 예는 2021년 4월에 있었던 쿰바멜라(Kumbh Mela) 축제의 경우를 들 수 있다. 쿰바멜라는 약 12년을 주기로 강가(Ganga) 강의 접점에 있는 네 도시(Allahabad, Haridwar, Nashik, Ujjain)가 돌아가며 치르는 인도의 가장 큰 종교적인 축제이다. 쿰바멜라 기간 동안, 신성한 강가 강에서 목욕재계를 하면 지나간 잘못이나 지은 죄를 모두 정화해주는 효과가 있다고 힌두인들은 강하게 믿고 있다. 그런데 원래 일정에 따르면 2022년에 4월에 하리드와르(Haridwar)에서 열릴 예정이었으나, 2021년 4월이 훨씬 더 길조적인 시기라는 일부 고위층 점성가들의 조언을 따라 일 년을 앞당겨 행해지게 되었다. 당시만 해도 전 세계적으로 코로나 사태가 한창 피크에 올라 있었지만 인도는 상대적으로 잘 컨트롤하고 있던 실정이었다. 하지만 선거 기간과 겹쳐서 선거운동이 주목적이었던 정치인들이 이러한 어리석은 조언을 수용하여 전국적인 규모의 쿰바멜라 축제를 여는 것을 허용하는 바람에, 수백만의 인구들이 강가 강에 목욕을 하기 위해 몰려들게 되었다. 이를 계기로 쿰바멜라 참석자들이 바이러스 슈퍼전파자들이 되면서 순식간에 인도 전역이 아비규환적인 코로나 지옥으로 변하게 되었던 것이다.

이러한 일들은 베다 종교적 관점에서 총체적인 위기 상황이라 할 수 있다. 모든 의식들은 분명한 '효험, 효과'를 보기 위해선 정확한 날짜에 치러져야 하기 때문이다. 그리하여 현시대의 일부 의식 있는 학자들은 이러한 문제들을 인지하고 베딕 달력을 트로피칼로 변경하기 위해 싸우고 있는 실정이다.

또 다른 중요한 오류는, 현재 인도의 점성학은 조디액의 산양 라시가 아쉬위니(Ashwini) 낙샤트라에서 시작되고 있다는 것이다. 하지만 베다 고전들에 따르면 언제나 크리티카(Krittika) 낙샤트라에서 시작되고 있다. 크리티카는 플레이다스 별자리로, 사이더리얼 조디액의 황소 라시에 해당한다. 하지만 크리티카는 베다스에서 가장 자주 언급된 낙샤트라인 반면에, 아쉬위니는 어느 곳에서도 거의 언급이 되지 않는다. 베다스에서 크리티카 낙샤트라를 중요하게 여기는 이유는, 기원전 2500여 년에 춘분점이 일어나던 낙샤트라이기 때문이다. 그러다가 기원후 5세기쯤에 나온 천문 점성학 고서들에 의하면, 춘분점의 이동으로 인해 아쉬위니(산양 라시) 낙샤트라가 이클립틱의 시작 포인트가 되었다고 한다. 그리고 춘분, 하지, 추분, 동지점들은 산양, 게, 천칭, 악어 라시의 시작 부분에 놓았다. 그 이후, 춘분점은 레바티(27번째) 낙샤트라를 지나, 현재는 우타라바드라파다(Uttarabhadrapada, 26번째) 낙샤트라에서 일어나고 있다.

이러한 기록들로 미루어보건대, 현시대 사이더리얼 조디액을 고수하고 있는 '베딕' 점성가들은, 약 1,500여 년 전에 아쉬위니와 산양 라시가 일치하던 춘분점의 조디액을 사용하고 있으며, 이후 전혀 업데이트를 하지 않은 것이 분명하다.

새로운 시스템의 죠티샤, 트로피칼 베딕 점성학

위에서 살펴본 바와 같이, 사이더리얼 조디액의 정당성을 고수하는 보수적 베딕 점성가들에 대한 강한 반대의 목소리가 근래 들어 높아지고 있다. 인도에서 역사적으로 사이더리얼 조디액을 사용한 지는 채 2,000년이 되지 않는다. 논란이 가장 많은 부분인 조디액의 정확한 시작 포인트에 대해선 춘분점의 위치에 의해 결정하였던 것이 분명하다. 게다가 고대 인도의 천체력이나 중세 시대 인도의 천체력은 어느 시대나 지방이냐에 따라 많이 달라지는 등의 오류가 있기 때문에, 이러한 천체력에 기준한 나탈 차트 계산은 정확할 수가 없다. 점성학적인 경험에 기준하여 사이더리얼 조디액이 트로피칼 조디액보다 더 정확하다는 주장 역시 성립될 수가 없다. 인도에서는 트로피칼-사이더리얼 조디액 이슈들이 논의된 적이 지금까지 없기 때문이다.

뿐만 아니라 인도의 점성가들이 사이더리얼 조디액을 사용하는 방식은 서양의 점성가들이 트로피칼 조디액을 사용하는 방식과 아주 다르다. 전통적으로 인도의 점성가들은 운명 예측과 궁합(결혼을 위한)에 완전히 집중하며 서양의 점성가들처럼 캐릭터나 인성풀이 등에는 별로 주의를 두지 않았다. 유럽인들이나 미국인들처럼, 인도인들은 태양 사인을 묻는 것이 아니라 나탈 달의 낙샤트라에 대해 묻는다. 인도인들이 태양 사인에 기준한 성격, 캐릭터 풀이를 할 수 없는 이유는 사이더리얼 조디액으로는 맞지가 않기 때문이다. 혹은 인도인들은 점성학으로 캐릭터를 풀이하는 데 관심이 없기 때문일 수도 있다. 어쨌든 두 문화에서 조디액을 사용하는 방식이 서로 다르기 때문에, 어느 것이 더 정확한지 여부는 쉽게 결론지을 수 없다. 트로피칼 조디액에 기준을 둔 서양의 솔라 점성학이나, 사이더리얼 조디액에 기준을 둔 인도의 루나 점성학은 각자 장단점이 다르기 때문이다.

이러한 점들을 인지한 독일계 미국인 점성가 미스터 언스트 윌헴은, 장기적인 연구 끝에 트로피칼 베딕 점성학을 탄생시키게 되었다. 양력으로 계절의 변화를 주도하는 태양의 길, 이클립틱에 조율하는 트로피칼 조디액(Dhruva Galactic Center/Middle of Mula Ayanamsha)을 사용하며, 음력으로 조류의 변화를 주도하는 달의 길, 낙샤트라들은 조디액과 분리하여 계산한 뒤 트로피칼 조디액과 낙샤트라 시스템을 같이 병행하여 사용하고 있는 새로운 시스템의 베딕 점성학이다.

이어지는 항목들에서 설명하는 베딕 점성학 지식들은 어느 시스템이나 조디액, 아야남샤를 사용하는가 하는 이슈와는 별개의 것으로, 어느 시스템을 따르든지 공통적으로 적용할 수 있는 정통적인 죠티샤 이론과 기본적 토대들이다. 하지만 예시 차트들이 제시되어 있는 경우에는 필자가 사용하고 있는 트로피칼 베딕 점성학 시스템의 계산에 의한 것임을 미리 밝혀둔다. 필자와 다른 조디액 시스템을 사용하는 독자의 경우에는 기술된 생년정보에 기준하여 각자 시스템에서 산출한 차트들을 참고하시기 바란다.

5.

죠티샤의
기본적 요소들

조디액(Zodiac), 아홉 행성들, 라시 차트

조디액은 이클립틱(Ecliptic, 태양의 길)을 중심으로 다른 행성들이 회전하는 범위, 태양의 좌우로 9도 각도 내에서 다른 행성들이 업(북), 그리고 다운(남)쪽으로 회전하는 18도 너비 정도의 틀을 의미한다. 조디액의 '조(zo)'는 '동물학(zoology)'과 같은 어원을 가진 단어로, 조디액은 '인간, 동물, 생물체, 곤충 등등이 살고 있는 왕국'을 의미한다. 360° 둥근 조디액을 각 30°씩 동등한 12 파트로 나누어 '라시'라 이름하고, 이러한 열두 라시들은 각자 해당하는 심볼과 상징, 의미들을 가지고 있는 동시에 모두 디바인 바디의 신체부분들인 것으로 알려져 있다. 베딕 조디액은 우주적 인간, 칼라 푸루샤, '시간'을 존재화시킨 것을 의미하기도 하기 때문이다.

죠티샤에서는 총 아홉 개의 행성들을 사용하고 있다. 태양, 달, 화성, 수성, 목성, 금성, 토성, 라후, 그리고 케투이다. 천문학적으로 태양은 스타(Star)이고, 달은 지구의 위성, 라후와 케투는 수학적인 이클립 포인트들, 그리고 나머지는 실제 행성들이다. 하지만 편의상으로 이들 모두를 '행성'이라고 부른다. 행성들은 조디액의 범위 내에 머물면서 지구 주변을 회전하고 있는 것처럼 보인다. 태양의 길은 조디액 중심을 관통하는 이클립틱으로, 천구의 적도에서 약 23.4° 정도 각도로 기울어져 걸쳐 있다. 태양계에서 토성의 궤도 너머에 있는 원거리 행성들인 천왕성, 해왕성, 명왕성은 전통적으로 베딕 점성학에 포함되지 않는다.

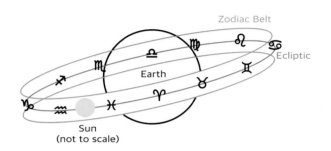

○ 태양(Sun): 수리야(Surya)

아홉 행성들 중에 가장 중요한 행성이다. 태양은 지구가 속한 태양계에서 가장 사이즈가 큰 스타(자체발광체)이다. 지구를 포함한 다른 모든 행성들이 태양을 중심으로 주변을 회전하고 있다. 태양도 자신의 베리센터(Barycenter)를 중심으로 12년에 1회씩 회전하는 동시에 태양계 전체를 이끌고 은하계 주변을 회전하고 있는데, 약 2억 6천만 년이 걸린다. 태양은 지구상에 살고 있는 모든 생명들에게 필요한 자연적 빛과 열을 제공해 주는 에너지의 근원이다. 태양은 다른 행성들이 원심력으로 태양 주변을 회전할 때 균형을 잃지 않도록 구심력을 발산하고 있다. 태양의 직경은 지구의 거의 109배에 가깝고, 태양의 질량은 지구의 약 32억 3천만 배에 가깝다. 엄청나게 뜨거운 온도를 가지고 있으며 어마어마한 양의 에너지를 계속해서 뿜어내고 있다. 예전에는 태양이 우주의 중심인 것처럼 여겨졌지만, 사실상 태양은 은하계의 가장자리에 있으며 은하계 센터에서 약 3만 광년 정도 떨어진 거리에 있다.

태양은 모든 행성들의 중심에 있다. 그래서 '영혼'을 나타낸다. 우리들 삶에 존재하고 있는 모든 것들의 중심에 있는, 어떤 핵심적인 정체성을 의미하기 때문이다. 태양은 전 세상과 마음, 육체를 밝혀주는 빛의 근원이다. 이러한 빛은 바로 우리가 가진 '의식'을 의미한다. 의식을 통해 우리는 세상을 인식할 수 있게 된다.

○ **달(Moon): 찬드라(Chandra)**

달은 지구의 위성이다. 아홉 행성들 중에서 가장 빠르며, 다른 행성들에 비해 상대적으로 크기가 작다. 지구에서의 거리는 평균 38만 4천 킬로미터 정도이다. 달은 자신의 축을 중심으로 자전하면서 동시에 지구 주변을 공전하고 있다. 달의 크기가 주기적으로 변화하는 것은 태양 빛의 반사로 인해 상대적으로 지구에 드러나는 면이 달라짐으로 인해 일어나는 현상이다. 회전주기는 약 27.32일이 걸린다.

달은 태양의 빛을 반영하여 밤의 어둠을 밝혀준다. 그래서 '마음'을 나타낸다. 의식의 빛은 마음이라는 아주 섬세한 감각기관을 통해 우리의 신체를 포함한 다른 외부적 세상의 물질과 대상들을 인지할 수 있게 되기 때문이다. 달은 아주 아름답고 중요한 행성이지만, 그러나 낮에는 모습을 감추고 항상 변화하는 형태를 가지고 있다. 마음은 우리의 감정을 담고 있는 곳이다. 감정이란 소중하고 아름답지만 그러나 아주 은밀하고 항상 변하는 모습이 달과 많이 비슷하다.

○ **화성(Mars): 망갈라(Mangala)**

화성은 태양으로부터 4번째 위치에 있다. 화성의 궤도는 다른 행성들에 비해 가장 불규칙적이다. 지구로부터 가장 가까이 있을 때는 약 5천 6백만 킬로미터 정도 거리에 있다가, 가장 멀리 있을 때는 약 1억 킬로미터까지 거리가 생길 수도 있다. 크기는 달의 약 2배에 해당한다. 회전주기는 약 687일이 걸린다.

화성은 예측하기 힘든 패턴을 가지고 움직이면서 마치 반항아처럼 하늘을 휘젓고 다닌다. 이러한 모습이 용감하고, 독립적이고, 강한 자기결의와 의지를 가진 남성적 에너지에 대한 자연적 상징이 된다. 하늘에서 붉은색으로 빛나는 모습은 열정과 야망이 가진 붉은색을 의미하고, 이를 추구하기 위한 경쟁과 투쟁을 상징하기도 한다.

○ **수성(Mercury): 붓다(Buddha)**

수성은 태양으로부터 가장 가까이 있는 행성이다. 그렇다 보니 아주 뜨거운 온도를 가지고 있다. 태양으로부터의 거리는 약 5천 8백만 킬로미터 정도이며, 수성의 직경은 약 4천 8백 킬로미터 정도이다. 회전주기는 약 88일이 걸린다.

수성은 항상 태양 가까이에서 돌아다니고 있기 때문에 태양과 거의 분리가 불가능하다. 그래서 수성은 이지를 대변한다. 의식과 이지는 거의 분리가 불가능하기 때문이다. 수성은 낮과 밤 사이 경계에서 항상 어슬렁거리며 균형을 잡고 있다. 우리의 이지도 마찬가지로 마음과 육체 사이 경계에서 어슬렁거리며 수집한 정보와 자의력 사이를 들락날락거리고 있다.

○ 목성(Jupiter): 구루(Guru), 브리하스파티(Brihaspati)

목성은 태양으로부터 5번째에 있으며, 태양계에서 태양 다음으로 크기가 큰 행성으로서 질량이 다른 행성들을 다 합한 것보다 더 무겁다. 지구 직경의 약 11배가 넘지만, 태양에 비하면 약 10분의 1에 해당한다. 워낙 크기가 크고 무겁다 보니 태양이 배리센터(barycenter)를 중심으로 회전을 할 때 중력으로 균형을 잡아주는 역할을 한다. 회전주기는 약 11.86년이 걸린다.

목성은 아주 크게, 밝게, 그리고 안정적으로 빛나고 있다. 그래서 삶에서 안정적인 확장과 성장, 풍요로움을 부추겨주는 긍정성과 축복을 상징하는 행성이다.

○ 금성(Venus): 수크라(Sukra)

금성은 태양으로부터 2번째로 가까이 있는 행성이다. 금성 주변을 에워싸고 있는 빽빽한 구름으로 인해 태양의 뜨거운 빛을 아주 효율적으로 반사해낼 수 있다. 그래서 어두운 하늘에서 가장 밝게 보이는 행성이다. 직경은 약 12만 킬로미터로 지구보다 약간 작다. 회전주기는 약 224.7일 정도가 걸린다.

금성은 가장 밝고 가장 아름답게 빛나는 행성이다. 그래서 아름다움의 근원, 행복, 그리고 아름다운 것들이 가져다주는 즐거움과 쾌락 등과 같은 자연스런 여성적 에너지를 나타낸다. 금성은 태양으로부터 절대 멀리 가지 않으면서 새벽과 석양을 장식하는 행성이다. 그래서 파트너십, 조화, 균형, 사랑 등과 같은 여성적 원칙들을 상징하고 있다. 금성의 아홉 달은 태양이 뜨기 전에 올라오는 모닝스타, 다른 아홉 달은 태양이 진 이후에 올라오는 이브닝스타가 된다. 그래서 여성적 원칙이 가진 중요한 자질, 재활력과 재생력을 나타내기도 한다.

○ **토성(Saturn): 샤니(Shani)**

토성은 태양으로부터 6번째에 있으며, 육안으로 볼 수 있는 마지막 행성이다. 태양으로부터 약 14억 2천 6백만 킬로미터 거리에 떨어져 있다. 태양으로부터 가장 멀리 있기 때문에 가장 차가운 행성이다. 목성 다음으로 크기가 크며, 지구 직경의 약 9배가 넘는다. 회전주기는 약 29.46년이 걸리며, 행성들 중에서 가장 느리다.

토성은 아주 희미하게 빛나며 하늘을 절름거리듯이 천천히 움직이고 있다. 그래서 제한, 장애, 위축, 감소, 거부 등과 같은 부정성을 나타낸다.

○ **라후와 케투**

라후와 케투는 태양과 달의 이클립 포인트들이다. 하늘의 위대한 권위자들에게 들키지 않으려 항상 몸을 감추거나 자세를 낮추고 있다가, 느닷없이 나타나서 일식이나 월식을 일으키곤 한다. 그래서 라후와 케투는 어떤 혁명이나 급작스런 변화, 잘 정립된 체제를 무너뜨리거나, 혹은 새로운 방식으로 대체시키는 등의 예측할 수 없는 카르마적인 세력을 나타낸다.

○ **라시 차트(Rasi Chart, Horoscope)**

하늘에 고정된 어떤 특정한 포인트를 기준으로 360도 둥근 원형으로 형성시킨 조디액을 통해, 그 위를 움직이고 있는 행성들이나 상대적으로 고정된 것처럼 보이는 스타들의 위치를 알 수 있다. 항상 움직이고 있는 행성(그라하, Grahas, '잡고 있는')들은 실제로 서쪽에서 동쪽 방향으로 회전을 하지만, 지구상의 입장에서는 동쪽에서 서쪽으로 회전을 하고 있는 것처럼 보인다(마치 달리는 전철 안에서 보면, 자신은 가만히 서 있고 주변 사물들이 반대편으로 달리는 것처럼 보이는 현상과도 같다). 이렇게 늘 움직이고 있는 하늘의 모습을 출생 시에 순간적으로 포착한 것이, 호로스코프(Horoscope) 메인(Main) 차트이다. 메인 차트는 개인이 타고난 신체적, 환경적 요인들을 결정짓는 주요한 '라시(Rasi, Deha 바디) 차트'이다. 즉, 라시 차트는 개인이 출생할 당시에 '캡처'한 하늘의 사진, 다음의 세 요소로 이루어져 있는 천문학적인 사진과도 같다.

하늘에 있는 행성들의 위치	조디액의 열두 사인들로 나타낸다.
지구상에서의 위치(출생지의 경도, 위도)	차트의 열두 하우스들로 나타낸다.
출생 시간에 동쪽 지평선에서 올라오던 사인	차트 주인의 라그나로 나타낸다.

열두 라시, 열두 라그나, 열두 하우스

'라시(Rasi)'는 세 가지 의미를 가지고 있다. 메인 차트를 의미하는 '바디(Deha)'라는 의미 외에도, 두 번째로 '더미, 파일'이라는 뜻을 가지고 있는데, 30도 각도들의 더미들을 의미한다. 즉 360도 조디액을 12 파트로 나눈 30도 각도 더미들을 나타낸다. 세 번째로 '바가스(Vargas)들의 더미'라는 의미도 가지고 있다. 라시들은 각도들의 총체적인 더미로, 메인 차트(첫 번째 라시 차트)에 있는 행성들의 각도에 기준하여 부속 차트들을 산출한다는 의미이기도 하다. 베딕 점성학에서는 라시 차트 외에 총 15개의 부속 차트들을 공식에 따라 산출하여 함께 사용하고 있다.

열두 라시들은 우리 신체의 특정한 부분, 특정한 타입의 개성, 특정한 삶의 방식들, 그리고 세상의 다양한 물질적 실체, 사이즈, 자질, 색깔 등을 대변한다. 아홉 행성들이 위치하고 있는 라시들의 상태 분석이나, 각 라시들이 나타내는 디테일한 특질들을 이해함으로써 우리들 삶의 특정한 영역들이 어떻게 나타나고 형상화할지 잘 이해할 수 있다.

열두 라그나(Lagna, '어센던트, 1번째 라시')는 개인의 출생 당시에 동쪽 지평선에서 올라오던 라시를 의미한다. 자전 현상에 의해 열두 라시들로 구성된 하늘의 조디액을 지구가 한 번 회전하는 데 하루가 걸린다. 즉 하루 동안 모든 열두 라시들이 동쪽 지평선에서 차례대로 올라와서 서쪽으로 지게 되는 것이다. 출생 시에 올라오던 1번째 라시가 '나(라그나)'라는 사람에 대한 모든 핵심적 특성들을 규정하게 된다. 열두 라시가 있으니 열두 라그나 유형이 형성된다.

Pisces (Meena)	Aries (Mesha)	Taurus (Vrishabha)	Gemini (Mithuna)
Aquarius (Kumbha)	Zodiac Signs (Rasis)		Cancer (Karkataka)
Capricorn (Makara)			Leo (Simha)
Sagittarius (Dhanush)	Scorpio (Vrischik)	Libra (Thula)	Virgo (Kanya)

열두 라시의 남인도식 차트: 1번째 산양 라시부터 시계 방향으로 12번째 물고기 라시까지 진행

열두 하우스는 지구상에 태어난 개인의 삶을 구성하는 다양한 영역들을 의미한다. 지평선에서 올라오던 1번째 라시인 라그나(Lagna)가 1번째 하우스가 되고, 이어지는 라시들은 차례대로 2번째, 3번째…12번째 하우스들까지 결정된다. 한 개의 라시 각도는 30°도이므로, 비록 라시는 동일하더라도 출생 시간의 차이에 따라 지평선과 하늘이 실제로 접하게 되는 각도의 포인트(Bhava, 바바 혹은 커스프, Cusp)는 달라진다. 1번째 하우스의 포인트는 나머지 열두 하우스들만 메인 차트를 기준으로 하여 계산하는 다른 모든 부속 바가스(Inner Vargas)가 결정되는, 차트에서 가장 중요하고 민감한 포인트들이다.

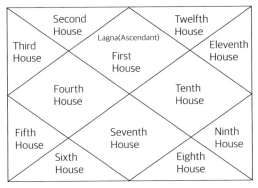

열두 하우스의 북인도식 차트: 1번째 하우스부터 시계 반대 방향으로 12번째 하우스까지 진행

어스펙트

어스펙트(Aspect)는 드리쉬티(Drishti) '쳐다보다'라는 뜻으로, 모든 행성들이 가지고 있는, 자신의 에너지를 다른 행성들에게 미칠 수 있는 영향력을 의미한다. 예를 들어, 같은 공간 내에 있는 사람이더라도 서로 등을 돌리고 있거나, 옆에 있거나, 혹은 바로 앞에 있는 경우, 서로 쳐다볼 수 있는 범위가 다르므로 미칠 수 있는 영향력도 다른 것과 같은 이치이다. 행성들은 자신이 위치한 라시에서 특정한 반경 내에 있는 다른 행성들이나 하우스들을 어스펙트하면서 다양한 영향력을 행사하게 된다. 이러한 어스펙트에는 세 가지 종류가 있다. 행성간 어스펙트(Planetary Aspects), 라시 어스펙트(Rasi Aspects), 타지카 어스펙트(Tajika Aspects)이다. 행성간 어스펙트는 행성들의 정신적 성향에 영향을 미치고, 라시 어스펙트는 행성들의 물질적 환경에 영향을 미친다. 타지카 어스펙트는 박샤팔(Vakshapala, 솔라 리턴) 점성학과 트랜짓(Transits, 운행)들을 분석할 때 사용하는 어스펙트이다.

부속 바가스(16 바가스)

한 개의 라시가 지평선에서 올라오는 데 걸리는 시간은 평균 2시간(12라시 × 2시간 = 24시간)이다. 그래서 같은 생년월일이고 출생 시간이 2시간 범위 내에 있는 사람들은 출생 차트에서 행성들의 위치가 모두 비슷하게 될 것이다. 또한 다음 날에 비슷한 시간대에 태어난 사람들도 마찬가지이다. 행성들의 위치가 약 이틀 동안 거의 변하지 않을 가능성이 높기 때문이다. 분초 간격으로 태어난 쌍둥이 같은 경우에도 거의 동일한 출생 차트를 가지고 있을 것이기 때문에 서로 다른 점들을 분간하기 어렵다. 이러한 어려움들을 극복할 수 있게 하는 것이 부속 바가스이다. 각 열두 라시들은 특정한 숫자만큼 나누어지게 된다. 그리하여 특정한 삶의 영역을 나타내는 부속 차트에서 라그나(Lagna, 어센던트)와 행성들 위치가 달라지게 되는데, 더욱 세분화된 부속 차트로 들어갈수록 개인만의 독특한 성향들이 뚜렷해진다. 파라샤라(BPHS)가 제시한 공식에 따라 산출하는데, 총16개의 바가스(Vargas, '부분, 파트')를 사용한다. 라시 차트를 포함한 16 차트들을 쇼다샤바가스(Shodashavargas)라고 한다. 바가 차트는 해당 숫자가 나타내는 만큼 30°를 세분화한 것인 동시에 해당 숫자 하우스의 특성들을 키워드로 가지고 있다.

쇼다사바가스(Shodasvagars, 12 하우스 특성과 연관된 삶의 특성들을 대변)		
바가	주요 하우스	키 특성들
라시(D-1)	1번째	기본 차트, 모든 기본적 틀을 제공
호라(D-2)	2번째	부, 책임, 남성적/여성적 성향
드레카나(D-3)	3번째	형제, 동료, 생기, 용기, 주도력
차투르탐샤(D-4)	4번째	부, 풍요로움, 웰빙, 행복, 감정
삽탐샤(D-7)	7번째, 5번째	자녀들, 창조성, 레거시, 섹스파트너
나밤샤(D-9)	9번째	배우자, 파트너십, 결혼
다삼샤(D-10)	10번째	파워, 지위, 액션, 성취
드와다삼샤(D-12)	12번째	전생의 카르마, 선조, 부모님, 전통
쇼담샤(D-16)	4번째	행복과 불행, 자동차, 운송수단, 바디, 홈
빔삼샤(D-20)	8번째	지식과 이해력, 영적 수행, 헌신적 능력
시담샤(D-24)	12번째	높은 교육, 영적 지식과 이해력
밤샤(D-27)	3번째	전반적 강점과 약점, 재능, 탤런트
트림삼샤(D-30)	6번째	위험, 불행, 건강, 적, 바디의 고통
카베담샤(D-40)	4번째, 전체 하우스	전반적인 길조적/비길조적 효과들, 좋고 나쁜 습관들
악샤베담샤(D-45)	9번째, 전체 하우스	전반적인 특성들, 도덕과 성품, 의지의 작용
샤시티얌샤(D-60)	전체 하우스	모든 행성들 영향을 파인 튜닝

행성들이 가진 저력

행성들이 가진 저력을 재기 위해 사용하는 방법에는 네 가지가 있다. ① 행성들의 품위에 기준하여 재는 법 ② 샽발라(Shadbala)에 기준하여 재는 법 ③ 아바스타즈에 기준하여 재는 법 ④ 요가와 이쉬타/카쉬타 포인트에 기준하여 재는 법이다.

○ 행성들의 품위에 기준

행성들의 품위에 기준해서 강약 정도를 재는 데 있어, 보통 1번째 차트, 라시 차트에서 행성들의 품위만을 가지고 쉽게 판단하려는 경우가 자주 있다. 행성들을 강약을 잴 때, 1번째 차트인 라시 차트만 고려하는 것이 아니라 나머지 15개 부속 차트들에서의 품위도 같이 전체적으로 고려해야 한다.

○ 샽발라에 기준

샽발라(Shadbala, 여섯 가지 저력)는, 행성들이 차트에서 효과를 제대로 발휘할 수 있을지 없을지 알기 위해 가진 저력을 여섯 가지 잣대로 재는 방식이다. 아주 정교한 수학적 공식을 사용해 행성들의 저력을 잰다. 샽발라 저력을 토대로 하여 요가와 아바스타즈들의 효과를 수학적으로 보다 정교하게 판단할 수 있다.

샽발라 여섯 가지 유형의 저력은 다음과 같다. ① 스타나발라(Stana Bala, 위치의 저력) ② 디그발라(Dig Bala, 방향의 저력) ③ 칼라발라(Kaala Bala, 시간의 저력) ④ 체스타발라 (Chesta Bala, 움직임의 저력) ⑤ 나이사르기카발라(Naisargika Bala, 타고난 저력) ⑥ 드리그발라(Drig Bala, 어스펙트 저력).

○ 아바스타즈에 기준

'아바스타즈(Avasthas)'라는 말의 뜻은 '행성의 상태들'이라는 의미이다. 나탈 차트에 분포되어 있는 행성들의 상태를 재기 위해 사용하는 방법으로 총 다섯 가지가 있다. ① 발라디(Balaadi) 아바스타즈 ② 자그라디(Jagraadi) 아바스타즈 ③ 딥타디(Deeptaadi) 아바스타즈 ④ 라지타디(Lajjitaadi) 아바스타즈 ⑤ 사야나디(Shayanaadi) 아바스타즈.

이들 중에 두 가지(발라디, 라지타디)는 수학적으로 행성들의 저력을 재는 아바스타즈이고, 나머지(자그라디, 딥타디, 사야나디)는 품위에 기준하여 행성의 느낌 상태를 재는 아바스타즈이다.

그런데 염두에 두어야 할 사항은, 나탈 차트를 해석하는 데 있어 어떤 아바스타즈든지 단독으로 사용하는 것이 아니라 전체적으로 함께 연계시켜서 사용할 수 있어야 한다는 점이다. 어느 아바스타즈든지 단편적으로만 적용하게 되면 그만큼 오판을 하게 될 가능성이 높다. 이는 마치 나무 한 그루에만 집중하게 되면 전체 숲을 보지 못하게 되는 예와도 비슷하다.

○ 요가와 이쉬타/카쉬타 기준

요가(Yogas)는 베딕 점성학만의 독특한 시스템으로, 차트에 있는 다양한 힘이나 잠재력 등을 주는 행성들 간의 조합들을 의미한다. 이러한 요가들이 발현될 수 있는 긍정적, 부정적 힘의 가능성을 '이쉬타/카쉬타(Ishta/Kashta)'라고 하는 수학적인 잣대를 이용해 객관적으로 잴 수 있게 한다.

요가

요가는 한두 개 혹은 그 이상의 행성들 간에 형성되는 독특한 조합들을 의미한다. 이러한 요가는 행성들이 어떤 특정한 라시나 하우스에 있거나, 합치 혹은 다른 행성으로부터 받는 어스펙트 등, 어떤 식으로든 삼반다(관계성)를 가지게 되는 경우 어떤 특정한 효과들이 나타나게 하는 조합들을 의미한다. 많은 베딕 점성학 관련 고서들에 나열되어 있는 이러한 요가들의 종류는 마치 해변의 모래알들처럼 무수하다. 차트가 가진 모든 종류의 요가들을 다 알거나 적용하기는 불가능하기 때문에, 전통적으로 잘 알려지고 중요한 요가들에만 한정을 시키게 된다.

이러한 요가들의 유형은 크게 두 가지로 나눌 수 있다. 물질적 효과를 주는 요가,

혹은 정신적 효과를 주는 캐릭터 요가들이다. 모든 호로스코프들은 요가들을 가지고 있다. 어떤 요가들은 길조적이거나 비길조적일 수 있다. 그 중에서도 다이리드라(Dair-idra) 요가들은 가난의 요가이며, 발라리쉬타(Balarishta) 요가들은 일찍 죽는 요가이다. 길조적인 라자(Raja) 요가들은 명성과 리더십을 의미하며, 다나(Dhana) 요가들은 부를 주며, 파라라바(Pararava) 요가들은 세상을 등지고 출가를 하는 것 등을 의미한다. 비슷한 효과들을 나타내는 요가들이 차트에 많을수록 실제로 발현될 수 있는 가능성이나 저력도 높아지게 된다.

루나맨션: 27 낙샤트라들(Nakashatras)

낙샤트라(Nakshatra)는 '스타'라는 의미를 가지고 있다. 27 낙샤트라들은 고정된 스타들의 그룹으로 조디액이 그 위를 회전하고 있는 하늘 배경을 의미하는데, 요가와 마찬가지로 베딕 점성학이 가진 독특한 시스템이다. 스타들은 행성들에 비해 움직임이 거의 미미하기 때문에 베다 시대의 고대인들에게는 마치 하늘에 고정(Dhruva, 디루바)된 것처럼 보였다. 그들은 이러한 스타 그룹들을 '낙샤트라'라고 불렀는데, 총 27개 그룹이 있으며 현대 천문학에서 인정하는 별자리 그룹 위치들과 상당히 일치하고 있다. 그중에서도 달이 위치한 낙샤트라에 대한 관심이 특히 지대했다. 달은 지구의 유일한 자연 위성으로서 하루에 약 1개의 낙샤트라를 지나면서 지구 주변을 회전하고 있는데 공전 주기는 약 27.3일이 걸린다. 이러한 달의 길, 27 낙샤트라들은 베딕 신화에서는 루나맨션(Lunar Mansions), 혹은 '달의 아내들'이라고도 부르고 있다.

낙샤트라 리스트들을 나열하고 있는 최초의 천문학 고서는, 라가다의 『베당가 죠티샤(Vedanga Jyotisha of Lagadha, 기원전 6~7세기의 저서)』이다. 그 외에 『타이트리야 삼히타(Taittiriya Samhita)』, 『샤타파타 브라마나(Shatapatha Brahmana)』와 같은 고전에서도 낙샤트라 리스트들을 언급하고 있다(하지만 이러한 고서들에는 조디액의 라시들에 대한 언급은 어디에도 없다. 베딕 조디액이 기원후부터 적용되기 시작했음을 의미하는 주요 단서이다).

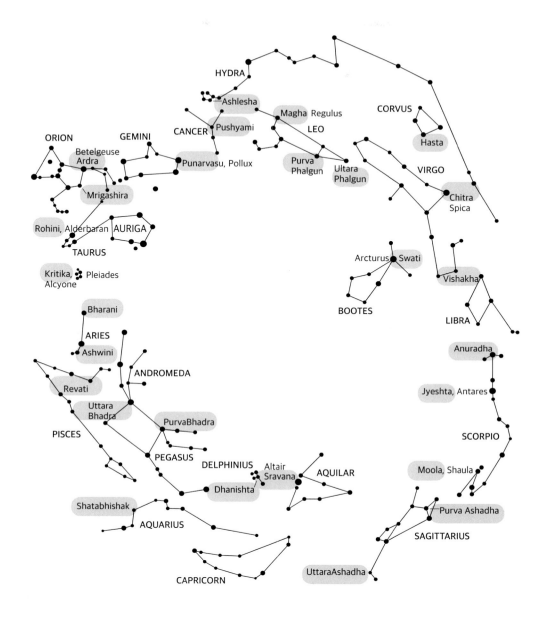

○ 27 낙샤트라들과 로드 행성, 주재신들

27 낙샤트라들은 각자마다 로드 행성과 주재하는 베딕 신들이 있다. 조디액의 열두 라시들은 우리 신체가 처해 있는 외부적 환경을 나타내는 반면, 27 그룹의 스타들은 그 이면에 흐르고 있는 에너지 전류들을 나타낸다. 마치 우리 신체 내부의 심장을 뛰게 하는 본질적 생명의 근원을 낙샤트라들이 의미하고 있는 것과 같다. 아홉 행성들

은 스물일곱 낙샤트라들에 대한 로드십도 가지고 있는데, 낙샤트라들의 경우에는 라후와 케투도 다른 행성들과 마찬가지로 로드십이 주어졌다. 그런데 열두 라시들은 오너 행성의 특성들을 따르는 반면, 낙샤트라들은 로드십을 가진 행성이 아니라 각자 주재하고 있는 주재신들의 특성을 따르게 된다. 행성들이 가진 낙샤트라의 로드십은 다샤(시간의 흐름)들을 계산하기 위해서만 사용된다. 한 개의 낙샤트라 각도 범위는 13° 20'이며 각 낙샤트라들은 다시 네 파트로 나누어 '파다(Padas)' 혹은 '차라나(Charanas)'라고 불린다. 한 개 파다의 범위는 3° 20'에 해당하며 360도 원형의 하늘에는 총 108개 파다가 있다.

스물일곱 낙샤트라들은 각 그룹마다 아홉 개씩 세 사이클로 반복이 된다. 아홉 행성들은 각자 세 개의 낙샤트라들을 로드한다.

스물일곱 낙샤트라와 로드 행성, 주재신 도표						
한 개의 낙샤트라: 13도 20분 × 27 = 360도						
한 개의 낙샤트라 파다: 13도 20분 / 4 = 3도 20분 × 108개 파다 = 360도						
No.	낙샤트라 명칭/ 주재신	No.	낙샤트라 명칭/ 주재신	No.	낙샤트라 명칭/ 주재신	로드 행성
1	아쉬비니(Ashwini)/ 아쉬윈(Ashiwin, 쌍둥이 마부, 의인들)	10	마가(Magha)/ 피트리(Pitris, 선조들)	19	물라(Mula)/ 니르티(Nirrtti, 재난의 여신)	케투
2	바라니(Bharani)/ 야마(Yama, 죽음의 신)	11	푸르바팔구니 (Purva Phalguni)/바가 (Bhaga, 결혼과 환희의 신)	20	푸르바아샤다(P. Asadha)/ 아파스(Apas, 물의 여신)	금성
3	크리티카(Krittika)/ 아그니(Agni, 불의 신)	12	우타라팔구니 (UttarPhalguni)/ 아리야마(Aryama, 계약과 협약의 신)	21	우타라아샤다 (U.Asadha)/ 비수바데바스(Vish-vadevas, 우주적인 신들)	태양
4	로히니(Rohini)/ 프라자파티 (Prajapati, 창조의 신)	13	하스타(Hasta)/ 사비타(Savitar, 영감을 주는 태양신)	22	시라바나(Sravana)/ 비슈누(Vishnu, 유지주)	달

5	므리가쉬라(Mrigasira)/ 소마(Soma, 영생불멸의 신)	14	치트라(Chitra)/ 비쉬바카르마(Vishvakarma, 디바인 건축사)	23	다니쉬타(Dhanistha)/ 바수스(Vasus, 빛과 풍요로움의 신)	화성
6	아드라(Ardra)/ 루드라(Rudra, 천둥번개의 신)	15	쓰바티(Swati)/ 바유(Vayu, 바람의 신)	24	싸타비쌱(Satabhishak)/ 바루나(Varuna, 우주적 물의 신)	라후
7	푸나르바수(Punarvasu)/ 아디티(Aditi, 신들의 어머니)	16	비샤카(Vishaka)/ 인드라그니(Indragni, 번개와 불의 신들)	25	푸르바바드라파다 (P. Bhadrapada)/ 아자에카파타스(Aja Eka-pada, 전설의 동물 신)	목성
8	푸쉬야(Pushya)/ 브리하스파티(Brihaspati, 신들의 스승)	17	아누라다(Anuradha)/ 미트라(Mitra, 디바인 친구, 자비의 신)	26	우타라 바드라파다 (U. Bhadrapada)/ 아히르부댜야 (AhirBudhaya, 전설의 용)	토성
9	아쉴레샤(Ashlesha)/ 사르파(Sarpa, 뱀들의 왕)	18	지예스타(Jyeshtha)/ 인드라(Indra, 천둥의 신)	27	레바티(Revati)/ 푸샨(Pushan, 보호하는 태양신)	수성

○ **조디액과 낙샤트라의 차이점**

조디액은 라시들의 더미이다. 낙샤트라는 스타들이다. 조디액은 태양의 길로, 계절의 변화를 만들어낸다. 낙샤트라는 고정된 하늘의 배경으로, 달이 그 위를 회전하며 조류의 변화를 만들어낸다. 천문학적으로 전혀 다른 현상을 의미하는 이 두 개의 길은 점성학적으로도 전혀 다른 개념이다. 그런데 지금까지 27 낙샤트라들이 조디액과 고정적으로 같이 묶여 있다고 믿는 점성가들이 많이 있다(1장 항목 3.의 판창가-낙샤트라 도표 참조). 조디액의 열두 라시들은 태양의 움직임을 기준으로 한다. 그래서 계절의 변화에 맞추어 계산하게 된다. 27 낙샤트라들은 달의 길이다. 그래서 달이 스타들 위로 여행하는 움직임에 기준하여 계산한다. 양력과 음력 달력을 서로 다르게 계산하는 것처럼, 조디액과 낙샤트라 두 개의 다른 길은 서로 나란히 정렬하지 않는다. 또 다른 점은, 행성들은 조디액 라시들을 오운하지만, 낙샤트라들은 오운하지 않는다는 사실이다. 낙샤트라들은 행성들이 아니라 주재신들이 관장을 하기 때문이다. 그래서 행성들은 낙샤트라들이 가진 성격이나 성향 등에는 아무런 영향력을 미칠 수 없다. 낙샤트라들은 우리의 마음이나 의식이 진화할 수 있도록 거름을 제공하는 자양분과도 같다. 이처럼 행성들이 있는 낙샤트라는 그 행성의 의식 밑에 깔린 자양분이라는 점에서, 나탈 점성학에서는 낙샤트라들이 가진 상징적 의미들만 기본적으로 사용한다. 예를 들어, 같은 라시, 같은 고양의 품위에 있는 행성이더라도 어떤 낙샤트라, 그리고 낙샤트라 파다에 있느냐에 따라 영양을 공급받고 있는 거름이 달라진다. 그래서 사람들이 겉으로 보기엔 별로 다른 점이 없어 보이지만 그들이 가진 내면의 의식, 영혼이 진화된 정도는 어떤 거름, 영양분을 받고 있느냐에 따라 기질이나 성향이 어느 정도 변형이 되는 것이다.

다샤 시스템(Dasas)

'다샤(Dasa)'의 뜻은 '무대', '삶의 조건', 혹은 '경계', '가선' 등을 의미하는 단어이다. 이러한 다샤의 의미를 문자 그대로 죠티샤에 적용하자면, '우리가 살아가면서 경험하게 되는 삶의 조건들, 그리고 이러한 무대들이 가진 시간적인 경계선들'을 의미한다. 다샤들은 특정한 카르마가 성숙하였음을 나타내며, 좋든 나쁘든 그러한 카르마의 열매를 거둘 시간이 되었음을 나타낸다. 출생부터 죽음까지 모든 사람들의 삶에는 여러 다샤들이 차례대로 이어지면서 성숙한 카르마로 인해 만들어지는 좋고 나쁜 열매들을 끊임없이 누리게 된다. 다샤는 '심지, 램프의 심지'라는 의미도 가지고 있다. 한 다샤는 특정한 카르마가 발현되는 무대를 제공하게 되는데, 그러한 카르마의 심지를 태우고 나면 다음에 이어지는 다샤는 또 다른 카르마의 무대를 제공하면서 해당 카르마의 심지를 태우게 된다는 뜻이다. 인도의 죠티샤들과 상담자들은 특히 이러한 다샤들에 대해 많은 강조를 한다. 어떤 좋은 다샤에 원하는 것들을 얻을 수 있을지, 혹은 좋은 일들이 일어날지 알고자 하며, 그리고 어떤 나쁜 다샤에 고통이나 어려움들이 있을지 준비를 하고, 다양한 레머디 방법들을 통해 고통을 피하거나 최소화할 수 있다는 기대들을 가지고 있다. 베딕 점성학은 이러한 다샤들을 재는 독특하고 다양한 시스템들을 많이 가지고 있다. 그중에서 대표적인 다샤 시스템은 120년을 기준으로 하는 빔쇼타리 (Vimshottari) 다샤이다. 아홉 행성들이 돌아가며 차례대로 각자의 시간 무대들을 마치는 데 총 120년이 소요되는, 대부분의 인도의 점성가들이 대표적으로 의존하고 있는 다샤이다.

— 2장 —

운명을 구성하는
요소들

1.

행성들
(Grahas, 그라하)

그라하의 뜻은 '잡아채다', '잡고 있다', '조정하다' 등의 의미이다. 아홉 그라하들은 우리를 자신이 가진 카르마들에 묶어두기 위해 계속 환생을 하게 만드는 힘이다. 이들은 태양, 달, 화성, 수성, 목성, 금성, 토성, 라후, 그리고 케투이다. 그라하들은 다섯 원소(흙, 물, 불, 공기 그리고 에테르)를 가지고 존재의 세 영역(물질적, 아스트랄, 코잘)에 우리를 묶어서 다양화된 세상에 형상화를 시킨다.

그라하는 문자 그대로 어떤 '천상의 바디' 혹은 인간 삶에 영향력을 미칠 수 있는 '포인트' 라는 뜻이다. 그래서 편의상 '행성'이라고 번역하였다. 행성은 천문학적 포인트들인 라후와 케투, 그리고 서브 행성(우파 그라하)도 포함한다. 이들은 실제 행성은 아니지만 그렇다고 효과들이 덜하지는 않는다. 토성의 궤도 밖에 있는 외행성(천왕성, 해왕성, 명왕성)은 죠티샤의 그라하 카테고리에 포함되지 않는다.

존재하는 모든 것들은 아홉 그라하들이 로드하는 감각기관들을 통해서 모두 인지가 된다. 특정한 그라하가 로드하는 것들을 모두 기술하고자 한다면 정말 끝이 없다. 그래서, 몇 개의 예시를 통해서 각 그라하들이 가진 일반적 특성들을 이해하게 되면 해당 그라하에 대한 전반적이고 유용한 아이디어를 얻기 충분할 것이다.

행성들의 그룹

행성들은 우리의 삶이나 개성의 다양한 면들을 대변한다. 각 행성들은 각자 다른 기능들을 가지고 있고, 어느 라시에 있느냐에 따라 행성이 쉽고 편안하게 기능을 할지 그렇지 않을지 결정된다. 이들 행성을 다음과 같은 그룹으로 분류할 수 있다.

○ **개인적 행성들: 태양, 달, 수성, 금성, 화성**

하늘에서 아주 빨리 움직이고 있다. 그래서 사람마다 다른 개성들을 잘 알 수 있게 해준다. 우리가 다른 사람들과 어떻게 상호관계성을 맺는지를 보여준다. 이들은 태양과 근접한 거리에 있기 때문에 컴바스트가 잘 되는 취약성이 있다. 태양과 달은 자체발광체 행성으로서 빛의 원천이기 때문에 역행을 하지 않는다. 다른 행성들은 모두 역행을 할 수 있다. 역행을 하는 경우 컴바스트가 되지 않고 길조적 파워도 더욱 높아진다.

○ **사회적 행성들: 목성, 토성**

우리 주변을 형성하고 있는 세상에서, 우리가 어떻게 작용을 하고 삶에서 어떤 사회성을 가지고 있는지 보여준다. 이 두 행성은 보다 느리게 움직인다. 그래서 이들의 영향은 개인적 행성들보다 더 광범위하게 영향을 미친다. 목성은 한 개의 라시에 약 1년을 머문다. 토성은 약 2.5~3년을 머문다.

○ **그림자 행성들: 라후와 케투**

그림자 행성들로서 하늘에 실체를 가지고 있지 않기 때문에 삶의 이면에서 작용하고 있는, 눈에 보이지 않는 카르마적인 세력을 나타낸다. 라후는 현생에서 계발해야 되는 새로운 카르마, 케투는 전생에서 형성된 과거의 카르마적인 힘을 나타낸다. 아주 천천히 움직이며, 한 개의 라시에 약 1.5년을 머문다.

○ **집합적인 행성들: 천왕성, 해왕성, 명왕성**

이들은 전통적으로 베딕 점성학에 포함하지 않는다. 하지만 집합적으로 세상이나 사회에서 무슨 일이 일어나고 있는지 보여주기 때문에 주요한 월드 이벤트를 예측하기 위해 사용하는 점성가들도 소수 있다. 이들은 한 개의 라시에 7년 혹은 그 이상의 시간 동안 머문다. 이 뜻은, 이들이 위치한 포인트에서 미치는 영향력이 아주 오래 지속된다는 것이다. 그래서 개인적이기보다는 세대적인 영향력을 의미한다.

서브 행성들: 우파 그라하(Upa Grahas)

베딕 점성학에서는 아홉 행성들 외에, 부차적으로 '우파 그라하(Upa Grahas, 서브 행성)'라고 알려진 특정한 수학적 포인트들을 함께 사용하고 있다. 우파 그라하들은 실체를 가지고 있지 않지만, 예측 점성학에서 어떤 숨겨진, 혹은 갑작스런 행운 혹은 불운을 나타내는 서브 행성으로서의 역할을 하게 된다. 파라샤라(BPHS)가 언급한 우파 그라하들은 총 13가지가 있으며, 이들을 3개의 그룹으로 분류할 수 있다. 그런데 비록 이러한 서브 행성들에 대한 설명이 BPHS에서 기술되어 있지만, 이들을 일일이 수작업으로 계산하거나 적용하는 방법이 쉽지 않았다. 그래서 컴퓨터 시대가 도래하기 이전만 해도 이들의 존재에 대해 알고는 있었지만 사용하는 점성가들은 거의 없었다. 현재 칼라 소프트웨어를 이용하면 쉽게 찾을 수 있다(영문 약자로 표기).

○ 두마디 그룹(Dhoomadi Group): 5가지 서브 행성들이 있다

Dh	두마(Dhooma)	화성의 우파 그라하
Vy	비야티파타(Vyatipata, or Pata)	라후의 우파 그라하
Pv	파리베샤(Parivesha, or Paridhi)	달의 우파 그라하
ID	인드라다누스(Indra Dhanus)	금성의 우파 그라하
UK	우파케투(Upaketu, or Ketu)	태양의 우파 그라하

○ 굴리카디 그룹(Gulikadi Group): 7가지 서브 행성들이 있다

KV	칼라 벨라(Kaala, Kaala Vela)	태양의 우파 그라하
Pd	파리디(Paridhi)	달의 우파 그라하
Mr	므릿튜(Mrityu)	화성의 우파 그라하
AP	아르다프라하라(Ardhaprahara)	수성의 우파 그라하
YK	아먀칸타카(Yamakantaka)	목성의 우파 그라하
Ko	코단다(Kodanda)	금성의 우파 그라하
GL	굴리카(Gulika)	토성의 우파 그라하

○ 토성의 아들로 여기는 서브 행성: Md, 만디(Mandi)

앞으로 이 책을 통해 사용하게 될 예시 차트들

○ 로버트 다우니 주니어(RDJ, Robert Downey Jr.)

영화 「아이언맨(Iron Man)」 영웅. 1965년 4월 4일 오후 1시 10분, Manhattan, NY. USA.

Upagraha Table		
Dhooma:	28:05:21	Le
Vyatipati:	01:54:38	Sc
Parivesha:	01:54:38	Ta
IndraDhanus:	28:05:21	Aq
Upaketu:	14:45:21	Pi
Kaalavela:	14:26:51	Ar
Paridhi:	20:52:04	Ta
Mrityu:	18:25:10	Ge
Ardhaprahara:	10:25:00	Cn
Yamakantaka:	29:55:28	Cn
Kodanda:	18:36:53	Le
Gulika:	07:16:05	Vi
Mandi:	24:50:11	Vi

로버트 다우니 주니어의 우파 그라하 테이블

○ 오드리 헵번(Audrey Hepburn)

영화 「로마의 휴일」 여주인공. 1929년 5월 4일 오전 3시, Ixelles, Brahant, Belgium.

Upagraha Table		
Dhooma:	26:26:58	Vi
Vyatipati:	03:33:01	Li
Parivesha:	03:33:01	Ar
IndraDhanus:	26:26:58	Pi
Upaketu:	13:06:58	Ar
Kaalavela:	28:36:16	Cp
Paridhi:	27:50:03	Aq
Mrityu:	12:50:00	Sc
Ardhaprahara:	25:15:17	Sc
Yamakantaka:	08:05:51	Sg
Kodanda:	21:57:49	Sg
Gulika:	08:01:08	Cp
Mandi:	23:56:58	Cp

오드리 헵번의 우파 그라하 테이블

○ 굴리카와 만디를 사용하는 가이드라인

13개의 우파 그라하들 중에서, 토성의 우파 그라하로 알려진 굴리카와 만디가 가장 널리 사용되고 있는 서브 행성들이다. 이들은 토성의 아들로 알려져 있기에, 토성처럼 행위를 하는 경향이 있다. 어떤 고전들에 의하면 두 서브 행성은 서로 다르다고 하지만, 파라샤라를 포함한 대다수의 고서들에서는 두 서브 행성이 서로 같다고 하는 의견들이 지배적이다. 그래서 파라샤라의 의견대로 두 서브 행성을 같은 것으로 다루기로 한다.

굴리카와 만디는 대체로 위치한 하우스의 영역을 해친다. 차트 주인의 삶에서 어떤 특정한 어려움이 있을 때, 도대체 왜 그러한 일이 생기는지 이해하기 어려운 경우들이 있다. 예를 들어 하우스 로드가 좋은 상태에 있는데도 해당 하우스 영역과 연관하여 납득하기 어려운 지연이나 장애를 겪게 되는 경우가 있다. 그럴 때 굴리카 혹은 만디를 확인하면 이들이 그곳 하우스에 위치하여 눈에 보이지 않는 장애를 일으키고 있음을 발견하게 된다. 그렇다고 굴리카와 만디가 있는 하우스가 무조건 어려움을 겪게 되는 것은 아니다. 이들을 사용함에 있어 다음과 같은 가이드라인을 참조할 수 있다.

라그나 로드가 강한 경우, 굴리카와 만디는 무력해진다.
다른 행성과 합치한 경우에, 합치한 행성에 해를 끼칠 것이다.
굴리카/만디는 위치한 하우스의 로드가 관장하는 삶의 영역에 영향을 미칠 것이다.
만약 토성이 굴리카/만디가 위치한 하우스에 있거나, 혹은 풀 행성간 어스펙트를 하는 경우에 이들은 특히 어려움을 만들어낸다.
굴리카/만디가 3번, 6번, 10번, 혹은 11번 하우스에 있는 경우에는 다른 곳에 있는 경우보다 영향력이 보다 완화된다.

행성들이 가진 개체적인 에너지 특성들

　나탈 차트가 가진 특성들을 분석하고자 함에 있어, 먼저 행성들이 가진 개체적인 에너지 특성들을 반드시 이해해야 한다. 예를 들어 어떤 차트에 대부분의 행성들이 고정적 라시에 있어 삶에서 어떤 변화가 일어나기 어려울 거라고 예상할 수 있다. 그런데 만약 강한 크루라 토성이 영향을 미치고 있다면, 차트 주인이 아무리 변화하지 않으려 애를 쓴다 하더라도, 그러한 고착적인 패턴을 깰 수 있는 변통성을 토성이 만들어낼 수도 있다. 토성은 공기의 원소를 다스리는 행성이기 때문이다. 이처럼 행성들이 가진 개체적인 에너지 특성들에 비추어 판단해보면, 태양과 화성은 보다 유동적이고 액티브하면서, 어떤 것을 리드하고 주도하기를 선호한다. 달과 금성은 보통 고정적이고 수동적이어서, 양보하거나 인내하기를 선호한다. 그러나 달이 손상된 경우 아주 변통적이 된다. 수성과 목성은 보다 변통적이고 적응적이어서, 변화와 변동을 선호한다. 토성 자체는 고정적인 기질이 있고 내적인 관성에 가두는 성향이 있다. 그러나 다른 행성들에게 영향을 미치는 경우, 그들의 자질들을 약화시키거나 변통적으로 만들 수 있다. 라후와 케투도 방해를 하거나 변통적인 세력으로 영향력을 미친다. 이들이 좋은 상태와 위치에 있으면 연관된 행성들의 힘을 강화시키며 유동적 저력을 줄 수도 있다. 그러나 안 좋은 상태와 위치에 있으면 파괴적이거나 변통적인 힘으로 발휘된다.

이렇게 행성들의 에너지 성향에 따른 행동 패턴이나 특성들을 판단함에 있어, 연관된 하우스들의 위치와 라시들도 아주 중요하다. 예를 들어 변통적 성향의 태양이 쌍둥이 라시에 있는 경우, 비록 대부분의 다른 행성들이 변통적 라시에 있지 않더라도 차트 주인이 가진 의지력이나 캐릭터에 변통성을 주게 될 것이다. 고정적 성향의 화성은 비록 대부분의 다른 행성들이 고정적 라시에 있지 않더라도 그에게 고정적인 에너지와 목적의식을 줄 것이다.

행성들이 하는 역할

행성들은 각자 해야 하는 역할들이 있다. 조디액의 모든 라시들은 로드 행성들이 있으며, 라시들은 로드 행성들의 특성들을 공유하게 된다. 총 아홉 행성들은 요일 순으로 배치하였다.

태양	Surya, 수리야
달	Chandra, 찬드라
화성	Mangala, 망갈라
수성	Budha, 붓다
목성	Brihaspati, 브리하스파티
금성	Shukra, 수크라
토성	Shani, 샤니
라후	Rahu, 용두
케투	Ketu, 용미

ㅇ 태양(수리야, 영혼)

태양은 기본적 개성을 다스린다. 가장 중심적인 에고와 의지, '나는 누구인가'라는 핵심을 나타낸다. 태양은 우리가 가진 힘의 원천적인 힘, 권위성, 아버지, 남성적 에너지 요소를 보여준다. 신문이나 잡지에 나오는 조디액 관련 기사들은 모두 태양의 라시를 의미한다. 태양은 사자 라시를 로드한다.

ㅇ 달(찬드라, 마음)

달은 감정, 직관, 그리고 느낌들을 어떻게 표현하는지를 다스린다. 부모님에 대한 것, 어머니와의 관계성을 보여준다. 달은 우리가 가진 돌보는 본성을 어떻게 표출하는지, 여성적 면의 개성을 나타낸다. 달은 게 라시를 로드한다.

ㅇ 화성(앙가라카/쿠자, 에너제틱한 액션, 자신감, 에고)

화성은 무엇이 우리를 드라이브하는지를 나타낸다. 그러한 드라이브에는 성적인 것도 포함한다. 화성은 또한 에너지, 야망, 전쟁을 나타낸다. 욕망과 공격성도 포함한다. 그래서 어떤 사람과 싸움을 하기 전에 그의 화성을 먼저 체크하는 것이 좋다. 어떤 사람은 애초부터 건드리지 않는 것이 최상이다. 전갈 라시 화성이 그러한 사람 중 하나이다. 화성은 산양과 화성 라시를 다스린다.

ㅇ 수성(붓다, 소통)

수성은 신들의 메신저 '머큐리'의 이름을 따서 지어진 것이다. 수성은 소통, 이지적 논리, 그리고 우리가 어떻게 배우는지를 나타낸다. 수성은 쌍둥이와 처녀 라시를 로드한다.

ㅇ 목성(브리하스파티/구루, 위대한 스승)

목성은 우리의 잠재성을 다스린다. 타고난 재능이나 행운을 나타내는 행성이다. 우리가 확장할 수 있게 한다. 도박, 투기, 리스크 취하는 것, 철학, 출판, 종교, 믿음, 성지 목적의 여행도 다스린다. 목성은 인마와 물고기 라시를 다스린다.

○ 금성(수크라, 부, 쾌락, 재생)

금성은 우리가 어떻게 즐기고, 재생하고, 사랑하는지 보여준다. 대체로 우리가 가진 로맨스적인 면을 나타내지만, 비단 성적 아우라에만 한정되지 않는다. 로맨스 파트너도 포함한 모든 유형의 사람들과 우리가 어떻게 관계성을 맺고, 에너지를 상호교류하는지 보여준다. 금성은 아름다움, 고상함, 편안함, 그리고 돈이나 가치 있는 것들을 어떻게 사용하기 좋아하는지를 보여준다. 성적인 면에서는 수용적이고 여성적인 면을 의미한다. 금성은 황소와 천칭 라시를 로드한다.

○ 토성(샤니, 힘들게 배우는, 커리어, 수명)

토성은 나쁜 평판을 모두 받고 있다. 고난, 제한, 장애, 카르마, 레슨 등을 나타내는 행성이기 때문이다. 우리가 어렵게 배워야 하는 것들을 나타내는 행성이다. 하지만 토성을 마스터하면 삶을 마스터할 수 있다. 토성은 모든 고난과 그에 따른 단련을 의미한다. 토성을 잘 다룰 수 있으면 삶의 행운을 새로이 창조할 수 있다. 토성은 악어와 물병 라시를 다스린다.

○ 라후(상승하는/북쪽의 노드)

삶의 영역에 극도의 혼란을 가져오는 힘을 나타낸다. 전생에서 전혀 경험이 없는, 현생에서 새로이 계발해야 되는 어둠과 무지로 둘러싸인 삶의 영역을 의미한다. 지식과 경험이 부족하기 때문에 많은 실수와 혼돈, 실패의 경험들을 하게 되지만 그만큼 더 많은 가능성과 높은 성공의 잠재성을 가지고 있다.

○ 케투(하향하는/남쪽의 노드)

카르마적인 힘이나 영향력, 전생에서 이미 많이 계발하고 경험도 많은 영역을 나타낸다. 전생에서 익숙하거나 미처 완성하지 못한 삶의 영역, 그래서 현생에서 완결을 짓고 벗어나야 하는 삶의 영역을 의미한다.

행성들이 가진 기본적 특성과 자질들

※ 이하 기술된 자질들 중에서, 간혹 라후와 케투가 언급이 되지 않은 경우는 BPHS에서 배당하고 있지 않기 때문이다.

ㅇ 행성들의 신체적 특성과 자질들

행성들은 각자 기본적인 신체적 특성과 자질들을 가지고 있다. 차트에서 중요한 셀프 행성들에게 주 영향을 미치고 있는 경우, 해당하는 행성의 신체적 특성들을 주게 된다.

태양	태양은 네모난 체격을 가지고 있고, 적은 머리숱과 곱슬머리, 사랑스러운 외모, 빼어난 지성과 총명함, 인상적인 목소리, 중간 사이즈의 몸, 밝은 꿀 색이 나는 눈, 적갈색의 피부, 강한 뼈와 골격, 강하고 안정적인 성향, 사프론(오렌지 색) 옷을 입고 있다.
달	날씬하고 둥근 몸, 아름다운 외모, 사랑스런 눈, 달콤한 스피치, 흰 피부, 짧은 곱슬머리, 사랑을 잘 받는, 모든 것을 잘 알고 있는, 변덕스런 성향, 지나친 성적 충동, 흰 옷을 입고 있다.
화성	꿰뚫는 듯이 날카로운 눈, 작은 체격, 키가 작고 터프한 몸, 변덕스럽지만 관대한 성격, 짧고 윤이 나는 곱슬머리, 용감한 기질, 기꺼이 상처를 주는, 쉽게 흥분하는, 잘 찌르는 성향, 희고 고운 피부, 붉은 옷을 입고 있다.
수성	날씬하고 아름다운 몸, 크고 붉은 빛이 나는 눈, 까무잡잡하고 붉은 빛이 도는 피부, 건강한 피부, 중간 정도 키, 분명하고 위트가 있는 스피치, 여러 의미가 있는 말, 혹은 의미 심상한 표현력을 사용하는, 에너지가 충만한, 녹색 옷을 입고 있다.
목성	큰 몸, 두드러지는 가슴, 울리는 목소리, 투명한 눈, 덕이 넘치는 성향, 고전과 과학의 지식이 있는, 밝은 황금색의 피부, 예리한 지성, 종교적 추구에 열정적, 용서하는 기질, 노란 색 옷을 입고 있다.
금성	아름답고 잘생긴, 균형 잡힌 몸매, 검은 곱슬머리, 시인, 성적 아우라를 풍기는, 긴 팔, 넓은 가슴, 정열이 넘치는, 우아함, 정력적인, 지혜, 지성, 흰 옷을 입고 있다.
토성	키가 크고, 마르고, 약한 몸, 어두운 피부, 뻣뻣한 머리카락과 팔다리, 큰 이빨, 게으른 성향, 잔인한 성향, 절름거리는, 검거나 초라한 옷을 입고 있다.
라후와 케투	푸른빛이 도는 피부, 연기가 나는, 외향적으로 와일드하고 총명하다.

○ 행성들의 로드십

각 행성들마다 개체화된 존재의 파트에 대한 로드십(Lordship)이 주어졌다.

BPHS에는 라후와 케투의 로드십에 대한 언급이 생략되어 있다. 하지만 라후는 환영과 공포를 조장하고, 케투는 무지 혹은 깨달음을 준다.

태양	아트만(Atman), 본질적 영혼, 소울	존재의식, 자존감, 자신감, 겸허함 등이 우러나오는 근원적인 힘을 나타낸다.
달	마나스(Manas), 본질적 마음, 마인드	개체적인 의식적 경험과 에고의 관점으로 세상을 보는 주관적 감정과 느낌 등을 나타낸다.
화성	저력(Satvam), 에센스	각자가 가진 육체적, 정신적 저력을 나타낸다. 경쟁을 좋아하고 한계나 시련 극복을 위한 의지력과 힘을 사용하고, 전시하고, 도전하기를 즐긴다.
수성	화술, 스피치	세상의 모든 일들을 다루는 데 필요한 능력을 나타낸다. 스피치와 소통을 이용해 공평하고 실용적인 방식으로 원하는 것들을 성취할 수 있게 해준다.
목성	지혜와 행복, 영성	삶의 근원적인 행복과 기쁨을 나타낸다. 믿음과 신념, 지혜와 직관력 등을 통해 보다 더 큰 힘에서 우러나오는 진정한 행복을 준다.
금성	열정, 정열, 정액	세상에 대한 가슴속 깊은 동기, 열정, 사랑, 욕망 등의 힘을 나타낸다. 감각적인 기쁨뿐만 아니라, 건강하고 조화로운 자세로 세상을 즐길 수 있게 해준다.
토성	괴로움과 슬픔	무지와 카르마로 인해 빚어지는 삶의 모든 괴로움과 슬픔을 나타낸다. 특히 잠재의식 속에 있는 깊은 콤플렉스로 인해 온갖 심리적 열등감이나 제한의식을 계속 만들어내는 고통의 주범이다.

○ **행성들의 관료직**

행성들마다 주어진 사회적 직위(관료직)가 있다. 각자 직위에 따라 맡은 역할을 행하게 된다.

태양, 달	왕과 왕비	왕으로서 태양은 고귀함, 한결같은 자세로 매사에 임한다. 왕비인 달은 우아함과 사교성, 다정한 자세로 매사에 임한다.
화성	대장군, 사령관	목표와 의지력으로 정확하게 맡은 바 책임을 다하는 확실한 자세를 가지고 있다.
수성	왕자, 황태자	왕자로서의 특권을 누리듯 타고난 이지로 능숙하고 능란하게 세상의 일들을 다룬다.
목성, 금성	대전각료, 수상	목성은 지식과 지혜로 공정함과 질서유지를 위한 조언을 하는 수상이고, 금성은 세상사에 대한 지혜와 국정운영 기술이 뛰어난 수상이다.
토성	하인	다른 이들이 회피하거나 하기 싫어하는 온갖 더럽고 궂은 일들을 도맡아서 한다.
라후	군대(정복군)	영토 확장이나 정벌을 위해 외부로 진출하는 군대를 나타낸다.
케투	군대(방위군)	왕국 내의 질서유지를 위한 군대를 나타낸다.

○ **행성들의 구나스**

구나스(Gunas)는 세 가지 본질적인 성향에 따라 분류한다. 타고난 성향에 따라 가진 동기나 행동하는 방식이 나타나게 된다.

태양, 달, 목성	사트바(Sattva, 선하고 고귀한)	보다 높은 수준의 본성과 지혜를 위한 순수하고 고양적 행동 동기를 가지고 있다.
수성, 금성	라자스(Rajas, 액티브하고 정의로운)	원하는 것을 향한 열정과 목표성취를 위한 역동적 행동동기를 가지고 있다.
화성, 토성, 라후와 케투	타마스(Tamas, 어둡고 무거운)	행복이나 만족함을 막는 장애적인 동기를 가지고 있다.

ㅇ 행성들의 카스트

카스트(Caste)는 네 가지 타고난 성향에 따라 분류한다. 구나스의 성향에 따라 결정된다.

목성, 금성	브라민, 승려, 학자 계층	사트바가 주로 활발하고, 라자스와 타마스는 통제된다.
태양, 화성	크샤트리야(Kshatriya), 왕족, 워리어 계층	라자스가 주로 활발하고, 약간의 사트바가 있고, 타마스는 통제된다.
달, 수성	바이시야(Vaishya), 상인, 비즈니스 계층	라자스가 주로 활발하고, 약간의 타마스가 있고, 사트바는 통제된다.
토성	수드라(Sudra), 하인, 서비스 계층	타마스가 주로 활발하고, 약간의 라자스가 있고, 사트바는 통제된다.
라후와 케투	아웃카스트	전통적인 카스트에 포함이 되지 않는, 아웃사이더, 외국인을 나타낸다. 주로 타마스적이며, 연관된 행성이나 위치에 따라 라자스, 혹은 사트바가 약간 있을 수 있다.

ㅇ 행성들의 성별

행성들은 성별적 특성을 가지고 있다. 남성적 행성들은 자신이 하는 일 자체가 중요하고 좋은 일을 하기 즐긴다. 여성적 행성들은 자신에게 일어나는 일 자체가 중요하고 좋은 느낌을 받기를 즐긴다. 중성적 행성들은 균형을 이루는 역할을 한다.

태양, 화성, 목성	남성적
달, 금성, 라후	여성적
수성, 토성, 케투	중성적

ㅇ 행성들의 피부 톤

행성들이 가진 피부 톤이 있다. 두드러지는 행성이 나타내는 피부색을 주거나, 혹은 상응하는 색깔처럼 타고난 자질을 나타낸다.

태양	적갈색	행동과 선두적 자질을 나타낸다.
달, 목성	투명하게 희거나 하얀색	순수함, 수용적, 섬세한, 행복하고 기쁜 자질을 나타낸다.
화성	붉은색	다혈질적인 행동과 집중력의 자질을 나타낸다.
수성	황록색	신선하고 젊은, 호기심의 자질을 나타낸다.
금성	갈색	사랑과 찬미, 만족, 쾌락의 자질을 나타낸다.
토성	어두운 색	무지와 어둠의 자질을 나타낸다.

○ 행성들의 도샤

행성들은 주도적인 도샤(Dosha, 체질)를 가지고 있다. 인도의 전통 대체의학인 아유르베다에 따른 상응하는 체질이나 성향을 나타낸다. 피타(Pitta, 불과 같은), 바타(Vatta, 풍과 같은), 카파(Kapha, 담과 같은) 체질이나 성향을 의미한다.

태양	피타
달	카파와 바타
화성	피타
수성	피타, 바타, 카파가 모두 혼합
목성	카파
금성	카파와 바타
토성	바타
라후와 케투	바타

○ 행성들의 맛

행성들은 독특한 맛을 나타낸다. 주도적인 행성의 맛을 선호하는 경향을 나타낸다.

태양	톡 쏘듯 자극적인 맛
달	짠맛
화성	떫은 맛
수성	섞인 맛
목성	단맛
금성	신맛
토성	떫은 맛

○ 행성들의 시선

행성들은 시선을 두는 방향이 있다. 위를 향해 보는 행성은 야심적이고 이상을 향해 나아가는 기질을 준다. 양옆으로 보는 행성은 기회주의적인 기질을 준다. 모든 방향으로 보는 행성은 현재에 기뻐하고 만족하는 기질을 준다. 아래로 보는 행성은 열등의식과 제한적인 기질을 준다. 암흑 속에 있는 행성은 내향적인 기질을 준다.

태양, 수성	위를 향해 보는
금성, 수성	양 옆으로 보는
달, 목성	모든 방향으로 보는
토성, 라후	아래로 보는
케투	암흑 속에 있는

○ 행성들의 거주지

행성들이 주로 나타내는 장소들을 가지고 있으며, 거주지를 가지게 되는 성향을 나타낸다.

태양	절이나 교회처럼 신성한 장소들
달	물기 있는 장소
화성	불이 있는 장소
수성	놀이터, 오락 장소
목성	보물창고
금성	침실
토성	더러운 장소, 소각장
라후	어두운 장소
케투	구석

○ 행성들이 숙성하는 나이

행성들이 숙성하는 나이가 있다. 행성들이 가진 개성들이 숙성하는 시점을 의미하며, 해당 행성의 자질들을 잘 활용할 수 있는 능력이 생겼음을 나타낸다.

태양	22세	독립적인 인격체로서 성숙된다.
달	24세	스스로의 태도나 삶의 자세에 대한 각성을 하는 감정적인 성숙이 이루어진다.
화성	28세	신체적, 내면적 힘이 성숙하여 언제 싸움이나 투쟁을 할지 지표를 분명하게 알 수 있다.
수성	32세	합리적이고 논리적으로 추론할 수 있는 이지적 능력이 성숙된다.
목성	16세	도덕적, 철학적 개념의 성숙과 신체적 성숙이 이루어진다.
금성	25세	욕망과 성적 대상에 대해 판단하고, 알 수 있는 능력이 성숙된다.
토성	36세	훈련하고 집중할 수 있는 능력이 성숙된다.
라후	42세	두 행성은 언제나 같이 움직인다. 이들이 영향을 미치는 하우스 영역에서의 지배를 딜링 할 수 있는 영향력이 성숙된다.
케투	48세	

○ 행성들이 관장하는 바디파트

행성들은 신체에서 각자 관장하는 바디파트들이 있다. 해당 행성의 관장 신체부위가 담당하는 역할을 나타내거나, 특히 의학점성학과 연관된 질병을 파악하는데 유용하다.

태양	뼈, 골격구조	몸에 단단한 기본구조를 형성한다.
달	피, 혈액	몸에 필요한 영양분을 공급하고 불순물을 제거한다.
화성	신경계, 골수, 근육 조직	에너지 저장창고 역할을 한다.
수성	피부	환경적인 노출이나 위험으로부터 보호막을 형성한다.
목성	지방, 뇌	지방은 몸의 비상용 에너지, 뇌는 몸에서 일어나는 모든 일들을 담당하는 가장 중요한 부분이다.
금성	정액과 난자	생명과 욕망을 계속해서 만들어내는 역할을 한다.
토성	건, 심(Sinew)	모든 것들을 연결하고 지탱하는 역할을 한다.

○ 행성들의 자연적 성향

행성들은 길조적/비길조적, 혹은 사움야(젠틀한)/크루라(잔인한) 성향으로 나눈다. 사움야 행성들은 관장하는 영역들을 서포트하고 북돋아주는 성향을 가지고 있다. 크루라 행성은 해를 끼치고, 분리와 장애를 만들어내는 성향을 가지고 있다.

달, 수성, 목성, 금성	자연적 사움야
태양, 화성, 토성, 라후, 케투 (그리고 지는 달, 흉성과 합치하는 수성)	자연적 크루라

○ 행성들이 다스리는 원소

행성들이 다스리는 다섯 가지 원소가 있다. 각 원소들이 가진 특성들에 따라 주도하는 감각적 기질이 나타난다.

화성	불	불처럼 에너지가 넘친다.
수성	흙	안정되고 분명한 이지적 파워를 준다.
목성	에테르	직관과 믿음처럼 생명의 기쁨을 느낄 수 있는 공간을 제공한다.
금성	물	감정적이고, 가슴으로 느끼게 한다.
토성	공기	비집착이나 초연함을 제공한다.
태양, 달	셀프 행성인 태양과 달은 다스리는 원소가 없다. 하지만 태양은 불, 달은 물의 원소에 가깝다.	

○ 행성들이 다스리는 나무

행성들이 다스리는 나무 유형이 있다. 나무 유형에 따라 선호하거나 적합한 기질들을 나타낸다.

태양	강한 나무
달	수액이 있는 나무
화성	가시가 돋은 나무
수성	열매가 없지만 쓸모 있는 나무
목성	열매가 있는 나무
금성	꽃나무
토성	쓸모 없는 나무
라후와 케투	수풀덤불

○ 행성들이 나타내는 사람

행성들이 나타내는 사람들이 있다.

태양	아버지
달	어머니
화성	형제들, 동료와 동기들
수성	친구들, 친척들
목성	선생님, 스승, 자녀, 남편
금성	아내, 연인
토성	보통 사람, 대중
라후	외조모, 친조부
케투	친조모, 외조부

○ 행성들이 관장하는 베다스

행성들이 관장하는 베다스가 있다. 선호하는 지식이나 배움의 방식을 나타낸다.

목성	리그베다(Rig Veda)	가장 오래되고 방대한 양의 영적 고서로서, 다양한 신의 환생에 대한 찬양을 담고 있다.
금성	야주르베다(Yajur Veda)	의례의식이나 희생의식들에 대한 내용을 담고 있다.
화성	사마베다(Sama Veda)	찬양의 리듬과 음율에 대한 내용을 담고 있다.
수성	아타르바베다(Atharva Veda)	힐링과 주술 방식들에 대한 내용을 담고 있다.

○ 행성들의 지배 기간

행성들이 지배하는 기간이 있다. 해당하는 나이에 주도적으로 지배하는 행성을 나타낸다.

달	0~4세	어린아이 때의 감정적 성장을 주도한다.
수성	5~14세	삶을 살아가는 데 기초가 되는 기본지식들을 습득한다.
금성	15~22세	사춘기, 사랑과 열정에 대한 감정이 생겨난다.
태양	23~41세	커리어, 사회적 지위 등을 이룬다.
화성	42~56세	책임감과 단련된 의지, 행동으로 성장을 하게 한다.
목성	57~68세	부, 행복, 풍요로움을 이루게 한다.
토성, 라후, 케투	69~108세	현생의 주어진 카르마를 완성하게 한다.

○ 행성들이 지배하는 감각

행성들이 지배하는 감각기관들이 있다.

태양, 화성	시각
금성	미각
수성	후각
목성	청각
토성	촉각

○ 행성들의 방향

행성들은 각자 나타내는 방향이 있다.

태양	동쪽
달	북서쪽
화성	남쪽
수성	북쪽
목성	북동쪽
금성	남동쪽
토성	서쪽
라후, 케투	남서쪽

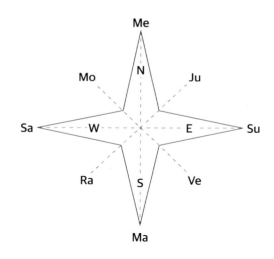

○ 행성들이 저력을 얻는 방향

행성들이 타고난 특성에 따라 효율적으로 행동할 수 있는 저력을 얻게 되는 방향(디그발라, Dig Bala)이 있다. 디그발라를 얻는 자리에 가까이 있을 수록 저력을 얻고, 멀리 있을수록 저력이 약해진다.

수성, 목성	동쪽(1번째 하우스)
태양, 화성	남쪽(10번째 하우스)
달, 금성	북쪽(4번째 하우스)
토성	서쪽(7번째 하우스)

○ 행성들의 보석

행성들이 다스리는 보석이 있다. 주로 행성들의 레머디를 위한 용도로 사용된다.

태양	루비
달	티 없는 진주
화성	산호
수성	에메랄드
목성	노란 사파이어
금성	다이아몬드
토성	파란 사파이어
라후	고멧
케투	묘안석

○ 행성들의 라시 로드십

행성들이 다스리는 라시가 있다. 태양과 달은 한 쌍으로 각자 양, 음 한 개의 라시를 다스리고, 다른 행성들은 모두 양과 음의 라시들을 쌍으로 다스린다. 양의 라시는 로드 행성의 남성적이고 적극적인 성향을, 음의 라시는 여성적이고 수용적인 성향을 주로 가지게 된다.

태양	사자	달	게
수성		쌍둥이, 처녀	
금성		황소, 천칭	
화성		산양, 전갈	
목성		인마, 물고기	
토성		악어, 물병	

○ 조디액의 라시와 차크라의 상응성

인간의 신체에는 '나디(Nadi)' 약 72,000개의 에너지 포인트들이 있다. 그중에서 가장 파워풀하면서도 중요한 나디, 혹은 에너지 센터(차크라, Chakra, 에너지 센터)들은 신체의 척추를 중심으로 위치하고 있다. 이러한 일곱 차크라들은 조디액의 12 라시들과 로드인 7 행성들과도 상응하는 특성들과 의미들을 가지고 있다. 인간의 신체에는 1번에서 6번째 차크라까지만 있다. 가장 높은 곳에 있는 7번째는 사하스라라(Sahasrara, 천 개의 꽃잎) 차크라라고도 하는데, 인간의 신체 너머에 있는 차크라로 모든 6 차크라들이 완전히 활성화되었을 때 일어나는, 깨달음의 파워 센터를 의미한다.

Cancer ♋	Medullar Plexus	♌ Leo
Gemini ♊	Cervical Plexus	♍ Virgo
Taurus ♉	Dorsal Plexus	♎ Liber
Aries ♈	Lumbar Plexus	♏ Scorpio
Pisces ♓	Sacral Plexus	♐ Sagittarius
Aquarius ♒	Coccyges Plexus	♑ Capricorn

차크라	로드 행성
6번째 영성의 눈	태양/달 (게/사자)
5번째 목	수성 (쌍둥이/처녀)
4번째 하트	금성 (황소/천칭)
3번째 단전	화성 (산양/전갈)
2번째 성	목성 (물고기/인마)
1번째 뿌리	토성 (물병/악어)

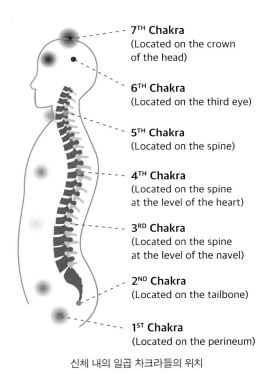

신체 내의 일곱 차크라들의 위치

○ 행성들의 품위

행성들이 위치한 라시에서 얻게 되는 품위들이 있다. 좋은 품위에 있는 행성일수록 관장하는 영역에서 효율적인 힘을 발휘할 수 있고, 약한 품위일수록 능력이 줄어든다. 품위는 라시 전체 범위에 해당하지만, 이하 표기된 각도에 가까울수록 고양, 혹은 취약의 효과가 강해진다.

고양	태양(산양 라시 10도), 달(황소 라시 3도), 화성(악어 라시 28도), 수성(처녀 라시 0~15도), 목성(게 라시 5도), 금성(물고기 라시 27도), 토성(천칭 라시 20도)
취약	태양(천칭 라시 10도), 달(전갈 라시 3도), 화성(게 라시 28도), 수성(물고기 라시 0~15도), 목성(악어 라시 5도), 금성(처녀 라시 27도), 토성(산양 라시 20도)
물라트리코나 (Moolatrikona)	태양(사자 라시 0~20도), 달(황소 라시 3~30도), 화성(산양 라시 0~12도), 수성(처녀 라시 15~20도), 목성(인마 라시 0~10도), 금성(천칭 라시 1~15도), 토성(물병 라시 0~20도)

○ 행성들 간의 자연적 상호관계성

행성들 간에 가지게 되는 자연적 상호관계성이 있다(친구, 적, 중립).

관계 행성들	친구	적	중립
태양	달, 화성, 목성	금성, 토성	수성
달	태양, 수성	없음	화성, 목성, 금성, 토성
화성	태양, 달, 목성	수성	금성, 토성
수성	태양, 금성	달	화성, 목성, 토성
목성	태양, 달, 화성	수성, 금성	토성
금성	수성, 토성	태양, 달	화성, 목성
토성	수성, 금성	태양, 달, 화성	목성

○ 행성들 간의 임시적 상호관계성

행성들이 차트에 있는 위치에 따라 얻게 되는 임시적 상호관계성이 있다.

임시적 친구 관계	위치한 하우스에서 2, 12, 3, 11, 4, 10번째에 있는 행성들
임시적 적 관계	위치한 하우스에서 1(합치), 7, 5, 9, 6, 8번째에 있는 행성들

Friend	Friend	Planet	Friend
Friend			**Friend**
			Friend

○ 행성들 간의 복합적 상호관계성

행성들은 자연적 상호관계성과 임시적 상호관계성을 합하여 얻게 되는 다섯 가지 복합적 상호관계성이 있다.

자연적 친구 + 임시적 친구 = 좋은 친구
자연적 친구 + 임시적 적 = 중립
자연적 중립 + 임시적 친구 = 친구
자연적 중립 + 임시적 적 = 적
자연적 적 + 임시적 친구 = 중립
자연적 적 + 임시적 적 = 나쁜 친구

행성들이 가진 영적 특성과 자질들(K. N. Rao)

인도는 전 세계적인 종교 7가지 중에서 4가지, 즉 힌두교, 불교, 자이나교(Jainism), 그리고 시키교(Sikhism)의 발상지이다. 오늘날 전 세계적으로 잘 알려진 명상과 요가 시스템을 낳은 원초적 근원지로서, 가장 효율적이고 다양한 사다나(영적 수행법) 방식들을 가지고 있다. 이처럼 거대한 영성의 나라의 점성학인 베딕 점성학은 가장 발달된 영적 점성학 시스템으로, 지금까지 인도의 성자들이 특별한 비법으로 소장하고 있으면서 선택된 소수의 사람들에게만 직접 전수하던 방식으로 지식이 전해져 내려왔다. 많은 점성학 책들에서 기술하고 있는 일반적인 내용과는 다른 영적 점성학파가 있는데, 이들은 인간의 물질적 특성보다는 영적 캐릭터에 대한 힌트들을 보다 더 많이 제시하고 있다.

그럼에도 불구하고 인도에서는 사람들이 영적 삶에 대한 질문들을 하기 위해 점성가들을 찾아가는 경우가 아주 드물다. 이유는 간단하다. 인도의 사람들은 어릴 때부터 집에서 어른들에게 영적 교훈들을 먼저 배우면서 자랐고, 나중에는 어떤 존경하는 영적 인물, 구루, 성자, 요기, 그리고 다른 빼어난 영적 스승들로부터 가이드를 구하거나 받을 수 있었기 때문이다. 또한 라마야나, 마하바라타, 푸라나스 등처럼 널리고 널린 훌륭한 영적 고전들을 언제나 읽고 배울 수 있다는 장점을 가지고 있었고, 알고자 하는 영적 질문들에 대한 답도 쉽게 구할 수 있었다.

미국에서 내가 겪었던 경험들, 그리고 인도에서 나에게 상담하기 위해 찾아오는 무수한 서양인들을 통해 느낀 것은 어떤 때는 낯간지럽게 느껴질 만큼 이들이 하는 질문들이 한결같이 영적인 삶에 대한 것이라는 데 있다. 이들은 어찌어찌하다가 영적인 삶을 추구하는 데 관심을 가지게 되었지만, 다양한 형태나 사람들을 통해 필요한 영적 가이드를 받을 수 있었던 인도인들에 비해 서양인들은 그러한 혜택들을 쉽게 받을 수 있는 처지에 있었던 사람이 드물었다.

그리하여 행성들의 성향을 설명하기 이전에, 행성들이 가진 영적 특성들을 먼저 설명하는 것으로 시작할 필요가 있었다. 행성들이 가진 영적 특성들에 대한 다음의 간략한 기술들은 비록 완전하지는 않지만, 그래도 점성가들이나 점성학 애호가들이 실질적인 목적으로 적용하기에는 충분하다.

○ 태양

소울, 로드 쉬바를 경배, 깨달음을 줄 수 있는 영적 지식의 활성화, 신과의 합일, 영적 힘을 얻음, 영적 성장에 도움이 되는 마음의 순수성, 태양처럼 사트바적이고 자선적인 성향들.

○ 달

순수한 영성, 성지순례를 하는 성향, 여신들을 경배, 진정이고 초연한 의식으로 영적 수행을 깊이 하는 성향(산야시 요가 = 달이 화성과 토성에게 손상되었을 때), 덕스러움, 친절함, 달의 사트바적 성향으로 하는 고상하고 우아한 영적 행위들.

○ 화성

자선적이고자 하는 결의, 비슈누와 그의 화신들을 경배, 베다스 중에서 화성은 사마 베다를 대변. 토지와 건물을 소유하고자 하는 강한 의욕이 있으며 아쉬람, 템플, 사원, 교회, 수도원, 종교적 기관 등을 지음(화성이 4번, 혹은 5번 하우스를 어스펙트하거나, 4번 하우스에 있을 때).

○ 수성

고전들을 읽으면서 디바인 지식들을 얻게 됨, 디바인 과학인 점성학을 배움, 성지순례를 가지만 대체로 오래 머물지는 않음, 비슈누의 템플을 짓고자 하는 욕망, 베단타 철학을 공부. 수성이 만약 12번 하우스에 있으면 출가에 대한 강한 열망을 가지고 있으며, 사후에 천국에 갈 수도 있음을 나타낸다. 강한 수성은 자기조절력이 있음을 의미한다. 베다스 중에서 수성은 아타르바 베다를 의미하며, 또한 종교적 행위들을 하는 데 의례의식을 철저하게 지킨다. 수성이 길조적인 상태에 있으면 만트라, 얀트라 등의 효험을 잘 볼 수 있는 힘을 준다.

○ 목성

목성은 훌륭한 영적, 종교적 성향을 나타내며, 종교를 깊이 있게 공부하고자 하는 욕망을 준다. 수성과 마찬가지로, 점성학과 같은 디바인 지식을 공부하는 데 가장 도움이 된다. 목성은 본질적인 다르마를 대변하며, 영적 수행, 고행, 신의 경배, 온갖 자선을 행하는 등과 같은 모든 훌륭하고 고상한 자질들을 가지고 있다. 사후에 천국으로 가게 한다. 목성은 영적, 종교적 서적들의 지식과 소리들을 바르게 습득할 수 있게 해주는 데 최고이다. 목성은 엄격한 도덕주의자이며, 바른 품행을 하도록 부추긴다.

목성은 로드 쉬바를 대변하기 때문에, 목성이 강한 사람은 진정한 영적, 종교적 목적을 위해 희생하는 것을 꺼리지 않는다.

ㅇ 금성

금성은 아주 학식이 깊은 종교적 사람을 대변한다. 하지만 금성과 같은 종교적 사람은 약간 과시적이거나, 너무 지나치고 열렬한 종교적 성향으로 변하게 할 수 있다. 베다스 중에서 금성은 야쥬르 베다를 의미한다. 금성형의 사람은 종교적 노래나 음률을 잘한다. 특히 여신들에게 바치는 노래들을 아주 매력적으로 잘 부르며, 종교적 장소들을 아티스트처럼 장식을 잘한다.

ㅇ 토성

토성은 진정한 초연함의 행성이다. 토성이 강한 사람은 자신이 가진 마지막 물건들까지 기부할 정도로 자선을 한다. 하지만 토성이 만약 달과 함께 손상이 되었으면, 급이 낮은 영들을 모신다.

ㅇ 라후

라후는 대체로 보다 외향적인 형태로 영적 수행을 하게 한다. 라후가 강한 사람은 성지순례를 가는 성향이 있으며, 신성한 강에 목욕을 하기를 즐긴다. 대체로 라후는 다른 종교들에 매력을 느끼거나 잘 받아들인다.

ㅇ 케투

케투는 대체로 보다 내향적인 형태로 영적 수행을 한다. 케투는 아주 섬세한 디바인 비법들을 나타내는 대변인이다. 분명한 깨달음을 주는 행성이다. 그래서 케투가 12번 하우스에 있을 때 최상의 목샤 카라카(Moksha Karaka, 해탈을 주는 이)로 칭송을 받는다. 케투가 강한 사람은 여신들을 섬기고, 베단타를 공부하며, 침묵의 수행에 매력을 느끼고 잘 이행한다. 진정으로 초연한 감각을 타고났다.

2.

태양의 특성과
자질들

태양(The Sun, Surya or Ravi)

태양은 우리 지구가 속해 있는 태양계의 중심에 있다. 그래서 태양은 존재하는 모든 것들에 내재하고 있는 아트만, 우주적 영혼, 신성의 자아를 나타낸다. 아트만은 진정한 자존감, 자신감, 겸허함이 우러나오는 근원이기 때문에, 차트에서 태양은, '**우리가 어떻게 행동하고, 어떻게 추진하는가**' 하는 근원적 힘을 나타낸다.

왕으로서 태양은 한결같고 안정된 자세로 어떠한 결정이든 내리고 진행시킬 수 있는 자신감을 제공한다. 그는 고귀한 혈통을 가진 귀족이다. 태양은 적갈색의 행성으로 행동과 선두적 자질을 나타낸다. 태양의 적갈색은 노력을 통해서 어떤 고귀한 일을 하고자 하는 성향을 부여한다.

○ BPHS
"행성들 중에 태양은 신이 솔라 형태로 환생한 모습이다. 정기적이고 헌신적으로 태양을 기억하는 이는 모든 걱정들, 질병, 가난함이 사라질 것이다. 흔들림 없이 섬기는 이는 태양이 모든 장애물을 파괴하고 소중한 욕망들을 모두 충족시킬 것이다."

"연꽃 위에 앉아서, 손에는 연꽃을 들고 연꽃처럼 화려하며, 일곱 마리의 말이 모는 마차에 앉아 있으며, 두 팔을 가진 이가 태양이다. 꿀처럼 노란 색의 눈을 가진 이가 태양이다. 네모지고 빛이 나게 순수하며, 두 번 태어난 자여, 피타 성격이며, 총명하며, 그러나 아주 적은 털만 가졌다. 오, 두 번 태어난 자여!"

태양의 네모진 몸은 그를 안정적인 캐릭터로 만든다. 그래서 태양이 두드러지는 사람은 성격이 안정적일 뿐만 아니라, 얼굴이나 신체구조가 어느 정도 각진 경향이 있다.

○ 약자
Su

○ 차트에서 태양이 상징하는 키워드
아버지, 행동 혹은 활동(activity), 지휘하거나 이끄는, 생기, 개인적인 힘

○ **다스리는 라시**

사자(Leo)

○ **긍정적 자질들**

다른 사람들을 이끌어주고 영감을 고무시켜줌, 생각을 크게 함, 긍정적, 자신감, 관대함

○ **부정적 자질들**

화려하거나 거드름을 피움, 허세, 거만함, 힘에 굶주림

○ **태양의 이름**

동쪽의 로드, 어마어마한 불빛을 내는 이, 빛나는 이, 살아나게 하는 이, 생명을 주는 이, 빛을 만드는 이, 낮을 일으키는 이

○ **신체적 특성**

중후한 목소리, 평균 키, 네모난 형, 붉은 색이 도는 창백함, 밝은 꿀 색 같은 눈, 단단한 뼈, 작은 발, 피타

○ **성격상 특성**

총명함, 한결같음, 확고함, 권위적, 힘이 가득한, 귀족적, 용감함, 탁월하거나 두드러지는, 충실하거나 충직한(committed), 안정적(security), 보호하는, 싸우는(fighter)

○ **차트에서 상징하는 주요 캐릭터**

1번째 하우스(신체, 건강, 개인적 자아), 9번째 하우스(아버지), 10번째 하우스(커리어, 지위 혹은 명성, 삶의 목적)

○ **아바타**

라마(Rama)

○ **주재신**

아그니(Agni, 불의 신 - 정화하는 힘)

○ **행동**

확고함

○ **바디 형태**

새(Bird) - 이상적이고 자유로움을 추구

○ **나이**

50에서 70살 사이

○ **카스트**

크샤트리야(왕족, 무사 계층). 현대 시대에서 카스트는 개인의 성향에 따라 결정된다. 크샤트리야의 주 목표는 다르마, 자기단련을 하며 사는 삶, 책임감, 그리고 바른 행동이다. 그들은 의지의 힘을 이용하여 행정관이나 수호인들로 사회에 봉사하게 된다.

○ **다스리는 옷감**

레드 린넨(Red Linen), 거칠고 두꺼운 옷감

○ **보석**

루비(Ruby)

○ **최상의 방향**

동쪽

○ **다스리는 요일**

일요일

○ **도샤/아유르 베다 체질**(행성이 가진 캐릭터)

피타(불). 피타는 힘, 공격성, 의지력을 대변하는 도샤. 피타는 충동적이고, 강제적이며 또 정열적이다. 지시를 받는 것을 좋아하지 않으며, 반항적인 본성을 가졌다. 피타는 직선적이며, 목표지향적이며, 반대편을 재빠르고 제압하며 독립적이다. 그러면서도 공통적인 목표를 위해 다른 이들과 연맹을 맺고 같이 일하는 것을 좋아한다.

○ **환경**

숲이 우거진 산들

○ **가족에서의 위치**

아버지. 아버지는 남성상을 나타내며, 가족 내에 있는 태양의 힘이다. 가족의 상태와 지위를 세워야 하는 책임을 가지고 있다. 그리하여 가족의 각 일원들이 주체성을 가지고 세상으로 나아갈 수 있도록 해준다.

○ **다스리는 곡식**

밀(Wheat)

○ **다스리는 감각기관**

시력(특히 오른쪽 눈)

○ **다스리는 기본물질**

구리

○ **다스리는 금속**

금

○ **구나스/성향**

사트바(순수함). 태양은 영혼을 상징하기 때문에 사트빅하다. 사트바는 우리를 보다 높은 수준의 본성과 교류하게 하고 지혜롭게 하는 고양적 특성들을 가지고 있다.

○ **지배하는 왕국(Kingdom)**

물라(식물). 뿌리가 있는 식물들의 왕국.

○ **시선을 두는 방향**

위로 향함. 시선을 위로 향해 두고 있는 행성들은 이상적이며, 항상 다음에 하고 싶은 어떤 멋진 일들에 대해서 생각하고 있다(마하 다샤 혹은 부속 다샤 동안 집중적으로 가지게 되는 정신적 자세를 나타낸다).

○ **숙성하는 나이**

22. 행성들이 숙성하는 나이들은 각 행성이 가진 개성들이 숙성하는 시점을 의미한다. 숙성하는 나이에 이르렀다고 해서 행성에 대한 어떤 대단한 변화들이 일어난다는 뜻은 아니다. 단지 그 시점에 이르면 행성이 가진 역량을 온전히 사용할 수 있는 능력을 가지게 된다는 뜻일 뿐이다. 태양이 숙성하는 나이, 22세에 이르면 우리는 독립적인 한 개체적 인간으로서 성숙하게 된다.

○ **지배하는 기간**

23세부터 41세까지. 태양이 지배하는 기간은 커리어에 집중하거나 사회에서 지위나 존경을 얻으려는 기간이다.

○ **습도**

건조함

○ **성향**

크루라(잔인함). 자연적 흉성. 태양은 그가 영향을 미치는 영역에서 분리를 시키기 때문에 흉성으로 간주된다. 태양이 영향을 미치는 영역에서 영성적 성장과 개인성을 성숙시키기 때문에 불가피한 희생을 하게 만든다.

○ **상징 숫자**

1

○ **자아적 위치**

아트마, 영혼

○ **장소**

데바들이 사는 곳. 교회나 절처럼 대자아가 가장 두드러지는 신성한 장소들에 살고 있다.

○ **다스리는 식물**

땅딸한 식물들. 힘과 강한 캐릭터의 상징인 태양은 떡갈나무처럼 강한 나무들을 다스린다.

○ **행성들 간 지위**

왕(리더). 태양계의 왕으로서, 태양은 한결같고 안정된 자세로 어떠한 결정을 내리고 진행시킬 수 있는 자신감을 제공해준다. 그는 고귀한 혈통을 가진 귀족이다.

ㅇ 움직임

태양은 한 달에 한 개 라시에 머문다. 모든 열두 개 라시들을 한 번 회전하는 데 1년이 걸린다.

ㅇ 다스리는 숫자

1

ㅇ 계절

그리쉬마(Greeshma). 인도에는 대충 여섯 계절이 있는데, 태양은 계절이 생기는 원인이므로 단독으로 지배하는 계절이 없다. 하지만 화성과 함께 5월 22일부터 7월 21일까지 뜨거운 계절을 다스린다.

ㅇ 에너지/성별

남성적. 남성적 행성들은 '자신들이 하고 있는 일'에 의해 영향을 받고 있다. 그래서 좋은 일을 할 때 그들은 기쁨을 느낀다.

ㅇ 피부색깔

레드-브라운(적갈색). 태양은 적갈색의 행성으로서, 행동과 선두적 자질을 나타낸다. 태양의 적갈색은 노력을 통해서 어떤 고귀한 일을 하고자 하는 성향을 부여한다.

ㅇ 맛

톡 쏘듯이 자극적인 맛

ㅇ 다스리는 시간

태양은 아야나(Ayana)를 다스린다. 아야나는 겨울이 시작되는 첫날(동지)부터 여름이 시작되는 하지까지 태양이 북쪽으로 움직이는 코스. 그리고 여름이 시작되는 하지 첫날부터 겨울이 시작되는 동지 첫날까지 태양이 남쪽으로 움직이는 코스에 해당하는 기간이다. 그러므로 일 년에 각 육 개월씩 두 아야나가 있다.

○ 다스리는 신체부분

뼈. 뼈는 몸에 단단한 기본구조를 제공해준다. 마찬가지로 태양은 안정적이고 지속적인 성격을 제공한다.

○ 다스리는 차크라

6번째 아기야(Ajna, 영성의 눈) 차크라. 달과 차크라 로드십을 공유.

○ 행성적 형태

빛의 발광체

○ 행성들 간 상호관계

달, 화성, 목성은 태양에게 친구, 금성과 토성은 태양에게 적, 수성은 태양에게 중립

태양의 특성

태양은 태양계에서 왕이다. 빛과 생명의 근원이다. 아버지를 나타낸다. 새로운 생명을 세상에 태어나게 하고 키워주는 근원으로의 아버지를 대변한다. 차트에서 태양이 강한 사람은, 아버지와 생기가 건강하게 자랄 수 있도록 도와줄 것이다. 태양은 또한 왕, 마스터, 정부, 나라의 대통령, 높은 지위에 있는 사람, 행정관리, 건설업자, 산업기관의 사장, 의사, 화학자, 약사, 관료, 정치인, 정치, 파워, 사회적 지위, 자손, 아들, 그리고 남편을 나타내는 두 번째 카라카이다(첫 번째 카라카는 목성). 태양은 왕과 의사 같은 사람의 상징으로서, 강한 상태에 있으면 정부에서 높은 행정적 지위, 정치인, 의료계의 의사들 등등을 나타내며, 자신감, 용기, 귀족적, 품위, 야망, 눈부심, 특권, 신념, 충정

심, 관대함, 권위성, 파워, 리더십, 창조성 등을 나타낸다.

태양은 남성적 행성이다. 뜨겁고, 건조하고, 건설적이고, 사트바적이고, 단단한 뼈를 가지고 있다. 그의 본성은 충직하고, 길조적이고, 잔인하며, 성향은 고정되고 안정적이다. 태양은 네모난 체형을 주며, 장엄한 외모, 파워풀한 스피치를 주며, 용감하게 만들고, 행정적 능력들을 준다. 피부는 피처럼 붉은색, 그리고 오렌지색, 분홍색, 황금색들 등을 다스리며, 불의 원소, 뜨겁고, 톡 쏘는 맛, 시력, 일요일, 동쪽, 구리, 금, 루비, 절, 사막, 왕국, 정부의 빌딩과 타워들을 다스린다.

태양은 머리, 바디, 소울, 에고, 대자아, 지성, 의지력, 분명함, 깨달음, 건강, 뼈의 구조, 체질, 피, 브레인, 담, 소화를 돕는 불, 목소리를 내는 장기, 생명의 중심으로서의 심장, 남자는 오른쪽 눈, 여자는 왼쪽 눈을 다스린다. 차트에서 태양이 약하면, 약한 시력, 두통, 불규칙한 혈액순환, 심장과 연관된 트러블, 치아 문제, 뼈가 부서지는, 과열, 고열, 혈압, 대머리, 신경통, 뼈의 암, 약한 면역력 등등을 주며, 자부심, 에고주의자, 자기 위주, 잘난 척하는, 과시적, 독재적 성향을 준다.

태양은 생기를 주는 카라카 행성으로, 모든 사람들에게 생명을 주는 행성이다. 태양은 몸 전체에 영양을 공급하는 소화력을 다스린다. 소울 카라카 행성으로, 만약 우리가 완벽한 건강을 지킬 수 있으면 영혼이 진화하고 쉽게 상승할 수 있게 해준다. 태양은 취직, 유산, 정신적 성향, 프로페셔널 지위, 편안함, 창조지성, 쉽게 얻어지는 이득, 전반적 행운, 높은 교육, 영적 교육, 영적 삶을 나타내는 일반적인 카라카이기도 하다.

태양의 품위와 저력

- **태양은 산양 라시에서 고양, 천칭 라시에서 취약의 품위를 얻는다(고양 혹은 취약**

의 가장 깊숙한 포인트는 10도이다).
- **태양이 로드하는 사자 라시의 0~20도 사이에서 물라트리코나의 품위를 얻고, 나머지 20~30도는 오운 품위를 얻는다.**
- **달, 화성, 목성의 라시들에 있을 때는 자연적 친구의 품위를 얻는다.**
- **수성의 라시에 있을 때는 자연적 중립의 품위를 얻는다.**
- **금성과 토성의 라시에 있을 때는 자연적 적의 품위를 얻는다.**

태양이 고양이나 오운 라시에 있으면, 태어날 때부터 강한 자신감을 가지고 있다. 사자 라시에서 좋은 상태에 있는 태양은 정부나 관료, 높은 직위의 사람들로부터 총애를 얻고 승진하며, 바른 도덕이나 윤리적 원칙들을 갖추고 있고 총명하게 잘 사용한다. 태양이 고양에 있으면 전사 자질들이 강조되고, 캐릭터의 숭고함, 개인적 특권의식, 그리고 이성적인 선택을 통한 자기결단력을 가지고 있다.

태양이 취약의 품위에 있거나 적의 라시에 있으면, 낮은 자존감이나 자신감, 참된 신념이 부족하며, 이러한 부족함들을 물질적인 것들로 대체하고자 한다. 특히 파트너십을 나타내는 천칭 라시, 혹은 큰 그룹이나 조직체들을 나타내는 물병 라시에 있으면, 타고난 창조지성을 통해 자신의 개인적 논리를 채널할 수 있는 태양의 파워가 약해지게 된다.

이처럼 취약한 태양의 특성들은, 태양의 마하 다샤 혹은 약한 태양이 어스펙트하는 행성의 다샤들에 바람직하지 못한 효과들로 나타나게 된다. 이러한 다샤 혹은 서브 다샤 등에 낮은 도덕심, 부족한 논리성, 다른 사람들에게 끌려다니는 등의 특성을 가지게 된다.

수성의 라시에 있으면 태양은 중립의 품위를 얻게 된다. 수성의 하우스에 있는 태양은 중립의 성향이기에 도움을 주지도, 해치지도 않는다. 차트에서 태양이 임시적인 친구의 품위 이상에 있게 되면 복합적인 품위가 향상되므로, 전반적인 태양의 효과가 좋은 방향으로 발현될 수도 있다.

반면에, 태양은 사자에 있는 수성을 환영한다. 그를 친구로 생각하기 때문이다. 사자 라시에 있는 수성은 아주 좋은 저력을 발휘할 수 있다.

태양(수리야, Surya)의 베딕 심볼

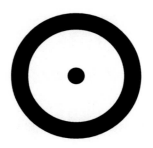

베딕 신화에서 태양(수리야, Surya, 태양신)은 일곱 마리 말(한 마리 암말을 포함)들이 모는 한 개 수레를 가진 마차에 앉아 있는 것으로 그려져 있다. 일곱 개의 머리를 가진 한 마리의 말로도 종종 그려지곤 한다.

일곱 마리 말들은 일곱 가지 색들을 따라 이름 지어진다.

- **로치카(Rochika, 오렌지)**
- **모치카(Mochika, 보라)**
- **슈클(Shukl, 하양)**
- **피타(Pita, 노랑)**
- **락타(Rakta, 빨강)**
- **닐라(Nila, 초록)**
- **인드라닐라(IndraNila, 파랑)**

일곱 마리 태양의 말들은 다음을 의미한다.

- **태양이 작용하는 일곱 가지 원칙**
- **인지력의 파워를 주는 일곱 가지 불꽃**
- **일곱 대상**
- **머리에 있는 일곱 가지 감각기관들**
- **일곱 가지 바침(지식): 모든 리쉬, 요기들이 명상과 수행으로 그들이 가진 특정한 빛 줄기를 조율하여 원하는 영역을 물질화, 형상화시킬 수 있게 해주는 힘**
- **일곱 빛 줄기: 세상의 모든 충동들이 표현될 수 있게 해주는 매개체(빛, 열, 전기, 전류 등등, 이들의 통합된 작용은 지구상에 필요한 모든 액션들을 만들어낸다)**
- **일곱 가지 다른 수준들의 의식**
- **일곱 프라자파티를 일으키는 창조적 에너지**
- **태양의 호흡으로부터 생겨나는 일곱 행성들**
- **삽타 리쉬: 일곱 명의 성자들**
- **영원한 젊음을 유지하는 일곱 요기들**
- **긍정적 면의 일곱 가지 세상**
- **부정적 면의 일곱 가지 세상**

태양이 타고 있는 수레는 다섯 개 살이 중간에 모인 바퀴 통 형태를 하고 있으며 일 년을 나타낸다. 총 세 개의 바퀴 통이 그곳에 있는데 사람이 가진 세 가지 본성을 대변한다.

- **육체적, 정신적, 영적인 본성**
- **자연의 세 가지 근본 구나스를 대변하기도 한다: 라자스(활동적), 타마스(관성적), 사트바(하모니)**

태양은 마차에 난장이 모습으로 앉아 있다. 그의 몸은 태운 구리처럼 빛이 나며, 꿀처럼 노란색이다. 약간 붉은색이 도는 눈을 가졌으며, 큰 팔과 거북이의 껍질과 같은 목을 가지고 있다. 아디티(Aditis) 여신이 내린 목걸이와 귀걸이를 입고 있으며, 왕관으로 장식되었다.

태양의 대표적인 이름, 수리야(Surya)는 '수르(Sur)', '스와르(Swar)', '수라(Sura)'라는 단어에서 연유되었다. 수르는 태양, 배운 사람이라는 의미이다. 스와르는 은하, 은하수, 사운드, 목소리, 음악 노트, 저울, 음정이나 음색을 나타낸다. 수라는 용기, 용맹함, 저력과 연관되어 있다.

한 개만 있는 수레바퀴는 완벽한 균형, 외적 유지에 필요한 것들을 얻기 위해 아무에게도 의지하지 않음, 그리고 공간과 시간 속을 엄청난 속도로 움직이고 있음을 나타낸다.

존재의 목적을 지탱해주고 있는 세 구나스는 프라나(Prana, 기)가 제공해주는 에너지와 생동력을 필요로 한다. 프라나는 서틀(Subltle) 바디를 통해 나오는 섬세한 에너지이다.

세 개의 바퀴 통은 시간의 세 가지 면으로 확장한 것을 나타낸다(과거, 현재, 미래).

태양은, 우리의 육체적 존재 유지에 필요한 세 가지 주요 충동들인 아타(부), 다르마(명예), 카마(쾌락)를 가지고 있고, 이를 충족시켜줄 수 있는 힘을 가지고 있다.

수레에 있는 다섯 바퀴살은 다섯 가지 기본 토대를 나타낸다. 목적을 형상화하는 데 필요한 것들을 의미한다.

- **매크로코즘(Macrocosm, 대우주) 시각에서는 다섯 가지 원소들(흙, 물, 불, 공기, 에테르)을 의미한다.**
- **마이크로코즘(Microcosm, 소우주) 시각에서는 다섯 겹의 옷들을 의미한다. ① 아나마야 코샤(Annamaya Kosha, 육체적 바디) ② 프라나마야 코샤(Pranamaya Kosha, 프라나 바디) ③ 마노마야 코샤(Manomaya Kosha, 센스감각 바디) ④ 비즈나마야 코샤(Vijnamaya Kosha, 인지력의 바디) ⑤ 아난다마야 코샤(Anandamay Kosha, 환희의 바디)**
- **모든 형태의 생명을 형성하는 바이탈 프라나의 종류에는 다섯 가지가 있다. ① 프라나(Prana, 호흡으로 생기는 기) ② 아파르나(Aparna, 아래로 내려가는 프라나) ③ 비야나(Vyana, 몸 전체로 퍼지는 프라나) ④ 우다나(Udana, 목 위로 차올라서 머릿속으**

로 들어가는 프라나) ⑤ 사마나(Samana, 배꼽으로 들어가는 프라나이며 소화력 담당)

• 인간의 신체가 외적으로 하는 표현과 내적으로 수용하는 인상들은 다섯 가지 행동의 기관(입, 손, 발, 항문, 생식기), 다섯 감각기관(눈, 코, 입, 혀, 피부)들을 통해 이루어진다.

이처럼 태양의 마차가 가진 바퀴의 다섯 수레 살이 나타내는 다양한 다섯 가지 분할 방식들은, 그만큼 태양이 총명하고 세상에서 가능한 모든 자원들을 잘 활용할 수 있는 지성과 액션의 힘을 가진 행성임을 의미한다. 마인드는 다섯 원소들이 만들어내는 것들을 다섯 가지 감각기관의 활동들을 통해 다양한 인상들로 받아들이게 된다. 태양은 다섯 개의 살이 있는 한 개의 바퀴가 달린 마차를 타고 움직이고 있다. 이러한 심볼이 가진 의미는, 전 우주에 일어나고 있는 모든 신체적, 정신적 움직임들을 바로 태양신이 지휘하고 있다는 것을 나타내고, 그리고 태양이 가진 가장 핵심적 힘을 가졌음을 의미한다. 태양은 전 우주의 생명을 주는 존재다.

태양의 수레바퀴를 끌고 있는 마차꾼은 뱀 신(아루나)로서, 베딕 신화에서는 지혜의 심볼이다. 아루나의 중재를 통해 '밀크 대양의 거사'가 이루어지게 되었다. 밀크 대양을 휘저음으로 인해 모든 창조적 주재신들과 영적 지식들이 나올 수 있었다. 아루나는 태양의 일출과 일몰이 일어나기 전에 먼저 나와서 태양의 길을 인도하는 새벽과 석양으로 묘사되는 신이기도 하다.

베다들은 온 세상에 빛을 주는 근원으로 태양을 경배한다. 그러나 베다 시대의 사람들에게 빛은 단순히 어떤 물질적인 힘이 아니라, 생명의 힘, 사랑, 그리고 지성이었다. 베다스에 의하면, 내면적 태양은 프라나, 호흡을 통해 생겨나는 바이탈 에너지이다. 개인이 가진 에너지의 수준과 질량을 높이기 위해선 신체적 건강과 정신적 예리함이 같이 필요하다. 이를 위해선 요가호흡법(프라나야마) 수행이 태양의 에너지를 향상시켜줄 수 있는 최상의 비법으로 알려져왔다.

태양이 주는 전반적인 효과들

○ 태양이 있는 하우스

일반적으로 태양은 1, 4, 5, 8, 10번 하우스들을 활성화시킨다. 태양은 10번 하우스에서 디그발라(방향의 저력)를 얻어 특히 강한 저력을 얻게 된다. 그래서 어떤 라시에 있든지, 10번 하우스에 있을 때는 태양은 차트 주인을 독립적인 리더로 만드는 효과가 있다.

하지만 태양이 토성의 어스펙트를 받거나 토성의 라시에 있으면, 태양의 리더십 스타일이나 액션 모드에 상당한 조율이나 가중한 타협, 제한성 등이 있을 것이다. 자신감은 줄어들 것이며, 사회적 입지를 위해 나아가고자 하는 자기결단력이 좌절될 것이다. 꼭 파괴되지는 않지만 좌절감을 느끼게 될 것이다.

○ 나밤샤와 다른 부속 바가스에 있는 라시들

태양은 언제나 두 개의 라시들을 특별히 마크해야 한다. 라시 차트(D-1)에 있는 라시, 그리고 나밤샤(D-9)에 있는 라시이다. 예를 들어, 태양, 달, 수성이 나밤샤 차트에서 가지게 되는 특성들에 대해 잘 판단해야 한다. 특히 이들의 마하 다샤가 현재 빔쇼타리 다샤인 경우에는 더욱 그러하다(다샤 장章 참고).

다른 바가스에 태양이 있는 라시들은, 해당 바가스가 관장하는 삶의 영역들에 따라 반드시 판단해야 한다.

○ 조합된 효과들

대부분의 사람들은 태양에게 영향을 미치는 라시, 바바, 어스펙트 등의 효과들이 상대적으로 적절하게 조율된 에고, 믿음 체제 등을 균형 있게 가지고 있다. 강하고 자신감 있는 태양은 대체로 약간의 제한적인 어스펙트를 받게 되며, 비우호적인 라시에 있는 태양은 대체로 친구 행성으로부터 도움이 되는 어스펙트를 받게 된다. 그래서 대체로 부정적, 긍정적 영향들이 조합된 효과들을 가지게 된다.

○ 개인적, 사회적 도덕성

태양은 9번 하우스 영역 외에도, 라시와 나밤샤 차트에서 그가 가진 개인적 도덕성을 나타내는 중심적인 카라카이다. 9번 하우스 영역은 종교적 관계성, 신성한 맹세, 도덕 철학, 구루, 프리스트 등을 나타낸다. 그리고 9번 하우스 영역은 아버지(부모님)의 도덕적인 가르침, 특히 나의 가족 구성원이 아닌 다른 사람들(보다 더 큰 사회, 문화적인 체제 안에 있는 이들)을 어떻게 대하는가 하는 것을 나타낸다. 그래서 9번 하우스 영역은 차트 주인이 가진 사회적 도덕성, 사회 원칙들에 맞는 행동을 나타내며, 그러한 사회, 도덕적 원칙들을 잘 표현하고 바르게 적응할 수 있음을 나타낸다.

반면에 태양은 개인적 도덕성을 나타낸다. 라시 차트(D-1)와 나밤샤 차트(D-9)에 있는 태양은 차트 주인이 가진 개인적 도덕원칙들을 어떻게 행동으로 전시하는가를 보여준다. 태양은 어떤 것들을 차트 주인이 도덕적으로 바르다고 믿고 있는지를 보여준다. 그래서 차트에서 태양이 고양의 품위에 있거나 물라, 오운 품위 등에 있으면 차트 주인은 아주 높은 수준으로 계발된 도덕적 감수성을 가진 캐릭터가 된다.

하지만, 이처럼 강한 태양을 가진 사람들이 하는 행위들이 다른 사람들의 눈에 반드시 도덕적으로 바르게 보인다는 것을 의미하지는 않는다. 단지 차트 주인은 자신이 가진 도덕적 원칙들이 바르다는 자기 확신감을 흔들림 없이 강하게 가지고 있다는 의미이다(실제로 사회 전체적으로 봤을 때 엄청난 악의 행위를 저지르는 많은 사람들이 이러한 태양을 가지고 있는 경우를 자주 볼 수 있다). 진정으로 정의로운 사람이나, 혹은 자기 정의감이 뚜렷한 사람들은 절대로 부끄러워하거나 망설이거나 혼란스러워하지 않는다. 이들은 절대적으로 스스로를 믿는다!

태양은 본질적으로 사회적 도덕성을 염두에 두고 있다. 태양형의 사람들은 아주 드물게 불확실한 감정을 보여준다. 이들은 어떤 유형의 망설임이나 두려움 등에 거의 시달리지 않는다. 이들이 아주 분명하게 잘못되었을 수 있다. 하지만 그들 자신은 절대적으로 스스로를 믿고, 자신의 선택, 그리고 결과들을 확고하게 신뢰한다. 이들은 확실한 순정주의자이다. 이들이 추구하는 어떤 논리적인 원칙들은, 더 나은 세상을 만들기 위해 필요한 원칙들이라는 절대적이고 완전한 기대감을 가지고 있다.

○ 이지적인 파워, 논리적인 확신감

태양은 말 그대로 '낮의 빛'이라는 의미이다. 태양은 논리적 주장이 가진 활발하고 불꽃처럼 화려한 빛을 전시한다. 그에 비해 달은 소마(Soma), 밤의 빛이라는 의미이다. 소마는 직관적 인지가 가진 젠틀하고 섬세한 빛이다.

파워풀한 태양은 오리지널한 사고와 진정한 천재성을 준다. 수성과 3번 하우스가 소통 스타일과 효율성을 대변하고 있지만, 문화적 유창함이나 제스처의 능력 등은 태양이 로드하는 이지적인 힘에서 나온다. 그런데 만약 차트에서 수성이 서포트하지 않으면 이러한 천재성을 말이나 글로 표현할 수 있는 힘이 없을 수도 있다. 그렇지만 순전히 인지적 힘을 두고 본다면, 우주적이고 전체적인 시각으로 생각할 수 있는 능력은 태양의 영역에 해당한다.

○ 자신감, 자기 정의감, 불꽃처럼 화려함

태양이 강한 사람은 다른 사람의 의견이 어떻든 상관없이, 스스로 '자신을 좋게 생각'한다. 그는 자신의 행위에 대한 정당한 이유가 있으며, (실제로 사실이든 아니든)자신이 옳다는 확신을 가지고 있다. 태양이 가진 강하고 긍정적인 역할은, 차트 주인이 '자신이 누구인가'에 대해 깊은 주권의식을 느끼게 하는 것이다.

강한 태양은, 그가 얼마나 공격적이고 이성적으로 '불꽃처럼 화려하게' 자신의 감정을 전시할 것인지 하는 사실을 알 수 있게 한다. 자신이 주장하는 논리가 '얼마나 정확한지' 여부와는 상관이 없다. 혹은 얼마나 분명하게 자신의 논리를 조리 정연하게 표현할 수 있을지(수성의 영역) 하는 여부와도 상관이 없다. 그들의 방법이나 결론들이 논리적으로 정당하거나 문화적으로 수긍이 되는지(3번과 10번의 영역) 여부와도 상관이 없다. 그저, 자신이 하는 주장들에 대해 얼마나 자신감을 가지고 있고 무대 위의 배우처럼 연기를 잘했는지 여부가 더 중요하다.

강한 태양이지만 잘못된 정보를 가지고 있고 감정적으로 핸디캡이 된 경우라면, 그는 공격적으로 강한 독선을 가지고 있고, 몇몇 논리적인 주장들을 아주 자신감이 있게 우겨댈 것이다. 예를 들어, 지방의원 정치지망생들이 아주 자신감 넘치게 자신의 슬로건을 큰소리로 외쳐대면서 선거운동을 하는 경우에, 그들은 강한 태양을 가졌을 수 있다. 혹은 알코올에 절은 이웃 남자가 정치인들이 어떻게 하면 나라를 더 잘 다스릴 수 있을지, 술병을 손에 들고 외치면서 돌아다니고 있는 경우에도 그는 아마 강한 태양을 가지고 있을 수도 있다. 유명한 독재자들도 마찬가지로 이처럼 강한 태양을 가지고 있는 경우가 자주 있다. 이렇게 의식적으로나 정신적으로 미성숙하면서 태양이 강한 경우에는 자기중심적, 혹은 안하무인적으로 강한 에고를 가지게 만드는 경향이 있다.

그에 비해 성숙한 의식 수준을 가지고 있으며 잘 교육받았고 감정적으로도 성숙된 사람이 강한 태양을 가지고 있는 경우에는, 아주 침착하고 논리가 포괄적이고, 다른 사람들의 관점을 이해하고 납득할 수 있는 능력을 가지고 있는 동시에, 자신이 충분히 잘 숙고하여 내놓은 의견이 바르다는 점을 완전한 자신감으로 잘 표현할 수 있게 된다. 그러한 사람들은 역사적으로 위대한 사상가들이며, 깨달은 성자나 철학가들이며, 훌륭한 정치인들이다. 이들이 가진 공통적인 특성들은 충분한 증거들에 기준하여 자신이 옳다고 믿는, 흔들리지 않는 신념이다.

○ 카리스마

태양의 생기는 유명인들이 가진 '카리스마'의 수준들을 정하는 데 필연적인 요소이다. 이들이 하는 공연, 아이디어, 스타일 등이 얼마만큼 사람들의 관심과 주의를 끄는 매력을 가졌는지 여부를 결정하는 힘이 바로 태양이다. 아주 카리스마가 넘치는 사람들은 강한 태양이 주는 신체적인 매력을 전시하게 된다. 태양이 길조적인 하우스에 있거나, 길조적인 어스펙트를 받고 있거나, 길조적인 금성이나 라후가 합치를 하는 경우, 그리고 긍정적인 수성이 도와주거나, 라그나가 좋거나, 혹은 태양이 라그나에 합치하는 등등의 경우에는 다른 이들을 끌어당기는 카리스마가 있게 된다.

○ 커리어, 대중적 역할

태양은 액션과 커리어를 나타내는 주 카라카 행성이다. 저력을 갖춘 태양은 '알파 남성적' 성향에 필수적인 요소가 된다. 하지만 화성과 목성도 같이 강해야 그룹들을 완전히 리드할 수 있는 액션을 할 수 있게 된다.

○ **아버지**

태양은 아버지를 나타내는 카라카 행성이다. 육체적인 아버지뿐만 아니라 구루, 선조, 멘토, 가이드 등과 같은 영적 아버지도 포함된다. 의식적으로 잘 발달된 사람들은 빔쇼타리 다샤에서 태양이 다스리는 6년의 시간들은 자신의 아버지로부터 물려받은 정신, 논리, 사회적 면들과 재연결을 해야 하는 시기임을 잘 알고 있으며, 최대한 활용하게 된다. 라시 차트(D-1), 나밤샤 차트(D-9), 그리고 드와다샴샤 차트(D-12)가 이러한 아버지와 연관된 본질적인 특성들을 보여준다.

○ **눈**

지구상에 가장 밝은 빛을 내려주는 태양은 인간 신체에서 눈을 대변한다. 눈은 신체 부분에서 영혼을 들여다볼 수 있게 해주는 거울이다. 마찬가지로 태양은 아스트랄, 정신적, 영적 바디에도 빛을 비춰주어, 해당 영역의 주파수에 맞는 특정한 진동을 일으킨다. 라시/나밤샤 차트에서 태양이 강한 위치에 있는 경우, 밝은 눈과 논리적인 지성을 줄 뿐만 아니라 삶 전체를 비춰주는 영적인 빛을 밝혀준다. 태양이 강한 사람들은 자연적으로 언제나 자신의 눈을 지키는 데 도움이 되는 좋은 요기 수행을 하거나 방법들을 사용한다.

3.

달의 특성과
자질들

달(The Moon, Chandra or Soma)

태양계에서 지구를 포함한 다른 행성들은 모두 태양을 중심으로 회전하고 있다. 그런데 달만 유일하게 지구를 중심으로 회전하고 있다. 달은 마나스라고 불리는 수용적 마음, 감각적 마음을 나타낸다. 마나스 안에는 지바(Jeeva)라고 하는 개체적 자아가 아함카라(Ahamkara)라고 하는 개체적 에고라는 분리된 존재의식으로 살고 있다. 분리된 존재의식이란 개체적 의식이 대영혼과의 합일의식에서 분리된 상태로 있는 것을 말한다. 그리하여 개체적 의식 속에 깊이 배인 어떤 습관적 방식으로 세상과 교류하고 경험하도록 유도하고 있다. 세상을 대영혼적 시야로 보기보다는 마나스를 개입시켜 보게 되는 것이다. 그래서 차트에서 달은, **'우리가 어떻게 느끼고, 어떻게 반응하는가'**, 우리가 세상을 어떻게 경험하는가를 나타내고 있다. 특히 세상에 대한 우리의 관점이 개체적 의식 속에 어떤 영향을 미치는가, 즉 우리가 가진 마음의 자세를 반영하고 있다.

달은 왕비이니, 사교적인 우아함과 다정함으로 가득하다. 투명하게 하얀 달은 순수하고 수용적이며 섬세한 본성을 가졌다. 그리고 깨끗하고 흠집이 없는 것들을 좋아한다.

○ 달의 라시

베딕 점성학에서 달은 아주 중요한 비중을 차지하고 있다. 그래서 전통적으로 차트에서 달이 위치하고 있는 라시는 '잔마(Janma) 라시(출생 사인)'로 알려져 있다. 야기야 혹은 호마와 같은 베딕 의식을 치를 때, 제를 주관하는 승려가 '출생 사인'이 무엇이냐고 물을 때는 '달의 라시'를 의미한다(이에 비해, 서양 점성학에서는 태양의 라시를 '출생 사인'으로 의미한다).

○ BPHS

"달은 신이 환생한 모습으로 쉬바가 초승달을 이마에 두고 있는지라 그에 평판은 확산, 찬미되었다. 어떤 이들은 달이 로드 쉬바의 여덟 환생 중에 하나라고도 한다."

"하얗고, 흰색 옷을 입었으며, 성스럽고, 열 마리의 말들이 몰며 흰 장식을 하였다. 손에는 철퇴를 들고 있으며, 두 팔이 고정된 이가 달이다. 오, 두 번 태어난 자여!"

"바타와 카파가 넘쳐나며, 아는 것으로 채워진 이가 둥근 몸의 달이다. 오, 두 번 태어난 자여! 길조적인 눈을 가졌으며, 달콤한 스피치를 가졌으며, 변덕스럽고, 그리고 사랑에 고프다."

둥글면서도 날씬한 몸을 가진 달은, 이지보다는 느낌을 통해 분별한다. 그는 느낌이 좋은 것을 선택함으로써 자신이 가진 분별력을 이용한다.

○ 약자
Mo

○ 차트에서 달이 상징하는 키워드
어머니, 양육하거나 보살피는, 받쳐주거나 지지하는, 감정적

○ 다스리는 라시
게(Cancer)

○ 긍정적 자질들
어머니 같은, 직관적, 본능적, 사회적, 휴머니스트, 상상력이 뛰어난

○ 부정적 자질들
신경을 너무 많이 쓰는, 미련을 잘 끊을 줄 모르는, 피해자, 지나치게 예민한 감정

○ 달의 이름
밤의 로드, 조상들의 보호자, 소마 왕, 북서쪽의 로드, 황금색 빛줄기를 떨구는, 서늘한 빛줄기, 밤을 창조하는 이, 세상의 친구, 토끼 마크가 있는

○ 신체적 특성
요구르트처럼 하얀, 사랑스러운 얼굴, 뽀얀, 젊은, 큰 눈, 동그란 얼굴, 부드러운, 물기가 있는, 뜨고 지는 몸, 날씬하면서 동그스름한 몸, 카파-바타(사랑에 고픈, 유동적이나 유

연한, 적응력, 모든 것을 아는, 수용적)

○ 성격상 특성

평화로운, 길조적인, 대중적이고 인기가 있는, 총명한, 달콤하고 부드러운 스피치, 변덕스럽거나 잘 변하는, 사랑을 찾아 헤매는, 열정으로 가득한, 편안하고 위안을 주는, 잘 맞춰주는

○ 차트에서 상징하는 주요 캐릭터

4번째 하우스(어머니, 감정, 집)

○ 아바타

크리슈나(Krishna)

○ 주재신

암부(Ambu, 물의 여신)

○ 행동

변덕스러움(Changeable)

○ 바디 형태

기는 몸(Creeping Form)

○ 나이

젖을 먹는 나이(0세에서 1세 사이)

○ 카스트

바이시야, 상인 계층. 바이시야들의 주 목표는 아타(Artha)이다. 아타는 보통, '이득'으

로 번역을 하거나, 욕망에 휩쓸림 없이 원하는 것을 충족시킨다는 개념을 가지고 있다. 그들은 비상한 두뇌, 재능, 교역을 통해 사회에 봉사한다. 영적으로 준비되기 위해 바이시야들은 배움과 지혜의 계발을 통해 보다 열심히 영적인 노력을 기울이고 있다. 그래서 차트에서 달이 두드러지는 사람은 재물이나 지식 축적 능력이 뛰어나다.

○ **다스리는 옷감**

흰 린넨(White Linen), 새로운 옷감들

○ **보석**

티 없는 진주

○ **최상의 방향**

북서쪽

○ **다스리는 요일**

월요일

○ **도샤/아유르베다 체질(행성이 가진 캐릭터)**

카파와 바타. 카파는 감성적인 성향을 주로 가졌다. 카파는 사랑스러우며, 헌신적이고, 감상적이고, 로맨틱하며 충성적이다. 카파는 만족을 잘하며, 행동이나 믿음이 보수적이다. 바타는 이지와 머리를 쓰는 것을 좋아하는 캐릭터이다. 바타는 사회지향적이며, 우유부단하며, 쉽게 영향을 받거나 두려워하고, 인내가 부족하다. 달은 카파와 바타, 두 개의 성향을 같이 가지고 있다. 달은 밝을수록 카파를 더 많이 가지고 있으며, 바타를 적게 가지고 있다.

○ **환경**

물이 있는 장소들, 촉촉하게 물기가 있는 곳에 살고 있다.

○ 가족에서의 위치

어머니. 달은 여성상을 나타내며, 가족 내에 있는 어머니의 힘이다. 어머니는 편안하고 수용적인 환경을 만들어주어야 하는 책임을 가지고 있다. 그리하여 자녀들이 건강한 감정적 표현을 할 수 있게 하고 건강한 정신 자세를 가질 수 있게 한다. 차트에서 달은 이러한 어머니의 역할을 나타낸다.

○ 다스리는 곡식
쌀

○ 다스리는 감각기관
시력(특히, 왼쪽 눈)

○ 다스리는 기본물질
보석

○ 다스리는 금속
은

○ 구나스

사트바. 달은 마음의 순수성을 상징하기 때문에 사트빅하다. 사트바적인 모습은 자기단련, 이웃과 동물들에 대한 사랑, 좋은 자질들에 대한 사랑, 행복과 고요함에 대한 사랑, 위대한 인물들에 대한 사랑, 실용적인 동정심, 어려운 이들을 향한 관대함, 자동적이고 습관적인 진실성, 사랑과 존경심에서 비롯되는 의무감, 발전적, 도덕적 정당성, 자기존중, 조용함, 드러내지 않는 성향, 부드러움, 한결같은 믿음, 양보하는 성향, 인내성, 용서하는 성향, 더 현명한 이들의 조언대로 행동하는 성향, 속의 말을 밖으로 표현할 수 있는 성향, 올바른 것에 대한 센스, 온순함, 단순함, 솔직함, 균형성, 침착함, 헌신적 성향, 만족함, 정신적 육체적 청결함에 대한 사랑, 겸손함, 기부적 성향, 치우치지 않음, 감사하는 마음, 공경하는 마음 등이다.

○ 지배하는 왕국(Kingdom)

다투(미네랄). 미네랄처럼 생명이 없는 것들의 왕국이다.

○ 시선을 두는 방향

모든 방향으로 두루두루 시선을 둔다. 달이나 목성처럼 시선을 두루두루 두는 행성들은 현재에 만족스럽다. 달은 자신에 대해 좋게 느끼기 때문에 만족스러우며, 목성은 기쁨으로 가득 채워져 있어 만족스럽다.

○ 숙성하는 나이

24. 스물네 살에 이르면 우리는 감정적으로 성숙하여, 스스로 태도나 삶에 대해 가지고 있는 자세들에 대해 각성할 수 있게 된다.

○ 지배하는 기간

태어나서 만 4세까지. 달이 지배하는 기간은 어린 아기 때이며, 어머니가 아이의 생에서 앞을 밝혀주는 것과 같은 기간이다. 이 기간 동안 가장 중요한 것은 건강하게 감정적으로 성장하는 것이다.

○ 습도

물기가 있음

○ 성향

뜨는 달은 사움야(젠틀)이고 지는 달은 크루라(잔인함)이다.

달은 스스로 가진 빛은 없으며, 단지 태양으로부터 받는 빛을 반사하고 있을 뿐이다. 영양을 공급해주고 성장을 도와주는 달의 능력은, 단지 태양으로부터 받은 창조적 에너지의 반영에 지나지 않는다. 초승달에서 반달까지, 달은 창조적 동기와 욕구는 있으나 원하는 것을 실현하는 데 필요한 에너지를 충분히 집중하는 데 어려움을 겪는다. 그러한 달이 관장하는 영역에서는 좌절감을 느끼게 된다.

뜨는 달에서 반달까지, 달은 영양을 공급하고 성장을 도모하는 데 필요한 에너지가 넘치게 되며, 자신이 관장하는 영역들을 활성화시킨다.

지는 반달에서 그믐달까지, 달은 점점 빛을 잃으면서 자신이 관장하는 영역에서도 힘을 잘 쓰지 못하게 된다. 지는 달은 크루라 행성으로 간주된다. 그래서 지는 달이 관장하는 영역은 필요한 도움을 충분히 받지 못한다(달이 태양으로부터 120도에서 240도 사이에 있을 때 양호).

○ **상징 숫자**

2

○ **자아적 위치**

마나스(Manas, 마음, 감정)

○ **장소**

물이 있는 곳

○ **다스리는 식물**

우유 같은 수액을 가진 나무들, 나무의 밀크 혹은 수액은 나무가 가진 생명력이다. 우윳빛 나는 수액을 가진 나무들을 다스리는 달이 생명력을 북돋우거나 다스리는 역할을 하는 행성이라는 특성을 나타낸다. 달이 나타내는 마음이 건강할 때 생명력은 잘 유지될 수 있다. 어떤 정신적, 감정적 방해도 생명력에 부정적인 영향을 끼치게 되면 질병을 초래한다.

○ **왕국에서의 위치**

왕족

ㅇ 행성들 간 지위

여왕. 태양계에서 왕비에 해당하는 달은 사교적이고 우아하며 다정다감하다.

ㅇ 움직임

한 개의 라시에 약 2.5일 동안 머문다.

ㅇ 다스리는 숫자

2

ㅇ 계절

바르샤(Varsha). 7월 22일부터 9월 21일까지, 비가 많이 내리는 장마철.

ㅇ 에너지/성별

여성적. 여성적 행성들은 '자신에게 일어난 일에서 받은 느낌'에 의해 영향을 받고 있다. 그들은 기분이 좋을 때 좋은 일을 한다. 뜨는 달은 감정지수가 뛰어난 반면, 지는 달은 감정지수가 약한 경향이 있다.

ㅇ 피부색깔

투명함(Fair). 투명하게 하얀 달은 순수하고 수용적이며 섬세한 본성을 가졌다. 그리고 깨끗하고 흠집이 없는 것들을 좋아한다.

ㅇ 맛

짠맛

ㅇ 다스리는 시간

달은 무후르타(Muhurta)를 다스린다. 한 개의 무후르타는 두 개의 가티(Ghatis), 혹은 약 48분에 해당하는 시간이다. 하루 24시간에는 총 30개의 무후르타가 있다. 어떤 중요한 일이나 행사, 이벤트를 계획할 때, 무후르타 점성학을 사용하면 길조적이나 흉조적 시점들을 알 수 있게 된다.

○ 다스리는 신체부분

피. 피는 몸이 필요한 영양분을 공급하고, 세포에 쌓인 불순물을 제거함으로써 항상 몸을 재생시키고 있다. 달이 이러한 모든 재생능력을 다스리고 있다. 특히 달이 가진 감정적 재생능력이 중요한데, 정신적으로 건강하고 균형을 유지할 수 있게 하기 때문이다.

○ 다스리는 차크라

6번째 아기야(Ajna, 영성의 눈) 차크라. 태양과 차크라 로드십을 공유.

○ 행성적 형태

빛의 발광체

○ 행성들 간 상호관계

태양, 수성이 달에게 친구, 나머지는 모두 중립 관계(화성, 목성, 금성, 토성), 달에게 적인 행성은 아무도 없음, 그러나 달이 적으로 여기는 행성은 많음(수성, 금성, 토성).

달의 특성

달은 태양계에서 여왕이다. 달은 어머니를 상징하기에 태양 다음으로 아주 중요한 행성이다. 어머니는 아이를 양육하며, 아이의 첫 스승이기도 하다. 달은 또한 마음도 상징한다. 차트에서 달의 위치가 강하면, 어머니는 충분한 자원들을 가지고 있을 것이며, 평화로운 매너로 잘 양육하고 자녀의 정신적 자질들을 계발시킬 수 있을 것이다.

달은 돌보고 편안하게 해주는 에이전트 역할을 한다. 감각적 기관들과 감정을 다스리고, 차트 주인에게 어떤 것을 잘 보살필 수 있는 능력을 준다. 트레이닝 필드에서는 대외적 관계, 행정, 신체적으로 편안하게 해주는(의사 같은) 일들을 잘할 수 있게 한다. 달은 또한 여왕, 호텔리어, 대외적 관계, 대출업자, 선원, 하우스 도우미, 의사, 간호사, 조산부, 힐러, 사이킥 능력, 음식 습관, 요리, 캐터링(catering), 혹은 어떤 식으로든 큰 규모로 사람들을 대하는 일과 연관된 직업들을 나타낸다. 그리고 아내를 나타내는 두 번째 카라카이기도 하다(첫 번째 카라카는 금성).

달은 왕의 아내이므로 어떤 행정적인 직위를 즐긴다. 달이 강하면 차트 주인은 직위를 얻기 위해 애를 쓰지 않아도 된다. 풍요로움, 수용성, 예민성, 상상력, 좋은 기억력, 덕스런 행위들, 건강한 습관들 등을 자연스럽게 가지고 있기 때문이다. 달은 여성적 행성이고, 차갑고, 물기가 있고, 부드러우며, 사트바적이고, 바타와 카파를 함께 가지고 있다. 타고난 성향은 충직하고, 길조적 모습을 가졌고, 기쁜 스피치를 가졌고, 변덕스럽게 변하는 성향을 가지고 있다.

달은 날마다 위치가 변하기 때문에 격정적이고 변화무쌍하다. 달의 밝음 크기에 따라서, 만약 라그나 혹은 라그나 로드와 연계가 된 경우에, 약한 달은 날씬한 몸을 주고, 보름달은 풍성한 몸을 준다. 피부 톤은 투명하다. 흰색과 은색을 다스리고, 물의 원소, 짠맛, 미각, 월요일, 북서쪽 방향을 다스리고, 브론즈, 은, 진주, 물기가 있는 장소, 호텔, 병원, 선박, 배 등을 다스린다. 달은 얼굴, 마음, 의식, 인지, 감정, 참을성, 생각, 이지, 수용성, 여성성, 예민성, 상상력, 좋은 기억력, 비옥함, 혈액을 관장하기에 일반적으로 약한 감정적 건강, 신체적 건강을 나타낸다. 좋은 혈액과 림프, 분비선, 편도선, 유방, 배, 림프 시스템, 얼굴, 폐, 가슴을 나타낸다. 남자의 경우에는 왼쪽 눈, 여자의 경우에는 오른쪽 눈을 다스린다. 난자, 생리주기, 자궁, 생식기관을 다스린다.

차트에서 달이 약한 사람은, 사이킥적인 문제, 정신문제, 불면증, 게으름, 졸림, 폐 혹은 입(미각의 상실과 같은)과 연관된 트러블을 준다. 정신적 질환, 간질병, 소화기능장애,

부종, 혈액순환 어려움, 빈혈, 혈압, 비장의 부종, 자궁과 난소 연관 질병, 폐결핵, 생리 불순 등을 주고, 감기와 기침, 고열, 식욕상실, 전반적 허약함 등에 잘 시달리게 된다. 과민신경증, 과잉반응, 터치나 감정에 적절하게 반응하는 어려움 등을 준다. 달은 또한 잠, 건강, 대중, 사회적 행위, 변화, 여행, 기본적 교육, 편안함, 감정적 평화, 가족, 경제적 해결, 행복한 결혼생활, 유산, 수입과 이득, 사랑과 돌봄, 정신적 평화, 밀크, 곡식과 액체 등을 다스린다.

달(찬드라)의 베딕 심볼

달은 태양계에서 여왕이다. 달이 가진 기하학적인 모형은 양 코너에서 두 곡선이 만나는, 초승달의 형태를 하고 있다. 이 모습이 상징하는 바는 다음과 같다.

- **뜨는 달의 초기 모습**
- **지는 달의 나중 모습**
- **월식이 있을 때, 달이 나중에 사라지거나 나타나는 모습**
- **대양의 파도처럼 감정들이 올라오고 내려가는 모습**

이처럼 달이 가진 모습은 개개 인간이 가진 심리적, 정신적 상태를 나타낸다. 물질주의 성향으로 점점 관심이 늘어나는 사람들은 무지의 바닷속에 잠기게 만들며, 결국에는 달의 은총을 잃게 만든다. 월식이 일어나는 동안 지구(물질주의)의 그림자가 달(정신 심리)에 떨어져 영적인 빛(태양)을 막는다. 상징적으로는 아수라 라후의 영향 때문에, 인간 존재가 어둠과 무지에 삼켜져 고통을 받는 것을 의미한다. 카르마적 세력들을 완전히 해소한 후에야 비로소 타고난 순수한 본성(달)로 되돌아가 다시금 빛을 낼 수 있게 된다.

밀크 대양을 휘젓는 거사를 통해 쏟아져나온, 많은 귀한 보물들 중에서 가장 최상의 것은 암리타(영생불로수)와 달이었다. 달이 앉을 수 있는 가장 적합한 자리는 쉬바의 이마 위였다. 그래서 쉬바-세카르(Shiva-Shekar), 쉬바의 이마 위에 초승달이 얹혀 전 우주에 영생의 넥타로 영양을 제공해주고 있는 것이다.

달의 영향들이 미치는 효과들은 달이 가진 이름들로 알 수가 있다.

- **소마(Soma): 넥타, 지구상의 생명들에게 달이 주는 신선함의 에너지**
- **쿠무두 파티(Kumudu Pati): 연꽃의 로드, 달빛이 미치는 영감적인 영향들**
- **아우사드 파티(Ausad Pati): 허브들의 로드**
- **낙샤트라 파티(Nakashatras Pati): 스타들의 남편**

- **쉬베타자지(Shvetajaji): 흰 말들이 이끄는**
- **쿠무드파티(Kumudpati): 흰 릴리의 로드**

달이 만들어내는 진동들은, 진흙(신체)의 침대에서 존재가 가진 물(감정)과 공기(멘탈) 상태를 통해, 마침내 순수함과 자유의 꽃으로 피어나는 릴리(Lily) 꽃의 성장과 영양을 컨트롤하고 가이드한다. 이것은 '하늘에서 내리는 향기로운 천상의 비'에 대한 인간의 반응을 상징한다. 디바인에 취하게 하여 디바인 지혜가 가진 순수성과 자유를 향해 그를 잡아당기게 만든다.

베딕 신화에 의하면, 달이 타고 있는 마차는 세 개의 수레바퀴가 달려 있고 10마리 말들이 이끌고 있다. 10마리 말들은 무색이며, 각각 5마리씩 두 그룹으로 이루어져 있다.

- **세 개의 수레바퀴는 세 가지 원초적 성향(사트바, 라자스, 타마스) 세력들을 의미한다. 개인의 영혼이 여러 다른 단계적 진화 사이클을 거쳐 형상화하게 만드는 힘이다.**
- **열 마리 말들은 두 그룹으로 나누어져 있다. 다섯 가지 감각(5 감각센스)과 다섯 가지 감각기관들을 대변한다. 감각기관들이 마차를 서로 다른 방향으로 잡아당기고 있는 한, 혼란과 방해들로 인해 우리가 제대로 기능하기 어렵게 만든다. 말들이 잘 조화되고 균형을 맞추어 한 방향으로 움직이게 되면 마차는 아주 빠르고 효율적으로 나아갈 수 있다. 이는 마인드가 목표에 대한 분명한 인지가 있을 때, 마차에 앉아 있는 달(영혼-지바)이 진화적 사이클 속에서 마차를 잘 이끌 수 있게 됨을 의미한다.**

여행이 향하는 목적지는 달보다 더 높은 근원으로부터 온다. 태양 혹은 대자아의 빛이 있어야 달/마인드가 그 빛을 반영하여 발할 수 있는 이치이다.

달이 주는 전반적인 효과들

○ 과거

달은 과거의 기억들이 모두 축적되어 있는 아스트랄 바디를 다스린다. 과거는 미래의 반영이다. 그래서 달은 또한 미래를 컨트롤하기도 한다. 아스트랄 바디는 육체적 바디에 들어가기 이전에 존재하며, 육체적 죽음 뒤에도 계속해서 살아 있으면 재활을 거듭한다. 그래서 아스트랄 바디가 가진 심리적, 감정적 기억들은 아주 오랫동안 유지된다. 영구하지는 않지만 상당히 오랫동안 유지된다.

어린 아이에게 가장 어릴 적 기억들은 어머니에 대한 기억이다. 그래서 달은 어머니, 어머니와의 관계성, 그리고 전체적인 감정적 체질들을 다스리는 것이다. 모든 액션, 리액션, 감정적 패턴들은 강압적, 충동적 성향에서 도피, 투영 등까지 모두 달에 근원을 두고 있다. 달이 라후와 합치한 경우에는 감정적 기억들이 오버충전이 된 것을 의미하며, 과잉반응적인 어머니를 나타낸다. 달이 케투와 합치한 경우에는 감정적 후퇴를 일으킨다. 전형적으로 '자신의 공간'이 필요한 어머니를 의미한다.

어떤 사람의 과거를 이해하기 위해선, 먼저 달의 위치를 자세하게 살펴야 한다. 과거는 그저 물질적인 현실이 아니라, 정신심리적 현실을 불구로 만들거나 그럴 잠재성이 있는 상태이기 때문이다. 과거는 기억들로 인해 만들어져 있으며, 현생에서 가장 원초적인 기억은 어머니 뱃속에 있을 때이다. 과거 생들에 대한 기억들이 현재 생을 만들어낸다. 달은 모든 것들의 어머니이고, 달은 생명을 만들어낸다.

○ 행복

달이 가진 특성들은 우리의 정신심리적 집착들이 가진 모든 영역들을 포괄하고 있다. 달이 나타내고 있는 자질들은 우리의 어머니(혹은 감정적으로 어머니 같았던 사람)를 규정한다. 또한 달은 가족적 환경에서 받은 감정적인 구조와 반경을 나타내며, 그들에게 받은 아무런 조건도 없는 수용적 사랑을 의미한다(손상된 달인 경우에는 어느 정도 조건적인 사랑을 의미한다). 궁극적으로 달은 우리가 가진 감정적 능력, 다른 사람들(특히 파트너)들과의 관계성, 우리의 부모님이나 자녀 같은 사람들과 관계성을 맺을 수 있는 감정심리적 상태를 나타낸다.

달은 진정한 대자아(행성들 너머에 있는 영역)를 나타내지는 않는다. 대신에 에고가 가진 사회적, 심리적, 성적, 감정적 센터 영역을 나타낸다.

어떤 사람들은 태어날 때부터 두 가지 서로 다른 에고 영역에 대한 분명한 의식을 가지고 있다. 이들은 진정한 삶의 기쁨과 평화를 개인의 에고 영역 밖에서 자비심과 이타심으로 세상에서 행하는 액션들을 통해, 혹은 깊은 내면에서부터 디바인과 하는 소통을 통해 찾고 있다. 그리하여 어릴 때 형성된 에고의 기억들을 어른이 된 이후에 모두 의식 밑에 묻어두고 있다. 이러한 사람들은 보통 수준의 에고들에 귀속된 인간들이 겪는 감정적 고통들로부터 대부분 보호를 받고 있다. 그에 비해, 에고의 집착이 만들어내는 나약한 감정적 감옥에 집착하는 사람일수록, 예를 들어 어릴 때 심한 감정적인 트라우마를 겪은 경우, 나탈 달이 나타내는 상태를 잘 이해하는 것이 더욱 필요하다.

대부분의 사람들은 정말로 인정이 필요한 노예 같은 에고이거나 모든 충동으로부터 완전히 자유로운 에고 사이, 중간 어디쯤에 서 있다. 그래서 언젠가는 우리가 가진 가장 깊은 트라우마를 치유해줄 수 있는 사람을 만나거나, 혹은 그러한 관계성, 경험들이 일어날 것을 기대하며 살고 있다. 이러한 복잡한 영향들을 잘 이해하기 위해서는 라시 차트에서 달이 있는 라시, 특히 나밤샤 차트에서 달을 잘 살피는 것이 중요하다.

○ 어머니

달은 어머니를 나타내는 카라카이다. 소마가 가진 가장 첫 번째 상징은 낳은 어머니이다. 소마의 영향은 잉태에 필요한 액체가 자궁에서 흘러나올 때부터 시작되기 때문이다. 출생과 동시에 입양이 되었거나, 혹은 나중에라도 입양이 된 아이들은 의식적으로 입양 어머니와의 감정적 유대를 느낄 것이다. 하지만 낳은 어머니의 감정이 잠재의식 속에 깊이 깔려 있는 주 감정적 영향을 결정한다.

찬드라가 상징하는 다른 어머니들은, 예를 들어 타라(부처님의 어머니), 성모 마리아, 수녀원의 대모, 모든 영적 전통에 나오는 모든 여신들 등 영적 어머니 상들을 모두 포함하고 있다.

어머니에 대한 특성들은, 라시 차트(D-1)와 나밤샤 차트(D-9), 드와다얌샤 차트(D-12)

에서 달에게 미치는 라시와 하우스, 어스펙트, 다른 캐릭터 등등을 통해 알 수 있다. 이러한 차트들에서, 4번째 라시가 어머니와 관련된 내용들을 파악하는 데 중요한 요소들을 제공하기도 한다. 달은 4번 하우스 영역의 자연적인 카라카이다. 4번 하우스에 관련된 특성들을 통해, 달이 가진 특성들에 대해 포괄적인 시각을 얻을 수 있다.

○ 찬드라 라그나 차트(Chandra Lagna Chart)

고대 인도의 전통적인 죠티샤에서는 달이 있는 라시를 라그나로 세워 별도로 찬드라 라그나, 달의 차트를 만들었다. 전통적인 인도 사회에서는 대대적으로 출생과 사망 확률이 높았기 때문에 출생 시간을 일일이 기록하지 않는 경우가 다반사였다. 그리고 각 지방마다 로컬 타임 존이 다양했기 때문에, 정확한 라시 차트를 작성하는 어려움도 있었다. 그래서 종종 찬드라 라그나 차트로 리딩을 대체하곤 했다. 이들은 달의 차트를 라시 차트와 동등하게, 혹은 더 큰 비중을 두고 다루었다.

○ 달의 다샤 동안 나타날 수 있는 일반적인 효과들

빔쇼타리 다샤에서 10년간 달의 다샤는 어머니와 연관된 정신심리, 논리, 사회적 성향들을 재연결하고자 하는 기간이기도 하다.

달은 가장 강력한 어머니 카라카이며, 4번 하우스 영역은 어머니에 대한 두 번째 보충적인 요소이다. 라시 차트(D-1)와 나밤샤(D-9), 드와다삼샤(D-12)에 있는 달의 여건들을 보면, 어머니에 대한 키 요소들을 파악할 수 있다.

- **아직 어머니가 생존해 있으면, 어머니와의 상당한 교류를 하는 시간이 될 것이다.**
- **어머니가 생존하거나 아니거나, 달의 마하 다샤는 여러 레벨에서 어머니와 비슷한 사람들을 주변으로 많이 끌어당기게 될 것이다.**
- **'적극적'이기보다는 '리액션적'인 반응들이 더 강조될 것이다. 특히 달의 다샤가 어린 시절에 왔다면 더욱 그러한 반응들을 보이게 된다.**
- **만약 달의 마하 다샤가 어른일 때 일어난다면, 어머니가 자신이 어릴 때 미친 영향들이나 관계성을 맺은 방식들에 대해, 보다 어른스런 이해를 하게 될 것이다.**

- 달이 가진 캐릭터에 따라, 주요 혹은 마이너 케어하는 역할이 주어질 것이며, 스스로를 감당하거나, 지키지 못하거나, 결정을 내릴 수 있는 능력이 안 되는 아주 의존적인 사람들과 감정적으로 깊이 개입하는 관계성을 맺게 될 것이다.
- 달의 다샤가 중년에 온다면, 그는 의존적인 부모님이나, 부모님을 '양육'해야 하는 일들이 생길 것이다.
- 캐릭터 중에서 감정적인 면에 강조를 하게 될 것이다(파워풀한 직관력, 필요성, 느낌들, 그리고 감정적인 유대관계 등을 맺는 일들).

○ **토성이 달과 합치하는 경우**

토성은 신체적 바디의 생존을 컨트롤하며, 달은 감정적 바디의 생존을 컨트롤 한다. 토성은 대중적 성공을 위한 조건적인 기대치를 규정지으며, 달은 개인적 수용성에 대한 무조건적인 기대치를 규정짓는다. 그래서 토성이 라시 혹은 나밤샤 차트에서 달과 합치를 하는 경우, 두 행성 사이에 서로 각자 생존을 위한 갈등들이 일어나게 된다.

- **심각한 감정적 압박감**
- **개인적으로 필요로 하는 것들과 사회적 원칙들 간의 차이로 인한 사회적 갈등**
- **건강한 에고를 형성하는 어려움**
- **이성관계들에서 낮은 충족이나 만족도**

비단 합치뿐만 아니라, 어스펙트를 통해 토성이 달을 압박하고 있으면 차트 주인은 태어날 때 이미 어릴 때 어머니와 연관된 영역에 과거 생의 카르마에 대한 지불을 치러야 하고, 자라서는 이성관계에서 어려움을 겪을 것이라는 테마를 가지고 이 세상에 왔음을 의미한다.

- **토성은 사회적인 타협을 통해서 개인의 신체적 생존을 위해 필요한 유전인자들을 조정해야 할 필요성이 있다.**
- **토성은 그가 가지고 태어난 비전형적 사회적 행위 패턴들에 대해 사회적으로 통**

용되는 벌칙들을 내림으로써, 그가 전통적인 방식으로 행위 할 수 있도록 강요한다.

- 토성은 징벌들을 내린다(개인적 자유를 제한하는 형태로). 가족적 전통이나, 부족적 방식, 혹은 공식적인 법률체제가 가진 권위 등의 안전을 위협하는 이들에게.

토성이 합치나 어스펙트를 통해 달을 억압하고 있으면, 그는 아주 강력한 자기비판적 기질이나 심한 외로움을 느끼게 되며, 삶에서 감정적 박탈의 트라우마를 반복해서 겪게 된다.

만약 토성이 악어, 혹은 물병, 천칭에서 강하면서, 1번, 4번, 5번, 7번, 9번, 혹은 10번에 있으면, 이러한 토성/달 조합은 아주 뛰어난 공공기관 서비스직을 준다. 대중의 안전요원, 대중교육, 공공기관의 페스티벌 주도, 대중적 결혼 알선업, 전통적인 희생의식들을 행하는 이, 공공기관의 도덕관리 요원 등등에 탁월한 능력을 발휘할 수 있다.

ㅇ 사데사티(Sade-Sati)

전통적으로 사데사티는 토성이 나탈 차트의 달이 있는 라시(잔마라시, Janma Rasi)에서 12번, 1번, 2번을 트랜짓하는 7년 반의 시간들을 나타낸다. 하지만 통상적인 경험에 의하면 바디를 나타내는 라그나에서 12번, 1번, 2번을 트랜짓할 때 오히려 더 강하게 효과를 느끼게 되는 경우가 자주 일어난다. 달은 한 개의 라시에 약 2.5일 정도를 머물게 된다. 그에 비해, 라그나의 라시는 매 2시간 간격으로 결정된다. 그래서 트랜짓하는 토성이 나탈 차트의 달보다는 라그나 위를 지나고 있을 때 사데사티의 효과가 더 직접적으로 느낄 수 있다(필자는 라그나의 사데사티 계산법을 따르고 있다).

사데사티는 '7년 반'이라는 의미이다. 토성이 조디액을 한 번 회전하는 데는 29년 이상이 걸린다. 그래서 29년 중에 4분의 1은 사데사티 기간에 있게 된다. 사데사티는 사람들, 혹은 그가 처한 환경에서 의도하는 소통, 연결, 컨트롤, 소유, 변화, 조작, 혹은 영향력에 대해 정신심리적인 저항적 세력을 주변에 만들어냄으로써, 세상에서 그가 하는 성장, 진보 등을 제한시키는 역할을 하게 된다. 일반적으로 토성이 가진 품위의 저력 여부와는 상관없이, 사데사티는 한두 가지 정도의 위기를 만들어내며, 개인적인 좌절감이나 저항감을 느끼게 만든다. 그리하여 그리스 신화에 나오는 시지프스(Sysy-phus)처럼 반복되는 고난에 지치는 현상을 만들어낸다. 하지만 달이 천칭, 악어, 물병에 있는 경우에는 비록 어려운 수행이 요구되는 시기이기도 하지만 동시에 아주 생산적인 시기가 되는 경우가 많다.

사데사티는 보통 세 파트로 나눈다(각 ±2.4년).

- **드와다샤(Dwadasa): 토성이 달(라그나)이 있는 라시의 12번째에 진입하면서 사데사티가 시작된다. 개인의 주체성, 영양공급 등이 챌린지를 느끼고, 그리고 세상에서 보호나 스포터가 약하거나 위협을 받는 것처럼 점점 더 느끼게 된다.**
- **잔마(Janma): 토성이 달(라그나)이 있는 라시에 진입하면서 시작된다. 가장 인텐스한 사데사티 중도 기간이다. 어머니와의 이별이나, 중요한 보호자와 캐어하는 이와의 이별을 포함한, 심한 감정적 트라우마를 겪게 된다.**
- **드위티야(Dwithiya): 토성이 달(라그나)이 있는 라시의 2번째에 진입하면서 시작된다. 사데사티가 끝나는 기간이다. 여전히 힘들고 외롭지만, 그러나 대체할 수 있는 주체성, 영양, 보호 대상을 찾음으로 인해 삶이 보다 수월해진다.**

현대 시대에는, 7년 반이라는 시간 동안 내외적으로 많은 변화들이 일어날 수 있는 시간이다. 사데사티 동안 감정적 소진이나 정신심리적 케어나 보양이 현저하게 부족할 수 있다. 그러나 아주 소중한 삶의 가르침이나 지혜를 얻었거나, 자신에게 의존할 수 있는 저력을 키울 수도 있는 시간이기도 하다.

4.

화성의 특성과
자질들

화성(Mars, Mangala or Kuja)

화성은 지구의 궤도 밖에 있는 첫 행성이다. 차트에서 화성은 **"우리가 어떻게 집행을 하고, 어떻게 행동을 하는가"** 하는 육체적, 정신적 저력을 나타낸다.

육체적으로 화성은 강인하고 도전하기를 즐긴다. 이러한 기질은 그를 경쟁적으로 만든다. 화성은 육체가 통상적으로 감당할 수 있는 한계를 이미 넘을 정도로 지쳤거나 아프거나 굶주렸더라도 계속 버티며 가게 만드는 능력을 제공한다. 힘이 상징하는 것은 바로 의지력이다. 화성에게 넉넉한 자질로서 그가 사용하기를 무척 즐긴다. 화성은 자신의 힘을 과시하거나 인정받는 것을 좋아한다. 그러나 이러한 힘은 그를 어느 정도 교만하게도 만든다. 화성은 군 총지휘관으로서, 목표하는 것을 의지와 힘을 이용하여 달성시키고자 한다. 그에게는 목표를 달성하는 것이 최우선이다. 자잘한 인사치레나 시간 낭비하는 소소한 것들은 그의 영역에 해당하지 않는다. 화성은 강력한 의지로 군대를 통솔한다. 그리고 일단 힘을 쥐게 되면 독재자가 된다. 마치 수술을 하는 의사처럼 정확한 메스질로 어떤 장애물이든 제거한다. 그렇다고 자기 잇속만을 채우려 한다거나 나쁘다는 의미가 아니다. 단지 화성은 불필요한 것들은 잘라버리기를 선호한다는 뜻이다. 붉은 색의 화성은 행동이나 선두적인 일에 집중하며 맹혈적으로 하는 것을 좋아한다. 또한 화성은 순전히 재미로 에너지를 확산시키려는 경향이 있다. 빨간색을 보고 느끼는 것을 좋아하며 속도 내기를 하거나 위험하고 사고를 잘 치는 기질이 있다.

○ **BPHS**

"화성은 아주 잔인하고 예리하다. 거만하게 화성을 섬기는 이들에게 화성은 분노하며 가족과 재산들을 파괴한다. 겸허함으로 섬기는 이들에게는 부를 주고 질병을 낫게 하는 축복을 내린다."

"빨간 장식과 옷을 입고 있으며, 창과 삼지창, 그리고 철퇴를 들고, 축복을 내리며, 네 개의 팔을 가진 이가 화성인데 산양을 타고 있다. 잔인하고 붉은 눈을 가진 이가 화성이다. 앞뒤로 움직이며, 찢어진 모양을 하고 있으며, 피타 성격이며, 화가 나 있고, 마르고 중간 크기의 몸을 가졌다."

화성은 젊음이 넘친다. 화성은 행동하는 방식에 있어 상처를 주거나, 잘 부수는 성향이 있기 때문에 잔인하다고 표현한다. 보통은 다른 흉성들이 좋지 못한 영향을 미치고 있지 않는 한 사디스틱하게 나쁜 행성이 아니다.

○ **약자**

Ma

○ **키워드**

형제들, 행동, 에너지, 싸우는, 사수하거나 지키는, 자기 의지로 행동하는

○ **다스리는 라시**

산양과 전갈

○ **긍정적 자질들**

행정적 혹은 집행적인 자질들, 용감한, 경쟁적, 자유를 위해 싸우는

○ **부정적 자질들**

충동적, 화를 내는, 자기 자신을 추구하는, 전투적, 도둑

○ **화성의 이름**

남쪽의 로드, 상처를 내는 이, 빨간 이, 잔인한 눈을 가진 이, 질병을 먹는 이, 땅으로부터 태어난(쿠자), 꼬인 이, 길조적인 이(망갈라), 행운을 가져오는 이

○ **신체적 특성**

짧은, 날씬한, 젊은, 예리한 아름다움, 항상 고픈, 흉터가 있는, 붉은색이 도는, 피처럼 붉은색이 도는 눈, 에너지가 넘치는, 뜨거운, 피타

○ 성격상 특성

맹렬한, 욕정에 찬, 독립적인, 모험적인, 분노에 가득 찬, 자유분방함, 강한 의지력, 자기 의견이 강한, 급한 성질, 싸우는 이, 지키는 이, 논리적인, 필요한 것이 별로 없는, 사트밤(순수함)

○ 차트에서 상징하는 주요 캐릭터

3번째 하우스(동생들, 용기, 결심, 소통, 새로운 것을 배움)

○ 아바타

나라심하(반은 사자, 반은 사람인 비슈누의 환생)

○ 주재신

크리티케야(전설의 장군)

○ 행동

예리하고 매서움

○ 바디 형태

네 개의 다리를 가진(four-footed)

○ 나이

이빨 나는 나이인 1세에서 3세 사이

○ 카스트

크샤트리야. 크샤트리야의 주목적은 다르마, 자기단련을 하며 사는 삶, 책임감, 그리고 바른 행동이다. 영적으로 크샤트리야는 감각기능과 싸우는 이들인데, 특히 화성은 성급함과 화를 절제하는 법을 배워야 한다. 그들이 화를 내는 이유는 파워풀한 라자식 성향 때문이다. 마치 나중에 책임 전가하게 될 어떤 대단한 일이라도 있는 것처럼 스스로 믿고 있다.

○ 다스리는 옷감
빨간 옷들

○ 보석
빨간 산호

○ 최상의 방향
남쪽

○ 도샤/아유르 베다 체질(행성이 가진 캐릭터)
피타. 피타는 힘, 공격성, 의지력을 대변하는 도샤다. 피타는 충동적이고, 강제적이고 또 정열적이다. 명령이나 지시를 받는 것을 좋아하지 않으며 반항적인 본성을 가졌다. 피타는 또한 직선적이며, 목표지향적이며, 반대편을 빠르게 제압하며, 독립적이다. 그러면서도 공통적인 목표를 위해 다른 이들과 연맹을 맺고 같이 일하는 것을 좋아한다.

○ 원소
불(Fire)

○ 환경
숲이 우거진 산들

○ 가족에서의 위치
어머니, 여형제들, 형제들의 배우자, 동생들. 형제들은 우리에게 최초의 동반자들로서, 공통적인 목표를 향해 이기심을 자제하고 함께 노력하여 같이 성과를 거둘 수 있도록 가르쳐주는 책임을 가지고 있다. 이러한 노력은 각자 서로 다른 장점들을 가진 것을 알고 또 거기에 맞게 잘 사용하는 것을 포함한다. 마치 화성이 군 총지휘관으로서, 각 개인의 힘을 잘 활용하여 주어진 목표를 달성시키는 것과 같다. 좀 더 심오하게 표현한다면, 형제들이란 같은 뿌리에서 나왔지만 다를 수밖에 없다. 서로 다른 생각을 가졌고, 또 서로 다른 기대를 받으며 자랐기 때문이다. 화성은 자신이 다른 사람들과 다르다는 강한 생각을 가지게 하는 우리의 내면적 관념이나 의견들을 다스린다.

○ **다스리는 곡식**

빨간 달(Dhal)

○ **다스리는 감각기관**

시력(양쪽)

○ **다스리는 기본물질**

금

○ **다스리는 금속**

쇠나 철

○ **구나스/성향**

타마스(Tamas). 화성은 사고, 적, 싸움 등을 대변하기 때문에 타마식하다. 타마스는 영적으로든 물질적으로든 우리가 행복해지는 것을 막는 장애적 특성들을 가지고 있다. 타마스는 무지의 결과를 낳는다. 타마식 특성들은 감각 대상에 대한 집착, 위선, 동정심, 규율에 대한 서툰 센스, 존경받기를 원함, 비활동적, 어리석음, 둔함, 부끄러워함, 논리에 맞지 않음, 냉담함, 원하는 것만 하는 성향, 미루는 성향, 퉁명스러움, 속임, 조심성 없음, 태만함, 매사에 아집이 강함, 잘못을 지적당하면 화를 내고 조심하라는 충고만 받게 되면 건성으로 듣는 경향, 비뚤어짐, 이중적 성향, 머리는 좋지만 가슴은 차가움, 탐욕스러움, 인색함, 훔치는 기질, 구걸적 성향, 미신적, 배신적 기질, 습관적 거짓성, 움츠리는 태도, 혹은 자신감 결여 등이 있다.

○ 지배하는 왕국(Kingdom)

다투(미네랄). 생명이 없는 것들의 왕국

○ 시선을 두는 방향

시선을 위로 향해 두고 있음. 이상적이며, 항상 다음에 하고 싶은 어떤 멋진 일들에 대해서 생각하고 있다.

○ 숙성하는 나이

28. 신체적으로나 내면적인 힘이 숙성하게 된다. 숙성하였음을 나타내는 가장 분명한 지표는 언제 힘을 사용해야 하고 언제 싸워야 하는지를 알게 된다는 것이다.

○ 지배하는 기간

42세부터 56세까지. 화성이 지배하는 기간은 단련된 의지를 가지고, 이상적으로는 영적인 성장을 목표로 가지고 행동하는 기간이다. 또한 자유를 얻기 위해선 중요하다고 여기는 행위들을 추진하는 기간이기도 하다.

○ 습도

건조함

○ 성향

크루라(잔인함). 화성은 잘 부수고, 사고를 내며, 다른 이들과 불화를 일으키는 경향이 있기 때문에 흉성으로 간주된다.

○ **상징 숫자**

3

○ **자아적 위치**

사트밤(Sattvam). strength of character

○ **장소**

불이 있는 장소들

○ **다스리는 식물**

쓴맛이 나는 식물들

○ **행성들 간 지위**

군대 총지휘관, 장군

○ **움직임**

평균적으로 한 개의 라시에 약 45일 정도 머물지만, 모든 행성들 중에서 움직임이 가
장 불규칙한 행성이다.

○ **다스리는 숫자**

9

○ **계절**

그리쉬마(Greeshma). 5월 22일부터 7월 21일, 뜨거운 계절(태양과 같은 계절)

○ **에너지/성별**

남성적. 남성적 행성들은 '자신들이 하고 있는 일'에 의해 영향을 받고 있다. 그래서

좋은 일을 할 때 그들은 기쁨을 느낀다.

○ 피부색깔

불그스름함

○ 맛

쓴맛

○ 다스리는 시간

Vara 하루

○ 다스리는 신체부분

신경계. 신경계는 의식이 갖는 자극반응이 뇌와 척추 사이에 존재하는 일곱 개 에너지 센터(차크라)들을 통해 타고 내려가서 감각기관들로 전달되게 하는 채널들이다. 의식이 가진 감각기능은 주변 자극들에 대해 인지되는 것을 몸에 전달하는 역할이다. 이러한 정보들을 입수해서 신체가 적절한 반응을 할 수 있게 한다.

○ 다스리는 차크라

3번째 마니푸라(Manipura, 단전) 차크라

○ 행성적 형태

Starry

○ 행성들 간 상호관계

태양, 달, 목성이 화성에게 친구; 수성은 화성에게 적, 금성과 토성은 화성에게 중립

화성의 특성

화성은 행성간 직위에서 대장군의 위치에 있다. 정신적, 신체적 용기를 상징하는 행성이다. 화성은 군대에서 지위, 군대 비슷한 곳, 경찰, 불이나 금속을 다루는 직업, 엔지니어링, 화학, 외과의사, 치과의사, 행정적 직위 등의 직업을 준다. 조폭, 제조업자, 사형집행관, 운동선수, 건축가, 디자이너, 기업가, 소방관, 무술, 기계공, 프로젝트 설립 등의 일을 하게 한다. 화성은 또한 형제, 동생, 동기들을 나타내는 카라카이고, 자신이 가진 저력이고, 힘과 용기의 근원이 된다. 화성이 약한 사람은 용기가 부족하고, 형제들의 도움이나 좋은 관계를 누리지 못한다. 화성이 강한 사람은 액션을 향한 갈증, 열정, 야망, 신체적 저력, 목표지향적 에너지, 어떤 프로젝트를 완전히 이행할 수 있고, 용기, 용감함, 영웅심, 경쟁적, 투쟁정신, 용맹함 등을 준다.

화성은 남성적 행성, 건조함, 불의 원소, 타마스, 피타 행성이다. 크루라이고, 포기하지 않으며, 적극적이고, 관대하고, 폭력적인 성향이고, 분노하고 성급하다. 피부 톤은 피처럼 붉다. 밝은 적색, 적색 산호, 불의 원소, 쓴맛, 시각, 화요일, 남쪽 방향, 구리, 불과 가까운 장소, 전투장, 공격적이고 폭력적인 혹은 신체적 격투를 하는 장소들, 축구장, 군대기관 등을 나타낸다.

화성은 가슴, 골수, 피, 담, 소화력의 불, 장, 이마, 목, 근육 시스템, 시각 기관, 시뉴(sinews) 코, 외부로 드러난 성기를 나타낸다. 화성이 손상되었거나 약한 경우, 염증이나 과열, 배고픔을 참지 못하고, 상처, 탄 흉터, 골절, 독, 간의 질병, 피부 발진, 궤양, 열상, 수술, 온갖 급성 문제, 고열, 간질병, 정신적 질환, 종양, 그리고 라후와 가깝게 합치하면 몸의 근육과 연관된 암을 줄 수도 있다. 이질(만성 대장 질병), 장티푸스, 콜레라, 천연두 등의 질병, 분노조절장애, 성급함, 부족한 참을성, 한결같지 못함, 드라이브나 용기가 부족하게 된다.

화성은 또한 에너지, 저력, 적, 군대, 사고, 갑작스런 질병, 공격성, 재산, 고정자산, 동기, 언쟁, 다툼, 싸움, 폭발성의 물건, 무기, 총, 전반적 건강, 메카니컬 혹은 테크니컬한 능력, 스포츠, 수술 등을 다스린다.

화성은 조직하는 능력, 피 흘리는, 재난, 영웅적인 액션, 야심, 컨트롤당하는 것을 싫어하는, 요새, 군대, 결의에 찬, 오래가는, 화학, 기사도, 경쟁, 전투, 자신감, 용기, 적들에 대항하는, 에너지, 충동적, 부족한 인내심, 엔지니어, 정확함, 목표지향적, 반대를 극도로 싫어하는, 게으름에 적대적인, 목성이 화성을 조율해줌, 일하기 좋아함, 남성다움, 왕자들, 열정, 과시 소비형, 경찰, 군대, 불, 구제, 빨간 것들, 자기 자신감, 자영업, 굴복하지 않는 저력, 근육, 전사의 열정, 창조성, 생산성, 공격성, 분노, 무기, 사냥하는 이, 대지, 사고, 적들, 싸움, 폭발, 에너지, 액션, 파워 등의 자질들을 가지고 있다.

화성(망갈라)의 베딕 심볼

화성은 망갈라라고 부른다. '길조적인 이'라는 의미로, 동그라미에 화살이 꽂힌 상징을 가지고 있다. 우파니샤드에서 화살은 최상의 목표를 향해 갈 수 있도록 생각에 잠긴 모습을 표현한다고 했다. 화성인들은 어려운 목표를 달성하려는 충동을 가졌으며 멀리 있는 목표를 성취하는 것을 화살이 상징하고 있다. 원은 히란야가르바(Hiranya-garbha, '황금의 알' 혹은 '알 수 없는 깊이')를 나타내는, 모든 잠재된 에너지들이 담긴 저장고로써 시간(Time) 속에 표출되게 된다. 화성은 아무도 생각할 수 없는, 그가 가진 능력으로 충족할 수 있는 한계 너머에 있는 어떤 원칙에 기준한 이상이나 목표를 향해 돌진한다. 무딘 화살 끝은 오만함을 상징한다.

화성은 존재의 가장 높은 수준을 향해 우리가 나아가게 한다. 물질적 삶을 놓고 영원히 존재하는 영혼을 달성하기 위한 충동을 고양시킨다. 화성이 하는 액션의 영향은 길조적이고 오래가기 때문에 망갈라(최상이고 길조적인 이)라고 부른다.

그 외에, 다음과 같은 화성을 칭하는 몇 가지 이름들은 화성이 가진 특성들을 잘 나타내고 있다.

- **화성은 카르티케야(Kartikeya, 전쟁의 신)와도 같은 인물로 여겨지고 있다.**
- **쉬바와 대지 사이에 태어났기에, 부마, 부미푸트라, 마히수타라고도 부른다.**
- **쉬바-가르마-자(Shiva-gharma-ja, 쉬바의 땀에서 태어난 이)**
- **가가놀무키(gaganolmuki, 하늘의 토치)**
- **로히타(Lohita, 빨간 피)**
- **나바치(Navachi, 아홉 줄기)**
- **차라(Chara, 스파이, 움직이는 이)**
- **리난타카(Rinantaka, 끝내는 이, 빚, 빚쟁이들의 보호자)**

화성은 삶과 죽음의 로드, 재생과 파괴의 로드, 땅을 가는, 빌딩, 조각, 돌을 깎는 조각사 등등, 영어로 '아트'에 들어가는 모든 것들을 나타낸다. 화성은 로고스(Logos)의 힘을 개체화시킨 행성이기도 하다. 그래서 아주 논리적이고, 창이나 칼처럼 본질을 꿰뚫을 수 있는 파워, 예리한 기질들을 가지고 있다.

화성과 화성의 다샤가 주는 전반적인 효과들

화성은 에너지, 저력, 형제들(어린), 독립성, 주도성, 동기, 결심이나 결의, 야심, 인내심, 용기, 캐릭터의 강인함, 남성다움, 파워, 참을성이 없는, 열심, 열정적, 열정, 선도하는, 모험, 스포츠, 경쟁, 솔직함, 높은 생각이나 사고, 자원조달 능력, 관리, 연구, 테크놀로지, 실험실, 화학, 수학, 논리, 의견의 다름, 반대 성향, 소송, 언쟁, 오해, 화, 공격적, 광신적, 전쟁, 무기, 군인, 경찰, 상처, 사고, 수술, 외과의사, 엔지니어, 치과의사, 불(부엌의), 컴바스트, 엔진, 기계, 부엌, 제빵, 강화시키는, 사막, 산, 땅이 있는 재산 등을 나타낸다.

화성이 손상되었으면 성급함, 급한 성질, 공격적 성향, 간사함, 훔치는 성향, 악당, 불법적인 성적 행위, 충동적인 욕구, 고집스럽고 신뢰할 수 없음을 나타낸다.

화성이 좋은 상태에 있으면, 화성의 마하 다샤 7년은 가장 다이내믹하고 생산적인 삶의 기간이 될 수 있다. 만약 화성이 안 좋은 상태에 있으면, 화성의 마하 다샤는 분노, 원망, 그리고 사고로 얼룩지게 된다.

만약 삶에서 일어나는 어떤 일들에 대해 피해의식적인 관점을 가지고 있으면, 화성 다샤는 아주 많은 분노를 표출하게 만들고, 심각한 사고들을 당하게 만들 수 있다. 자신을 해할 가능성이나, 혹은 다른 사람들이 자신을 해할 것이라는 강력한 좌절감이, 자신의 분노를 표출할 수 있는 출구를 찾는 아주 적절한 변명이 된다.

그래서 만약 화성 마하 다샤가 다가오고 있으면, 보호의 심리학을 공부하는 것이 현명한 방도이다. 혹은 자신이 가진 내적인 분노를 주변에다 함부로 표출하는 것을 피하는 것이 상책이다. 그렇지 않으면, 무의식적으로 자신이 표출한 분노를 다른 사람들이 캐치해서 본인에게 되돌리게 되는 일이 일어날 수 있기 때문이다.

영적으로 진화된 타입들은 화성의 에너지를 잘 다스려서, 탄트라 힐링 능력을 키울 수도 있다. 그러나 화성은 워리어 행성이다. 그래서 아무리 좋은 품위에 있는 화성이라도 이면에 어느 정도 거친 면을 가지고 있다. 모든 사람들이 내적으로 분노와 공격성을 가지고 있다는 의미이다. 많은 생을 통해 잠재의식 속에 쌓여져 있던 성향들이다. 그래서 구루조차도 화성의 영향하에 놓이면 간혹 화를 내거나, 성적 경계선을 넘거나, 혹은 비정상적인 이기심으로 행동할 수도 있다.

화성은 어떤 하우스를 로드하느냐에 따라 친척이나, 동료나, 배우자, 혹은 정부 등을 향해 공격적인 행위를 보이도록 자극할 수 있다. 가장 의식적인 옵션은, 신체적으로든 감정적으로든 현재 지금 자신을 공격하는 사람들이 전생에 스스로 해한 사람들임을 이해하고, 그들이 하는 각자의 공격들에 직접적으로 대응하는 것이다.

5.

수성의 특성과
자질들

수성(Mercury, Budha)

수성은 태양의 가장 가까이에 있는 행성으로서, 태양계의 황태자에 해당한다. 스피치와 화술을 제공하는 수성은 세상의 모든 것을 다루는 데 중요한 행성으로서, 차트에서 **"우리가 어떻게 생각하고, 어떻게 말을 하는가"** 하는 능력을 나타낸다.

화술을 제공하는 수성은 세상의 모든 일들을 다루는 데 중요한 행성이다. 스피치와 소통은 우리가 공평하고 실질적으로 행동할 수 있도록 해준다. 어떤 주제를 둘러싼 모든 관점들을 이해할 수 있게 하며 합리적인 충족을 추구하기 위해 서로가 필요한 것들이나 가진 욕망들에 대해 교류하게 만든다. 자기가 원하는 것을 공평하고 실용적인 방식으로 얻지 못하게 되면, 불공평한 방법들을 동원해서라도 채우고 싶은 충동이 커질 것이다. 수성은 공평하고 실질적이며 치우치지 않는 자세로 중재에 임할 수 있는 능력을 나타낸다.

○ BPHS

"수성은 아홉 행성 중에 왕관에 박힌 보석이라고 한다. 살아 있는 모든 생명들에게 탁월한 분별력을 부여하여 그들이 걷는 세상의 길이나 영적인 길 모두를 밝혀준다."

"노란 화환과 옷을 입었으며 카르니카(Karnica) 꽃처럼 눈부시며 검과 방패, 철퇴를 들고 있으며, 사자를 타고 축복을 내리는 이가 수성이다. 가장 최상으로 훌륭한 모습을 하고 있으며 비유적인 스피치를 가졌으며, 웃는 것을 좋아하는 이가 수성이다. 피타와 카파, 바타 성격을 가졌다. 오, 두 번 태어난 자여!"

"수성은 매력적이며 균형 잡힌 몸매가 주어졌으며, 어떤 옷도 잘 맞으며 모두의 말에 동의한다. 재능이 뛰어나며 유머가 있고 농담을 좋아한다."

대부분의 왕자가 그렇듯이, 수성은 마냥 놀아도 되는 특혜가 주어졌다. 이지적 마음을 나타내는 수성은 물질적 세상에서 진보하는 데 필요한 것들을 다루는 데 능숙하다. 수성은 비즈니스, 카드 게임, 마케팅 전략 등을 펼칠 때 정확하게 성사시킨다. 그리고 그러한 자신의 능력을 자랑스러워한다. 이러한 일들을 할 때 수성은 놀이처럼 즐기고 있다. 그러나 황태자의 신분이기 때문에 언젠가는 왕국을 다스려야 한다. 그럴 수 있기 위해서는 수성은 영적으로 진화되어야 한다. 이지가 붓다(Buddha)라는 분별심 있는 이지로 성숙되어야 하는 것이다. 붓다는 삿(Sat, 순수 본질)과 아삿(Asat, 비순수 본질)을 인식하여 진리가 무엇인지 결정할 수 있는 능력을 가지고 있다. 수성이 붓다가 될 때 왕국을 가장 적절하게 잘 다스릴 수 있게 된다. 수성은 브라운 녹색처럼 신선하고 젊으며 경험이 부족하고 궁금한 게 많으며 뭐든지 빠르게 배운다.

ㅇ **약자**

Me

ㅇ **키워드**

사촌들, 소통하는, 생각하기, 글쓰기, 계산하기, 말하기

ㅇ **다스리는 라시**

쌍둥이 라시와 처녀 라시(Gemini, Virgo)

ㅇ **긍정적 자질들**

분별하는(긍정적인 의미), 소통하는(말과 글을 통해), 과학적인 능력, 독창적이거나 혁신적인, 재주가 많은, 유머감각

ㅇ **부정적 자질들**

긴장하는, 갈등하는, 말을 너무 많이 하는, 비판적, 비꼬는

ㅇ **수성의 이름**

아홉 행성들 중에 왕관에 박힌 보석, 북쪽의 로드, 황금색 눈을 가진 이, 요염하거나 요상한 눈을 가진 이, 젠틀한 이, 아는 이, 깨우는 이

ㅇ **신체적 특성**

날씬한 몸, 아름다운 모습, 에너지가 넘치는, 바따 피타 카파

○ 성격상 특성

다재다능하게 총명한, 정신적 유연성, 유머가 있는, 똑똑한, 말로 장난을 하거나 이중적 의미가 있는 말을 잘하는, 게임하는 것을 좋아하는, 이기기 위해 게임을 하는(수성은 이기는 게 중요하고, 금성은 공정한 게임이 중요하다), 친절한, 두 얼굴을 가진, 탐색이나 탐구, 연구를 하는, 공정한(원칙대로 하는), 소통

○ 차트에서 상징하는 주요 캐릭터

3번째 하우스(소통, 글쓰기), 5번째 하우스(이지, 영적 테크닉들, 사업), 10번째 하우스

○ 아바타

붓다

○ 주재신

비슈누(Vishnu)

○ 행동

혼합적(mixed)

○ 바디 형태

새(Bird). 이상적이고 자유로움을 추구

○ 나이

배우는 나이인 3세에서 12세 사이

○ 카스트

바이시야. 바이시야들의 주목표는 아타(Artha)이다. 보통 '이득'으로 변역을 하거나, 욕망에 휩쓸림 없이 원하는 것을 충족시킨다는 개념을 가지고 있다. 그들은 비상한 두

뇌, 재능, 교역을 통해 사회에 봉사한다. 영적으로 준비되기 위해 바이시야들은 배움과 지혜의 계발을 통해 보다 열심히 영적인 노력을 기울이고 있다.

○ **다스리는 옷감**
무겁고 두꺼운 린넨(dark linen)

○ **보석**
에메랄드

○ **최상의 방향**
북쪽

○ **최상의 요일**
수요일

○ **도샤/아유르 베다 체질(행성이 가진 캐릭터)**
세 도샤가 모두 혼합

○ **원소**
흙. 수성이 다스리는 흙의 원소는 교역이나 사업, 프로젝트 예측이나 계획 등, 일상 생활 중 내려야 하는 선택, 결정 등의 형태로 나타난다.

○ **환경**
현명한 이들이 모여 사는 마을

○ **가족에서의 위치**
친척들, 외삼촌들, 이모나 양어머니, 친구들. 친구는 우리가 같이 어울리고 또 비슷한 취향을 서로 나누는 사람들이다. 수성은 우리가 얘기하거나 공유하기를 좋아하는 것들을 다스린다.

○ **다스리는 곡식**

mung bean

○ **다스리는 감각기관**

후각

○ **다스리는 기본물질**

합금(Alloys)

○ **다스리는 금속**

머큐리

○ **구나스/성향**

라자식. 수성은 세상에 대한 관심과 정보에 대한 욕심을 내기에 라자식하다. 라자스는 우리가 원하는 것과 목표를 향해 열정적으로 추구하게 만드는 역동적인 특성들을 가지고 있다. 라자스가 가져다주는 최종 결과는 슬픔이다. 라자식 특성들을 이지적인 동기 때문에 가끔씩 진실한 것, 변덕스러움, 교묘함, 지나치게 심각함, 똑똑함, 충동성, 과시성, 참견성, 다혈성, 까다로움, 활발함, 주변에 대한 정보수집으로 무장하는 경향 등이다.

○ **지배하는 왕국(Kingdom)**

지바(Jeeva). 동물이나 사람처럼 생명이 있는 것들의 왕국이다.

○ 시선을 두는 방향

양 옆으로 시선을 둔다. 시선을 양 옆으로 두고 있는 행성들은 뭔가 새로운 것을 받기 위해 기다리고 있다. 수성은 다음 정보를 받기 위해 기다리고 있다(금성은 다음에 받은 쾌락이나 소중한 것들을 위해 기다리고 있다).

○ 숙성하는 나이

32. 서른두 살이면 논리적으로 추론할 수 있는 능력이 숙성하게 된다.

○ 지배하는 기간

5세부터 14세까지. 수성이 지배하는 기간은 생을 살아가는 데 중요한 기초가 되는 기술들을 배우는 기간이다. 이 기간은 또한 훈련생의 기간이기도 하다.

○ 습도

물에 겨우 닿는 정도(barely going in water)

○ 성향

길성(젠틀). 수성은 분명하고 치우치지 않는 자세로, 자신이 관장하는 영역에 대해 잘 이해할 수 있는 능력을 제공하기 때문에 길성으로 간주한다. 이러한 자질을 우리가 균형 있고 편견 없는 자세로 임할 수 있게 해준다. 수성은 변하기 쉬운 행성으로서, 같이 있는 다른 행성들의 영향을 잘 받는다. 흉성과 같이 있으면 흉성의 본성을 따르게 되는데, 그가 가진 평상시 공평성을 잊고 같이 있는 흉성의 관점이나 욕구를 따라 맞추게 된다. 그러나 라후나 케투와 같이 있으면 수성은 흉성이 되지 않고 본래 가진 길성의 성향을 유지하게 된다. 왜냐하면 라후나 케투는 본성적으로 그림자 같은 성향을 가졌기에 그들 자신이 같이 있는 행성들의 성향을 따르는 경향이 있기 때문이다.

○ 상징 숫자

4

○ 자아적 위치

스피치를 통해 가늠할 수 있는 의식 수준, 스피치(consciousness spoken & speech)

○ 장소

게임이나 스포츠 장소, 오락성을 띤 모든 장소들, 흥미롭고 궁금증을 도발시키는 장소에서 살고 있다.

○ 다스리는 식물

열매가 없는 식물들. 수성은 혁신적이거나 상업 기질적 본성을 지닌 행성이기 때문에, 열매는 나지 않지만 다른 가치가 있는, 특히 상업적 유용성을 가진 나무들을 다스린다.

○ 행성들 간 지위

황태자(혹은 메시지 전달자)

○ 움직임

한 개의 라시에 약 한 달간 머문다(차트에서 수성은 태양으로부터 27도 이상 떨어져 있지 않음).

○ 다스리는 숫자

5

○ 계절

싸라드(Sharad). 9월 22일부터 11월 21일(가을)

○ 에너지/성별

eunuch(중성적). 중성적 행성들은 균형을 이루어주는 능력이 있다. 수성은 분별심을 통해 균형을 이루게 해준다.

○ **피부색깔**

브라운 녹색. 신선하고 젊으며, 경험이 부족하고, 궁금한 게 많으며, 뭐든지 빠르게
배운다.

○ **맛**

섞인 맛(mixed)

○ **다스리는 시간**

리투(Ritu)는 한 계절을 나타내는데, 힌두의 일 년에는 여섯 계절이 있다. 그러므로
한 개의 리투는 2개월의 기간이다.

○ **다스리는 신체부분**

피부. 피부는 몸을 둘러싸고 있는 가장 첫 번째 경계로서, 육체가 환경적으로 노출
되는 각종 위험에 대항하고 지킬 수 있는 보호막이 되어주고 있다. 마찬가지로 수성은
커뮤니케이션이라는 매체를 통하여 어떤 경계선을 지킬 수 있는 능력을 제공해준다.

○ **다스리는 차크라**

5번째 비슈디(Vishuddhi, 가장 순수한 목) 차크라

○ **행성적 형태**

Starry

○ **행성들 간 상호관계**

태양과 금성은 수성에게 친구, 달은 수성에게 적, 화성과 목성과 토성은 수성에게
중립

수성의 특성

수성은 행성적 직위에서 왕자에 해당한다. 이성적인 마인드, 스피치, 분석적 능력, 예리한 이지, 분별력의 파워, 자신감 등을 다스린다. 사고하는 이, 수학적인 영역의 지식을 가진 이를 나타낸다. 수성은 조언을 하는 역할을 나타낸다. 점성가, 파이낸스 조언자, 전략가, 사업이나 상업적 조언가, 엔지니어링 등과 연관된 영역에서 활약한다. 연구하는 학자, 소통가, 편집인, 작가, 회계사, 서기, 변호사, 분석적 일의 전문가, 소프트웨어 엔지니어, 감사관, 지성인, 교사, 운송하는 이들, 출판인, 세일즈맨, 교역이나 무역인, 중재인, 외교관, 작가 등, 그리고 친구를 나타내는 카라카이다. 수성이 강하면 훌륭한 소통가로서 지성, 논리, 상상력, 위트, 총명함, 재능, 유연함, 언어적 정신적 능력, 기민함, 공정한 판단, 유머, 유동성 등을 갖추고 있다.

수성은 중성이고, 라자스이고, 세 도샤—바타, 피타, 카파를 모두 가지고 있다. 충직한 성향이며, 친근하고, 변화무쌍하거나 다재다능한 기질을 가지고 있다.

수성이 라그나 로드면서 강하면, 최상으로 잘생긴 외모를 가졌고, 위트가 있으며, 농담을 좋아하고 잘 웃는다. 매력적인 외모, 잘 균형 잡힌 몸, 큰 눈, 위트 등의 특성이 있다. 피부 톤은 풀 색과 비슷하다. 녹색, 흙의 원소, 혼합되거나 다양한 맛, 후각, 수요일, 북쪽 방향, 구리, 에메랄드, 스포츠를 하는 장소들, 비즈니스, 소통, 운송, 공항, 우체국, 회계사무실, 비폭력적인 게임들이 벌어지는 대외적 장소, 공원, 도서관, 서점, 대외적 모임장소 등을 나타낸다.

수성은 복부의 아래 부분을 나타내고, 피부, 마인드, 신경계, 방광, 기관지, 위액, 소화 장, 폐, 혀, 입, 손과 팔 등을 나타낸다. 수성이 약하면 사이킥 질병, 불면증, 신경쇠약증, 간질병, 피부염, 백혈병, 불임증, 기억력이나 스피치의 상실, 어지럼증, 귀머거리, 기관지염, 호흡기 질환, 장의 질환, 소화불량 등을 준다. 사고와 소통의 어려움, 소심증, 낮은 자존감, 무관심증, 비도덕성, 지나치게 분석적인 성향, 약한 분별력 등을 준다.

수성이 약하면 수성의 다샤나 서브 다샤에 삶의 어려움이나, 부족한 자신감, 우유부단함 등으로 인한 어려움을 자주 겪게 된다. 나탈 차트뿐만 아니라 트랜짓하는 수성이 약하면 이러한 효과들은 더욱 두드러지게 된다. 수성은 의식, 소통, 고상함, 배움, 어린 시절, 논리, 외삼촌, 잠재성, 신경계조절력, 호흡기능, 기본적이고 높은 교육, 유머, 위트, 수학, 전문적 직위, 사이킥 능력, 투기, 단기 여행, 책, 종이, 출판, 예능이나 오락 장소 등을 다스린다.

수성의 베딕 심볼

수성의 기호는 크로스 위에 동그라미가 왕관을 입고 있는 모양이다. 수성은 마인드와 연관이 있다. 그가 가진 지성을 계발하고 사용하게 만들어준다. 산스크리트로 수성은 사움야마(Saumyama)로 소마의 아들이라는 의미이다. 달은 태양의 빛을 통해 반영하여, 삶에서 생명을 자라도록 하는 우주적인 에센스를 의미한다. 수성이 가진 특성은 액티브한 잠재성을 가진 지식과 존재의 본질을 이해하게 하는 순수 지성 사이에서 다리 역할을 한다는 것이다.

크로스는 물질적 형상화를 의미한다. 서클과 조합하여, 자체에 내재한 전체성 안에 있는 혁신적인 움직임을 대변한다. 달과 비슷한 모양의 아치는 순수의식과 연관이 있으며, 이러한 점이 수성이 가진 전체적인 기능을 나타낸다. 맨 위에 있는 아치는 개인화된 이후에 가지고 있는 다양한 충동들의 움직임, 그리고 깨달음을 향한 갈등을 나타낸다. 맨 위에 왕관처럼 놓인 반원형의 아치는 깨달음을 향한 주관적인 충동들의 객관화를 위한 마지막 포인트와 연결을 한다. 넓은 필드에서 수성이 펼치는 활약성은 그를 신과 인간 사이의 메신저로 만든다. 아치 모습은 모든 평범한 일상의 경험과 개입들을 바른 의식으로 변형시킬 수 있는 능력을 가리킨다. 칼 융이 『심리학과 연금술』 책에서 한 말에 의하면, 수성이 평범한 금속을 금으로 바꿀 수 있는 능력을 가지고 있다고 한다. 이는, 육체를 가진 인간의 변형, 물질적 인간 존재가 원래의 순수 본성(무지를 극복하고 신선함과 나이를 먹지 않는 지성)을 깨달은 영혼으로 변형될 수 있는 잠재성을 가졌음을 의미한다.

수성이 가진 특별한 역할은, '아치, 서클, 크로스'에서 알 수 있듯이, 인간 존재가 가장 높은 영적 높이로 진화하게 하는 능력이다. 크로스는 낮은 레벨에서 작용하는 거친 물질적 면을 대변하며, 서클은 디바인 잠재성을 나타내며, 아치는 위대한 우주지성을 나타낸다. 수성은 메신저로서, 내적 가르침의 숨겨진 비밀과 외적인 의식들의 깊은 의미들을 알게 해준다. 수성은 태양의 메시아로서 기능한다. 마음이 우주에 존재하는 원리를 이해할 수 있게 해준다. 그리하여 솔라 에너지 안에 깨달음을 향한 뱀의 불로 작용한다. 수성은 우리를 붓다, 혹은 깨달은 이로 만들어준다.

수성이 주는 전반적인 효과들

○ 수성은 중립이고 능숙한 소통을 나타내는 카라카이다

어떤 하우스에서든 6번째 하우스는 해당 하우스에 대한 적대심, 이용함, 질병 등을 나타낸다. 수성에서 6번째는 소통에 있어 '중립성의 불균형', 혹은 '동의한 것의 잃음'을 나타낸다. 차트 주인의 행위가 해당 하우스와 연관하여 다른 사람의 관심사에 대해 별로 관심을 갖지 않으며, 균형된 동의사항에 대해 적대적이며, 독자적인 행위를 보일 것이다. 모두 불균형으로 인한 효과들이다(6번 하우스는 7번에서 12번이기 때문에 몸과 마음, 영혼, 그리고 동의서 등에서 균형을 잃음을 의미하기도 한다).

○ 수성은 지혜의 형태로 나타나는 지성과는 다른 이지적인 지성을 나타낸다

디바인 지성은 태양에서 나온다. 태양은 비슈누이기 때문이다. 진정한 인간의 지성, 지혜의 형태로 나타나는 것은 목성의 영역이다.

○ 수성은 분별력을 준다

'정보-지혜-진리'의 단계에서 수성은 정보, 멘탈로 하는 사고를 나타낸다. 수성은 3번 영역의 팀원 간에 필요한 소통, 그리고 6번 영역의 언쟁이나 부동의를 나타내는 자연적 로드로서, 정보화 시대의 경제에서 가장 소중한 행성이다. 또한 수성은 상업적 비즈니스를 나타내는 주요 카라카이다. 수성은 차트 주인이 가진 개성 중에서, 약간 피상적 면을 이용해 사람과 사람 사이에 필요한 소통을 하게 만들며, 분별 능력을 준다.

그에 비해, 지혜의 단계는 목성의 영역에 해당한다. 목성은 '현명한 앎'을 나타낸다. 목성은 9번 영역의 경배를 올리는 하우스, 12번 영역의 명상을 하는 동굴 등을 나타내는 자연적 로드로서, 내면의 프리스트이고, 내면의 교수이다. 목성은 9번의 종교와 12번의 사이킥, 프리스트 혈통의 세대를 통해 이어져 내려온 지식을 나타낸다. 태양은 '진리가 가진 눈부신 빛'을 나타낸다.

진리의 단계는 태양이 나타낸다. 태양은 5번 영역(천재들의 카라카)의 자연적 로드이다. 태양은 모든 종교들의 중심에 있는 진리의 빛이다. 태양은 인간 소울이 디바인과 연결되어 있음을 나타낸다.

○ 수성은 중립 행성이다

수성은 프로세싱하고 있는 정보를 향한 중립성을 엄격하게 준수한다. 수성은 타고난 가치관이나 어떤 카르마적 기질도 가지고 있지 않다. 수성은 그의 로드가 가진 아젠다에 대한 중립성을 운반한다. 그라하들 간의 위계질서에서, 수성은 본질적인 정보를 제공하고 왕을 가이드하는 수상과도 비슷하다. 하지만 궁극적으로 왕이 본질적인 결정을 내려야 한다.

○ 수성은 두 개의 이지적인 라시, 쌍둥이 라시와 처녀 라시를 오운한다

수성은 자신이 프로세싱하고 있는 정보에 대해 거의 완전한 중립성을 유지한다. 수성은 자신이 발견한 정보를 프로세싱하는 데 있어 '데이터 입력과 데이터 출력'을 하는 외에는 어떤 아젠다도 없다. 감각기관을 통해 들어오는 모든 감각 정보들은 대체로 수성이 위치한 바바에 의해 결정되며, 풀이되고, 논리적으로 조직되어, 메시지가 나간다.

○ 행성들 간 상호관계에서 수성은 태양과 금성에게 친구이다

왕(태양)과 감각적 쾌락의 수상(금성)은 수성을 친구로 여긴다(하지만 수성은 태양을 중립으로 대하고, 금성은 친구로 여긴다). 그래서 수성은 태양의 사자 라시, 그리고 금성의 황소와 천칭 라시에서 언제나 환영을 받는다.

만약 태양과 수성이 서로 파리바르타나(라시들의 상호교환)를 하게 되면 아주 자신감 있고, 엘리트이며, 덕이 높은 소통 스타일을 만든다. 차트 주인은 팩트에 근거를 두고 결정을 내리는 사람이 된다.

수성과 금성 사이의 파리바르타나(라시들의 상호교환)는, 아주 쾌적한 소통 스타일을 준다. 여성들 사이에 인기가 높은 아주 문명적인 비즈니스에서 번성할 수 있다. 차트 주인이 가진 사고방식은 자신과 다른 사람들 사이의 쾌락, 즐거움을 늘리는 방향으로 맞추어져 있다. 예를 들어, 문학이나 문학적 출판, 물질적이거나 드라마틱한 아트, 섬세한 오일이나 와인, 패션, 보석, 옷감, 외교적인 인간적 관계성, 우아한 쾌락을 주는 아이템들 등을 다루면 이득을 볼 수 있다.

그런데 금성과 수성이 파리바르타나를 하더라도, 금성이 취약화되는 처녀 라시에 있고, 수성이 금성의 라시에 있을 수 있다. 이런 경우, 두 행성은 상호 친구이지만, 금성은 좋지 않은 위치에 있다. 차트 주인은, 비로맨스적인 사업관계성에서 사회적으로나 상업적 성공을 거둘 수 있으며, 남자로 인한 트러블을 상대적으로 적게 겪는다. 그러면서도, 금성의 취약으로 인해, 이성관계에 있어 너무 완벽주의이거나 혹은 너무 잘해

주려는 성향으로 인해 문제를 겪은 역사들이 있게 된다.

○ 수성은 토성의 라시에서 중립이다

수성은 악어나 물병 라시에서 환영도, 비환영도 받지 않는다(반면에 수성은 토성을 친구로 여기기 때문에, 토성이 수성의 라시에 있으면 토성이 좋은 효과들을 낼 수 있도록 수성이 돕는다).

○ 수성은 목성과 화성을 향한 적대감을 가지고 있다

목성과 화성은 수성에게 중립이기에, 수성이 이들의 라시에 있을 때는 중립의 품위를 얻는다. 그런데 이들이 수성의 라시에 있거나, 수성과 합치를 하였을 때, 수성은 그들에게 적대적으로 된다. 목성이 수성의 라시에 있거나 합치를 한 경우에, 수성은 목성이 가진 '큰 그림, 우주적인 이해심'에 동의를 하거나 적응을 하지 못한다. 화성이 수성의 라시에 있거나 합치를 한 경우에는, 화성은 수성의 말로 하려는 자질을 좋아하지 않으며 싸우기를 선호한다. 목성과 연계되는 경우, 수성은 '말을 떠벌리는, 크게 하는, 혹은 애매모호하게 말을 하는'경향이 있다. 화성과 연계되는 경우, 수성은 너무 공격적으로 혹은 너무 이기적으로 말을 하는 경향이 있게 된다.

○ 달은 자신의 외아들 수성을 적으로 대한다

수성은 달을 친구로 여기는 반면, 달은 수성을 적으로 대한다. 그래서 수성은 게 라시에 있을 때, 자신이 가진 중립성을 거의 잃게 되며, 감정적으로 아주 불편해진다. 달이 수성에게 어스펙트를 할 때도 마찬가지이다. 수성이 가진 팩터에 대한 중립성을 유지할 능력이, 감정적이고 신체적 안전성을 위해 희생하게 만드는 경향이 있게 된다. 그래서 차트 주인의 객관성이 집이나 조국에 막 닥칠 것 같은 위협적인 느낌으로 인해 타협을 하게 만든다.

○ 수성은 지적으로 만든다

수성이 이상적인 여건에 있으면, 차트 주인은 뭐든지 지적으로 잘 활용하거나 만들 수 있는 특별한 능력이 있다. 하지만 목성이나 태양이 저력이 없으면, 아무리 위대한 분석가라 할지라도 현명하지는 못하다.

○ 수성이 받는 행성간 어스펙트로 인한 영향

수성이 만약 크루라에게 어스펙트를 받게 되면 메시지 전달 능력이 줄어들 수 있다. 사움야의 어스펙트를 받으면 소통 스킬을 확장, 향상시킬 수 있다.

○ 토성과 수성의 삼반다

만약 토성의 어스펙트가 있으면, 수성이 가진 기교적인 능력을 제한시킨다. 토성이 오운 라시에 있으면서 수성을 어스펙트하게 되면, 그는 메시지를 효율적으로 전달하는 데 어려움을 겪는다. 토성이 수성에게 강한 영향을 미치게 되면, 그는 불투명한 스피치를 하는 경향이 있다. 토성과 수성 간의 영향에 대한 메커니즘은, 의미 있는 소리를 줄이거나 말을 생략하는 경향도 포함한다. 소통에 있어 분명한 발음을 요구하는 언어라도 마지막 소리를 생략하거나, 필요한 모음을 줄이거나, 마지막 자음을 생략하게 만든다. 필체도 알아보기 힘들 수 있다. 차트 주인은 글을 쓰거나 마크하는 데 필요한 것들을 완전히 표현하기 주저한다. 글쓰기가 느리고 고된 과정으로 여긴다. 글을 쓰는 데 있어 어떤 심각한 장애를 느낀다.

○ 수성이 컴바스트되었을 때 주관적이 된다

수성은 사고방식이 독자적인 캐릭터로 개발된다. 그의 사고방식은 정보를 객관화할 수가 없다. 정보 해석 과정을 개인화시키는 경향이 있다. 컴바스트가 된 수성은 세상을 다른 사람의 관점에서 보는 어려움이 있다. 문제 해결 능력을 줄이거나 자비심의 표현을 적절하게 표현할 수 있는 능력을 줄인다.

○ 수성이 물라트리코나에 있을 때(처녀 15~20도 사이)

아이디어나 논리, 생각을 잘 표현할 수 있는 수성의 잠재성이 높아진다. 어떤 제한이나 방해에도 흔들리지 않을 수 있는 능력이 있다. 그러나 토성이 게 라시, 처녀 라시,

혹은 물고기 라시에 있는 경우, 고양, 물라 수성이 가진 능력이 줄어들게 된다(토성의 행성간 어스펙트 범위 내에 있기 때문).

○ 수성은 종종 '계산기'라고도 불린다

수성은 반복적인 정신적 액션을 다스리기 때문이다. 수성은 재고, 평가하고, 사이를 둔다. 수성은 지도, 방도, 프로그램, 계획들을 만든다. 어떤 영역이든 수성이 있는 곳은, 그러한 환경과 연관된 것들을 계산하기 바쁜 것을 의미한다. 만약 수성이 좋은 품위에 있으면, 차트 주인은 이미 성립되어 있는 반복적인 생각 패턴에 기준하여 미래의 계획들을 잘 재고, 잘 설명하고, 잘 표출할 수 있음을 의미한다.

○ 수성은 이지적 지성을 준다

수성은 '재는 이'로서, 인간의 언어, 수학, 음악의 카라카 행성이다. 모든 정신적인 패턴, 인지 능력, 반복되는 멘탈 행위들이 수성의 관할에 들어간다. 모든 정신적 활동을 다스리는 수성은 이지적 지성의 카라카이다. 중요한 점은 '지혜'는 수성이 아니라 목성의 영역에 들어간다는 점이다. 도덕(태양), 사랑(금성, 목성, 달)도 마찬가지이다. 본질적으로 수성은 우리가 충동적 패턴으로 어떤 것들을 잣대로 재고, 무게를 달고, 등급을 매기고 하는 등의 일을 하는 정신적 기계와도 같다. 수성은 객관적으로 동의하는 표준적인 질이나 양을 재는 외에는, 어떤 것들에 대한 판단이나 중요성 등을 부여하지 않는다. 수성은 몰입을 하는 '중립'인 행성이다. 그래서 수성이 하는 기계적인 액션들은 보다 큰 영적 목표를 달성하기 위해 사용하거나, 보다 더 큰 강력한 세력으로 채널이 되어야 한다.

○ 고양과 물라의 수성(처녀 0~20도)이 가진 장점과 위험성

이러한 수성은 다양하고 복잡한 계산들을 하는 데 필요한, 다발적이면서도 동시적으로 융합할 수 있는 능력을 의식적으로 할 수 있는 아주 시스템적이고 체계적인 사고가로 만든다. 수성이 고양, 혹은 오운 라시에 있으면 제한적 잠재성을 가진 다른 행성들에게 영향을 받지 않는다. 어떤 도덕적 혹은 예술적 고려 사항들에도 제약을 받지 않는다. 만약 도와주는 다른 행성이 없더라도, 수성은 자신이 위치한 하우스나 라시 영역에서 가능한 정보나 계획들에 기준하여 유쾌하게 자신이 잘하는 대로 카테고리화 하고, 조직하고, 정교하게 실행에 옮길 것이다. 그렇지만 때로는 가장 똑똑한 사람들이 가장 큰 도덕적 실수를 하는 법이다. 특히 오늘날처럼 물질적인 시대에는 수성이 다루는 메카니컬한 정보 프로세싱 능력이 아주 높은 보상을 받기 때문에 더욱 그러하다. 고양의 수성은 비윤리적인 방법을 사용해서라도 자신의 목표를 이루고자 할 수 있기 때문에 차트에 있는 목성이나 태양의 상태가 보완되는 것이 중요하다.

○ 수성은 스피치의 능력을 준다

교육과 연관된 직업을 가진 이들에게는 특히 목소리의 자질이 아주 중요하다. 라그 나에서 2번째 하우스가 처한 여건에 달려 있다. 그렇지만, 수성에서 2번째 하우스도 또한 영향력을 미친다. 목성도 스피치의 카라카 행성이며 특히 언어적인 능력을 준다. 최고 수준의 스피커들은 목성과 수성이 길조적인 앵글에서 아주 길조적인 여건하에 있다.

○ 수성이 취약이 되었을 때(물고기 라시 0~15도 사이, 나머지는 중립의 품위)

물고기 라시에서 취약에 있는 수성은 분명하지 않고, 보편적이고, 한결성이 뒤떨어지는 사고를 나타낸다. 물고기 라시는 목성의 우주적이고 미스터리한 라시로서, 수성처럼 한 갈래적인 사고와 테크니컬한 마인드를 가진 행성은 제대로 기능하기 어려운 곳이다. 그래서 물고기 라시의 수성은 조리가 있지 못하며, 부정확하고, 잘 흩어지는 사고를 가지고 있어 어떤 문제를 해결할 수 있는 능력이 부족하게 된다. 물고기 수성이 가진 좋은 점은, 아주 뛰어난 뮤지션 혹은 아티스트, 자비로운 봉사활동을 즐기는 휴머니스트, 뛰어난 명상가, 혹은 우주적 진리를 깨닫는 성자일 수도 있다는 점이다. 그는 명상이나 꿈을 통해 아스트랄계 세상을 넘나드는, 아주 직관적이고 민감한 사람일 수도 있다. 그렇지만 그러한 인지적인 경험들을 표현하는 데는 아주 어려움을 겪게 된다. 추상적인 경험들을 수성이 가진 제한된 논리적 사고를 통해 제대로 표출하기가 거의 불가능하기 때문이다.

○ 니차방가 수성이 가진 천재성

취약의 품위가 취소되는 니차방가 수성은 가장 뛰어난 결과들을 가져온다(니차방가 조건은 『하늘의 금괴』 6장 참조). 이상적으로 긍정적인 어스펙트도 받고 있어야 한다. 그러면 아인슈타인과 같은 놀라운 재능을 가진 천재들이 나오게 된다. 아스트랄계 인지를 표현할 수 있는 천재이더라도, 이들은 여전히 평범한 일상생활에서의 문제들을 해결하는 데 있어 어려움을 겪는다. 이들은 비록, 아스트랄게 영역을 넘나들 수 있는 재능을 가지고 있다 하더라도, 지구상의 삶은 제대로 꾸려갈 능력을 갖추지 못하고 태어났다.

○ 수성이 나타내는 높은 교육과 직업들

라그나에서 4번과 7번 하우스는 높은 교육을 받기 위해 필요하다. 그리고 길조적인 수성도 복잡한 사고, 생각을 잘 해낼 능력을 재는 주요 카라카이다. 박사학위를 받는 많은 사람들은 수성이 강한 위치에 있어, 말과 글로 자신의 생각을 잘 표현하고, 분석할 수 있는 지성을 주게 된다. 교사, 법조계, 의학계 등 전통적인 세 개의 직업분야는 모두 높은 수준의 학위과정을 필요로 한다, 이러한 직업에 종사하는 이들은 목성과 수성, 그리고 라그나에서 4번, 7번, 10번 하우스들이 어떤 식으로든 삼반다가 되어야 지적으로 탁월한 커리어를 가능할 수 있게 해준다. 이러한 영역에서 이지적으로 가장 탁월한 이들은 전문 분야의 교수나 상담가들이다. 강한 수성이 길조적인 목성과 저력을 갖춘 앵글 로드와 삼반다를 이루고 있으면, 높은 교육적 영역에서 활약하는 전문적인 커리어뿐만 아니라 해당전문 분야의 리더십 위치까지도 줄 수 있다.

○ 수성이 특정한 라시에 있을 때 가지게 해주는 특정한 직업들

수성이 인마에 있으면 법률과 연관된 일, 특히 가르치거나 정책을 만드는 일을 하는 데 아주 도움이 된다. 다른 조합들이 함께 있으면, 법학 교수나 정부에서 정책을 담당하는 높은 고위관료가 될 수도 있다.

수성이 7번에 있으면, 어떤 라시에 있든지 어떤 계약이나 동의서를 잘 만들 수 있는 자연스런 능력을 주게 된다. 협상을 담당하는 자연적 카라카이기 때문이다. 특히 인마 라시에 있으면 판사, 검사의 직업에 아주 훌륭하다.

처녀 라시에서 고양에 있는 수성은 어떤 체계적인 탐구를 하는 영역에서든 아주 잘 해낼 수 있고 성공할 수 있는 능력을 주게 된다. 이러한 위치는 의학 분야에 자연적인 관심이 있으며, 전통적, 혹은 현대적 의학 분야들을 다루거나, 가르치거나, 글을 쓰거나, 진단하거나, 처방하는 일들에 개입하게 한다. 의사, 약사, 아유르베다 등등. 그리고 어떤 분석적인 능력을 요하는 모든 직업분야에서도 탁월하게 된다.

쌍둥이 라시에 있는 수성도 자신의 생각을 아주 잘 표현할 수 있는 능력을 가지고 있다. 하지만 재빠르고, 단기 소통적인 것에 포커스를 맞추는 경향이 있다. 반면에 처녀 수성은 좀 더 느리고, 포괄적이고, 장기적 논리적 탐구를 하는 데 더 적합하다. 쌍둥이 수성은 어떤 빠른 템포의 비즈니스 환경에서 잘 해내는 반면, 어떤 따분한 아카데믹 환경에서는 쉽게 무료해진다. 예를 들어, 쌍둥이 수성이 7번에 있을 때, 상업적인 법률을 다루는 것을 즐긴다.

○ 수성에서 3번째 하우스의 중요성

수성에서 3번째 하우스는 모든 정신적 건강 팩터들과 관련하여 비길조적인 위치이다. 어떤 행성이든지 수성에서 3번째에 있으면, 행성의 특성에 따라 산만한 사고, 우울한 생각, 충동적인 생각들 등을 하게 만든다. 다른 삶의 분야에 관해서는 그 행성이 아주 훌륭한 효과들을 줄 수도 있다. 하지만 수성에서 3번째에 위치한 경우에는 중립적인 사고 과정을 방해하는 어떤 효과들을 내게 될 것이다. 대체로 어떤 멘탈 사고기능을 잘하는 데 있어 강한 감정이나 의견들에 방해를 받지 않는 것이 이상적이다. 그런데 어떤 행성이든 수성에서 3번째에 있게 되면 강한 감정이나 의견, 충동적이거나 습관적인 이탈, 그리고 피곤하거나 방해하는 근심걱정들을 만들어내게 된다. 비록 아주 숙련되고 능력 좋은 사고를 하는 사람이더라도, 수성에서 3번째에 있는 행성이 정신적으로 쇠진시키는 효과들을 내는 것을 알 수 있다. 이처럼 정신적으로 가장 피곤하게 만드는 현상들은, 수성에서 3번째에 있는 행성의 서브 다샤 동안 더욱 두드러지는 것을 알 수 있다. 이러한 기간들에는 특히 긍정적인 정신건강상태를 유지하기 위해 각별한 유의를 기울여야 한다.

- 크루라(흉성)가 수성에서 3번째에 있을 때는 최악의 효과들을 낼 것이지만, 사움야(길성) 행성들 역시도 어느 정도 문제를 만들어낸다.
- 토성이 수성에서 3번째에 있을 때는, 우울증, 부족함에 대한 우려, 가난에 대한 두려움, 자기 고립, 불안함, 주변에서 부족한 서포트, 그리고 과중한 업무량에 시달릴 것이다.
- 라후가 수성에서 3번째에 있을 때는, 집착적이고 충동적인 생각 패턴, 심각한 욕구들의 폭증, 그리고 터부 물건이나 경함, 사람들에 대한 갈증을 보통 느끼게 만든다.
- 케투가 수성에서 3번째에 있을 때는, 비집착과 절망감, 단절감, 의미를 찾을 수 없는, 충동적인 방황 등을 하게 만든다.
- 화성이 수성에서 3번째에 있을 때는, 반복적인 분노, 컨트롤하고 이겨야 할 필요성, 자기 정의감, 유치한 스타일의 경쟁심, 잃거나 패배를 잘 받아들이지 못하는, 약점이나 약함에 대한 참을성의 결여, 나폴레온 콤플렉스 등을 겪게 만든다.
- 태양은 수성에서 3번째 위치가 될 수 없다.
- 금성이 수성에서 3번째에 있을 때는, 감각적인 쾌락에 너무 신경을 쓰는, 겉치장이나 외모 혹은 시시콜콜한 사회적 매너들에 너무 신경을 쓰는, 주의를 끌기 위해 애를 쓰는 등의 효과를 준다.
- 목성이 수성에서 3번째에 있을 때는, 다른 사람들의 일이나 비즈니스에 간섭을 하는, 세상을 구제하고자 하는, 동정심이 필요하지 않은 곳에 동정을 하는, 복잡한 문제들에 대해 간단한 해결책을 제시하는, 폴리아나 콤플렉스 등에 시달리게 한다(『폴리아나Pollyanna』는 1940년대에 쓰여진 책으로서, 모든 사람들을 위해 모든 것들이 최고로 좋게 되기를 원하고, 항상 해야 할 좋은 말들이 있었던 소녀에 대한 이야기이다).

수성과 다른 행성들이 합치하는 효과들

수성은 아주 인상적인 행성이다. 수성의 디스포지터, 그리고 수성과 합치한 행성들을 항상 주의 깊게 살펴야 한다. 수성은 성적 소통을 포함한 모든 대화를 다스린다.

○ 수성과 태양의 합치

똑똑하고 총명하다. 수성은 태양과 너무 가까이 있는 경우에 컴바스트 여부에 아주 민감하다. 만약 컴바스트가 된 경우에 그는 여전히 똑똑하다. 하지만 너무 자기집중을 하게 되면, 다른 사람들의 사고나 관점을 이해하는 데 어려움을 겪는다. 수성이 태양에 가까울수록 더욱 자기 위주가 된다.

만약 수성이 태양에서 10~11도 정도보다 더 멀리 있다면, 그는 아주 총명하고 도움이 되며, 젊은 외모를 가졌으며, 젊은 사람들과 일을 잘할 수 있다. 다른 조합들이 같이 있으면, 훌륭한 스승 및 트레이너가 될 수도 있다.

미래를 위한 계획을 하기 좋은 시간이다. 변호사, 사무변호사, 에이전트, 문학과 연관된 일을 하게 되면 성공과 이득을 볼 수 있다. 만약 태양이 카라카이고 수성이 좋은 품위에 있으면, 아주 훌륭한 위트와 배움, 독창성을 주게 된다.

만약 태양이 좋은 품위에 있으면 그는 부를 얻게 되거나, 승진을 하거나, 훌륭한 사람들로부터 이득을 얻게 해준다. 그러나 대체로 어릴 때 몸이 허약하고, 고열이 잘 나며, 탄 상처나 잘 낫지 않는 질병이 있다. 만약 좋은 어스펙트를 받거나 목성과 합치를 하면 그는 좀 더 건강할 것이다. 만약 달이 좋은 어스펙트를 받고 있으면 배움에 대한 뛰어남을 전시한다. 그는 총명하고, 똑똑하고, 유명하고, 행복하다. 부가 주어졌지만 잘 모으지는 못하며 원하는 것을 충족시킨다. 좋은 지위를 얻으며, 땅딸하고, 뽀얀 바디를 가지고 있다. 이러한 어스펙트는 마음과 의지력을 함께 잘 자극시켜준다. 만약 이러한 에너지를 잘 채널한다면, 차트 주인에게 아주 큰 덕이 될 수 있다.

○ 수성과 달의 합치, 혹은 수성이 달에게 어스펙트

스피치 스타일이 감정적이며, 민감하며. 부드럽고, 우유부단하며, 때론 불확실하며,

덜 논리적이고, 보다 직관적이다. 차트 주인은 시적인 효과들을 내기 위해 단어들을 부정확하게 사용할 수 있다. 수성과 달은 둘 다 아주 인상적인 행성들이다. 이들이 합치하는 경우에 진정한 효과들은 디스포지터 로드에 달려 있다.

○ **수성과 화성의 합치**

스피치 스타일이 공격적이고 천할 수도 있다.

○ **수성과 목성의 합치**

스피치 스타일이 확장적이고 긍정적이다.

○ **수성과 토성의 합치**

스피치 스타일이 보수적이고, 제한적이며, 좁고, 때로는 천할 수도 있다. 방언적 억양이 강하고, 급이 낮은 신분을 드러내는 스피치를 자주 전시한다. 말하는 것이 불편하거나, 혹은 입 다물고 조용히 있도록 키워졌을 수도 있다. 만약 토성이 길조적이면, 훈육이나 디스플린하게 말을 아주 정확한 방식으로 표현하도록 키워졌다. 차트 주인은 문법적인 표현에 집착하거나 혹은 완전히 무시를 해버릴 수도 있다.

○ **수성과 라후의 합치**

스피치 스타일이 확대되고, 강조되고, 유별나다. 그는 끊임없이 말을 한다.

○ **수성과 케투의 합치**

스피치 스타일이 속으로 기어들어가는 형이며, 불확실하고, 무관심하거나, 불투명하다.

6.

목성의 특성과
자질들

목성(Jupiter, Guru or Brihaspati)

목성은 태양 다음으로 크기가 큰 행성으로, 태양이 회전할 때 균형을 잡아주는 역할을 한다. 태양계 왕국에서 목성은 구루와 같은 위치인데, 차트에서 목성은 **"우리가 어떻게 알고, 어떻게 성장하는가"** 하는 근원적인 힘을 나타낸다.

○ BPHS

"목성은 노랗고 네 개의 팔을 가졌으며 지팡이를 들고 축복을 내리며 제를 올린다. 염주와 카만달러스(Kamandalus, 수행자들이 사용하는 물병)를 들고 있다."

"큰 사이즈의 몸을 가진 이가 목성이며 노란 털과 눈을 가졌다. 카파 성격이며, 총명하고 모든 샤스트라(Shastra)에 능하다."

노란색은 지혜와 기쁨, 행복을 의미한다. 그래서 차트에서 목성은 지혜와 행복을 나타낸다. 목성의 지혜는 직관에서 나오는 기능이며, 행복은 보다 더 큰 힘에 대한 어떤 신념에서 나오는 것이다. 그리하여 낙천적으로 만들어준다. 목성에게는 우리의 모든 경험이 내포하고 있는 깊은 의미를 헤아리게 하는 능력이 있다. 모든 것에는 신성이 있음을 보며, 매 순간이 가진 기쁨을 느끼게 하는 지혜를 가지고 있다. 목성은 풍부한 지식과 지혜로서 각료의 임무를 수행한다. 목성은 데바들의 스승으로 알려져 있다. 목성은 자신의 시간과 관심을 받을 만큼 덕을 지은 이들에게 스승, 점성학자, 선생 혹은 상담자의 모습으로 다가온다. 목성은 영적이고 법적인 지식으로 가득하다. 그는 또한 법무관을 관장하는데 자신의 지혜를 사용하여 공정성과 질서를 세우게 한다. 투명하게 하얀 목성은 자체적으로 항상 행복하고 즐거우며 낙천적이다. 투명하게 흰색처럼 맑은 캐릭터를 가지고 있다.

○ **약자**
Ju

○ **키워드**
지혜, 성장, 지식, 교육, 풍요로움

○ **다스리는 라시**

인마 라시와 물고기 라시

○ **긍정적 자질들**

지혜, 정의, 상담을 하는, 낙천적, 돌보거나 보살피는, 게임을 공정하게 하는 자

○ **부정적 자질들**

지나치게 탐닉하는, 너무 유유자적하는, 지나친 낭비, 과대평가하는

○ **다스리는 라시**

인마 라시와 물고기 라시

○ **목성의 이름**

북동쪽의 로드, 불멸불생인들의 스승, 어드바이저, 스피치의 로드, 황금색인 이, 창조자, 노란색을 입은 이, 압박을 제거하는 이, 자애롭고 용서를 하는 이

○ **신체적 특성**

큰 몸, 두드러지는 가슴, 사자와 같은 목소리, 몸, 털, 눈이 모두 금처럼 빛나는, 황금색 눈을 가진 이, 카파

○ **성격상 특성**

적절한, 용서하는, 행복한, 즐거운, 마음과 감각이 다스려진 이, 섬세하게 총명한, 의식에 집착하는, 확장된 마음, 훌륭한 판단력, 지혜로운, 행운이 넘치는, 관대한, 창조적인

○ **차트에서 상징하는 주요 캐릭터**

2번째 하우스(축적된 부와 유동자산들), 5번째 하우스(이지, 샤스트라shastras 혹은 가르침, 영적 테크닉들), 9번째 하우스(신, 구루, 카운셀러들, 선생, 좋은 운, 바른 행위), 11번째 하우스

(얻은 기회들과 이득, 유통적 현금, 위의 형제들, 친구들, 주요한 사람들)

○ **아바타**

바마나

○ **주재신**

인드라

○ **행동**

섬세하고 신중함

○ **바디 형태**

휴먼(two footed)

○ **나이**

중년인 32세에서 50세

○ **카스트**

브라민(승려, 스승, 선생, 구루). 브라민은 사트바를 활성화시키고 라자스와 타마스는 통제하고 있다. 브라민들의 주 목표는 목샤(Moksha, 영적 깨달음)를 얻는 것이다. 그들은 지혜와 숙고를 통해 사회에 봉사한다. 영성적으로 브라민들은 브라만(Brahman, 신의 절대적인 면)을 아는 사람들이다. 그들에게 최악의 적은 자부심이다. 많이 알고 있고 또 아는 만큼 좋은 일에 사용할 능력이 있기 때문에 그만큼 자부심에 넘칠 가능성도 커지게 되는 것이다.

○ **다스리는 옷감**

노란색 옷들

○ 보석
노란색 사파이어

○ 최상의 방향
북동쪽

○ 도샤/아유르 베다 체질(행성이 가진 캐릭터)
카파. 카파는 물처럼 촉촉하며, 감성적 성향을 주로 가졌다. 카파는 사랑스러우며, 헌신적이고, 감상적이고 로맨틱하며 충성적이다. 카파는 만족을 잘하며 행동이나 믿음이 보수적이다.

○ 환경
현명한 이들이 살고 있는 마을

○ 가족에서의 위치
구루, 조부모님, 남편, 자녀들. 목성은 지혜, 바른 도덕, 적절한 행동 등 자신이 대변하고 있는 가치들을 가르치는 책임을 가지고 있다. 목성은 또한 남편을 나타낸다. 칼 융에 의하면 '흔히 자주 일어나는 일로서, 여자는 남편의 영성 안에 완전히 들어가 있고 싶어 한다'고 했다. 남자가 가진 영적 책임들 중 하나는 조상에 대한 것인데 자손을 가짐으로써 이러한 책임을 완성하게 된다. 영적인 책임이나 자녀들은 목성이 관할하고 있는 분야이다.

○ 다스리는 곡식
chick pea

○ 다스리는 감각기관
청각

○ **다스리는 기본물질**

은

○ **다스리는 금속**

틴(Tin)

○ **기본요소**

에테르. 우리는 목성이 다스리는 에테르에 신념, 희망, 기쁨 등으로 반응을 하지만 감각기관을 통해 직접 만지거나 느낄 수는 없다.

○ **구나스/성향**

사트바. 목성은 지혜를 대변하고, 사트바의 결실, 믿음의 숭고한 자질, 영성, 용서함, 기부적 성향 등의 자질들을 나타내기에 사트빅하다. 사트바는 우리를 보다 높은 수준의 본성과 교류하게 하고 지혜롭게 하는 고양적 특성들을 가지고 있다. 사트바적인 모습은 자기단련, 이웃과 동물들에 대한 사랑, 좋은 자질들에 대한 사랑, 행복과 고요함에 대한 사랑, 실용적인 동정심, 어려운 이들을 향한 관대함, 자동적이고 습관적인 진실성, 사랑과 존경심에서 비롯되는 의무감, 발전적인 영혼, 도덕적 정당성, 자기존중, 조용함, 드러내지 않는 성향, 부드러움, 한결같은 믿음, 양보하는 성향, 인내성, 용서하는 성향, 더 현명한 이들의 조언대로 행동하는 성향, 속의 말을 밖으로 표현할 수 있는 성향, 올바른 것에 대한 센스, 온순함, 단순함, 솔직함, 균형성, 침착함, 헌신적 성향, 만족함, 정신적, 육체적 청결함에 대한 사랑, 겸손함, 기부적 성향, 치우치지 않음, 감사하는 마음, 공경하는 마음 등이다.

○ **지배하는 왕국(Kingdom)**

지바(Jeeva). 인간이나 동물처럼 생명이 있는 곳

○ **시선을 두는 방향**(다샤 동안 집중적으로 가지게 되는 정신적 자세)

모든 방향으로 두루두루 둔다. 시선을 두루두루 두고 있는 행성들은 현재에서 만족스럽다. 달은 자신에 대해 좋게 느끼기 때문에 만족스러우며 목성은 기쁨으로 가득 채워져 있어 만족스럽다.

○ **숙성하는 나이**

16. 열여섯 살이 되면 도덕적 판단력이나 철학적 개념이 성숙하게 된다. 그전에는 이러한 개념들에 대해 개인이 가진 가치수준이 아직 채 발달하지 않았다. 여자가 열여섯 살 때 아이를 낳게 되면(목성이 다스리는 영역), 출산에 따른 부작용이 가장 적게 나타난다.

○ **지배하는 기간**

57세부터 68세까지. 목성이 지배하는 기간은 지혜와 영성의 기간이다. 또한 부, 행복, 풍부함 등을 즐기게 되는 기간이기도 하다.

○ **습도**

겨우 물기가 있는

○ **성향**

사움야(젠틀). 자연적 길성. 목성은 길성으로 행운과 은혜, 풍요로움을 제공한다. 목성이 관장하는 영역들은 뭐든지 확장시키며, 현재보다 더 좋은 결과를 누릴 수 있도록 도와준다. 목성이 관장하는 영역은 그동안 우리가 덕을 쌓고, 용서하며, 친절하였기 때문에 좋은 카르마의 결과를 거둘 수 있었음을 나타낸다. 가장 중요한 점은 목성은 우리를 다른 여러 악영향들로부터 보호하고 있는 유익한 공덕이라는 사실이다.

○ **상징 숫자**

5

○ **자아적 위치**

앎에서 우러나오는 기쁨

○ **장소**

재물들이 많이 모여 있는 곳. 금괴나 보물창고처럼 돈과 보석, 재물이 많이 쌓인 장소에 살고 있다.

○ **다스리는 식물**

열매가 나는 식물들

○ **행성들 간 지위**

카운셀러, 구루, 대전각료. 목성은 풍부한 지식과 지혜로서 각료의 임무를 수행한다. 목성은 데바들의 스승으로 알려져 있다. 목성은 자신의 시간과 관심을 받을 만큼 덕은 지은 이들에게 스승, 점성학자, 선생, 혹은 상담자의 모습으로 다가온다. 목성은 영적이고 법적인 지식으로 가득하다. 그는 또한 법무관을 관장하는데 자신이 가진 지혜를 사용하여 공정성과 질서를 세우게 한다.

○ **움직임**

한 개의 라시에 약 일 년 정도 머문다.

○ **다스리는 숫자**

3

○ **계절**

헤만타(Hemanta). 11월 22일부터 1월 21일(초겨울)

○ 에너지/성별

남성적. 남성적 행성들은 '자신들이 하고 있는 일'에 의해 영향을 받고 있다. 좋은 일을 할 때 그들은 기쁨을 느낀다.

○ 피부색깔

Fair. 투명하게 하얀 목성은 자체적으로 항상 행복하고 즐거우며 낙천적이다. 투명하게 흰색처럼 맑은 캐릭터를 가졌다.

○ 맛

단맛

○ 다스리는 시간

마사(Masa) 한 달

○ 다스리는 신체부분

뇌와 지방(Fat). 지방이 몸에 축적되어 있는 비상용 에너지인 것처럼, 목성은 또한 은행을 다스린다. 그리고 지방은 뇌가 가지고 있는 기초적 조직으로서 목성이 지배하고 있다. 뇌는 높은 수준의 영적 에너지 센터들을 담고 있는데 사람이 가진 지혜, 지식, 직관들이 모두 들어앉아 있는 영적 센터들로 융합이 이루게 되면 가장 절대적 기쁨을 누릴 수 있게 된다. 그래서 뇌를 다스리는 목성은 행성 중에서도 가장 높고 순수한 행성으로 간주되고 있다.

○ 다스리는 차크라

2번째 스와디스타나(Svadhishthana, 셀프가 있는 성) 차크라

○ 행성적 형태

Starry

○ **행성들 간 상호관계**

태양, 달, 화성이 목성에게 친구, 수성과 금성은 목성에게 적(그러나 목성은 아무도 적으로 여기지 않는다), 토성은 목성에게 중립

목성(구루, Guru/프리스트, Brihaspati)의 특성

구루의 뜻은, '무거운, 무게가 나가는'이라는 의미이다. 영적으로나 신체적으로 무게가 많이 나감을 의미한다. 목성은 행성적 직위에서 스승, 프리스트, 높은 이들의 스승이다. 그래서 '브리하스파티'라고도 부른다.

목성은, 배(음식)가 무거운, 소화하기 어려운, 위대한 큰, 확장된, 긴, 본성적으로나 위치(모음)적으로 긴, 높은 각도, 각도, 격렬한, 폭력적인, 지나친, 어려운, 심한, 슬픔에 젖은, 중요한, 심각한, 순간적으로 소중한, 높은 상을 받은, 귀한 이, 존경할 만한, 어떤 귀하거나 존경할 만한 사람(아버지, 어머니, 혹은 나이가 많은 친척 어른들), 잘난 척하는, 자부심이 있는(스피치), 영적 부모나 선조(어릴 때 만트라를 주거나, 샤스트라 가르침을 처음 가르친 어른들), 9번 하우스가 나타내는 영적 맨션, 부모, 혹은 다른 존경할 만한 사람들, 존경할 만한 여인, 어머니, 위대한(아이를 가진 여인), 임신한, 임신한 여자, 스승의 아내 등을 의미한다.

목성은 선조, 판사, 그리고 보물과 연관을 가지고 있다. 목성이 강하면 높은 정치적 영역이나 행정적 직위, 높은 산업기관의 대표, 계약, 경제적 조언자, 은행가, 정부에서 높은 행정적 직위, 왕, 정치인, 관료들, 변호사, 의사, 약사, 프리스트, 판사, 스승, 점성가, 관리전문가, 행정가 등을 나타낸다. 목성은 또한 영성과 연관된 것들을 다스린다. 주정부 관리, 법을 가르치거나, 파이낸스 기관, 조언가 역할, 그리고 남편을 나타내는 카라카이다. 목성이 강하면 성장, 확장, 휴머니스트, 영적 외모, 지혜, 긍정성, 신념, 관

대함, 즐거움, 유머, 이상적, 훌륭한 판단력의 힘 등을 준다. 그리고 목성의 서브 다샤에는 고전에 대한 지혜와 지식을 준다.

목성은 위 형제, 남편, 남성적 비옥성, 부, 도덕성, 진심, 친구, 디바인 은혜, 아버지, 그리고 삶의 모든 좋은 것들을 나타낸다. 목성은 남성적 행성이고, 부드럽고, 온화하고, 사트바, 카파이다. 성인과 같고, 관대하고, 유하고, 젠틀하고, 온화한 심성을 가졌다. 목성은 인상적이고 대단한 외모를 준다. 가늘고 갈색의 머리카락, 황갈색 눈을 가졌으며, 강한 목성이 라그나 혹은 라그나 로드와 연계되면 큰 체격을 준다. 목성은 총명하고 모든 분야의 배움이 주어졌다. 피부 톤은 투명하다, 노란색, 에테르 원소, 단맛, 청각, 목요일, 북동쪽, 금, 노란 토파즈, 보물, 은행, 금고, 법정처럼 엄숙한 장소, 수준 높은 대학, 신전, 정치적 모임, 자선기관, 높은 수준의 경제적 기관, 수도원, 포교원 등을 나타낸다.

목성은 엉덩이, 지방, 피, 동맥, 분비선, 간, 췌장, 비장, 소화, 흡수력, 귀(청력), 배꼽, 발, 신체적 계발, 입천장, 목 등을 나타낸다. 목성이 약하면 림프 문제와 순환장애, 혈전증, 빈혈, 종양, 황달증, 그리고 다른 간과 연관된 질병, 귀, 소화불량, 가스, 기침, 감기, 폐렴, 폐결핵, 당뇨병, 비장과 연관된 질병 등을 준다. 지나친 자신감, 과욕, 사치, 비도덕성, 욕심, 속물성향 등이 있게 된다.

목성은 또한 아버지, 남성적 비옥성, 자녀, 스승, 친구, 행운, 정의, 교육, 자선, 부, 창조지성, 쉽게 얻는 이득, 전반적 행운, 높은 교육, 수입과 이득, 친절함, 정신적 성향, 지식, 행복, 지혜, 도덕성, 덕, 다르마, 전문적 직위, 풍요로움, 영적 교육, 영적 삶, 바른 행위, 확장, 자비심, 긍정성, 진실함, 정직성, 상식, 디바인 은혜, 그리고 인생의 모든 좋은 것들을 다스린다.

목성의 베딕 심볼

♃

리그베다에서, 브리하스파티는 아무도 속일 수가 없는 황소 남자로 표현되어 있다. 그는 디바인을 위한 야기야와 희생의식으로 인해 내려진 디바인 은총이 형상화된 모습을 상징한다. 목성의 기하학적인 상징은 오른쪽으로 들어간 아치가 십자가의 수평라인 옆에 붙여진 모습이다. 수평라인 옆에 붙여진 아치는 물질의 영성화를 표현한다.

목성의 영향하에, 우리는 모든 것을 디바인 혹은 진리의 이름으로 살고자 열망하고, 사회적인 일을 하고, 말을 하고 행위들을 하고자 한다. 휴머니스트적인 관심이 깊다.

리그베다에서 브리하스파티는 엄중한 보호와 거대한 풍요로움을 줄 수 있는 엄청난 파워를 가진 이로 숭배를 받는다. 브라마이스파티(Brahmaispati)와 브리하스파티 (Brihaspati)는 둘 다 브라마, 창조주라는 단어와 같은 어원을 가지고 있다. '브리'라는 어원은 자라고 확장한다는 의미를 가지고 있다. 그는 아니미쉬차라야(Animish-charaya, '눈을 깜박거리지 않는 스승'), 착슈사(Chakshusa, '눈의 빛', '신성한 지혜의 스승'), 이야(Iiya, '신들의 스승'), 이드레쥬아(Idrejua, '그의 감각기관을 다스리는 이')라는 이름들로 알려져 있다. 그는 구루, 스승, 그리고 학생들을 베다들의 신성한 지혜로 입문시키는 선각자로 부른다.

　브리하스파티는 노란색의 옷을 입고 있으며, 네 개의 팔을 가졌고, 워터 릴리 꽃 위에 앉아 있다. 한 손에는 루드락샤 비트로 된 염주를 들고 있고, 다른 손은 카만달라스를 들고, 세 번째 손은 곤봉을 들고, 네 번째 손은 축복을 내리고 있다. 그는 8마리 흰 말들이 끌고 있는 니티고샤(Nitigosha) 마차를 타고 있다. 노란색은 이지의 색깔로서, 야기야와 헌신적 행위들을 하는데 길조적이다. 목성의 지혜가 미치는 영향은 의무를 바르게 이행하고 가장 높은 힘의 의지를 충족시키기 위한 액션들에 개입할 것을 가르친다. 워터 릴리는 재생의 심볼, 아름다움과 조화를 통해 영성이 펼쳐지는 것을 상징한다. 루드락샤 비트로 된 염주는 비길조적인 영향들을 쫓아내고, 어두운 세력들에게 당하는 것에서 우리를 보호해준다. 카만달라스는 신의 의지에 내맡김을 하는 것과, 그가 하는 모든 액션들이 다른 사람들의 안녕을 위한 것임을 상징한다. 은총을 내리는 손은 인류의 안녕에 대한 관심을 보여준다. 곤봉은 그가 가진 지혜와 디바인 의지와의 합일을 통해, 그는 힘과 권위를 가지고 있음을 나타낸다. 니티고샤 마차는, 디바인 미션을 행하기 위해 타고 다니는 운송수단이 갖춘 특별한 지위와 자질을 나타낸다. '니티'는 적절함, 도덕성의 과학, 윤리, 도덕적 철학이라는 의미이다. '고샤'는 천둥과 같이 공포함을 의미한다. 목성의 마차는 정의와 법, 진리의 코드, 바른 액션이 도착하였음을 선언한다.

마차를 끌고 있는 여덟 마리 하얀 말들은 여덟 가지 완벽한 잠재성을 나타낸다.

- **아니마(Anima): 원하는 만큼 작아질 수 있는 파워**
- **라기마(Laghima): 원하는 만큼 가벼워질 수 있는 파워**
- **프라프티(Prapti): 원하는 어떤 것이든 가질 수 있는 파워**
- **프라카미야(Prakamya): 꺾을 수 없는 의지력의 파워**
- **미히마(Mihima): 원하는 만큼 커질 수 있는 파워**
- **이쉬트와(Ishetwa): 최상의 위대함의 자질들**
- **바쉬트와(Vashitwa): 자신의 욕망과 열정을 누를 수 있는 능력**
- **카마브사비타(Kamavsavita): 모든 원하는 것들을 충족시킬 수 있는 능력**

본질적으로, 브리하스파티 혹은 목성은 신성한 지혜로 가득 채워진 스승이다. 그는 외적인 것에서 내적인 것을 향해 일을 하며, 학생들에게 알려진 것, 외적인 것에서 알려지지 않은 것, 내적인 것들을 향해 학생들을 가이드한다. 그는 덕이 있는 이들을 보호하고 하모니를 이룬다. 그는 물질적인 것들에 영성을 부여한다. 목성은 우리를 무지의 굴레에서 해방시키거나 열반, 깨달음을 주기보다는 우리가 행할 수 있는 종교적인 의식, 영구화, 성장, 개발, 지식의 전가, 지혜 등에 더 관심이 있다. 목성은 지바, 삶의 원칙, 프라나이다. 그는 개인의 영혼을 신체 안에 안주시켜 생명을 주고, 삶을 살게 하고, 움직임과 감각적 기능들을 경험하면서, 생명이 가진 완전함을 꽃피울 수 있도록 한다.

목성이 주는 전반적인 효과들

목성이 카라카하는 특성들은 보호, 길조성, 풍부함, 명성, 점성학, 카운셀러들, 어드바이저, 종교적 성향, 신에 대한 믿음, 프리스트, 스승, 검사, 아이들, 수호인들, 자선, 관대함, 만족함, 게으름, 지방, 확장, 큼, 헌신, 신념, 희망, 지성의 높은 면, 공정함, 정의,

정직함, 재정과 연관된 것들을 다루는 일, 외교적인 일들, 세상에서 신이 내리는 은총, 명예, 법을 준수함, 지식과 지혜의 마스터, 보험, 법적인 일들, 의약품, 오컬트 과학, 의사, 간(피의 정화), 도덕성, 보수성, 긍정성, 철학, 성지순례, 종교적인 직업, 명성, 신뢰, 고서, 베다 등이다.

목성은 신과 데바들의 구루이다. 그는 스승들 중에서도 가장 높은 신들의 스승이고, 가장 높은 신들의 프리스트이고, 진리의 목소리이다. 목성이 가진 특성들은 지혜, 의식들에 능통한, 즐거움 등을 포함한다.

신체적으로 목성은 태어날 때 허락된 수준들을 나타낸다.

- 카르마적으로 목성은 어떤 타입의 재주, 재능, 특권을 전생에서 행한 관대한 액션들로 인해 '크레딧 계좌'에 축적하고 있는지 보여준다.
- 신체적으로, 목성은 그가 컨택트하는 모든 것들을 확장시킨다. 그는 아난다마야(음식의 바디)의 사이즈를 변경시킬 수 있다. 만약 목성이 라그나를 어스펙트하는 경우, 그가 크게 보이게 만든다. 목성이 달에게 어스펙트할 때는, 비옥성을 늘려준다.
- 감정적으로 목성은 편안하고 자신감이 있다.
- 사회적으로 목성은 자애롭고 관대하다.
- 이지적으로 목성은 모든 것을 다 잘 알고 있으며, 다른 사람들에게 아주 훌륭한 스승이다.

목성은 지혜를 나타낸다. 두 개의 지혜로운 라시, 인마와 물고기 라시들을 다스린다.

- 인마 라시의 특성은 모든 외적인 것들을 포함한다(지혜는 사회적, 물질적으로 하는 모든 표현들을 의미한다).
- 물고기 라시의 특성은 모든 내적인 것들을 포함한다(정신심리적, 감정적인 모든 표

현들).

- 전통적으로, 언어는 브라마의 동굴 내에서 인간적인 구조에서 유래되었다. 그래서 목성은 언어의 카라카이다. 만약 목성이 라그나에 있거나 9번을 어스펙트하면 그는 언어들을 알 것이다.
- 2번째 하우스는 스피치를 나타낸다. 2번째 하우스와 목성은 그 사람이 가진 언어적 능력들을 재는 데 가장 중요한 팩터들이다. 만약 목성이 두 번째에 있거나, 2번 로드가 2번 하우스를 어스펙트하면, 그는 여러 가지 언어에 능통하게 된다.

7.

금성의 특성과
자질들

금성(Venus, Shukra)

금성은 열정을 대변하는 행성으로, 차트에서 **"우리가 어떻게 사랑하고, 즐기며, 어떻게 관계를 맺는가"** 하는 근원적인 힘을 나타낸다.

열정이란, 어떤 것들에 대한 결정을 내리게 만드는 가슴 속의 동기를 말한다. 우리를 행복하게 해주고 우리가 단지 좋아서 하는 일들을 나타낸다. 이러한 열정은 이성을 사귀고자 하는 욕망에만 제한되지 않는다. 금성이 순수한 상태에 있게 되면, 세상의 기쁨들을 감각적 동요 없이 건강하고 조화로운 자세로 즐길 수 있다. 그리하여 최상이며 균형적이고 정말로 원하는 결정들을 내릴 수 있게 된다.

○ BPHS

"금성은 그를 충실하게 섬기는 아수라들의 스승이다. 그는 산지비니 비드야를 사용해 데바들과의 전투에서 진 아수라들을 살려낸다. 그는 삼세 세상에서 모두 존경을 받는다. 놀라울 정도로 힘이 대단하고 그의 영웅성에는 대적할 이가 없기 때문이다."

"금성은 하얗고 네 개의 팔을 가졌으며 지팡이를 들고 축복을 내린다. 제를 올리며 염주를 들고 카만달러스(Kamandalus, 수행자들이 사용하는 물병)를 들고 있다."

"기쁘게 하고 사랑스러운 모습이며 가장 멋지고 아름다운 눈을 가진 이가 금성이다. 시적이며 카파가 넘쳐나며 바타의 성격을 가졌으며 곱슬거리는 털을 가졌다."

금성은 다른 누구보다도 바르게 어떤 상황의 가치를 판단할 수 있고 적절한 행동을 할 수도 있다. 금성은 아수라들의 스승으로 알려져 있다. 그는 쾌락과 화려함을 즐긴다. 베딕 신화에 나오는 금성은 데바들과 싸우다가 죽은 아수라들을 계속해서 다시 살려낸다. 이것은 쾌락에 대한 욕망을 계속해서 일깨우고 세상을 즐길 수 있는 방법을 가르쳐주는 금성의 능력을 나타내고 있다. 갈색의 금성은 타고난 배우이자 연출자이다. 사랑, 찬미, 만족, 쾌락 등을 표현하거나 받기 위해서 애니메이션, 위로, 활성화, 응원 혹은 다른 어떤 것도 할 수 있는 행성이다.

○ 약자

Ve

○ **키워드**

관계를 맺는, 사랑하는, 파트너, 중간에 있는 사람, 미와 예술

○ **다스리는 라시**

황소 라시와 천칭 라시

○ **긍정적 자질들**

매너가 좋은, 사회적인 재주, 예술적 감각, 다른 사람들이 균형과 좋은 평판을 얻도록 도와줌

○ **부정적 자질들**

탐닉하거나 쾌락을 추구하는, 비생산적인, 원하는 것을 가지기 위해 술수를 부리는, 로맨스에 눈이 어두워 비전을 잃는

○ **금성의 이름**

우샤나즈(Usanas, 욕망들), 남동쪽의 로드, 눈부시게 대단한 이, 시인, 하얀 이, 베다와 베당가의 가장 먼 끝까지 도달한 이, 정치를 아는 이, 아수라의 스승

○ **신체적 특성**

중간 사이즈, 전체적으로 잘 자란 몸, 손이 긴, 두드러지는 어깨, 넓은 가슴, 어둡고 짧은 곱슬머리, 잘생긴, 눈처럼 하얀, 애꾸, 활력에 넘치는, 정력이 가득한

○ **성격상 특성**

총명한, 감각적인, 고상한, 아주 미묘하게 복잡한, 사회성이 있는, 매력적인, 매니저, 외교적인, 쉽게 가는, 맞춰주는, 하모니를 이루는, 비공격적인, 친구처럼 다정한, 시적인, 친절한, 선택하는

○ 차트에서 상징하는 주요 캐릭터

4번째 하우스(운송수단들, 편안함), 7번째 하우스(배우자, 일반적인 대인관계들, 계약)

○ 아바타

파라슈라마

○ 주재신

사치(Sachi Devi, 인드라의 아내)

○ 행동

가벼움, 빠름, 쉬움

○ 바디 형태

휴먼(two footed)

○ 나이

성적으로 활발한 12~32세 사이

○ 카스트

브라민(승려, 스승, 선생, 구루). 브라민은 사트바를 활성화시키고 라자스와 타마스는 통제하고 있다. 브라민들의 주 목표는 목샤(Moksha, 영적 깨달음)를 얻는 것이다. 그들은 지혜와 숙고를 통해 사회에 봉사한다. 영성적으로 브라민들은 브라만(Brahman, 신의 절대적인 면)을 아는 사람들이다. 그들에게 최악의 적은 자부심이다. 많이 알고 있고 또 아는 만큼 좋은 일에 사용할 능력이 있기 때문에 그만큼 자부심에 넘칠 가능성도 커지게 되는 것이다.

○ **다스리는 옷감**

자연적 린넨, 강한 옷감

○ **최상의 방향**

남동쪽

○ **최상의 날**

금요일

○ **도샤/아유르 베다 체질(행성이 가진 캐릭터)**

카파와 바타. 카파는 물처럼 촉촉하며, 감성적 성향을 주로 가졌다. 카파는 사랑스러우며, 헌신적이고, 감상적이고 로맨틱하며 충성적이다. 카파는 만족을 잘하며 행동이나 믿음이 보수적이다.

바타는 바람처럼 건조하다. 바타는 이지와 머리 쓰는 것을 좋아하는 캐릭터이다. 바타는 사회지향적이며, 우유부단하며, 쉽게 영향을 받거나 두려워하고, 인내가 부족하다.

○ **환경**

물속에 누워 있는

○ **가족에서의 위치**

아버지, 학생, 제자, 아내, 외조부모님, 시부모 혹은 장인장모. 금성은 모든 로맨틱한 사랑을 나타내며, 남자나 여자에게 로맨틱한 파트너를 제공하는 행성이다. 그런데 금성은 구체적으로 남자의 차트에서 아내를 나타내는데, 그가 지은 좋은 행위에 주어지는 보상과도 같다.

○ **다스리는 곡식**

hyacinth(히야신스 꽃)

○ **다스리는 감각기관**

미각

○ **다스리는 기본물질**

진주

○ **다스리는 금속**

구리(Copper)

○ **기본요소**

물(물은 보통 달에 의해 상징되지만, 그러나 물은 금성을 통해 가슴으로 느껴진다)

○ **구나스/성향**

라자스(활동적). 금성은 쾌락적인 것을 좇기 때문에 라자식하다. 라자스는 우리가 원하는 것과 목표를 향해 열정적으로 추구하게 만드는 역동적인 특성들을 가지고 있다. 라자스가 가져다주는 최종 결과는 슬픔이다. 라지식 특성들은 이기적인 동기 때문에 가끔씩 진실한 것, 변덕스러움, 교묘함, 지나치게 심각함, 똑똑함, 충동성, 과시성, 참견성, 다혈성, 까다로움, 활발함, 주변에 대한 정보수집으로 무장하는 경향 등이다.

○ **지배하는 왕국(Kingdom)**

물라(mula, plant). 뿌리가 있는 식물들의 왕국

○ **시선을 두는 방향**

양옆으로 둔다. 시선을 양옆으로 두는 행성들은 뭔가 새로운 것을 받기 위해 기다리

고 있다. 금성은 다음에 받을 쾌락이나 소중한 것들을 위해 기다리고 있으며, 수성은 다음 정보를 받기 위해 기다리고 있다.

○ 숙성하는 나이

25. 스물다섯 살이면 개인의 욕망을 성취하기 위해서, 특히 성적 관심의 대상을 두고 정확하게 어떻게 해야 하는지 알 수 있는 능력이 성숙하게 된다. 그렇다고 이때가 되면 꼭 이러한 것들을 충족시킬 수 있다는 건 아니다. 단지 이러한 이슈를 두고 처음으로 뚜렷하게 생각을 할 수 있게 된다는 것이다.

○ 지배하는 기간

15세부터 22세까지. 금성이 지배하는 기간은 사춘기에 접어들면서 사랑과 열정의 감정들이 따라오는 기간, 그리고 결혼에 대해서도 최초로 갈망하게 되는 기간이다.

○ 습도

Moisture with water

○ 성향

사움야(젠틀). 길성. 금성은 온갖 편안함과 기쁨, 화려함을 제공하는 길성이다. 그는 고상함과 사회적 품위를 갖춰준다. 더 중요한 점은, 다른 사람들과 교류하는 데 아주 필요한 대인관계술을 부여한다는 것이다.

○ 상징 숫자

6

○ 자아적 위치

비르야(Virya)

○ **장소**

침실

○ **다스리는 식물**

꽃나무들

○ **행성들 간 지위**

카운셀러, 대전각료. 금성은 수상으로서 세상사에 대한 지혜와 국정운영 기술이 풍
부하다.

○ **움직임**

금성은 한 개의 라시에 약 한 달간 머문다.

○ **다스리는 숫자**

6

○ **계절**

바산타(Vasanta). 3월 22일에서 5월 21일. 봄에 꽃이 피는 계절.

○ **에너지/성별**

여성적(하지만 모든 그라하 주재신들은 남성적 형상을 하고 있다). 여성적 행성들은 '자신에
게 일어난 일에서 받은 느낌'에 의해 영향을 받고 있다. 그들은 기분이 좋을 때 좋은
일을 한다.

○ **피부색깔**

갈색. 갈색의 금성은 타고난 배우이자 연출자이다. 사랑, 찬미, 만족, 쾌락 등을 표현
하거나 받기 위해서 애니메이션, 위로, 활성화, 응원 혹은 다른 어떤 것도 할 수 있는

행성이다.

○ 맛
신맛

○ 다스리는 시간
대략 2주. 팍샤(paksha). 초승달에서 보름달, 혹은 보름달에 초승달에 해당하는 기간

○ 다스리는 신체부분
정액. 정액은 생명을 만들어내는 기관이다. 정액을 다스리는 금성은 욕망을 통해 생명을 만들어낸다. 이러한 예로서 성적 관계를 들 수 있다. 보통 욕망 때문에 성관계를 맺게 되지만, 그러한 행위 자체에 생명이 창조될 잠재성이 들어 있다. 금성은 세속적 쾌락을 제공함으로써, 생명에 대한 욕망도 같이 만들어낸다.

○ 다스리는 차크라
4번째 아나하타(Anahata, 하트) 차크라

○ 행성적 형태
Starry

○ 행성들 간 상호관계
수성과 토성은 금성에게 친구, 태양과 달은 금성에게 적, 화성과 목성은 금성에게 중립

금성(수크라, Sukra)의 특성

금성은 행성들 직위에서 미니스터이다. 아수라들의 스승이다. 금성은 스승이자 사랑하는 이를 나타낸다. 생명을 살리는 약에 대한 지식, 아트, 파이낸스 영역과 연관된 직업, 아트, 시네마, 극장, 그림, 음악, 디자인, 건축, 인테리어 장식, 모델, 광고, 법적 일, 가르침, 호텔, 의약, 패션, 사치스런 물품, 그리고 아내의 카라카, 행복한 결혼생활 등을 나타낸다.

금성이 강하면 예술적인 감각, 세상에 대한 지식과 추구, 사이킥 능력, 성적 능력, 쾌락, 바른 품행, 사치스러움, 아름다움, 하모니, 창조성, 풍부한 감각, 다정함, 친근함, 사랑, 젠틀함, 사회성, 분명함, 매력, 조화, 균형, 고상함, 우아함, 수준 있는 감각성 등을 준다.

금성은 여성적 행성이며 따뜻하고 습도가 있으며, 라자스, 카파와 바타 체질이다. 충직한 성향, 감각적, 관대함, 길조적인, 쉽고 잘 융화하는 성향을 가지고 있다. 금성이 라그나 혹은 라그나 로드에 강하게 영향을 미치면, 즐거운 영혼, 날씬한 몸매, 눈부시고, 사랑스러운 눈, 매력적인 외모, 예리하고 아름다운 얼굴 윤곽, 검고 윤이 나고 약간 굵은 곱슬머리를 가지고 있다. 투명한 피부, 로얄 블루 색, 다채색을 다스린다. 물의 원소, 신맛, 미각, 금요일, 남동쪽, 은, 다이아몬드, 쾌락과 오락의 장소, 극장, 시네마, 레스토랑, 침실, 아트 갤러리, 오페라와 심포니 홀, 댄스 홀, 미장원, 고상한 상품을 파는 가게, 클럽 등을 다스린다.

금성은 삼각형 골반, 성기, 욕망, 욕구, 재생, 정액, 난자, 사적인 파트, 신장, 얼굴, 눈, 목, 턱, 뺨, 피부, 정맥기관 등을 다룬다. 금성이 약하면 성적 질병, 요로질환이나 생식기 질병, 당뇨병, 빈혈, 담석증, 백내장, 성적 기관의 취약성, 마비, 폐렴, 장티푸스, 기침, 감기, 성적 도태, 불임증, 성관계를 맺는 어려움, 바디 광채의 잃음 등을 주고, 욕심, 게으름, 삐김, 애매모호함, 매력이 부족한, 감성이 부족한, 감각적 타락, 미각이나 고상함 상실 등이 나타난다.

금성은 또한 재산, 자동차, 운송수단, 편안하고 안락함, 사치스러운 것들, 아트, 댄스, 드라마, 음악, 그림, 보석, 로맨스, 가족, 돈독한 결혼, 수입과 이득, 부유함, 부, 물질적 추구, 풍성함, 경제적 융통성, 의약품, 최면술, 만트라, 장식, 향수, 꽃, 축제, 전문적 직위, 뮤지션, 가수, 작곡가, 배우, 아티스트, 댄서, 디자이너, 엔지니어, 패션 디자이너, 파이낸스 어드바이저, 보석상, 향수 전문인, 법적 어드바이저, 미니스트, 스승 등의 카라카이다. 예능과 연관된 일을 하는 사람들, 쾌락, 미, 그리고 아트, 로맨스, 은, 고상한 장식품, 시, 조언, 카운셀러, 패션 디자인 등의 일로 생계를 유지하는 사람들을 나타낸다.

금성의 베딕 심볼

금성은 가장 오컬트적이고, 파워풀하고, 미스터리한 행성이다. 지구에 미치는 영향이 가장 두드러지는 행성이기도 하다. 금성은 아수라, 데몬들의 스승이다.

금성의 심볼은 십자가가 서클에 달려 있는 모습이다. 인간의 몸에 잠재된 모든 감각 기관들이 진화적 과정을 통해 계발되어야 함을 의미한다. 십자가는 대양을 휘젓는 거사를 상징한다. 두 반대되는 세력이 암리타(영생불로수)를 얻기 위해 같이 힘을 합하였다. 금성의 충동은 지구상에 살고 있는 다양한 생명의 형태들을 생산하고 키워주는 데 중요한 역할을 한다. 십자가는 태양을 휘젓는 것 같은, 인텐스한 활동을 나타내며 서클이 나타내는 합일적인 디바인 충동은 양극화되어 액션을 펼치게 된다.

금성의 기본적 자질인 사회성은 태양을 휘젓는 거사에서 자력 같은 영향력을 표출하며, 창조적인 과정은 이러한 잡아당김으로 나타난다. 금성의 충동을 통해 음악이나 그림, 춤, 조각, 시, 건축 등과 같은 예술적인 재능으로 표현되게 된다. 아티스트 내면에 있는 디바인이 다른 레벨의 창조성으로 이향화되는 것이다. 금성은 또한 사회와 종교적 법률 작가로 잘 알려져 있다.

베딕 신화에서 수크라는 다음과 같은 의미들을 가지고 있다.

- **카비(Kavi, 시인) 혹은 카비야(Kavya, 시)**
- **아스프리지트(Asphrijit, 광채가 나는 이)**
- **쇼다샤비슈(Shodasavisu, 열여섯 줄기 빛을 가진 이)**
- **마가바바(Maghabhava, 마가의 아들)**
- **쉬웨타(Shweta, 흰)**

마가바바, 즉 마가의 아들이라는 이름은 마가의 혈통과 금성이 연관되어 있음을 나타낸다. 마가는 풍부한 생명력의 에너지를 가진 혈통으로 알려져 있다. 마가는 생산, 용기와 에너지를 갖춘 영혼을 세상으로 밀어내는 풍요롭고 부유한 것, 편안함, 성적 쾌락, 사치스런 라이프스타일을 좋아한다.

쇼다샤비수, 열여섯 빛줄기를 가진 이라는 이름은, 16가지 중요한 우주적 빛을 의미한다. 금성이 가진 16줄기 빛은 다음과 같은 것들이 에너지가 넘치도록 활성화시키는 잠재성을 가지고 있다. 피타고라스는 금성을 '또 다른 태양'의 유일한 신전이라고 부른다.

- 달이 가진 16 얼굴: 소우주(인간)를 형성하는 16요소(쇼다샤가나, shodasagana)
- 다섯 액션 기관, 다섯 감각기관, 다섯 원소, 그리고 치타(chitta, 의식)이다.
- 야기야를 하는 데 필요한 16가지 제물을 의미한다.
- 16 여신: 두가 여신, 파워의 여신이 가진 16 팔을 의미한다.
- 잉태 순간부터 죽음까지 펼쳐지는 16가지 상징을 의미한다.

수크라는 정액, 아그니, 불이라는 의미를 가지고 있다. 로드 쉬바는 자신의 변형적 에너지를 수크라로 정한 뒤 아수라들을 다스리고, 생명을 만들어내는 책임을 지고 행하도록 금성에게 명하였다. 금성은 창조적인 충동성을 발산한다. 금성이 작용하는 영역은 물질적 세상이다. 금성의 충동성은 먼저 모성애의 욕망을 인텐스하게 만든다. 대자연은 도덕적 방법들로 이를 완수하도록 하면서 영적인 삶을 추구하도록 영감을 고무시킨다. 금성적 에너지는 개인의 모성애적인 욕망을 유도하여, 신체적 안녕과 사회적 직위를 만들어내고, 사회적인 연결고리 형태 안에서 보존하는 원칙들을 돕는다. 인간 관계성, 가족적 유대, 예술적 재능, 섬세함, 감정들의 형성, 성적 쾌락의 즐거움 등을 만들어낸다. 그러는 한편, 영적인 지식을 소중히 여기는 마음을 구체적으로 만들기 위한 중요한 단계로서 작용한다.

금성이 주는 전반적인 효과들

금성은 단순한 '러브' 행성이 아니라, 영적인 센스에서 사랑을 의미한다.

- 금성은 끌어당김, 매력/멀어짐, 방해: 우리에게 심오한 헌신과 주의를 감각적으로 경험하게 만든다.
- 순수하고 조건 없는 어머니의 사랑과 같은 러브를 다스린다(그에 비해, 목성은 디바인의 사랑과 같은 최상적인 러브를 다스린다).

금성은 결혼, 성적 관계, 약속과 동의, 교화, 두 사람 사이의 이해 등을 카라카하는 행성이다. 결혼은 '끌림'과 동시에 계약이기도 하다. 결혼생활에서의 러브는 계약적이다. 다양한 레벨의 동의사항에 기반을 두고 있다(보호, 대중적 기대에 대한 충족 등의 조건으로 베푸는 개인적 서비스라고 할 수 있다). 금성은 7번 하우스의 자연적인 로드이다. 금성은 결혼을 나타내는 주요 카라카이다. 금성은 신체적 쾌락, 사치, 감각적 탐닉 등의 경험들을 삶에서 만들어낸다.

금성의 '러브'는 어머니와 자녀의 관계처럼 조건이 없거나, 헌신자와 신(때로는 구루와 제자)의 사랑처럼 초월적이지도 않다. 금성이 나타내는 결혼관계에서의 사랑은 감각적 쾌락의 끌림에 대한 효과이다. 러브는 특히 보다 기본적 수준에서 상당히 방해가 될 수 있으며, 때로는 영적인 삶에 해로울 수도 있다. 감각적 욕망은 그 사람의 의식 속에 완전히 노예화시킬 수 있다.

다섯 감각기관들이 추구하는 쾌락들을 만족시키기 위한 행위는 밑바닥이 보이지 않는 굴레와도 같아서 의식의 발전에 덫이 될 수 있다. 많은 사람들이 경험하는 슬픈 진실은, 금성의 욕망이 만족이나 장기적 행복을 가져다주지 않는다는 점이다. 오히려, 절망감, 실망, 쾌락의 상실에 대한 두려움, 약물중독 등을 가져다줄 수 있다.

그러한 결과로 인해, 금성은 '러브' 행성이 전혀 아니라, 오히려 우리를 자칫 잘못 인도하기 쉽고, 순수한 사랑의 값싼 대용을 가져다줄 수 있다. 감각적인 경험들은 진정한 사랑이 아니다. 그래서 금성은 데몬들의 구루인 것이다.

○ 금성과 목성, 최고로 길조적인 두 행성이 주는 쾌락의 차이

만약 금성이 더 강한 경우에는, 감각이나 아트들을 통한 쾌락들을 더 많이 경험하게 될 것이다. 그렇지만 이러한 느낌들에 중독이 되어 더 이상 아무 것에도 관심이 없어지는 위험성도 있다. 다섯 감각기관들이 추구하는 쾌락들을 만족시키기 위한 행위는 밑바닥이 보이지 않는 굴레와도 같아서 의식의 발전에 덫이 될 수 있다.

만약 목성이 더 강한 경우에는, 지식과 종교를 통해 더 많은 즐거움을 느끼며, 구루의 화신들을 통해 얻은 지식들이 다음 생들에도 계속 이어지는 큰 이득들이 있을 것이다(반대로 금성을 통해 얻어지는 신체적 쾌락은 금방 잊게 된다). 목성은 어떤 속단, 평가, 비판을 하거나 어떤 욕망도 벌하지 않는다. 목성은 금성의 자연적인 욕망들에 대한 아무 잘못이 있는 것처럼 보지 않는다. 브리하스파티(목성)는 그저 기다린다. 우리를 아끼고 사랑하는 부모처럼. 그의 지혜는 언제든 가능하다. 단지 학생, 제자가 보다 만족스런 것들에 대한 준비가 될 때까지.

전통적으로 영적 추구자가 금욕을 추구하는 이유가 있다. 생과 사를 거듭하는 윤회의 사이클을 단축하기 위해서는, 지속적인 쾌락적 감각을 원하는 바디의 욕망을 줄여야 한다. 금성을 최소화시킴으로써 목성을 최대화시킬 수 있다.

○ **금성과 외국 거주지**

금성이 라그나에서 12번을 어스펙트하면 '비야야파(Vyaayapa)'라고 하며, 외국 거주지를 나타내며, 대체로 즐거움을 준다. 비야야파는 우리가 방문하게 될 장소, 나라들의 타입을 나타낸다. 비야야파를 사움야가 로드하거나 사움야가 있으면, 이러한 장소와 나라들은 사랑스럽고 번영한다. 비야야파를 크루라가 로드하거나 크루가 있으면, 이러한 장소와 나라들은 가난하고, 여행 자체가 아주 스트레스를 만든다.

○ **금성이 나타내는 커리어**

- **가수와 연기**: 만약 금성이 4번, 혹은 10번에 있거나, 혹은 금성이 10번을 어스펙트하거나, 금성이 10번 로드와 합치를 하면, 가수가 되거나 연기를 생계수단으로 하게 될 것이다.
- **엔지니어**: 만약 차트에서 10번 바바와 연관된 금성이 가장 강한 행성이 되면서, 라그나와 달에서부터 파워풀한 위치에 있으며, 수성과 합치를 하는 경우 엔지니어가 될 수 있다. 금성은 빌딩, 예술적, 구조적 디자인을 다스리는 반면 화성은 토지, 대지를 다스린다.

○ 금성의 자질들

러브, 아름다움, 하모니, 배우자, 애인, 로맨스, 결혼, 파트너십, 고상함, 스타일, 교양이 있는, 매력, 평화, 기쁨, 행복, 기쁨, 포춘, 좋은 행운, 덕, 좋아할 만한, 순수함, 성심, 정직함, 젠틀함, 다정함, 친절함, 민감함, 여성적 자질들, 여성다움, 곱슬머리, 매력적, 광채, 화려함, 치장을 좋아하는, 글래머, 화장품, 패션, 꽃, 향수, 향, 실크, 아트, 춤, 음악, 노래, 드라마, 극장, 무대, 시, 문학, 그림, 부, 편안함, 사치품, 보석, 귀중한 보석, 운송수단, 말(동물), 코끼리, 우정, 동조, 헌신, 성적 쾌락, 유혹, 생식능력, 아이를 만들어내는, 쾌락주의, 비우티 숍, 호텔, 침실 등을 나타낸다.

금성이 손상된 경우, 사랑이나 정이 부족하고, 아름다운 것들을 감상할 줄 모르며, 나쁜 평판, 스캔들, 운송수단이나 비싼 물건들을 잃음을 나타낸다.

금성과 다른 행성들 합치로 일어나는 중요한 요가들

○ 금성이 토성과 상호 반대 어스펙트를 하는 경우

외로움을 나타낸다. 사회적으로 주저하며, 아는 사람들이 없고, 감정적으로 억압되고 억눌리게 된다. 열심히 일하는 사람이며 내성적이다. 여자인 경우, 글래머러스하고 사회적으로 인기가 있을 수 있다. 남자의 경우 내성적이고 수행적인 사람일 수 있다.

금성과 토성의 조합은 의식을 좀 더 기울이게 되면 서로 잘 맞춰줄 수 있는 친구 행성들이다. 금성과 토성은 상호 좋은 친구 관계이기 때문에, 만약 일과 노는 것을 적절하게 균형 잡을 수 있는 여건에 있으면, 이러한 요가는 별로 문제가 되지 않는다. 이러한 요가를 잘 다룰 수 있는 키워드는 '자신을 너무 심각하게 여기지 않는 것'이다. 이러한 요가를 가진 사람은 아주 충실한 러버(Lover)이거나 좋은 시민일 수 있다. 사랑하는 사람들과 즐길 수 있도록 시간을 만들어야 한다. 금성과 토성의 축에 라후, 케투가 얽히거나 다른 불안정적인 영향들이 있지 않는 한, 결혼생활에 아주 충실한 조합이다.

○ 금성과 태양의 합치

금성은 아름다운 것, 미를 나타낸다. 태양은 우리의 핵심적 에고를 나타낸다. 태양과 금성은 에고와 아름다움을 나타내며, 아름다운 얼굴과 외모를 준다. 하지만, 어떤 라시에 있느냐에 따라 이러한 아름다움의 효과가 더 탁월해지는 경향이 있다. 금성은 태양과 가까이 있어 자주 합치하게 된다. 더욱 좋은 효과를 내기 위해선 금성이 컴바스트가 되지 않는 것이 중요하다.

- 산양 라시에 있을 때, 태양은 화성의 라시에서 강해진다. 하지만 금성은 중립이다. 여성적 자질들이 줄어들게 된다. 우악하고 남성적 근육을 가진 외모, 청년의 몸 사이즈를 준다. 경쟁적인 스포츠에 좋다.
- 황소 라시에 있을 때, 태양은 적의 라시에 있어서 파워가 약해진다. 하지만 금성은 오운 라시에 있어 저력을 얻는다. 여성적 자질들이 강조된다. 부드럽고, 곡선이 있으며, 감각적이고, 잘 균형 잡힌 외모를 준다. 논밭과 같은 필드, 숲, 옷감이나 기름을 다루는 일들에 좋다.
- 쌍둥이 라시에 있을 때, 태양은 중립이고 금성은 친구의 좋은 영향을 받는다. 아주 아름답고 매력적이다. 대화를 요구하는 영역에서 일하면 좋다.
- 게 라시에 있을 때, 달은 태양에게 좋은 친구이며 금성에게는 적의 영향을 미친다. 금성이 심각하게 컴바스트가 되지 않는 한, 적당히 아름답고 의지력이 강하다. 가족적인 환경에서 능력을 잘 발휘한다. 암탉들 사이에 있는 수탉과 같은 위치를 즐긴다.
- 사자 라시에 있을 때, 태양은 아주 강하다. 금성의 차가운 아름다움이 지치게 되고, 소진되고, 손상된다. 만약 컴바스트가 되었으면, 금성은 아무런 힘이 없다. 그는 매력적인 캐릭터를 가졌을 수 있으나, 신체적으로 전통적인 아름다움을 전시하지 않는다.
- 처녀 라시에 있을 때, 태양은 중립이며 금성은 친구 집에 있는 영향을 경험한다. 하지만 금성은 취약을 얻는다. 다른 사람들에겐 매력적으로 보이지만, 본인 자신은 스스로의 아름다움을 느끼지 못한다. 이러한 조합을 가진 사람은 적절하게

아름답고 매력적이지만, 종종 어떤 흠이 있는 미모일 수 있다. 예를 들어 약간 비정상적인 체형이거나, 혹은 얼굴에 어떤 마크가 있는 등. 이지적인 환경에서 일을 잘한다. 특히 이러한 조합에 수성이 합치를 하게 되면, 그들이 가진 매력적인 자질들에 지성적 자질들이 더해져, 점점 더 매력적으로 된다.

- 천칭 라시에 있을 때, 태양은 적의 라시면서 취약에 있어 에너지를 잃는다. 그러나 금성은 오운 라시에서 저력을 얻는다. 여성적 자질들이 강조된다. 부드럽고, 둥글며, 감각적이고, 잘 균형 잡힌 외모를 가지고 있다. 작은 그룹이나 짝을 짓거나, 고상한 주변환경에서 일을 잘할 수 있다.

- 전갈 라시에 있을 때, 태양은 친구의 라시에서 저력을 얻는다. 금성은 중립이다. 여성적 자질들이 줄어든다: 검고 꿰뚫는 듯한 눈매가 아주 유혹적일 수 있지만, 동시에 어느 정도 컨트롤적일 수 있다. 어떤 것들을 탐구, 시도, 시험해보는 여건에서 일을 잘할 수 있다.

- 인마 라시에 있을 때, 태양은 친구의 품위에 있다. 그러나 금성은 중립이다. 확장적인 사랑스러움, 금빛이 돌고, 약간 통통하며, 쾌활한 외모를 가지고 있다. 의식을 하거나 교육적인 환경에서 일을 잘할 수 있다.

- 악어 라시에 있을 때, 태양은 적의 라시에서 저력을 잃는다. 그러나 토성은 금성에게 아주 좋은 친구이다. 뽀얀 피부, 강한 뼈, 문화적인 기준에 부합하는 매력을 갖추고 있다. 보수적인 옷차림이 잘 어울리고, 큰 위계체제 안에 있을 때 일을 잘할 수 있다.

- 물병 라시에 있을 때, 태양은 적의 라시에서 저력을 잃는다. 그러나 토성은 금성에게 아주 좋은 친구이다. 놀랄 만한 아름다움, 외모가 약간 이색적일 수 있지만 아주 매력적이다. 남다른 드레스가 잘 어울리며, 큰 의회, 모임 등에서 일을 잘할 수 있다.

- 물고기 라시에 있을 때, 태양은 친구의 라시에 있고, 금성은 고양의 라시에 있다. 아주 뛰어난 아름다움이 있다. 음악적, 예술가적 자질들이 아주 사랑스런 외모와 잘 맞는다. 같은 인종 중에서도 아주 흰 피부색을 가졌으며, 균형적인 외모이다. 확장적인 사랑스러움, 금빛이 돌고, 약간 통통하며, 쾌활한 외모를 가지고 있

다. 아티스트 세팅에 잘 맞으며, 아이들과 일을 잘한다.

ㅇ 금성과 6/8 위치에 있는 행성들

금성이 어떤 행성들과 6/8 위치에 있을 때 센스, 감각적인 쾌락의 경험을 주는 동시에 6/8 위치에 있는 행성의 영역이 항상 갈등을 겪게 된다. 차트 주인은 전 삶에 걸쳐 자신이 끌리는 것들을 취하고자 하는 성향, 그리고 다른 행성이 컨트롤하는 영역 사이에서 긴장이나 적대감을 느끼게 된다. 사랑의 선택이 전 인생에 걸쳐 갈등을 겪도록 저주받은 느낌에 시달리게 된다. 이러한 갈등은 특히 6/8 위치에 있는 행성들의 빔쇼타리 다샤가 올 때 더욱 강렬해지게 된다.

애인, 배우자, 혹은 인생 전반에 걸친 여자들과의 관계에 있어 심지어 옷이나 예술, 문학 등을 선택하는 기호에 있어서도 언제나 오프 발란스된 것 같은 불편한 느낌을 떨쳐버릴 수 없다. 설령 애정관계가 개인적 수준에서는 아주 만족스럽더라도, 사랑하는 상대방은 자의가 아님에도 차트 주인에게 질병이나, 부채, 다툼 등을 겪도록 만들 수 있다.

- **금성이 화성과 6/8 위치에 있는 경우: 금성과 화성이 서로 앵글에 있을 때는 성적인 성향이 균형을 이루었음을 의미한다. 하지만 서로 6/8위치에 있으면, 미의 기준이나 성관계 스타일이 오프 발란스적 결과가 나타나게 된다. 운동선수 같은 사람, 사냥꾼, 탐정, 혹은 아주 경쟁적 기질을 가진 사람들에게 부적절한 애정 관심이 생길 수 있다. 만약 화성이 건강하면 금성이 가진 감각적이고 여성스런 러브 성향과, 화성이 가진 근육질적이고, 남성적으로 압도하는 행위들 사이에서 생겨나는 갭을, 의도적이고 의식적인 성적 관계를 하는 방식을 통해 좁힐 수 있다.**
- **금성이 목성과 6/8 위치에 있는 경우: 교사, 롤모델, 도덕 교육가와 같은 대상에 대한 부적절한 이성적 관심으로 인해 갈등이나 적대감을 경험할 수 있다. 만약 목성이 강하면, 금성이 가진 지나친 성적 기호성과 성적으로 초월적인 지혜를 가진 목성 사이에서 어떤 적절한 형태의 원칙을 세울 수 있다. 그래서 서로 상충되는 아젠다로 인해 관계성을 해치지 않을 수 있도록 조치를 잘 취할 수 있다.**

- 금성이 라후와 6/8 위치에 있는 경우: 외국인이나, 터부를 깨는 사람이거나, 이색적으로 보이거나 행동하는 사람이거나, 혹은 저질스럽거나 금지된 약물들을 다루는 사람들에게 매력을 느끼는 부적절한 이성적 관심으로 인해 사회적인 갈등을 겪을 수 있다. 금성, 라후 다샤에 사랑하는 사람에게 부정적인 결과들을 경험하는 것을 두려워하는 것이 당연하다. 하지만 만약 라후의 로드가 강하면, 이러한 갈등은 문화적인 교육을 통해 극복할 수 있다.

8.

토성의 특성과
자질들

토성(Saturn, Shani)

토성은 태양계에서 가장 멀리 있고 또 가장 느리게 움직이는 행성으로, 차트에서 **"우리가 어떻게 집중하고, 책임을 지고, 어떻게 삶을 체계화하는가"** 하는 근원적인 힘을 나타낸다.

토성은 무지의 결과로 빚어지는 괴로움과 슬픔을 대변한다. 뿐만 아니라 토성은 우리가 계속해서 괴로움을 만들어내는 방식으로 행동하도록 부추긴다. 토성은 심리적 콤플렉스를 자극시키는 기능을 통해 이러한 일을 하고 있다. 예를 들면, 어떤 사람이 전생에 무지로 인해 이기적인 행동들을 많이 한 경우를 들 수 있다. 이번 생에서 그는 많은 부족한 것들 때문에 심리적 열등감을 만들어내는 어려운 환경에서 자라게 된다. 이러한 열등감은 다시 그가 이기적인 방식으로 행동하게끔 부추기게 된다. 그가 가진 카르마의 결과들이 모두 소멸되었을 때, 비로소 토성은 그동안 고통의 주범이었던 무지의 베일을 심리적 각성이라는 형태를 통해 벗겨준다. 이런 방식으로 토성은 그의 영향 아래 있는 영역에서 우리가 성공적인 충족을 얻는 것을 지연시킨다.

○ **BPHS**
"토성은 행성들 중에 가장 무시무시하다. 모든 생명들이 그를 두려워한다. 모든 빼앗김과 불행들을 다스리기 때문이다. 기쁘게 하면 왕국을 내릴 것이다. 하지만 잘못 건드리면 한순간에 모든 것을 빼앗아간다. 토성의 축복은 행복하게 만들 것이지만, 분노하게 되면 얼마나 철저하게 망가뜨리는지 너의 이름이 세상에서 완전히 잊어지게 만들 것이다."

"파란 사파이어처럼 눈부시고 삼지창을 들고 축복을 내리며 벌처(Vulture)를 타고 화살과 활을 쥐고 있는 이가 토성으로 알려져 있다. 오, 두 번 태어난 자여!"

"마르고 긴 모습을 가진 이가 토성이며 노란색의 눈을 가졌으며 바타 성격이며 큰 이빨을 가졌다. 게으르고 절름거리며 거친 털을 가지고 있다. 오, 두 번 태어난 자여!"

토성은 하인으로서, 다른 이들이 거부하는 모든 일들을 하고 있다. 토성은 자기가치나 자존감 문제, 빈약한 카르마의 결과로 자신이 가진 이상보다 훨씬 낮게 행동하도록 부추긴다. 그래서 자신이 가진 역량을 충분히 발휘하지 못한 채 힘들게 삶을 살도록 만든다. 좀 더 좋은 측면에서 보면, 토성은 결국에는 이득이 될 것을 알지만 그래도 하기 싫어하는 일들을 절제력, 초연함, 지구력을 가지고 해내도록 도와준다. 어두운 몸을 가진 토성은 무지를 통해 의식을 어둡게 한다. 이러한 토성의 영향이 두드러진 사람은 온몸에 어두운 그림자가 깔려 있을 수도 있다. 또한 어두운 색은 죽음을 상징하는데 바로 토성이 관장하고 있다.

토성은 냉혹한 심장을 가졌는지라 하는 행동들이 차갑게 보일 수 있다. 그는 자주 자신을 부인하는 상태에 있으며, 때로는 지나치게 꽉 막혀서 자신이 얼마나 차가운지 전혀 감을 잡지 못하는 경우도 있다.

ㅇ 약자

Sa

ㅇ 키워드

집중, 질서정연한, 체계화, 정상화, 보수적, 컨트롤, 훈육적, 시간

ㅇ 다스리는 라시

악어 라시와 물병 라시

ㅇ 긍정적 자질들

의지할 수 있는, 지구력 있는, 질서정연한, 체계적

ㅇ 부정적 자질들

후회하는, 따분한, 너무 일을 열심히 하는, 잔인한, 재미나 여유를 즐길 줄 모르는, 가난한, 제한된

ㅇ 토성의 이름

서쪽의 로드, 시간의 로드, 마지막을 일으키는 이, 안정적인 이, 컨트롤하는 이, 곪주

리고 메마른 이, 검은 이, 그림자의 아들, 느린 이

○ **신체적 특성**

키가 큰, 검거나 어두운, 굶주린 이, 긴, 큰 이빨, 구부러진 이빨, 큰 손톱과 발톱, 쪼개진 손톱이나 발톱, 핏줄이 두드러지는, 숱이 많고 거친 머리카락, 절름거리는, 뻣뻣한 팔다리, 바타

○ **성격상 특성**

잔인한, 거친, 어렵거나 힘든, 권위적인, 무시무시한, 인내적인, 참을성 있는, 비집착, 단순함, 상자 밖으로 볼 수 있는 능력, 견디는 힘이 있는(좋은 품위는 고고한 자신감으로, 취약이면 고통을 받으며)

○ **차트에서 상징하는 주요 캐릭터**

8번째 하우스(수명, 죽음, 고질적 병), 12번째 하우스(손실, 고독한 장소들, 목샤Moksha, 영적인 비집착)

○ **아바타**

쿠르마

○ **주재신**

브라마

○ **행동**

잔인함

○ **나이**

노인, 70세 이상

○ **바디 형태**

발이 네 개

○ **카스트**

수드라. 수드라들의 주 목표는 카마(Kama)이다. '감각기능이 원하는 대로 사는 삶에 대한 욕망'을 의미한다. 그들은 육체적 노동으로 사회에 봉사한다. 영성적으로 수드라 들은 육체에 제한되어 있다. 수드라들은 잠을 지나치게 많이 잠으로서 삶을 낭비하거 나, 어떻게든 진보하려 노력을 하기보다는 마약에 빠진 듯 멍청하게 인생을 허송세월 하지 않도록 조심해야 한다. 지나치게 높은 타마스는 다른 도움이 없는 한 수드라들 이 진보하는 것을 거의 불가능하게 만든다. 따라서 사트바 자질이 높은 마스터를 섬기 는 게 큰 행운으로 간주된다. 좋은 사람들과의 교류를 통해 성장이 가능해지기 때문 이다.

○ **다스리는 옷감**

누더기 옷감들

○ **보석**

파란색 사파이어

○ **최상의 방향**

서쪽

○ **도샤/아유르 베다 체질**(행성이 가진 캐릭터)

바타. 바타는 이지와 머리 쓰는 것을 좋아하는 캐릭터이다. 바타는 사회지향적이며, 우유부단하며, 쉽게 영향을 받거나 두려워하고, 인내가 부족하다.

○ 환경

숲이 우거진 산

○ 가족에서의 위치

웃어른들, 보통 사람들, 대중들. 토성은 모든 인류가 공통적으로 씨름하고 있는 대소사들을 대변한다. 이러한 기질이 토성을 보통 사람, 민주당원으로 만든다.

○ 다스리는 곡식

깨

○ 다스리는 감각기관

촉각(라후와 함께)

○ 다스리는 기본물질

쇠

○ 다스리는 금속

납(Lead)

○ 기본요소

공기. 초연함이나 비집착 등의 형태로 반응한다.

○ 구나스/성향

타마스. 토성은 게으르고, 생기가 없고, 우울하기 때문에 타마스하다. 타마스는 영적으로든 물질적으로든 우리가 행복해지는 것을 막는 장애적 특성들을 가지고 있다. 타마스는 무지의 결과를 낳는다. 타마스 특성들은 감각 대상에 대한 집착, 위선, 동정심, 규율에 대한 서툰 센스, 존경받기를 원함, 비활동적, 어리석음, 둔함, 부끄러워함,

논리에 맞지 않음, 냉담함, 원하는 것만 하는 성향, 미루는 성향, 퉁명스러움, 속임, 조심성 없음, 태만함, 매사에 아집이 강함, 잘못을 지적당하면 화를 내고 조심하라는 충고만 받게 되면 건성으로 듣는 경향, 비뚤어짐, 이중적 성향, 머리는 좋지만 가슴이 차가움, 탐욕스러움, 인색함, 훔치는 기질, 구걸적 성향, 미신적, 배신적 기질, 습관적 거짓성, 움츠리는 태도, 혹은 자신감 결여 등이 있다.

○ 지배하는 왕국(Kingdom)

다투(미네랄). 생명이 없는 것들의 왕국

○ 시선을 두는 방향

아래로 향함. 아래로 쳐다보고 있는 행성들은 자신들이 가진 욕구나 이상을 실현하는 데 어려움을 겪는다. 토성은 우울하다 보니 앞으로 한 발자국을 떼는 것조차 어렵게 느껴져 시선을 아래로 두고 있다.

○ 숙성하는 나이

36. 서른여섯 살이 되면 자기단련이나 무언가에 집중할 수 있는 능력이 숙성하게 된다. 이때가 되면 개인적 삶의 방향이나 의무에 대한 분명한 이해를 하게 되고, 또, 열매를 거두기 위해선 무엇을 해야 하는지 알게 된다.

○ 지배하는 기간

69세부터 108세까지(라후, 케투와 함께). 이들이 지배하는 기간은 이 생에서 할당된 카르마를 완성하고 서서히 약해져서 종래에는 죽음을 맞이하는 기간이지만, 또 다르게 보면, 마침내 삶에 대한 초연함이나 깨달음을 얻게 되는 기간일 수도 있다.

○ 습도

건조함

○ 성향

크루라(잔인함). 자연적 흉성. 토성은 자신이 영향을 미치는 영역에서 지연과 분리를 초래하기 때문에 흉성으로 간주된다. 토성이 이러한 어려움을 만들어내는 이유는, 우리가 지었던 빈약한 카르마에 대한 결과를 받아야 하기 때문이다. 인과법칙에 따르는 카르마를 충분히 치러내지 않는 한 토성이 영향을 미치는 영역에서 덕을 받을 수 없게 된다. 토성은 우리가 생에서 짊어져야 하는 십자가를 나타낸다.

○ 상징 숫자

7

○ 자아적 위치

내면적 슬픔

○ 장소

잡동사니 혹은 쓰레기들이 쌓인 더러운 곳. 토성은 지저분하고 더러우며 허름한 모든 장소에 살고 있다.

○ 다스리는 식물

비틀어지고 쓸모가 없는 나무들. 토성은 낡고 오래되어 더 이상 아무런 용도가 없는 것들을 계속 지키려는 토성의 기질을 나타낸다. 외적으로 보수적인 성향을 지키고 내적으로 심리적 방어의식을 고수함으로써 토성은 자신이 가진 기질을 보수하고자 한다. 이렇게 행동함으로써 안정된 감정을 지키고자 노력하는 경향이 있다.

○ 행성들 간 지위

하인, 서비스 제공자. 토성은 하인으로서 다른 이들이 하기 거부하는 일들을 모두 도맡아 하고 있다.

○ 움직임

토성은 한 개의 라시에 약 2년 반 정도 머문다. 조디액을 한 번 회전하는 데 약 30년이 걸린다.

○ 다스리는 숫자

8

○ 계절

씨시라(Shishira). 1월 22일부터 3월22일, 늦겨울

○ 에너지/성별

중성. 중성적 행성들은 균형을 이루어주는 능력이 있다(수성은 분별심을 통해 균형을 이루게 해준다). 토성은 단련과 비집착으로 균형을 이루게 해준다.

○ 피부색깔

어두움. 어두운 몸을 가진 토성은 무지를 통해 의식을 어둡게 한다. 이러한 토성의 영향이 두드러진 사람은 온몸에 어두운 그림자가 깔려 있을 수도 있다. 또한 어두운 색은 죽음을 상징하는데 바로 토성이 관장하고 있다.

○ 맛

톡 쏘는 맛

○ 다스리는 시간

사마(Sama) 일 년

○ 다스리는 신체부분

건(snayu, sinew)

○ 다스리는 차크라

1번째 물라(Mula, 뿌리) 차크라

○ 행성적 형태

Starry

○ 행성들 간 상호관계

수성과 금성은 토성에게 친구, 태양과 달과 화성은 토성에게 적, 목성은 토성에게 중립

토성(샤니, Shani)의 특성

샤니는 토성을 나타낸다. 샤니는 토요일의 로드이다. 그는 타마스 성향이고, 힘든 방식으로 배우는 것을 나타내고, 커리어와 수명을 나타낸다. 샤니라는 이름의 어원은, '샤나예 크라마티(Shanaye Kramati, 천천히 움직이는 이)'에서 유래되었다. 토성은 태양 주변을 한 번 회전하는 데 약 30년 정도가 걸린다. 다른 행성들에 비해 천천히 움직이기 때문에 샤나이챠라야라는 이름을 가지게 되었다. 샤니는 데미(Demi, 'half') 데바로서, 태양의 그림자 아내 차야 사이에서 태어난 태양의 아들이다. 토성의 신화에 따르면, 아기 토성이 태어나자마자 눈을 뜨니 난생 처음으로 태양은 이클립을 일으키게 되었다고 한다. 이 스토리는 점성학 차트에서 토성이 미치는 영향을 분명하게 상징하고 있다. 토성은 어두운 색을 가졌으며, 검은 옷을 입고, 검과 화살 그리고 두 개의 단검을 들고, 검은 까마귀 혹은 검은 갈가마귀를 타고 있다고 한다. 때로는 아주 못생기고, 늙고, 절름발이이며, 긴 머리카락과 이빨, 손톱을 가진 이로 표현하기도 한다. 그는 토요일을 다스린다.

토성은 행성들 직위에서 하인에 해당한다. 의회의 의원과 낮은 계층 사람들을 대변하는 리더를 나타낸다. 보수가 낮고 일은 어려운 직업들을 나타낸다. 일꾼들의 리더십, 공무원 직위를 얻고자 하는, 노동력을 요구하는 산업, 루틴으로 하는 일, 엔지니어, 부동산 중개인, 연구원, 과학자, 노동과 연관된 일들, 뿌리와 열매들을 관리하는, 하인들 관리, 상한 음식을 다루는 일, 돌이나 나무를 재료로 하는 일들, 도살꾼, 땅 밑에서 나오는 물건이나 일들을 하는 사람들, 완벽하고 최고 수준의 인간적 자질들을 나타내고, 영성, 비집착, 집중력, 내향성, 의무감, 신뢰성, 정직함, 인간성, 진심, 안정성, 수명, 권위성, 수행, 책임감, 보수성, 실질성, 현실성, 끈기, 디테일한 능력, 심각함, 한결같음, 일정함 등의 카라카이다.

토성은 중성인 행성이며, 차갑고, 건조하고, 수축하고, 성질을 잘 내고, 피곤하고, 타마스, 그리고 바타이다. 크루라 행성으로 잔인하고, 이기적이고, 게으르고, 거친 성향과 차가운 심장을 가지고 있다. 만약 토성이 라그나, 혹은 라그나 로드에 영향을 미치면, 마른 몸, 긴 키, 갈색이며 움푹 파진 눈, 튀어나온 이빨, 두드러지는 동맥, 주름, 긴 손과 얼굴, 게으르고 멜랑콜리한 성향이며, 거칠면서 숱이 너무 많은 머리를 가지고 있다.

토성은 카르마 행성으로써, 우리가 과거에 무지와 해로 축적한 부채들을 갚게 하는 것이 주 의무이다. 토성이 가진 특성들은 다양한 라시들에서 노력을 해야 함과 주로 좌절감을 느끼는 상황들을 만들어낸다.

토성은 과거 생에서 마치지 못한 비즈니스, 특히 아주 오래된, 잠재의식 속에서도 기억하지 못하는 아득한 과거 생에 무지로 한 액션들로 인해 생겨난 인과관계 법칙 결과들을 완성해야 하는 운명을 보여주는 행성이다. 토성은 카르마의 행성이다. 토성은 과거 생의 무지로 인해 축적한 부채가 가진 양이나 질들을 보여준다.

토성의 베딕 심볼

토성의 기하학적 모형을 보면, 반 서클이 크로스에 매달려 있다. 진화하고 있는 개인 존재 안에 있는 디바인 지성이 물질적 환경에서 영적인 목표를 향해 자라고 있음을 나타낸다. 토성은 샤나이쉬차라야라는 이름으로 알려져 있는데, 천천히 움직이는 스승이라는 뜻이다. 토성은 소울 안에 내재한 영원한 본성에 대한 깊은 관심을 가지고 행동하는 행성으로서, 소울이 가진 오리지널 능력을 드러내게 한다.

토성의 충동하에 배운 지혜들은 삶에서 겪는 힘의 투쟁에 달려 있다. 명상, 수행, 묵상, 욕망의 해소와 물질적인 집착을 놓기 위한 노력들이 열매를 맺기 위해선 아주 오랜 시간이 걸린다. 이러한 결과들은 학생들에게 스승이 인내심을 가지고 끊임없이 일을 하며 그들이 가진 정신심리적 상태를 계속 조정할 수 있어야만 가능하다. 크로스 아래에 달린 반 아치는, 토성이 천천히 가지만 그러나 분명하게 장기적으로 오래갈 수 있는 결과들을 가져온다는 의미를 나타낸다.

베딕 신화에서 토성은 태양과 그림자 아내 차야의 아들이다. 이러한 연결성은, 토성이 물질적 베일을 통해 태양의 빛이 뿜어져 나오게 하는 힘임을 의미한다. 그리고 토성이 유일하게 그림자를 만들어낼 수 있는 능력을 가지고 있음도 의미한다. 그림자를 만들어내는 것은 태양의 순수한 빛이 물질에 의해 장애를 받음을 나타낸다.

토성을 칭하는 몇 가지 이름들은 다음과 같다.

- 아쉿(Asit, 검고 어두운 블루)
- 수리야푸트라(Suryaputra, 태양의 아들)
- 만다(Manda, 느리고 멍청한)
- 삽타차라(Saptachara, 일곱 불꽃 혹은 줄기를 가진 이)

이러한 이름들 중에서, 특히 중요한 '삽타차라'라는 이름은, 우주적 진화가 의식적, 무의식적으로 펼쳐지는 동안 개인 존재가 하는 모든 행위들의 이면에 깔린 기본적인 특성들을 표출하는 다음과 같은 일곱 가지 채널을 의미한다.

- **의지: 대자아적 원칙에 입각하여 작용한다.**
- **지혜: 지성에 입각하여 작용한다.**
- **행위, 생각: 활성화된 우주적 지성에서부터 나온다.**
- **진리에 대한 추구: 과학적인 것을 추구하게 하고, 때로는 불가지론자로 만들기도 한다.**
- **종교적인 끌림: 영적으로 만들고 정화를 시키기 위해 개인을 의식이나 야기야 등에 끌리게 하는 힘을 준다.**
- **아티스트: 파인 아트를 순수한 형태로 추구하면서 우주적인 삶에 몰입하고자 하는 성향을 준다.**
- **신비주의, 비전가: 같은 소울이 모든 곳에서 서로 다른 모습으로 펼쳐지는 것을 깨닫게 해준다.**

그리하여, 토성이 가진 진정한 본성은 손에 쥐고 있는 화살, 창, 활과 같은 무적무패의 무기가 상징하는 디바인의 파워를 의미한다.

- **화살은 표적 대상이 죽여야 하는 희생물이거나, 혹은 스승에 대한 존경심으로 지시대로 그냥 화살을 쏘는 것이든지, 궁수와 표적대상 간에 직접적인 컨택트를 만든다. 희생 대상을 향해 쏘아진 화살은 그가 가진 카르마적 부채를 갚고 깨달**

음의 길에 들어가게 한다. 더 높은 자아를 향해 그가 나아갈 수 있게 해준다.

- 창은 가까운 반경 안에 있는 침입자를 찌른다. 토성은 자신을 위협하는 대상을 두려워하지 않는다. 토성이 미치는 영향은 질병, 상처, 시기상조적으로 도움과 사회적인 지위를 잃는 것을 포함한다.
- 활은 미사일을 쏘는 토대와도 같다.

그뿐만 아니라, 수술을 잘하는 스킬, 복잡한 질병을 고칠 수 있는 힐링 허브에 대한 전문성 등뿐만 아니라, 디바인 미스터리에 대해 알 수 있는 능력도 모두 토성이 담당하고 있다. 훌륭한 외과의사처럼, 토성은 어떤 질병이 있으면 그냥 대수롭지 않은 척 묻어버리기보다는 장기적인 웰빙에 더 관심을 가지고 있다. 토성은 일곱 가지 빛줄기를 통해 소울을 궁극적인 운명에 끌어당긴다. 벌쳐는 토성이 타고 있는 운송수단이다. 그리다(Gridha)는 '욕심'과 '속임'이라는 의미를 가진 산스크리트어이다. 토성은 그 사람이 가진 물질적 욕심 때문에 좌절하게 만들고, 이러한 열정적인 열망의 겹들을 파괴하고 없애서, 궁극적으로 영성을 깨우쳐 가장 높은 운명을 향해 가이드를 한다.

토성이 주는 전반적인 효과들

품위가 좋은 토성은 다음과 같은 특성들을 가지고 있다.

○ 사회적인 정의

고양, 물라, 오운의 토성이 두스타나 하우스에 있으면, 아주 예외적인 서비스 능력을 줄 수 있다. 이러한 토성을 가진 이들은 주로 공공 서비스직을 하기 원하거나, 혹은 큰 기관에 고용되기도 한다.

○ **평범한 사람을 높이 올려준다**

구조나 체계가 잘 잡힌 공공기관, 건강단체나 구원서비스 등의 기관에서 일을 하며 보통 사람들이 가진 사연들에 아주 깊은 동정이나 공감을 잘한다. 좋은 품위의 토성을 가진 사람들은 자신이 하는 일을 통해 많은 사람들에게, 혹은 대중에게 기여를 하게 된다.

○ **3번 하우스에 있을 때**

대중기관의 소통과 연관된 서비스를 주로 하는 경향이 있다. 그는 사회지원 단체의 '고객서비스'를 향상시키기 위해 부단히 노력한다. 광고 프로그램을 통해 '말이 밖으로 나가게 하는' 역할로, 불이익을 받는 사람들이 보다 쉽게 지원혜택을 받을 수 있도록 노력한다.

○ **6번 하우스에 있을 때**

공공 의료기관이나 공공의 정의를 위해 서비스를 하는 경향이 있다. 이러한 토성의 이득을 보는 이는 가난하고 아픈 대중들이다. 그리고 범죄자들, 경찰, 피해자들 등이 겪는 심각한 불이익들도 6번에서 훌륭한 토성을 가진 사람에게 도움을 받는 대상들이다. 대체로 크루라 행성이 나쁜 하우스에 있으면 좋은 효과를 가져온다. 이러한 토성은 국가 의료 서비스, 저수입층을 위한 의료 서비스, 경찰 일 등에 좋다.

○ **8번 하우스에 있을 때**

숨겨진 이득이 있는 영역에서 서비스를 한다. 전형적으로 규모는 크지만 비밀스런 개인단체, 반공기업 단체 등에서 비밀스런 업무를 하게 된다.

○ **숨겨진 서비스직 종사**

국가 혹은 국제비밀단체, 감옥제도, 보호기관, 금고보호기관 등, 이러한 비밀단체의 행정일 등을 할 수 있다.

ㅇ 세바(Seva)

의식적인 서비스라는 의미이다. 과거 생의 나쁜 효과들을 태우는 데 아주 확실한 방법이다. 토성은, 우리가 어떻게 의식적으로 이러한 서비스들을 할 수 있는지 보여준다. 어떤 일들을 의식적으로 서비스할 수 있는지는 차트에서 토성이 있는 라시나 다른 행성들이 토성에게 미치는 영향 등을 통해 결정된다.

ㅇ 나이들거나, 오래되고, 쇠진되고, 무용한 것들을 통해 얻어지는 이득

토성은 이러한 낡고 가치가 쇠진한 것들을 통해 가난하고, 블루칼라 노동자들, 대량 생산, 싼 것들, 심플하고, 흔한 장소에 찾을 수 있는 것들을 다루는 일을 하면 이득을 볼 수 있게 한다.

이외에도 토성은 정해진 원칙을 가지고 있다. 주어진 도전이나 수행을 분명한 마음으로 이행할 수 있을 정도로 의식적이라면, 토성이 분명하게 주는 이득들이 있다. 토성의 다샤나, 사데사티와 같은 챌린지를 잘 이겨내고 장기적으로 토성이 주는 이득을 누릴 수 있기 위해서는, 다음과 같은 행동 원칙들을 기억해야 한다.

- **모든 레벨에서 '책임'에 대해 명심한다. 토성은 중립성의 책임, 희생양이 아니라 책임성으로 보상한다. 중립적인 책임이란 침착하고 경험이 많은 어른이 내리는 판단이며, 반응적이고, 어떤 죄의식이나 슬픔도 가지고 있지 않다.**
- **매사에 아주 조심을 해야 한다. 토성은 디테일에 대해 아주 신경질적일 정도로 주의를 요구한다. 어떤 프로젝트, 집, 결혼 영역에서든 소소한 디테일에서부터 전체적인 전략까지 완전한 책임을 져야 한다. 토성은 완벽주의자이다.**
- **구석구석을 깨끗이 청소해야 한다. 토성은 '아래에서부터' 일을 하기 때문에, 토성이 주는 효과는 막힌 내적 깊이에 막힌 감정이나 부정적인 기대들로 채워진 아스트랄 기억들, 어둠 속에서 어슬렁거리고 있는 물질적 대상들 등에서 찾아볼 수 있다. 리액션적인 반응을 하는 경향, 집착, 충동적, 미신적인 성향, 내용보다는 형식을 강조하는 경향, 영적인 법칙보다는 물질적인 법을 따르는 경향 등등이 있는지 잘 점검해야 한다. 내면에 축적된 분노, 원한, 슬픔, 희생양적인 기질 등의**

태도를 잘 정화시켜낼 수 있도록 노력해야 한다.

• 한계적인 부분에만 집중하여 생각해야 한다. 오로라를 집중시켜야 한다. 토성은 좁은 시각을 가진 보수주의이다. 토성은 '나와 너'에 대해서만 생각한다. 보다 폭 넓은 철학이나 글로벌적인 사고는 다른 북티(목성이나 달과 같은)에 넘긴다. 토성은 지켜야 할 것, 보수적인 것에만 집중한다. 토성은 살아남고자 하는 아젠다만 가지고 있다.

• 재능을 키워야 한다. 토성은 시간, 노력, 기술, 전문적인 판단 등에 보상을 준다. 현생에서 개발한 지성과 스킬들로 다른 사람들에게 좋은 서비스를 할 수 있다면, 토성은 사회의 이득을 위해 노력하는 당신의 근면함과 헌신에 대해 보상을 내릴 것이다. 하지만 만약 단편적이고, 이상적이고, 쉽게 믿고, 천사가 내려와 구제해 주기를 기다리고 있다면 파멸을 내린다.

• 심각해져야 한다. 그러나 너무 심각하지는 말아야 한다: 토성은 기능적, 구조적인 행성이다. 토성 다샤 동안 어느 정도 조심을 하는 것은 좋다. 그러나 너무 심하면 병원 신세를 지게 된다.

• 고행을 환영해야 한다. 토성은 미니멀리스트이다. 적을수록, 심플하게 살수록 더 좋아한다. 현대 미디어에서 보이는 온갖 허영, 사치 연관 메시지들을 무시하라 (목성이나 다른 해당 하우스 로드의 다샤가 오면 그때 즐기면 된다). 토성은 지나침을 벌주고, 고상함에 보상을 준다. 정리정돈을 해야 한다. 적을수록 더 많을 것이며, 적게 필요할수록 살아남기가 쉽다.

• 서비스를 해야 한다. 토성은 노예들의 로드로서, 중립적인 서비스에 대한 보상을 한다. 토성은 가난, 무지, 더러운 쓰레기, 어둠, 추움, 그리고 디바인 환희에서 나오는 순수한 온기의 빛을 막는 모든 장애물들을 로드한다. 가난이나 무지에 고통받는 이들에게 봉사하고자 하는 성향을 따라가라. 하지만 조심해야 한다. 토성은 동정심이 아니라 자비심을 요구한다. 토성은 중립성, 중립성, 중립성을 지키고 있다는 것을 명심해야 한다. 토성은 건전한 판단에 보상을 내린다. 하지만 편견에는 중벌을 내린다. 토성은 능숙하게 중립적인 자비심을 베푸는 것에 보상을 내린다. 하지만 복잡하게 꼬인 감정적인 동정심을 베푸는 것에는 벌을 내린다.

- 기본에 충실해야 한다. 특히 다른 사람들에게 서비스할 때. 모든 사람은 의, 식, 주의 권리를 가지고 있다. 그러므로 쓸데없이 오버 하기보다는 효율이 있을 거라고 아는 것만 하는 것이다. 공연한 확대해석이나 상상, 비전적인 생각은, 수성이나 달의 다샤에 밀어둔다.
- 집중해야 한다. 토성은 시간의 로드이다. 어떤 종류의 시시한 시간 낭비하는 것을 참지 않는다. 토성은 집중, 법이나 원칙들에 맹렬한 주의를 기울이고, 주어진 의무에 헌신하는 이에게 보상을 내린다.

토성은 또한, 과거 생의 도덕적 오류들을 바로잡아야 할 의무를 가지고 있다. 이러한 과거의 판단 오류들이나 불미스런 사회적 결과들은, 각 소울이 가진 '아카샤(Akasha, 영靈) 기록장부'에 아주 자세하게 기재되어 있다. 토성은 죄, 부족한 것들을 다스린다. 인간이 가진 무지의 모든 본질적인 완벽함은 모두 '이기심', 즉 생존본능적인 생각, 결여 의식, 두려움, 그리고 일곱 가지 죽을 죄악(자만심, 부러움, 지나친 욕심이나 식욕, 탐욕, 화, 욕심, 게으름)에 뿌리를 두고 있다. 골든 법칙은, 지식과 죄를 고치려 하는 의식적 노력, 그리고 등에 지고 있는 토성을 벗어나는 것이다.

이렇게 관대하고, 자선적이고, 자비로운 자세로 하는 액션들은 골든 법칙들을 이행하는 것이다. 긍정적인 사회적 노력은 아카샤 장부에 '일곱 가지 크레딧(사리분별, 절제, 정의, 꿋꿋함, 자선, 희망, 신념)으로 기록될 수 있다.

토성의 역할은 관계성, 일, 가족, 부와 연관된 모든 일들을 충분히 어렵게 만들고자 하는 것이다. 그래서 우리가 하는 생각이나 행동들이 다른 사람들에게 어떤 효과를 가질지 멈춰서 생각해보게 하기 위해서이다. 이는 모두 '자비심'의 덕에 포함된다.

○ 장애물들의 로드인 토성
토성은 경직성, 건조함, 추움, 쇠진 등과 연관되어 있다. 토성의 가장 큰 적은 화성(피, 근육, 움직이는 에너지의 로드)과 태양(열, 도덕적 자신감, 디바인 에너지의 로드)이다.

토성은 이러한 흐름을 막는 다음과 같은 장애물들을 다스린다.

- 건강은 균형적인 에너지가 막힘이 없이 자유롭게 흐르는 상태이다. 그러므로 어떤 형태로든 신체적인 막힘으로 인한 장애는 토성의 영역이다. 그러한 장애들은 정신, 심리, 감정적인 뿌리를 가지고 있다. 그런데 토성의 기간 동안에 이러한 신체적 현상들이 강렬해져서, 보통 신체적으로 직접적인 치료를 요구한다.
- 토성은 억눌림, 억압, 제한, 뼈, 이빨, 고정된 구조, 그리고 과거를 다스린다. 종양처럼 과거에 매여 있거나, 이빨이나 뼈의 통증 등과 같은 신체적인 질병들, 혹은 아토피와 같은 위축증, 동상, 피부감염증 등은 모두 토성이 가진 특성들에 들어간다.
- 토성은 1번째의 물라(Mula, 뿌리) 차크라 영역에 영향을 미친다. 대장이나 항문에 연관된 질병 등이 포함된다. 토성은 이러한 질병, 장애들에 지나치게 조이는 상태를 의미한다.
- 동맥이 막혀서 생기는 심장병을 줄 수 있다. 억눌린 신경계로 인해 척추에 바늘로 찌르는 듯한 통증을 느끼는 것, 뼈가 부러지거나 금이 가는 것, 혈액순환이 막히는 것 등이 토성의 영역이다.
- 가난과 노년에 생기는 병, 영양실조, 동맥경화증, 관절염, 골다공증 등도 토성의 관할이다.

○ **토성이 위치한 하우스와 효과들**

토성은 보통 자신이 위치한 하우스 팩터들을 보호한다. 그러한 영역이 천천히 나아지도록 보장해준다. 토성이 위치한 하우스의 것들은 천천히 일어난다. 그러나 위치한 하우스 팩터들과 연관하여, 파괴를 하기보다는 아주 디테일하고 치밀하게 만든다는 사실을 기억하는 것이 중요하다.

토성이 로드하는 하우스와 연관하여 6/8 혹은 2/12에 위치하고 있다면, 어떤 좋은 결과들도 나타나지 않도록 트러블을 만들게 된다. 이런 경우에는, 중립적인 수용성이 가장 좋은 덕이다.

토성이 두스타나에 있는 사람의 경우에는 낮은 기대들을 가지는 것이 현명하다. 그러면 차트 주인이 해야 할 일들에 토성이 방해를 놓지 않을 것이다. 그저 사회에 대한 겸손한 공헌을 한다는 생각으로 자신이 가진 재주들을 단순히 이행하면 된다. 설령 토성이 6번, 8번, 12번 하우스에서 열악하게 위치하고 있는 경우라도, 토성이 가진 분명하고 비감정적인 현실주의적 사고에 기준을 한 정신적, 신체적 자세들을 고수하는 것이 가장 현명한 대처방법이다.

9.

라후와 케투의
특성과 자질들

라후와 케투는 다른 일곱 행성들처럼 하늘에 실체를 가진 행성이 아니라 일식과 월식을 일으키는 식(蝕) 포인트들로서, 우리들 삶의 길을 결정하는 가장 핵심적인 카르마적 포인트들이라는 사실에 대해서 입문서 1권, 2권을 통해서 이미 상세하게 소개를 하였다. 다른 어느 베딕 신화보다도 밀크 대양을 휘젓는 거사를 통해 탄생하게 된 라후와 케투의 스토리는 죠티샤에서 가장 핵심적인 상징성을 가지고 있다. 카르마의 법칙과 윤회사상의 키를 이들이 쥐고 있기 때문이다. 밀크 대양을 휘젓는 거사를 통해 살펴보았듯이, 라후와 케투는 원래는 한 몸이었던 아수라 스바바누가 데바로 변장을 한 뒤, 데바들 틈에 끼어 암리타 넥타를 몰래 얻어먹는 데 성공할 수 있었다. 그런데 태양과 달이 스바바누의 정체를 알아채고 비슈누에게 고하는 바람에 그는 머리와 몸이 두 동강이 나는 변을 당하게 되었는데, 이미 암리타 넥타를 마신 뒤라 영생을 얻었기 때문에 죽지는 않았다. 하지만 분리가 된 머리 부분은 라후가 되고 몸통 부분은 케투가 되었다. 이들은 다시 하나로 합칠 수 있기를 갈망하지만, 항상 서로 180도 정반대 편에 떨어져 있어 결코 다시는 한 몸이 될 수는 없는 운명을 가지고 있다. 이러한 기구한 운명에 처하게 만든 연유는 태양과 달에게 있기에, 라후와 케투는 호시탐탐 복수할 기회를 엿보고 있다. 일 년에 2회 정도 그러한 기회들을 가지게 되는데 하지와 동지를 전

후하여 일어나는 이클립 시즌(Eclipse Season)을 통해 연평균 7회 정도 일식과 월식으로 이들을 '집어삼켜버리는' 복수를 할 수 있게 된다.

이러한 신화가 상징하는 바는 아주 깊고 심오하다. 태양과 달이 없으면 밤과 낮이 존재하지 않으며, 지구상의 생명들도 유지될 수 없으며, 세상도, 우주도 존재할 수가 없다. 마찬가지로 영혼과 마음은 존재에 생명을 불어넣고 유지시켜주는 삶의 근원적인 힘이다. 태양은 아트만, 불변의 영혼, 아무리 많은 생을 통해 육체와 무대를 옮겨가더라도 절대 사라지거나 변할 수 없는 원천적인 생명의 빛을 의미한다. 달은 마나스, 마음과 감정, 현생만이 유일하고 전부인 세상이라 착각하고 이기적이고 자기중심적으로 살아가는 에고(개성) 마인드를 의미한다. 이들에게 살아야 할 이유를 제공하는 힘은 라후와 케투이다. 태양과 달은 정기적으로 사라졌다가 다시 살아났다가 하는 과정을 반복하면서 점점 더 성장하고 진화할 수 있게 된다. 이들을 정기적으로 사라지게 만드는 라후와 케투는 존재의 근원적 힘인 영혼과 마음마저도 이클립시킬 수 있는 무시무시한 힘을 가졌음을 의미한다. 죠티샤에서 그 어느 행성보다도 더 중요하게 다루고 있는 이유도 이 때문이다. 차트에서 라후와 케투가 있는 곳은 환골탈태를 하는 것과도 같은 결의와 용기, 충격요법들이 필요함을 나타낸다. 그리하여 비록 아수라로 태어났지만 데바들처럼 영생과 깨달음을 성취할 수 있게 하는 큰 잠재성을 이들이 보여주고 있다.

라후와 케투가 가진 상호적 힘

라후는 목성처럼 확장적인 성향과 기질을 가지고 있다. 그러나 혼란스럽고 묘한 방식으로 한다. 케투는 토성이나 화성처럼 제한적인 성향과 기질을 가지고 있다. 그러나 초연하고 비개인적인 방식으로 한다. 라후는 무수한 전생을 통해 아주 오랫동안 억제해놓은 욕망들을 현생에 풀어놓는다. 라후는 욕망의 흥분적 면을 대변하는데, 대체로 새롭고, 금지되고, 이전에 없었던, 혹은 기존 전통에 도전하는 어떤 것들에 대한 욕망을 나타낸다. 라후가 가진 욕망이 풀리게 되면 표출된 흥분도 서서히 줄어들면서 무관심을 나타내는 케투를 다시 자극시키게 된다. 케투는 '이미 할 수 있는 모든 것들은 다 해보았다'라는 자세를 가지고 있으며, 종종 극도의 쇠진이나 좌절감을 투영한다.

라후는 우리가 과거 생에 가지고 있던 파워풀한 욕망과 환상들을 현생에서 물질적 형태로 가져온다. 강한 라후를 가지고 태어난 사람은 전생에서 많은 내공을 이룬 것을 의미한다. 그래서 현생에서 무의식적인 이미지를 의식적인 이미지로 만들 수 있는 영적인 힘과 능력을 라후가 부여한다. 욕망이 가진 힘을 통해, 물질적 영역에 그러한 이미지를 형상화시킬 수 있게 한다. 이처럼 라후가 파워풀한 이유는 욕망이 가진 힘 자체가 아주 파워풀한 것이기 때문이다.

케투는 라후의 반대적 세력이다. 라후는 금성과 목성처럼 허용적이고 확장적이다. 그러나 케투는 토성이나 화성처럼 제한적이다. 라후는 열정적이고 욕망적인 반면, 케투는 비집착적이고 명상적이다. 케투가 있는 하우스, 라시, 어스펙트, 그리고 다른 특성들은 이미 라후에 의해 형상화된 이미지를 나타낸다. 그래서 이제는 원하는 것을 끝내고, 에고로부터 자유로워지고자 하는 힘을 나타낸다.

어디든지 케투가 있는 곳은 차트 주인이 비집착하고, 비열정적이고, 침착하고, 그러한 영역이 나타내는 것들에 대해 무관심하게 만든다. 라후는 뭐든지 경험하고, 소유하고, 컨트롤하고자 하는 강한 집착을 나타내기에, 라후가 있는 곳에서 그러한 성향이 극단적으로까지 발현되게끔 한다. 그러면 케투가 가진 반대적인 비집착 성향이 작용하여, 절망감, 사랑이나 인정을 받을 수 없는, 거절당함으로 인한 무가치성 등의 사이클을 작용시킨다. 이러한 사이클은, 에고적인 수준에서 차트 주인이 아주 절망적이게 만들 수 있다.

이처럼 라후와 케투는 독자적으로 작용하는 것이 아니라 시소처럼 항상 서로 밀고 당기는 상호역동적인 방식으로 작용하고 있다. 이들은 차트에서 어디에 있든지 연관된 삶의 영역들에 예상하기 힘들고, 극복하기 어려운 챌린지들을 만들어낸다.

라후와 케투와 같은 루나 노드들을 이해하는 데 가장 중요한 것은 이들은 아무런 하우스나 라시들을 오운하지 않는다는 점이다. 이들은 그들이 있는 하우스와 라시의 로드들을 증폭시키거나 방해하는 기능을 하게 된다. 그리고 라후와 케투는 다른 합치하는 행성들도 증폭시키는 효과가 있다. 이들이 다음과 같은 라시나 하우스들에 있게 되면 노드들의 영향이 좀 더 길조적이거나 덜 힘든 방식으로 작용하게 된다.

라후와 케투가 덜 치명적으로 작용하는 하우스, 라시들

- 1번, 5번, 혹은 9번과 같은 좋은 하우스들에 있을 때
- 화성이나 토성이 두 노드 모두에게 합치나 어스펙트를 하지 않을 때
- 토성이 좋은 하우스나 라시에 있으면 라후는 더 나은 효과를 준다(라후는 토성과 같다).
- 화성이 좋은 하우스나 라시에 있으면 케투는 더 나은 효과를 준다(케투는 화성과 같다).
- 요가 카라카 행성과 합치하거나, 혹은 10번 하우스 로드와 합치할 때
- 라후는 수성의 라시에 있을 때 보다 길조적으로 행동한다(처녀 라시에서 더 나은 효과).
- 케투는 목성의 라시에 있을 때 보다 길조적으로 행동한다(인마 라시에서 더 나은 효과).
- 라그나에 노드가 있거나, 달이 노드와 합치하는 사람들은 인생 전반에 걸쳐 전체적으로 다른 사람들보다 더욱 강렬하게 노드들의 영향하에 있게 된다.

라후(Rahu)

라후는 달의 길과 태양의 길이 교차할 때의 북쪽 점이다. 다른 행성들과는 달리 실체가 없는 그림자 행성으로서, 현생에서 계발해야 하는 새로운 카르마를 나타내는 행성이다. 차트에서 **"무지를 깨우치거나 혹은 무지로 가리거나"** 하는 근원적인 힘을 나타낸다.

○ BPHS

"라후와 케투는 산 생명들의 삶을 가리는 이들이다. 어느 누구도 봐주지 않는다. 이들을 섬기고 적절한 제물을 바치면 행복할 수 있다. 라후는 동정심으로 가득 채워주며, 질병과 뱀들의 두려움을 제거한다."

"거품을 입에 물고, 검과 방패, 삼지창을 들고, 소원을 들어주며, 사자를 타고 어두운 색을 하고 고정된 이가 라후이다."

"라후는 연기를 내고 있다. 푸른색이 도는 몸과 피부질환을 가지고 있어 무시무시하다. 그는 비종교적이며, 간사하고 거짓말을 한다. 라후가 뿌려내는 연기는 앞을 분명히 보지 못하게 가리기 때문에 혼돈스럽거나 망상 등에 빠지게 된다."

○ **약자**
Ra

○ **차트에서 라후가 상징하는 키워드**
물질적 목적과 축적, 계속 이어가는, 폭로하는, 가리거나 흐리게 하는, 외국적인, 정화시키거나 중독을 시키는

○ **다스리는 라시**
주어진 로드십은 없으며, 위치한 라시의 로드십을 따른다.

○ **좋은 자질들**
혁신적, 외국적 환경에서 잘 적응함, 물질적인 성공, 탐구적인

○ **안 좋은 자질들**
중독적, 독기가 있는, 속이는, 배신하는, 혼란스러운, 주의 부족으로 인해 손해를 봄

○ **라후의 이름**
스바바누, 남서쪽의 로드, 항상 화가 나 있는, 뱀, 태양과 달을 심판하는 이, 그라하들의 왕

○ **신체적 특성**
두려움을 일으키는, 화가 난, 아주 총명한, 조작을 잘하는, 주의를 흩어지게 하는, 혼란스러운, 야심만만한, 속임수적인, 만족시킬 수 없는, 외향적인, 충동적인

○ 미치게 되는 영향력

토성과 같은 영향력을 미침

○ 아바타

바르샤

○ 주재신

아디세샤

○ 행동

잔인함

○ 바디 형태

실체가 없음

○ 카스트

아웃카스트(chandala). 옛날에는 심한 병에 걸려서 사회에 보탬이 되지 않는 이들이 아웃카스트로 간주되었다. 그들이 사회생활에 참여하게 되면 방해가 되거나 사회적인 힘을 약화시킬 위험이 더 크다. 라후는 심각한 도덕성 결여나 다른 사람들의 안위 따위는 상관하지 않게끔 강요한다. 또한 라후는 '블랙매직' 성향을 다스리는데, 어두운 사이킥 현상들은 정상적인 사회 속에 쉽게 적응하는 것을 막고 있다.

○ 다스리는 옷감

다색 옷감들, 누더기들을 이어 만든 옷들

○ 보석

고멧(Gemedha, hessonite garnet)

○ **최상의 방향**

남서쪽

○ **도샤/아유르 베다 체질(행성이 가진 캐릭터)**

바타(vata). 바타는 이지와 머리 쓰는 것을 좋아하는 캐릭터이다. 바타는 사회지향적이며, 우유부단하며, 쉽게 영향을 받거나 두려워하고, 인내가 부족하다.

○ **환경**

숲이 우거진 산

○ **가족에서의 위치**

외할머니와 친할아버지

○ **다스리는 곡식**

urd

○ **다스리는 감각기관**

초능력적 감각에 영향을 끼침

○ **다스리는 기본물질**

납

○ **구나스/성향**

타마식(Tamasic). 라후는 사전 고려가 부족한데도 움직이는 경향, 충동적으로 집착하며, 공포심, 비현실적인 인지하에 움직이기 때문에 타마식하다.

○ **지배하는 왕국(Kingdom)**

다투. 미네랄처럼 생명이 없는 것들의 왕국

○ **시선을 두는 방향**

아래로 향함. 라후는 무의식 속으로 마음을 끌고 간다. 의식이 무의식 속으로 집중하고 있기 때문에 시선이 자연적으로 아래로 향하게 된다. 몽상에 빠졌거나, 환상 속에 더듬거리거나, 마약을 먹었거나, 혹은 혼이 나갔을 때 나타나는 시선이다. 모두 라후가 지배하는 영역들이다.

○ **숙성하는 나이**

42. 라후와 케투는 언제나 정확하게 반대로 마주하고 있다. 라후와 케투는 각자 위치한 반대편 하우스에서 서로 올라갔다 내려갔다 하면서 마치 시소(seasaw) 같은 효과를 삶에서 내고 있다. 이들이 숙성하는 나이가 되면 두 노드에 의해 지배적인 영향을 받는 영역들을 조절할 수 있는 능력이 자라게 된다.

○ **지배하는 기간**

69세부터 108세까지(토성, 케투와 함께). 이들이 지배하는 기간은 이 생에서 할당된 카르마를 완성하고 서서히 약해져서 종래에는 죽음을 맞이하는 기간이지만, 또 다르게 보면 마침내 삶에 대한 초연함이나 깨달음을 얻게 되는 기간일 수도 있다.

○ **성향**

크루라(잔인함). 흉성. 라후는 그가 영향을 미치고 있는 영역에서 지연과 분리를 초래하기 때문에 흉성으로 간주된다. 라후가 지연을 초래하는 이유는, 라후의 영역에 대해 우리가 가진 지식이나 정보가 너무 적어서 먼저 배우는 과정을 거치지 않고는 일을 해낼 수 없기 때문이다. 라후가 분리를 시키는 이유는, 미래에 분명히 좋지 않은 결과를 가져오고 결국엔 포기하게 될 것도 모른 채, 우리는 한 치 앞도 내다보지 못하면서 무작정 덤벼들고 보기 때문이다. 그는 또한 우리의 가슴속에 간절히 원하는 마음을 만들어냄으로써 분리를 초래하기도 한다. 원하는 것을 가지게 된 후에도, 채워지지 않는 간절함 때문에 떨구고 또 다른 어떤 것을 간절히 원하게 만든다.

○ 상징 숫자

8

○ 장소

집의 구석진 곳(숨어 있지만 눈에 잘 뜨인다)

○ 다스리는 식물

수풀 덤불

○ 행성들 간 지위

군대(army). 군대가 가진 목적은 두 가지가 있다. 안전지역을 지키고 보호하는 일, 그리고 새로운 영역을 확장하고 정복하는 일이다. 행성들의 군대로서 케투와 라후가 하는 일이다. 라후는 낯설고, 아직 탐사나 발견이 안 된, 알려지지 않은 영역들을 나타낸다. 라후는 새로운 지역을 정복하기 위해 나서는 군대의 선두에 선 선봉장처럼, 개입의 의미가 무언지 아무런 선지식도 없으면서, 일단 덤비고 본다. 라후가 나타내는 미탐험 영역은 험하고 예측불허여서, 보호되어 있고 이미 안정된 케투의 영역과는 아주 다르다.

○ 움직임

조디액을 한 번 회전하는 데 약 18개월이 걸린다.

○ 다스리는 숫자

4

○ **다스리는 시간**

8개월

○ **행성적 형태**

어둠, 그림자(dark)

○ **성별**

여성적

○ **행성들 간 상호관계**

위치한 라시의 로드십을 따른다.

라후의 특성

라후는 디플로맷과 그림자적인 행성의 직위를 가지고 있으며 전설적인 사기꾼이다. 라후의 품위와 저력은 위치한 라시의 로드십에 달려 있다. 로드가 좋은 품위와 저력을 가졌거나, 혹은 길조적인 여건하에 있으면 최대한의 잠재성을 발현시켜준다. 만약 길조적인 상태에 있으면, 외교적인 직업, 조작과 사실을 다루는 일들, 독과 마약을 다루는 일들을 하게 한다. 비길조적인 상태에 있으면 사기꾼, 쾌락을 쫓는 이, 불안하고 비도덕적인 행위, 투기 성향의 교역 마켓 등의 일을 하게 한다. 특히 라그나 혹은 달이 손상된 라후와 합치를 하면 전체적으로 연기가 나게 하고, 과식으로 인해 좋지 못한 외모를 주거나, 외모에 신경을 쓰지 않는다. 나쁜 냄새가 나거나 불청결한 몸과 손발톱을 가졌을 수도 있다.

라후의 베딕 심볼(달의 어센딩 노드)

베딕 신화에는 달의 어센딩 노드인 라후에 대한 많은 이야기들이 있다.

라후는 아히(Ahi)라고 부르기도 한다. 아히는 뱀 혹은 드래곤, 태양, 데몬 브리트라(Vritra), 도둑, 사기꾼, 혹은 구름 등의 의미이다. 하지만 가장 잘 알려진 이름은 스바바누(Svabhavanu)이다.

라후를 나가(Naga, 뱀)라고 부르기도 한다. 나가는 지하세계인 파탈라(Patala) 로카(Loka, 세상)에 살고 있는 드래곤 영혼의 이름이기도 하다. 힌두이즘의 삼세(三世)는 스바르라가(Svarga, 천상), 프리트비(Prithvi, 지상), 파탈라(Patala, 지하)이다.

라후는 여덟 마리 말이 끄는 마차를 타고 있다. 8마리 말들은 모두 검은색이며 영원히 같이 묶여 있다. 라후에게는 케투스(Ketus)라고 불리우는 32명의 아들들이 있는데, 이들은 마치 혜성들과 같다. 마차에 앉아 있는 모습은 행성들 중에서 라후에게 주어진 중요한 직위를 나타낸다. 베딕 신화에서 라후의 여덟 마리 말이 가진 중요성은 쉬바의 환생, 즉 우주를 바르게 잡기 위해 8가지 다른 모습으로 환생한 모습과 비슷한 의미를 가지고 있다. 쉬바가 환생한 모습들은 창조적 힘이 가진 여덟 가지 면들을 의미하는데, 라후도 이러한 능력을 가졌음을 의미한다.

- **사르바(Sharva, 가거나 죽이기 위한 이)**
- **바바(Bhava, 출생 혹은 취득을 하는 이)**
- **루드라(Rudra, 무시무시한 이)**

- 우그라(Ugra, 맹렬한 혹은 폭력적인 이)
- 비마(Bhima, 엄청난 저력을 가진 이)
- 파슈파티(Pashupati, 가축을 몰거나 소유하는 이)
- 이샤나(Ishana, 지도자 혹은 마스터)
- 마하데바(Mahadeva, 최고의 위상, 쉬바 자신)

쉬바가 가진 이러한 면들은, 흙, 물, 불, 공기, 에테르, 영혼들이 거주하는 장소, 태양, 달을 형성한다. 총 8개로, 물질적 존재를 형성하는 요소들이다. 우주적 창조적 역할을 할 때의 쉬바는, 8 바이라바스(Bhairavas, '무시무시한 이들')에게 보좌를 받는다. 이들은 아주 무시무시하고, 엄청나며, 능가할 수 없는 이들로서, 쉬바의 수족과도 같다. 이들은 쉬바, 바야(Bhaya, 두려움), 바야나카 라사(Bhayanaka Rasa, '무시무시하고 드라마틱한 무드'), 특정한 강, 특별한 음악 곡, 음악의 특별한 리듬, 자칼, 그리고 특정한 산이다. 이러한 모든 바이라바들은 라후의 마차를 끄는 8마리 검정 말들을 대변한다.

라후의 심볼은 두 개의 작은 서클이 위로 굽어진 큰 반 서클로 나타낸다. 이러한 심볼은 깨달음을 위해 인간이 가진 잠재성과 디바인 잠재성을 나타낸다. 라후는 재활과 재생 과정이 연관된 위대한 사이클적인 법칙들을 대변한다. 라후의 미션은 많은 우주적 세력들의 도움과 협조를 받으며, 더욱 높은 법칙 아래에서 일을 하는 것이다.

라후는 열정과 자의식 심리, 욕망으로 가득 채워져 있고, 결코 만족하지 못하기 때문에 강한 노드 타입의 사람들은 다음과 같은 라후의 특성들이 강하게 된다.

- 라후는 항상 오버타임으로 일을 하며, 자신이 자격이 없는 역할을 하면서 인정을 받으려고 한다. 그는 항상 자신이 가질 자격이 없는 것을 얻기 위한 새로운 방식을 음모하고 있다.
- 라후는 횡령하는 이다. 뜨겁고 허상적인 물질적 욕망들을 끊임없이 추구함으로써, 의식이 가진 생명력을 천천히 빨아먹고 있다.

- 라후의 방식은 속임수를 쓰고, 미신적이다. 결코 만족할 수 없는, 소유의 경험을 통해 인정을 받고자 하는 깊은 갈망에 사로잡혀 드라이브를 하고 있다.

라후가 주는 전반적인 효과들

○ 라후의 기본성격과 동기

라후는 사회적 타협을 통해 인정을 받아야 하는 사람들에게 타고난 어려움들을 주게 된다. 반면에 태생적으로 독립적이고, 창조성을 통해 오랫동안 눌러왔던 욕망들을 물질화시키기 위해 드라이브를 하는 사람들에게는 라후가 본질적으로 아주 희열적이며, 창조적인 힘을 주게 된다.

라후는 절대 타협을 하지 않는 안티이다. 라후는 사회적 터부에 타협하는 것을 막는다. 라후가 하는 일은 열정을 표면으로 밀어올리는 것이다. 오직 독립성을 사랑하는 사람만이, 지혜로운 변형을 통해 영적 재활을 할 수 있는 이득을 누릴 수 있다.

- 라후는 침입자, 사기꾼, 위선자이다. 라후는 신들의 세상에 포함되고자 원한다. 하지만 그는 진짜 데바가 아니다. 라후는 속임수를 통해 숨어 들어온다.
- 라후는 우리가 가장 원하는 어떤 것을 나타낸다. 라후는 주로 금성처럼 매력적이고자 한다. 하지만 라후는 합치하는 행성, 혹은 라시의 로드 행성의 모습을 모방한다.
- 라후는 불법적이고, 터부를 깨는 이다. 데바들은 그를 인정하거나 받아들이지 않는다. 비슈누는 라후가 뱀과 같은 입으로 암리타 컵을 들어올리는 것을 보았을 때 분노하여 순식간에 디스크를 날려 라후의 몸을 절반으로 잘라버렸다. 그래서 라후는 어떤 스캔들이나, 터부를 깨거나, 지나치거나 등의 일들과 연관이 있다.
- 라후는 언제나 크루라적이다. 라후의 길조성으로 차트 주인의 삶이 평상시 허락

되는 것보다 더욱 활발하고, 흥미롭고, 화려하게 되더라도 마찬가지이다. 라후가 위치한 하우스는 갑작스런 변화, 때로는 위기적일 정도의 변화를 경험하게 되는 영역이 된다.

- 라후는 섹스, 죽음, 그리고 다른 터부들에 대한 사회적 경계를 깬다. 라후는, 터부들을 깨도록 감정적 허용을 그 사람 영혼에게 준다. 그리하여 오랫동안 잠재의식 속에 억눌렀던 열정들이 형상화되게 한다. 사회적, 도덕적 코드들은 본질적으로 터부들을 관리하기 위한 체제들이기 때문에, 터부들을 깨는 라후는 이러한 도덕적 코드들을 부수는 것과 연관이 있다.

- 라후는 외국인, 오염된 이, 터부를 깨는 이, 이상하거나 독특한 방식으로 보거나 행동하는 이, 추잡하거나 금지된 약물들을 다루는 이, 혹은 다른 사람들이 이미 사용해서 다른 사람들의 사이킥 이미지의 숨은 아젠다를 담고 있는 것들 등을 나타낸다.

○ 라후와 다른 행성들과의 관계성

만약 라후가 크루라 행성과 연관되었으면, 그는 무의식적으로 과거 생에서 터부를 깸으로 인해 생긴 나쁜 효과들을 기억한다. 분노한 부족들에 의해 내몰려서 죽임을 당했던 것 같은 기억 등을 하게 한다.

만약 라후가 사움야 행성과 연관이 있으면, 그는 무의식적으로 전생에 사회적 경계를 넘은 행동들을 함으로서 영광스런 효과들을 누렸던 것에 대한 기억들을 가지고 있다. 과거 생에서 좋은 잔재들에 대한 기억을 가진 사람들은, 현생에서 라후 다샤를 보다 더 즐길 가능성이 높다.

라후는 기적적인 혹은 위기적인 변화를 통해 사이킥 문을 열어주는 게이트로 작용한다. 라후는 잠재의식 속에 축적해놓은 욕망들을 풀어놓는다. 이러한 욕망들은 종종, 과거 생에 아주 폭력적으로 억눌림을 당했던 것들이다. 불가능하거나, 부적절하거나, 혹은 위험하여 이전 생에서 형상화시킬 수 없었던 것들이기 때문이다. 현생에서는 라후가 만약 강해지면 이러한 욕망들이 파워풀해지고 다시 고개를 들고 일어나서, 오랫동안 억눌렸던 욕망들이 완전한 세력을 들고 일어나게 된다.

라후는 집착적이거나 중독적인 행위, 열정, 집착들을 만들어낸다. 그의 특별한 영역은, 섹스, 돈, 질투, 욕심 등이다.

라후는 갑작스런, 충동적인 결혼에 대한 책임이 있다. 라후는 이성과의 관계성에서 금성의 버릇 나쁜 쌍둥이로 작용할 수도 있다. 호르몬적으로 드라이브가 된 열정을 영원한 사랑으로 착각하게 만든다. 라후의 영향하에서 로맨스를 가지게 되면 어떤 사람, 아이디어, 약물, 혹은 자신에게 나쁘다는 것을 알고 있으면서도 벗어날 수 없는 어떤 패턴 등에 대해 집착하게 만든다. 이러한 중독이나 집착은 너무나 파워풀해서 말 그대로 그를 노예화시킨다.

라후는 남성적 에너지의 상징인 태양의 적이다. 태양은 외부적으로 나가는 뜨거운 남성적 에너지의 근원이다. 달은 정반대이다. 차분한 여성적 에너지가 들어오는 것을 나타낸다. 그래서 특히 라후가 태양을 이클립하는 경우에 다르마의 파괴를 상징한다.

○ 라후의 다샤와 북티에서 나는 효과들

라후의 마하 다샤, 서브 다샤 동안 라후는 나밤샤에서 그가 있는 라시를 '밝히는' 역할을 한다. 예를 들어, 라시 차트에서 라후가 사자 라시에 있는 경우, 라후 다샤 동안에, 나밤샤의 사자 라시도 같이 깨우게 만든다. 나밤샤에서 라후가 있는 라시는, 라후 다샤 동안 결혼을 위해 어떤 로맨스나 성적 열정을 가지게 될지 결정짓는다.

라후의 북티는 언제나 삶의 어떠한 영역들에 트러블을 가져온다. 하지만 만약 라후가 좋은 행성과 삼반다를 하고 있으면 그 좋은 행성의 효과들을 확대시킬 수도 있다.

라후 다샤는, 특히 황소 라그나와 천칭 라그나에게 물질적 충족을 위한 시간이다. 금성은 아수라들의 스승이며 토성과 좋은 친구인데, 금성이 로드하는 두 라그나의 경우 토성이 행운의 하우스들을 로드하기 때문이다(라후는 토성과 같다).

라후가 어떤 다른 행성들과 합치를 하게 되면, 그 행성을 아주 강조시키게 된다. 달처럼 요구하는 행성, 금성처럼 자기 탐닉적인 행성, 목성처럼 수용적인 행성, 혹은, 태양처럼 의지력적인 행성 등인 경우에, 라후는 그러한 감각적 추구를 위한 열정을 더욱 격렬하게 만든다. 그러나 언제나 그러한 행성이 원하는 것의 성취를 주는 것이 아니라, 항상 더욱 열망하게 만든다.

라후는 또한 하우스 오너들을 강조한다. 만약 하우스 오너가 토성 혹은 화성이면, 이러한 욕망들을 잘 조절하기 위한 자기 지식이 아주 많이 필요하다. 그러한 욕망들이 자신을 조절하지 않게 해야 한다.

라후가 만약 5번, 9번, 10번에 있는 경우, 라후 다샤는 물질적 충족을 위한 시간이다.

- **5번 하우스에 있는 라후는, 대체로 자녀들과 연관하여 좋지 않다. 자녀들을 가지기 어렵게 하거나, 자녀들이 종종 고집이 세거나, 사회적으로 적응하는 문제들을 겪는다.**
- **5번과 9번에 있는 라후는, 진리에 대한 열정을 주게 되는데 대체로 책을 쓰는 것에 주입되게 된다.**

케투(Ketu)

케투는 달의 길과 태양의 길이 교차할 때의 남쪽 점이다. 실체가 없는 그림자 행성으로서, 전생에서 가져온 익숙한 카르마를 나타내는 행성이다. 차트에서 **"인지하거나 깨달음을 얻게 해주는"** 근원적인 힘을 나타낸다.

○ BPHS

"어떤 이들은 라후가 특히 달을 괴롭히고 케투는 태양을 괴롭힌다고 말한다. 태양이나 달이 노드들에 가까이 올 때마다, 빛나는 이들은 두려움에 떨어서 식이 일어난다. 케투는 기쁘게 되면 초월적인 지혜를 준다."

"연기가 나며, 두 개의 팔을 가졌으며, 철퇴를 들고, 불완전한 몸을 가졌으며, 벌처(Vulture)를 타고 있으며, 고정되어 축복을 내려주는 이가 케투이다."

"케투는 연기에 가린 채 날카로운 모습을 하고 있으며, 붉은 색이 도는 눈과 멍이 많이 든 길쭉한 몸을 가지고 있다. 본성적으로 잔인하며 항상 연기를 들이마시고 있다."

케투가 가리는 연기는 분간을 하기 어렵게 한다. 뭐든 감추고, 기대하지 않았던 사건들을 일으킨다. 또한 케투는 날카로우면서도 살벌한 분위기를 조장한다.

o **약자**

Ke

o **차트에서 케투가 상징하는 키워드**

영적인 목적, 초월, 무제한적, 계속 이어지지 않는, 재정립이나 재조정하기, 지나치게 예민함, 놀라움

o **다스리는 라시**

위치한 라시의 로드십을 따름

o **좋은 자질들**

적응력이 아주 뛰어남, 아주 직관적임, 영적인 본성, 다른 이들이 재정립이나 재조정을 할 수 있도록 도와줌

o **안 좋은 자질들**

혼란스러움, 뿌리가 약함(ungrounded), 뭐든 완성을 못 함, 불안정적, 의존하지 못할 (undependable)

o **케투의 이름**

왕관을 입은, 깃발, 주장(chief), 오싹 소름이 끼치는

o **신체적 특성**

지독한, 무시무시한, 못생긴, 빠른 움직임, 다양한 색, 형태가 없는, 피타

○ 성격상 특성
화가 난, 비판적인, 좁은 포커스, 내향적인, 꿰뚫는 통찰력, 잔인한, 초월적인, 집요한

○ 미치게 되는 영향력
화성과 같은 효과나 캐릭터

○ 아바타
미나(Meena)

○ 주재신
특정하게 주어진 인물은 없으나 보통 가네샤로 간주한다.

○ 행동
잔인함

○ 카스트
다른 카스트 혹은 혼합된 카스트. 기본적 성향이 기이하거나 사회적으로 어떤 그룹에든 잘 맞추지 못하는 사람들을 가리킨다. 기존 카스트에서 제외되어 있기 때문에 사람들은 도대체 그들을 어떻게 대해야 할지 잘 몰랐다. 그래서 그들이 주변에 있는 걸 불편해했다. 본인들도 어디에 속하는지 알지 못했기 때문에 다른 사람들과 같이 있는 것을 불편하게 느꼈다. 그리하여 이들은 세상에서 성공을 거두고자 할 때 자주 방해를 받았다.

○ 다스리는 옷감
찢어지고 이어서 만든 옷들

○ **보석**

묘안석(Cat's eye)

○ **최상의 방향**

하늘을 향함(특정한 방향이 없거나 모든 방향)

○ **도샤/아유르 베다 체질**(행성이 가진 캐릭터)

바타. 바타는 이지와 머리 쓰는 것을 좋아하는 캐릭터이다. 바타는 사회지향적이며, 우유부단하며, 쉽게 영향을 받거나 두려워하고, 인내가 부족하다.

○ **환경**

숲이 우거진 산들

○ **가족에서의 위치**

외할아버지와 친할머니

○ **다스리는 곡식**

horse grain

○ **다스리는 감각기관**

직관적 감각에 영향을 끼침

○ **다스리는 기본물질**

터키옥(turquoise)

○ **구나스/성향**

타마식. 케투는 부끄러워하고 감추며, 고집이 세고, 어떤 행동이든 취하지 않으려는 경향이 있기에 타마식하다.

ㅇ 지배하는 왕국(Kingdom)

지바(Jeeva). 동물이나 사람처럼 생명이 있는 것들의 왕국이다.

ㅇ 시선을 두는 방향

케투는 아수라의 꼬리 부분으로서, 눈을 가지고 있지 않다. 그래서 단지 안으로만 보려고 할 수밖에 없다. 이러한 특성이 자연적으로 케투를 내성적으로 만든다.

ㅇ 숙성하는 나이

48. 라후와 케투는 언제나 정확하게 반대로 마주하고 있다. 라후와 케투는 각자 위치한 반대편 하우스에서 서로 올라갔다 내려갔다 하면서 마치 시소(seasaw) 같은 효과를 삶에서 내고 있다. 이들이 숙성하는 나이가 되면 두 노드에 의해 지배적인 영향을 받는 영역들을 조절할 수 있는 능력이 자라게 된다.

ㅇ 지배하는 기간

69세부터 108세까지(토성, 케투와 함께). 이들이 지배하는 기간은 이 생에서 할당된 카르마를 완성하고 서서히 약해져서 종래에는 죽음을 맞이하는 기간이지만, 또 다르게 보면 마침내 삶에 대한 초연함이나 깨달음을 얻게 되는 기간일 수도 있다.

ㅇ 성향

크루라(잔인함). 케투가 흉성으로 간주되는 이유는, 자신이 관장하는 영역에 있는 것들을 감출 뿐만 아니라 파괴시키기 때문이다. 그리하여 우리가 집착하는 것으로부터 자유롭게 하기 위해서이다. 케투는 의혹의 감정을 일으켜서 그가 관장하는 영역을 감추는가 하면, 불만족스런 감정을 일으켜서 필요한 노력을 쏟지 않도록 막고 있다. 케투는 지독한 불만족이나 골수에서부터 솟아나는 불충족된 감정으로 인해 자기 파괴적인 행동을 하도록 유도함으로써 자신이 관장하는 영역들을 파괴시킨다.

○ **상징 숫자**

9

○ **다스리는 식물**

수풀 덤불

○ **행성들 간 지위**

군대. 케투는 안전하고 잘 정리되고 안정 잡힌 영역들을 나타낸다. 관할 국가를 유지하고 보호하기 위해 필요할 때면 언제든 안심하고 기대며 활력을 회복해주는 대기 군대와도 같다. 하지만 안정된 지역들에선 더 이상 확장할 수 있는 공간이나 자원, 새로운 모험 등이 부족한 상태가 오기 마련이다. 이러한 부족함은 미개발 영역으로 나가고 싶은 욕망이나 필요를 일으키게 된다. 그러한 작업은 라후에게 주어졌다.

○ **움직임**

조디액을 한 번 회전하는 데 18개월이 걸린다.

○ **다스리는 숫자**

7

○ **다스리는 시간**

3개월

○ **행성적 형태**

dark

○ **성별**

중성적

○ 행성들 간 상호관계

위치한 라시의 로드십을 따른다.

케투의 특성

케투는 건조하고 불의 성향을 가지고 있다. 손상된 경우에는 상처, 염증, 고열, 장의 질병, 상처, 저혈압, 청력의 손상, 스피치의 손상, 동맥이 두드러지고 마른 몸을 준다.

케투는 성인이나 성자 같은 사람을 나타내는 카라카이며, 미스터리한 과학이나 영적 추구를 하게 만드는 기질이 있다.

케투의 베딕 심볼(달의 디센딩 노드)

디센딩 노드 케투는 라후와 함께 카르마적인 회귀를 나타낸다. 제한과 과거 생의 기회들을 나타낸다. 케투를 부르는 대표적인 이름들은 타마스(Tamas), 드와자(Dwaja), 시키힌(Sikkhin)이다.

• 타마스: 세 구나스의 하나, 어둠이라는 의미, 마야의 베일과 연관이 있다. 케투

의 영향하에 태어난 사람에게 낯설거나 특이한 빛을 가지게 한다. 케투는 인간 본성의 이해가 위대한 마야에 가려진 것을 나타낸다.

- 드와자: 깃발, 상징 모형이라는 의미이다. 탁월한 사람, 신체의 생식기관, 동쪽에 있는 집을 나타낸다. 이러한 케투하에 태어난 사람은 혼자 일을 할 수 있는 높은 힘을 준다. 깃발은 어떤 권위성의 상징이다. 케투는 디바인 플랜이 형상화될 수 있도록 도와준다. 존재의 타고난 임시적 성향을 잘 알고 있으며, 물질적, 신체적 영역에 개입하지 않는다. 멘탈 영역에서 기능하며, 영적 잠재성의 발현을 드러낸다. 순수 지성의 기능이다.

- 시키힌: 화살, 말, 황소, 램프, 나무, 종교적 상인, 공작 등을 의미한다. 시키힌은 어떤 것을 가리키고 있는, 방향을 잘 잡고 있는 보조대로서의 역할을 한다. 화살의 뾰족한 끝을 나타낸다. 화살은 목표를 향해 있다. 디바인 형상화의 과정에 대한 이해를 하고 있다. 이러한 이해력이 생기게 되면, 시키힌은 그를 순수하게 이지적인 사람으로 만드는 것이 아니라, 새로운 이해의 빛을 가진 새로운 삶을 향하게 한다. 그리하여 디바인 플랜을 위해 일을 하게 한다.

케투의 심볼은 아래를 향한 반 서클에 두 개의 작은 서클이 양쪽으로 있다. 두 개의 작은 서클은 개인적 운명의 실현화를 나타낸다. 위에 있는 반 서클은 천정점을 나타내며, 완벽함을 향한 영혼의 환생이 성장함을 나타낸다. 케투는 영적 겸허함을 나타낸다. 화살과 연관되어 있는 케투는, 무지의 베일 뒤에서 보고 있다. 디바인 지성에게 지시를 받으며, 우주의 운명을 가이드한다. 동시에 우주의 평정과 통합을 유지하고 있다.

○ 케투가 주는 긍정적인 효과들

케투가 좋은 상태에 있을 때 나타나는 길조적 효과들은 에고로부터 자유롭고, 겸허함, 비집착성 등을 준다.

- **신체적으로는 단식, 고행, 돌아다니는, 성지순례, 높은 성적 능력, 낮은 장애물,**

강한 케투는 의술을 하는 데 길조적이다.

- 심리적, 감정적으로는 에고에서 쉽게 비집착하는, 사이킥 직관력, 섬세한 예민성, 애매모호한 것들에 대한 참을성이 강한, 도덕적 성숙함의 홀 마크, 독특한 겸허함, 잠재의식 프로젝트에 대한 탁월한 의식을 가지고 있다.

- 정신적으로는 환상, 창조적인 예술적 상상력, 선명한 드림, 초월하는, 채널링하는, 텔레파시하는, 사이킥 아트를 할 수 있는, 우주적인 관점을 가진, 심리적, 정신적인 비집착성, 좋은, 쉬운 혹은 나쁜, 어려운 정신적 환영, 무지에 대한 건강한 의심주의 등의 자세를 준다.

- 사회적으로는 비속세적인, 계층 및 카스트의 경계를 무시하는, 일부일처제에 충실한, 평등주의, 모든 존재들을 자연스럽게 수용하는, 영적인 성향, 부유함 등을 준다.

- 영적으로는 목샤 카라카, 귀의함, 해방, 목샤, 비관여하는, 디바인 세력의 보호, 초자연적인 파워, 가네샤의 헌신자, 명상, 의식적인 주의력 등을 준다.

○ 케투가 주는 부정적인 효과들

케투가 손상된 상태에 있을 때 다음과 같은 비길조적인 효과들을 주게 된다.

- 신체적으로는 고질적인 피곤함, 과로증세, 안정적일 수 없는, 방황하는, 게으른 근성, 체중저하, 불규칙적 음식습관, 영양부족, 굶주림, 미스터리하고 진단하기 어려운 질병(특히 6번 연관되었을 때), 약물중독(특히 12번 로드, 혹은 금성과 합치할 때), 하체의 잘림이나 하체 부분을 잃는, 자기학대, 잘리는(특히 화성과 합치할 때), 자기 파괴적, 고행(특히 토성과 합치할 때), 강요된 고립이나 추방, 트라우마 등을 겪게 만든다.

- 심리적, 감정적으로는 되돌려 받을 수 없는 사랑, 짝사랑, 영웅 숭배, 다른 이를 우상화하는, 부정하는, 과거의 실망들을 푸는, 버림받음의 두려움, 잃음이나 이별에 대한 강박관념, 속에 아주 많은 것들을 품고 있는, 좌절감, 고질적인 비연결감, 절망, 불만, 실망, 고질적 권태감, 감정적 집착과 불안정함, 오로라에 구멍이

난 것 등을 나타낸다.

- 정신적으로는 긴장상태에 있는 멘탈, 희생양 멘탈, 아웃사이더 멘탈, 비연결을 기대하는, 혼란, 멍 때리는, 경계가 흐린, 냉담한, 포기하는, 자기 파괴적 환상과 믿음, 자기 의혹, 정신적으로 꽉 막힌, 처져 있는, 마비된, 흐릿한 상상력, 분명하지 못한 사고, 도피주의, 과거의 일에 대한 집착, 광신주의, 의심과 불신으로 신경쇠약적인, 사회적 에고가 융합되지 못하거나 없어지게 만든다.

- 사회적으로는 수동공격적 사회성 스타일, 숨는, 숨어 지내는, 사회적 투명성, 존재감이 없는, 일에 참여하지 않는, 서로에게 손해가 되는 관계성을 가지는, 어렵거나 피곤한 관계성을 떠나지 못하는, 조심성이 없는, 냉담함, 잃은 것을 되갚고자 하는 테마, 자기 동정, 이혼, 아웃사이더에게 감시받는, 문제에 대한 원망을 다른 사람에게 하는, 사회적 직위나 정체성을 잃는, 전문영역에서 희생양, 책임수용을 거부하는(특히 토성이나 태양과 합치할 때), 갈등을 다른 사람에게 전가하는(특히 화성과 합치할 때), 버림받음, 비협조적, 어처구니가 없는, 이상한, 이해하기가 힘든, 현실적이지 못한, 다른 사람들에게 내몰린 듯한 느낌, 무시받는, 업신여김을 받는, 차별받는, 끼이지 못하는

○ 케투와 다른 행성들과의 관계성

케투는 그의 로드와 합치하는 행성들의 결과들을 준다. 케투는 어느 하우스에 있든지 정상적인 삶의 영역에서 좌절과 거부감을 느끼게 한다. 오직 가장 높은 의식 수준에서만 케투는 재산이 된다. 그렇지만 좋은 상황하에 있는 케투의 힘은 물질적 끌림에 대한 주문을 깨게 만들기도 하며, 깨달음을 향한 길로 바로 직진하도록 만들기도 한다.

케투는 깊은 좌절감과 억눌린 분노 상태를 만들어낸다. 어느 하우스에 있든지 케투는 그러한 삶의 영역과 연관하여 차트 주인을 분리시킨다. 차트 주인은 케투의 하우스와 로드의 영역에서 절대로 꼼짝도 하지 않는 대상이 가진, 반항할 수 없는 세력을 느끼게 된다. 그리하여 물러나고, 깊은 소외된 좌절감을 느끼게 된다. 게다가 케투는 그의 로드와 같이 합치하는 행성의 표출 능력을 복잡하게 만든다.

케투가 토성이나 화성과 삼반다를 하는 경우 토성은 사회적 법률과 질서, 화성은 개인적 독립성을 추구한다. 케투는 이 둘 사이에서 해결할 수 없는 갈등을 만들어낸다.

케투가 강한 금성과 삼반다를 하는 경우 상당한 부, 아름다움, 특권, 중독 등을 가지게 만들 것이다. 만약 금성이 혼자였다면 독립적으로 이룰 수 없는 수준의 것들이다. 케투는 금성의 노력에 거부당하는 좌절감을 보태게 된다. 그래서 음식, 마약, 섹스, 고상한 파트너 등에 대한 중독성을 가지게 한다. 그러면서 동시에 자신의 진정한 행동에 대한 부정 속으로 빠지게 만든다.

케투는 라후와는 정반대되는 세력이다. 라후는 금성과 목성처럼 허용적이고 팽창적이다. 그에 비해 케투는 토성과 화성처럼 제한적이다. 라후는 열정적이고 욕망을 추구하지만, 케투는 초연하고 내향적이다.

케투의 영향하에 있는 것들은 이미 과거 생에 경험을 마친 것이다. 더 이상 바라기를 멈추고, 오히려 그러한 것들로부터 분리될 수 있도록 바라야 한다. 어디든 케투가 있는 곳은 그러한 영역들에 대해 비집착하고, 비열정적이고, 멈추고, 비개입하도록 부추긴다. 케투는 가네샤가 형상화한 모습이다. 코끼리 머리를 가진 신, 장애물들을 제거해주는 로드이다.

○ 케투가 있는 하우스의 효과들

케투는 세속적인 센스에서 명상과 내향화를 하는 데 최상이다. 만약 차트 주인이 케투가 나타내는 영역에서 어떤 식으로든 취하려고 할 때 케투의 영향은 아주 손상을 입힐 수 있다.

예를 들어 7번에 있는 케투는 결혼을 파괴할 것이다. 사랑의 불길이 계속 타오르도록 지키는 것에 별로 관심이 없기 때문이다. 케투는 배우자에 대한 애정의 감정이나 열정을 주지는 않는다.

2번 혹은 11번에 있는 케투는 경제적 부에 대해 별로 상관하지 않게 만든다. 경제적인 것들은 어떤 형태로든 좀 막혀 있다. 자신의 컨트롤 영역 너머에 있다. 그렇다고 2번, 11번에 있는 케투가 가난하게 만든다는 의미는 아니다. 만약 하우스 로드가 좋은 상태에 있으면, 2번, 11번에 있는 케투는 많은 부를 가지게 될 것이다. 하지만 그는 그러한 돈을 투자하는 것에 대해 별로 신경을 쓰지 않는다. 혹은 그러한 돈을 원하는 대로 쓰거나 변화시킬 수 있는 권한이 없을 것이다. 그는 돈을 지키거나, 부를 개발하려고 애를 쓰지 않을 것이며, 혹은 별로 돈에 대한 관심이 없다. 이러한 위치는 종종 부유한 사람의 배우자나 자녀처럼, 아주 상당한 펀드를 가지고 있지만 부에 대한 열정이 결여되어 있는 사람일 수 있다.

아이러니하게도 케투는 돈에 대한 어떤 저항감이 없는, 돈에 대한 에너지를 개입시키지 않기 때문에 오히려 2번, 5번, 9번, 11번에 있는 케투는 과거 생의 메리트로 인해 상당한 부를 가지게 만드는 위치가 될 수 있다. 대부분의 가난함은 부에 대한 저항감으로 인해 생겨난다. 그러나 부자이든, 가난하든, 그는 부를 얻거나 개발하는 주제에 대해 중립적인 태도를 가질 것이다. 케투가 7번에 있는 사람은 배우자의 존재를 사회적으로 주어진 것으로 받아들일 것이다. 그러나 결혼생활을 개발하는 데 진정한 개인적 관심이 별로 없다.

전반적으로 케투는 물질적으로는 좋지 않지만 영적으로는 좋은 영향을 준다. 특히 달이 손상되었을 때, 케투는 손상된 달이 가진 카르마 효과에 의해 피해를 입는다. 혹은 케투의 로드가 비길조적일 때도 안 좋게 나타난다. 손상된 케투의 하우스와 라시는 차트 주인이 혼란, 우유부단함, 불투명함 등을 경험하게 되는 영역이다. 종종 어떤 다른 사람이 이슈를 만들어내거나 혹은 자신의 능력 밖에 있는 어떤 세력이 작용하고 있는 것처럼 느낀다. 케투는 아주 직관적일 수 있다. 하지만 낮은 레벨의 의식 수준에서는 미신 쪽으로 기우는 경향이 있다. 차트 주인은 자신이 가진 문제의 원인들을 다른 사람들의 악의, 실패, 혹은 무능력 탓으로 하는 수동적 공격성으로 나타나게 된다.

케투는 밀크 대양의 휘젓는 거사에서 목이 잘려진 아수라 스바바누의 몸통을 나타낸다. 모든 생각과 이지, 감각기관들이 있는 머리 부분이 없기 때문에, 좋은 품위나 상태에 있는 케투가 강한 케투는, 비연결과 비집착을 통해 아주 놀라운 이득들을 주게 된다. 그리하여 잃은 것들을 만회해주고, 희망이 없는 프로젝트들을 포기하게 하고, 적절하지 못한 관계성을 떠나게 하고, 소멸 앞에 내맡김 등을 하게 해준다. 케투는 아주 극적인 수술들과 연관성을 가지고 있다. 건강을 회복하고 장수를 위해 고통스럽고 침해적인 세력을 극적으로 제거하는 데 성공할 수 있게 한다. 잃음의 고통이 잠잠해지면 케투는 그에게 이러한 잃음이 결과적으로 영적인 이득이 되었음을 깨달을 수 있도록 만든다.

10.

열두 라시

조디액은 태양을 포함한 다른 행성들이 회전하고 있는 범위를 나타내는 가상적인 벨트를 의미한다. 조디액 벨트는 태양의 길인 이클립틱(Ecliptic)을 중심으로 놓고, 남북 양쪽으로 약 8~9도 정도 확장시킨, 그래서 약 16~18도 너비의 360도 원형의 모습을 하고 있다. 이를 각 30도씩 12개 동등한 파트로 나눈 것이 라시(Rasi, 더미)이다. 조디액을 구성하고 있는 열두 라시들은 모두 디바인 바디의 신체부분들인 것으로 알려져 있다. 각 라시는 특정한 신체적 부분, 특정한 타입의 개성, 특정한 삶의 방식들, 그리고 세상의 다양한 물질적 실체, 사이즈, 자질, 색깔 등을 대변한다. 이러한 라시들이 나타내는 디테일한 특질들을 이해함으로써, 우리들 삶의 특정한 영역들(열두 하우스들이 상징하는 것들)이 어떻게 나타나고 형상화할지 잘 이해할 수 있다.

물고기	산양	황소	쌍둥이
물병	열두 라시들		게
악어			사자
인마	전갈	천칭	처녀

열두 라시들은 우리들 삶을 구성하고 있는 열두 하우스 영역들이 어떻게 자라고 피어날지를 보여주는 필드, 밭들과 같다. 사람들마다 각자 다른 인생의 다양하면서도 풍부한 스토리들을 담고 있는 호로스코프를 제대로 이해할 수 있기 이전에, 먼저 삶의 토대를 구성하고 자라게 하는 환경, 필드, 라시들이 가진 의미들에 대해 먼저 의식 속에서 깊이 생각해보고 탐구하면서 바른 이해를 할 수 있어야 한다. 조디액 라시들이 가진 의미, 성향, 본성, 자질, 힘들을 잘 숙지하고 있으면, 어떤 사람이든지 그들이 살고 있는 다양하면서도 다른 삶의 여건들을 만들어내는 특정한 환경들에 대한 파악을 잘할 수 있다. 이처럼 사람이 처한 환경에 대한 이해의 폭이 넓고 깊을수록 전체적으로 점성학적 이해나 트렌드를 예측할 수 있는 능력이나 잠재성 등도 무한할 수 있다.

열두 라시들은 모두 복합적인 양면성, 자질, 요소들 등으로 나누어진다. 이러한 구분방식들은 차트 주인이 가진 기본적인 체질이나 성격, 성향들을 이해하기 위해 적용된다.

유동적 라시들은 본성적으로 액티브하고 진취적이다. 고정적 라시들은 집중적인 에너지를 표출하며 변화를 거부한다. 변통적 라시들은 본성적으로 보다 유동적이고 수용적이다. 산스크리트어로는 유동적 라시들은 차라(Chara), 고정적 라시들은 스티라(Sthira), 변통적 라시들은 스바(Sva, 'Dvisvabhava'의 줄임)라고 한다.

불의 에너지는 영감적이며 창조적이다. 흙의 에너지는 안정적이고 그라운딩되어 있다. 공기의 에너지는 유동적이고, 이지적이고, 소통적이다. 물의 에너지는 예민하고, 직관적이고, 감정적이다.

그리하여 산양 라시부터 시작하여 물고기 라시까지, 세 가지 자질들이 순서대로 네 번씩 반복된다. 그리고 네 가지 원소들이 순서대로 세 번씩 반복된다. **산양(유동적 불), 황소(고정적 흙), 쌍둥이(변통적 공기), 게(유동적 물), 사자(고정적 불), 처녀(변통적 흙), 천칭(유동적 공기), 전갈(고정적 물), 인마(변통적 불), 악어(유동적 흙), 물병(고정적 공기), 물고기(변통적 물).**

열두 라시들의 특성

열두 라시들은 우리 삶의 모든 영역들이 자라나는 필드, 태양을 포함한 아홉 행성들이 액션을 행하는 필드들을 의미한다. 행성들은 자신들이 가진 다양한 특성들과 액티브한 에너지들을 위치한 필드, 라시의 성격에 따라 조율하여 다양하게 표출하게 된다. 이러한 에너지들은 개인의 열두 하우스와 연관된 삶의 영역에서 각 개인의 차트가 가진 카르마나 잠재성 등에 따라 쉽든 어렵든 능력들을 발휘하게 된다.

○ 열두 라시와 오너십(Ownership, 로드십, Lordship)

360° 원형의 조디액을 12 파트로 나눈 후, 태양부터 토성까지 일곱 행성들은 이러한 라시들에 대한 오너십이 주어졌다. 열두 라시들은 오너 행성의 특성들을 따르게 된다. 태양과 달은 각자 한 개의 라시들을 갖는 반면, 나머지 다섯 행성들은 모두 각자 두 개의 라시들을 갖는다. 라후와 케투는 비록 다른 행성들과 같은 '그라하'의 지위를 가지고 있지만, 하늘에 실체를 가진 행성들이 아니라 이클립 현상을 일으키는 천문학적 포인트이기 때문에 라시들에 대한 오너십은 주어지지 않았다. 그래서 이들은 독자적이기보다는 차트에서 위치한 라시의 오너 행성 특성을 따르게 된다.

행성들의 라시 오너십 도표					
라시	산스크리트 명칭	일반 명칭	심볼	오너(로드)	조디액 내 각도 범위
1	메샤(Mesha)	산양	♈	화성	0~30
2	브리샤(Vrisha)	황소	♉	금성	30~60
3	미투나(Mithuna)	쌍둥이	♊	수성	60~90
4	카르카(Karka)	게	♋	달	90~120
5	심하(Simha)	사자	♌	태양	120~150
6	칸야(Kanya)	처녀	♍	수성	150~180
7	툴라(Tula)	천칭	♎	금성	180~210
8	브리쉬치카(Vrischika)	전갈	♏	화성	210~240

9	다누(Dhanu)	인마	♐	목성	240~270
10	마카라(Makara)	악어	♑	토성	270~300
11	쿰바(Kumbha)	물병	♒	토성	300~330
12	미나(Meena)	물고기	♓	목성	330~360

○ 열두 라시들은 가진 몸 크기가 있다

큰 사이즈	산양, 사자, 악어
중간 사이즈	쌍둥이, 처녀, 천칭, 인마, 물병, 물고기
긴 사이즈	황소
땅딸한 사이즈	게
작은 사이즈	전갈

○ 열두 라시들이 나타내는 바디파트가 있다

산양	머리
황소	얼굴과 목 윗부분
쌍둥이	아래 목 부분, 어깨, 팔
게	가슴
사자	심장과 복부
처녀	대소장
천칭	삼각형 골반
전갈	성기
인마	엉덩이
악어	허벅지와 무릎의 윗부분
물병	무릎의 아랫부분 정강이
물고기	두 발

○ 열두 라시들이 가진 다리(발) 수가 있다

네 발	산양, 황소, 사자, 인마(뒤의 15도), 악어(앞의 15도까지)
두 발	쌍둥이, 처녀, 천칭, 인마(앞의 15도까지), 물병
많은 발	게, 전갈
발이 없는	악어(뒤의 15도), 물고기

○ 열두 라시들 중에 밤에, 혹은 낮에 강한 라시들이 있다

밤에 강한 라시들	산양, 황소, 쌍둥이, 게, 인마, 악어
낮에 강한 라시들	사자, 처녀, 천칭, 전갈, 물병, 물고기

○ 열두 라시들이 지평선에서 올라올 때, 머리부터, 혹은 꼬리부터,
혹은 양쪽으로 올라오는 라시들이 있다

머리부터 올라오는(시르쇼다야, Sirshodaya)	산양, 황소, 게, 인마, 악어
꼬리부터 올라오는(프리쉬토다야, Prishtodaya)	쌍둥이, 사자, 처녀, 천칭, 전갈, 물병
양쪽으로 올라오는(쉬쇼다야, Sheeshodaya)	물고기

○ 열두 라시들이 가진 원소 유형이 있다

불(Fire)	산양, 사자, 인마
흙(Earth)	황소, 처녀, 악어
공기(Air)	쌍둥이, 천칭, 물병
물(Water)	게, 전갈, 물고기

○ 열두 라시들이 가진 에너지 양식(Energy Mode)이 있다

유동적(Movable)	산양, 게, 천칭, 악어
고정적(Fixed)	황소, 사자, 전갈, 물병
변통적(Mutable)	쌍둥이, 처녀, 인마, 물고기

○ 열두 라시들이 가진 구나스(Gunas)가 있다

사트바(Sattva)	게, 사자, 인마, 물고기
라지스(Rajas)	산양, 황소, 쌍둥이, 천칭
타마스(Tamas)	처녀, 전갈, 악어, 물병

○ 열두 라시들이 가진 카스트(Caste)가 있다

크샤트리야(Kshatriya, 무사 타입)	산양, 사자, 인마
바이시야(Vaishya, 상인 타입)	황소, 처녀, 악어
수드라(Sudra, 서비스 타입)	쌍둥이, 천칭, 물병
브라민(Brahmin, 학자, 교사 타입)	게, 전갈, 물고기

○ 열두 라시가 가진 성별과 성향이 있다

양/남성적/크루라	산양, 쌍둥이, 사자, 천칭, 인마, 물병
음/여성적/사움야	황소, 게, 처녀, 전갈, 악어, 물고기

○ 열두 라시가 가진 도샤(Dosha)가 있다

피타	산양, 사자, 인마
바타	쌍둥이, 천칭, 물병
카파	게, 전갈, 물고기
혼합된	황소, 처녀, 악어

○ 열두 라시가 나타내는 방향이 있다

동쪽	산양, 사자, 인마
서쪽	쌍둥이, 천칭, 물병
남쪽	황소, 처녀, 악어
북쪽	게, 전갈, 물고기

○ 열두 라시가 나타내는 색깔이 있다

산양	빨강
황소	하양
쌍둥이	녹색
게	분홍
사자	보라
처녀	투명
천칭	파랑
전갈	오렌지
인마	금색
악어	다채색
물병	짙은 갈색
물고기	검정

라시들의 로드 행성

물고기(목성)	산양(화성)	황소(금성)	쌍둥이(수성)
물병(토성)	열두 라시들과 로드행성		게(달)
악어(토성)			사자(태양)
인마(목성)	전갈(화성)	천칭(금성)	처녀(수성)

행성들은 의식체, 의식을 담고 있는 그릇이자 바디들이다. 라후와 케투를 제외한 나머지 일곱 행성들은 하늘에 실체를 가진 거대한 우주적 물체들로서 조디액의 열두 라시들의 로드십을 가지고 있다. 행성들은 라시의 로드로서, 바디 안에 담긴 의식체가 필요한 것들을 충족시킬 수 있을지 어떨지를 보여준다. 이들은 각자 로드하는 라시들의 로드십과 차트에 있는 위치에 따라 조합된 특성들을 다양한 형태로 발휘하게 된다. 행성을 완전히 잘 판단할 수 있으려면, 비단 행성뿐만 아니라 로드하는 라시들도 같이 살펴야 한다. 손상된 행성들이 그러한 라시들에 있을 때, 로드 행성이 원하는 것들을 이루기가 어렵다.

○ 태양은 사자 라시를 로드한다

태양은 소울, 영혼의 진정한 자기표현, 이상적 모습을 표현하려고 한다. 이러한 세상을 향한 표현 욕구를 태양이 어떻게 하는지는 사자 라시 상태에 달려 있다. 태양이 어디에 있는지, 그리고 사자 라시에 어떠한 행성이 있는지. 어떤 행성이든지 사자 라시에 있으면, 태양의 순수의식 영향하에 있게 된다. 창조적이고, 보다 나은 세상을 위해 태양의 이상적이고 영감을 고무하는 에너지를 표현하게 된다. 태양의 적인 행성을 제외한 다른 모든 행성들은 그러한 태양의 자기표현 욕구를 서포트하게 된다. 하지만 태양의 적인 금성이나 토성은 그러한 솔라 표현을 억제하게 된다.

○ 달은 게 라시를 로드한다

달은 어디에 있든지 살아가는 데 자신에게 필요한 것들을 충족시켜야 하는 의무가 있다. 달은 둥근 몸을 가졌다. 둥근 몸은 아주 리액션적이다. 바닥에 구르는 둥근 공처럼, 떨어지면 바로 튕기게 된다. 태양처럼 사각형인 바디와는 달리, 아주 작은, 미세하게 고르지 않은 바닥이더라도 어떤 방향으로든 튈 수 있다. 그 것이 달이고 마음이다. 언제 어디서 어떻게 다른 반응을 할지 예측하기 어렵다. 달은 리액션적이고, 적응력이 뛰어나며, 처한 환경에 수용적이다. 그래서 어디에 있든지 편안하기 위해 필요한 것들을 채워야 할 필요가 있다. 좋은 달은 그러한 것들을 할 수 있게 한다. 나쁜 달은 적응하기 어렵게 만든다. 게 라시가 얼마나 건강한가에 따라 그 사람이 얼마나 잘 적응할 수 있느냐 하는 것을 보여준다. 자신을 변화하거나, 환경에 적응하면서 필요한 것들을 충족시키게 된다. 달이 하는 일이다. 게는 물과 육지, 양쪽 세상에서 살 수 있다. 달이 가진 적응력을 보여준다. 그래서 달뿐만 아니라 게 라시 상태를 살펴보면, 그 사람이 살아가는 데 필요한 것들을 얼마나 잘 충족시키는지 알 수 있다.

○ 화성은 산양과 전갈 라시를 로드한다

우리들 의식 속에서 필요로 느끼는 것들을 추구하고 표현한다. 화성은 '고픔'이다. 의식 속에 있는 것들을 행동으로 실천해야 하는 고픔, 필요성을 가지고 있다. 그것이 화성이다. 만약 화성이나, 화성의 라시들이 손상되었으면, 자신의 의식 속에 있는 것들을 잘 표현하지 못하기 때문에 좌절감을 느끼게 된다.

○ 금성은 황소와 천칭 라시를 로드한다

금성은 비단 사랑뿐만 아니라, 세상에서 필요한 모든 외적인 충족을 얻을 수 있는 능력을 주관한다. 금성이 로드하는 두 라시들을 살펴보면, 러브 라이프, 물질적 풍요로움이나 안락함 등과 같은 금성적인 것들에 대한 상태를 짐작할 수 있다. 만약 이들 라시가 좋은 영향하에 있으면, 로드 금성이 비록 손상된 상태에 있더라도, 금성적인 것들에 만족, 충족을 얻을 수 있게 된다.

○ 수성은 쌍둥이와 처녀 라시를 로드한다

우리가 필요로 하는 것들을 얼마나 효율적으로 잘 충족시키는지 알고자 한다면, 수성과 쌍둥이, 처녀 라시를 살피면 된다. 얼마나 삶을 효율적으로 잘 관리하는지 알 수 있다. 손상된 쌍둥이, 처녀 라시는 삶을 효율적으로 관리하는 데 어려움을 겪게 된다.

○ 목성은 인마와 물고기 라시를 로드한다

목성은 삶에 온갖 좋은 것들과 기쁨, 은총을 가져다준다. 우리가 영감을 따라 더 나은 삶, 세상을 만들도록 행동하게 한다. 그리하여 선이 우리들 삶에 흘러 들어올 수 있게 한다. 이러한 목성적인 것들(돈, 부, 자녀, 남편, 행운, 행복, 영성 등)에 관해 알고자 한다면 목성과 두 라시들을 살피면 된다.

○ 토성은 악어와 물병 라시를 로드한다

토성은 우리가 힘든 일이나 고통, 시련들을 견디는 데 필요한 휴식을 취하고, 회복하고, 생기를 되찾고, 살아남고, 계속 살기 위해서 필요한 시간들을 다스린다. 토성은 생존을 위해 필요한 일을 하는 외에 더 이상은 하고 싶어 하지 않는다. 살아남는 것이 토성의 의무이다. 토성의 라시들은 이러한 것들, 쉬고 유지해야 할 필요성 등을 강조하게 된다. 부리는 사람들, 자연, 동물 등, 우리가 얼마나 이러한 것들을 즐길 수 있을지는 토성과 악어, 물병 라시의 상태에 달려 있다.

라시들의 심볼과 신체파트

라시들이 가진 상징, 그리고 해당하는 신체파트들에 대한 기술을, 『야바나 자타카(Yaavana Jataka)』에서는 다음과 같이 언급하고 있다. 심볼은 라시의 성향을 파악할 수 있는 아이디어를 제시한다. 몸에서 해당하는 신체파트는 특히 건강과 연관된 의학점성학에서 유용하게 사용된다.

"첫 번째 라시는 전통적으로 산양의 모습을 하고 있다고 하였다. 옛 리쉬들이 칼라의 머리라고 불렀다. 이들의 장소는 염소, 양들이 걷는 길, 동굴, 산, 도둑들이 숨는 곳, 그리고 불, 금속들, 광, 보물들이 있는 곳이다."

"두 번째 라시는 황소의 모습을 하고 있다고 하였다. 그는 창조주의 입과 목이다. 이들은 숲, 산, 능선 등과 연관이 있다. 이들이 사는 장소에는 코끼리, 소의 무리들, 농부들이 있다."

"세 번째 라시는 남녀 커플로서 루트와 클럽을 들고 있다고 하였다. 프라자파티의 어깨와 팔 부분이다. 이들이 사는 장소는 댄서, 가수, 아티스트, 여자들, 게임장소, 성관계, 도박, 오락 등이 있는 곳이다."

"네 번째 장소는 물에 서 있는 게의 형태를 하고 있으며, 가슴의 영역으로서 카르키라고 부른다. 그는 초원, 우물, 모래사장에 속하며 여신들이 노는 즐거운 장소에 살고 있다."

"권위자들이 다섯 번째는 산꼭대기에 서 있는 사자라고 하였다. 프라자파티의 하트 영역이다. 이들은 숲, 요새, 동굴, 정글, 산 그리고 사냥꾼과 왕들이 사는 장소에 있다."

"처녀가 물 위의 보트에 서서 손에 불꽃을 들고 있는 라시가 여섯 번째이다. 총명한 이들이 예전에 말하기를 창조주의 복부 부분이라고 하였다. 그의 땅은 풀이 많고 여자, 성관계, 손놀림에 적합한 곳이다."

"다음은 손에 물건이 담긴 저울을 들고 시장에 서있는 남자이다. 그는 배꼽, 엉덩이, 방광의 영역이다. 그의 장소들은 관습과 의무들, 돈, 악기들, 동전, 도시, 길, 캐러밴, 익은 곡식들이 있는 곳이다."

"여덟 번째는 구멍 안에 살고 있는 전갈의 모습을 하고 있다. 로드의 성기와 항문 영역이다. 그의 장소들은 동굴, 구덩이, 구멍, 독이나 돌들이 있는 곳, 감옥, 그리고 개미들, 벌레, 크고 작은 뱀들이 있는 곳이다."

"활을 들고 있고, 뒤의 절반이 말의 모습을 한 이가 아홉 번째 이다. 그들은 세상을 만든 이의 허벅지라고 하였다. 이들의 장소는 평평한 땅, 혼자 혹은 무리의 말들이 있는 곳, 술을 마시는 곳, 무기를 든 이들, 희생의식을 하는 곳, 마차, 말들이 있는 곳이다."

"열 번째는 바다의 괴물로 알려져 있다. 그의 몸 앞부분은 사슴이고, 뒷부분은 물고기와 같다. 그들이 말하기를 창조주의 무릎이라고 한다. 이들의 장소는 강, 숲, 정글, 길, 습지, 구덩이 등이다."

"권위자들이 말하기를, 빈 물병을 어깨에 나르고 있는 남자가 11번째 라시라고 한다. 창조주의 정강이다. 이들의 장소는 탱크, 빈약한 곡식들의 필드, 새들을 쫓는 곳, 여자들, 주점, 도박을 하는 곳이다."

"마지막 라시는 물에서 헤엄치는 두 물고기이다. 최고인 이들이 칼라의 발이라고 하였다. 이들의 장소는 길조적인 이들이 있는 곳, 즉 신들과 브라민들, 성지순례, 강, 대양, 구름들이 있는 곳이다."

"그렇게 지구의 둥근 표면을 만든 창조주의 몸 부분들이 원형을 이루고 있다 하였다. 조디액 라시들의 싸인, 마크, 자질들, 그리고 사람의 몸들이 서로 상호적 연관을 맺고 있다."

네 가지 에너지(불, 흙, 공기, 물) 원소에 따른 특성

○ 불(Fire)

불의 원소 라시들은 자아와 자아표현에 포커스를 맞춘다. 이들은 열과 에너지를 만들어내며 어떤 것을 행동에 옮긴다. 불의 라시들이 손상되면, 이들은 자신의 아이디어에 대해 너무 강요를 하거나, 강압적이거나, 혹은 자신이 가진 영감으로 액션을 연결하는 어려움을 가지게 된다.

불의 원소가 가진 가장 위대한 힘은 태양이다. 태양의 빛을 통해 식물이 자랄 수 있으며, 인간을 포함한 모든 생물들이 에너지로 사용할 수 있는 영양분을 만들어낸다. 태양의 빛으로 자란 식물에서 나오는 당분은 모든 음식들의 기본요소를 형성한다. 이러한 당분이나 전분을 먹게 되면 우리 신체가 사용할 수 있는 에너지로 전환된다. 뇌, 심장, 그리고 다른 신체부분들의 기능을 유지할 수 있기 위해 필요한 에너지들이다. 섹스와 열정도 불의 원소와 연관을 가지고 있다. 어떤 목표를 정하고, 이를 향해 나아갈 수 있게 하는 의지력과도 상통한다. 불의 원소는 우리가 어떤 두려움을 마주할 수 있고, 극복할 수도 있는 힘을 준다.

- **불의 원소가 가진 목표: 운동신경, 운동, 질병을 퇴치, 경쟁과 대회를 할 수 있는, 용기, 창조성, 방어, 충정, 보호, 섹스, 저력, 성공**

○ 흙(Earth)

흙의 원소 라시들은 안전성에 관심이 있다. 이들은 센스감각과 구체적인 대상들을 통해 연결을 한다. 흙의 라시들이 손상되면 물질적인 책임들을 이행하는 데 어려움을 겪거나, 혹은 지나친 감각적, 물질적인 것들에 사로잡혀 자신을 잃게 된다.

흙의 원소는 바디, 모든 단단한 것들, 영원함, 안정성, 보안성 등을 대변. 흙의 원소는 신체의 힐링을 다스린다. 흙은 식물을 자라게 하는 원소이기 때문에, 힐링 파워를 가진 허브들을 대변. 신체적, 감정적, 영적 레벨에서 힐링을 하기 위한 크리스탈(수정)을 구성하는 원소이기도 하다.

흙의 원소는, 크리스탈이나 매직 스톤, 매직 허브, 매직 씨앗이나, 혹은 땅에 묻는 것들, 모래나 소금으로 만드는 매직 등을 포함한다. 땅에서 나오는 미네랄, 젬 스톤, 크리스탈, 그릇, 식물, 사슴이나 다른 동물들의 뿔이나 발굽 등.

- **흙의 원소가 가진 목표: 풍요로움, 농업, 고고학, 빌딩, 집, 건축, 직물, 가족, 비옥함, 잉태, 힐링, 일과 커리어, 물건, 돈, 영양**

○ **공기(Air)**

공기의 원소 라시들은 사회적 관계성에 관심이 지대하다. 자신의 생각이나 아이디어, 재능들을 소통하고 교환하고자 한다. 공기 라시들이 손상되면, 사회적 관계성의 어려움을 겪으며, 자신의 생각들을 소통하는 데 어려움을 가지게 된다.

공기 원소는 후각과 연관이 있다. 공기 원소는 또한 음악과도 연관이 있다. 음악, 새소리, 플루트, 휘파람 등의 소리는 공중에 퍼지는 파장을 통해 전달된다. 우리들의 목소리도 노래를 부를 때 올라간다. 아름다운 소리를 만들기 위해선 먼저 창조적 충동이 일어나야 한다. 바로 그러한 충동이 공기 원소이다. 공기 원소의 영역은 마인드와 정신적 활동이다. 공기 원소는 선명한 생각, 사고 능력을 준다. 많은 아이디어와 개념들을 잘 정립하고 체계화시켜서 보다 나은 어떤 것으로 발전시킬 수 있는 능력을 준다. 공기원소는 글이나 말로써 이러한 아이디어들을 소통하는 능력들을 다스린다. 가르침을 다스리고, 시적인 능력을 준다.

- **공기 원소가 가진 목표: 소통, 교육, 그룹으로 하는 일, 이지적인 능력, 조직, 중독증의 극복, 스피치, 가르침, 테스트, 시험, 이론화, 여행, 글쓰기(작문, 작사, 시 등)**

○ **물(Water)**

물의 원소 라시들은 공감대를 이루어 관계성을 맺는다. 자연스럽게 사색적, 관념적, 철학적, 묵상적이며, 자신의 내면상태에 민감하게 포커스를 맞춘다. 물의 라시들이 손상되었을 때, 감정적인 연결이나 원하거나 필요한 것들을 충족받는 데 어려움이 있다.

물의 원소는 느낌, 감정, 감정적 흐름, 꿈, 비전, 환상, 상상력의 자질들을 나타낸다.

- **물의 원소가 가진 목표: 조상, 선조와의 소통. 미, 아름다움, 자녀 잉태, 자녀 양육, 가족과 연관된 이슈들, 힐링, 집, 가정, 편안함과 아름다움, 떠나가게 두는, 사랑, 명상, 파트너십, 사이킥 파워, 정화**

강한, 약한, 싱글 원소들의 유형

균형이 잘 잡힌 차트는, 각 원소들에 3~4개 정도의 행성들을 가진 형이다.
강한 원소 유형의 차트는, 같은 원소들에 5개 혹은 그 이상의 행성들이 있는 경우이다.
약한 원소 유형의 차트는, 어떤 원소에 1개 혹은 제로 행성이 있는 경우이다.

○ 강한 불
열정적, 자신감 있는, 확실한, 충동적인, 독립적인, 액티브한, 열성적인, 대담한

○ 약한 불
게으른, 동기가 부족한, 무심한, 수동적, 처지는, 무관심한, 두려움이 많은, 나약한(개선책은 뭔가 열정을 느낄 수 있는 것을 찾거나, 불의 에너지가 뛰어난 사람들과 시간을 보내거나, 동기부여적인 일을 시작하며 끝까지 해낼 것. 신체적 활동을 많이 하는 것이 좋다)

○ 강한 흙
현실적, 그라운딩이 된, 실질적인, 방식주의적인, 집요한, 안정적인, 한결같은, 건설적인

○ **약한 흙**

무질서한, 비현실적인, 비생산적인, 그라운딩이 안 된, 믿을 수 없는, 불안정한, 비효율적인, 비실질적인(개선책은 그라운딩하고 중심을 잡기, 조직적이고 좋은 습관들을 가지려 노력하기, 그라운딩한 사람들과 시간을 많이 보내기, 정원 가꾸기, 흙 만지기, 자연에서 시간을 많이 보내기)

○ **강한 공기**

이지적, 적응적, 궁금한, 논리적, 초연한, 말이 많은, 머리를 많이 쓰는, 표현이 정교한

○ **약한 공기**

비연결적인, 주의력이 산만한, 흩어진, 비소통적인, 객관성이 부족한, 어리석은, 무심한

○ **강한 물**

민감한, 감정적, 케어하는, 무드적인, 동정적인, 직관적인, 돌보는, 수동적, 인지적인, 사이킥적인, 인상적인, 센티멘탈한

○ **약한 물**

차가운, 비감정적인, 컨트롤하는, 무반응적인, 닫힌, 동정심이 부족한, 잔인한, 안면이 두터운, 무심한, 계산적인

열두 라시들이 가진 세 가지 에너지 양식(Energy Mode)

라시의 에너지 양식은 천문학적으로 태양이 어떻게 조디액 위를 움직이는가에 의해 결정된다. 태양이 유동적(차라, Chara) 라시(산양, 게, 천칭, 악어)에 들어갈 때, 천문학적으

로 계절이 바뀜을 나타낸다. 고정적(쓰티라, Sthira) 라시(황소, 사자, 전갈, 물병)에 들어갈 때, 태양은 아무런 두드러지는 변화도 가져오지 않는다. 변통적(스바, Sva) 라시(쌍둥이, 처녀, 인마, 물고기)에서 태양은 계절이 바뀌는 준비를 한다.

유동적 라시들은 액션 위주이다. 변화를 주도하며, 어떨 때는 지나치게 급격한 변화를 일으키기도 하기 때문에 안정성이나 일관성이 결여된다. 태양은 차라 라시에서 네 가지 주요 계절의 변화를 일으킨다(춘분-산양, 하지-게, 추분-천칭, 동지-악어).

고정적 라시들은 안정성과 안전성을 나타낸다. 현재를 유지하는 것이 중요하며, 어떤 다른 변화나 주도를 꾀하지 않는다(황소, 사자, 전갈, 물병 라시).

변통적 라시들은 유동적, 고정적 두 에너지 양식을 같이 가지고 있다. 변통적 라시의 처음 절반은 고정적이고, 나머지 절반은 유동적이다.

에너지 양식에 따른 특성

각 열두 라시들은 세 가지 에너지 양식인 유동적(차라), 고정적(스티라), 변통적(스바) 중에서 한 가지 특질을 가지고 있다. 이러한 특질들은 차트 주인이 자신의 에너지를 어떤 방식으로 다이렉트하는가를 보여준다. 이러한 특질들은 긍정적(유동적), 중립(고정적), 부정적(변통적)인 전류 흐름과도 비슷하다. 어떤 한 가지 특성이 다른 것보다 낫거나 못하다는 의미가 아니다. 그러나 각 에너지 패턴이나 특성마다 내포하고 있는 불균형성이 있기 때문에, 어떤 한 가지 방식에 주도를 당하지 않을 수 있는 능력을 키워야 한다.

○ 유동적 타입들

유동적 라시들은 긍정적, 액티브, 다이내믹, 주도적이며, 해당 원소의 특성들을 가이드하는 위치에 있다. 유동적 자질들은 대체로 라자스 특성에 상응한다. 움직임, 충동성, 방향성, 표현 등이 라자스의 주 특성이지만, 그러나 동시에 지나친 라자스는 방해,

불안정성, 강압적, 너무 지나친 액션 경향 등을 일으킬 수도 있다.

유동적 타입들(행성들이 주로 유동적 라시에 모여 있는)은 액션을 하는 사람들이다. 그들은 긍정적이고, 표현을 잘하며, 외향적이고, 성취와 업적에 대한 강한 센스를 가지고 있다. 의지력이 있고, 공격적이며, 충동적이고, 다이내믹하며, 종종 리더로서 성공을 한다. 높은 성공이나 지위를 이룬 사람들이 대부분 이러한 타입이다. 이들은 아주 대단한 일을 할 수 있으며 원하는 것은 뭐든지 거의 다 이룰 수 있지만, 동시에 감정적으로는 무감각해서 다른 사람들에게 무심하거나, 스스로를 뒤돌아보거나, 자신의 목표를 적절하게 조율할 수 있는 능력은 뒤떨어질 수 있다. 다른 사람들에게 자신의 방식을 강요하거나 해를 입힐 수도 있으며, 다른 사람들 느낌이나 감정에 대한 배려심이 부족하다. 지나친 액션, 활동, 자극적 행위들을 함으로 인해 과로나 번아웃에 시달릴 수 있다.

이들의 영혼은 물질적인 형상화를 위해 새롭게 시작을 하고 있는 단계이다. 현시대 모던 컬처가 이러한 단계에 있다. 많은 리더들, 보스, 예능인들이 이러한 타입이다. 이들은 자신감이 있고, 진보와 발전을 추구하고, 정한 목표를 향해 파워풀하게 자신의 에너지를 다이렉트하고 있다. 유동적 타입들은 보다 나은 예민성, 유동성, 인내심, 내향성, 끈기, 안정성을 키워야 한다. 무조건 액션의 에너지를 쏟고 있는 일들이 보다 깊은 자신의 내면적 가치와 의지, 이상을 반영하고 있는지 잘 점검해야 한다. 그러면 내적인 계발과 발전을 할 수 있는 능력도 아주 높을 수 있다.

○ **고정적 타입들**

고정적 라시들은 부동적, 안정적, 중립, 형식적이며, 해당 원소의 특성들을 견디는 위치에 있다. 고정적 자질들은 대체로 타마스 특성에 상응한다. 타마스는 외적 형태와 내구성에 필요한 조건이다. 연속성과 한결성을 주지만, 그러나 게으름, 저항감, 정체성을 일으킬 수도 있다.

고정적 타입은 확고하고, 안정적이며, 자신이 누구이고 무엇을 하는지에 대한 결의를 가지고 있다. 이들은 어떤 것을 계속하고, 보존하고, 지키는 것을 좋아한다. 이들의 캐릭터는 확고하고, 단단하며, 양보하지 않는다. 한결같으며, 강한 믿음을 가졌으며, 자신의 신념에 대해 흔들림이 없다. 마치 바위처럼 어떤 것에 의해서든 움직이지 않는다.

그리하여 너무 고집스럽거나 앞뒤로 막혔을 수 있으며, 자신의 관점 외에 어떤 다른 관점도 받아들이거나 인정하지 않는 어려움이 있을 수 있다.

이들은 보수적이거나 전통적, 혹은 자신이 하던 방식 외에 다른 방식의 가능성을 보지 못할 수 있다. 너무 집착, 소유적이 되는 경우도 자주 있으며, 너무 축적을 많이 해서 떠나가게 내버려두는 데 어려움도 겪을 수 있다. 의식적 진화가 된 사람이라면 이들은 진리를 수호할 수 있고 위대한 신념을 가진 영혼들이다. 덜 진화된 사람이면 이들은 무감각하고, 집착하거나, 저항적이다. 이들은 천천히 변화하지만, 그러나 한번 변하게 되면 그것이 지속된다. 이들은 감정적, 센티멘탈, 혹은 강한 감정적 성향을 가졌을 수도 있고, 때로는 생각도 깊다. 하지만 이들은 새로운 것을 계발하기보다는, 현재 가진 아이디어를 더 깊이 파고드는 것을 선호한다.

영혼적 레벨에서는 이들은 물질화, 형상화된 것을 유지하는 단계에 있다. 고정적 타입들은 보다 새로운 것을 주도하고 시도해볼 필요가 있다. 특히 어떤 것을 새롭게 바라보는 시각을 키우는 것이 중요하다. 동시에 보다 예민하고, 유연하고, 오픈할 필요도 있다. 지키고자 하는 것이 진리여야 하며, 어떤 부정적 패턴이나 감정, 이기심 등이 아니도록 분명히 해야 한다.

○ 변통적 타입들

변통적 라시들은 부정적, 임시적, 방향성이 없으며, 해당 원소의 특성들이 유연한 위치에 있다. 변통적 자질들은 대체로 사트바 특성에 상응한다. 섬세하고, 변형적이며, 해당 원소의 섬세한 상태를 나타낸다. 그렇지만 불안정성, 지나친 예민함, 분해적으로 될 수도 있다(어떤 베딕 점성가들은 안정성 때문에 고정적 타입을 사트바와 연관시키고, 분해성 때문에 변통적 타입을 타마스와 연관시키기도 한다). 변통적 라시들은 사트바 자질을 가진 생각의 능력을 키우는 데 최상으로 적합하다.

변통적 타입들은 유동적이고, 적응력이 있으며, 많은 것들을 할 수 있는 능력이 있다. 이들은 대체로 많은 재능, 관심, 호기심, 재주들을 가지고 있다. 결정을 잘 내리지 못하는 경향이 있으며, 행동으로 옮기는 것을 어려워하기도 한다. 또한 한결성이 뒤떨어지거나, 어떤 것들이든 고수하는 데 어려움도 있다. 이들은 대체로 멘탈 타입으로,

생각이 많고, 계산적이거나, 걱정, 고민들을 많이 하며, 너무 내향적이거나, 신경쇠약증이나, 면역성 퇴화나 알레르기 등에 시달릴 수도 있다. 대체로 몸이 유연한데 특히 젊었을 때 더 그런 경향이 있다. 지구력은 부족하다. 말이 많거나 소통을 잘하지만 굳이 딱히 어떤 할 말이 있어서 그런 것은 아니다. 어떤 것들을 서로 교환하는 능력이 좋아서, 훌륭한 비즈니스맨이 될 수도 있다. 그러나 자신의 아이디어에 너무 갇혀 있거나, 너무 뭐든지 계산적이거나 타산적일 수 있다. 예술인으로 성공할 수도 있지만, 자신의 캐릭터를 잘 바꾸거나 조정하는 기질 때문에 전체적으로는 안정성이 부족할 수 있다.

의식의 진화가 된 사람이라면, 뛰어난 예민성과 넓은 이해력으로 승화할 수 있다. 진화가 덜 된 사람은, 불규칙적이고, 신뢰성이 떨어지며, 신경질적으로 될 수 있다. 이들은 또한 독립성, 확고함, 한결같음, 평화로움을 키워야 한다. 무엇보다도, 이들이 가진 예민성을 보다 의식적인 방향으로 돌려서 쉽게 어떤 것에든 흔들리지 않게 해야 한다. 남다른 예민함을 무의식적이기보다는 더욱 의식적으로 사용할 수 있는 도구로 사용하는 것이다.

행성들이 분포된 에너지 양식에 따른 자질들

평균적으로 4~5개 정도의 행성들이 한 가지 에너지 양식에 몰려 있으면 강한 것으로 간주하고, 6개 혹은 그 이상이면 주도적으로 여긴다. 만약 두 개 혹은 적은 수의 행성들이 있으면, 약한 원소 타입으로 여긴다. 이러한 에너지 양식들은 원소들처럼 중요하지는 않지만, 여전히 영향력을 미친다.

○ 강한 유동적
이들은 액션 위주의 사람들이다. 에너지가 넘치고, 동기적이고, 무엇이든 시작하기를 즐기고, 잠시도 가만 있지를 못하고, 쉽게 지루해하고, 뭔가를 해야 할 필요가 있다. 이들은 중심에서부터 야심적인 사람들이다. 많은 액션이 필요하기에, 너무 충동적이거나 변덕스럽게 될 수도 있다.

○ 약한 유동적

액션을 위해 서두르기보다는, 보다 방식적이고 덜 충동적인 사람들이다. 이들은 액션을 취하기 이전에 좀 더 나서거나 활발한 동기적 기운이 필요하다. 그러다가 액션하기를 모두 회피할 수 있다.

○ 강한 고정적

이들은 고집이 세고, 자신의 방식이 고정되었고, 안정적이고, 변화에 거부적이다. 강한 의지를 가지고 있고, 시작은 느리지만 안정적이고 결의적인 노력을 통해 여전히 목표를 달성할 수 있다. 이들은 안전지대에 있는 것을 즐기며, 때로는 너무 안정성을 취하다가 도태하기도 한다.

○ 약한 고정적

이들은 어떤 일을 마치기 위해 필요한 안정적 에너지가 부족한 대신에, 어떤 주도성, 끝까지 마칠 수 있는 능력이 부족한 사람들이다. 이들은 구조와 체제, 루틴이 필요하다. 의지력을 좀 더 계발할 필요가 있다.

○ 강한 변통적

이들은 안정적이고, 변화적이고, 색다르고, 겁을 잘 먹고, 쉽게 지루해하고, 루틴을 싫어하고, 산만해지는 성향이 있다. 강한 유동적 타입처럼, 이들도 액션을 아주 지향한다. 다른 점은, 더 이상 관심이 없어지면 하던 일을 멈춰버린다는 것이다. 그래서 변덕스럽거나 믿을 수 없는 사람이라는 평판을 얻을 수 있다. 이들은 제 코스를 지키는 법을 배울 필요가 있다. 뿌리를 내리고, 일단 시작한 일을 따분하더라도 마칠 필요가 있다.

○ 약한 변통적

삶이 너무 심각하다. 이들은 변화를 하지 못하고, 협상을 하는 데 어려움이 있다. 이들은 모든 사람들이 양보하기를 원한다.

성향

라시들이 가진 성향에 따라 차트 주인의 캐릭터, 동기, 에너지를 표출하는 방식들을 이해할 수 있다. 혹은, 자녀들의 성별을 알기 위해 사용되기도 한다. 양의 라시들은 모두 남성적이고, 크루라 기질을 가지고 있다. 음의 라시들은 모두 여성적이고, 사움야 기질을 가지고 있다.

양성(남성적, 잔인한) 라시들은 외적으로 '뭔가를 하는 것'에 포커스를 맞춘다. 그래서 잔인하거나 거칠게 보인다. 어려운 여건하에 있으면 이들은 외적으로 에너지나 좌절감을 표출하려는 경향이 있다. 공격적이고, 논리적인 행동이나 사고방식을 가지고 있다 (Doing이 중요).

음성(여성적, 젠틀한) 라시들은 보다 수동적, 수용적이며 뭔가를 하려 하기보다는 그냥 그대로 있는 것에 포커스를 맞춘다. 그래서 보다 부드럽고, 젠틀하게 보인다. 어려운 여건하에 있으면 이들은 내적으로 에너지나 좌절감을 표출하는 경향이 있다. 케어하고 직관적인 행동이나 사고방식을 가지고 있다(Being이 중요).

도샤

아유르베다(Ayurveda, 전통 대체의학기법)에서 사람들의 체질을 알기 위해 사용하는 분류방식이다. 피타, 바타, 카파, 혹은 혼합된 도샤들로 분류한다. 도샤들은 사람의 몸 체질을 만드는 기본자질 혹은 에너지들을 나타내는데 여러 가지 팩터에 따라 체질이 변형되거나 정해진다. 모든 불의 원소 라시들은 피타, 흙의 원소 라시들은 혼합된, 공기의 원소 라시들은 바타, 물의 원소 라시들은 카파이다.

피타(Pitta)는 액티브한 기질을 가진다. 자신을 표현하기 위해 삶의 에너지를 외적으로 향하는 기질이 있다. 카파(Kapha)는 수용적, 수동적인 자질을 가지고 있다. 릴렉스하고, 회복을 하거나, 비활동적인 에너지들을 가지고 있다. 바타(Vata)는 피타와 카파의 중간 역할을 한다. 활동적이고 비활동적인 에너지 사이에서 교류하고 있다. 혼합(Mixed)은 세 도샤(피타, 카파, 바타)가 모두 섞여 있다. 세 에너지들을 모두 가지고 있다.

라시들의 방향

라시들이 나타내는 네 방향(동, 서, 남, 북)은, 태양의 천문학적인 움직임에 따른 계절의 변화와 연결이 되어 있는데, 각 원소의 유동적(차라, Chara) 라시들에서 변화가 일어난다. 불의 원소는 동쪽, 공기의 원소는 서쪽, 흙의 원소는 남쪽, 물의 원소는 북쪽이다.

동쪽은 태양이 춘분에 천구의 적도에서 올라오는 라시로서 1번째 유동적 모드의 크샤트리야 및 불의 원소를 가진 산양 라시와 일치한다. 나머지 고정적(사자), 변통적(인마) 모드의 크샤트리야 및 불의 원소 라시들도 동쪽과 연결된다.

서쪽은 태양이 추분에 천구의 적도에서 지는 라시로서, 1번째 유동적 모드의 수드라 및 공기의 원소를 가진 천칭 라시와 일치한다. 나머지 고정적(물병), 변통적(쌍둥이) 모드의 수드라 및 공기의 원소 라시들도 서쪽과 연결된다.

남쪽은 태양이 동지에 조디액의 가장 낮은 포인트에 다다르는 것을 나타낸다.

1번째 유동적 모드의 바이시야스 및 흙의 원소를 가진 악어 라시와 일치한다. 나머지 고정적(황소), 변통적(처녀) 모드의 바이시야스 및 흙의 원소들도 남쪽과 연결된다.

북쪽은 태양이 하지에서 조디액의 가장 높은 포인트에 오르는 것을 나타낸다.
1번째 유동적 모드의 브라민 및 물의 게 라시와 일치한다. 나머지 고정적(전갈), 변통적(물고기) 모드의 브라민 및 물의 원소 라시들도 북쪽과 연결된다.

세 구나스(Gunas)

구나스는 라시들을 활성화시키는 자질들을 나타낸다. 액션을 하게 만드는 기본적 동기들을 의미한다. 각 구나스에는 4개의 라시들이 있다.

○ 사트바(Sattva)
사트바는 '나는 누구인가'라고 하는 자연적 영감에 의해 동기부여를 받아 액션을 한다. 사트바는 '진정한 에센스'라는 의미로서, 캐릭터의 강함, 도덕성, 지혜 등과 연관이 있다. 게, 사자, 인마, 물고기 라시들은 사트바이다.

○ 라자스(Rajas)
라자스는 '가려진'이라는 의미로서 어떤 것에 대한 열성이나 열정에 동기부여를 받아 액션을 한다. 라자스는 자신이 가진 욕망이나 열정에 사로잡혀 자신이 하는 액션에 대한 집착을 한다. 원하는 대로 되지 않거나 욕망의 충족을 얻지 못할 때 상당한 좌절감을 느끼게 된다. 산양, 황소, 쌍둥이, 천칭 라시가 라자스이다.

○ 타마스(Tamas)
타마스는 '어둠'이라는 의미로, 어떤 어려운 상황을 극복하고자 하는 기본적 동기들을 나타낸다. 어떤 상황이 분노, 두려움, 우울증, 고통, 괴로움 등으로 연결시키는 에너지들이다. 타마스적인 동기는, 어려운 상황이 사라지면 타마스적인 동기도 같이 사라진다. 타마스는 부정적인 동기가 아니라, 인간의 생존에 필요한 에너지들이다. 악어, 물병, 처녀, 전갈 라시가 타마스이다.

네 카스트(Caste)

베딕 문화에서의 카스트 제도는, 출생 시에 타고난 신분제도라기보다는, 타고난 자연적인 성향을 반영하고 있었다. 그런데 시간이 흐름에 따라 신분제도로 잘못 도용되게 되었다. 카스트는 우월을 나타내는 분류가 아니라, 건강한 사회를 유지하기 위해서 필요한 네 가지 유형의 완전한 액션들을 의미한다.

모든 불의 라시들은 크샤트리야(Kshatriya)이다. 크샤트리야는 다르마(영감, 이상)를 따르는 것이 주 목표이다. 이들은 의지로서 이끌고 보호하고자 한다. 현대 시대에는 군인, 동기부여 강사, 정치인들, 소방대원들, 경찰 등을 의미한다.

모든 흙의 라시들은 바이시야스(Vaisyas)이다. 바이시야스는, 아타(물질적 웰빙)를 충족하는 것이 주 목표이다. 자신의 재능을 이용해 주변과 세상에 보다 실질적으로 기여를 하고자 한다. 현대 시대에는 상인, 비즈니스맨, 엔지니어, 뮤지션, 배우, 스포츠맨 등을 의미한다.

모든 공기의 원소들은 수드라(Sudra)이다. 수드라는, 카마(욕망)를 따르는 것이 주 목표이다. 이들은 감각센스들이 만들어 내는 욕망들을 재빨리 충족하려고 하며, 다른 사람들에게 기꺼이 서비스를 한다. 현대 시대에는 단순 직업 종사자나 노동자들, 하인 등을 의미한다.

모든 물의 라시들은 브라민(Brahmin)이다. 브라민은 목샤(깨달음, 자유)를 얻는 것이 주 목표이다. 깨우침을 주는 지식의 길에 포커스를 맞춘다. 현대 시대에는 과학자, 교사, 철학자, 작가, 프리스트 등을 의미한다.

다리 수와 몸 사이즈

라시들이 가진 다리 수와 몸 사이즈는, 사람들이 가진 기본적인 자질들과 외모, 몸 사이즈를 보는 데 유용한 분류방식이다.

다리가 없는 라시들은(악어 라시의 나중 절반, 물고기 라시 전체) 어떤 강한 목표를 가지고 있지 않으며, 수동적인 자세들을 가졌다.

다리가 두 개인 라시들은(쌍둥이, 처녀, 천칭 라시, 인마 라시의 처음 절반, 물병 라시) 휴먼 라시로서, 자신을 표현하고자 하는 강한 자세들을 가졌다.

다리가 네 개인 라시들은(산양, 황소, 사자 라시, 인마 라시의 나중 절반, 악어 라시의 처음 절반) 무거운 짐을 운반하는 능력을 가졌으며, 선택한 삶의 길에 꾸준한 안정적인 자세를 가졌다. 아주 생산적일 수 있는 저력을 가졌다.

다리가 많은 라시들은(게, 전갈 라시) 끈질김이 강점이다. 어떤 것들을 물고 놓지 않는 저력을 가졌으며, 안전한 느낌을 가장 우선시한다.

몸 사이즈가 큰 라시들은, 산양, 사자, 악어 라시들이다.

몸 사이즈가 긴 라시는, 황소 라시이다.

몸 사이즈가 보통인 라시들은, 쌍둥이, 처녀, 천칭, 인마, 물병, 물고기 라시이다.

몸 사이즈가 땅딸막한 라시는, 게 라시이다.

몸 사이즈가 작은 라시는, 전갈 라시이다.

올라오는 모습, 그리고 밤이나 낮에 강한 라시

열두 라시들은 앞에서부터, 뒤에서부터, 혹은 양쪽으로 올라오는 모습을 가지고 있다. 질문과 답을 구하는 프라즈나 점성학이나, 어떤 행사나 의식을 하는 데 길조적인 시간들을 선택하기 위한 무후르타 점성학과 같은 기타 점성학에서 주로 사용하는 방법으로, 질문하는 어떤 결과에 대한 실질적인 예측을 하는 데 유용한 분류방식이다.

또한 어떤 라시들은 밤에, 낮에, 혹은 밤과 낮 모두에 강한 기질들을 가지고 있다. 이러한 분류방식은, 낮에 혹은 밤에 주로 활동적인 커리어나 일을 하느냐를 알기 위해 사용한다. 예를 들어, 농사나 정원 가꾸기 등은 낮의 라시들이 적합하다. 클럽이나 굴 채광, 지하철 운전자 등은 밤의 라시들이 적합하다.

태양과 달은 한 쌍으로 간주한다. 이들이 로드하는 게, 사자 라시는 각각 낮과 밤에 강하다.

다른 다섯 행성들은 각자 두 개의 음, 양의 라시들을 로드한다. 조디액이 올라오는 순서대로, 1번째로 로드하는 라시는 밤에 강하고, 2번째로 로드하는 라시는 낮에 강하다(화성, 산양은 밤에, 전갈은 낮에. 수성, 쌍둥이는 밤에, 처녀는 낮에. 목성, 인마는 밤에, 물고기는 낮에. 금성, 황소는 밤에, 천칭은 낮에. 토성, 악어는 밤에, 물병은 낮에).

머리부터 올라오는 라시들은, 어떤 것들에 대한 열매, 결과를 빨리, 쉽게 가져온다.

뒤부터 올라오는 라시들은, 어떤 것들이 결실을 맺는 데 좀 더 시간이 걸린다. 종종 뒤로 몇 걸음 물러섰다가 앞으로 다시 나아가게 되는 경우도 자주 일어난다.

밤에 강한 모든 라시들(쌍둥이만 제외)은 몸의 뒷부분부터 올라온다.

낮에 강한 모든 라시들과 쌍둥이 라시는 몸의 앞부분부터 올라온다.

물고기 라시는 앞과 뒤 부분이 같이 올라온다. 두 마리의 물고기가 서로 반대 방향으로 헤엄치고 있는 라시이기 때문이다.

사는 장소

차트 주인이 어떤 환경에 있을 때 가장 편안함을 느끼는지, 혹은 프라즈나 점성학에서 잃어버리거나 감춰진 어떤 것들을 찾거나, 어디로 여행을 하면 좋을지 등을 알고자 할 때 사용할 수 있는 분류방식이다.

열두 라시들의 중요한 키워드 종합

○ 1번째 산양 라시

♈			
심볼	산양	신체파트	머리
로드 행성	화성	원소와 에너지 양식	불, 유동적
성향	양/남성적/크루라	도샤	피타(Pitta)
방향	동쪽	구나스와 카스트	라자스, 크샤트리야
다리 수	4개	몸 사이즈	큰 사이즈
사는 장소	바위 언덕	색깔	빨간색
올라오는 모습	뒤에서부터 올라오고, 밤에 강한		
주요한 특성들	에너제틱, 혁신적, 오리지널, 새로운 것을 주도하는, 확실하고 분명한, 급한 성격, 강한 드라이브, 리더, 야망이나 야심이 있는, 외향적, 때로는 공격적, 경쟁적, 열정적, 자기 의존적, 자기 확신적		
긍정적 자질들	불과 같은, 인텐스한, 열정적, 섹시한, 세상을 주도하는, 대담한, 용감한, 오리지널한, 호언장담하는		
부정적 자질들	이기적, 충동적, 인내심이 없는, 성질을 잘 부리는, 불같은 성질, 대장질하는, 무모한		

○ 2번째 황소 라시

♉			
심볼	황소	신체파트	얼굴과 목
로드 행성	금성	원소와 에너지 양식	흙, 고정적
성향	음/여성적/사움야	도샤	세 도샤가 혼합된(Mixed)
방향	남쪽	구나스와 카스트	라자스, 바이시야
다리 수	4개	몸 사이즈	몸이 긴
사는 장소	마을	색깔	흰색
올라오는 모습	뒤에서부터 올라오고, 밤에 강한		
주요한 특성들	결의적, 효율적, 고집스런, 조심스런, 온화한, 집요한, 인내하는, 내향적, 보수적, 현실적, 물질적, 시큐르티 위주의 성향, 안정적, 근면한, 믿을 수 있는, 대체로 경제적 능력이 뛰어난		
긍정적 자질들	의지할 수 있는, 젠틀한, 인내적인, 참는, 결의적인, 의도적인, 감각적인, 아티스틱한, 미를 사랑하는		
부정적 자질들	고집이 센, 물질적인, 소유적인, 이유를 막론하는, 게으른, 느린, 욕심이 많은, 독선적인, 양보하지 않는, 변화를 거부하는		

○ 3번째 쌍둥이 라시

♊			
심볼	남녀 커플	신체파트	어깨와 팔
로드 행성	수성	원소와 에너지 양식	공기, 변통적
성향	양/남성적/크루라	도샤	바타(Vata)
방향	서쪽	구나스와 카스트	라자스, 수드라
다리 수	2개	몸 사이즈	보통 사이즈
사는 장소	마을에서 돌아다님	색깔	풀색
올라오는 모습	앞에서부터 올라오고, 밤에 강한		
주요한 특성들	유연성, 다재다능, 가만히 있지를 못하는, 뭐든지 조금씩 다 알고 잘하는, 생동적, 활발한, 빠른 위트, 문학적, 소통적, 대화술이 좋은, 변화를 잘하는, 사회적인, 논리적인, 영리한, 기민한, 손재주가 좋은, 총명한, 정신적으로 야심이 있는		
긍정적 자질들	위트가 있는, 총명한, 이지적인, 재미있는, 적응적인, 호기심이 많은, 배우기를 좋아하는, 다재다능한, 자유영혼, 궁금한 것이 많은		
부정적 자질들	남다른, 미성숙한, 유치한, 동정심이 부족한, 피상적인, 선입견적인, 두 얼굴을 가진, 가십을 잘하는, 무드가 잘 변하는, 염세적인, 믿기 어려운		

○ 4번째 게 라시

		♋	
심볼	게	신체파트	유방, 가슴
로드 행성	달	원소와 에너지 양식	물, 유동적
성향	음/여성적/사움야	도샤	카파(Kapha)
방향	북쪽	구나스와 카스트	사트바, 브라민
다리 수	다리가 많은	몸 사이즈	땅딸막한
사는 장소	물	색깔	분홍색
올라오는 모습	뒤에서부터 올라오고, 밤에 강한		
주요한 특성들	내향적, 내성적, 감정적, 예민한, 무드를 잘 타는, 동정심, 시큐르티가 중요한, 조심스런, 조용한, 침착한, 상상력이 뛰어난, 양심적인, 아주 전통적인		
긍정적 자질들	민감한, 보살피는 형, 모성애적인, 캐어하는, 충직한, 직관적, 친절한, 표현적인, 감상적인, 안정성을 추구하는		
부정적 자질들	매달리는, 상한 감정을 쥐고 있는, 압력적인, 잔소리하는, 무드를 타는, 걱정이 많은, 속을 끓이는, 터치를 잘하는		

○ 5번째 사자 라시

		♌	
심볼	사자	신체파트	심장, 배, 복부
로드 행성	태양	원소와 에너지 양식	불, 고정적
성향	양/남성적/크루라	도샤	피타(Pitta)
방향	동쪽	구나스와 카스트	사트바, 크샤트리야
다리 수	4개	몸 사이즈	큰 사이즈
사는 장소	나무가 우거진 곳	색깔	보라색
올라오는 모습	앞에서부터 올라오고, 낮에 강한		
주요한 특성들	야심적인, 스포트라이트를 즐기는, 투기적인, 외향적, 낙천적, 명예로운, 품위가 있는, 자신감, 자부심, 활달한, 밝은, 화려한, 카리스마가 있는, 드라마틱한, 경쟁적, 리더, 조직 관리인		
긍정적 자질들	드라마틱한, 대담한, 장엄한, 다스리기를 좋아하는, 발랄한, 흥미진진한, 충직한, 관대한, 마음이 넓은, 애정이 많은, 충직한		
부정적 자질들	너무 드라마틱한, 자기중심적, 에고주의, 아첨을 잘하는, 보스 기질, 잘난 척하는, 요구사항이 많은, 안하무인적인, 압력적인		

ㅇ 6번째 처녀 라시

	♍		
심볼	처녀	신체파트	대소장이 있는 신체부위
로드 행성	수성	원소와 에너지 양식	흙, 고정적
성향	음/여성적/사움야	도샤	세 도샤가 혼합된(Mixed)
방향	남쪽	구나스와 카스트	타마스, 바이시야
다리 수	2개	몸 사이즈	중간 사이즈
사는 장소	산속	색깔	투명한 색
올라오는 모습	앞에서부터 올라오고, 낮에 강한		
주요한 특성들	실질적, 책임감이 있는, 분별 있는, 논리적, 분석적, 아주 분별적인, 디테일한 계획자, 확실하고 정확한, 헌신적인, 완벽주의, 비판적, 건강에 신경을 많이 쓰는, 약간 내성적		
긍정적 자질들	완벽주의, 서비스주의, 디테일 성향, 이지적, 논리적, 부지런한, 나아지기 위해 애를 쓰는, 순결한, 분석적, 정리정돈주의, 노력파		
부정적 자질들	아주 상처받은, 깐깐한, 결코 만족하지 못하는, 따분한, 근심이 많은, 비판적, 차가운		

ㅇ 7번째 천칭 라시

	♎		
심볼	저울을 들고 시장에 서 있는 남자	신체파트	삼각형 골반과 꼬리뼈 부위
로드 행성	금성	원소와 에너지 양식	공기, 유동적
성향	양/남성적/크루라	도샤	바타
방향	서쪽	구나스와 카스트	라자스, 수드라
다리 수	2개	몸 사이즈	중간 사이즈
사는 장소	땅	색깔	파란색
올라오는 모습	앞에서부터 올라오고, 낮에 강한		
주요한 특성들	이상적, 평화를 맺어주는 이, 디플로메틱, 고상한, 차분한, 우아한, 친절한, 예의를 갖춘, 공정한 마음, 사회적, 매력적, 예술적으로 창조적인, 상냥한, 협조적인, 외향적, 대체로 어떤 결정을 잘 못 내리는		
긍정적 자질들	차밍한, 균형과 조화를 추구하는, 공정한, 고상한, 멋진 스타일, 아름다움을 사랑하는, 관계성 위주, 팀 위주, 총명한, 외교적인, 담담한 성격, 이상적		
부정적 자질들	피상적, 어떤 결정을 내리지 못하는, 수동적인 공격성, 관계성에 모든 것을 거는, 의존적인, 찌질한, 인정을 구하는, 잘난 척하는, 어떻게든 마찰이나 갈등을 회피하고자 하는		

♏			
심볼	전갈	신체파트	성기
로드 행성	화성	원소와 에너지 양식	물, 고정적
성향	음/여성적/사움야	도샤	카파
방향	북쪽	구나스와 카스트	타마스, 브라민
다리 수	다리가 많은	몸 사이즈	작은 사이즈
사는 장소	구멍 속	색깔	오렌지
올라오는 모습	앞에서부터 올라오고, 낮에 강한		
주요한 특성들	인텐스한, 강렬한, 결의적, 파워풀한, 강한 의지력, 강압적인, 대담한, 용감한, 참을성, 경쟁적, 자원조달 능력, 연구원, 탐정, 비밀스런, 미스터리한, 꿰뚫는 듯한, 사이킥, 자기 의존적, 약간 내향적이거나 닫힌 성향		
긍정적 자질들	인텐스한, 깊은, 미스터리한, 사이킥, 아주 섹시한, 강한, 자석처럼 끌리는, 감정적, 목적을 찾고 있는, 꿰뚫는 듯한 마인드를 가진, 음산한		
부정적 자질들	복수적인, 계략적인, 컨트롤하는, 감정적인, 숨겨진 아젠다가 있는, 비정상적인, 원한을 품는, 집착적인, 힘에 고픈		

♐			
심볼	활과 화살을 든 반인반마	신체파트	엉덩이
로드 행성	목성	원소와 에너지 양식	불, 변통적
성향	양/남성적/크루라	도샤	피타
방향	동쪽	구나스와 카스트	사트바, 크샤트리야
다리 수	앞의 절반(0~15도)은 2개 뒤의 절반(15~30도)은 4개	몸 사이즈	보통 사이즈
사는 장소	땅	색깔	금색
올라오는 모습	뒤에서부터 올라오고, 밤에 강한		
주요한 특성들	이상적, 낙천적, 자유를 사랑하는, 친근한, 다정한, 탄력성이 좋은, 사교적인, 열성적인, 철학적, 공부를 열심히 하는, 멀고 길게 보는, 직접적인, 외적으로 자기표현을 하는, 정직한, 충직한, 가만히 있지를 못하고, 여행을 좋아하는		
긍정적 자질들	진실한, 솔직한, 긍정적이고 낙천적인, 럭키한, 열성적인, 방황심리가 있는, 돌아다니기를 좋아하는, 철학적, 즐거운, 열린 마음, 자유를 추구하는, 유머적인		
부정적 자질들	꾀가 없는, 두려움에 쌓이는, 언약공포증, 무모한, 무책임한, 변덕스런, 얄팍한, 반항적인		

ㅇ 10번째 악어 라시

	♑		
심볼	사슴의 얼굴을 가진 악어 (전설의 동물)	신체파트	허벅지와 무릎 윗부분
로드 행성	토성	원소와 에너지 양식	흙, 유동적
성향	음/여성적/사움야	도샤	세 도샤가 혼합된(Mixed)
방향	남쪽	구나스와 카스트	타마스, 바이시야
다리 수	앞의 절반(0~15도)은 4개 뒤의 절반(15~30도)은 다리가 없는	몸 사이즈	큰 사이즈
사는 장소	물기가 있는 땅	색깔	다채색
올라오는 모습	뒤에서부터 올라오고, 밤에 강한		
주요한 특성들	야심적인(권력, 지위, 돈), 조직적인, 자기단련적인, 강직한, 검소한, 조심스런, 안정성을 의식하는, 보수적, 책임감 있는, 현실적, 집요한, 정치적, 비즈니스 마인드, 철두철미한		
긍정적 자질들	근면한, 수행적인, 심각한, 한결같이 안정적인, 신임할 수 있는, CEO 자질, 결의적인, 인내적인, 부지런한, 위트가 있는, 조심성이 있는, 안정성을 구하는, 충직한		
부정적 자질들	자기 이득을 위해 다른 사람들을 이용하는, 직위에 집착하는, 물질적인, 무관심한, 우울한, 사회적 사다리를 타는 형, 경쟁적, 자부심에 찬, 컨트롤하는, 구두쇠적인		

ㅇ 11번째 물병 라시

	♒		
심볼	빈 물병을 들고 있는 남자	신체파트	무릎 아래 부위와 정강이
로드 행성	토성	원소와 에너지 양식	공기, 고정적
성향	양/남성적/크루라	도샤	바타
방향	서쪽	구나스와 카스트	타마스, 수드라
다리 수	2개	몸 사이즈	중간 사이즈
사는 장소	물속	색깔	짙은 갈색
올라오는 모습	앞에서부터 올라오고, 낮에 강한		
주요한 특성들	개인주의적, 비전통적인, 진보적인, 독특한, 독립적인, 휴머니스트, 이타적인, 비전을 가진, 인지력이 좋은, 총명한, 논리적, 영리한, 발명적인, 예측할 수 없는, 초연한, 친근한, 과학적인		
긍정적 자질들	이지적, 남들과 색이 다른, 미래지향적인, 논리적, 친근한, 비권위적인, 진실한, 이성적인, 객관적인, 궁금한 것이 많은, 이상적, 혁신적인		
부정적 자질들	동정심이 부족한, 고집이 센, 거리감이 있는, 초연한, 언약공포증, 언쟁적인		

○ 12번째 물고기 라시

	✗		
심볼	서로 다른 방향으로 헤엄치고 있는 두 마리의 물고기	신체파트	두 발
로드 행성	목성	원소와 에너지 양식	물, 변통적
성향	음/여성적/사움야	도샤	카파
방향	북쪽	구나스와 카스트	사트바, 브라민
다리 수	다리가 없는	몸 사이즈	중간 사이즈
사는 장소	물속	색깔	흑색
올라오는 모습	양쪽으로 올라오는, 낮에 강한		
주요한 특성들	수용적, 아주 민감한, 인상적인, 평화를 사랑하는, 심각한, 동정적인, 자선적인, 자애심, 예술적, 창조적, 꿈꾸는 이, 헌신적, 상상력, 사이킥, 수줍은, 내향적, 영적, 고립적인		
긍정적 자질들	감정적, 민감한, 꿈을 꾸는 듯한, 창조적, 직관적, 자비심이 많은, 에테르적인, 적응력이 좋은, 변화를 좋아하는, 큰 희생을 할 수 있는, 시적, 깨어 있는, 비이기적인, 영혼적인, 비전적인		
부정적 자질들	도피주의, 비현실적, 중독적 성향, 너무 감정적인, 게으른, 믿을 수 없는, 변덕스런, 우울한, 비현실적, 고집이 센, 예측할 수 없는, 자신의 가장 적인		

11.

열두 하우스

열두 하우스들은 삶의 다양한 영역들을 나타낸다. 하우스(House)는 산스크리트어로 바바(Bava)라고 한다. 바바는 '존재의 상태, 마음의 상태'라는 의미로, 각 하우스가 의미하는 것들의 '상태'를 나타내는 단어이다. 하우스 혹은 바바는 삶의 모든 면들을 포함하며 인생의 모든 일들이 일어나는 곳을 의미한다. 차트의 열두 하우스들을 통해 차트 주인의 존재적 상태, 바디, 마인드, 감정을 포함한 모든 내외적인 상태와 전체적인 경험들에 대해서 알 수 있다. 총체적인 카르마의 의식체를 의미하는 행성들이 열두 하우스들 영역에서 발현하고 있는 좋고 나쁜 상태들을 통해 차트 주인의 삶과 존재의 경험이 어떠할지 판단할 수 있게 되는 것이다. 그리고 열두 하우스들은 조디액의 열두 라시들과도 상응하는 다양한 자질들과 연관성을 가지고 있다. 행성들은 무엇이 작용을 하고 있는지를 보여주고, 열두 라시들은 에너지들이 어떻게 표출되는지를 보여주고, 그리고 열두 하우스들은 어디에서 이러한 일들이 일어나고 있는지를 보여준다. 이 뜻은, 행성이 어떤 하우스에 있으면 그러한 삶의 영역이 어떤 식으로든 빛을 발하거나 액티브하게 된다는 것이다. 특정한 하우스가 나타내는 특성들이 주의를 받게 되고, 이러한 것들이 차트 주인의 삶이나 개성에 영향을 미칠 수 있다. 다르게 말하면, 행성이 어떤 하우스에 있으면 특히 주의를 요한다. 어떤 일들이 일어나고 있기 때문이다. 이러한 행성, 라시, 하우스들의 조합들을 나타내는 것이 바로 출생 차트(**호로스코프, 이하 '차트'로 칭함)**이다.

열두 하우스들은 하늘의 공간을 열두 파트로 나눈 것이다. 하늘은 지구의 지평선을 기준으로 주변을 둘러싸고 있는 공간을 의미한다. 하늘은 네 개의 키포인트로 규정할 수 있다. 동쪽 지평선, 서쪽 지평선, 그리고 위의 천정점, 아래의 천저점이다. 네 개의 포인트들은 자연적으로 타고난 상징적 의미들을 각자 가지고 있으며, 이것을 기준으로 열두 하우스들의 심볼들이 정해지게 된다.

동쪽은 태양이 올라오는 곳이다. 그래서 차트 주인의 출생, 삶의 시작, 자아를 나타낸다. 서쪽은 태양이 지는 곳이다. 그래서 차트 주인의 죽음, 삶의 마지막, 다른 사람들을 나타낸다. 위의 천정점은 태양이 중천에 훤하게 떠 있는 낮이다. 그래서 개인의 대외적인 생활을 나타낸다. 아래의 천저점은 밤에 태양이 숨어 있는 곳이다. 그래서 개인적 사생활을 나타낸다. 이러한 네 개의 코너들을 각자 삼등분하여 하늘을 총 12파트로 나누었으며, 각 코너를 중심으로 양쪽으로 동등한 파트가 분담한 것이 열두 하우스이다.

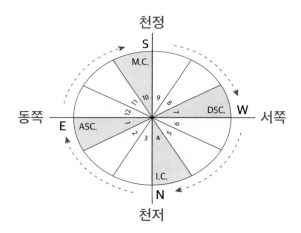

베딕 점성학 차트는 라운드 양식이 아닌 사각형 양식을 사용하는데, 북인도식과 남인도식 스타일의 두 가지 차트 유형을 주로 사용한다. 북인도식 차트 형식에서는 동쪽을 나타내는 1번째 하우스를 맨 위에 놓고 서쪽을 나타내는 7번째 하우스는 정반대편 아래에 있다. 한낮을 나타내는 천정점은 오른쪽의 10번 하우스이고, 한밤을 나타내는 천저점은 왼쪽의 4번 하우스이다. 하우스 위치는 고정되어 있고, 이동하는 열두 라시의 위치를 숫자로 표기한다. 남인도식 차트 형식에서는 열두 라시 위치들이 고정되어 있고, 하우스 위치가 이동한다. 1번째 하우스는 사선을 그어서 표기한다. 북인도식은 하우스 위치를 쉽게 알 수 있다는 장점이 있고, 남인도식은 라시 위치를 쉽게 알 수 있다는 장점이 있어 두 스타일을 함께 사용하는 것이 바람직하다.

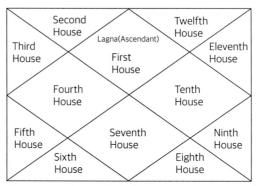

북인도 스타일 차트: 하우스 위치가 고정되어 있고 라시 위치가 이동, 시계 반대 방향으로 흐름

Pisces	Aries	Taurus	Gemini
Aquarius	South Indian Chart format showing a Leo Ascendant		Cancer
Capricorn			Leo
Sagittarius	Scorpio	Libra	Virgo

남인도 스타일 차트: 라시 위치가 고정되어 있고, 하우스가 이동, 시계 방향으로 흐름

차트 스타일과 열두 하우스의 의미

베딕 점성학에서 주로 사용하는 두 가지 차트 스타일에서, **북인도식 차트는 고정된 하우스 스타일을 사용한다.** 1번째 하우스에서 시계 반대 방향으로 열두 하우스 위치가 고정되어 있고, 각자 라그나에 따라서 달라지는 해당 하우스의 라시들을 숫자로 표기한

다. **남인도식 차트는 고정된 라시 스타일을 사용한다.** 1번째 산양 라시에서 시계 방향으로 열두 라시들이 고정되어 있고, 각자 라그나에 따라서 달라지는 해당 라시의 하우스들을 숫자로 표기한다. **북인도식 차트는 행성들이 위치한 하우스의 위치, 행성들 간에 형성하는 요가 조합들을 파악하는 데 효율적인 방식이다. 남인도식 차트는 행성들이 위치한 라시의 위치, 품위, 특히, 라시 어스펙트를 파악하는 데 효율적인 방식이다.**

북인도식 차트는 초보자들에게도 차트를 읽기가 쉽다는 장점이 있는 반면, 숙달된 점성가들이 되기 위해 필요한 연습 과정의 어려움, 즉 머릿속에서 차트 회전을 빨리 할 수 없다는 단점이 있다. 그에 비해 남인도식 차트는 익숙해지는 데 시간이 걸리는 반면, 일단 숙달되게 되면 일일이 차트를 별도로 준비하지 않고도 머릿속에서 빠르게 회전할 수 있어 많은 점성가들이 남인도식 차트의 사용을 선호하고, 또 사용할 것을 권장한다. 남인도식 차트는 기호로 표기를 하거나, 혹은 아래처럼 빈 상자로 표기하며 라그나는 사선으로 그어 마크를 한다.

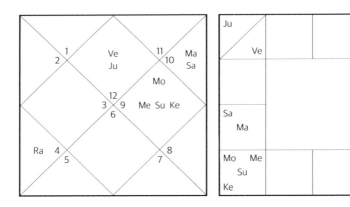

열두 하우스들의 의미(K. N. Rao)

호로스코프를 이해하는 데 있어 항상 명심해야 할 중요한 점이 있다. 삶의 어떤 특정한 이슈에 대해 알고자 할 때 라그나에서 해당 하우스를 살피는 것뿐만 아니라, 다음에 기술된 설명을 따라 같이 살필 수 있어야 한다는 사실이다. 고대인들이 말한 가르침을 무조건 그대로 따르는 것에 멈추는 것이 아니라, 하나의 독선으로 여기고, 혁신적이고, 조정하고, 계속 연구를 하면서 바른 예측을 할 수 있어야 한다. 수시로 계속 조율을 하면서 인간 삶에서 흔하게 일어나는 많은 변수와 가능성들도 항상 염두에 두어야 한다.

먼저 열두 하우스들에 대한 기본적 사항들을 이해하고 난 뒤, 산스크리트 학자이자 점성가였던 시타람자(Sitaram Jha)가 기술하였던 약간의 설명과 이유에 대해 같이 살펴보기로 한다.

○ 첫 번째 하우스(라그나)

올라오는 라시는 바디를 나타낸다. 올라오고 있는 라시는 인간의 몸을 올라오게 만들기 때문이다. 라그나를 바디와 동일시 여기는 이유이다. 차트 주인의 몸과 연관된 어떤 일들이 일어날 때 반드시 라그나와 라그나 로드가 개입되어야 한다.

○ 두 번째 하우스

유지를 위해 바디는 음식, 옷, 돈이 필요하다. 어릴 때에는 부모가 먹여살려주지만, 나중에는 본인 자신이 벌어서 충당해야 한다. 2번째 하우스가 일반적으로 쿠툼바(Kutumba), 즉 부모와 가족을 의미하는 이유이다.

○ 세 번째 하우스

돈을 벌기 위해선 일을 해야 하고, 용맹함을 보여야 하고, 노력을 해야 한다. 그러한 노력들은 형제자매들과 같이 하게 된다. 전통적 사회에서는 번 돈을 이들과 나누어 가지기 때문이다. 3번 하우스에 크루라 행성이 있는 것이 선호되는 데는 두 가지 이유가 있다. ① 크루라 행성은 쉬운 일이 아니라, 어려운 일을 할 수 있는 의지를 가졌다. ② 3번 하우스는 파파 하우스들로 간주되는 트리쇼다야(3번, 6번, 11번 하우스) 중의 하나이다. 3번 하우스에 있는 크루라는 부정성의 부정성, 즉 긍정성으로 변하게 된다.

○ 네 번째 하우스

돈을 버는 것(2번 하우스)은 노력을 통해(3번 하우스) 이루어지며, 그리하여 재산을 이루거나 그 안에 살 수 있도록 해준다. 4번 하우스는 어머니, 재산, 운송수단 등등 모든 가정적 여건들을 나타낸다. 어머니, 집, 운송수단으로 인한 행복은 4번 하우스와 연관을 가지고 있다. 수카(Sukha) 바바, 즉 행복의 하우스로 간주되기 때문이다.

○ 다섯 번째 하우스

5번 하우스는 일반적으로 세 가지 이벤트들을 나타낸다. ① 어릴 때는 교육 ② 중년에는 자녀 ③ 노년에는(혹은 전 인생에 걸쳐) 영적 수행. BPHS는 교육에 있어 5번 하우스의 중요성을 강조한다. 4번 하우스가 교육이라고 하는 이견들도 있으나, 점성가 자신의 경험들로 이러한 문제들을 해결할 수 있다.

○ 여섯 번째 하우스

삶의 모든 단계들에 걸쳐, 질병과 적, 빚에 대한 두려움들이 있다. 6번 하우스가 나타내는 것들이다. 이러한 위험들은 언제나 있게 된다. 다시 한번 크루라 행성이 6번에 있는 것이 선호된다. 두 부정성이 하나의 긍정성으로 되는 논리이다.

○ 일곱 번째 하우스

교육(5번)을 마치게 되면 커리어를 이루는 데 도움이 된다. 좋은 건강(6번)은 인생의 동반자를 원하는 욕구로 이어진다. 전통적인 사회에서는 남편이나 아내를 의미한다. 서양이나 진보적 사회에서는 같이 동거하는 이를 의미한다. 7번은 비즈니스의 하우스이므로, 비즈니스 파트너도 알 수 있다.

○ 여덟 번째 하우스

전통적인 방식으로 가족적 생활을 이루고 나면, 그러한 삶을 오랫동안 즐기고 누리고자 하는 것이 인간이 가진 기본적 본성이다. 8번 하우스는 수명의 하우스이다. 어떤 질병으로부터도 자유로운 무병장수의 삶을 알기 위해선 8번 하우스를 살펴야 한다. 손상된 8번 하우스, 혹은 8번 로드는 비극적인 이벤트를 만들어낼 수 있다.

○ 아홉 번째 하우스

좋은 선행, 종교적인 덕행을 통해 수명이 늘어나게 된다. 장수를 원하는 욕망은 바른 길로 가거나, 혹은 바른 품행을 개발하고자 하게 만든다. 인생의 다양한 행복을 망치지 않기 위해서이다. 남인도에서는 9번 하우스에서 아버지를 본다. 북인도에서는 10번 하우스를 고려한다. 실제로는 두 하우스들을 동시에 살펴야 한다.

○ 열 번째 하우스

카르마(행위)의 하우스이다. 전통적으로는 아버지가 자녀들의 커리어를 인도하거나, 혹은 자신의 노력으로 커리어를 이룬다. 전통적으로 9번 하우스는 구루, 아버지, 스승, 선조 등의 하우스로서 커리어 길을 준비해주는 이들을 의미한다. 명성의 하우스이기에, 10번 하우스에 사움야 행성이 있거나 연관되었을 때 전통적으로 선호하였다. 하지만 커리어 하우스이기에, 10번 하우스 혹은 10번 로드와 연관된 행성의 자연적 특성들이 어떤 직업들을 가질지에 대한 아이디어를 주게 된다.

○ 열한 번째 하우스

11번 하우스는 10번에서 2번째 하우스이기 때문에 수입의 하우스이다. 어떤 행위들을 통해 돈을 버는지 11번 하우스에서 알 수 있다. 성취의 하우스이므로 타이틀, 명예, 자격증 등도 알 수 있다.

○ 열두 번째 하우스

번 것은 써야 한다. 12번 하우스는 비용의 하우스이다. 12번 하우스는 죽음을 준비하는 삶의 마지막 단계를 나타내기도 한다. 그래서 목샤, 깨달음의 하우스라고 부르기도 한다.

○ 조디액의 두 반구

이러한 열두 하우스들은 두 반구로 나뉜다. 태양에 속하는 솔라 반구, 달에 속하는 루나 반구이다. 다음과 같이 이어진다.

- **먼저, 태양의 하우스에서 6개의 하우스를 센다: 태양(사자), 처녀(수성), 천칭(금성), 전갈(화성), 인마(목성), 악어(토성). 솔라 반구를 의미한다.**
- **다음으로 나머지 6개 하우스들을 역으로 센다: 게(달), 쌍둥이(수성), 황소(금성), 산양(화성), 물고기(목성), 물병(토성). 루나 반구를 의미한다.**
- **솔라 반구, 혹은 루나 반구를 셀 때: 수성, 금성, 화성, 목성, 토성의 순서대로 해야 한다.**

이렇게 분류한 이유에 대해 다음과 같은 설명들이 주어졌다.

○ 태양과 달

이들은 왕국에서 왕이다. 그래서 자신들에게 용이한 계획에 따라 주변의 하우스들을 할당하였다.

○ 수성

수성은 왕국을 이어받을 왕자이다. 그래서 수성의 맨션은 왕에게 가장 가까운 곳에 있어야 한다. 그는 왕이 되기 위한 준비교육을 받아야 하기 때문에, 주군과 가장 가깝게 지내야 한다.

○ 금성

금성은 왕에게 다양한 정사들에 대한 조언을 하는 수상이다. 그래서 다음 자리에 온다. 금성은 세상에 대한 실질적 지혜로 가득하며, 깊은 지식이 있고, 정치적 전략 등에 대해 잘 알고 있다.

○ 화성

왕국은 보호되어야 한다. 그래서 군대가 양성되며, 군대의 지휘자가 임명된다. 화성은 수상, 왕자, 왕을 지키고 보호해야 한다.

○ 목성

왕은 다양한 영적 종교적 일들에 대한 조언을 해줄 수 있는 종교적 인물, 구루가 필요하다. 수상은 실질적 일들에 대한 조언을 하는 사람이다. 본질적으로 목성은 영적인 인물로서, 신의 가호 외에는 아무런 보호가 필요하지 않는 사람이다. 그는 내적인 저력을 가진 이상주의자이다.

○ 토성

토성은 하인이다. 왕국의 외곽에 주거지가 주어진 고용인이다.

라시, 하우스, 그리고 바바(Bhava, Cusps) 포인트

조디액은 360도 둥근 원형을 각 30도씩 열두 파트로 나눈 것이며, 각 파트는 '라시(Rasi)'로 칭하였다. 서양 점성학에서는 '사인(Sign)'이라는 명칭을 사용한다. 라시 혹은 사인은 천문학에서 사용하는 '별자리'와는 다른 개념이다. 별자리는 스타 그룹의 이름을 의미한다. 점성학에서 사용하는 라시(사인) 이름들이 천문학에서 사용하는 별자리 이름들과 동일하다 보니, 같은 의미인 것으로 혼동하는 사람들이 많이 있다. 하지만 아래의 그림에서 알 수 있듯이, 조디액의 열두 사인과 동등한 이름을 가진 천문학적 별자리들 위치는 서로 일치하지 않는다. 별자리는 천문학적인 사실이나 현상과 연관을 가지고 있다. 조디액은 태양을 포함한 다른 행성들이 회전하고 있는 하늘의 공간범위를 의미하는, 계절의 변화나 다른 행성들의 위치 등을 파악할 수 있게 하는 가상적인 하늘의 벨트일 뿐인 것이다.

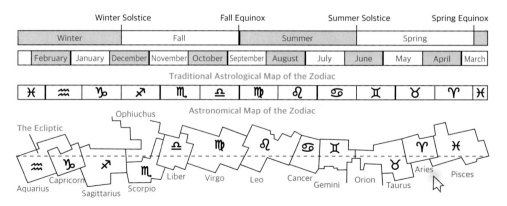

A Comparison of the Astrological and Astronomical Maps of Our Zodiac

이러한 조디액은 개인의 출생이나 죽음 여부와는 상관없이, 무한대로 계속 움직이고 있는 행성들의 움직임, 즉 대우주적인 현상을 반영하고 있다. 그러다가 '나'라는 개인이 태어남과 동시에 나의 세상을 반영하는 소우주적인 조디액으로 전환하게 된다. 열두 개 라시들은 나의 다양한 삶의 영역을 나타내는 열두 하우스들을 이루면서 '나'라는 사람에게만 특별하고 독특한 나탈 차트(호로스코프)를 만들어낸다. 나탈 차트는 '나'라는 사람의 인생에서 일어나게 될 독특하고 다양한 계절의 변화, 혹은 삶의 현상들을 반영하는 청사진과도 같다.

오래 전의 인도 점성가들은 이퀄 하우스 시스템(Equal House System)을 사용하였다. 조디액을 각 30도씩 동등한 12 파트로 나누어 한 개의 하우스 안에 있는 행성들은 모두 동등한 효과를 가지는 것으로 다루었다. 하지만 이는 정확한 방식이 아니다. 열두 하우스 안에는, 개인의 차트마다 독특한 점을 반영하는 바바(Bhava) 포인트, 혹은 커스프(Cusp) 포인트가 있다. 개인의 차트에서 가장 핵심적인 포인트들이다. 그래서 같은 하우스 내에 있더라도 두 행성간의 간격이 서로 멀거나, 혹은 하우스 커스프에서 멀리 있을수록 해당 하우스에 미칠 수 있는 영향력은 달라지게 된다.

태양이 동쪽 지평선과 만나는 포인트가 하루의 시작을 알리는 일출을 마크하는 것처럼, 개인의 출생 시에 하늘과 동쪽 지평선이 만나는 포인트가 1번째 하우스의 바바 포인트, 인생의 시작을 알리는 라그나 포인트가 된다. 1번째 바바 포인트에서 정반대편, 180도 거리에 있는 것이, 서쪽, 7번째 하우스의 바바 포인트가 된다. 그리고 그날 하루 중에 태양이 가장 높이 떠 있는 중천의 천정점이 MC(미드헤븐), 남쪽을 나타내는 10번째 하우스의 바바 포인트가 된다. MC에서 정반대편, 180도 거리에 있는 천저점이 IC(나디르), 북쪽을 나타내는 4번째 하우스의 바바 포인트가 된다. 360도 둥근 원형에서 이러한 네 포인트를 각자 마크를 한다. 각자 파트는 다시 3등분으로 동등하게 나누어 나머지 바바 포인트들을 마크한다. 1번과 4번 바바 포인트 간격 사이를 나눈 것이 2번, 3번째 바바 포인트, 4번 포인트와 7번 포인트 간격 사이를 나눈 것이 5번, 6번 포인트, 7번과 10번 포인트 사이를 나눈 것이 8번, 9번 포인트, 10번과 1번 포인트 간격 사이를 나눈 것이 11번과 12번 포인트가 되는 것이다.

그리하여 총 12개 바바 포인트가 정해진다. 360도 원형을 각자 30도씩 12 파트로 동등하게 나눈 열두 하우스 안에, '나'라는 사람에게 독특한 총 12개의 바바 포인트들이 있는 나탈 차트가 되는 것이다. 이러한 커스프 포인트들은 분초 간격으로 다르게 태어난 쌍둥이들의 전혀 다른 삶을 설명해줄 수 있는 민감한 점성학적 수학 포인트들이다. 하우스에 위치한 행성들이 이러한 바바 포인트에 가까이 있을수록, 해당 행성이 주는 효과들은 더욱 뚜렷해지게 된다. 열두 하우스와 열두 바바 포인트가 가진 의미들은 동일하며, 메인 차트에서 바바 포인트들은 대체로 1개의 하우스 안에 1개씩, 바바 포인트가 골고루 분포되는 경우가 일반적이다. 하지만, 지구상의 극 쪽 위치에 가까운 장소들에서 태어났거나, 한 개의 라시에서 다음의 라시로 넘어가는 접점에 가까운 시간에 태어난 사람일수록, 12개 바바 포인트들이 골고루 분포되지 않고 한 개의 하우스에 몇 개의 바바 포인트들이 모이거나 혹은 아예 하나도 없는 경우들이 자주 일어난다. 이러한 바바 포인트들의 사용법은 부속 차트에 들어갈수록 중요한 비중을 차지하게 된다.

다음의 예시 차트에서 오른쪽에 있는 도표가 메인 차트를 포함한 모든 16개 바가스에서 바바 포인트들이 위치한 각도를 상세하게 표기한 '바바 찰리타 커스프(Bhava Chalita Cusps)'이다. 수작업으로 계산하기는 거의 불가능하며, 칼라 소프트웨어(Kala Software)를 이용하면 쉽게 찾을 수 있다.

아래의 예시 차트들에서 하우스 안에 있는 숫자는 바바 숫자를 나타낸다.

○ 예시 1: 로버트 다우니 주니어의 메인 차트와 바바 커스프 차트

로버트 다우니 주니어는 미국 뉴욕에서 태어났기에, 라시 차트에서 모든 12 커스프들이 한 하우스에 한 개씩 동등하게 분포되어 있다(1965년 4월 4일 오후 1시 10분, Manhattan, NY. USA.).

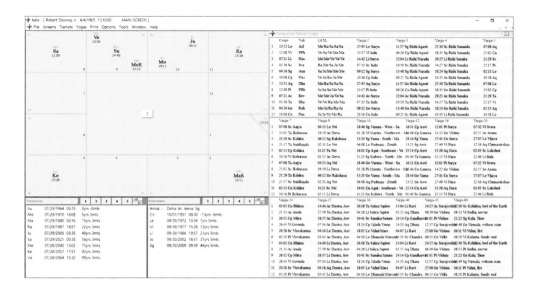

○ 예시 2: 오드리 헵번의 메인 차트와 바바 커스프 차트

오드리 헵번은 유럽의 벨기에에서 태어났기에, 각 12 하우스에 12 바바들이 동등하게 분포되어 있지 않다(1929년 5월 4일 오전 3시, Ixelles, Brahant, Belgium). 특히 5번 하우스와 11번 하우스에 총 6개의 바바들이 몰려 있다. 세계적인 명성과 품위를 누린 전설적인 여배우로서 현시대까지 전설로 남아있게 만든 주요 팩터이다.

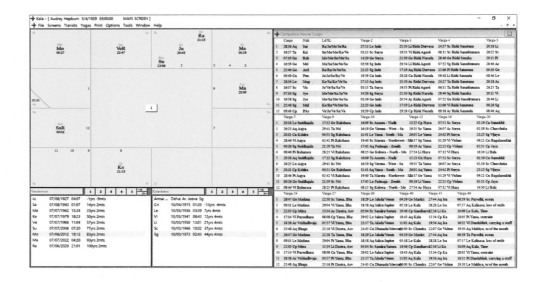

주요 특성과 카라카 행성

열두 하우스들은 우리들이 살아가면서 경험하고 활동하는 데 필요한 각자 다른 삶의 영역들을 의미한다. 하우스는 산스크리트어로 '바바(Bhava)'라고 한다. 바바는 '액션의 필드'라는 의미로서, 총 열두 하우스(바바)가 있다. 각 바바들은 삶의 다른 영역들을 나타낸다. 각 하우스들이 가진 의미들을 잘 이해하면 차트를 심도 깊고 정확하게 분석할 수 있다. 열두 하우스 중에 가장 중요한 곳은 1번째 하우스인 라그나이다. 나머지 하우스들은 모두 1번째 하우스에만 기준하여 연결된다. 차트에 있는 행성들도 라그나에 따라 타고난 특성들이 조율되게 된다.

열두 하우스들은 각자 주요 특성과 카라카 행성을 가지고 있다. 카라카(Karaka)는 '나타내는 이'라는 의미로, 해당 하우스가 가진 주요 특성과 행성이 가진 특정한 성향을 공유하는 경우를 의미한다. 그래서 특정한 하우스의 상태를 판단하고자 할 때 하우스의 로드 행성과 카라카 행성을 같이 살펴야 한다. 대체로 한 개의 행성이 하나의 하우스를 카라카하지만, 행성들이 가진 다양한 특성들로 인해 하우스의 어떤 성향이 부각되느냐에 따라 한 행성이 여러 하우스를 카라카하기도 한다.

첫 번째 하우스, 라그나는 바디를 다스린다. 카라카 행성은 태양이다.

두 번째 하우스는 가족, 친척들을 다스린다. 카라카 행성은 목성이다.

세 번째 하우스는 형제들을 다스린다. 카라카 행성은 화성이다.

네 번째 하우스는 친구들을 다스린다. 카라카 행성은 달, 금성, 수성, 화성이다.

다섯 번째 하우스는 자녀들을 다스린다. 카라카 행성은 목성이다.

여섯 번째 하우스는 적들을 다스린다. 카라카 행성은 화성, 토성이다.

일곱 번째 하우스는 배우자들을 다스린다. 카라카 행성은 금성이다.

여덟 번째 하우스는 죽음이나, 목숨을 끊는 것을 다스린다. 카라카 행성은 토성이다.

아홉 번째 하우스는 길조적인 자질들과 도덕적 여건의 전반적인 상태를 다스린다. 카라카 행성은 목성, 태양이다.

열 번째 하우스는 직업, 명예, 품위를 다스린다. 카라카 행성은 수성, 태양, 목성, 토성이다.

열한 번째 하우스는 수입과 파이낸스를 다스린다. 카라카 행성은 목성이다.

열두 번째 하우스는 비용을 나타낸다. 카라카 행성은 토성이다.

열두 하우스들의 그룹별 분류

1번 하우스에서 4번 하우스까지는 차트의 기본 토대를 형성한다. 5번 하우스에서 8번 하우스까지는 계발을 하는 하우스들이다. 9번 하우스에서 12번 하우스까지는 결과물을 축적하는 하우스들이다. 이들 중에서 마지막 그룹의 하우스들은 가장 최고의 성취, 삶에서의 최종 목표달성과 엔딩을 보여주는 핵심적 파트이다. 천문학적으로도 9번, 10번, 11번은 해가 중천에서 가장 높이 떠 있는 곳이며, 12번 하우스도 여전히 해가 밝게 빛나고 있는 곳이다. 그래서 행성들이 이러한 지평선 위의 하우스들에 있을 때 특히 대외적인 성취를 위한 저력을 효율적으로 발휘할 수 있게 된다. 그 외에도, 열두 하우스들이 가진 특성과 자질에 따라 다음과 같은 그룹별로 분류를 하여 차트 이해를 보다 심도 깊게 할 수 있다.

- 앵글(켄드라, Kendras) 하우스들: 1번, 4번, 7번, 10번. 차트에서 가장 중요한 액션의 하우스들이다
- 이어지는(파나파라, Panapharas) 하우스들: 2번, 5번, 8번, 11번. 차트에서 견고함과 안정성, 보안성을 제공하는 하우스들이다.
- 내려가는(아포클리마, Apoclimas) 하우스들: 3번, 6번, 9번, 12번. 차트에서 소통과 재능, 고려, 평가 등의 능력을 제공하는 하우스들이다.
- 트라인(트리코나, Trikonas) 하우스들: 1번, 5번, 9번. 이들 하우스는 아주 길조적이며, 앵글 하우스들과 함께 건강, 부, 직위, 품위, 명성, 덕, 인품 등을 준다. 라그나는 앵글이면서 동시에 트라인으로, 모든 하우스들 중에서 가장 중요하다.
- 나아지는 하우스들, 우파차야(Upachayas) 하우스들: 3번, 6번, 10번, 11번. 이들 하우스들은 노력, 투쟁, 경쟁, 물질적 성취 등을 나타낸다. 초반에서는 어렵게 하지만 시간이 지날수록 나은 효과들을 준다.
- 어려운 하우스들, 두스타나(Duhsthanas) 하우스들: 6번, 8번, 12번. 삶의 어려움을 주는 하우스들로서, 빚, 질병, 잃음, 죽음, 괴로움 등을 나타낸다.
- 수명의 하우스들, 아유스타나(Ayu-sthana) 하우스들: 8번, 3번. 수명과 죽음을 나타낸다.
- 킬러, 마라카(Maraka) 하우스들: 2번, 7번. 신체의 어려움이나 죽음을 가져온다.

열두 하우스들의 천문학적 팩터

○ 켄드라, 앵글 하우스들: 1, 4, 7, 10번 하우스

열두 하우스들 중에서 앵글 하우스들은 아주 중요하다. 앵글 하우스들은 계절의 변화를 나타내는 유동적 라시들과 연관을 가지고 있다. 이들 하우스에서 뭔가를 시작한다. 이들 하우스가 중요한 이유는, 세상에서 살아가는 데 방향을 찾아주는 콤파스와 같은 역할을 하기 때문이다. 1번째 라그나(어센던트)는 세상에서 나의 시작을 알리는 곳이다. 4번째 하우스(나디르, Nadir, IC)는 집, 가족, 뿌리를 나타내는 곳, 내가 온 곳을 나타낸 곳이다. 7번 하우스(디센던트)는 나의 관계성과 연관을 가지는 곳이다. 10번 하우스(MC, 미드헤븐)는 나의 최고점, 커리어, 명성, 대내외적 위치, 세상에서 내가 향하고 있는 곳을 나타낸다. 행성들이 이러한 앵글 근처에 있으면(특히 트랜짓에서) 주요한 변화가 일어날 수 있다. 콤파스가 새로운 방향으로 기울기 시작하는 것과도 같다.

또한 앵글 하우스들은 낮과 밤을 계속 반복하며 돌고 있는 태양의 움직임을 반영하고 있다. 빛과 생명의 원천인 태양이 뜨는 일출이 하루의 시작을 알리듯이, 라그나는 나의 생명의 빛이 시작되는 출생을 의미하고, 다음에 이어지는 하우스들은 모두 1번 하우스와 연관되어 일어나게 된다. 태양은 10번 하우스에 있을 때 가장 밝고 뜨겁다. 그래서 10번 하우스는 내가 하는 가장 두드러지는 액션을 의미한다. 7번째 하우스는 태양이 지는 일몰을 나타낸다. 생명의 빛인 '태양'이 죽는 것이기 때문에, 7번째 하우스는 나의 마라카(죽음)를 나타낸다. 태양의 빛이 가장 어둠 속에 있는 4번째 하우스는, 나의 가장 사적인 생활과 감정을 나타낸다.

○ 파나파라, 이어지는 하우스들: 2, 5, 8, 11번 하우스

이어지는 하우스들은 조디액의 고정적 라시들과 연관이 있다. 앵글 하우스들은 태양의 움직임이 변화하는 변곡점인 반면에, 이들 하우스에서는 태양의 움직임이 안정되어 있다. 파나파라 하우스들은 우리를 안정시켜주고 그라운딩해주는 것들을 나타낸다. 흥미롭게도 모든 파나파라 하우스들은 돈의 요소들과 연관 있다. 2번은 재정, 5번은 투자, 8번은 조인트 계좌, 세금, 유산, 11번은 휴머니스트적인 일 혹은 자선과 연관 있다. 물론 이들 하우스가 돈만 연관 있는 것이 아니다. 2번은 개인적 가치들과 연관, 5번은 자녀, 창조성, 명성, 로맨스, 레크리에이션과 연관, 8번은 섹스, 죽음, 직관을 다스린다. 11번은 친구들, 그룹들, 목표와 연관을 가지고 있다.

○ 아포클리마, 내려가는 하우스들: 3, 6, 9, 12번 하우스
내려가는 하우스들은 변통적 라시들과 연관이 있다. 태양의 다음 단계의 변화를 준비하는 시점이다. 내려가는 하우스들은 내가 삶에 어떻게 적응을 하고, 어떻게 변화를 준비하는지 보여준다. 이들은 지식을 모으거나 떠나보내는 것과 연관이 있다.

대부분 사람들의 이러한 하우스들 여기저기에 행성들이 흩어져 있다. 하지만 어떤 사람들은 한 가지 유형에 집중되어 있는 경우도 있다. 예를 들어 이어지는 하우스에 행성들이 집중되어 있으면 그라운딩되어 있고, 삶에서 안정적인 토대를 만들어 내는 데 집중함을 의미한다. 앵글 하우스에 행성들이 주로 몰려 있으면 적극적인 액션을 추구하는 성향을 의미한다. 아포클리마에 행성들이 집중되어 있으면, 변화와 적응력이 뛰어난 성향을 의미한다.

반구, 반구체(The Hemispheres)

12개 하우스들을 앵글, 파나파라, 아포클리마 유형으로 분류하는 이외에도, '반구' 유형으로 분류할 수 있다. 위(남반구), 아래(북반구), 왼쪽(동반구), 오른쪽(서반구).

○ 위(남반구): 7, 8, 9, 10, 11, 12번 하우스
많은 행성들이 이쪽으로 몰려 있는 사람들은 사회적 성향이 두드러짐을 의미한다. 외부 세상이나 사람들 눈에 드러나기를 즐긴다. 외향적 사람들일 수 있다.

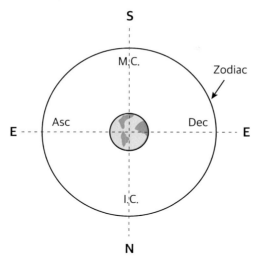

THE CROSS OF MATTER

○ **아래(북반구): 1, 2, 3, 4, 5, 6번 하우스**

행성들이 이쪽으로 몰려 있는 사람들은 사적인 성향을 가졌고, 자신의 내면적인 세상에 집중하는 사람들을 나타낸다. 이들은 내향적이다. 이들 타입도 아주 강한 드라이브, 그리고 사회적일 수 있다. 하지만 '홈 베이스'로 항상 돌아가야 할 필요가 있다.

○ **왼쪽(동반구): 10, 11, 12, 1, 2, 3번 하우스**

행성들이 이쪽으로 몰려 있는 사람들은 아주 높은 동기를 가지는 경향이 있다. 이들은 주도적이고 원하는 것을 향해 나아가기를 즐긴다. 강한 의지를 가진 사람들이며, 완전한 고게터(Go-Getter)들이다. 이곳 하우스 영역들은 뭔가를 수확하기 위한 씨앗을 심는 장소들이다.

○ **오른쪽(서반구): 4, 5, 6, 7, 8, 9번 하우스**

많은 행성들이 이쪽으로 몰려 있는 사람들은, 액션을 하기 위해선 어떤 믿음이나 받침이 필요하다. 이들은 행동을 하기보다는 가만히 앉아서 어떤 것들이 자기에게 오기를 기다리고 있는 유형이다. 이곳 하우스 영역들은 열매를 거두는 장소들이다.

하우스들의 카테고리(트리코나, 켄드라, 우파차야, 두스타나, 마라카)

열두 하우스들이 가진 길조적, 비길조적 성향에 따라 몇 가지 그룹 유형으로 분류할 수 있다. 각자 하우스들은 몇 가지 성향들을 공유하고 있다.

○ **트리코나**(Trikona, 1번, 5번, 9번)

가장 길조적인 하우스들이다. 행운과 복을 준다. 이들은 서로 5 하우스씩 떨어져서 삼각형을 형성한다. 모든 네 원소들(불, 흙, 공기, 물)은 모두 서로에게서 트라인을 형성한다. 불의 원소는 우리의 다르마를 나타낸다. 다르마는 우리가 가진 삶의 목적의식이다. 우리가 살아가는 삶의 목적의식을 이해하게 될 때, 내면의 영혼과 연결이 되며, 영감적으로 가이드를 받게 된다. 내면의 영혼이 삶을 태우는 연료이다. 트리코나 하우스들은 불의 원소, 우리의 영혼, 영감과 연결되어 있다. 1번째 하우스는 산양 라시, 5번째 하우스는 사자 라시, 9번째 하우스는 인마 라시와도 연관이 있다.

○ **켄드라**(Kendra, 1번, 4번, 7번, 10번)

이들은 앵글 하우스들이다. 차트에서 가장 파워풀한 하우스들로서, 1번 하우스는 트라인 하우스인 동시에 앵글 하우스이기에 가장 중요하다. 앵글 하우스들은 차트에서 액션을 만들어내며, 유동적 특성들과 상통한다. 유동적 라시들은 변화와 액션을 하는 곳이다(1번 산양, 4번 게, 7번 천칭, 10번 악어). 그렇기 때문에, 행성들의 조합이 켄드라와 트리코나 하우스가 같이 연결되면 목적(다르마)의 충족을 만들어낸다. 그래서 라자 요가(Raja Yoga, 왕)라고 부르기도 한다. 앵글에 있는 행성들은 아주 강하고 액티브하다. 크루라 행성이 앵글을 로드하면 해를 끼칠 수 있는 힘을 잃게 되며, 사움야 행성이 앵글을 로드하게 되면 행운을 줄 수 있는 힘을 잃게 된다.

○ **우파차야**(Upachaya, 3번, 6번, 10번, 11번)

우파차야는 '움직임'이라는 의미이다. 이들 하우스는 어느 정도 경쟁적인 성향, 면을 주게 된다. 그래서 초기에는 어려움을 주지만, 시간이 지날수록 효과가 나아지는 하우스들이다. 이들은 삶의 상황, 여건을 향상시키기 위해 필요한 어떤 긴장상태를 만들어내게 된다. 이러한 하우스들이 나타내는 효과들은 시간이 지나면서 점점 더 나아진다.

○ 두스타나(Dhusthana, 6번, 8번, 12번)
이들 하우스는 대체로 고통을 나타낸다. 주로 건강과 연관된 어려움으로, 질병, 죽음, 슬픔이다. 이들 로드는 이러한 종류의 고통을 준다. 두스타나 하우스가 어려운 이유는, 바뀌는 위치에 있기 때문이다. 6번과 8번 중간에는 7번 하우스가 있다. 7번 하우스는 해가 지는 곳, 엔딩을 나타낸다. 12번은, 아침(1번)이 오기 전에 끝나는 곳에 위치하고 있다. 그래서 때로는 이들은 트릭(Trik, 3) 하우스라 부르기도 한다.

○ 마라카(Maraka, 2번, 7번)
마라카는 '킬러'라는 의미이다. 이들 하우스와 로드 행성은 죽음의 하우스이자 킬러 행성으로 알려져 있다. 이들이 주로 죽음이나 심한 상처를 가져오게 된다. 하지만 매번 이들 행성이 다스리는 다샤나 트랜짓이 올 때마다 죽음과 상처 같은 효과가 항상 나타나는 것은 아니다. 그러한 효과들이 실제로 나타나기 위해서는 다른 영향들이 같이 시너지를 이루어야 한다.

○ 하우스 로드십 변경으로 인한 행성들의 임시적 성격
행성들은 본성적으로 타고난 고정적 성향을 가진 동시에, 라그나에 따라 변하는 임시적인 성향도 가지게 된다. 각 하우스의 라시들은 모두 로드 행성이 있다. 로드 행성들은 해당 하우스와 연관된 특성들을 가지고 있다. 하우스의 로드 행성과 하우스에 위치한 행성들은, 해당 하우스가 삶에서 형상화하게 되는 것들을 나타낸다. 트라인 하우스 로드들은 위치한 하우스에서 항상 좋은 것들을 가져온다. 두스타나 하우스의 로드들은 위치한 하우스에서 트러블을 가져온다. 크루라 행성들이 좋은 하우스를 로드하는 경우에는 임시적 사움야(슈바, Shubha)로 작용할 수 있으며, 자연적 사움야 행성들이 어려운 하우스를 로드하게 되면 임시적 크루라(파파, Papa)로 작용할 수 있다.

열두 하우스가 가진 네 가지 삶의 목표(다르마, 아타, 카마, 목샤)

열두 하우스들을 네 가지 유형의 삶의 목표(푸루샤르타, Purusharta)들로 분류할 수 있다. 다르마(Dharma), 아타(Artha), 카마(Kama), 목샤(Moksha)이다. 다르마는 삶의 목적, 아타는 재물의 획득, 카마는 욕망과 감정적 충족, 목샤는 해방, 자유, 깨달음, 영적 변형을 나타낸다. 이들 하우스가 가진 보다 깊은 의미를 이해할 수 있다. 네 가지 주요한 삶의 목표는 차트 주인이 주도적으로 지향하는 삶의 가치와 방향성을 알 수 있게 한다.

다르마	1번, 5번, 9번 하우스는 다르마 스타나(Stana, 장소)이다. 이상과 정의, 레거시, 삶에 대한 뚜렷한 목적의식을 지향한다.
아타	2번, 5번, 10번 하우스는 아타 스타나이다. 부와 책임, 성취를 지향한다.
카마	3번, 7번, 11번 하우스는 카마 스타나이다. 개인적, 사회적 관계성이나 그룹과 직위에 대한 욕망과 이득을 지향한다.
목샤	4번, 8번, 12번 하우스는 목샤 스타나이다. 개인적, 궁극적 자유와 행복을 지향한다.

○ 다르마

다르마 하우스는 1번, 5번, 9번이다. 세 개의 불의 원소 라시들과 상응한다. 1번째 하우스는 산양 라시, 5번째 하우스는 사자 라시, 9번째 하우스는 인마 라시와 연관되어 있다. 첫 번째는 셀프의 하우스로서, 내가 누구인가, 나의 영혼에 대한 센스를 나타낸다. 다섯 번째 하우스는 창조적 표현을 통해 내 삶의 목적의식을 받쳐주고 있는 영감을 나타낸다. 아홉 번째 하우스는 내가 가진 영적 믿음과 신념, 진리들을 나타낸다. 우리의 영혼에 모두 영적으로 연결되었음을 깨닫게 해준다.

○ 아타

아타 하우스는 2번, 6번, 10번이다. 세 개의 흙의 원소 라시들과 상응한다. 2번째 하우스는 황소 라시, 6번째 하우스는 처녀 라시, 10번 하우스는 악어 라시에 연관되어 있다. 이들 하우스는 물질적 성취와 그를 통해 얻을 수 있는 인정을 나타낸다. 두 번째 하우스는 물질적 소유물과 부를 나타낸다. 여섯 번째 하우스는 노력을 통해 향상시키고자 하는 충동을 나타낸다. 열 번째 하우스는 커리어를 통해 얻게 되는 대중적 인정을 나타낸다.

○ 카마

카마 하우스는 3번, 7번, 11번이다. 세 개의 공기 원소 라시들과 상응한다. 3번째는 쌍둥이 라시, 7번째는 천칭 라시, 11번째는 물병 라시에 연관되어 있다. 이들 하우스는 우리가 어떻게 아이디어를 전달하고, 필요한 것이나 욕망을 관계성을 통해 충족시키느냐 하는 것을 나타낸다. 세 번째 하우스는 어릴 때 형제들과 관계성을 통해 어떻게 배우기 시작하는가를 보여준다. 일곱 번째 하우스는 인생의 파트너십이 필요함을 보여준다. 열한 번째 하우스는 친구들, 그룹, 조직들과 관계성을 맺을 필요성을 보여준다.

○ 목샤

목샤 하우스는 4번, 8번, 12번이다. 세 개의 물의 원소 라시들과 상응한다. 4번째 게 라시, 8번째 전갈 라시, 12번째 물고기 라시와 연관되어 있다. 모든 삶의 궁극적인 목적은 자유, 깨달음이다. 이들 하우스는 우리의 영혼이 육체적 카르마가 주는 제약들로부터 자유로워지는 것을 나타낸다. 모두 우리의 과거, 두려움에 바탕을 둔 감정들, 영혼의 본질들과 관련이 있다. 네 번째 하우스는 우리가 잃을까 두려워하는 안정성 감각을 보여준다. 여덟 번째 하우스는 컨트롤을 잃을 수 없게 만드는 두려움이다. 열두 번째 하우스는 세상에 대한 모든 집착을 놓는 것이다.

사람이 삶에서 겪게 되는 모든 경험들은 12 하우스 안에 다 들어 있다. 그중에서 다르마 하우스는 가장 길조적이다. 삶의 목적의식을 나타내는 개인적 다르마(스와 다르마, Swa Dharma)가 없이는 삶의 경험들이 모두 무의미해지기 때문이다.

이러한 네 유형의 각 삶의 목적 중에서, 세 번째이자 마지막에 있는 하우스가 해당 목표의 본질과 궁극적인 결과를 가져온다. 다르마 그룹의 마지막, 9번째 하우스는 다르마(목적) 하우스들의 최종 결과, 영적인 깨달음을 나타낸다. 아타 그룹의 마지막, 10 번째 하우스는 아타(세상에서의 성공과 인정) 하우스들의 최종 결과, 세상에서 성취하게 되는 물질적 추구를 나타낸다. 카마 그룹의 마지막, 11번째 하우스는 카마(욕망과 관계성) 하우스들의 최종 결과, 휴머니티와 연결하는 것을 나타낸다. 목샤 그룹의 마지막, 12번째 하우스는 목샤(자유, 깨달음) 하우스들의 최종 결과, 우리의 영혼이 얻게 되는 가장 중요한 삶의 열매, 궁극적인 자유를 나타낸다.

열두 하우스의 효과들

하우스가 가진 효과들은 이들과 연관된 다샤와 북티에 효과들이 나타난다. 이들이 가진 특성이 얼마만큼 효과를 나타낼지 하는 것은 세 가지 팩터에 달려 있다.

- **하우스 로드의 저력**
- **하우스 카라카가 가진 저력**
- **해당 하우스에 미치는 영향들**

○ **앵글 하우스들(켄드라)**

1번, 4번, 7번, 10번. 길조적. 가장 중요하고 기본적인 삶의 영역을 나타낸다. 바디와 기본 성향, 어머니와 집, 결혼과 관계성, 직업과 지위, 그리고 사회적 지위.

○ **트라인 하우스(트리코나)**

1번, 5번, 9번(라그나는 앵글이자 트라인). 트라인 하우스와 로드들은 가장 길조적으로, '다르마스타나'라고도 한다. 이들 하우스가 좋고 손상이 안 되었으면 영성, 지식, 선, 관대함, 웰빙을 가져온다.

○ 트리샤다야 하우스들(3, 6, 11번)

파라샤라는 어떤 행성이든지 3번, 6번, 11번째를 로드하면 파파(Papa) 효과들을 준다고 하였다. 이들이 가진 파파 효과들은 정반대편 하우스들이 나타내는 자질들을 계발하고, 영적 진보를 통해 극복할 수 있다.

- **11번이 가장 강도가 센 파파: 욕심(카마 하우스), 정반대 5번 하우스(다르마 하우스)**
- **6번이 두 번째 강도의 파파: 화, 분노, 정반대 12번 하우스(목샤 하우스)**
- **3번이 세 번째 강도의 파파: 욕망(카마 하우스), 정반대 9번 하우스(다르마 하우스)**

○ 마라카 하우스들(2번과 7번)

12번째 하우스에서 각각 3번과 8번째(수명의 하우스)이기 때문에, 이곳 하우스들에 있거나, 로드들은 해당 다샤에 죽음을 가져올 수 있다. 만약 수명이 아직 되기 전에 이들의 다샤가 오면, 죽음과 같은 고통이나 건강문제를 가져올 수 있다.

○ 두스타나 하우스들(6, 8, 12번)

이들 하우스는 고통을 주는 세 개의 파파 하우스로 알려져 있다. 이들 하우스나 로드들은 어려움, 고통, 상실, 근심걱정, 장애물, 질병, 막힘, 고립, 부족함, 적, 법적 소송, 사고, 상처, 수술, 그리고 죽음과도 비슷한 고통들을 삶에 가져온다.

바밧바밤(Bhavat-bhavam)과 하우스 회전법

바밧바밤은 '하우스에서 하우스까지'라는 의미를 가지고 있는, 베딕 점성학에서 아주 유용하고 널리 사용되고 있는 하우스 회전법이다. 바밧(Bhavat)은 '미래'라는 의미로, 질문하는 바바(Bhava)에 대한 '미래'를 알 수 있다는 뜻이다. 바밧바밤은 하우스 회전법과 함께 특히 예측 점성학 분야에서 광범위한 방식으로 활용되고 있는 차트 리딩

테크닉이다. 예를 들어, 2번 하우스는 생계유지에 필요한 재물을 나타내는 하우스이다. 2번에서 2번, 즉, 3번 하우스에서 그러한 재물의 정도 여부에 대한 부수적인 것들을 파악할 수 있다. 바밧바밤은 모든 하우스 숫자에서 해당 숫자까지 건너간 하우스에서 해당하우스의 미래, 혹은 해당 하우스의 질문에 대한 결과를 부수적으로 같이 살필 수 있게 하는 방법이다.

○ **바바(Bhava)—바밤(Bhavam)** **해당 하우스의 미래(혹은 부수적 의미의 하우스)**

1번째에서	1번째	1번 하우스
2번째에서	2번째	3번 하우스
3번째에서	3번째	5번 하우스
4번째에서	4번째	7번 하우스
5번째에서	5번째	9번 하우스
6번째에서	6번째	11번 하우스
7번째에서	7번째	1번 하우스
8번째에서	8번째	3번 하우스
9번째에서	9번째	5번 하우스
10번째에서	10번째	7번 하우스
11번째에서	11번째	9번 하우스
12번째에서	12번째	11번 하우스

○ **하우스 회전법**

모든 12 하우스는 각자 카라카하는 사람들을 가지고 있다. 하우스 회전 테크닉을 이용해, 차트 주인의 삶을 구성하고 있는 다양한 사람들에 대해서 알 수 있다. 예를 들어 4번 하우스는 어머니를 나타내는 하우스이다. 차트 주인의 어머니에 대해서 알고자 할 때 4번 하우스를 라그나로 간주하고, 거기에서부터 12 하우스들을 보는 방식으로 회전하며 어머니에 연관된 특성들을 파악할 수 있다. 3번 하우스는 형제들을 나타낸다. 3번 하우스를 라그나로 간주하고 거기에서부터 12 하우스들을 보면서 형제들과 연관된 특성들을 파악할 수 있다. 이렇게 차트를 회전하는 방식을 사용해, 알고자 하는 사람들의 대한 모든 것들을 라그나에서부터 열두 하우스 원칙들을 보는 것과 같은 방식으로 적용하여 분석할 수 있다.

열두 하우스들의 구체적인 특성

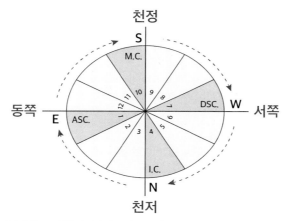

서양식의 차트: 동쪽 지평선에 올라오는 라시가 1번째 하우스(어센던트, ASC)

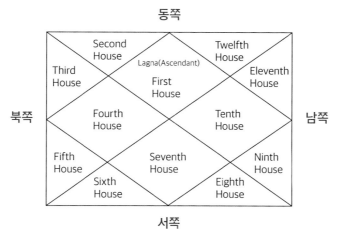

북인도식의 차트: 동쪽에서 올라오는 라시가 맨 위의 중심에 있음, 1번째 하우스 라그나가 세상의 중심임을 상징

○ 첫 번째 셀프의 하우스(타누 바바, Tanu Bhava)

바디, 신체, 외적으로 프로젝트하는 모습, 개성, 활력, 생기, 약함, 기쁨, 슬픔, 타고난 성향이나 혹은 어떤 상황에 대처하는 성향 등을 대변한다.

"신체, 외모, 인식하는 능력, 카스트, 강함과 약함, 안락함, 고통, 그리고 존재의 진정한 상태를 라그나(교차하는) 바바에서 알 수 있다(BPHS)."

키워드	동쪽 지평선, 출생, 시작, 바디, 셀프, 건강, 외모, 재능
카라카	태양(건강과 생기)
하우스 구조	켄드라, 트리코나, 다르마 하우스
1번째 하우스는 타누 바바(Tanu Bhava)	'타누'는 '바디'라는 의미이다. 바디와 연관된 전반적인 상태들을 알 수 있다. 신체, 자세, 사지 수족, 체질, 에고, 개성, 외모, 셀프, 캐릭터, 세상에 태어나는, 머리 등
1번째 하우스는 라그나(Lagna)	라그나는 세상이 나를 어떻게 보는지를 나타낸다. 내가 다른 사람이나 세상에 프로젝트하는 이미지를 나타낸다. 어떤 외모, 모습을 가졌고, 드레스를 입고, 행동을 하고, 리드를 하고, 세상을 바라보는지 나타낸다.
1번째 하우스는 차트 주인을 대변	타고난 성향, 건강상태, 생기, 수명, 행복, 개성, 외모, 풍요로움, 삶에서의 전반적인 위치, 명성, 직위, 욕망, 그리고 충족 등의 상태를 알 수 있다.
해당 바디파트	피부 톤, 머리(두개골과 이마), 두뇌, 머리카락, 뇌하수체 분비선 등
질병	1번째 하우스가 약하거나, 손상이 되었거나, 로드가 약하면 약한 체질을 만든다. 두통에 잘 시달리고, 정신적 긴장, 마비, 어지러움, 상처, 흉터, 내분비선의 불규칙적 활동, 불구, 고열, 어리석음, 코피 등등
강한 태양과 화성(생기와 에너지 카라카)은 보호막으로 도움이 된다.	

첫 번째 하우스는 라그나 주인이 구체적인 바디를 가지고 세상에 태어나는 것, 인생의 시작을 의미한다. 태양이 동쪽 지평선에서 올라오며 하루를 알리는 것과도 같은 의

미를 가지고 있다. 1번째 하우스는 실질적이고 구체적인 것들을 세상에 형상화시킬 수 있는 능력을 나타낸다. 차트에서 가장 중요하고 두드러지는 하우스이다. 출생으로 인해 우리의 바디는 세상에 나오게 된다. 그러한 바디가 가진 외부적인 것들뿐만 아니라, 내적으로 가진 재능, 건강상태, 어린 시절의 환경여건 등을 1번째 하우스를 통해서 알 수 있다.

라그나 로드와 1번째 하우스에 있는 행성은 잠재성이나 특성들을 구체적인 형태로 형상화시킬 수 있는 능력이 지대하다. 우리의 바디뿐만 아니라, 우리의 자아가 세상에 작용하는 방식에 직접적인 영향을 미치게 된다. 1번째 하우스에 있는 행성들은 그의 신체적 특성, 건강, 전반적인 성격이나 성향 등에 영향을 미치게 된다. 다른 사람들에게 어떻게 보이고, 어느 정도 인정을 받을 수 있는지, 명성을 누릴 수 있을 것인지 알수 있다. 그가 가진 자신감, 자존감, 자기 수용성 등을 알 수 있다. 1번째 하우스는 라그나 로드와 함께 그의 삶에서 가장 중요한 팩터이다.

좋은 상태에 있는 1번째 하우스는 건강한 자신감, 자기 의존 능력, 강하고 건강한 신체, 꿈이나 이상을 현실로 만들 수 있는 능력 등을 보여준다. 약한 상태에 있는 1번째 하우스는 정체성의 혼란, 부족한 자신감, 약한 신체와 건강, 자신의 야망을 실현시킬 수 있는 능력이 약함을 나타낸다.

○ 두 번째 자원의 하우스(다나 바바, Dhana Bhava)

두 번째 하우스는 부, 곡식 혹은 우리가 먹는 음식, 스피치, 가족, 적들, 금속들, 그리고 귀중한 보석들 등을 보여준다.

"부, 곡식들, 가족, 죽음, 수집한 것들, 친구들, 금속들, 미네랄들, 보석들 등등은 모두 다나스타나(부의 장소)에서 알 수 있다."

키워드	안정성, 부, 지식, 가족, 진정한 친구들, 건강, 음식, 입, 스피치
카라카	목성(부와 가족)
하우스 구조	마라카, 아타, 파나파라(이어지는) 하우스
2번째 하우스는 다나 바바(Dhana Bhva)	'다나'는 '부'라는 의미이다. 바디의 어린 시절, 가족생활 등과 연관된 전반적인 상태들을 나타낸다. 그 외에 목소리, 스피치, 음식, 먹은 것, 마시는 습관, 교육, 부, 돈, 얼굴, 치아, 목, 전반적인 비전, 특히 오른쪽 눈의 상태에 대해서 알 수 있다.
2번째 하우스는 돈과 연관된 영역	2번 하우스는 우리가 돈을 어떻게 가지게 되고, 집착하는지 아닌지, 그리고 재산이나 소유물을 어떻게 취득하고 관리하는지를 보여준다. 모든 돈과 연관된 문제, 이슈들, 그리고, 우리가 가진 가치관을 보여준다.
2번째 하우스는 부, 가족, 생계수단, 영양 상태 등	높은 교육, 전문적인 직위, 귀중한 보석과 금속의 소유, 현금, 버는 능력, 경제적 상태, 행운, 풍요로움, 유동자산, 스피치, 비전 등의 상태에 대해서 알 수 있다.
해당 바디파트	얼굴과 감각기관(코, 목, 입, 혀, 이빨, 눈, 특히 오른쪽 눈), 얼굴 뼈, 목의 윗부분과 목뼈, 식도, 후두, 소뇌, 기관, 경부 부위와 경부의 뼈, 편도선 등
질병	2번째 하우스가 약하거나, 손상이 되었거나, 로드가 약하면 약한 소화력, 스피치 문제, 목, 경부, 잇몸, 눈, 치아 등의 문제, 그리고 정맥이 약해서 생기는 질병들
강한 수성(스피치 카라카)은 보호막으로 도움이 된다.	

두 번째 하우스는 동쪽 지평선 아래에서 자아를 받치고 있는 단단한 토대를 의미한다. 그래서 1번째 하우스가 나타내는 것들을 지원하고 돕는 테마를 가지고 있다. 육체와 자아를 유지하고 돌보는 데 필요한 모든 것들을 의미하는 2번째 하우스의 키 요소는 가족이다. 가족이 있기에 내가 태어날 수 있고, 보호받고, 자랄 수 있기 때문이다. 구체적으로 부모님과 형제들로 이루어진 가족을 의미한다. 2번 하우스는 가족과도 같은 친구들도 포함한다. 그저 아는 정도의 친구가 아니라, 가족처럼 나를 지켜주고 돌봐줄 수 있는 진정한 친구들을 의미한다. 건강도 2번 하우스의 중요한 테마이다. 사랑, 음식, 영양분 등으로 육체의 건강을 잘 지킬 수 있고 케어할 수 있다. 입으로 음식을 먹고, 목소리도 낼 수 있다. 그래서 입과 스피치도 2번 하우스의 중요한 특성이다. 손상된 2번 하우스는 불량한 음식 습관, 주정뱅이, 마약남용 등에 빠지게도 한다.

2번째 하우스에 있는 행성들은 부를 나타내는 주요 팩터이다. 2번째 하우스가 나타내는 부는, 생계를 위해 필요한 부, 먹고 사는데 지장이 없고, 공과금 등을 감당할 수 있고, 기본적인 욕망들을 충족시켜줄 수 있는 수준의 경제적인 부를 나타낸다.

2번 하우스는 대체로 안정적이고 의지를 할 수 있는 하우스로서, 지식과 배움도 다스린다. 훌륭한 2번 하우스는 고서들이나 종교적 가르침에 탁월하다. 2번 하우스가 강하면 자신이 선택한 영역뿐만 아니라 다른 많은 영역에서 빼어난 능력을 발휘할 수 있다. 2번 하우스가 나타내는 지식과 배움은 세상을 살아가는 데 필요한 기본상식 같은 것들을 의미한다.

좋은 상태에 있는 2번 하우스는 안정적인 삶, 건강한 육체, 안정적인 부, 믿을 수 있는 친구들, 좋은 가족들을 준다. 약한 상태에 있는 2번 하우스는 불안정성, 허약한 육체, 생계유지에 필요한 기본적인 부의 결여, 믿을 수 없는 친구, 부족한 가족들의 서포트 등을 나타낸다.

○ 세 번째 야망의 하우스(사하자 바바, Sahaja Bhava)

세 번째 하우스는 용기, 하인들, 형제들, 새로운 것을 배우는, 동료들과 어떤 관계성을 가지는가, 관심영역, 취미, 짧은 여행, 부모님의 죽음 등을 보여준다.

"용기, 거느리는 하인들, 형제들, 등등, 우파데샤(첫 가르침), 여행, 부모의 결여, 죽음, 그리고 분별 능력은 어려운 장소(세 번째 하우스)에서 알 수 있다."

키워드	같이 태어난 이, 야망, 저력, 용기, 의지력, 수행, 경쟁력, 독립성, 재능, 트레이닝, 소통(글이나 말로 하는)
카라카	화성(동생, 용기, 집행하는 능력)
하우스 구조	우파차야, 카마, 아포클리마(내려가는) 하우스
3번째 하우스는 사하자 바바(Sahaja Bhava)	'사하자'는 '같이 태어난'이라는 의미이다. 형제, 동료, 동기, 용기 등에 대한 전반적인 상태를 나타낸다. 그 외에, 생기, 온갖 종류의 아트(극장, 필름 감독, 그림, 그림 그리기, 음악, 글쓰기, 스포츠, 여행, 형제, 특히 손아래 형제, 형제간의 경쟁심, 낮은 수준의 교육, 취미, 자신의 노력으로 이루는 성공, 모험, 주도적, 동기, 경쟁, 목소리, 모든 형태의 소통, 세일즈, 청력, 특히 오른쪽 귀, 장인, 시부, 손, 어깨와 팔, 폐 등의 상태에 대해서도 알 수 있다.
3번째 하우스는 배움, 소통, 교육, 그리고 마인드와 연관된 하우스	나의 두뇌가 어떤 식으로 작용하고, 어떻게 소통하는지 보여준다. 천재, 혹은 사고적 흐름의 주도자, 아니면 몽상가에 지나지 않는지 알 수 있다. 어릴 적 교육, 형제들, 이웃, 단기 여행 등을 알 수 있다.
3번째 하우스는 아래 형제, 이웃, 용기, 신체적 저력 등	스포츠, 주도력, 사업기질, 이해력, 짧은 여행, 영적 테크닉들의 입문, 글쓰기, 소통 능력 등에 대해서 알 수 있다.
해당 바디파트	목 아랫부분, 어깨, 팔, 귀(특히 오른쪽 귀), 손, 어깨와 쇄골, 갑상선, 호흡기관과 신경계
질병	3번 하우스가 약하거나, 손상이 되었거나, 로드가 약하면 호흡기와 연관된 취약성과 문제, 갑상선 질병, 신경계의 불균형, 우울증으로 인해 일어나는 부분적 마비, 말을 더듬거리는, 어깨 통증, 쇄골 영역의 파열, 약간의 귀먹음, 기관지 관련 질병, 천식, 결핵 등
강한 수성(소통 능력의 카라카)은 보호막으로 도움이 된다.	

세 번째 하우스는 지평선 아래의 앵글을 향해 내려가는 위치에 있기 때문에 나의 내면에 있는 생각과 감정들을 어떻게 다루는가 하는 것을 나타낸다. 아직 동쪽 경계 선 구역에 있으므로, 이러한 생각과 감정들이 자신에게 어떤 방식으로 흘러가는지, 그 리고 보다 구체적이고 실질적인 목표들을 향해 어떠한 방식으로 표출되는지 등을 의 미하는 하우스이다. 이러한 에너지들은 야망, 혹은, 열정, 이기심, 욕심 등과 연관성을 가지고 있다. 야망과 열정은 새로운 뭔가를 향한 행동의 동기를 부여한다. 그래서 3번 하우스는 여행을 시작하는 것을 나타내기도 한다. 원하는 뭔가를 이루기 위해선 신체 적, 감정적 힘과 저력이 필요하고 용기, 의지력, 수행이 필요하고 경쟁자들을 이기기 위 해선 같이 협동할 수 있는 형제나 팀원들도 필요하다. 야망을 달성할 수 있기 위해선 타고난 능력과 재능만으로 충분하지 않으며, 독립적이고 자주적인 능력을 키워줄 수 있는 트레이닝이 더욱 필요하다. 내적인 생각과 감정을 잘 표현할 수 있는 소통 능력 도 필요하고, 탁월한 사회성, 새로운 지식이나 정보를 잘 습득할 수 있는 능력도 필요 하다.

3번째 하우스에 있는 행성들은 대체로 손아래 형제들이나 용기, 욕망, 노력, 모험심 등에 대한 구체적인 정보를 나타낸다. 소통적인 능력을 주는 마인드도 다스리기에 배 우, 댄서, 가수, 뮤지션 등과 같은 예능인들에 특히 중요한 하우스이다. 강한 3번 하우 스를 가진 이는 문학적 영역에서도 탁월한 저력을 발휘할 수 있고, 영화감독이나 무대 연출자와 같은 직업을 가질 수도 있다. 매니저, 이벤트 담당 매니저, 혹은 다른 어떤 디 테일한 일들을 잘해낼 수 있다.

좋은 상태에 있는 세 번째 하우스는, 특히 건강한 크루라 행성이 3번에 있을 때 어려 움을 극복할 수 있는 용기, 저력, 결의, 의지력 등을 주게 된다. 그래서 3번 하우스 영 역들이 좋은 열매를 맺을 수 있게 한다. 약한 상태에 있는 세 번째 하우스, 특히 건강 하지 못한 사움야 행성이 3번에 있을 때 게으르거나 수행이 부족하게 만든다.

○ **네 번째 내적인 자아의 하우스**(반두/수카 바바, Bhandu/Sukha Bhava)

네 번째 하우스는 운송수단들, 자동차들, 친척, 어머니, 행복, 보물, 토지, 부동산, 그리고 땅에서 나오는 부를 나타낸다.

"운송수단들과 다른 비슷한 것들, 친척들, 어머니, 행복 등등 또한 어떤 그러한 열망, 그리고 비축한 것들, 토지, 집은 네 번째 바바에서 알 수 있다."

키워드	내적 자아, 감정, 행복, 헌신, 뿌리, 어머니, 선조, 사생활, 개인적인 재산
카라카	달(어머니, 감정, 느낌), 금성(운송수단), 수성(교육), 화성(고정 재물, 자산)
하우스 구조	켄드라, 목샤 하우스
4번째 하우스는 반두/수카 바바(Bhandu/Sukha Bhava)	'반두'는 '묶는', '수카'는 '좋아하는'이라는 의미이다. 어머니, 모든 유형의 고정 자산(부동산, 집, 운송수단, 차, 석사와 박사 학위, 행복한 마음의 상태, 삶의 후반부 상태, 열정, 감정, 대중, 숨겨놓은 속마음, 안정, 과거, 유전적 자질과 유전인자, 안정성을 잃는 것에 대한 두려움, 영원하거나 영구하게 오래가는 것들, 영혼, 토지와 농사, 유방 등을 나타낸다.
4번째 하우스는 집, 가족, 뿌리를 의미하는 모든 것들을 포함	어디에서 왔으며, 어린 시절의 가족적 삶, 거주지 등을 나타낸다. 어머니와 연관된 것들도 포함된다. 4번 하우스는 가족적 삶의 골격과도 같다.
4번째 하우스는 어머니, 행복, 가정교육 등	친척, 친구, 지지자, 기본적인 교육, 자동차, 운송수단, 가정적 평화, 마인드, 정신적 평화, 영적인 삶, 자신감, 올바른 행위, 삶의 마지막, 사치품, 태어난 나라, 부동자산, 토지, 땅, 탱크, 집, 재산 등의 상태에 대해서 알 수 있다.
해당 바디파트	갈비뼈, 심장, 가슴, 폐, 유방
질병	4번째 하우스가 약하거나, 손상이 되었거나, 로드가 약하면 심장과 연관된 질병, 유방, 가슴, 위 영역, 폐 질환, 정신적 질병, 광기, 혈액순환과 연관된 문제나 질병 등등

강한 달(어머니 카라카), 강한 금성(편안함의 카라카), 강한 화성(고정자산 카라카)가 보호막으로 도움이 된다.

네 번째 하우스는 지평선 밑에 있는 앵글 하우스이기 때문에, 내적인 자아와 연관된 모든 것들, 즉 내적인 감정, 사생활, 뿌리 등을 나타낸다. 모든 유형의 감정 중에서도 행복이 가장 중요하고 소중하다. 그리고 가장 행복한 감정은 헌신에서 나온다. 행복과 헌신은 삶에서 얻을 수 있는 최상의 열매이다. 달콤하고 훌륭한 열매를 거둘 수 있기 위해서는 땅 밑에 숨겨져 있는 뿌리부터 건강해야 한다. 4번 하우스는 삶의 뿌리를 견고하게 하는 감정적, 물질적인 모든 것들을 나타낸다. 집, 어머니, 재산, 운송수단, 교육 등. 어떤 것이든 삶의 행복과 평화로운 경험을 줄 수 있는 모든 것들을 의미한다.

4번째 하우스는 앵글 하우스이기 때문에, 이곳에 있는 행성들은 힘을 얻고 차트에서 중요한 비중을 차지하게 된다. 어떤 행성이든지 4번 하우스에 있으면, 해당 행성의 성향이나 기질들이 차트 주인의 의식 속에 깊이 잠입하게 되어 다른 사람들이 쉽게 파악할 수 있다. 또한 4번에 있는 행성들은 10번 하우스를 어스펙트하기 때문에 차트 주인이 세상에서 하는 액션들에 엑스트라 에너지와 힘을 주게 된다. 그래서 비록 10번 하우스에 아무런 행성이 없더라도, 4번 하우스에 많은 행성들이 있는 경우 아주 파워풀한 직위까지 올라갈 수 있게 한다.

좋은 상태에 있는 4번 하우스는 품위가 넘치고, 안정적이며, 한결같은 상태, 행복, 안전성, 편안한 감정 등 아주 깊고 만족스런 삶의 경험들을 줄 수 있다. 만약 손상된 크루라 행성이 4번에 영향을 미치면, 품위가 부족하고, 불안정적이고, 허약한 뿌리, 애정 결핍증, 항상 주의와 관심을 끌려 하고, 불편함과 불안함에 시달리게 만든다.

○ 다섯 번째 자기표현의 하우스(푸트라 바바, Putra Bhava)

다섯 번째 하우스는 우리가 가진 배움, 성장, 변화를 할 수 있는 능력을 보여준다. 부적, 신성한 주문, 만트라, 배움, 이지의 자질, 자녀들, 다사다난한 인생사들을 관리할 수 있는 능력, 지위에서 떨어짐 등을 보여준다.

"얀트라(마술용 비법이나 부적), 만트라, 지식, 또한 지성(창조지성), 계속되는 것, 자녀들, 그리고 왕의 총애를 잃음 등은 자녀 하우스에서 알 수 있다."

키워드	다른 사람을 향해 하는 표현, 인지와 이해 능력, 표현력, 사랑, 지성, 창조성, 자녀
카라카	목성(자녀들, 투기, 정치술, 충고, 조언, 직관, 전생의 카르마, 분별 능력)
하우스 구조	트리코나, 다르마, 파나파라(이어지는) 하우스
5번째 하우스는 푸트라 바바(Putra Bhava)	'푸트라'는 '아들, 자녀'라는 의미이다. 사람, 혹은 유산과 같은 생산을 의미한다. 진정한 총명함, 마인드, 자녀, 유산, 왕과 정치, 창조성, 투기, 좋은 카르마, 운명에 대한 센스(푸르바푼야), 로또, 도덕심, 쾌락, 로맨스, 재미, 예능, 스포츠, 관대함, 영적인 의식, 마음 등의 상태에 대해서 알 수 있다.
5번째 하우스는 자기표현, 로맨스, 창조성 등	내가 쓰고 있는 책, 강의하고 있는 수업, 혹은 내가 창조한 어떤 작품들 일 수도 있다. 사후에도 남아 있는 나의 유산을 의미한다. 그러한 유산의 대표적인 것이 자녀들이다. 어떤 식으로 자녀들을 양육하는지, 자녀들에 대한 것, 내가 어떤 부모일지 하는 것들을 5번 하우스에서 알 수 있다. 로맨스가 어떠할지, 명성을 얻을 수 있을지 등도 알 수 있다. 리스크, 그리고, 부동산이나 카지노 등과 같은 투기에 대해서도 알 수 있다. 게임, 스포츠, 쾌락 등도 알 수 있다.
5번째 하우스는 지성, 감정, 통찰력, 분별력 등	지적이고 정신적 재능, 기억력, 창조성, 감정적 행복, 사랑, 로맨스, 애인, 투자로 얻은 투기성 이득, 조직 능력, 성공, 잉태, 자녀, 경향, 영적인 추구, 제자와 학생, 헌신, 섬기는 신, 만트라, 얀트라, 부적, 과거 생에서 가져오는 자원과 공덕, 미래, 소화력 등에 대해서 알 수 있다.
해당 바디파트	배 윗부분, 위, 간, 쓸개, 이자(pancreas), 비장, 결장, 횡경막
질병	5번째 하우스가 약하거나, 손상이 되었거나, 로드가 약하면 당뇨병, 소화성 궤양, 빈혈, 복통, 담석증, 산화증, 척추 코드의 문제나 질병, 소화불량, 설사, 흉막염, 심장병 등등
강한 태양(소화력 카라카, 몸에 생기를 주는 카라카)은 보호막으로 도움이 된다.	

다섯 번째 하우스는 지평선 아래의 앵글에서 이어지는 하우스이기 때문에 내적 자아와 연관을 가지고 있다. 하지만 서쪽 경계선을 향해 있기 때문에 내적인 자아가 다른 사람들과 상호관계성을 맺으려 함을 나타내는 하우스이다. 이러한 상호관계성은 내적인 표현과 외적인 표현의 양방으로 일어날 수 있다. 표현을 잘하기 위해서는 창조성이 필요하다. 내면에 있는 아이디어와 느낌들을 잘 채널할 수 있는 능력, 그리하여 지성, 교육, 전략, 계획 등이 필요하다. 5번 하우스가 가진 최고의 자질은 사랑이다. 4번 하우스에서 느끼는 헌신적 사랑을 내외적인 표현으로 가장 잘 채널시켜줄 수 있는 대상은 자녀이고, 다른 창조품들이다.

5번째 하우스는 다른 많은 중요한 것들 중에 특히 자녀들, 지성, 마인드, 전생의 좋은 카르마를 나타내기에, 이곳에 있는 행성들은 차트가 가진 길조적인 것들을 발휘할 수 있는 능력을 가지게 된다. 트라인 하우스로서 차트 주인이 가진 일반상식이나 지성 등의 자질들을 잘 표출시킨다. 좋은 5번 하우스는 덕과 도덕심, 고상함, 품위, 능력 등을 준다. 무엇보다도 차트 주인이 가진 깊고 섬세한 캐릭터적인 면을 다른 어떤 하우스보다도 더 잘 드러낸다.

좋은 상태에 있는 다섯 번째 하우스는, 특히 좋은 품위의 사움야 행성이 영향을 미치고 있을 때 풍부한 애정과 사랑, 표현력, 이해력, 창조와 생산 능력 등을 주게 된다. 만약 나쁜 품위의 크루라 행성이 손상을 입히고 있으면, 이기적이고 욕심이 많으며, 다른 사람을 이해할 수 있는 능력의 부족, 부족한 창조 능력 등을 나타낸다. 좋은 품위의 크루라 행성은 5번 하우스가 가진 이지적 능력에 영향을 미친다. 토성은 논리적이고 분석적인 능력을 주고, 화성은 예리하고 꿰뚫는 듯한 이지를 줄 수도 있다.

○ **여섯 번째 장애물의 하우스**(아리/리푸 바바, Ari/Ripu Bhava)

여섯 번째 하우스는 의심, 빚, 지연, 외삼촌, 적들, 소화기관, 건강, 종양, 갑작스런 질병 그리고 계모를 나타낸다.

"외삼촌, 적들, 상처들이나 비슷한 것들, 또한 계모들을 여섯 번째 바바에서 고려하게 된다."

키워드	적, 일, 도둑, 장애, 고용, 빚, 질병, 위험한 동물들, 걱정
카라카	화성(갑작스런 질병, 법률 소송, 신체적 손상), 토성(부채, 고질병)
하우스 구조	우파차야, 두스타나, 아포클리마(내려가는) 하우스
6번째 하우스는 아리/리푸 바바	'아리'는 적, '리푸'는 '속이는'이라는 의미이다. 건강, 습관, 직원, 서비스, 빚, 적들, 법적 소송, 향상, 증진, 경쟁자나 적들에게 받는 도전, 도둑, 강도, 공격, 질병, 의학적 직업, 음식, 레스토랑, 피트니스 기구들, 경찰, 군대, 애완동물, 사고, 갑작스런 질병, 장 등의 상태에 대해서 알 수 있다.
6번째 하우스는 일, 건강, 루틴 등	어떻게 일을 하고, 어떤 일을 선호하고, 어떤 환경에서 일하고 있는지, 직장동료와 관계성 등을 알 수 있다. 특히 건강이나 웰빙과 연관된 중요한 하우스이다. 애완동물도 포함한다.
6번째 하우스는 다툼, 논란, 질병 등	상처, 빚, 적, 반대편, 경쟁자, 도둑, 두려움, 의심, 걱정, 악함, 악함, 건전한 경제적 위치, 외삼촌, 서비스, 부리는 직원, 좋은 건강, 도둑이나 화재, 사기꾼 등에게 손해 입는 것을 지켜주는, 오해, 대립, 법적 소송 등에 대해서 알 수 있다.
해당 바디파트	허리, 배꼽, 아랫배, 신장, 소장, 대장의 윗부분, 장의 기능, 맹장
질병	6번째 하우스가 약하거나, 손상이 되었거나, 로드가 약하면 맹장염, 중독, 복통, 변비, 탈장, 혈액요소 질병, 정신적 질병, 만성피로, 신경쇠약증(건강이나 경제적 지위나 문제, 적과 연관된 문제 등은 모두 6번을 통해 알 수 있다)
강한 수성과 화성(건강 카라카)은 보호막으로 도움이 된다.	

여섯 번째 하우스는 서쪽 지평선 아래에 있는 내려가는 하우스이다. 그래서 다른 사람들을 돕는 것들과 연관성을 가지고 있으며, 그로 인해 나에게 돌아오는 바람직하지 못한 결과들을 의미한다. 다른 사람들로 인한 어려움, 적, 장애물들, 위험한 동물이나 사람들, 도둑들 등도 포함한다. 다른 이들을 돕는 것은, 일과 서비스를 하고 고용되는 것, 일에 대한 가치관과 자세, 일을 하기 위해 얻거나 갚게 되는 빚, 부채, 키우는 가축 동물이나 애완동물 등도 의미한다. 나의 죽음을 의미하는 서쪽에 가까이 있기 때문에, 고통과 질병, 근심, 걱정, 실패 등과 연관성이 있다.

6번째 하우스에 있는 행성들은 차트 주인의 건강, 일상적으로 하는 일들, 부리는 사람들이나 적들 등에 지대한 영향력을 미친다. 많은 행성들이 6번에 있게 되면, 꾸준한 자기향상을 위해 많은 노력을 하게 하며, 의학과 연관된 일이나, 캐터링이나 취사 조달 하는 일, 혹은 어떤 디테일한 일들을 하게 만든다. 일상적으로 하는 일들을 즐거워하며, 어떤 형태로든 서비스업에 탁월한 능력을 준다.

좋은 상태에 있는 6번 하우스는 특히 좋은 품위의 크루라 행성들이 영향을 미치고 있을 때 긍정적인 결과들을 가져온다. 어려움과 장애, 시험 앞에 강해지는 것, 적들과 싸우고 이길 수 있는 힘, 부지런히 일을 할 수 있는 능력 등을 준다. 그에 비해 손상된 사움야 행성이 6번에 영향을 미치는 경우, 적이나 시련들을 다루는 방식이 순진하고 유하게 만든다. 그래서 쉽게 포기를 하거나, 일하기를 회피하고, 어렵과 힘든 일을 하기 싫어하고 귀찮게 만든다.

○ **일곱 번째 파트너십의 하우스**(유바티/칼라트라 바바, Yuvati/Kalatra Bhava)

일곱 번째 하우스는 배우자, 다른 사람들, 여행, 교역, 사업 파트너, 성적 파트너, 죽음 그리고 시야에서 사라지는 것들을 나타낸다.

"아내, 먼 여행, 교역, 시력을 잃음, 그리고 자신의 죽음을 아내 바바에서 알 수 있다."

키워드	파트너십, 결혼, 상호교환, 죽음, 사라지는, 목적지
카라카	금성(결혼, 결혼과 같은 파트너 관계들, 열정)
하우스 구조	켄드라, 카마 하우스이다.
7번째 하우스는 유바티/칼라트라 바바	'유바티'는 결합, '칼라트라'는 '파트너'라는 의미이다. 관계성, 결혼, 비즈니스 파트너십, 성적 열정, 법정, 알려진 적들, 이혼, 외국에 거주, 불임이나 난임, 욕망, 콩팥 등의 상태에 대해서 알 수 있다.
7번째 하우스는 파트너십에 관한 모든 것	로맨스적 관계뿐만 아니라, 비즈니스와 가까운 친구들과의 관계성도 포함한다. 어떤 식으로 관계성을 접근하고, 이들을 케어하는지 보여준다. 그리고 공개적인 적들도 알 수 있다. 법률 소송이나 이슈들, 갈등, 계약 등도 포함한다.
7번째 하우스는 장기적 이성관계, 법적인 관계, 배우자 등	인생 파트너와 비즈니스 파트너, 생기, 성적 능력, 잉태력, 열정, 외향적 성향, 간통, 도덕적 행위, 쾌락, 편안함, 외국에 거주, 성공적인 로맨스, 부부생활, 외국에 있는 집, 여행, 무역이나 교역, 비즈니스, 확장 등을 나타낸다.
해당 바디파트	삼각형 골반, 허리부분, 방광, 대장의 아랫부분, 성기의 내부 파트(나팔관, 자궁, 질, 고환, 전립선 등)
질병	7번 하우스가 약하거나, 손상이 되었거나, 로드가 약하면 생식기관 문제, 성병, 통풍, 소변 장애, 불임, 불임화, 항문 관련 문제
강한 금성(결혼관계 카라카)은 보호막으로 도움이 된다.	

일곱 번째 하우스는 서쪽 지평선에 있는 하우스, 태양이 지는 곳을 의미한다. 태양이 사라지는 것처럼 내가 사라지는 것, 죽음, 목적지를 향한 여행 등을 의미한다. 7번 하우스는 1번 하우스에서 정반대편에 있다. 셀프를 나타내는 정반대편의 사람들, 그리

고 그들과 맺게 되는 파트너십 관계성을 의미하는데 육체적인 성관계도 포함한다. 7번 하우스는 우리가 다른 사람들과 어떻게 협동하고 계약관계를 맺는지를 보여주며 결혼의 테마가 있는 로맨스적인 내용과는 직접적인 연관을 가지고 있지는 않다. 그보다는 비즈니스적인 상호교환과 관계성, 그리고 우리가 가진 상업적인 성향들을 7번 하우스가 나타낸다(사랑과 로맨스는 5번, 결혼은 9번 하우스의 영역이다).

　7번째 하우스는 앵글이기 때문에, 이곳에 있는 행성들은 엑스트라 저력과 중요성을 가지게 된다. 1번 하우스를 바로 어스펙트하기 때문에 좋게든 나쁘게든 라그나 주인에게 직접적인 영향력을 미친다. 고향이나 모국을 떠나 살거나 외국에서 거주하는 것도 나타낸다. 7번은 결혼뿐만 아니라 온갖 유형의 파트너십들, 그리고 배우자에 대한 열정도 나타내기에 7번 하우스에 있는 행성들은 차트 주인의 대내외적 관계성과 성적 생활에도 직접적으로 영향을 미치게 된다.

　좋은 상태에 있는 일곱 번째 하우스는 특히 좋은 사움야 행성들이 도움이 되는데, 정직하고 좋은 사람들과 관계성을 맺고 그러한 사람들과 비즈니스를 할 수 있게 한다. 약한 상태에 있거나, 손상된 크루라 행성이 영향을 미치는 경우 지나치게 독립적이거나 다른 사람들에 대한 무관심을 줄 수 있다. 그래서 다른 사람들과 의미 있는 관계성을 맺거나 좋은 효과들을 누리기 어렵게 한다.

○ 여덟 번째 수명의 하우스(아유/란다르 바바, Ayu/Randar Bhava)

8번째 하우스는 많은 것들을 포함하는 하우스이다. 섹스, 조인트 통장, 세금, 죽음, 직관 등 모두 포함한다. 많은 사이킥들이나 경찰들이 두드러지는 8번 하우스를 가지고 있다. 대출, 유산, 유언에 관한 것들도 포함한다. 은밀한 육체관계를 맺거나, 은밀한 돈을 다루는 일도 나타낸다.

"수명, 전투, 사기꾼들, 통과하기 어려운 것들, 튼튼한 요새들, 죽은 이의 부, 영혼의 거취, 현명한 이의 이전과 이후 등을 모두 분열, 공간, 홈 바바에서 알 수 있다."

키워드	파트너십으로 인한 이득, 유산, 신비로운 것들, 비밀, 수명, 섹스와 재생, 카리스마
카라카	토성(고질병, 죽음)
하우스 구조	두스타나, 목샤, 파나파라(이어지는) 하우스
8번째 하우스는 아유/란다르 바바	'아유'는 '수명', '란다르'는 '열린'이라는 의미이다. 죽음, 변형, 변화, 내맡김, 컨트롤과 조작, 파워 투쟁, 조폭, 저승이나 어둠의 세계, 숨겨진 이면의 어둠, 조사, 개인 탐정, 가장 밑바닥에서부터 파고드는, 진실의 폭로, 집착, 불명예, 스캔들, 파산, 장애, 수술, 수명, 연구, 형이상학의 공부, 신기, 유산, 위자료, 유언이나 보험금 혜택, 세금환불, 생식 장기, 배설 장기, 생동력, 영적 수행, 직관, 사이킥 능력, 장기적이고 고질적인 질병, 파트너에게 받는 금전적 이득, 비밀, 성적 질병, 불운, 사고 등을 나타낸다.
8번째 하우스는 수명, 연구, 신비적 과학에 대한 관심, 오컬트, 내외적 변형 등	과거와 미래의 이벤트, 유산, 죽음, 유언, 보험, 쉽게 얻는 이득, 결혼관계, 취약성, 두려움, 공포, 사고, 장애, 법률 소송, 파산, 도둑, 손해, 불행, 불명예, 실망 등에 대해서 알 수 있다.
해당 바디파트	음낭, 항문, 외적 성기 파트, 배설 장기, 꼬리뼈
질병	8번째 하우스가 약하거나, 손상이 되었거나, 로드가 약하면 수두 교정(hydrocele, 고환 주위에 체액이 축적되는 병), 균열, 불임, 중독, 방광염, 혹, 고질병 등
강한 토성(수명 카라카)는 보호막으로 도움이 된다.	

여덟 번째 하우스는 서쪽 지평선 바로 위로 이어지는 하우스이다. 그래서 서쪽의 7번 하우스가 나타내는 것들을 지우거나 없애는 것을 나타낸다. 죽음을 지운다는 것은 죽음 이면에 있는 것들을 파헤친다는 뜻이다. 죽음보다 더 깊은 것들을 뚫고 들어갈 수 있는 힘, 평범하고 피상적인 시각으로는 볼 수 없는 감추어진, 비밀스러운 것들, 정신심리학, 점성학, 형이상학적 파워, 사이킥 의식이나 시각 등을 주는 하우스이다. 죽음을 없앤다는 것은 수명을 의미하고, 죽음을 퇴치하고 생명을 만들 수 있는 능력, 생산력과 섹스를 다스린다. 그리고 미스터리한 아우라나 카리스마를 준다. 7번 하우스에서 이어지므로, 파트너십으로 얻을 수 있는 것들, 공유하는 돈, 위자료나 유산 등을 의미한다.

이처럼 8번째 하우스는 비밀스럽고 숨겨진 것들을 나타내는 하우스이기에, 이곳에 있는 행성들은 오컬트나 심리학, 형이상학 등의 주제에 대한 관심을 가지게 만든다. 죽음과 수명을 나타내는 목샤 하우스로서, 삶의 이면에서 작용하고 있는 숨겨진 이론들, 깨달음, 영적 관심을 지대하게 만들기도 한다. 8번째 하우스는 긍정적, 부정적 의미를 같이 가지고 있다. 그래서 어떤 행성이든 8번에 있게 되면 이러한 이중적 효과들(어떤 영역에서는 좋은 효과, 그리고 다른 영역에서는 부정적인 효과들)을 함께 주는 경향이 강하다. 좋은 상태에 있는 행성은 긍정적인 효과들을 더욱 주게 될 것이고, 약한 상태에 있는 행성은 부정적인 효과들이 더욱 나타나게 될 것이다.

○ 아홉 번째 선과 도덕의 하우스(바기야/다르마 바바, Bhagya/Dharma Bhava)

아홉 번째 하우스는 행운, 축복, 배우자의 형제, 종교, 믿음이나 신념, 형제의 배우자, 성지순례, 템플이나 신전 등을 방문하는 것을 대변한다.

"행운, 아내의 남형제, 종교적 법, 남동생의 아내, 성지순례 등을 모두 다르마스타나(다르마의 장소)에서 알 수 있다."

키워드	도덕성, 가치관, 철학, 종교, 스승, 부모, 선행, 행운
카라카	목성(선조, 높은 교육, 영적 추구, 자선, 좋고 나쁜 행운), 태양(아버지, 영혼)
하우스 구조	트리코나, 다르마, 아포클리마(내려가는) 하우스
9번째 하우스는 바기야/다르마 바바	'바기야'는 '행운', '다르마'는 '바름'이라는 의미이다. 영성, 스승, 구루, 행운, 장기 여행, 아버지, 출판, 성지순례, 영적 지식을 얻기 위한 여행, 가르침, 대학이나 높은 수준의 교육, 법과 변호사, 엉덩이와 허벅지 등. 9번 하우스는 높은 수준의 마인드와 여행을 나타내는 하우스이다. 마음을 확장시켜주는 것들, 세상 여행을 하고, 높은 교육, 영성 등을 선호한다. 얼마나 성장하고 확장할 수 있는가, 종교, 독선, 그리고 온갖 오컬트 같은 것들이 여기에 포함된다.
9번째 하우스는 아버지, 스승, 구루, 영적 배움 등	영적 성향, 직관, 자선, 덕, 의무, 과거 생에 의해 주어진 현생의 운명과 그에 따른 행복, 명상, 외국 여행, 긴 여행, 외국에서 잠시 거주, 외국 유학, 축복, 행운, 전반적인 행운, 갑작스럽거나 기대치 않은 이득, 종교, 성지순례, 철학, 법, 의학, 치유법 등을 나타낸다.
해당 바디파트	허벅지, 왼쪽 다리, 허벅지 뼈, 골수, 엉덩이, 엉덩이 조인트, 동맥기관
질병	9번 하우스가 약하거나, 손상이 되었거나, 로드가 약하면 빈혈, 피 부족, 탈라세미아(지중해 빈혈증), 백혈병, 고열, 당뇨병, 관절염, 엉덩이와 허벅지 부위 트러블
강한 목성(전반적 포춘 카라카), 강한 태양(아버지 카라카)은 보호막으로 도움이 된다.	

아홉 번째 하우스는 서쪽 지평선 위에 있는 앵글을 향하는 하우스이다. 우리의 대외적인 역할이 다른 사람들에게 미치는 영향을 나타낸다. 그래서 도덕심, 선행, 행운 등을 상징하고 있다. 우리가 하는 행위가 다른 사람들에게 미칠 영향력에 대해 마음

을 쓰는 것, 특히 다른 사람들에게 좋은 영향력을 미치고자 하는 것은 우리가 가진 가장 도덕적인 본질이라고 할 수 있다. 좋은 행위들은 좋은 결과들을 가져오고, 현재에 혹은 가깝거나 먼 미래에 좋은 행운을 가져온다. 좋은 행운은 성공을 의미한다. 우리가 행하는 어떤 일이 좋은 열매를 낳고 완결됨을 의미한다. 도덕성을 나타내는 9번 하우스는 또한 가치관, 철학, 종교도 포함한다. 도덕적 가치관은 어떤 것에 대한 옳고 그름을 잘 알고 있음이다. 그리하여 다른 사람들이 해를 피하고 이득을 얻을 수 있도록, 가치관들을 철학적으로 잘 정립시키고 어떤 것이 좋고 바른지, 혹은 그르고 나쁜지 논리적으로 납득시켜줄 수 있는 높은 이지적 힘을 의미한다. 종교도 마찬가지로 9번 하우스의 주요 특성이다. 종교는 특정한 원칙과 가치를 따라 바른 행위들을 하는 이상적 믿음 제도이기 때문이다. 이러한 가치들을 교사나 스승이 가르치게 되어 있으며, 그중에서도 부모는 우리의 가장 처음이자 중요한 스승이다.

9번째는 차트에서 최상의 하우스이기에, 어떤 행성이든지 이곳에 있게 되면 자신의 특성들을 잘 발휘할 수 있다. 주로 부모님, 행운, 성지순례, 종교적, 문화적, 철학적 성향과 연관된 하우스이므로, 비록 외적으로 종교적 성향을 과시하지 않더라도 내적으로 강한 뿌리와 믿음을 가지게 만든다. 특히 9번 로드가 강한 경우, 신에 대한 강한 믿음과 훌륭한 덕을 행하는 순수한 영혼의 자질들을 향상시켜준다. 이처럼 9번 하우스가 내포하고 있는 최상의 길조성으로 인해 어떤 행성이든지 9번 하우스에 있으면 거의 모두 좋은 결과들을 가져온다. 하지만 나쁜 상태의 크루라 행성이 있게 되면, 아주 어렵고 불행하게 만들 수 있다. 심각한 불운과 행운의 결여를 의미하기 때문이다. 9번 하우스에 있는 행성들은 주로 우리가 어떤 도덕성과 가치관을 가지고 있는지를 나타낸다. 좋고 바른 도덕심을 가지고 있으면 행운이 자연스럽게 따를 것이며, 그렇지 못한 경우에는 트러블과 시련을 피하기 어렵다.

ㅇ 열 번째 대외적 셀프의 하우스(카르마 바바, Karma Bhava)

열 번째 하우스는 충성심, 세상에서 행하는 카르마적 영향력, 장소, 직업, 명성, 명예, 아버지, 외국에서 살거나 일을 하는 것을 나타낸다.

"왕조, 공중, 직업, 존경, 아버지, 집에 없는, 의무 등을 모두 비요마스타나(하늘 하우스)에서 알 수 있다."

키워드	대중, 명성, 행위, 커리어, 파워. 아버지
카라카	수성(상업), 태양(정부, 높은 지위, 명성), 토성(전통, 고용됨), 목성(직업), 토성(일)
하우스 구조	켄드라, 아타 하우스
10번째 하우스는 카르마 바바	'카르마'는 '액션'이라는 의미이다. 커리어, 사회적 지위, 권위적 인물, 명성, 명예, 목적, 정부, 대표나 대통령, 우두머리, 사장, 아버지의 부, 무릎 등
10번째 하우스는 MC, 미드헤븐이 있는 곳	커리어, 명성, 명예, 인정 등과 연관 있다. 많은 행성들이 이곳에 있으면 정치인이나 배우가 될 수도 있다. 10번 하우스는 아버지도 나타낸다.
10번째 하우스는 직업, 커리어, 천직, 승진, 생계수단, 파워, 명성 등	대외적 명성, 지위, 직위, 명예, 인생의 카르마, 캐릭터, 권위, 정부, 고용주, 외국에 사는, 야망, 후생, 아들을 얻을 수 있는 행복, 빚 등에 대해서 알 수 있다.
해당 바디파트	무릎과 슬개골(kneecaps), 관절과 뼈
질병	10번 하우스가 약하거나, 손상이 되었거나, 로드가 약하면 관절염, 무릎뼈를 다치는, 관절염, 전반적 허약함, 피부 질병, 알레르기, 잘린 바디파트, 그리고, 직업적 셋백
강한 태양(조직 능력 카라카)은 보호막으로 도움이 된다.	

열 번째 하우스는 차트에서 가장 높은 포인트, 태양빛이 가장 강렬하고 뜨거운 하늘의 천정점을 나타내는 하우스이다. 그래서 우리들 삶에서 가장 눈에 뜨이고, 대외적으로 드러난 영역을 나타낸다. 그것이 커리어, 명성, 직위 등일 수 있다. 하지만 커리어는

단순히 직업이 아니라 우리가 사회에서 하는 역할을 의미하며, 그러한 역할 수행을 통해 명성이나 직위가 따라옴을 나타낸다. 사회적으로 더 중요하고 비중이 있는 커리어를 가졌고 성공하였을수록 사회에서 더 큰 명성과 직위, 권력 등을 누릴 수 있다. 10번 하우스는 우리가 행하는 액션과 결과들에 대해 나타낸다. 10번 하우스는 아버지도 나타낸다. 전통적으로 아버지가 밖으로 나가서 일을 하고 대외적인 활동을 하며 가족부양을 책임지고 있었다. 그러한 아버지의 권력과 영향력을 10번 하우스를 통해 알 수 있다.

10번째 하우스는 강한 켄드라, 우파차야 하우스로 이곳에 있는 행성들은 엑스트라 힘과 저력을 가지게 된다. 차트 주인의 커리어, 명성, 직위를 시간이 지날수록 점점 자라게 하고 향상시켜준다. 특히 크루라 행성인 경우 아주 나쁜 품위나 어스펙트하에 있지 않는 한, 성공을 위한 노력을 부추겨주어 위대한 부와 명성을 얻는 데 많은 도움이 된다. 대체로 모든 행성들이 10번 하우스에 있으면 좋은 효과들을 발휘할 수 있다. 사움야와 크루라 행성들은 10번 하우스에 있으면 자신이 가진 재능과 저력들을 좋은 방향으로 사용할 수 있다. 10번 하우스에 있거나 10번 로드 행성의 상태를 통해 차트 주인이 사회에서 어떤 역할을 주로 하는지 알 수 있다. 행성이 가진 저력이나 품위에 따라 그가 얼마만큼 성공이나 명성을 누릴지 알 수 있다.

○ 열한 번째 이득과 성취의 하우스(라바 바바, Labha Bhava)

열한 번째는 이득, 자격증, 학위, 상장, 아들의 배우자, 수입, 재산, 네 다리 동물들을 나타낸다. 또한 타이틀이나 우리가 바라는 것들의 성취를 대변한다.

"다양한 물건들의 취득, 아들의 아내, 수입, 증가, 진전, 그리고 가축동물 등을 바바 스타나(바바의 장소)에서 알 수 있다."

키워드	즐길 수 있는 능력, 사회생활, 이득, 인맥, 성취
카라카	목성(위의 형제, 친구, 이득)
하우스 구조	우파차야, 카마, 파나파라(이어지는) 하우스
11번째 하우스는 라바 바바	'라바'는 '이득'이라는 의미이다. 큰 이득, 직업으로 얻는 이득, 부, 친구, 그룹, 조직, 휴머니스트 그룹, 위 형제, 욕망의 충족, 크게 들어오는 돈, 부업으로 버는 돈, 왼쪽 귀, 발목 등
11번 하우스는 친구들과 사회적 인맥들	사회생활과 어울리는 그룹들을 나타낸다. 많은 그룹의 사람들 속에 어울리는지, 나쁜 친구들과 어울리는지, 고독형인지 하는 것들을 알 수 있다. 11번 하우스는 또한 가진 목표, 성취, 가진 소원을 나타낸다.
11번째 하우스는 수입, 부유함, 이득, 이윤 등	친구, 위 형제, 희망과 욕망, 그리고 충족 등에 대해서 알 수 있다.
해당 바디파트	정강이, 발목, 정강이뼈, 오른쪽 다리, 왼쪽 귀, 왼쪽 팔
질병	11번 하우스가 약하거나, 손상이 되었거나, 로드가 약하면 혈액순환 문제, 다리 아랫부분이 부러지는, 다리가 아픈, 저조한 혈액 생산으로 인한 문제, 다리의 암
강한 토성(쉽게 얻어지는 수입의 카라카)은 보호막으로 도움이 된다.	

열한 번째 하우스는 하늘 위에 있는 앵글에 이어지는 하우스로, 사회가 어떻게 우리에게 이득을 주는지 알 수 있다. 11번 하우스는 삶을 즐길 수 있는 능력, 그리고 삶에서 모든 좋은 것들을 나타낸다. 우리를 즐겁게 하는 것들을 아름답고 풍족하게 만들어준다. 그래서 11번 하우스는 예술적인 것들, 사회적인 생활, 친구, 그리고 모든 종류의 이득들을 나타낸다. 고급스러운 아트, 레스토랑, 호텔, 높은 지위의 친구들, 그리고 온갖 높은 재정적 수입수단들을 11번에서 알 수 있다.

11번째 하우스는 강한 카마, 욕망의 하우스이다. 이곳에 있는 행성들, 특히 크루라 행성들은 차트 주인이 가진 주요 목표와 야심을 강화시켜준다. 쉽게 일상적인 바람이나 욕구들을 충족할 수 있을 뿐만 아니라 장기적인 희망과 야심, 목표 등을 성공적으로 달성하고, 큰 이득과 기회들을 가져다주는 데 상당한 저력을 발휘할 수 있다. 강한 우파차야 하우스로서, 이곳에 있는 행성들은 시간이 지날수록 더 나은 효과들을 가져다준다. 모든 행성들이 11번 하우스에 있으면 좋은 효과들을 발휘할 수 있다. 하지만 행성의 특성에 따라, 어떤 유형의 사회적 생활, 직위, 네트워크 등을 할지 결정된다. 크루라 행성이 11번에 있으면 수행을 할 수 있는 능력이 두드러진다. 사움야 행성의 경우에는 풍부한 예술적, 경제적 이득을 누리게 만드는 경향이 있다.

○ 열두 번째 잃음의 하우스(비야야 바바, Vyaya Bhava)

열두 번째 하우스는 비용, 적에 관한 지식, 전투의 결과, 우리 자신의 죽음, 꿈, 어떻게 돈을 쓰는가 하는 것을 드러낸다.

"잃음, 비용, 적의 행동들의 결과, 마지막 소유물을 얻음 등을 모두 현명한 비야야에서 알 수 있다."

키워드	형체가 없는, 환상, 영성, 출가, 고립, 비용, 잃음, 어려운 상황, 이국적인 것들
카라카	토성(분리, 고독, 고립, 잃음)
하우스 구조	두스타나, 목샤, 아포클리마(내려가는) 하우스
12번째 하우스는 비야야 바바	'비야야'는 '잃음'이라는 의미이다. 잃음, 고통, 마지막 자유, 죽음, 엔딩, 외국인, 외국, 잠, 비용, 불운, 자선, 갇힘(감옥 같은 곳에), 병원, 숨은 적, 영적 자유, 모든 집착을 놓는, 적이나 원망을 푸는, 용서, 침실의 편안함, 아쉬람, 물가의 장소, 바다, 대양, 은퇴 장소, 탈출, 도피, 필름과 영화, 발, 왼쪽 눈 등의 상태에 대해서 알 수 있다.
12번 하우스는 삶에서 한 일들이나 카르마 등을 해결하는 것	내적으로 풀어야 하는 이슈들을 나타낸다. 비밀스런 적, 무의식적인 마인드, 감옥, 병원, 힐링, 명상, 고통받는 이들에 대한 서비스 등을 나타낸다. 내가 세상에서 숨기고 있는 것들을 나타낸다.
12번째 하우스는 비용, 손해, 잃음, 자선 비용 등	삶의 마지막, 귀향, 외국에 사는, 인생의 장애물, 가족과 헤어지는, 미치는, 휴가나 휴양을 하는, 은퇴를 하는, 초월, 깨달음, 고립, 감옥살이, 병원 입원, 침실의 쾌락, 숙면, 드러나지 않는 곳에서 하는 일(병원, 정신병원, 감옥, 군대기지, 수도원 등) 등에 대해서 알 수 있다.
해당 바디파트	왼쪽 눈, 림프기관, 발
질병	12번째 하우스가 약하거나, 손상이 되었거나, 로드가 약하면 수면장애, 면역기능 약화
강한 금성(행복한 결혼생활과 편안함의 카라카)은 보호막으로 도움이 된다.	

열두 번째 하우스는 동쪽 지평선 바로 위의 하늘에 있다. 그래서 1번 하우스가 나타내는 모든 것들을 지우거나 잃음을 의미한다. 신체가 없는 것들, 추상적인 것들을 상징하고 있는 하우스이다. 물질적인 현실을 피해 달아나는 모든 행위들, 꿈과 환상, 잠,

휴식, 휴가, 침대, 병원, 감옥, 수도원, 휴양지, 외국, 출가, 고립 등을 포함한다. 12번 하우스는 1번 하우스가 나타내는 바디를 지우는 것을 상징하기 때문에, 우리의 신체를 소모하는 것들도 의미한다. 이러한 것들은 어려운 상황들, 외국이나 문화들, 지나친 비용 등일 수도 있다.

12번째 하우스는 두스타나 하우스로서, 이곳에 있는 행성들과 그들이 로드하는 하우스 영역이 고통이나 손해를 겪을 수 있다. 예상치 못했던 큰 비용이나 손해, 불면증, 침실의 쾌락의 부족함, 특히 죽은 이후에 격이 떨어지는 곳으로 영혼이 가게 할 수도 있다. 대체로 크루라, 사움야 행성들 모두가 12번 하우스에서는 어려움에 처하게 되는 경향이 있다. 그리고 12번 로드도 마찬가지이다. 하지만 12번 하우스가 좋은 상태에 있으면 이러한 어려움들을 잘 처리할 수 있는 능력을 나타낸다. 긍정적인 인간성과 겸손함, 자선, 관대함, 영성, 깨달음 등이 12번 하우스가 주는 좋은 효과들이다.

열두 하우스가 가진 영적인 의미들(K. N. Rao)

지금까지 영성이나 영적인 면들을 다루는 분야의 점성학은 대체로 비밀로 남아 있거나 혹은 많은 점성가들이 별로 주의를 기울이지도, 강조를 하지도 않는 영역이었다. 하지만 21세기 이후에 인류에게 다가오게 될 훌륭한 영성의 시대를 준비하기 위해, 차트에 기준한 영적인 상담과 가이드를 같이 하는 것이 바람직해지게 되었다.

○ 첫 번째 하우스

자신을 나타내는 1번째 하우스는, 인간 삶의 영적인 면에 대한 의식이 시작되는 것을 나타낸다. 1번째 하우스에 3개 혹은 그 이상의 행성이 있으면, 그러한 사람은 온갖 장애나 방해에도 불구하고, 결의를 가지고 자기 수행을 유지할 수 있으며, 또 성공하게 될 것이다.

1번째 하우스에서 전반적인 평화로움을 즐기고자 하는 욕구가 생겨난다. 첫 번째 단계의 출가는 신체에서부터 일어나기 때문이다. 이에 대한 보다 깊은 이해를 위해선, 힌두 전통의 네 가지 푸루샤르타(Purusharthas, 삶의 목표)를 기억해야 한다. 첫 번째 목표는 다르마(종교적 품행), 두 번째 목표는 아타(돈을 벌고자 하는 욕구), 세 번째는 카마(육체적 삶을 즐기고자 하는 욕구), 네 번째는 목샤(깨달음을 얻기 위한 노력)이다.

베딕 점성학에서는 라그나부터 시작하여 네 개의 트라인으로 각각의 **푸루샤르타**를 이룬다.

다르마	아타	카마	목샤
1번째 하우스	2번째 하우스	3번째 하우스	4번째 하우스
5번째 하우스	6번째 하우스	7번째 하우스	8번째 하우스
9번째 하우스	10번째 하우스	11번째 하우스	12번째 하우스

그리고, 또 다른 세트의 트라인으로 인간 삶을 네 개 파트로 나누는 방식이 있다. 브라마차리야(Brahmacharya, 금욕적인 삶), 그리하스타(Grihastha, 재가자의 삶), 바나프라스타(Vanaprstha, 재가자의 책임과 의무로부터 자유로워짐), 산야시(Sanyas, 출가자의 삶)이다.

브라마차리야	그리하스타	바나프라스타	산야시
1번째 하우스	2번째 하우스	3번째 하우스	4번째 하우스
5번째 하우스	6번째 하우스	7번째 하우스	8번째 하우스
9번째 하우스	10번째 하우스	11번째 하우스	12번째 하우스

각 하우스들이 가진 영적 중요성을 판단함에 있어, 이러한 트라인들을 마음속에 새겨두고 있어야 한다.

먼저 명심해야 하는 사실이 있다. 라그나와 라그나 로드가 두스타나 하우스에 있거나 크루라(토성, 화성, 라후, 케투)들에게 손상이 되지 않아야 한다. 특히 합치나 어스펙트로 손상을 입지 말아야 한다. 그런 경우에는 나쁜 건강을 줄 수 있다. 먼저 몸이 건강해야 삶에서 원하는 어떤 성취든지, 특히 영적인 성취들까지 이룰 수 있기 때문이다. 아주 드문 경우에는, 비록 나쁜 건강을 가진 사람이지만 강한 결의로 초연한 상태를 이룰 수 있는 탁월한 영혼도 있다. 하지만 일반적으로 좋은 건강이 삶의 기본적인 토대를 이뤄주고 좋은 영적 생활까지 받쳐줄 수 있음을 마음에 새겨야 한다.

○ 두 번째 하우스

가족적 환경이 영적 성향들을 주게 된다. 2번은 쿠툼바(Kutumba, 자라난 가족)의 하우스이기 때문이다. 종교적인 믿음과 영적 문화전통은 타고나는 것이며, 또한 대체로 부모에게 물려받는 것이다. 이것을 2번째 하우스가 나타내고 있다. 그 외에, 2번은 스피치의 하우스이기도 하다. 손상되지 않은 행성들(특히 목성, 금성, 수성)이 영향을 미치고 있으면 진실을 말하고, 그렇지 못한 경우에는 거짓말을 함을 나타낸다.

2번 하우스는 돈을 벌고, 금전적인 이득 등을 얻고, 돈으로 어떤 자선과 선물을 베푸는지 등도 알 수 있다(이러한 자선적 성향은 12번 하우스에서 더 중요한 비중을 차지한다).

○ 세 번째 하우스

용맹함과 용기의 하우스로 알려져 있는 3번은 크루라(라후, 토성, 화성, 케투와 같은)가 있으면 더 유리해진다. 강한 의지로 영적 수행을 할 수 있는 결의를 보여준다(파라샤라는 3번을 우파데샤 혹은 종교적인 설교의 하우스라고도 하였다).

3번째 하우스는 짧고 빠른 성지순례도 나타낸다. 우타라 칼라므리타(Uttar-kalamrita)에 따르면, 3번 하우스는 엄지와 검지 사이 손바닥 부분을 의미한다. 종교적 의식들을 할 때 대체로 많이 사용되는 부분이다.

○ 네 번째 하우스

빌딩을 나타내는 4번 하우스는 라그나 주인이 짓는 종교적, 자선적 기관들을 의미하기도 한다. 또한 자신이 가진 자금으로 만드는 종교적, 자선적 목적의 신탁기관도 나타낸다.

개인적 삶에서 4번 하우스는 조용한 장소, 집, 아쉬람에서 영적 삶을 추구하고자 하는 욕구를 나타낸다. 요기의 경우에는 프라나야마(Pranayama, 요가호흡법)를 수행하는 것을 나타낸다.

만약 4번 하우스가 손상이 되었으면, 그는 한 장소에서 다른 장소로 옮겨 다니며 영적 수행을 함을 의미한다.

○ 다섯 번째 하우스

베딕 점성학에서 중요한 원칙은, 로드 행성이 자신의 하우스를 어스펙트하게 되면 저력을 얻게 된다는 것이다. 만약 5번 하우스가 그러한 경우에 해당되는지 주의 깊게 살펴야 한다. 5번은 만트라 혹은 얀트라들의 힘을 깨울 수 있는 저력을 가졌기 때문이다. 5번 하우스는 두 가지 이유로 중요하다. 개인의 경우에는 과거 생의 영적 공덕을 의미한다. 그의 아버지의 경우에는 현생에서 그가 쌓은 영적 공덕을 의미하기 때문이다.

좋은 상태의 5번 하우스는, 비베카(Viveka, 영적 분별력과 깊은 영적 지혜)를 내려준다. 고전이나 영적 수행을 통해 얻어지는 힘이다.

○ 여섯 번째 하우스

영적 수행자의 경우에는 열다섯 가지 종류의 유혹들을 이겨낼 힘을 가진 것이 정상이다. 대부분의 사람들은 그러한 유혹들로부터 벗어날 수가 없기 때문에 원하는 영적 삶을 추구하기 어렵다. 그러한 유혹들을 극복할 수 있기 위해선 크루라가 6번에 있으면 언제나 도움이 된다. 또한 크루라가 6번에 있으면 좋은 건강과 장애물을 극복할 수 있는 끈기를 준다. 영적 삶에서는 한 길로 집중할 수 있는 능력을 개발하는 데 6번 하우스가 도움이 된다.

○ 일곱 번째 하우스

7번은 섹스의 하우스이다. 동시에 성적 환희의 경험을 주는 하우스이기도 하다. 쿤달리니 파워가 깨어나게 되면 성적 욕구가 '사랑'으로 변형이 된다. 요기는 쿤달리니가 올라올 때 그러한 무한한 사랑과 환희의 진동을 느끼게 된다.

○ 여덟 번째 하우스

4번 하우스는 영성과 목샤의 하우스 중에서 첫 번째 트라인이다. 8번째 하우스는 두 번째 트라인에 들어간다. 하지만 비밀의 하우스(8번은 숨겨진 하우스)이기 때문에, 외진 곳이나 감춰진 장소에서 수행을 함을 나타낸다. 최고의 영적 환희의 경험, 사마디를 얻기 위해 수행을 하지만 원하는 대로 쉽지 않아 실망이나 고통을 얻게 되는 것도 의미한다.

○ 아홉 번째 하우스

9번 하우스는 모든 점성가들이 5번째 하우스 다음으로 영적 개발을 하기 위해 강조를 하는 하우스이다. 하지만 전생의 영적인 공덕을 알기 위해 5번 혹은 9번을 살펴야 하는지에 대해선 점성가들 사이에 의견이 분분하다. 대부분의 점성가들이 과거 생의 공덕을 알기 위해선 5번 하우스를 본다. 하지만 현생에서 영적 공덕이 꽃피게 될지 어떨지를 알기 위해선 사마디 경험을 나타내는 8번 하우스를 살펴야 한다. 9번 하우스는 모든 유형의 고행, 성지순례, 신께 올리는 경배 등을 알기 위해 살펴야 한다.

9번 하우스는 영적 개발이 완전히 일어나는 마지막 단계를 나타낸다. 그리하여 구루, 혹은 영적 가이드가 될 수 있게 한다. 9번은 아버지(부모님)의 하우스이기도 하다. 어린아이에게 가장 첫 구루가 아버지(부모님)이기 때문이다.

4번 하우스는 첫 번째 목샤 트라인으로 어머니를 나타낸다. 그래서 어머니를 섬기는 것이 바로 첫 구루(아디-구루, Adi-Guru)를 모시는 것이 된다. 9번 하우스는 다르마 트라인의 마지막 하우스로서, 아버지에 대한 섬김이 중요함을 나타낸다. 모든 종교적 진보를 위한 핵심적 자질이기 때문이다. 그래서 산스크리트어로 '마트리 데보 바바(Matri devo bhava), 피트로 데보 바바(Pitro devo bhava)'라는 말이 있는 이유이기도 하다. '어머니가 여신이게 하고, 아버지가 신이게 하라'라는 의미이다. 아이들에게 쉼 없이 주입되는 영적 레슨으로, 영적 삶의 적절한 토대를 어릴 때부터 잘 형성해주기 위함이다. 다르게 말하면, 부모에게 잔인한 사람들은 영적 수행을 성공적으로 할 수 없음을 나타낸다. 많은 현시대 젊은이들이 받아들이기 어려워하지만, 분명한 영적인 진리이다. 점성가들이 결코 간과해서는 안 될 포인트이다.

○ 열 번째 하우스

10번 하우스는 주목할 만한 행위들을 하는 하우스이다. 만트라의 파워를 깨쳐서 구루가 된 사람은, 좋은 행위로든 사악한 행위로든 사회적 인정을 받게 된다. 그래서 10번 하우스에 목성이 있는 것이 최상으로 선호되었다. 최고의 길성으로 10번 하우스에서 가장 신성한 행위들을 할 수 있다. 10번은 종교적, 영적, 의례의식적인 행위들을 하는 하우스이기 때문이다(구루의 경우에 10번 하우스와 10번 로드는 그가 하는 행위의 자질들을 알 수 있게 한다).

○ 열한 번째 하우스

영적인 면에서 11번 하우스는 아주 미묘한 하우스이다. 11번에 있는 사움야는 많은 신들과 훌륭한 고전학자와 작가들을 경배하게 만들 것이다. 많은 행성들이 11번에 있는 구루의 경우에는 많은 기부를 받게 만들 것이다. 11번은 카마(욕망) 트라인의 마지막 하우스이기 때문이다. 이러한 욕망들은 좋거나 나쁠 수 있다. 그러므로 11번 하우스는 종교적인 사람이 마주해야 하는 유혹들의 마지막 절차를 나타낸다. 이를 극복할 수 있으면 마지막 완결의 단계, 목샤, 깨달음에 다다를 수 있다.

○ 열두 번째 하우스

12번 하우스, 12번 로드의 여건, 그리고 케투가 깨달음을 결정하는 팩터들이 된다. 손상된 12번 하우스는 아무리 좋은 차트를 가졌더라도 그 안에 있는 모든 영적인 약속들을 파괴할 수 있다.

위에 언급한 내용들은 차트가 가지고 있는 영적 잠재성을 알기 위해 단지 수박 겉핥기한 것에 지나지 않는다. 이러한 잠재성들은 다른 부속 차트들을 함께 사용해 상당한 분석과 디테일 체크를 해야 한다. 특히 빔삼샤(D-20)와 샤시티얌샤(D-60)차트를 사용하는 것이 아주 중요하다. 영적 삶에 대한 예측을 위해선 재미니 점성학 테크닉들도 같이 잘 활용해야 한다. 그렇지 않으면 영적 점성학은 그저 말장난을 하는 정도에 지나지 않는다. 안전하면서도 좋은 방법은 나밤샤(D-9)차트를 활용하는 것이다. 나밤샤 차트의 5번과 9번 하우스, 그리고 12번 하우스와 로드들을 살피는 것도 좋은 방법이다. 마지막으로, 이러한 모든 중요한 포인트들을 체크한 뒤에 언제 가장 영적인 진보가 이루어질지 알기 위해선 좋은 흐름의 빔쇼타리 다샤가 중요하다. 가장 길조적인 시간은 5번과 9번 로드의 시간들이다.

12.

열두 라그나

개인이 출생 시에 동쪽 지평선에서 올라오고 있는 1번째 라시가 라그나(Lagna, '접한', '고정된')가 된다. 서양 점성학에서는 태양이 있는 라시에 가장 중점을 둔다. 그에 비해 죠티샤는 차트 주인의 삶에 대한 상세한 조명을 하는 데 있어 라그나에 가장 큰 비중을 두고 있다. 차트에서 가장 중요한 포인트로서, 개인의 삶을 특징짓고 구체적인 것들을 형상화시킬 수 있는 키포인트이기 때문이다. 모두 열두 라그나가 있으며, 각 라그나마다 신체적, 정신적으로 뚜렷한 특성들을 가지고 있다. 무엇보다도 라그나의 로드 행성과 다른 행성과의 관계성을 결정짓는 중요한 팩터이다. 라그나의 특성과 저력을 판단할 수 있는 몇 가지 기본 원칙들이 있다.

- **라그나의 심볼과 로드 행성**
- **라그나 로드 행성이 갖는 다른 하우스의 특성**
- **다양한 하우스를 로드하는 행성들의 저력**
- **라그나 로드와 각 하우스 로드 행성과의 자연적 관계성**
- **각 라그나에서 태양이 로드하는 하우스**

라그나는 호로스코프에서 1번째 하우스를 나타낸다. 라그나는 차트 주인의 전반적인 건강과 웰빙에 결정적인 역할을 하며, 호로스코프에 있는 모든 팩터들을 해석하는 데 실질적인 영향력을 미치게 된다. 라그나에 따라 라그나 로드가 결정되면, 다른 행성들의 하우스들의 로드십도 결정되게 된다, 어떤 라그나는 다른 라그나에 비해 좀 더 나은 건강과 생동력을 주기도 한다.

○ 산양 라그나

산양의 심볼을 가지고 있으며 화성이 로드한다. 자연적 조디액의 1번째 하우스에 해당하기에 셀프에 집중한다. 어떤 일이나 프로젝트를 해내는 것에 집중한다. 무엇이든지 적극적으로 달려들고, 강한 머리를 가지고 있으며, 장애물을 극복하고 목표들을 달성하는 삶의 자세가 특징이다. 로드인 화성은 가진 반항아적이고 잦은 역행과 불규칙적인 움직임의 성향을 하이라이트한다. 화성이 로드하는 다른 하우스는 8번이며, 태양은 5번째 하우스의 로드이다.

○ 황소 라그나

황소의 심볼을 가지고 있으며 금성이 로드한다. 자연적 조디액의 2번째 하우스에 해당하기에 소유하는 것에 집중한다. 강한 저력을 가지고 있으며, 황소처럼 정신적, 육체적 저력을 잘 발휘한다. 화를 잘 내지 않고 순한 심성을 평소에 가지고 있다. 그러나 일단 화가 나면 아무도 말릴 수 없을 정도로 엄청난 분노와 저항력을 전시한다. 금성이 로드하는 다른 하우스는 6번이며, 태양은 4번째 하우스를 로드한다.

○ 쌍둥이 라그나

남녀 커플의 심볼을 가지고 있으며, 남자는 곤봉(파워풀한 망치와 같은 무기)을 들고 있고, 여자는 루트(피리와 같은 악기)를 들고 있다. 수성이 로드하며 자연적 조디액의 3번째 하우스에 해당하기에 이지적 분별력과 소통에 집중한다. 쌍둥이 라그나는 내면에 있는 남성적, 여성적 에너지를 잘 융합시킬 수 있는 특성을 가지고 있다. 수성이 로드하는 다른 하우스는 4번이며, 태양은 3번째 하우스를 로드한다.

ㅇ 게 라그나

게의 심볼을 가지고 있으며, 달이 로드한다. 자연적 조디액의 4번째 하우스에 해당하기에 가족을 돕고 감정과 느낌에 집중한다. 게처럼 약한 속살을 두꺼운 갑옷으로 무장하고 있다. 연약하고 풍부한 감정적 기질을 강인한 이지적 저력으로 감추고 있는 것이 특성이다. 달이 로드하는 다른 하우스는 없으며, 태양은 2번째 하우스를 로드한다.

ㅇ 사자 라그나

사자의 심볼을 가지고 있으며 태양이 로드한다. 자연적 조디액의 5번째 하우스에 해당하기에 우주의 중심과도 같은 당당한 자의식에 집중한다. 사자처럼 당당한 자부심을 가졌고, 대담하고 우월적이며, 로얄한 풍모를 전시하는 것이 특성이다. 태양이 로드하는 다른 하우스는 없다. 태양이 1번째 하우스를 로드하기에 뚜렷한 자존감이 더블로 중요한 특성을 가진다.

ㅇ 처녀 라그나

수줍음이 많고, 세상에 때묻지 않은 순수함을 상징하는 처녀의 심볼을 가지고 있으며 수성이 로드한다. 자연적 조디액의 6번째 하우스에 해당하기에 정화와 서비스에 집중한다. 한 손에는 불, 다른 손에는 곡식 줄기를 들고선 보트를 타고 강을 건너고 있는 이미지이다. 곡식은 음식을 의미하고, 불은 요리나 치유를 의미하며, 보트로 사람들을 태워 나르고 있다. 음식이나 가진 재능으로 봉사하고 헌신하는 특성을 가지고 있다. 수성이 로드하는 다른 하우스는 10번이며, 태양은 12번째 하우스를 로드한다.

ㅇ 천칭 라그나

저울을 들고 시장 한가운데에 서 있는 남자의 심볼을 가지고 있으며 금성이 로드한다. 자연적 조디액의 7번째 하우스에 해당하기에 조화를 이루고 불화를 해소하는 데 집중한다. 균형과 정의를 사랑하며, 상업적 기질의 특성이 탁월하다. 금성이 로드하는 다른 하우스는 8번이며, 태양은 11번째 하우스를 로드한다.

○ 전갈 라그나

몸집은 작아도 한 방에 적을 제압할 수 있는, 독이 든 꼬리를 가진 전갈이 심볼로서 화성이 로드한다. 자연적 조디액의 8번째 하우스에 해당하기에 유혹과 탐구로 포획물을 획득하는 데 집중한다. 대체로 정상적인 과정이나 대립을 회피하고, 숨겨지거나 은밀한 행동방식을 선호하는 특성을 가지고 있다. 화성이 로드하는 다른 하우스는 6번이며, 태양은 10번째 하우스를 로드한다.

○ 인마 라그나

화살과 활을 들고 있는 반인반마의 모습을 심볼로 가졌으며 목성이 로드한다. 자연적 조디액의 9번째 하우스에 해당하기에 자유와 정의에 집중한다. 적이나 장애물들을 제압할 수 있는 능력이 있으며, 보다 높은 곳을 향해 겨냥하고 있는 이상주의적 특성을 가지고 있다. 목성이 로드하는 다른 하우스는 4번이며, 태양은 9번째 하우스를 로드한다.

○ 악어 라그나

사슴의 얼굴과 악어의 몸을 하고 있는 전설의 동물을 심볼로 가지고 있으며 토성이 로드한다. 자연적 조디액의 10번째 하우스에 해당하기에 인내심으로 성공하는 데 집중한다. 악어는 물과 육지에서 살 수 있는 양서류 동물로서, 평소엔 조용하게 엎드려 지내다가 먹이가 나타나면 순식간에 공격해서 제압할 수 있는 매서운 특성을 가졌다. 토성이 로드하는 다른 하우스는 2번이며, 태양은 8번째 하우스를 로드한다.

○ 물병 라그나

빈 물병을 들고 있는 남자의 심볼을 가졌으며 토성이 로드한다. 자연적 조디액의 11번째 하우스에 해당하기에 이상에 대한 믿음, 혁신을 이루는 데 집중한다. 물병은 유용한 지식이나 자원과 사람들을 모으고, 저장하고, 필요로 하는 사람이나 그룹들과 더 많이 나눌 수 있는 특성을 가지고 있다. 토성이 로드하는 다른 하우스는 12번이며, 태양은 7번째 하우스를 로드한다.

○ **물고기 라그나**

서로 다른 방향으로 헤엄을 치고 있는 두 마리의 물고기를 심볼로 가지고 있으며 목성이 로드한다. 자연적 조디액의 12번째 하우스이기에 두 개의 다른 세상에 대한 믿음에 집중한다. 물고기는 상충적인 야망이나 이상들, 혹은 두 개의 다른 세상 사이에서 살고 있는 특성을 가졌다. 목성이 로드하는 다른 하우스는 10번이며, 태양은 6번째 하우스를 로드한다.

각 라그나에 따른 행성들 간 임시적 상호관계

라그나에 따라 행성들의 하우스 로드십이 정해지면, 그에 따른 행성들 간에 임시적인 상호관계도 결정된다. 총 네 가지 관계성이 있다. 슈바(길조적 관계성), 중립, 파파(비길조적 관계성), 마라카(킬러).

일반적으로는 두 그룹, 즉 슈바(서로 친근)하거나, 혹은 파파(적대적)이거나 하는 것으로 나눈다. 태양, 달, 화성, 목성(불과 물의 라시 로드들)이 한 그룹이고, 수성, 금성, 토성(흙과 공기의 라시 로드들)이 다른 그룹이다. 라그나를 로드하는 행성들은 대체적으로 자신이 속한 그룹의 행성들에게 친근하고, 다른 그룹에 속한 행성들에게는 적대적이다. 하지만, 라그나에 따라, 예외적인 규율이 가끔씩 적용된다는 사실을 염두에 두어야 한다. 라그나에 따라, 어떤 행성이 중립으로 간주되면, 다양한 삶의 영역에서 비단 중립적인 결과들뿐만 아니라 좋고 나쁜 효과들을 같이 준다. 마라카 행성은 특히 신체와 연관된 챌린지를 가져온다.

라그나의 저력을 재는 가이드 라인

일반적으로 라그나는 라그나 로드, 혹은 목성이나 수성이 위치하거나 어스펙트하면 강하고 파워풀해진다. 그 외 다른 행성들이 위치하거나 어스펙트하는 경우, 그에 따라 길조적, 비길조적 영향들이 조정되게 된다.

ㅇ 라그나의 로드

대체로 좋은 효과들을 준다. 그럼에도 자연적 크루라이거나, 크루라 성향이 있는 다른 하우스를 로드하는 경우, 라그나 로드로써 줄 수 있는 길조적 능력이 줄어들거나 제한될 수 있다. 어떤 경우에는 오히려 부정적인 효과도 가져올 수 있다.

ㅇ 두 번째 로드

대체로 중립이지만, 부를 얻는 데는 좋다. 그럼에도 2번째는 마라카 하우스로서 건강과 수명에는 부정적인 영향을 줄 수 있다.

ㅇ 세 번째 로드

대체로 비길조적(8번째에서 8번째)이다. 그래서 자주 이기적이거나 충동적인 에너지를 가지고 있어 어떤 원만한 흐름을 방해하는 경향이 있다. 그러나 형제들이나 동료 등과 연관된 영역에서는 대체로 좋은 효과들을 발휘한다.

ㅇ 네 번째 로드

저력을 표출한다. 자연적 크루라가 앵글을 로드하는 경우가 자연적 사움야가 앵글을 로드하는 경우보다 더 나은 저력을 발휘한다. 자연적 사움야가 앵글을 로드하는 경우, 해당 행성이 가진 길조적 성향을 어느 정도 잃게 하는 기질이 있다.

ㅇ 다섯 번째 로드

길조적이다. 트라인 로드로써 긍정적인 효과들을 가져온다.

ㅇ 여섯 번째 로드

질병, 상처, 어려움, 적 등과 연관이 되기에 대체로 부정적인 효과들을 가져온다. 여섯 번째 로드는 종종 건강문제와 연관이 있다.

ㅇ 일곱 번째 로드

앵글 로드로, 네 번째 하우스와 같은 원칙을 따른다.

ㅇ 여덟 번째 로드

장애물, 방해물, 예기치 못한 어려움, 단절, 죽음 등과 같은 부정성을 관장하기에 대체로 비길조적이다(태양과 달은 8번째 로드십의 부정적 효과가 덜하다. 영혼과 마음이라는 주체적 자아를 나타내는 행성들이기 때문이다).

ㅇ 아홉 번째 로드

트라인 로드로, 대체로 아주 길조적 행성으로 긍정적 효과들을 가져온다.

ㅇ 열 번째 로드

다른 앵글 하우스 로드와 같은 원칙을 따른다. 열 번째는 가장 강한 저력을 가진 앵글 하우스이다.

ㅇ 열한 번째 로드

수입과 이득에 좋다. 그렇지만 차트 전체적 관점에서는 파파로써 방해하거나, 충동적으로 만들거나, 6번째 로드처럼 질병이나 상처들을 입힐 수도 있다(11번째는 6번째에서 6번째).

ㅇ 열두 번째 로드

일반적으로 비길조적이다. 하지만 함께 로드하고 있는 다른 하우스로 인해 전반적인 캐릭터가 대체로 중립으로 되는 경우가 자주 일어난다.

임시적 관계성과 자연적 관계성을 함께 참조하여 판단

열두 라그나에 따라 다른 행성들의 상태를 판단하는 데 있어, 로드하는 하우스 로드십뿐만 아니라, 라그나 로드 행성과 고려하는 행성의 자연적 상호관계나 해당 행성의 로드십도 같이 고려해서 절충적인 판단을 해야 한다. 예를 들어, 쌍둥이 라그나에게 토성은 8번, 9번 하우스, 나쁘고 좋은 하우스를 같이 로드한다. 토성은 자연적으로는 크루라 행성이지만 라그나 로드인 수성과 대체로 좋은 관계성을 가지고 있다. 그리고 토성의 물라 트리코나 라시는 물병 라시로써, 쌍둥이 라그나의 9번째(최고로 길조적) 하우스를 로드한다. 그러므로 쌍둥이 라그나에게 토성은 혼합된 효과들을 줄 것이지만, 그래도 좋은 방향으로 주도적이게 된다. 나탈 차트에서 행성들이 로드하는 하우스 포지션이 행성들의 주요 성향을 결정하는 영향력을 미치게 된다는 의미이다.

- 8번째와 3번째 하우스들을 동시에 로드하는 행성은 특히 안 좋은 효과들을 주게 된다.
- 태양과 달은 8번째 하우스를 로드하더라도 크루라가 되지 않는다. 단지 의학 점성학에서 이러한 로드십이 해당 신체부분의 어려움을 줄 수 있다.
- 8번 로드십을 가진 행성이 다른 트라인을 로드하는(예를 들어 쌍둥이 라그나 처럼 토성이 8번, 9번을 동시에 로드하는) 경우에는 길조적이 된다. 하지만 8번 로드가 다른 파파 하우스(3번, 6번, 혹은 11번)를 로드하게 되면 가장 어려움을 준다.
- 2번, 8번, 12번 하우스는 중립으로서 다른 행성들과의 합치에 의해 성향이 결정된다. 이들 로드는 다른 로드하는 하우스에 따라 자신이 가진 주 성향을 발휘하게 된다(중립성의 강약 순위: 8번 > 12번 > 2번).
- 앵글(1번, 4번, 7번, 10번) 하우스와 트라인(9번, 5번, 1번)을 동시에 로드하는 행성은 해당 라그나에게 요가 카라카 행성이 된다.
- 트라인 로드는 항상 길조적인 효과들을 주게 된다(길조성의 강약 순위: 9번 > 5번 > 1번).
- 자연적 사움야 행성이 앵글(4번, 7번, 10번) 하우스들만 로드하는 경우, 길조적인

효과를 주기가 어렵다(앵글의 강약 순위: 10번 > 7번 > 4번).

- 사움야 혹은 크루라 행성이든지, 3번, 6번, 혹은 11번 하우스들을 로드하게 되면 부정적 효과들을 가져올 가능성이 강하다(부정적 효과성의 강약 순위: 11번 > 6번 > 3번).

열두 라그나의 종합적인 특성과 자질들

○ 산양 라그나

산양은 유동적 불의 라시로서 액티브하고 영감적인 기본 성향을 가졌다. 산양은 충동적이고 완고할 수 있으며, 진취적이다. 인내심과 한결같은 자질이 강하지 않다. 화성이 로드한다.

긍정적 자질들	창조적, 오리지널한, 다이내믹한, 대담한, 야심적, 독립적, 자기 확신감, 강한 의지력, 주도적인, 모든 장애물을 싸워내는, 위너가 되는
부정적 자질들	충동적, 인내심이 부족한, 언쟁적인, 고집스런, 극단적인, 급한 성격, 성급한 결정, 다른 사람들의 관점을 받아들이기 어려움
특별한 자질들	소식하는, 일을 더 하는, 빠른, 반대를 이겨내고 일을 하는 데 타협이 없는, 좋은 건강(라그나 로드, 혹은, 라그나가 손상된 경우는 제외), 총명하고 파워를 빠르게 손에 쥐는

산양 라시를 라그나로 가진 사람들은 자아실현을 위한 새로운 사이클을 시작한다. 그래서 아주 충동적이며, 강한 힘을 가졌고, 뭐든지 앞장서서 하려는 의지가 있다. 산양인들은 어떤 개인적이며 뚜렷한 목표가 있는 행동을 위해서 필요한 에너지를 키우고 있다. 삶에서 자신만의 독특한 니치(niche)를 찾기 위해 엄청난 에너지를 쏟는다. 그러나 이러한 노력들이 오히려 불안정하고 감당하기 힘든 상황들을 가져오기가 쉽다. 자신의 행동에 따르는 결과를 미리 생각해 보는 경우가 극히 드물기 때문이다. 그들이 가

진 본성은 용감하고 열정적이다. 무엇이든지 의지력으로 하려는 성향이 강하며 또한 직선적 성격이 주목할 만한 자질이다. 그들은 매사를 아주 개인적 관점에서 고려한다.

산양인들이 가진 진화 목적은 맞은편에 있는 천칭 라시의 자질을 계발하는 것이다. 자신이 하는 행동에서 균형성을 계발할 수 있어야 한다. 어떤 행동이나 노력에는 반드시 치러야 하는 가격이 있다는 사실을 배워야 하며 매사에 좀 더 실용적일 수 있어야 한다.

산양의 주 자질은, 스케일링할 수 없는 것들을 스케일링하고 있는 산양으로서, 모든 제한성들을 극복하고, 모든 기록을 깨고, 지금껏 어느 누구도 다다르지 않은 높이까지 올라가고 하는 것이다. 그러기 위해선 용기와 믿음, 신념, 영감과 이상이 요구된다. 두 개의 슈바, 태양과 목성은 이러한 이상, 믿음이나 신념, 용기를 제공한다. 세 개의 파파, 토성과 수성과 금성은 그것을 줄이거나 막는다. 화성은 신념과 이상, 건강한 이상을 받쳐줄 수도 있고, 아니면 방해할 수도 있다. 어떤 바바 로드들과 엮여 있느냐에 달렸다. 달은 무관심하다. 산양이 첫 번째 라시라는 점에서 첫 번째 로드 화성의 효과는 같이 엮이는 영향들에 달려 있다는 사실이, 보통 수준의 산양 라그나인들이 아니라 오직 탁월한 자질을 가진 산양인만 평범한 수준 이상으로 오르고자 하는 엑스트라 적극성이나 이상을 가지게 될 것이다.

산양 라그나: 슈바(태양, 목성), 중립(달, 화성), 파파(수성, 금성, 토성)

Pisces	(산양)	Taurus	Gemini
Aquarius			Cancer
Capricorn			Leo
Sagittarius	Scorpio	Libra	Virgo

	2nd 금성		12th 목성
3rd 수성		1st House 화성	11th 토성
	4th 달		10th 토성
5th 태양		7th 금성	9th 목성
	6th 수성		8th 화성

"비록 8번째 로드이지만, 화성은 길조적 이와 어울리면 길조적이 된다. 토성, 수성,

그리고 금성이 파파이다. 목성과 태양은 길조적이다. 토성과 목성의 간단한 요가는 길조적이지 않다. 목성의 속박은 또한 파파 행위를 낸다. 금성은 특히 킬러로서 마라카의 자질을 가졌다. 토성과 파파 그라하들도 킬러이다. 그리하여 이러한 효과들이 산양 라그나로 알려져 있다(BPHS)."

슈바	태양, 목성
중립	달, 화성
파파	수성, 금성, 토성
마라카	금성

"**태양**(5로드)은 산양의 세 번째(Third Eye)에서 자라나는 뿔들이며, 의지와 직관 그리고 창조적 지성을 나타낸다.

달(4로드)은 산양이 자신의 주변 여기저기를 떠돌고 있는 모습이다.

화성(1, 8로드)은 산양이 가진 강한 머리통으로 엄청난 파괴력을 가지고 있다.

수성(3, 6로드)은 산양이 가진 신체적, 이지적 민첩성이다.

목성(9, 12로드)은 산양의 황금빛 털이다. 그를 보호해주며 또한 얻고자 찾아 헤맨다.

금성(2, 7로드)은 산양의 리비도(libido)이며, 사실상 자신들의 사향내 나는 정액을 냄새 맡고 있다.

토성(10, 11로드)은 산양이 가진 외톨이 성향으로서 무리로부터 빠져나와 혼자 돌아다니거나 개인적인 높낮이 능력을 재보기 좋아한다."

산양 라시의 심볼인 산양은 적극적으로 달리고, 강한 머리를 가졌으며, 장애물들을 향해 질주하는 기질로 잘 알려져 있다. 그래서 머리에 상처가 잘 나는 사람이거나, 어떤 문제가 있으면 지나친 생각으로 해결하려 드는 사람을 의미한다. 자연적 조디액의 1번째 하우스이며, 라그나 로드인 화성은 불규칙적인 움직임으로 유명하기에, 산양 라그나인들은 종종 충동적인 행위들을 외향적으로 전시하기도 한다. 화성이 가진 전반적인 폭력, 사고, 언쟁을 잘하는 기질이 또 다른 8번째 로드십으로 인해 더욱 강화되게 된다. 산양 라시는 태양이 고양을 얻는 자리이다. 태양은 5번째 하우스를 로드하며 로드인 화성과 자연적으로도 좋은 친구이다. 그래서 산양인들이 가진 재빠르고 파워풀한 직관력을 나타내며, 느린 사람들에 대해 부족한 인내심을 보여준다. 조심하지 않으면 이러한 기질이 종종 분노조절장애로 표출될 수도 있다. 달이 로드하는 게 라시는 화성이 취약의 품위를 얻는 자리이며, 집과 가정을 나타내는 4번째 하우스이다. 그래서 집과 멀리 떨어진 곳이나 외국에서 방황을 잘하는 기질을 산양인들에게 준다. 뿐만 아니라 화성과 상호간에 좋은 친구인 목성이 9번과 12번 하우스를 로드하기 때문에 외국적인 것들에 대한 끌림과 성향을 강화시킨다. 화성에게 자연적 적인 수성은 3번과 6번 하우스를 로드한다. 형제들과의 이별이나 분쟁, 혹은 형제들로 인한 갈등이나 어려움을 가지게 만든다. 그에 비해 로드인 화성과 좋은 친구인 태양이 5번째 하우스를 다스리기에 산양인들은 특히 자녀들에 대한 관심이나 열정이 지대하게 만든다. 라그나 로드인 화성은 10번째 하우스 악어 라시에서 고양의 품위를 얻는 자리이다. 그래서 산양인들에게 자연스런 동기와 액션을 즐기게 하며, 뭐든지 새로운 것들을 잘 주도하게 만든다. 그에 비해 토성은 1번째 산양 라시에서 취약의 품위를 얻는 자리이다. 화성은 폭발할 듯이 에너지가 넘치는 행성인 반면에 토성은 지구력과 스태미너를 나타내는 행성이기 때문에, 산양인들이 장기적인 프로젝트를 할 수 있는 전략적인 취약성을 나타낸다. 그래서 2번과 7번을 로드하는 금성은 산양인들에게 속도를 줄이고 인생을 즐길 수 있는 여유의 중요성을 정기적으로 일깨워주는 역할을 하는 행성이다.

○ 황소 라그나

황소는 고정적 흙의 라시이다. 조심스럽고 잘 안정된 성향을 준다. 이들은 일반적으로 의지하거나 믿을 수 있는 캐릭터이다. 황소 라그나는 즉흥성이 결여되는 기질이 있으나, 안정적이고 지속적, 결의적인 능력이 뛰어나다. 금성이 로드한다.

긍정적 자질들	야심적, 정이 많은, 사랑스런, 신뢰할 수 있는, 인내심과 희생할 수 있는 힘이 뛰어난, 아트와 음악을 사랑하는, 진리와 정의를 사랑하는, 비즈니스를 잘 못하는
부정적 자질들	거만한, 상상력이 부족한, 선입견을 가진, 복수심을 품는, 욕심이 많은, 적절한 보상을 하지 않고 다른 사람들의 부를 취하는, 이기적인, 속물적인, 게으른
특별한 자질들	의무와 책임에 대한 깊은 헌신적 센스를 가진, 흔하지 않은 용기를 가진, 참을 수 있는 능력, 희생적인 정신, 물질적인, 사치스런 것들을 좋아하는, 음식과 음료를 좋아하며, 친구와 즐겁게 잘 지내는, 이기적이고 욕심을 부릴 수도 있다. 입증을 요구하며, 옹고집스런, 원칙주의, 자기조절을 할 수 있는 능력이 중요한, 성적 만족을 얻으려 꼬시는

황소 라시를 라그나로 가진 사람들은 삶을 형성하는 것에 대한 가치를 고려하는 과정에 있다. 스스로를 들여다보면서 무엇을 성취하였는지, 그러한 것들이 자신의 삶에 과연 충분한 가치가 있는지, 진정으로 가치가 있으려면 무엇을 더 필요로 하는지 등을 재고 있다. 그들은 가치 있을 만한 것들을 계발하는 데 주로 많은 신경을 쓰고 있다. 하지만 일반적으로 물질적인 안정이나 흡족함, 만족감 등을 우선시하게 된다. 선천적으로 실리적인 기질이 있다. 그러나 삶에서 겪는 어려움을 통해 정말로 중요한 것이 무엇인지, 어떻게 하면 주어진 상황에서 최상의 결과를 얻을 수 있을지, 그리고 과연 어떠한 것들과 동일의식을 느끼고 싶은지 등을 터득하게 된다.

황소인들의 진화 목적은 맞은편에 있는 전갈 라시의 자질을 계발하는 것이다. 그들은 감정적으로나 내면적으로 필요한 것들 역시 소중한 가치를 가지고 있음을 깨달아야 한다. 단순한 물질적 안정감보다는 내적인 안정감을 주는 것들이 가치가 있음을 알게 되는 것이다. 보통 이러한 사실을 깨닫기 위해선, 어떤 실패나 위기를 겪어야만 한다. 어디에서 필요한 것들이 충족되지 못하고 있는지 들여다볼 수 있어야 하는 것이다. 이처럼 그들에게 필요한 내면적 안정성을 깨닫기 위해서는 흔히 어떤 식으로든 자신의 인생에 위기를 가져오는 파트너를 만나거나 아니면 그러한 위기들을 겪는 파트너를 만나게 되면서 일어나게 된다.

황소인의 주 자질은 생계유지를 하는 것이다. 자신의 생계가 아니라 황소인들이 책임져야 하는 주변인들의 생계를 의미한다. 세 개의 슈바, 태양과 토성과 수성은 이렇게 다른 사람들을 위해 생계유지를 하게끔 도와준다. 세 개의 파파, 목성과 금성과 달은 다른 사람들을 위한 생계유지를 방해한다. 화성은 사마로서 무관심하다.

황소 라그나: 슈바(수성, 토성, 태양), 중립(화성), 파파(달, 금성, 목성)

Pisces	Aries		Gemini
Aquarius			Cancer
Capricorn			Leo
Sagittarius	Scorpio	Libra	Virgo

2nd 수성		12th 화성	
3rd 달	1st House 금성		11th 목성
	4th 태양	10th 토성	
5th 수성	7th 화성	9th 토성	
	6th 금성	8th 목성	

"목성, 금성, 그리고 달이 파파이다. 토성과 태양은 길조적이다. 라자 요가를 내는 그라하는 토성, 수성이다. 수성은 적게 길조적이다. 목성 등등 그리고 화성은 마라카 자질을 가지고 해하는 그라하이다. 그러므로 황소 라그나의 조정된 결과들이 리쉬들이 말한 대로이다."

슈바	수성, 토성, 태양
중립	화성
파파	달, 금성, 목성
마라카	화성

"태양(4로드)은 황소가 가진 힘이다.

달(3로드)은 황소의 부드러움이다.

화성(7, 12로드)은 황소의 암소들이다.

수성(2, 5로드)은 황소의 재물이다.

목성(8, 11로드)은 황소의 유용함이다.

금성(1, 6로드)은 황소의 터벅터벅한 걸음이다.

토성(9, 10로드)은 황소의 뿔들이다."

황소 라시의 심볼인 황소는 저력과 힘으로 잘 알려진 동물이다. 황소처럼 황소인들은 신체적으로나 정신적인 저력을 잘 발휘한다. 화를 잘 내지 않지만, 일단 화가 나면 아무도 저항할 수 없는 저력으로 달려든다. 자연적 조디액의 2번째 하우스로서, 얼굴과 목에 연관된 것들이 중요하다. 로드인 금성과 자연적으로 좋은 친구인 수성이 2번과 5번 하우스를 로드한다. 수성은 분별력과 이지를 다스리는 행성이기에, 돈과 지성의 하우스 로드십을 이중으로 강화시키게 된다. 그래서 황소인들이 머리를 사용해 돈을 버는 재능이 뛰어나게 만든다. 이에 더해, 물질적인 성향을 가진 로드 행성 금성은 11번 물고기 라시에서 고양의 품위를 얻게 되는 자리이다. 그래서 황소인들이 가진 이득과 물질적 취득에 대한 재능과 적극적인 자세를 나타낸다. 금성과 좋은 친구인 토성은 9번과 10번을 로드하기에, 지식과 커리어를 추구하고 서포트해주게 된다. 금성이 6번째 하우스를 동시에 로드하기 때문에 황소인들이 많은 자녀들을 가지지 않는 경향이 있다. 자녀들의 하우스인 5번 하우스가 처녀 라시여서, 금성이 취약의 품위를 얻는 자리일 뿐 아니라 불임의 라시이기 때문이다. 설령 자녀들이 있더라도 관계성에 문제가 있게 된다. 사치스런 것들을 즐기는 금성이 음식, 다이어트 등을 나타내는 6번 하우스 로드십으로 인해, 황소인들이 음식이나 요리에 대한 지대한 관심을 가지게도 한다. 자연적 중립인 화성은 7번과 12번을 로드하고, 로드인 화성은 1번과 6번을 로드한다. 그래서 이성관계와 연관된 마찰이나 갈등을 잘 겪게도 만든다. 목성은 8번과 11번을 로드하기에 손위 형제나 친구들과 연관된 어려움들을 주는 경향이 있다.

○ 쌍둥이 라그나

쌍둥이는 변통적 공기 라시이다. 소통적이고 수용적인 성향을 준다. 이들은 가만 있지 못하며 잘 변한다. 하지만 호기심이 많고 이지적이다. 수성이 로드한다.

긍정적 자질들	총명한, 동정적인, 다재다능한, 적응력, 챠밍한, 위트가 있는, 파티들을 잘 하는, 훌륭한 플래너, 디테일을 좋아하는, 책 읽기, 글쓰기, 실내 활동을 즐기는, 예술적인, 상상력, 음악 애호가, 훌륭한 대화술, 언제든 도와줄 용의가 있는
부정적 자질들	새로운 것이나 서로 연관이 없는 학문 분야에 대한 호기심으로 에너지를 허비하는, 신경쇠약증으로 고통받는, 사기나 배신을 당하는 영역으로 잘못 빠지는, 만약 라그나가 손상된 경우에 거짓말쟁이거나 사기꾼일 수도 있다.
특별한 자질들	활력이 가득하며, 위트가 있고, 활발하며, 유머감각, 두드러지는 독창성과 총명한, 영리한, 이지적인 능력, 적응력, 다재다능, 모든 상황에서 적응을 잘하는, 많은 것들을 알고 있고, 넘치는 지식으로 가득하다 보니 어떤 때는 충분한 관심을 받지 못하면 약이 오른다.

쌍둥이 라그나의 경우 많은 행성이 같이 조합을 이루어 요가 카라카가 될 수 있다. 잠재성, 재능이 많은 라그나, 남녀 커플. 쌍둥이 라그나 중에서 성공한 사람이 가장 많은 경향이 있다. 양면성을 가지고 있고 파괴적이다. 곤봉을 쥐고 있는 남자의 이미지처럼 전쟁을 잘한다.

쌍둥이 라시를 라그나로 가진 사람들은 궁금증이 많고 삶을 실험적인 기질로 접근하는 태도를 가지고 있다. 쌍둥이 라시인들은 재주가 많으며 그중 어떤 재주에 집중을 하고 또 계발할 것인지 결정하는 상태에 있다. 그리고 활발한 이지를 바탕으로 삶에서 시도해 본 실험, 실수, 경험들을 통해 자신들의 인생을 만들어 나간다. 그들은 선천적으로 친절하고 소통적이며 또 공정하다. 그들이 가진 가장 중요한 성향은 이지와 지식을 주도로 하여 삶을 이끌어간다는 것이다.

쌍둥이인들이 가진 진화 목적은 바로 맞은편에 있는 인마 라시의 자질을 계발하는 것이다. 자신들이 이해하지 못한 것들, 자신들의 이지로 가늠될 수 없는 것들에 대한 믿음과 신념을 계발하는 것이다. 또한 그들은 단순히 흥미로운 것들만 하기보다는 뭔가 의미 있는 목표를 달성하기 위해 주의를 집중해서 배워야 한다. 그래서 흔히 철학적이고 이상적인 기질을 가진 파트너를 만나게 된다. 또는 살면서 그들에게 신념을 가르치는 파트너를 만나거나 그들이 바라는 만큼 합리적이지도, 충분한 설명을 해주지도 않는 파트너를 만나게 되면서, 그들이 처한 상황 자체가 신념을 계발하게끔 만든다.

쌍둥이인의 주 자질은 정제함으로서, 거칠고 잔인한 것들을 정제하는 것, 클럽을 들고 있는 남자의 심볼이 루트를 들고 있는 아름다운 여자의 심볼로 정제시키는 것이다. 그런데 쉬운 일이 아니다. 그래서 오직 한 개의 슈바만 있다. 금성은 그러한 정제를 도와준다. 달은 슈바 혹은 파파와 엮이느냐에 따라 이러한 정제를 돕거나 막을 수 있다. 세 개의 파파, 화성과 목성과 태양은 그러한 거칠고 잔인한 것들을 의미하는데 쌍둥이인의 바라는 정제를 상당히 방해한다. 토성은 무관심하다. 쌍둥이가 3번째 라시라는 점에서 3번째 로드 태양은 파파라는 사실이, 쌍둥이인들이 바라는 정제를 성취하기 아주 어렵게 만든다는 것을 나타낸다. 이는 마치 납을 금으로 만들려고 하는 것과도 같다. 쌍둥이인들은 삶을 헌신적으로 살게 되면 행복을 찾을 수 있다.

쌍둥이 라그나: 슈바(금성), 중립(수성, 토성, 달), 파파(태양, 화성, 목성)

Pisces	Aries	Taurus	
Aquarius			Cancer
Capricorn			Leo
Sagittarius	Scorpio	Libra	Virgo

	2nd 달		12th 금성
3rd 태양		1st House 수성	11th 화성
	4th 수성		10th 목성
5th 금성		7th 목성	9th 토성
	6th 화성		8th 토성

"화성, 목성, 태양이 파파이다. 금성은 유일하게 길조적이다. 목성이 토성과 형성하는 요가는 산양 라그나의 경우와 같다. 달은 주 킬러로서 연관된 이에 따라 효과들을 낸다. 그러므로 쌍둥이 라그나의 조정된 결과들이 배운 이들이 말한 대로이다."

슈바	금성
중립	수성, 토성, 달
파파	태양, 화성, 목성 (특히 화성이 어렵다)
마라카	달

"태양은 쌍둥이의 손재주이다.
달은 쌍둥이들의 가족 유대성이다.
화성은 곤봉을 든 남자이다.
수성은 쌍둥이가 가진 인간적 예민성이다.
목성은 쌍둥이가 가진 인간적 이상주의이다.
금성은 루트를 들고 있는 여자이다.
토성은 쌍둥이가 가진 인간적 독단성이다."

쌍둥이 라시의 심볼은 각자 무기와 악기를 든 남녀 커플로써, 네 개의 변통적 라시 중에서도 가장 변통적인 성향을 가지고 있다. 비록 정확한 명칭은 아니지만, 서양 점성학에서 가져온 이름의 영향으로 인해, '쌍둥이'라는 이름으로 통용되고 있다. 쌍둥이인 들은 남성과 여성의 에너지를 내면적으로 같이 가지는 특성이 있다. 이러한 특성이 자녀들을 통한 행복을 주지 않는 경향이 있다. 자녀의 하우스인 5번 로드 금성이 잃음을 나타내는 12번의 로드이기도 하기 때문이다. 동시에 러브 행성인 금성이 5번의 즐거움과 12번의 침실의 쾌락을 다스리는지라 풍요로운 성적 생활을 의미하기도 한다. 쌍둥이 라그나의 경우, 모든 4개의 앵글 하우스가 변통적 라시들이기 때문에 관계성과 주거지, 커리어 등과 연관하여 이중적인 태도를 가지게 한다. 라그나 로드인 수성이 중성이면서, 10번 물고기 라시가 취약이 되는 자리이다. 5번의 창조성과 예능성을 주는 금성은 고양이 되는 자리이다. 그래서 쌍둥이인들은 전문예술인으로서의 커리어에 끌리게 만든다. 하지만 금성이 동시에 12번 로드이기에 단번에 커리어의 성공을 이루기는 어렵다. 잘 변하는 속성으로 유명한 달은 2번째 스피치의 하우스를 로드하고, 수성도 스피치를 다스리는 행성이기에, 쌍둥이인들은 말이 많거나 말을 아주 잘하는 성향이 있다. 하지만 달은 수성의 자연적 적이기 때문에 이러한 스피치가 라그나 주인에 항상 이득으로 되돌아오지는 않는다. 쌍둥이는 자연적 조디액의 3번 이지의 하우스를 의미하는데 탁월한 지성의 행성인 태양이 3번 로드이고, 수성 자체도 이지적 능력을 나타내는 행성이다. 그래서 쌍둥이인들은 자신이 가진 이지적 능력에 의존하는 성향을 가지게 한다. 하지만 쌍둥이인들이 어떤 영적인 배움을 추구하기는 어렵게 한다. 토성이 어려움의 8번과 영성의 9번 하우스를 로드하기 때문이다. 이러한 성향은 영성과 철학, 행복의 행성인 목성에게 수성이 자연적 적이어서 쌍둥이인들이 어떤 영적 배움으로 인한 행복은 더욱 얻기 어렵게 만든다. 그래서 쌍둥이인들은 믿음이나 신념, 헌신을 요구하는 종교나 영성보다는 이지적인 성격의 철학을 선호한다. 건강은 약간 불안정적인 경향이 있다. 화성이 건강을 다루는 2개의 하우스, 6번과 11번(6번에서 6번)을 로드하는데, 수성은 화성에게 자연적 적이기 때문이다. 11번 하우스가 나타내는 친구나 위 형제들과의 어려움도 가중시킬 수 있다.

○ 게 라그나

게는 유동적 물의 라시이다. 강하면서도 민감한 성향을 준다. 게는 가족생활과 가까운 친구들과의 관계를 즐긴다. 그렇지만 특별히 이지적이거나 외향적이지는 않다. 달이 로드한다.

긍정적 자질들	민감, 동정적, 케어를 하는, 사랑스런, 새로운 것을 배우는 데 관심, 총명한, 근면한, 뛰어난 인지력과 직관력을 갖추었으며 자기 능력자, 다른 사람들을 잘 대접하고, 정직하며, 정의와 공정한 게임을 사랑한다. 다른 사람들의 생각이나 감정에 쉽게 감동한다. 독창적인 방식으로 다른 사람들을 돕는다.
부정적 자질들	지나치게 예민한, 두려움에 대한 상상이 정신적 평화를 방해하는, 수줍은, 긴장하는, 안절부절 못하는, 자신감이 부족한. 만약 라그나가 손상되었으면 그는 고집이 세고, 용서를 하지 못하며, 복수심을 갈고, 잔인하며, 결혼생활 불화와 자기 연민에 고통받는다.
특별한 자질들	비록 행복한 가정생활을 하지 못하더라도, 가족에게 집착하며, 다른 사람들의 의견에 흔들리며, 소소한 것들로 걱정하고 고통받는다. 상상적인 문제들로 괴로워하고, 다른 사람들이 관심을 주지 않으면 무드 변동에 시달리며 멜랑콜리해진다.

일반적으로 게 라그나들이 요가를 많이 가지고 있다. 많은 행성들이 요가 카라카가 될 수 있기 때문이다. 화성 혼자서도 요가 카라카 가능성을 가지고 있다. 특히 성공한 여성들 중에 게 라그나가 많다.

게 라시를 라그나로 가진 사람들은 삶의 안녕을 느끼는데 그들이 가진 정신적 자세가 많은 비중을 차지하고 있다. 그들은 살아가면서 생겨나는 여러 정황들에 따라 내적으로 맞추는 식으로 적응하며 그러한 그들의 능력이 자신들의 삶의 질을 결정하게 된다. 그들은 모든 것을 느낌으로 느끼며 또 예민하다. 행복의 정도는 그들이 이해하는 만큼 모두 느낄 수 있느냐 없느냐에 달려 있다. 하지만 느낌이란 객관적인 사실이라기보다는 감정의 반영에 불과하다는 사실을 깨달아야 한다. 그래서 어떤 감정이든 너무 지나치게 우선하지 말아야 한다. 이러한 구별을 하지 못하면, 그들이 가진 감정적 느낌은 스스로의 삶에 고통을 만들어내는 원인이 된다. 그들이 하게 되는 행동들은 자신들이 느끼는 필요에 의해 유발된 경우가 상당히 많이 있다. 자신에게 필요한 것들이 외부적인 요소로 충족시킬 수 있는지 아닌지의 여부가 그들이 행복한지 아닌지 하는 사실들을 결정하게 된다. 그들은 자신이 느끼는 필요 자체에 행복과 불행의 책임이 있다는 사실을 이해하지 못한다. 대신에 자신들이 느끼는 필요가 외적으로 충족이 되느냐 아니냐 하는 사실이 그들이 느끼는 행복과 만족감의 수준을 결정하게 될 정도이다.

게 라시 라그나가 가진 진화 목적은 맞은편에 있는 악어 라시의 자질을 계발하는 것이다. 게 라시인들은 스스로 모든 필요를 충족시킬 수 있는 능력을 내면에 가지고 있다. 그러나 내면에서 일어나는 필요를 충족시키고자 할 때, 그에 상응하는 외부적 활동을 해야 한다는 사실을 알아야 한다. 그렇게 펼치는 행동들은 그들의 성장 여부에 중요한 역할을 하게 된다. 그리고 그들의 필요가 외적인 요소에 의해 좌절되더라도, 그러한 필요를 스스로 충족시키는 능력을 지키기 위해서는 여전히 외적으로 어떤 일이든 해야 한다는 사실을 익혀야 한다. 그리하여 그들은 종종, 어떤 필요를 충족시키는 능력이 자신보다 뛰어난 사람들과 파트너십을 맺게 된다. 혹은 자신의 필요를 충족시키는 데 필요한 외적인 능력을 강제적으로라도 키우게 하는 사람들과 파트너십을 가지는 경향이 있다.

게 라그나인들의 주 자질은 '자양분', '영양을 주는'이다. 세 개의 슈바, 화성과 목성과 달은 이러한 게 라그나인들의 보살피고자 하는 것들을 도와준다. 두 개의 파파, 금성과 수성은 게 라그나인들이 보살피고자 하는 것들로부터 방해를 한다. 토성과 태양은 어떤 바바 로드를 합치하느냐에 따라 게 라그나인들의 보양하는 행위를 돕거나 방해를 한다.

게 라그나: 슈바(달, 화성, 목성), 중립(태양, 토성), 파파(수성, 금성)

Pisces	Aries	Taurus	Gemini
Aquarius			(게)
Capricorn			Leo
Sagittarius	Scorpio	Libra	Virgo

2nd 태양		12th 수성	
3rd 수성	1st House 달	11th 금성	
4th 금성		10th 화성	
5th 화성	7th 토성	9th 목성	
6th 목성	8th 토성		

"금성과 수성은 파파, 화성, 목성, 달은 길조적이다. 풀 요가 카라카는 화성으로서 행운을 가져온다. 토성은 킬러이고 태양은 연관된 이에 따라 효과들을 낸다. 그러므로 게 라그나가 내는 결과들은 현명한 이들이 기술한 대로이다."

슈바	달, 화성, 목성 (특히 화성이 길조적)
중립	태양, 토성
파파	수성, 금성
마라카	토성

"태양(2로드)은 게의 소유욕이다. 사실상 그들은 굴속에 들어갈 만한 것들이면 해변에서 죄다 싹쓸이를 한다.

달(1로드)은 게가 가진 부드러운 면이다.

화성(5, 10로드)은 게가 가진 파워풀하고 끈질기게 강한 집게다리이다.

수성(3, 12로드)은 게의 옆으로 가는 움직임이며 성대가 없음이다.

목성(6, 9로드)은 게가 가진 부족한 공격성이다.

금성(4, 11로드)은 게의 해변가이다. 혼자 앉아 있는 것이 아니라 다른 게들과 같이 있다.

토성(7, 8로드)은 게의 단단한 껍데기이다."

게가 나타내는 것처럼, 두꺼운 껍데기 속에 연약한 속살을 감추고 있는 게 라그나인들은, 파워풀한 이지력을 가지고 감정적 호수 위에 앉아 있다. 게 라그나인들은 어떤 위기 상황에서 감정을 개입하여 사고 과정을 흐리게 만드는 경향이 있다. 이지의 3번 하우스와 잃음의 12번 하우스를 달의 자연적 적인 수성이 로드하기 때문이다. 이에 더하여, 게 라시는 자연적 조디액에서 감정과 마음의 4번 하우스에 해당하면서, 달의 자연적 적인 금성이 4번 하우스를 로드한다. 동시에 분별력을 나타내는 5번 하우스 전갈 라시는 감정의 카라카 행성 달이 취약을 얻게 되는 자리이다. 전갈의 로드 행성인 화성은 예리한 논리력의 카라카인데 1번째 게 라시에서 취약을 얻는다. 이처럼 1번 로드와 5번 로드 행성들 간에 쌍방으로 취약을 주는 오너십으로 인해, 게 라그나인들에게 분별력의 힘으로 감정적 취약성을 이기기 어렵게 한다. 특히 자녀와 연관된 실망이나 훈육이 부족한 자녀들을 키우는 등, 가족에 대한 헌신이나 기대가 높은 만큼 되돌아오는 보상은 적게 만든다. 게 라그나인들은 가족생활에 대한 지대한 관심을 가지고 있다. 달은 가정을 나타내는 카라카이면서 동시에 2번의 가족 하우스를 로드하는 태양과 자연적으로 좋은 친구이기 때문이다. 달과 좋은 친구인 화성이 10번 커리어 하우스를 로드하기에 다이내믹한 커리어 개발에 대한 관심과 능력을 준다. 라그나 로드 달은 11번 금성의 황소 라시에서 고양을 얻는 자리이다. 그래서 좋은 사회적 친구나 인맥들을 개발하는 데 지대한 관심을 가지고 있지만, 변하는 속성을 가진 달이기에 이러한 관계성들을 지속적으로 유지하는 어려움이나 변화를 자주 경험하게 된다. 6번과 9번 로드인 목성은 자연적으로 좋은 친구이기에, 적들로 인한 행운을 얻거나 삶에서의 행운이 지연되지만, 결국 좋은 행운을 축적할 수 있게 도와준다. 비밀스런 행성인 토성은 7번의 파트너십과 8번의 비밀 하우스를 로드한다. 그래서 게 라그나인들은 파트너십이나 결혼생활을 사적인 비밀로 지키는 경향을 가지게 만든다. 7번과 8번의 조합은 결혼의 지연이나 결혼생활의 어려움도 나타낸다. 죽음과 연관된 어떤 비밀이나, 고질적인 병, 혹은 비자연적인 죽음이나 비극을 토성이 줄 수도 있다. 자연적 죽음의 카라카 행성이면서 동시에 죽음의 8번 하우스, 강력한 마라카의 7번 하우스를 토성이 로드하기 때문이다.

○ 사자 라그나

사자는 고정적 불의 라시이다. 안정되고, 온화하며, 이상을 추구하는 성향을 준다. 사자는 존중과 존경받기를 좋아한다. 사자는 화려하고, 관대하며, 너그러운 캐릭터를 가졌다. 태양이 로드한다.

긍정적 자질들	창조적, 용감한, 다이내믹한, 관대한, 활달한, 훌륭한 관리자이자 행정인. 넘치는 에너지, 진솔한, 친구와 친척들을 돌보는, 정의로운 결정을 내리는
부정적 자질들	참을성이 없는, 왕따를 잘 시키는, 거만한, 이기적, 소소한 일로 화를 내는, 다른 사람에게 지시하고 부리는 것을 좋아하는
특별한 자질들	사회의 온갖 부류 사람들과 쉽게 섞이며, 마음이 넓으며, 다른 사람들에게 참을성이 있고, 잘한 일이나 일을 잘하는 사람들을 귀하게 여긴다. 하지만 너무 남을 치켜세우거나 숭배하는 것을 싫어한다. 가족적 전통을 보존하고, 가족원간에 비난이나 원망을 일으킨다.

사자 라그나는 모든 행성이 요가를 내거나 서로 도울 수 있는 잠재성을 가지고 있다. 사자 라그나 중에 다르마를 추구하는 인성을 가진 사람들이 가장 많다. 유명한 구루들도 사자 라그나가 많다.

라그나가 사자 라시인 사람들은 든든하고 자신감이 있다. 원하는 것이나 되고 싶은 어떤 것이든 의지적 힘으로 이루어낼 수 있다. 그들은 자신의 영감을 따라가면서 스스로의 운명을 창조해낸다. 그리하여 뭐든지 필요한 것들을 자신에게 끌어당기는 마력이 있다.

사자 라시인들의 진화 목적은 반대편에 있는 물병 라시의 초연한 자질을 자신이 가진 개성 안에서 계발하는 것이다. 자신만 충족시키기 위해서가 아니라, 다른 사람들에게도 유익할 수 있도록 창조해야 한다는 사실도 알아야 한다. 어떤 식으로든 다른 사람들에게 도움이나 영감이 되지 못한다면, 그들이 무엇을 창조하든지 결코 오래가지 못한다는 사실도 기억해야 한다. 또한 일곱 번째 하우스에 있는 물병 라시는 자신들이 다른 사람들 앞에서 불안해지는 모습을 마주하도록 만들기도 한다. 그리하여 나아지기 위해 더 열심히 노력하거나 초연할 수 있는 자질을 계발하게 만든다. 일곱 번째 하우스에 있는 물병자리가 가진 진화적 필요성은 사자 라시인들이 가지고 있는 불안정한 자질을 드러내거나 또는 그들을 휴머니스트적으로 만드는 파트너들을 주는 경향이 있다.

사자인들의 주 자질은 리더십으로서 자신의 영역을 책임진다는 의미에서이다. 세 개의 슈바, 화성과 목성과 태양은 사자인들이 진정으로 자신의 일을 책임지고 관리하는 것을 도와준다. 세 개의 파파, 수성과 금성과 토성은 사자인들이 진정으로 자신의 책임인 것을 잘 관리하지 못하게 하거나, 자신의 관할이 아닌 것을 리드하거나 관리하려는 형식으로 방해를 한다. 달은 어떤 다른 바바 로드들과 합치하느냐에 따라 사자인들의 이러한 책임을 다하도록 도와주거나 혹은 사자인들의 진짜 책임으로부터 방해할 수도 있다.

사자 라그나: 슈바(태양, 목성, 화성), **중립**(달), **파파**(수성, 금성, 토성)

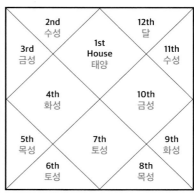

"수성, 금성, 토성은 파파이다. 화성, 목성, 그리고 태양은 길조성을 낸다. 목성과 금성의 간단한 요가는 행운을 내지 않는다. 토성은 마라카이며 달은 연관된 이에 따라 길조적 효과들을 낸다. 배운 이들은 사자 라그나로 태어난 이들의 이러한 결과들을 안다."

슈바	태양, 목성, 화성 (특히 화성이 길조적)
중립	달
파파	수성, 금성, 토성
마라카	토성

"**태양(1로드)은 사자의 고귀하고 영감적인 개성이다.**

달(12로드)은 사자의 덴(den, 개인적 은둔공간)이다. 사자가 따뜻한 햇볕 아래 쉬고 있는 곳, 또한 앞발에 박힌 가시처럼 사자가 숨기고 있는 예민성이기도 하다.

화성(4, 9로드)은 사자의 심장이며 영토유지 본성이다.

수성(2, 11로드)은 사자가 정글의 왕으로서 내리는 연설이다.

목성(5, 8로드)은 사자의 자부심(그의 새끼들, 그의 창조물)이며 관대함이다.

금성(3, 10로드)은 사자의 자부심(그가 가진 에고)이다.

토성(6, 7로드)은 사자의 아내로서, 정작 사냥을 하는 본인이다."

사자 라그나인들은 종종 강렬하고 눈에 띄는 외모, 로얄한 매너 방식, 추앙과 섬김을 받고자 하는 자세가 두드러지는 경향이 있다. 정글의 왕인 사자를 심볼로 가지고 있으며 로드인 태양은 태양계의 가장 중심에 있으면서 모든 행성들이 주변을 회전하고 있기 때문이다. 태양인 3번 하우스에서 취약을 얻는 자리이다. 손아래 형제들과 연관된 부정적 영향을 주게 된다. 또한 진정한 용기보다는 호령을 하는 경향도 가지게 만든다. 강한 자의식을 나타내는 1번째 하우스의 로드인 태양은 자의식과 자부심의 자연적인 카라카 행성이기도 하다. 그래서 정치나 정부요직에 대한 지대한 관심을 가지게 만든다. 사자인들은 재산투자와 연관된 행운을 가지고 있다. 태양의 좋은 친구인 화성이 고정재산의 4번과 행운의 9번 하우스를 동시에 로드하기 때문이다. 태양은 아트만, 아버지, 영적 행운을 나타내는 행성으로 9번 하우스 산양 라시에서 고양을 얻는다. 그래서 아버지가 중요한 사람일 수도 있다. 자녀의 카라카 행성인 목성은 자녀의 5번 하우스와 죽음의 8번 하우스를 동시에 로드한다. 그래서 자녀와 연관된 어려움을 주게 된다. 라그나 로드인 태양은 가장 밝은 행성인 반면에 6번과 7번 로드인 토성은 가장 빛이 어두운 행성이다. 그래서 사자인들에게 적과 파트너십의 어려움을 가지게 만든다.

ㅇ 처녀 라그나

처녀는 변통적 흙의 라시이다. 실질적이고, 돕고자 하는 성향을 준다. 처녀는 정확하고, 명확하며, 때로는 너무 비판적일 수 있다. 수성이 로드한다.

긍정적 자질들	분석적 파워를 갖춘 총명함, 정확함, 치밀함, 분별력이 있는, 정리정돈적인, 조화로운, 질서정연한, 예리한 마인드, 좋은 기억력, 파인 아트와 음악을 사랑하는, 조심스러운, 경제적인, 많은 분야의 지식에 통달한
부정적 자질들	결론을 내리는 데 오래 걸리는, 결정을 내리지 못하는, 긴장하는, 다른 사람들의 부를 이용하는, 혼란스러운, 성질이 불같은, 자신감이 부족한, 가식적인 자부심, 뜬구름을 잡는 공상, 복수심, 비판적인, 충동적으로 잘 되는
특별한 자질들	분석적, 비판적, 주어진 의무에 헌신적인, 디테일한 것을 좋아하고 질서정연한, 예리한 마인드, 새로운 것들을 빠르게 파악하는, 다른 이들의 흠을 찾는

처녀 라그나는 다른 라그나에 비해 희생을 많이 하는 라그나이다. 어린 소녀, 순수함, 세상의 물질적인 것, 섹스 등 좋은 것들을 잘 즐기지 못한다.

라그나가 처녀 라시인 사람들은 그들이 어떠한 인물이 되는가, 그들이 삶에서 경험하는 안녕 사태 여부에 대해 전적으로 본인들이 책임이 있다. 그들이 가지고 태어난 의식은 좋고 바르고 유용한 일을 하고 싶게 만드는 경향이 있다. 가끔씩 그들은 해야 하는 일의 무게에 짓눌려서, 상황이 나아질 수 있는 어떠한 희망도 없는 것 같은 절망 속에서 헤매게 될 수도 있다.

그들이 가진 진화적 목적은 맞은편에 있는 물고기 라시의 자질을 계발하는 것이다. 무슨 일이든지 세속적이거나 실적인 가치뿐만 아니라 영적 가치도 가지고 있다는 사실을 반드시 알아야 한다. 처녀 라시는 카르마 요가가 그들 성향에 가장 잘 맞는 라그나이다. 파트너십이 헌신적이든지 무심하든지 아무래도 상관이 없다. 혹은 이러한 자질을 가르치는 사람들과 맺어지는 경향이 있다.

처녀 라그나는 어린아이들에게서 볼 수 있는 자질, 순수함의 자질이 있다. 순수함이란 처녀인들을 지켜주는 자질이다. 이러한 순수함을 잃으려 하는 것은 행복을 잃고 어려움을 맞서고자 하는 것이다. 이러한 순수함을 지키고자 함은, 타고난 목적성, 가치, 이득을 지키고자 함이다. 두 개의 슈바, 수성과 금성은 이러한 순수성을 도와준다. 세 개의 파파, 화성과 목성과 달은 이러한 순수성을 파괴한다. 태양은 도와줄 수도, 파괴할 수도 있다. 토성은 처녀인들에게 가장 중요한 행성이다. 처녀는 6번째 라시이고, 토성은 처녀인의 여섯 번째 바바를 로드하기 때문이다. 토성은 순수함의 중요성에 대해 무관심하다. 그렇기 때문에 진정한 순수함이 애초에 있을 수 있는 것이다.

처녀 라그나: 슈바(수성, 금성), 중립(태양, 토성), 파파(화성, 목성, 달)

"화성, 목성, 그리고 달은 파파이다. 수성과 금성은 분명히 길조적이다. 금성과 수성이 같이 엮이면 또한 요가 카라카들이다. 금성은 또한 마라카이다. 태양은 연관된 이

에 따라 결과를 낸다. 그러므로 처녀 라그나의 조정된 결과들이 리쉬들이 말한 대로이
다."

슈바	수성, 금성
중립	태양, 토성
파파	화성(특히 강함), 목성, 달
마라카	-

"태양(12로드)은 처녀의 신체적 허약함이다.
달(11로드)은 처녀가 보트를 타고 건너고 있는 물이다.
화성(3, 8로드)은 배를 젓는 노이다.
수성(1, 10로드)은 처녀의 자기노력이다.
목성(4, 7로드)은 처녀의 순결성이다.
금성(2, 9로드)은 처녀가 타고 있는 보트이다.
토성(5, 6로드)은 그녀의 손에 쥔 곡식 줄기이다."

처녀 라시의 심볼은 수줍은 처녀의 이미지이다. 순수성에 관심이 있고, 세상에 대한
현실적 능력이 다소 부족할 수 있다. 한손에 든 곡식과 다른 손에 든 불은, 음식과 요
리로 하는 서비스와 봉사를 의미한다. 하지만 불임을 나타내는 라시이기에 자녀를 가
지는 어려움을 가지고 있다. 자연적 조디액의 6번 하우스이기에 질병을 의미하고, 태
양이 병원을 나타내는 12번 하우스를 로드하기에, 처녀인들은 건강과 청결 유지가 중
요한 의료나 케어 서비스업 커리어를 가지는 경향이 있다. 수성과 자연적 친구인 금성
은 2번과 9번을 로드한다. 2번은 고전적 배움을 나타내고, 9번은 높은 수준의 배움을
나타낸다. 그래서 처녀인들이 고전적인 문화와 배움을 선호하고 사랑하게 만든다. 공
식적 교육의 4번 하우스를 목성이 로드하기 때문에 더욱 그러한 경향을 가지게 한다.
아주 디테일한 마인드를 가지고 있는 라그나 로드 수성이 10번 하우스를 동시에 로드

하기에, 비즈니스 스킬과 커리어를 개발하려는 관심을 준다. 분석적이고 뛰어난 계산 능력을 가진 수성은 라그나 라시에서 고양이 되며, 논리적인 화성은 결의적인 능력의 3번 하우스와 깊은 탐구성의 8번 하우스를 다스린다. 그래서 처녀인들이 분석과 계산, 통계, 독특한 사고력 등에 탁월하게 한다. 목성이 로드하는 7번 하우스의 물고기 자리는 수성이 취약을 얻는 자리이다. 그래서 파트너십과 연관된 어려움을 목성이 준다. 처녀 라시가 가진 불임성과 자녀를 가지는 어려움이 같이 조합하여 자녀들과 연관된 어려움들을 겪게 만든다. 2번과 9번 로드인 금성은 1번째 처녀 라시에서 취약을 얻는 자리이다. 그래서 처녀인들이 음식과 연관된 어려움, 예민성 등을 겪게 만든다. 디바인이나 영성에 대한 자연스런 관심도 주지만, 가슴보다는 머리에 의존하게 만드는 경향이 있다. 특히 처녀 라시는 금성이 취약을 얻는 자리이기 때문에 영성을 감정적으로 경험하기 어렵게 한다.

○ 천칭 라그나

천칭은 유동적 공기의 라시이다. 사회적이고 소통적인 성향을 준다. 천칭은 평화와 조화를 가치 있게 여긴다. 천칭은 동정심과 자비심이 많으며, 삶에 대한 로맨틱 혹은 아이디얼한 관점을 줄 수 있다. 금성이 로드한다.

긍정적 자질들	고상한 감각 수준, 총명함. 정의와 평화, 하모니를 사랑한다. 진실과 평등함에 기준한 비편파적인 결정을 내릴 수 있다. 아트, 음악, 조각을 좋아한다. 다른 사람들에게 영감을 고무하고, 자신의 목표를 이루도록 동기부여를 한다.
부정적 자질들	만약 라그나가 약하거나 손상이 되었으면 어떤 결정을 잘 내리지 못하고, 복수심이 있으며, 모순성이나 논란성이 있는 결정을 내리는 것을 두려워한다. 아부나 아첨을 할 수 있는 기질이 강하다. 느리고, 논리적인 것을 받아들이지 못한다. 자신의 관점을 어떤 논리나 이유도 없이 다른 사람들에게 강요하기도 한다.
특별한 자질들	아름다움, 동정심이 아주 강한, 정의로운, 조화, 평등성, 평화 메이커, 복잡한 이슈들을 진리와 정의에 기준하여 잘 해결한다. 영원한 우정을 원한다.

천칭 라시를 라그나로 가진 사람들은 삶에서 주고받는 것의 함수관계, 모든 것에는 지불해야 할 가격이 있다는 사실을 인식하고 있다. 이러한 인식은 삶에서 그들이 지불할 능력이 되는 것만 원하거나 하고 싶은 것만 하는 실용적인 능력을 부여하게 된다. 가격을 지불한다는 의미는 자신의 욕망이나 포부, 필요를 채우기 위해선 무엇을 해야 하는지, 무엇을 포기해야 하는지 등을 잘 안다는 뜻이다. 그래서 천칭 라시는 가장 균형 잡힌 라그나로 꼽히고 있다. 흔히 삶의 균형이 무너지는 이유는 우리가 감당할 수 있는 것보다 더 많이 원하거나 지불하려 할 때 흔히 발생하기 때문이다. 천칭 라시인들의 진화 목적은 맞은편에 있는 산양 라시의 자질을 계발하는 것이다. 산양 라시인들은 생각과 행동이 우선하며 결과에 대한 걱정은 나중에 한다. 이러한 자질은 천칭 라시인들이 계발해야 한다. 균형이란 항상 현재의 순간에서만 이루어지는 것이 아니기 때문이다. 만약 현재에 어떤 것들이 균형을 잃은 듯 혹은 불공평한 듯 보인다면, 단지 과거의 어떤 것에 대한 균형을 바로잡기 위해서 지금 현재에 공간을 마련해주고 있음을 알아야 한다. 천칭 라시인들은 필요하다면 진취적이고 의지적이고 충동적인 자질을 계발할 필요가 있다. 파트너십은 독립적이고 강한 의지력을 가진 타입이든지, 아니면 어떤 식으로든 그들이 가진 개성이나 개인적인 충동성을 표현하게끔 도와주는 사람들과 맺어지는 경향이 있다.

천칭인의 주 자질은 가치를 재는 것, 모든 상황과 선택에서 장단점을 재는 것이다. 두 개의 슈바, 토성과 수성은 적절한 평가를 통해 최상의 결정을 할 수 있게 도와준다. 세 개의 파파, 목성과 태양과 화성은 부적절하거나 부정확한 평가로 문제를 만들거나 불행함으로 이끌 수 있는 선택을 하게 만든다. 달은 무관심하지만, 수성과 삼반다를 하는 경우 적절한 선택과 평가를 할 수 있게 장기적으로 도와준다. 금성은 사마로서 천칭인의 평가하는 능력을 도와주지도 방해하지도 않는다.

일반적으로 천칭 라그나가 최상의 라그나라고 생각하는 경우가 많다. 최고의 길성 목성이 3, 6로드로서 파파 행성이 되기 때문에, 목성의 자연적 길성 자질 때문에 큰 해를 끼칠 수 없을 거라고 생각한다. 또한 최고의 흉성 토성이 4, 5로드로 요가 행성이 되기 때문에 좋은 라그나라고 잘못 오해를 한다. 하지만 사실상 천칭 라그나는 좋지 않은 라그나이다. 다른 라그나에 비해 손해를 많이 본다. 세 개의 행성이 파파가 되기 때문이다(반면에 게 라그나와 사자 라그나는 세 개의 슈바 행성을 가지고 있다. 그래서 천칭 라그나보다 성공할 확률을 높게 가지고 있다).

천칭 라그나: 슈바(수성, 달, 토성), 중립(금성), 파파(화성, 목성, 태양)

Pisces	Aries	Taurus	Gemini
Aquarius			Cancer
Capricorn			Leo
Sagittarius	Scorpio	♎	Virgo

2nd 화성		12th 수성	
3rd 목성	1st House 금성		11th 태양
4th 토성		10th 달	
5th 토성	7th 화성	9th 수성	
6th 목성		8th 금성	

"목성, 태양, 그리고 화성은 파파이다. 토성과 수성은 길조적이며, 라자 요가를 낼 수 있는 카라카는 달과 수성이다. 화성은 죽인다. 목성과 다른 파파는 마라카 자질들을 가졌다. 금성은 중립이다. 그러므로 천칭 라그나의 다른 효과들이 알려져 있다."

슈바	수성, 달, 토성 (특히 토성이 길조적)
중립	금성
파파	태양, 화성, 목성
마라카	화성

"**태양(11로드)**은 저울에 있는 금이다.
달(10로드)은 바자(bazaar)이다.
화성(2, 7로드)은 장사꾼의 소유물로서, 다른 사람들이 부러워할 만한 가치를 가지고 있다.

수성(9, 12로드)은 장사꾼이 팔기 위해 가지고 있는, 가격을 매길 수도 없을 만큼 이국적이며 귀한 물건들이다.

목성(3, 6로드)은 점점 늘어가는 장사꾼의 이득이다.

금성(1, 8로드)은 바자(bazaar)에 서 있는 남자이다.

토성(4, 5로드)은 저울이다."

천칭 라시의 심볼은 저울을 들고 시장에 서 있는 남자이다. 정의를 상징하는 저울이 아니라, 가치를 재는 저울을 의미한다. 그래서 천칭 라그나인들이, 다른 라그나들에 비해 교역이나 상업에 탁월한 기질을 가지게 만든다. 이러한 기질은 자연적 조디액의 7번 하우스라는 점이 더해져서 파트너십과 교역에 대한 관심을 더욱 지대하게 만든다. 천칭인들은 특히 대중적인 커리어를 좋아한다. 대중을 다루는 행성 달이 대중과 커리어를 나타내는 10번 하우스의 로드이기 때문이다. 금성은 12번 처녀 라시에서 취약이 된다. 그래서 비용이나 자원들을 잘 낭비하는 성향을 주게 된다. 물질적 자원들뿐만 아니라, 신체적으로도 성적 도피, 행락을 통해 나중에 후회할 만한 소비성향을 가지고 있다. 3번의 소통과 6번 적의 하우스들을 금성의 자연적 적인 목성이 로드한다. 그래서 천칭인들은 목성 같은 이들이 주는 좋은 의도의 충고나 조언들을 잘 받아들이지 못하는 성향이 있다. 그들이 가진 지혜가 흐리거나 피상적인 경향이 있게 만든다. 금성은 사회적인 행성이므로 친구들, 클럽, 사교 생활 등이 중요하다. 태양은 11번 하우스를 로드하기 때문에 사회적으로 중요한 인물들과 어울리고 인맥을 쌓고자 하는 경향을 준다. 그런데 질이 나쁜 사람들과 어울려 피해를 볼 수 있다. 11번 로드 태양은 1번째 천칭 라시에서 취약이 되는 자리이기 때문이다. 금성과 상호 좋은 친구인 토성은 4번과 5번을 동시에 로드하면서 토성은 천칭에서 고양을 얻는 자리이다. 천칭인들에게 정치적인 관심과 성공을 가져다줄 수 있다.

○ 전갈 라그나

전갈은 고정적 물의 라시이다. 결의적이면서 민감한 성향을 준다. 전갈은 쉽게 이해하기가 어려운 라그나이다. 강렬하고, 비밀스럽거나 혹은 내성적인 캐릭터를 가졌기 때문이다. 화성이 로드한다.

긍정적 자질들	두려움이 없는, 열심히 일하는, 파워풀, 결의적, 총명한, 충직한, 상상력, 관대한, 흥분되는 것, 럭셔리한 것들, 파인 아트, 춤, 음악 등을 좋아함. 높은 지위를 가졌으며 명예를 얻음
부정적 자질들	비밀스런, 의심스런, 복수심을 가진, 고집이 센, 융통성이 없는, 잔인한, 동정심이 없는, 지나치게 비판적인, 염세적인
특별한 자질들	꿰뚫는 듯한 마인드, 강렬한, 비밀스런, 의심스런, 침착하고 조용함, 그러나 용서하거나 잊지를 않음, 보복심을 가졌고, 받은 모욕이나 상처에 대해선 절대 잊지 않는, 다른 사람들을 명령하고 다스리는 것을 좋아한다. 처음엔 망설여도 나중에 훌륭하고 가까운 친구가 된다.

전갈 라시를 라그나로 가진 사람들은 과거에 충분히 계발하지 못하여 생기게 된 어떤 성격적 약점 또는 카르마의 결과로 인해 생겨난 많은 제약들을 현재에 강화시키고 있는 사람들이다. 그래서 자신들이 가진 온갖 약점을 너무 의식하는 아주 상처받기 쉬운 성격이 있다. 이처럼 미계발 영역을 계발해야 할 필요성 때문에 흔히 성격이 불안정하거나 위기 촉발적이고 때로는 심하게 고통스러운 성격을 만들기도 한다. 전갈 라시인들은 내향적이거나 자기몰입을 하는 경향이 있으며 그들이 가진 격동적인 자의식에 힘이 되거나 안정성을 느끼게 해주는 어떤 것을 찾고 있다. 그리고 자신들이 가진 개성에 어떤 식으로든 집착하고 있는 한 그들은 아주 예민하다. 한편으로는 이러한 취약점을 극복하는 데 필요한 엄청난 힘과 에너지가 그들에게 있기 때문에, 잘 활용하게 되면 믿기 어려울 만큼 자신들의 인생에 큰 성장을 이루어낼 수도 있다.

이들이 가진 진화 목적은 맞은편에 있는 황소 라시의 자질을 계발하는 것이다. 전갈 라시인들은 어떤 가치가 있다고 판단되는 것들을 안정적이고 꾸준하게 해 나가는 자세를 계발할 필요가 있다. 그들이 계발하고 유지하도록 배우는 어떤 분명한 것들은 사실상 그들 내면에 있는 안정성이나 스스로 느끼는 가치성을 반영하고 있기 때문이다. 파트너십은 보다 실질적이거나 현실적, 안정적인 사람들과 맺어지는 경향이 있다. 혹은 이러한 자질을 가르치는 사람들이나 전갈 라시 본인들이 가치 있다고 판단되는 행동들을 하는 사람들과 자청하여 관계가 이루어진다. 전갈 라시인들은 파트너에게 자신을 인정받아야 할 필요성을 느끼고 있다. 하지만 먼저 자신의 가치를 스스로 인식할 수 있어야 파트너들 역시 그들을 인정할 수 있을 것이다. 만약 타고난 자신의 가치를 스스로 인식하지 못한다면, 그들의 파트너 역시 그들을 우습게 여기게 될 것이다. 그렇지만 이러한 과정 역시 전갈 라시인들에게 스스로를 인정할 수 있는 기회를 마련해 주는 것이 된다.

전갈인의 주 자질은 생존이다. 전갈은 약하고 작아서 아주 작은 것으로도 살아남을 수 있다. 구멍 속으로 기어들어가서 또 다른 하루를 살아남을 수 있다. 독을 쏠 수 있는 능력은 스스로를 지킬 수 있게 한다. 두 개의 슈바, 목성과 달은 전갈의 생존을 도와준다. 세 개의 파파, 금성과 수성과 토성은 전갈인의 생존력을 줄인다. 두 개의 무관심한 사마, 태양과 화성은 전갈인의 생존을 도와주지도, 막지도 않는다. 전갈이 8번째 라시라는 점에서 전갈인의 8번째 로드가 파파라는 점은 생존이 불가능하고 죽음이 반드시 올 것이라는 것을 의미한다.

전갈 라그나: 슈바(달, 목성), **중립**(태양, 화성), **파파**(수성, 금성, 토성)

Pisces	Aries	Taurus	Gemini
Aquarius			Cancer
Capricorn			Leo
Sagittarius		Libra	Virgo

	2nd 목성		12th 금성
3rd 토성		1st House 화성	11th 수성
	4th 토성		10th 태양
5th 목성		7th 금성	9th 달
	6th 화성		8th 수성

"금성, 수성, 그리고 토성은 파파이다. 목성과 달은 길조적이다. 태양과 달은 요가 카

라카이다. 화성은 중립이다. 금성과 다른 파파들은 마라카 자질들을 가졌다. 그러므로 전갈 라그나로 태어난 이의 효과들이 알려져 있다."

슈바	달(특히 길조적), 목성
중립	태양, 화성
파파	수성, 금성, 토성
마라카	금성

"태양(10로드)은 전갈인이 밑으로 숨는 바위로서 그들을 보호해준다.
달(9로드)은 전갈인의 빛나는 광채이다.
화성(1, 6로드)은 전갈인 꼬리에 있는 독이다.
수성(8, 11로드)은 전갈인들이 살고 있는 틈새이다.
목성(2, 5로드)은 자신의 독으로부터 전갈을 보호한다.
금성(7, 12로드)은 전갈인이 교접을 탐하게 하며, 배우자에게 자신을 희생할 수도 있게 한다.
토성(3, 4로드)은 전갈인의 구두쇠이다."

전갈 라시의 심볼, 전갈은 정상적인 과정을 따르지 않는 것을 선호한다. 두터운 갑옷을 입고, 꼬리에는 독을 문 전갈이 가진 상징으로, 전갈인들은 자연스런 트러블 메이커가 될 수 있다. 라그나 로드인 화성은 6번째 트러블의 하우스도 로드하기에 전갈인들이 가진 독특한 자질들을 가중시킨다. 그래서 화학품, 약, 마약, 독, 의학 등 독과 질병들을 다루는 일에 특히 지대한 관심이 있다. 전갈은 자연적 조디액의 8번 하우스기에 특히 죽음, 오컬트, 섹스 등을 잘 다룰 수 능력을 가지고 있다. 결혼과 사랑의 행성인 금성은 파트너십의 7번과 침대의 쾌락 12번 하우스를 로드한다. 그래서 금성은 전갈인에게 화성이 가진 열정과 8번의 비밀스런 성관계로 인해 건강한 관계성을 가지는 어려움을 준다. 토성은 부모님과 연관된 어려움을 준다. 부모님의 수명과 연관된 3번과 홈과 어머니를 나타내는 4번을 토성이 다스리기 때문이다. 또한 부모님을 나타내는 9번 하우스 게 라시에서 화성은 취약이 되는 자리여서, 대체로 전갈인들이 부모님과 연관된 갈등이나 어려움을 겪게 만든다. 독립주의적인 화성이 라그나 로드이기에, 전갈인들은 종교와 철학에 대한 거부적인 자세나, 멘토나 스승들과의 갈등을 겪게 만든다. 영성과 스승을 나타내는 9번 하우스 게 라시에서 취약이 되는 자리이기 때문에 더욱 그러하다. 9번 로드인 달도 1번째 전갈 라시에서 취약이 되는 자리이기에 기존 종교에 대한 배타적인 태도를 가중시키는 경향이 있다. 명성과 직위의 자연적 카라카 행성인 태양이, 명성과 커리어를 나타내는 10번 하우스를 로드한다. 태양은 화성과 상호좋은 친구이기도 하다. 그래서 전갈인들은 대체로 강한 야심과 야망을 가지게 된다.

○ 인마 라그나

인마는 변통적 불의 라시이다. 액티브하고 이상을 추구하는 성향을 준다. 인마는 정직하고 솔직해지기를 좋아한다. 인마는 보통 복잡하지 않고, 좋은 성격을 가졌다. 목성이 로드한다.

긍정적 자질들	다이내믹, 자원조달 능력, 진솔한, 다재다능, 열린 마음, 긍정적, 관대한, 동정심, 친절함, 심플함, 겸허함, 신에 대한 두려움, 외양적 허위나 가식에서 자유로운
부정적 자질들	예민함, 지나치게 긴장하는, 불안정적, 결정을 잘 내리지 못하는, 긴장을 잘해 꾀가 약한, 조심성이 없는, 무책임한, 무관심이나 독한 말에 마음이 무너지는
특별한 자질들	장기적 비전, 확장, 뛰어남, 야심적, 긍정적, 에너제틱, 다른 사람들이 주는 제약을 거부하는, 할 말을 거침없이 하는, 일중독, 릴렉스하는 법을 배워야 한다.

인마 라시를 라그나로 가진 사람들은 어떤 믿음, 철학, 종교 혹은 규율 등에 기준해서 삶을 살아간다. 그들은 자칫 자신들의 믿음에 희생양이 되기 쉽다. 이상적으로 여기고 있는 모형들이 전체적인 정체성을 완전히 둘러싸고 있기 때문이다. 그들은 삶에 어떤 목적과 의미를 부여하며 살기 위해 갈망한다.

그들이 가진 진화 목적은 맞은편에 있는 쌍둥이 라시의 자질을 계발하려는 것이다.

인마 라시인들은 자신들이 가진 이상, 믿음 등을 테스트하는 것을 배워야 하고, 또 필요한 경우에는 유동적일 수 있어야 한다. 그들이 믿고 있는 것을 테스트하여, 정말로 믿을 만한 가치가 있는지 그리고 현실적으로 맞는지 등 자세한 연구를 통해 알아볼 수 있어야 한다. 또한 그들은 적당히 즐기고 노는 법도 배울 수 있어야 한다. 모든 것이 꼭 어떤 거창한 목적을 가지고 있어야 하는 건 아니기 때문이다. 파트너십은 그들보다 더 호기심이 많고 경험이나 놀기를 좋아하는 타입과 맺어진다. 아니면 그들에게서 이러한 자질을 끌어낼 수 있는 사람들과 맺어지는 경향이 있다.

인마 라그나는 다른 라그나에 비해 독특한 원칙을 가지고 있다. 인마인의 주 자질은 자신의 믿음에 대한 진실을 찾아나서는 것이다. 두 개의 슈바, 화성과 태양은 이러한 추구를 도와준다. 한 개의 유일한 파파, 금성은 방해를 한다. 수성은 무관심하다. 하지만 태양과 합치를 하면 진실의 추구와 실현을 아주 많이 도와준다. 파라샤라는 토성과 달에 대한 언급을 하지 않았다. 통상적으로 3번째 바바를 로드하는 토성은 파파일 것이다. 하지만 파라샤라는 인마인에게 금성만 유일하게 파파라고 하였다. 그래서 토성은 파파가 될 수 없지만, 사마, 무관심할 수는 있다. 달은 일반적인 규칙에 따라 8번째 로드로서의 효과를 적용하여, 연관된 로드들에 달려 있다. 그러므로 달은 인마인이 추구하는 바를 도와줄 수도, 방해할 수도 있다. 목성은 우리가 가진 믿음 자체를 나타낸다. 그래서 우리가 찾고자 하는 진리를 의미하므로 인마인의 이러한 추구를 돕지도 방해하지도 않는다.

인마 라그나: 슈바(태양, 화성, 수성), **중립**(달, 목성), **파파**(금성, 토성)

Pisces	Aries	Taurus	Gemini
Aquarius			Cancer
Capricorn			Leo
	Scorpio	Libra	Virgo

"금성은 유일한 파파이다. 화성과 태양, 그리고 태양과 수성의 조합은 길조적이다. 토성은 킬러이다. 목성은 중립적 효과들을 낸다. 금성은 마라카 특성을 가졌다. 인마 라그나가 내는 효과들은 그러므로 배운 이들이 알고 있다."

슈바	태양, 화성, 수성
중립	달, 목성
파파	금성, 토성
마라카	토성

"**태양**(9로드)은 센토(Centaur)의 활이며, 인마와 이름이 같은(Dhanus) 귀한 무기이다.

달(8로드)은 센토가 가진 반인반마로서의 불완전함이며, 죽음의 필요성을 받아들이는 그의 무사적 정신 자세이다.

화성(5, 12로드)은 센토의 화살이다.

수성(7, 10로드)은 센토의 카리스마이다.

목성(1, 4로드)은 센토의 몸이다.

금성(6, 11로드)은 센토의 메달(medal)이다.

토성(2, 3로드)은 화살을 당기고 있는 센토의 강한 팔이다."

인마 라시의 심볼은 활과 화살을 들고 있는 반인반마의 이미지로서, 높은 목표를 겨냥하고 있으며 적들 위에 군림할 수 있는 인마 라그나의 능력을 상징한다. 그래서 종종 스포츠 영역에서 탁월한 경쟁력을 전시한다. 라그나 로드인 목성은 적으로 여기는 행성이 아무도 없다. 그래서 어떤 상대나 적이든지 남성적이고 액티브한 방식으로 자기 편으로 만들 수 있는 능력을 소유하고 있다. 그런데 금성은 목성에게 적이기 때문에, 친구들이 적이 되거나 적들이 친구로 되는 경향이 인마인들의 삶에서 자주 있게 된다. 인마인들은 직설적이고 통명한 스피커인 경우가 자주 생긴다. 2번 스피치와 3번 소통의 하우스를 토성이 로드하기 때문이다. 토성은 필요한 말만 하는 통명한 행성이다. 특히 2번의 악어 라시는 목성이 취약을 얻는 자리이기 때문에 더욱 그러하다. 2번 하우스는 파이낸스와 연관이 있다. 그래서 인마인들이 돈을 컨트롤하는 데 어려움이 있다. 목성이 부를 나타내는 카라카이면서 자연적 조디액의 9번 하우스가 라그나이기에 인마인들이 가진, 지나치게 관대하고 자선적인 기질로 인해 경제적 곤란을 자초할 수 있게 한다. 수성도 목성에게 자연적 적으로, 7번의 파트너십과 10번 커리어 하우스를 로드한다. 2개의 변통적 라시들을 로드하는 수성은 중성이면서 10번 하우스 카라카 행성이기도 하다. 그래서 이지적이고 멘탈 관련된 커리어를 가지거나, 두 개 이상의 커리어를 동시에 가질 수 있음을 나타낸다. 목성과 상호간에 좋은 친구인 화성은 5번과 12번을 로드한다. 5번의 산양 라시가 물라 사인이어서, 12번의 전갈 라시보다 강하다. 그래서 12번보다는 5번과 연관된 좋은 특성들을 더욱 누릴 수 있게 한다. 인마인들에게 대체로 강한 영적인 관심을 가지고 있다. 인마 라시가 자연적 조디액의 9번 하우스이면서, 영혼과 아트만을 나타내는 태양이 9번 하우스의 로드이자 영성을 나타내는 자연적 카라카 행성이기도 하기 때문이다. 라그나 로드인 목성도 영성의 자연적 카라카 행성이다. 또한 기쁨과 조이의 행성 목성이 행복의 4번째 하우스 로드이기도 하다. 그래서 인마인들은 영적인 것들을 추구하면서 행복을 느끼게 됨을 나타낸다. 인마 라그나는 대체로 운이 좋다. 태양이 좋은 행운의 9번 하우스를 로드하고, 목성은 8번게 라시에서 고양을 얻는 자라이기 때문에 이러한 좋은 행운을 잃지 않도록 보호하는 힘을 가지고 있다.

○ **악어 라그나**

악어는 유동적 흙의 라시이다. 실질적이고 야심적인 성향을 준다. 악어는 삶을 심각한 자세로 접근한다. 때로는 너무 지나치게 심각하거나 조심스러울 수 있다. 토성이 로드한다.

긍정적 자질들	현실적이고 실질적인, 믿을 수 있는, 수행적인, 인내심, 지구력, 헌신적이고 결의가 굳은 일꾼, 미래지향성 사고, 좋은 충고를 수용하는, 동정적, 관대한, 자선가
부정적 자질들	교활한, 잔인한, 거친, 인정사정이 없는, 비밀스런, 복수심, 자신의 관점이나 목표에 고착된, 욱하는 성질, 언쟁을 아주 잘 하는, 염세적, 부정적 사고
특별한 자질들	다양한 주제들에 대해 지대한 관심과 예리한 기억력을 가진, 자신에게 없는 자질들이나 뭔가를 전시하려 하는, 그래서 들킬까 두려워하는, 이성적인, 결의적, 조심스런

악어 라시를 라그나로 가진 사람들은 과거 생에 지은 카르마의 보상을 누리거나 카르마에 의해 결정된 대로 행동하면서 살게 된다. 악어 라시는 조디액의 오리지널 열 번째 하우스로서 행동이 가장 활발하게 이루어지는 파워풀한 하우스이다. 하지만 악어 라시는 음성 라시이기 때문에 그들의 본성은 진취적이 아니라 수용적이다. 그들은 과거 생에서 한 행동들이 가져온 효과들에 대해 수용적이며 과거의 행동들로 인해 축적된 영향이 그들을 가장 파워풀하게 작용시키기 때문이다. 그래서 악어 라시인들은 자신의 행동에 대해 어떤 책임감을 잘 느끼며 공연히 걱정을 많이 하거나 집착하거나 괴로움을 겪는 경향이 있다. 우리가 임시적으로 사용하는 작은 개인의 의지보다 훨씬 더 파워풀하게 작용하는 어떤 큰 힘에 대한 책임감을 바로 느끼기 때문이다.

한편으로는 만약 자신들이 잘하고 있다 싶으면 그러한 일의 결과에 대해 집착하거나 결과와 자신을 동일시하여 자부심에 차서 으쓱거릴 수도 있다. 그러나 악어 라시의 로드인 토성은 그들에게 겸손히 무릎을 꿇도록 강요할 것이다. 행동의 결과에 대해 초연해지는 것만이 그들의 행복을 쥐고 있는 열쇠이기 때문이다. 카르마의 열매는 물질적 형태의 보상으로만 오는 것이 아니다. 자신들이 한 행동으로 인해 다른 사람들이 그들을 어떻게 생각하느냐, 그리고 자신들의 행동으로 스스로를 어떻게 생각하느냐 하는 것도 보상에 포함된다는 사실을 잘 알아야 한다.

그들의 진화 목적은 맞은편에 있는 게 라시의 자질을 계발하는 것이다. 악어 라시인들이 집착을 놓아버리는 동안, 감정상으로 느낄 수 있어야 하고 민감해질 수도 있어야 한다. 단순히 의무감으로 바뀌는 것이 아니라, 자신들의 필요나 느낌을 따라 바뀌어야 한다는 사실을 배우는 것이다. 그러나 가장 중요한 사실은 내적인 필요를 외적으로 채

우려는 기대가 어떻게 불행을 초래하는지를 반드시 알아야 한다는 것이다. 그리고 어떻게 자신들 내면에서 이러한 필요를 충족시킬 수 있을지도 알아야 한다.

파트너십은 자신보다 훨씬 지나치게 예민하고 감정적인 사람과 맺어지거나 그들에게 감정상 주의를 요하는 사람들과 맺어지는 경향이 있다. 그들의 이성관계는 자신들이 갖춰야 할 감수성이나 필요로 하는 것들에 대한 상당한 의식을 하도록 만든다.

악어인의 주 자질은 카르마, 일을 통해 에너지를 사용하는 것을 나타낸다. 에너지는 결코 잃게 되지 않는다. 단지 변형이 될 뿐이다. 그래서 카르마는 지속적인 효과를 가지고 있다. 이는 마치 악어가 억만 년 동안 진화의 법칙을 거스른 채 현재의 모습을 유지하고 있다는 사실과도 상통한다. 두 개의 슈바, 금성과 수성은 이처럼 효과가 오래 남아 있는 일을 나타낸다. 세 개의 파파, 화성과 목성과 달은 보상을 하기 위해 한 일들이지만 효과가 유지되는 것을 방해하는 대신에 문제만 되는 일들을 늘리는 것을 나타낸다. 두 개의 사마, 태양과 토성은 이러한 일을 도와주지도, 방해하지도 않는다. 악어가 10번째 라시라는 점에서, 10번째 로드 금성은 슈바라는 점이 적절하고 이득을 주는 행위를 하고자 하는 악어인의 본성적 성향을 나타낸다.

악어 라그나: 슈바(수성, 금성), 중립(토성, 태양), 파파(달, 화성, 목성)

Pisces	Aries	Taurus	Gemini
Aquarius			Cancer
			Leo
Sagittarius	Scorpio	Libra	Virgo

2nd 토성	1st House 토성		12th 목성
3rd 목성			11th 화성
4th 화성			10th 금성
5th 금성	7th 달		9th 수성
6th 수성		8th 태양	

"화성, 목성, 그리고 달은 파파이다. 금성과 수성은 길조적이다. 토성은 자신이 죽이지 않을 것이다. 킬러는 화성과 다른 파파들이다. 태양은 중립적 효과들을 낸다고 한다. 금성은 유일하게 길조적 요가를 내는 이다. 그러므로 악어 라그나의 조정된 결과

들을 리쉬들이 말하였다."

슈바	수성, 금성(특히 길조적)
중립	태양, 토성
파파	달, 화성, 목성
마라카	-

"태양(8로드)은 악어인의 감춰진 부분이다.

달(7로드)은 악어 라시인이 가진 사슴의 얼굴이다.

화성(4, 11로드)은 악어인이 가진 공격성이다.

수성(6, 9로드)은 염소가 짐을 운반한 대가로 받은 행운이다.

목성(3, 12로드)은 사슴이 가진 온순함이다.

금성(5, 10로드)은 염소의 품위이다.

토성(1, 2로드)은 염소가 가진 자급자족 능력이다."

악어 라그나는 사슴의 얼굴과 악어의 몸을 한 전설의 동물을 심볼로 가지고 있다. 서양 점성학에서는 '염소 사인'이라는 이름을 사용하는데, 실제로 '악어'라는 명칭도 정확하지는 않지만 통용되고 있는 이름이다. 악어 라시는 자연적 조디액의 10번째 하우스로서 야망을 상징한다. 사나운 입으로 먹이를 채 무는 모습과 땅과 물 모두에서 살 수 있는 높은 적응력을 가졌기 때문이다. 토성과 상호간에 좋은 친구인 금성이 5번의 투기 하우스와 10번의 커리어 하우스를 로드하기 때문에 악어인들이 가진 야망을 특히 강화시켜준다. 토성은 느리고, 안정적이고, 뒤에서 숨은 채 일을 하고, 점차적인 진보를 지향한다. 그래서 인생 후반에 성공하는 예들이 자주 있다. 특히 커리어 진보가 늦어지는 경향이 있는데, 태양계에서 가장 느린 주기를 가졌을 뿐 아니라, 악어 라시는 수동적인 흙의 원소이기 때문에 더욱 그러하다. 토성은 4번째 산양 라시에서 취약이 된다. 악어인들 삶에서 가정생활, 조상, 뿌리, 재산 등과 연관된 전반적인 불만족 상태를 의미한다. 그에 비해 사랑의 행성 금성은 5번 자녀의 하우스 로드이기에, 특히 자녀들에게 지극한 애정과 사랑을 가지게 한다. 고정재산의 카라카이면서, 동시에 4번과 11번 로드인 화성은 1번째 하우스에서 고양이 되는 자리이다. 악어인들이 고정된 재물과 이득을 쌓을 수 있는 저력을 준다. 또한 4번의 산양 라시는 토성이 취약이 되는 자리이다 보니, 악어인들이 돈에 인색하고 구두쇠적인 성향을 가지게 만든다. 영성의 카라카 목성은 3번과 12번을 로드하며 1번째에서 취약을 얻는 자리이다. 그래서 대체로 전통적이고 보수적인 믿음이나 종교에 끌림을 느끼게 만든다.

○ **물병 라그나**

물병은 고정적 공기의 라시이다. 강한 의견과 소통적인 성향을 준다. 물병은 종종 발명적이고 오리지널한 마인드를 가지고 있다. 물병은 독립적인 행위를 하며, 다른 사람의 감정이나 필요에 좀 더 민감해질 필요가 있다. 토성이 로드한다.

긍정적 자질들	오리지널, 총명한, 이상적, 관대한, 다른 사람들을 기꺼이 도와주는, 열심히 일하는, 문학이나 음악, 철학, 그리고 다른 깊은 공부들에 관심이 지대한, 그룹에서 두드러지는 사람
부정적 자질들	반항적인, 고집스런, 기상천외한, 이유도 없이 전쟁을 할 수 있는, 고약한 성격, 무관심이나 자극을 받으면 잘 터지는, 예측하기 어려운 행위
특별한 자질들	예민한, 총명한, 동정적, 이타적, 친구들을 좋아하는, 우정을 소중히 여기는, 어떤 명령에도 굴하지 않는, 청결함과 정돈을 좋아하는, 사랑과 케어가 계속 필요한, 무관심이나 모욕, 잘못 대접을 받으면 가지고 있는 모든 좋은 자질들을 잃고 만다.

라그나로 물병 라시를 가진 사람들은 의식이 개인화된 사람들이다. 흔히 돌, 나무, 동물 등의 형태를 거쳐 마침내 사람의 몸을 가지고 세상에 나왔지만, 그러나 아직까지 근원적 대영혼과 합치를 이룰 수 있는 준비는 되지 않았다. 의식이 개인화될 수 있을 때까지는 본래의 집으로 돌아갈 준비가 아직 되지 않은 것이다. 의식이 개인화된다는

뜻은 각자가 가진 서로 다른 점들이나 비슷한 점들, 좋은 점이나 나쁜 점 등을 알고 그러한 다양함을 완전히 받아들임을 말한다. 그럴 수 있으려면 먼저 정신적으로 건강해야 한다. 토성이 관장하는 물병 라시는 이러한 갈등이 일어나고 있는 곳이다. 자신에 대한 완전한 이해를 하고 완전히 자신을 수용하게 만드는 라시이다. 물병 라시인들은 대체로 혼자서만 동떨어진 것 같은 불안감이나 남과 다른 것 같은 이질감 때문에 개인적인 불안정에 시달리게 된다. 그런 식으로 정말 하고 싶은 일을 못 하도록 자신 스스로 제약을 가하기보다는 차라리 집착하지 않는 초연함을 배우게 되면 어떤 미흡한 느낌도 수월하게 떨쳐버릴 수 있다. 자신의 있는 모습 그대로 받아들이는 것이 그들의 안녕과 행복을 결정하는 중요한 과제인 것이다.

물병 라시인들의 진화 목적은 맞은편에 있는 사자 라시의 자질을 계발하는 것이다. 물병 라시인들은 자신이 가진 개성의 독특함을 볼 수 있어야 한다. 그들은 한 개인으로 서 있는 현재의 바로 그 자리에서 현생에 주어진 역할을 수행하고 있는 것이다. 이러한 역할을 집착하는 마음 없이 행하게 되면, 자신들의 인생을 완전히 즐길 수 있게 된다. 그리고 라그나 로드인 토성이 주고 있는 어떤 정신적 고통으로부터도 자유로울 수 있게 된다. 파트너십은 물병 라시인들의 개인성을 지지해주는 사람들이나 혹은 자신들보다 더 다이내믹하고 매혹적이고 자기중심적인 사람들과 맺어지는 경향이 있다. 이렇게 자신과 대립하는 파트너들을 통해 그들은 스스로의 개인성을 인식할 수 있게 되는 것이다.

물병인의 주 자질은 분리의식을 극복하고 개인성을 수용하는 것이다. 세 개의 슈바, 금성과 토성과 수성은 물병인이 이러한 개인성을 수용하도록 도와준다. 그리하여 분리의식을 해결할 수 있게 한다. 세 개의 파파, 목성과 달과 화성은 물병인들이 이렇게 수용하고자 하는 노력을 좌절시킨다. 태양은 무관심하다.

Pisces	Aries	Taurus	Gemini
			Cancer
Capricorn			Leo
Sagittarius	Scorpio	Libra	Virgo

"목성, 달, 화성은 파파이다. 금성과 토성은 길조적이다. 금성은 유일하게 라자 요가를 내는 이로 알려져 있다. 목성, 태양, 그리고 화성은 킬러이다. 수성은 중간 정도 효과를 준다고 하였다. 그러므로 물병 라그나가 내는 조정된 결과들을 리쉬들이 말하였다."

슈바	금성(특히 길조적), 토성
중립	수성
파파	달, 화성, 목성
마라카	태양, 화성, 목성

"태양(7로드)은 물병을 나르는 라그나인이 향하고 있는 사람들이다.

달(6로드)은 빈 물병 안에 있어야 하는 호숫물인데, 그 안에 없거나 아니면 이미 다른 사람들에게 나눠줘 버렸을 수도 있다.

화성(3, 10로드)은 그의 팔로서, 물병을 운반하면서 강해져 있다.

수성(5, 8로드)은 그가 가진 진정한 개인성이 분출됨이다.

목성(2, 11로드)은 물병이 가진 소중한 가치이다.

금성(4, 9로드)은 물병이다.

토성(1, 12로드)은 물병을 운반하고 있는 그 사람이다."

물병 라그나는 빈 물병을 든 남자의 심볼을 가지고 있다. 물병은 물을 모으고 저장할 수 있는 도구이다. 그래서 물병인들은 지식을 모으는 것을 즐긴다. 라그나 로드 토성과 상호간에 좋은 친구 금성이 교육과 연관된 두 개의 하우스, 4번과 9번을 로드하기 때문에 더욱 그러하다. 토성은 또한 9번 천칭 라시에서 고양이 되는 자리이다. 그런데 물병인들은 영적인 지혜보다는 물질적이고 과학적인 지식과 배움에 더욱 관심이 있다. 금성과 토성은 모두 물질적인 행성들이기 때문이다. 물병인들의 삶에서는 이득과 손실이 교차하게 된다. 라그나 로드가 12번 잃음과 비용의 하우스도 동시에 로드하기 때문이다. 토성의 느린 속성으로 인해 악어 라그나와 마찬가지로 커리어의 진보나 성공도 천천히 일어난다. 하지만 남성적인 라시이기 때문에 악어 라그나보다는 진척이 빠르다. 물병은 자연적 조디액의 11번째 하우스이다. 그래서 물병인들은 친구나 사회적 클럽, 인맥형성 등에 대한 관심이 많으며, 대체로 돈에 대한 지나친 관심이 없다. 부의 행성인 목성이 2개의 재물 관련 하우스, 2번과 11번을 로드하기 때문에 돈보다는 친구들을 사귀고 사회적 의무를 이행하는 데 더 관심이 지대하다. 토성은 3번 하우스 산양 라시에서 취약을 얻는 자리이다. 물병인들이 형제들이나 동료들에게 기가 잘 죽거나 멀어지게 만드는 경향이 있게 한다. 특히 3번 로드인 화성이 토성에게 적이면서 형제와 동기들을 나타내는 3번 하우스의 자연적 카라카이기 때문이다.

○ **물고기 라그나**

물고기는 변통적 물의 라시이다. 수용적이고 민감한 성향을 준다. 물고기는 종종 아주 액티브한 상상력을 가졌다. 물고기는 직관적이고, 이상적이며, 공상이나 꿈꾸는 듯한 성향을 가졌다. 목성이 로드한다.

긍정적 자질들	종교적, 정의를 사랑하는, 배움이 많은, 친절한 수용적, 힘든 사람들을 기꺼이 돕고자 하는, 직관적, 자신이 가진 것에 만족한, 여행을 좋아하는
부정적 자질들	자신감이 부족한, 긴장을 잘하는, 혼란스런, 애매한, 권력에 대한 욕심, 라그나가 손상이 되었으면 불법적인 섹스나 쾌락을 가지는, 교활한, 이기적, 속이는
특별한 자질들	해변이나 강둑 근처에 있는 도시에서 일을 하며 생계를 유지하는, 권력을 회복할 수 있는 능력이 뛰어난, 질병에서 빨리 회복을 하는, 종교적이고 신을 두려워하는, 자신의 어려움을 기도나, 성지순례, 불우한 사람들을 돕는 행위로 극복을 하는

물고기 라시는 조디액의 마지막 라시이다. BPHS에 따르면, 물고기 라시는 완성을 나타낸다. 물고기 라시를 라그나로 가진 사람들은 지금 생에서 완성을 하는 단계에 있다. 이 말은 영혼이 더 이상 환생하지 않는다는 의미의 완성을 뜻하는 것이 아니다. 지금 생에서의 정체성이나 삶에서 성취해야 할 어떤 것이 완성적 단계에 있다는 뜻이다. 그리하여 그들에겐 앞을 향하는 의지나 삶에서 뭔가 이루고자 하는 목적의식이 결여되어 있다. 그들의 삶에 나타나는 것들은 대부분 카르마를 완성시키려는 목적으로 오기 때문이다. 그래서 그들에겐 주어진 것을 가지고 최선을 다해볼 수 있는 기회가 적다. 물고기 라시의 이러한 특성을 두 마리 물고기가 서로 반대 방향으로 헤엄치고 있는 상징이 잘 대변해주고 있다. 물고기 라시는 변환할 수 있으며 유동적이고 수용적이며 보다 큰 힘에 의탁을 할 수 있는 라시이다.

이들이 가진 진화 목적은 맞은편에 있는 처녀 라시의 자질을 계발하는 것이다. 물고기 라시인들은 노동의 중요함을 배워야 하며, 다음 생의 성장에 이득이 될 수 있도록 증진해야 한다. 지금 생은 거의 완성 단계에 있지만, 현생에서 한 일들이 다음의 생 혹은 죽은 후에 영향을 미칠 것이기 때문이다. 그러므로 그들은 현재의 삶에 나타나는 것들이 자신이 해야 할 의무임을 알고 최선을 다할 수 있어야 한다. 비록 지금 생에서 어떤 것들이 바뀌거나 완성해야 하는 것들과의 카르마가 연장되는 건 아니지만, 그렇게 함으로써 자신들의 재능, 카르마, 자질 등이 연마될 수 있고 또 다음 생에 좀 더 유용하게 사용할 수도 있을 것이다. 파트너십은 자신들보다 더욱 일이나 행동지향적인 사람들과 맺어지는 경향이 있다. 혹은 그들이 의무를 좀 더 잘 수행하고자 배려하는 마음을 내도록 동기를 부여하는 사람들과 맺어지기도 한다.

물고기인의 주 자질은 어떤 더 위대한 것과 합치하고자 하는 것이다. 두 개의 슈바, 화성과 달은 이러한 합치를 도와준다. 네 개의 파파, 토성과 금성과 태양과 수성은 이러한 합치를 방해한다. 목성은 무관심하다. 그러나 화성과 삼반다를 하고 있으면 이러한 합치를 도와줄 것이다.

물고기 라그나: 슈바(달, 화성), 중립(목성), 파파(태양, 수성, 금성, 토성)

	Aries	Taurus	Gemini
(물고기)			
Aquarius			Cancer
Capricorn			Leo
Sagittarius	Scorpio	Libra	Virgo

```
        2nd              12th
        화성             토성
  3rd        1st
  금성       House              11th
             목성               토성
        4th              10th
        수성             목성
  5th        7th              9th
  달         수성             화성
        6th              8th
        태양             금성
```

"토성, 금성, 태양, 그리고 수성이 파파이다. 화성과 달은 길조적이다. 화성과 목성은 요가를 내며, 화성은 또한 마라카이다. 그러나 죽이지는 않을 것이다. 토성과 수성은 마라카로 기술되어 있다. 그러므로 물고기 라그나가 내는 효과들이 완전하게 알려지게 된다."

슈바	달(특히 길조적), 화성
중립	목성
파파	태양, 수성, 금성, 토성
마라카	토성, 수성

"태양(6로드)은 물고기의 몸이 진화된 것이다.

달(5로드)은 물고기가 안에서 넘겨다보고 있는 대양이다.

화성(2, 9로드)은 디바인 어부의 뾰족한 미끼이다.

수성(4, 7로드)은 물밑에서 소통할 수 있는 물고기들의 능력이다.

목성(1, 10로드)은 물고기들이 움직일 때 생겨나는 물결이다.

금성(3, 8로드)은 쉴 새 없이 헤엄치고 있는 물고기들이며, 아가미에 산소를 채워줄 필요가 있다.

토성(11, 12로드)은 두 마리의 물고기가 서로 반대 방향으로 헤엄치고 있는 것이다."

물고기 라그나의 심볼은 서로 다른 방향으로 헤엄치고 있는 두 마리의 물고기이다. 물고기인들이 가진 상충되는 야망과 이상들을 반영하고 있다. 두 번 이상의 결혼도 나타낼 수 있다. 목성의 자연적 적인 수성이 7번 로드이면서 1번의 물고기에서 취약을 얻는 자리이기 때문이다. 수성은 또한 4번 로드이기에 정규교육의 어려움도 나타낸다. 목성은 5번 하우스 게 라시에서 고양을 얻기 때문에, 물고기인들이 가르치는 것을 좋아하게 만든다. 목성은 라그나 로드이면서 동시에 5번 하우스의 카라카이기도 하기 때문이다. 10번의 대외적 하우스 로드이기에 그러한 가르침을 대외적으로 펼치는 것을 나타낸다. 금성이 물고기인에게 최악의 행성이다. 목성에게 자연적 적이면서, 동시에 3번과 8번 하우스를 로드하기 때문이다. 금성은 1번째 물고기에서 고양을 얻는 자리이다. 물고기인들에게 금성이 주는 해로운 영향, 특히 결혼생활과 연관된 어려움을 의미한다. 금성은 결혼의 자연적 카라카이다. 그에 비해 물고기인들은 자녀들과의 좋은 행복을 누린다. 5번 로드 달이 목성과 좋은 친구이며, 목성이 고양을 얻는 자리이기 때문에 최고로 고양된 자녀들을 가지거나, 자녀들과 최고로 좋은 관계성을 가지는 것을 의미한다. 5번 하우스의 고양성은, 물고기인들에게 지혜에 대한 애정과 사랑을 가지게 한다. 시적인 것들에 대한 관심도 가지게 한다. 태양은 6번째 하우스 로드로서 의약에 대한 관심을 가지게 한다. 특히 자연적 조디액의 12번째 하우스로서 병원이나 요양원 등과 관련을 가지고 있거나 12번 하우스의 로드인 토성이 개입된 경우에는 더욱 그러하다. 목성은 자신이 미워하는 행성이 아무도 없기 때문에, 여성적 라시의 수동적인 태도로 상대나 적들을 호감으로 이길 수 있게 한다. 대체로 물고기인들은 온화한 자세를 가지고 있기 때문에 다른 사람들에게 이용을 당할 수 있는 여지가 높다. 혹은 친구, 형제, 가족, 클럽 회원들이 사회 구성인들에게 당했거나 실망을 하는 일도 실제로 자주 일어난다. 11번 하우스 악어 라시에서 목성은 취약을 얻는 자리이기 때문이다.

13.

삼반다와
어스펙트

　모든 행성들은 어느 누구도 홀로 존재하거나 독자적으로 자신이 가진 특성이나 저력을 발휘하는 것이 아니라, 특정한 조합이나 원칙들에 의해 항상 다른 행성들과 상관관계를 맺으며 서로에게 영향력을 미치면서 전체 차트가 가지고 있는 잠재성들을 발현하게 된다. 이렇게 행성들이 서로 관계성을 맺는 것을 '삼반다(Sambhanda)'라고 하는데, '같이 묶는'이라는 의미이다. 삼반다는 한 개의 하우스에 같이 합치를 하거나, 각자 가지는 라시를 상호교환하거나, 혹은 어스펙트를 통해 맺어지게 된다. 모든 행성들은 자신이 위치한 곳에서 특정한 반경 내에 위치한 다른 행성들에게 영향을 미치게 되는데, 이를 '어스펙트(Aspect)'라고 한다. 산스크리트어로는 '드리쉬티(Drishti)'이며 '쳐다보다'라는 뜻으로, 행성들이 자신의 에너지를 다른 행성들에게 미칠 수 있는 영향력을 의미한다. 행성들이 삼반다를 통해 직접적인 영향력을 행사할 수 있는 반경 내에 가까이 있을수록 이들이 가진 특성들은 복합적으로 조율되어 나타나게 된다.

행성간 어스펙트의 의미들(K. N. Rao)

모든 행성들이 일곱 번째 하우스를 풀 어스펙트한다는 것은 잘 알려진 사실이다. 왜 모두 7번째를 어스펙트하는가? 자신의 하우스와 자녀들을 지키기 위해서 모든 사람들은 특히 여자들을 보호하는 데 아주 각별한 주의를 기울여야 한다. 7번째 하우스는 결혼, 아내(배우자)의 하우스이기 때문이다. 아내(배우자)를 보호하는 것이 모든 사람들이 가진 평생의 의무이다. 삶의 기둥을 보호하기 위해서는, 가정의 안정성이 요구된다.

그 외에 특별한 어스펙트가 있다. 목성은 5번째, 9번째 하우스도 어스펙트한다. 화성은 4번째, 8번째 하우스도 어스펙트한다. 토성은 3번째와 10번째 하우스도 어스펙트한다. 왜 그러한지 이유를 살펴보기로 하자.

○ 목성

목성은 디바인 신성의 행성으로 배움과 자녀들(5번 하우스 팩터)에 대한 보호를 해야 하는 의무를 가졌다. 또한 아버지와 종교도 보호해야 한다(9번 하우스 팩터). 그래서 5번째와 9번째의 특별한 어스펙트를 하게 되는 것이다.

○ 화성

우리가 살고 있는 집은 경찰, 시, 군대 등의 형태로 안전한 보호가 필요하다. 화성은 군인, 경찰 등을 나타낸다. 그래서 4번째의 특별한 어스펙트를 가진다. 화성의 8번째 어스펙트는 수명의 하우스를 보호하기 위함이다. 화성의 의무는 생명과 재산을 보호하는 것이다.

○ 토성

토성은 3번째를 어스펙트한다. 원하는 것을 이루기 위해선 노력(저력)을 해야 함을 나타낸다. 10번째 하우스는 우리가 행하는 액션(카르마)을 나타낸다. 토성의 도움이 필요하기에 10번째를 어스펙트하는 것이다.

삼반다가 형성되는 경우

○ 합치

두 개 이상의 행성들이 같은 라시 내에 있을 경우에 해당한다. 두 행성 간의 간격이 아무리 멀어도 같은 라시 내에 있으면 합치로 간주한다. 반면에, 서로 1도 범위로 가까이 있더라도 두 다른 라시에 있으면, 합치로 간주하지 않는다(예를 들어, 태양이 산양 29° 30', 달이 황소 0° 20'에 있는 경우, 합치가 아니다. 반면 태양이 쌍둥이 0° 20', 달이 쌍둥이 29° 30'에 있는 경우 합치로 간주한다).

○ 파리바르타나(Parivartana, 상호교환)

두 행성이 가지는 라시를 서로 상호교환하는 경우에 해당한다(예를 들어, 태양이 산양 라시에, 화성이 사자 라시에 있는 경우 두 행성은 서로 가지는 라시를 상호교환하고 있다).

○ 어스펙트(Aspect)

행성이 쳐다볼 수 있는 반경 내에 있는 경우에 해당한다. 이러한 어스펙트는 서로가 쳐다보거나, 혹은 한 개의 행성만 다른 행성을 쳐다보는 경우가 있을 수 있다.

이러한 삼반다 중에서 합치와 파리바르타나는 베딕 점성학의 독특한 요가(Yoga) 조합들을 형성하는 데 기본적인 틀을 제공하는 아주 중요한 관계성으로 다음의 요가 장에서 상세하게 다루기로 하겠다. 세 번째 삼반다의 조건, 어스펙트에는 세 가지 종류가 있다. 행성간 어스펙트, 라시 어스펙트, 타지카 어스펙트이다. 이러한 어스펙트가 형성되는 조건들은 다음과 같다.

어스펙트(드리쉬티)의 일반적인 원칙

○ 행성간 어스펙트

모든 행성간 어스펙트는 자신이 위치한 라시에서 정확한 각도로 계산한다. 일반적으로 하우스 위치로 계산하는 점성가들이 많은데 잘못된 계산방식이다. 두 행성간에 블라인드 스팟으로 인해 실제 어스펙트가 되지 않는 경우가 자주 일어난다.

○ 라시 어스펙트

모든 라시 어스펙트는 라시의 모드 유형별로 계산한다(유동적, 고정적, 변통적 라시).

○ 타지카 어스펙트

모든 타지카 어스펙트는 행성간 궤도로 계산한다.

행성간 어스펙트

○ 행성간 풀 어스펙트(180°): 드리쉬티 100%

모든 행성들은 자신의 위치에서 7번째(180°) 하우스를 풀 어스펙트한다.

화성, 목성, 토성은 추가적인 풀 어스펙트 범위를 가지고 있다.

화성은 4번째(90°)와 8번째(210°) 하우스, 목성은 5번째(120°)와 9번째(240°) 하우스를, 토성은 3번째(60°)와 10번째(270°) 하우스를 풀 어스펙트 한다.

라후와 케투는 아무런 어스펙트를 하지 않는다.

○ 행성간 부분적 어스펙트: 드리쉬티 75%, 50%, 25%

모든 행성들은 4번째(90°)와 8번째(210°) 라시/하우스를 75% 어스펙트한다(화성은 예외로 100%).

모든 행성들은 5번째(120°)와 9번째(240°) 라시/하우스를 50% 어스펙트한다(목성은 예외로 100%).

모든 행성들은 3번째(60°)와 10번째(270°) 라시/하우스를 25% 어스펙트한다(토성은 예외로 100%).

블라인드 스팟

블라인드 스팟 범위는 0~30도 사이, 150도, 300~360도 사이에 행성들이 있을 때 형성된다. 예를 들어 산양 라시 10도에 목성이 있고, 사자 라시 160도에 금성이 있는 경우, 두 행성은 서로 블라인드 스팟에 있어 목성의 5번째 어스펙트 혜택을 금성은 받지 못한다.

○ 태양, 달, 수성, 금성의 행성간 어스펙트 범위 도표

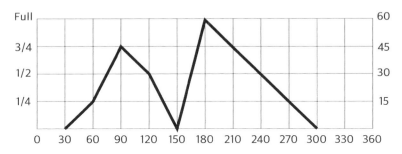

○ 토성의 행성간 어스펙트 범위 도표

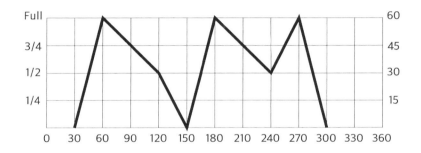

○ **화성의 행성간 어스펙트 범위 도표**

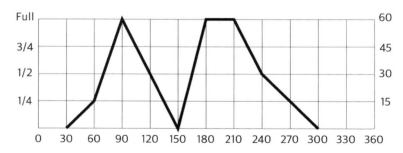

○ **목성의 행성간 어스펙트 범위 도표**

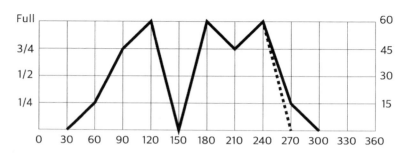

　행성간의 어스펙트 성격이 길조적인가, 어려운 것인가 하는 팩터는 관련된 행성들의 성향에 의해 결정된다. 예를 들어 화성과 토성 간의 어스펙트는 둘 다 자연적 흉성인지라 어려운 어스펙트에 속한다. 달과 목성 간의 어스펙트는 둘 다 자연적 길성인지라 길조적인 어스펙트에 속한다.

상호 어스펙트

　만약 두 개의 행성이 서로 상호 어스펙트하는 경우에는, 행성간에 서로 미치는 에너지 영향력을 해석하기가 좀더 복잡해진다. 이런 경우에는 관련된 행성간의 케미스트리에 따라 결과가 달라진다.

행성간의 삼반다(Sambhanda) 성립 조건

- 두 개의 행성이 서로 행성간 어스펙트하고 있는 경우에 두 행성간에 삼반다가 형성된다.
- 두 개의 행성이 서로 라시를 상호교환하고 있는 경우에 두 행성간에 삼반다가 형성된다(예를 들어 토성이 천갈 라시에 있고, 화성이 물병 라시에 있는 경우).
- 행성 A의 라시에 행성B가 있는 경우에 두 행성간에 삼반다가 형성된다(예를 들어 토성이 산양라시에 있는 경우에 화성과 어스펙트 반경 내에 있지 않더라도, 토성과 화성은 서로 삼반다를 맺는다). 그러나 위의 두 경우보다 강도가 약한 삼반다이다.

○ 예시 차트: 로버트 다우니 주니어

다음의 예시 차트는 「아이언맨」 영웅 로버트 다우니 주니어의 차트에서 계산한, 행성간 어스펙트 비중을 표기한 것이다. 로버트 다우니 주니어의 차트에는 행성들이 다음과 같이 위치하고 있다.

사자 라그나 - 2번 하우스에 화성(처녀) - 5번 하우스에 케투(인마) - 8번 하우스에 토성(물고기) - 9번 하우스에 금성, 태양, 수성(산양) - 10번 하우스에 달, 목성(황소) - 11번 하우스에 라후(쌍둥이)

Kala - [Robert Downey Jr. 4/4/1965 13:10:00   MAIN SCREEN]
File Screens Transits Yogas Print Options Tools Window Help

Pi		Rev **Ve** 12:50	Ar	Ta		Kri **Ju** 26:11	Ge
PBh **Sa** 11:59		Rev **Su** 14:45					Mri **Ra** 15:28
			Rev **MeR** 21:12	Kri **Mo** 19:11			
	8	9		10	11		

Planetary Aspects

Aspected Planets in Rasi

	Su	Mo	Ma	Me	Ju	Ve	Sa	Ra	Ke
Su	--	2	5	Y	6	Y		16	30
Mo		--	35		Y		4		47
Ma	55	25	--	49	22	57	60	12	55
Me	Y		11	--	2	Y		12	33
Ju		Y	52		--		7		50
Ve	Y	3	3	Y	7	--		18	29
Sa	6	56	56	18	53	2	--	43	53
+	0	3	100	0	9	0	11	30	159
-	61	84	61	67	81	59	60	71	137

Aq							Cn	Le 13:52
Cp						1		
	6	5	4		3		2	
	Jye **Ke** 15:28						PPh **MaR** 10:11	
Sg			Sc	Li				Vi

○ **행성간 어스펙트 차트(Y는 합치, 60비중을 의미한다)**

가로로 나열된 행성들에, 세로로 나열된 행성들이 드리쉬티하고 있는 비중을 표기한다.

태양에게	화성(55), 수성(Y. 60), 금성(Y, 60), 토성(6)	
달에게	태양(2), 화성(25), 목성(Y, 60), 금성(3), 토성(56)	
화성에게	태양(5), 달(35), 수성(11), 목성(52), 금성(3), 토성(56)	
수성에게	태양(Y, 60), 화성(49), 금성(Y, 60), 토성(18)	
목성에게	태양(6), 달(Y, 60), 화성(22), 수성(2), 금성(7), 토성(53)	**드리쉬티하고 있다.**
금성에게	태양(Y, 60), 화성(57), 수성(Y, 60), 토성(2)	
토성에게	달(4), 화성(60) 목성(7)	
라후에게	태양(16), 화성(12), 수성(12), 금성(18), 토성(43)	
케투에게	태양(30), 달(47), 화성(55), 수성(33), 목성(50), 금성(29), 토성(53)	

○ **참고 예시**

만약 정확한 각도로 계산하지 않게 되면, 처녀 라시에 있는 화성의 경우 8번째 어스펙트 원칙으로 인해, 산양 라시에 있는 세 행성(금성, 태양, 수성)에 모두 풀 어스펙트를 하는 것으로 여기게 될 것이다. 그런데 실제로 보면, 화성은 금성(57), 태양(55), 수성(49) 모두 다른 비중으로 어스펙트를 하고 있다. 그럼으로 화성이 이들에게 미치는 영향력의 범위도 조율되게 되는 것이다. 이런 식으로 모든 행성간 어스펙트는 원칙에 기준하여 정확한 각도에 기준하여 계산을 해야 한다. 만약 하우스 위치만으로 대충 살피게 되면 잘못된 차트 해석이 나오게 될 것이다.

라시(Rasi) 어스펙트

라시 어스펙트는 주로 재미니(Jamini) 점성학에서 사용하는 어스펙트이다. 파라샤라(BPHS)에서도 라시 어스펙트에 대한 설명을 하고 있다.

○ **유동적(챠라, Chara) 라시**

모든 유동적(챠라, Chara) 라시들은 모든 고정적(스티라, Sthira) 라시들을, 모든 고정적 라시들은 모든 유동적 라시들을 라시 어스펙트하는데, 바로 옆에 있는 라시는 제외한다.

○ **변통적(드비스바 바바, Dvisvabhaba) 라시**

모든 변통적(드비스바 바바, Dvisvabhaba) 라시들은 다른 모든 변통적 라시들을 서로 라시 어스펙트한다.

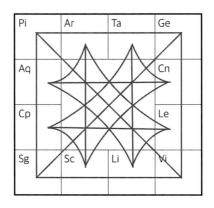

Pi	Ar	Ta	Ge
Aq			Cn
Cp			Le
Sg	Sc	Li	Vi

○ 예시 차트 1: 로버트 다우니 주니어

Kala - [Robert Downey Jr. 4/4/1965 13:10:00   MAIN SCREEN]
File Screens Transits Yogas Print Options Tools Window Help

Pi	Rev **Ve** 12:50	Ta	Kri **Ju** 26:11	Ge
PBh **Sa** 11:59	Rev **Su** 14:45			Mri **Ra** 15:28
		Kri **Mo** 19:11		
	Rev **MeR** 21:12			

(차트 본문: 8, 9, 10, 11 / 7, 12 / 1 / 6, 1 / 5, 4, 3, 2)

Le 13:52

Jye
Ke
15:28

PPh
MaR
10:11

변통적 라시	라후, 화성, 케투, 토성	네 행성들은 서로 라시 어스펙트를 하고 있다.
유동적 라시	금성, 태양, 수성	세 행성들과 라시 어스펙트하는 행성들은 없다.
고정적 라시	달, 목성	두 행성들과 라시 어스펙트하는 행성들은 없다.

○ 예시 차트 2: 오드리 헵번

```
Pi                        Ar  Ta              Kri         Ge
                                              Ra
                                              21:15
        PBh            Asy              Kri              Kri
        Mo             VeR              Ju               Me
        06:27          22:47           20:45            00:19
                                Bha
                                Su
                                13:06      2      3    4    5

                                                        Pus
                1                              6         Ma
                                                        25:09
28:36                                                         Cn
Aq                                   1                   Le
Cp                                                           
        Mul                                      7
        SaR           12
        00:02

    11    10    9         8
                        Vis
                        Ke
                        21:15
Sg                   Sc  Li                              Vi
```

변통적 라시	달, 수성	두 행성은 서로 라시 어스펙트를 하고 있다.
유동적 라시	금성, 화성, 토성	금성(산양)은 케투(전갈)와 서로 라시 어스펙트를 하고 있다. 바로 옆의 황소 라시에 있는 세 행성들에게는 라시 어스펙트를 하지 않는다. 태양, 목성, 라후(황소)는 화성(게), 토성(악어)에게 라시 어스펙트를 하고 있다.
고정적 라시	태양, 목성, 라후, 케투	화성(게)은 태양, 목성, 라후(황소), 케투(전갈)와 서로 라시 어스펙트를 하지만 토성(악어)과는 라시 어스펙트를 하지 않는다. 토성(악어)은 태양, 목성, 라후(황소), 그리고 케투(전갈)에게 라시 어스펙트를 하고 있다. 케투는 토성(악어), 금성(산양), 화성(게)에게 라시 어스펙트를 하고 있다.

타지카(Tajika) 어스펙트

타지카 어스펙트는 서양 점성학에서 사용하는 어스펙트이다. 베딕 점성학에서는 프라즈나 점성학과 박샤팔(솔라 리턴)점성학에서 사용하는 어스펙트이다. 타지카 어스펙트는 16세기에 살았던 인도 점성가 닐라칸타(Neelakantha)가 사용했던 방법으로서 모든 행성들은 어스펙트가 일어나는 궤도(오비트, Orbit)를 가지고 있다. 이러한 방법은 17세기 영국 점성가 윌리엄 릴리(William Lily)가 사용하던 어스펙트와 동일하다.

타지카 어스펙트에는 다섯 가지가 있다. 합치(0°), 정반대편(180°), 스퀘어(90°), 트라인(120°), 섹스타일(60°). 이러한 어스펙트가 일어나는 궤도는 다음과 같다. 합치, 정반대편, 스퀘어 어스펙트는 스트레스를 주고, 트라인, 섹스타일 어스펙트는 서포트를 한다.

어스펙트 효과는 행성들의 속도에 기준하여, 서로 접근하거나, 멀어지거나 하는 궤도 내에 있을 때 발휘된다.
행성들의 속도는 '달 > 수성 > 금성 > 태양 > 화성 > 목성 > 토성' 순으로 빠르다.

○ 행성들의 궤도 범위 차트

	태양	달	수성	금성	화성	목성	토성
궤도	15도	12도	7도	7도	8도	9도	9도

두 행성간의 궤도를 정하기 위해서는, 두 행성의 각도를 모두 합한 뒤 2로 나눈다. 예를 들어 목성과 금성이 서로 트라인 관계에 있는지 보는 경우에, 목성의 궤도는 9도이고 금성의 궤도는 7도이다. 9 + 7 = 8도이므로, 두 행성간에 정확한 트라인(120°)이 일어나는지 아닌지 판단하기 위한 반경은 앞뒤로 ±8도이다 (112°에서 128°사이).

```
Kala - [ Robert Downey Jr. 4/4/1965 13:10:00      MAIN SCREEN ]
File  Screens  Transits  Yogas  Print  Options  Tools  Window  Help
```

Pi		Rev **Ve** 12:50		Ar	Ta			Kri **Ju** 26:11			Ge
PBh **Sa** 11:59		Rev **Su** 14:45							Mri **Ra** 15:28		
			Rev **MeR** 21:12		Kri **Mo** 19:11						
	8		9				10		11		

토성과 화성이 서로 **정반대편(180도)에 있다.** 화성의 궤도(8도) + 토성의 궤도(9도) = 17 / 2 = 8.5. 만약 두 행성이 (8:30) 간격 내에 있으면 '정반대편' 어스펙트를 형성하게 된다. 두 행성 간의 간격은 (1:48)로(화성 10:11, 토성 11:59) 서로 아주 가깝다. 화성이 토성보다 운행 속도가 빠르므로 화성이 토성에게 '접근하는' 어스펙트를 형성하고 있다.

달이 화성과 트라인(120도) 위치에 있다. 달의 궤도(12) + 화성의 궤도(8) = 20 / 2 = 10. 두 행성 간의 간격이 10도 이내이면 '트라인' 어스펙트가 형성된다. 두 행성 간의 간격은 (9:00)으로(달 19:11, 화성 10:11) 서로 범위 내에 있다. 달은 화성보다 운행 속도가 빠른 행성이면서, 달의 각도가 화성보다 높기 때문에 '멀어지는' 어스펙트를 형성하고 있다.

목성이 화성과 트라인 위치에 있다. 화성의 궤도(8) + 목성의 궤도(9) = 17 / 2 = 8.5. 두 행성 간의 간격이 8:30도 이내이면 '트라인' 어스펙트가 형성된다. 두 행성 간의 간격은 (16:11)로(목성 26:11, 화성 10:11) 서로 어스펙트 범위 내에 있지 않다.

토성과 달이 섹스타일(60도) 위치에 있다. 토성의 궤도(9) + 달의 궤도(12) = 21 / 2 =

10.5. 만약 두 행성 간의 간격이 10:30도 내에 있으면 '섹스타일' 어스펙트가 형성된다. 두 행성 간의 간격은 (7:12)로(토성 11:59, 달 19:11) 서로 어스펙트 범위 내에 있다. 달이 토성보다 운행 속도가 빠르다. 달의 각도가 토성보다 높으므로 '멀어지는' 어스펙트를 형성하고 있다.

토성과 목성이 섹스타일(60도) 위치에 있다. 토성의 궤도(9)＋목성의 궤도(9)＝18／2＝9. 만약 두 행성 간의 간격이 9도 내에 있으면 '섹스타일' 어스펙트가 형성된다. 두 행성 간의 간격은 (14:12)로(토성 11:59, 목성 26:11) 서로 어스펙트 범위 내에 있지 않다.

○ **예시 차트 2: 오드리 헵번**

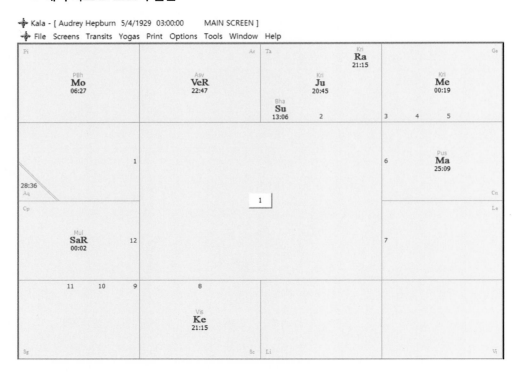

달과 수성이 서로 앵글 위치에, 달과 태양, 목성이 서로 섹스타일 위치에, 달과 화성이 서로 트라인 위치에, 달과 토성이 서로 섹스타일 위치에 있다.

달의 궤도(12도)＋수성의 궤도(7도)＝19／2＝9.5. 만약 두 행성이 서로 (9:30) 간격 내에 있으면 '스퀘어' 어스펙트를 형성하게 된다. 두 행성의 간격은 (5:08)로(달 6:27, 수성

00:19) 서로 범위 내에 있다. 달이 수성보다 운행 속도가 빠르면서 수성보다 높은 각도에 있기 때문에, 서로 '멀어지는' 어스펙트를 형성하고 있다.

달의 궤도(12도) + 태양의 궤도(15도) = 27 / 2 = 14. 만약 두 행성이 서로 (14도) 간격 내에 있으면 '섹스타일' 어스펙트를 형성하게 된다. 두 행성의 간격은 (6:39)로(달 6:27, 태양 13:06) 서로 범위 내에 있다. 달이 태양보다 운행 속도가 빠르면서 태양보다 낮은 각도에 있으니, 서로 '접근하는' 어스펙트를 형성하고 있다.

달의 궤도(12도) + 목성의 궤도(9도) = 10.5. 만약 두 행성이 서로 (10:30도) 간격 내에 있으면 '섹스타일' 어스펙트를 형성하게 된다. 두 행성의 간격은 (14:18)로(달 6:27, 목성 20:45) 서로 범위 내에 있지 않다.

달의 궤도(12도) + 화성의 궤도(8도) = 20 / 2 = 10. 만약 두 행성이 서로 (10도) 간격 내에 있으면, '스퀘어' 어스펙트를 형성하게 된다. 두 행성의 간격은 (18:42)로(달 6:27, 화성 25:09) 서로 어스펙트 범위 내에 있지 않다.

달의 궤도(12도) + 토성의 궤도(9도) = 21 / 2 = 10.5. 만약 두 행성이 서로 (10:30) 간격 내에 있으면 '섹스타일' 어스펙트를 형성하게 된다. 두 행성의 간격은 (6:25)로(달 6:27, 토성 00:02) 서로 범위 내에 있다. 달이 토성보다 운행 속도가 빠르면서 토성보다 높은 각도에 있으니, 서로 '멀어지는' 어스펙트를 형성하고 있다.

금성과 화성이 서로 스퀘어 위치에, 금성과 토성이 서로 스퀘어 위치에 있다.

금성의 궤도(7도) + 화성의 궤도(7도) = 14 / 2 = 7. 만약 두 행성이 서로 (7도) 간격 내에 있으면, '스퀘어' 어스펙트를 형성하게 된다. 두 행성의 간격은 (2:22)로(금성 22:47, 화성 25:09) 서로 범위 내에 있다. 금성이 화성보다 운행 속도가 빠르면서 화성보다 낮은 각도에 있으니, 서로 '접근하는' 어스펙트를 형성하고 있다.

금성의 궤도(7도) + 토성의 궤도(9도) = 16 / 2 = 8. 만약 두 행성이 서로 (8도) 간격 내에 있으면, '스퀘어' 어스펙트를 형성하게 된다. 두 행성의 간격은 (22:45)로(금성 22:47, 토성 00:02) 서로 어스펙트 범위 내에 있지 않다.

토성과 화성이 서로 정반대편 위치에, 토성이 태양, 목성과 서로 트라인 위치에 있다.

토성의 궤도(9도) + 화성의 궤도(7도) = 16 / 2 = 8. 만약 두 행성이 서로 (8도) 간격 내에 있으면, 서로 '정반대편' 어스펙트를 형성하게 된다. 두 행성의 간격은 (25:07)로(토성 00:02, 화성 25:09) 서로 범위 내에 있지 않다.

토성의 궤도(9도) + 태양의 궤도(15도) = 26 / 2 = 13. 만약 두 행성이 서로 (13도) 간격 내에 있으면, '트라인' 어스펙트를 형성하게 된다. 두 행성의 간격은 (13:04)로(토성 00:02, 태양 13:06) 서로 범위 내에 있지 않다.

토성의 궤도(9도) + 목성의 궤도(9도) = 18 / 2 = 9. 만약 두 행성이 서로 (9도) 간격 내에 있으면, '트라인' 어스펙트를 형성하게 된다. 두 행성의 간격은 (20:43)으로(토성 00:02, 목성 20:45) 서로 범위 내에 있지 않다.

14.

부속 바가스

    지구의 자전 현상으로 인해 조디액의 열두 라시들이 지평선에서 모두 차례대로 올라오는 데는 약 24시간이 걸리며, 한 개의 라시는 평균 2시간 정도 지평선 위에 머물게 된다. 이 뜻은, 같은 날짜에 같은 2시간 범위 내에 태어난 사람들은 라그나와 행성들의 위치가 상당히 비슷한 차트를 가지고 있을 것이라는 의미이다. 뿐만 아니라, 다음 날의 비슷한 시간대에 태어난 사람의 차트도 많이 비슷할 것이다. 행성들 중에서 운행 속도가 가장 빠른 달조차도 한 개의 라시에 약 이틀이 조금 넘게 머물기 때문이다. 몇 분 차이로 태어난 쌍둥이들 같은 경우에는 더욱더 비슷한 차트를 가지고 있을 것이다. 그래서 메인 차트만을 사용하면 이들의 다른 점을 분간하기가 아주 어렵게 된다.

    이러한 문제들을 해결하기 위해 베딕 점성학에서는 부속 차트들을 계산하여 사용한다. 바가스(Vargas)는 부속 차트들을 의미하는 말이다. 천문학적 지도와도 같은 메인 차트 외에 부차적으로 사용하고 있는 마이너 차트들을 나타내는 베딕 점성학의 독특한 시스템을 나타낸다. 메인 차트에서 각 라시들이 가진 30도 범위를 특정한 파트들로 나누어 다양한 부속 차트들을 계산하는 방식이다. 파라샤라(BPHS)에서는 메인 차트와 나머지 15개 부속 차트들을 포함한 총 16개 차트들에 대한 기술을 하고 있다. 16개 차트를 쇼다샤바가스(Shadashavargas)라고 한다. '쇼다샤(16)'개의 차트들이라는 의미이다. 쇼다샤바가스 방식은 비슷한 차트들을 분간할 수 있게 할 뿐 아니라, 차트 주인의 특정한 삶의 영역에 대해 보다 상세하게 파악할 수 있게 한다. 그러므로 보다 정확하면서 구체적인 예측들을 할 수 있기 위해선 바가스들을 필수적으로 사용해야 한다.

파라샤라가 기술한 16개 차트(쇼다샤바가스)는 다음과 같다.

라시 차트(Rasi, 메인 차트)	한 개의 라시는 30°
호라(Hora) 차트	한 개의 라시를 절반으로 나눔
드레카나(Drekkana) 차트	한 개의 라시를 3등분으로 나눔
차투르탐샤)Chaturathamsa) 차트	한 개의 라시를 4등분으로 나눔
삼탐샤(Spatamsa) 차트	한 개의 라시를 7등분으로 나눔
나밤샤(Navamsa) 차트	한 개의 라시를 9등분으로 나눔
다삼샤(Dasamsa) 차트	한 개의 라시를 10등분으로 나눔
드와다샴사(Dwadasamsa) 차트	한 개의 라시를 12등분으로 나눔
쇼담샤(Shodamsa) 차트	한 개의 라시를 16등분으로 나눔
빔삼샤(Vimsmasa) 차트	한 개의 라시를 20등분으로 나눔
차투르빔삼샤(Chaturvimsamsa) 차트	한 개의 라시를 24등분으로 나눔
밤샤(Bhamsa) 차트	한 개의 라시를 27등분으로 나눔
트림삼샤(Trimsamsa) 차트	한 개의 라시를 30등분으로 나눔
카베담샤(Khavedamsa) 차트	한 개의 라시를 40등분으로 나눔
악샤베담샤(Akshavedamsa) 차트	한 개의 라시를 45등분으로 나눔
샤시티암사(Shastiamsa) 차트	한 개의 라시를 60등분으로 나눔

이들 부속 차트들은 인너바가스(Inner Vargas)라고도 부르며, 각 바가스들은 12 하우스 특성들과 연관된 삶의 특성들을 대변하고 있다.

쇼다샤바가스 도표(12 하우스 특성과 연관된 삶의 특성들을 대변)		
바가	**주요 하우스**	**특성들**
라시(D-1)	1번째	기본 차트, 모든 기본적 틀을 제공
호라(D-2)	2번째	부, 책임, 남성적/여성적 성향
드레카나(D-3)	3번째	형제, 동료, 생기, 용기, 주도력
차투르탐샤(D-4)	4번째	부, 풍요로움, 웰빙, 행복, 감정
삽탐샤(D-7)	7번째, 5번째	자녀들, 창조성, 레거시, 섹스파트너
나밤샤(D-9)	9번째	배우자, 파트너십, 결혼
다삼샤(D-10)	10번째	파워, 지위, 액션, 성취
드와다삼샤(D-12)	12번째	전생의 카르마, 선조, 부모님, 전통
쇼담샤(D-16)	4번째	행복과 불행, 자동차, 운송수단, 바디, 홈
빔삼샤(D-20)	8번째	지식과 이해력, 영적 수행, 헌신적 능력
시담샤(D-24)	12번째	높은 교육, 영적 지식과 이해력
밤샤(D-27)	3번째	전반적 강점과 약점, 재능, 탤런트
트림삼샤(D-30)	6번째	위험, 불행, 건강, 적, 바디의 고통
카베담샤(D-40)	4번째, 전체 하우스	전반적인 길조적/비길조적 효과들, 좋고 나쁜 습관들
악샤베담샤(D-45)	9번째, 전체 하우스	전반적인 특성들, 도덕과 성품, 의지의 작용
샤시티얌샤(D-60)	전체 하우스	모든 행성들 영향을 파인 튜닝

16 바가스들의 다섯 원소 그룹

○ 1번째 그룹: 에테르 원소의 영역(8개)

① 라시 차트(D-1) ② 호라 차트(D-2) ③ 드레카나 차트(D-3) ④ 차투르탐샤 차트(D-4) ⑤ 삽탐샤 차트(D-7) ⑥ 나밤샤 차트(D-9) ⑦ 다삼샤 차트(D-10) ⑧ 드와다삼샤 차트 (D-12). 이들 여덟 차트는 물질적 삶에서 구체적이고 실질적인 요소들을 나타낸다.

○ 2번째 그룹: 공기 원소의 영역(3개)

① 쇼담샤(D-16) ② 빔삼샤(D-20) ③ 시담샤(D-24, 차투르탐샤라고도 한다). 이들 세 차트 는 우리의 의식이 가진 이해력, 헌신, 유동성을 나타낸다. 1번째 그룹이 나타내는 것들 을 우리들 삶에 끌어당기고 연결하게 해준다.

○ 3번째 그룹: 불의 원소 영역(2개)

① 밤샤(D-27) ② 트림삼샤(D-30). 이들 두 차트는 우리의 의식이 가진 저력과 스킬을 나타낸다. 1번째 그룹이 나타내는 것들을 성취하기 위해 어려움들을 극복하고 성공적 인 액션을 할 수 있는 저력을 준다.

○ 4번째 그룹: 물의 원소 영역(2개)

① 카베담샤(D-40) ② 약샤베담샤(D-45). 이들 차트는 1번째 그룹이 나타내는 것들을 성취하는 데 있어 도움이 되거나 아니거나 혹은 길조적이거나 비길조적인 메리트들을 나타낸다.

○ 5번째 그룹: 흙의 원소 영역(1개)

① 샤시티얌샤(D-60). 이 그룹은 오직 1개의 차트만 있다. 삶의 모든 것들을 나타내 는 가장 중요하면서도 개인적인 차트이다.

바가스 차트 산출법

점성학도들의 부속 바가스들에 대한 이해를 돕기 위해, 상대적으로 계산 방법이 간단한 1번째 에테르 원소 그룹에 속하는 여덟 차트 계산방식들을 도표와 덧붙여 함께 소개한다. 나머지 그룹에 속하는 모든 부속 차트들도 칼라 소프트웨어를 통해 쉽게 확인할 수 있다.

○ 라시(Rasi) 차트

모든 바가스들을 계산하는 기준으로 사용하는 메인 차트로서, 천문학적 자료들과 천체력에 기준하여 산출한다. 어떤 점성학 프로그램을 사용하든지 생년정보가 있으면 쉽게 알 수 있다. 서양 점성학의 라운드 차트 방식을 사용하는 이들은 단지 베딕 점성학의 스퀘어 차트로 전향하면 된다.

○ 호라(Hora) 차트

한 개의 라시 30도를 절반으로 나누어 계산한다(15도/15도). 호라 차트는 2번 하우스의 '부'와 연관 있는 부속 차트이다. 호라 차트를 계산하는 방식에는 두 가지가 있다. 일반적으로 첫 번째 방법을 사용하는 점성가들이 많이 있다. 그런데 첫 번째 방법을 사용하게 되면 '차트'가 아니라 '도표'가 되기에 사용 모순이 있다. 두 번째 방법을 사용해야 '바가(Varga) 차트'가 된다(필자는 두 번째 방법을 사용한다).

첫 번째 방법

양의 라시 처음 절반(0~15도)은 태양의 호라, 나머지 절반(15~30도)은 달의 호라에 배치.
음의 라시 처음 절반(0~15도)은 달의 호라, 나머지 절반(15~30도)은 태양의 호라에 배치.
이 방법을 이용하여 로버트 다우니 주니어의 호라 차트를 계산하면 다음과 같은 도표가 된다.

로버트 다우니 주니어 라시 차트의 행성들의 각도	
라그나(사자 13:52) - 태양(산양 29:30) - 달(황소 19:11) - 화성(처녀 10:11) - 수성(산양 21:12) - 목성(황소 26:11) - 금성(산양 12:50) - 토성(물고기 11:59) - 라후(쌍둥이 15:28) - 케투(인마 15:28)	
태양의 호라	달의 호라
라그나 달 목성 금성	태양 화성 수성 토성 라후 케투

두 번째 방법

처음 절반(0~15도)은 같은 라시에, 나머지 절반(15~30도)은 7번째에 배치한다.

이 방법으로 계산한 로버트 다우니 주니어의 예시(시각적 목적을 위해 호라 차트를 라시 차트의 중간에 배치하였다).

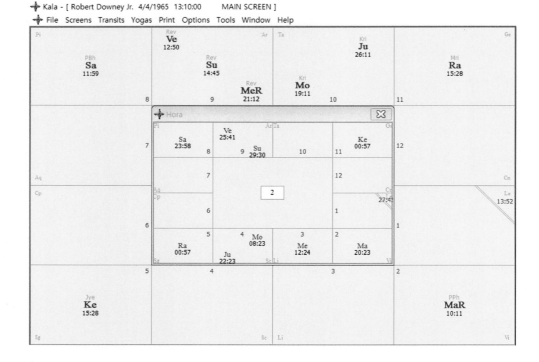

○ 드레카나(Drekkana) 차트

한 개의 라시 30도를 3등분하여 각 10°씩 동등한 세 파트로 나눈다. 첫 번째 파트는 같은 라시에, 두 번째 파트는 5번째 라시에, 세 번째 파트는 9번째 라시에 배치한다.

라시 / 드레카나 파트	1 산양	2 황소	3 쌍둥이	4 게	5 사자	6 처녀	7 천칭	8 전갈	9 인마	10 악어	11 물병	12 물고기
0-10도	1	2	3	4	5	6	7	8	9	10	11	12
10-20도	5	6	7	8	9	10	11	12	1	2	3	4
20-30도	9	10	11	12	1	2	3	4	5	6	7	8

○ 차투르탐샤(Chaturathamsa) 차트

한 개의 라시 30도를 4등분하여 동등한 네 파트로 나누면, 한 파트는 7° 30'이 된다. 1번째 파트는 같은 라시에, 2번째 파트는 4번째 라시에, 3번째 파트는 7번째 라시에, 4번째 파트는 10번째 라시에 배치한다.

라시 / 차투르탐샤 파트	1 산양	2 황소	3 쌍둥이	4 게	5 사자	6 처녀	7 천칭	8 전갈	9 인마	10 악어	11 물병	12 물고기
0~7:30도	1	2	3	4	5	6	7	8	9	10	11	12
7:30~15도	4	5	6	7	8	9	10	11	12	1	2	3
15~22:30도	7	8	9	10	11	12	1	2	3	4	5	6
22:30~30도	10	11	12	1	2	3	4	5	6	7	8	9

○ 삽탐샤(Saptamsa) 차트

한 개의 라시 30도를 7등분하여 동등한 일곱 파트로 나누면, 한 개의 파트는 4° 17' 8.5"가 된다. 양의 라시에서는 해당되는 양의 라시부터 시작하여 일곱 파트를 순서대로 세어서 배치한다. 음의 라시에서는 해당되는 음의 라시에서 7번째부터 시작하여 일곱 파트를 순서대로 세어서 배치한다.

라시 삽탐샤 파트	1 산양	2 황소	3 쌍둥이	4 게	5 사자	6 처녀	7 천칭	8 전갈	9 인마	10 악어	11 물병	12 물고기
04° 17' 08"	1	8	3	10	5	12	7	2	9	4	11	6
08° 34' 17"	2	9	4	11	6	1	8	3	10	5	12	7
12° 51' 25"	3	10	5	12	7	2	9	4	11	6	1	8
17° 08' 34"	4	11	6	1	8	3	10	5	12	7	2	9
21° 25' 43"	5	12	7	2	9	4	11	6	1	8	3	10
25° 42' 51"	6	1	8	3	10	5	12	7	2	9	4	11
30° 00' 00"	7	2	9	4	11	6	1	8	3	10	5	12

○ 나밤샤(Navamsa) 차트

한 개의 라시 30도를 9등분하여 동등한 아홉 파트로 나누면 한 개의 파트는 03° 20'이 된다. 유동적 라시에서는 1번째 나밤샤는 같은 라시에서 시작하여 순서대로 세어서 배치한다. 고정적 라시에서는 9번째 라시에서 시작하여 순서대로 세어서 배치한다. 변통적 라시에서는 5번째 라시에서 시작하여 순서대로 세어서 배치한다.

라시 나밤샤 파트	1 산양	2 황소	3 쌍둥이	4 게	5 사자	6 처녀	7 천칭	8 전갈	9 인마	10 악어	11 물병	12 물고기
3° 20'	1	10	7	4	1	10	7	4	1	10	7	4
6° 40'	2	11	8	5	2	11	8	5	2	11	8	5
10° 00'	3	12	9	6	3	12	9	6	3	12	9	6
13° 20'	4	1	10	7	4	1	10	7	4	1	10	7
16° 40'	5	2	11	8	5	2	11	8	5	2	11	8
20° 00'	6	3	12	9	6	3	12	9	6	3	12	9
23° 20'	7	4	1	10	7	4	1	10	7	4	1	10
26° 40'	8	5	2	11	8	5	2	11	8	5	2	11
30° 00'	9	6	3	12	9	6	3	12	9	6	3	12

○ 다삼샤(Dasamsa) 차트

한 개의 라시 30도를 10등분하여 동등한 10파트로 나누면, 한 파트는 3°가 된다. 양의 라시에서는 1번째 파트는 같은 라시에 해당하며, 순서대로 세어서 배치한다. 음의 라시에서는 9번째 라시에서 시작하여, 순서대로 세어서 배치한다.

라시 다삼샤 파트	1 산양	2 황소	3 쌍둥이	4 게	5 사자	6 처녀	7 천칭	8 전갈	9 인마	10 악어	11 물병	12 물고기
0~3°	1	10	3	12	5	2	7	4	9	6	11	8
3~6°	2	11	4	1	6	3	8	5	10	7	12	9
6~9°	3	12	5	2	7	4	9	6	11	8	1	10
9~12°	4	1	6	3	8	5	10	7	12	9	2	11
12~15°	5	2	7	4	9	6	11	8	1	10	3	12
15~18°	6	3	8	5	10	7	12	9	2	11	4	1
18~21°	7	4	9	6	11	8	1	10	3	12	5	2
21~24°	8	5	10	7	12	9	2	11	4	1	6	3
24~27°	9	6	11	8	1	10	3	12	5	2	7	4
27~30°	10	7	12	9	2	11	4	1	6	3	8	5

○ 드와다삼샤(Dwadasamsa) 차트

한 개의 라시 30도를 12등분하여 동등한 12 파트로 나누면, 한 파트는 2° 30'이 된다. 1번째 파트는 같은 라시에 해당하며 나머지 파트를 순서대로 세어서 배치한다.

라시 드와다삼샤 파트	1 산양	2 황소	3 쌍둥이	4 게	5 사자	6 처녀	7 천칭	8 전갈	9 인마	10 악어	11 물병	12 물고기
2°30'	1	2	3	4	5	6	7	8	9	10	11	12
5°00'	2	3	4	5	6	7	8	9	10	11	12	1
7°30'	3	4	5	6	7	8	9	10	11	12	1	2
10°00'	4	5	6	7	8	9	10	11	12	1	2	3
12°30'	5	6	7	8	9	10	11	12	1	2	3	4
15°00'	6	7	8	9	10	11	12	1	2	3	4	5
17°30'	7	8	9	10	11	12	1	2	3	4	5	6
20°00'	8	9	10	11	12	1	2	3	4	5	6	7
22°30'	9	10	11	12	1	2	3	4	5	6	7	8
25°00'	10	11	12	1	2	3	4	5	6	7	8	9
27°30'	11	12	1	2	3	4	5	6	7	8	9	10
30°00'	12	1	2	3	4	5	6	7	8	9	10	11

○ **쇼담샤(Shodamsa) 차트**

한 개의 라시 30도를 16등분하여 동등한 16 파트로 나누면, 한 파트는 1° 52' 30"가 된다. 유동적 라시에서는 1번째 파트는 산양 라시에서 시작하여 순서대로 세어서 배치한다. 고정적 라시에서는 1번째 파트는 사자 라시에서 시작하여 순서대로 세어서 배치한다. 변통적 라시에서는 1번째 파트는 인마 라시에서 시작하여 순서대로 세어서 배치한다.

○ **빔삼샤(Vimsmasa) 차트**

한 개의 라시 30도를 20등분하여 동등한 20파트로 나누면, 한 개의 파트는 1° 30'이 된다. 유동적 라시에서는 산양 라시에서 시작하고, 고정적 라시에서는 인마 라시에서 시작하고, 변통적 라시에서는 사자 라시부터 시작하여 순서대로 세어서 배치한다.

○ **차투르빔삼샤(Chaturvimsamsa) 차트**

한 개의 라시 30도를 24등분하여 동등한 24 파트로 나누면, 한 파트는 1° 15'이 된다. 양의 라시는 사자 라시에서 시작하여 순서대로 세어서 배치하고, 음의 라시는 게 라시에서 시작하여 순서대로 세어서 배치한다.

○ **밤샤(Bhamsa) 차트**

한 개의 라시 30도를 27등분하여 동등한 27 파트로 나누면, 한 파트는 1° 06' 40"가 된다. 불의 원소(1, 5, 9) 라시에서는 산양 라시에서 시작하여 순서대로 세어서 배치한다. 흙의 원소(2, 6, 10) 라시에서는 게 라시에서 시작하여 순서대로 세어서 배치한다. 공기의 원소(3, 7, 11) 라시에서는 천칭 라시에서 시작하여 배치한다. 물의 원소(4, 8, 12) 라시에서는 악어 라시에서 시작하여 순서대로 세어서 배치한다.

○ **트림삼샤(Trimsamsa) 차트**

트림삼샤는 '1/30 파트'라는 의미이다. 트림삼샤 차트를 계산하는 방식에는 두 가지 방법이 있다. 일반적으로 첫 번째 방법을 사용하는 점성가들이 많지만, 호라 차트와 마찬가지로 첫 번째 방법은 '도표'가 되기에 사용 모순이 있는 방식이다. 두 번째 방법을 사용해야 '바가(Varga) 차트'가 된다(필자는 두 번째 방법을 사용한다).

첫 번째 방법

다섯 행성들에게 로드십을 배당하는 방식이다. 각 라시를 고르지 않은 5 파트로 나눈 다음, 양의 라시에서 각 파트는 화성, 토성, 목성, 수성, 금성의 순으로 5 행성들이 로드십을 가지게 된다. 음의 라시에서 각 파트는 금성부터 역방향으로 로드십이 정해진다.

트림삼샤	양의 라시(1, 3, 5 7, 9, 11)		음의 라시(2, 4, 6, 8, 10, 12)	
	각도	로드	각도	로드
1	0~5	화성	0~5	금성
2	5~10	토성	5~12	수성
3	10~18	목성	12~20	목성
4	18~25	수성	20~25	토성
5	25~30	금성	25~30	화성

두 번째 방법

한 개의 라시 30도를 30등분하여 동등한 30파트로 나누면 한 파트는1°가 된다. 양의 라시에 있으면 산양 라시부터, 음의 라시에 있으면 천칭 라시부터 시작하여 순서대로 세어서 배치한다.

○ 카베담샤(Khavedamsa) 차트

한 개의 라시 30도를 40등분으로 나누어 동등한 40파트로 나누면, 한 파트는 0° 45'의 범위를 가지게 된다. 양의 라시에서는 1번째 카베담샤는 산양 라시에서 시작하고, 음의 라시에서는 천칭 라시에서 시작하여 순서대로 세어서 배치된다.

○ 악샤베담샤(Akshavedamsa) 차트

한 개의 라시 30도를 45등분으로 나누어 동등한 45파트로 나누면, 한 파트는 0° 40'의 범위를 가지게 된다. 유동적 라시에서는, 1번째 악샤베담샤 파트는 산양 라시에 속하고, 고정적 라시에서는 사자 라시에 속하고, 변통적 라시에서는 인마라시에 속한다. 그리고 순서대로 세어서 배치된다.

○ 샤시티얌샤(Shastiamsa)차트

한 개의 라시 30도를 60등분으로 나누어 동등한 60파트로 나누면, 한 파트는 0° 30'의 범위를 가지게 된다. 1번째 샤시티얌샤 파트는 같은 라시에서 시작하며, 이어지는 파트들은 순서대로 세어서 배치한다. 아주 섬세하고 예민한 차트이기에, 정확한 출생 시간이 필요하다.

부속 바가스의 그룹별 분류

대체로 점성가들은 나밤샤 차트를 제외하고 나머지 부속 차트들은 거의 사용하지 않는 경우가 많이 있다. 전통적으로 나밤샤 차트가 가장 중요한 부속 차트로 사용되어 왔기 때문이다. 나밤샤는 9번 하우스와 연관된 부속 차트로서, 결혼을 포함한 삶의 다방면에서 실질적인 용도를 가지고 있는 부속 차트이다. 그래서 행성들은 라시 차트에서 나타내고 있는 효과들보다 나밤샤 차트에서 나타내고 있는 효과들의 주기를 선호하는 경향이 있다고 주장하는 점성가들도 있다. 비록 파라샤라(BPHS)는 16 바가스들의 중요성에 대해 기술을 하였지만, 오늘날 컴퓨터 시대가 도래하기 이전까지만 해도 이런 섬세한 부속 차트들을 일일이 계산하기는 거의 불가능하였기 때문에, 아마도 가장 계산하기 쉬운 나밤샤 차트만 사용하기 위한 합리화가 아니었을까 추측된다.

파라샤라는 16 바가스를 다음과 같은 몇 가지 그룹별로 분류하여, 상대적 중요성의 비중을 총 20점 단위로 나타내었다. 각 그룹별로 비중을 살펴보면, 파라샤라가 나밤샤보다는 샤시티얌샤(D-60) 바가의 중요성을 더욱 강조한 것을 알 수 있다. 하지만 실제로 샤시티얌샤 차트를 사용하는 점성가들은 극히 드물다. 샤시티얌샤는 분초 간격으로 라그나가 바뀌는 아주 민감한 차트이기 때문에, 정확한 출생 시간을 요한다. 그래서 생시보정을 하는 데 있어 유용한 차트이기도 하다.

○ 샽바가스(Shadvargas): 여섯 바가스 그룹

라시	D-1	6점
호라	D-2	2점
드레카나	D-3	4점
나밤샤	D-9	5점
드와다삼샤	D-12	2점
트림삼샤	D-30	1점
총		20점

○ 삽타바가스(Saptavargas): 일곱 바가스 그룹

라시	D-1	5점
호라	D-2	2점
드레카나	D-3	3점
삽탐샤	D-7	2.5점
나밤샤	D-9	4.5점
드와다삼샤	D-12	2점
트림삼샤	D-30	1점
총		20점

○ 다샤바가스(Dashavargas): 열 부속 바가스 그룹

라시	D-1	3점
샤시티얌샤	D-60	5점
호라	D-2	1.5점
드레카나	D-3	1.5점
삽탐샤	D-7	1.5점
나밤샤	D-9	1.5점
다삼샤	D-10	1.5점
드와다삼샤	D-12	1.5점
쇼담샤	D-16	1.5점
트림삼샤	D-30	1.5점
총		20점

○ 쇼다샤바가스(Shadashavargars): 모든 16 바가스 그룹

라시	D-1	3.5점
호라	D-2	1점
드레카나	D-3	1점
트림삼샤	D-30	1점
나밤샤	D-9	3점
쇼담샤	D-16	2점
샤시티얌샤	D-60	4점
차투르탐샤	D-4	0.5점
삽탐샤	D-7	0.5점
다삼샤	D-10	0.5점
드와다삼샤	D-12	0.5점
빔삼샤	D-20	0.5점
시담샤	D-24	0.5점
밤샤	D-27	0.5점
카베담샤	D-40	0.5점
악샤베담샤	D-45	0.5점
총		20점

○ 로버트 다우니 주니어의 쇼다샤바가스 예시

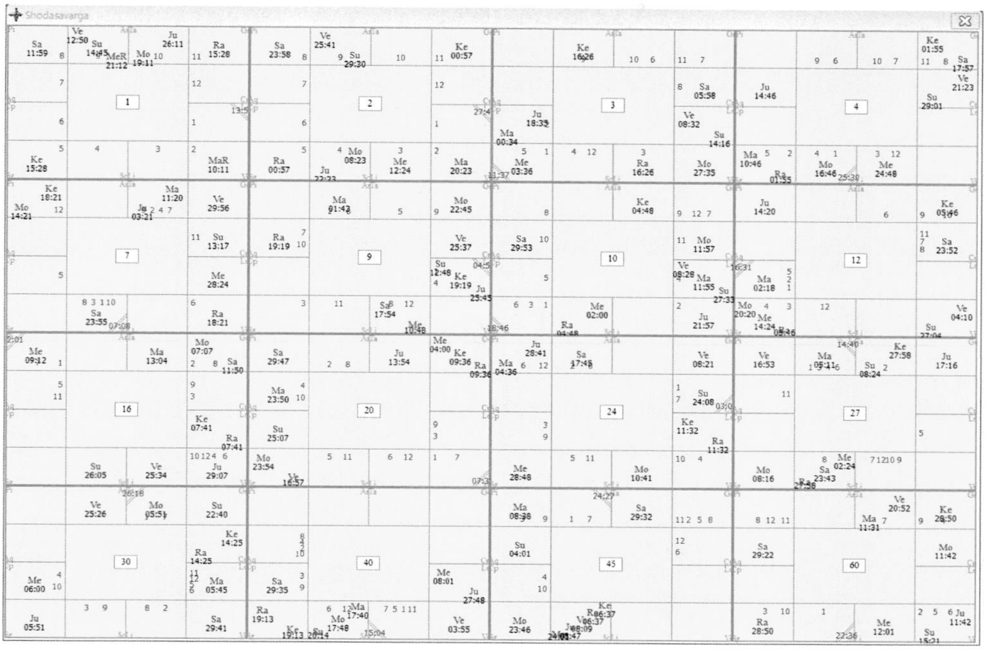

15.

요가
(행성들 간의 조합)

'요가(Yoga)'는 오늘날 전 세계적으로 널리 알려진 말이지만, 대체로 기계체조와 비슷한 요가 자세로 미용적, 건강적, 혹은 정신적 단련에 중점을 맞추는 하타(Hatha) 요가만을 의미하는 것으로 알고 있는 이들이 많다. 요가(Yoga)는 산스크리트어로 '서로 묶다'라는 뜻으로, 사실상 가장 다양하면서도 광범위한 의미로 사용되고 있는 힌두이즘 용어이다.

베다 철학에서 요가는 구도자가 다양한 육체적, 정신적, 영적 수행을 통해 내면의 신성이나, 신과의 궁극적인 합일을 위해 추구하는 모든 행위와 경험들을 의미한다. 또한 요가는 판창가 혹은 천체력에서 사용하는 특정한 파트들을 의미하기도 한다.

점성학에서 요가는 한두 개 혹은 그 이상의 행성들 간에 형성되는 독특한 조합들을 의미한다. 좋거나 나쁘거나, 혹은 길조적이거나 비길조적인 효과들을 주는 행성들 간의 삼반다를 의미하는 말이다.

요가는 행성들이 어떤 특정한 라시, 하우스에 있거나, 합치 혹은 다른 행성으로부터 받는 어스펙트 등, 어떤 식으로든 삼반다(관계성)를 가지게 되는 경우, 어떤 특정한 효과들이 나타나는 조합들이다. 그리고 **모든 요가 조합에서 사용되는 어스펙트는 행성**

간 어스펙트에 한한다.

쬬티샤 관련 고서들에 나열된 이러한 요가들의 종류는 수를 셀 수 없을 정도로 무수하고 끝이 없다. 하지만 그중에서도 가장 잘 알려져 있고 기본적으로 널리 사용되고 있는 요가들에 대해 소개하기로 한다.

초보 점성가들이 마주하는 가장 큰 어려움은 여러 점성학적 원칙과 정보들을 어떻게 합성을 시켜야 할지 모른다는 것이다. 혹은 한 개의 팩터로 성급한 결론을 내리거나, 전체 차트를 단정해버리는 실수도 자주 범하게 된다. 그런데 이처럼 차트의 토대를 형성하는 요가들을 보는 법을 배우게 되면, 차트가 가진 기본적인 구조에 대한 새로운 이해와 안목이 열리게 해주며, 보다 깊이 의미가 있는 해석을 할 수 있게도 해준다. 무엇보다도 점성가의 직관력과 분석을 하는 능력도 같이 계발시켜줄 수 있다.

점성학에서 요가는 차트가 가진 꽃이나 열매들에 비유할 수 있다. 모든 호로스코프들은 요가를 가지고 있으며, 이러한 요가들은 길조적이거나 비길조적일 수 있다.

길조적인 라자(Raja) 요가들은 파워와 명성, 리더십을 의미하며, 다나(Dhana) 요가들은 부를 준다. 비길조적인 요가인 아리쉬타 요가는 나쁜 건강을 주고, 다리드리야(Daridrya) 요가는 가난의 요가이다.

이러한 요가의 유형은 크게 두 그룹으로 나눌 수 있다. 먼저, 인성을 형성하는 요가로서 다샤와는 상관없이 인생 전반에 걸쳐 효과를 가지는 캐릭터 요가들이 있다. 다음으로 물질적 여건들을 형성하는 요가로서 해당 다샤에 특정한 효과들이 나타난다.

길조적인 요가가 있으면 해당 다샤에 지위나 파워, 명성 등을 주게 되고, 비길조적인 요가이면 해당 다샤에 어려움과 시련, 질병 등을 경험하게 된다. 혹은 요가들이 있더라도 해당 다샤가 인생에서 오지 않으면 효과를 발휘하지 못한다.

먼저 캐릭터 요가에는 ① 판차 마하푸루샤 요가 ② 나바스 요가 ③ 솔라, 루나, 라그나 요가가 있다.

다샤의 효과를 가지는 요가는 주로 하우스 로드십에 따라 형성되는 조합들로서, 주요 몇 가지 그룹으로 나누어 소개하기로 한다. ① 기본적 6축의 요가 ② 라자 요가 ③ 다나 요가 ④ 아리쉬타 요가 ⑤ 다리드리야 요가 ⑥ 파리바르타나 요가 ⑦ 144 요가 ⑧ 기타 요가 등이 있다.

(1) 캐릭터 요가

판차 마하푸루샤(Pancha Mahapurusha) 요가

태양과 달을 제외한 나머지 5개 행성 중의 하나가 앵글에 있을 때 해당 행성의 파워를 주는 요가이다. 판차(Pancha)는 '다섯'이라는 의미, 마하푸루샤는 '위대한 사람'이라는 의미이다. 판차 마하푸루샤 요가는 사람의 인생에 위대함이나 특출함을 가져다주는 다섯 타입의 요가를 의미한다. 이러한 요가들은 다섯 행성 중에 한 개, 혹은 그 이상의 행성들이 고양, 물라, 오운 라시 등의 품위에 있으면서 라그나로부터 앵글 하우스에 있을 때 형성되는데, 해당 행성이 가진 본질적 성향이 어려움이나 장애 없이 표출할 수 있게 된다(달로부터 간주하는 이들도 있으나 정확하지 않다).

○ **화성: 루차카(Ruchaka) 요가**

두려움이 없는 대담한 사람으로 만든다. 삶의 어려움들을 두려움 없이 대면할 수 있게 된다. 대립적인 상황에서는 승자가 된다. 대체로 넘치는 에너지를 주는 요가이다.

○ **수성: 바드라(Bhadra) 요가**

배움이 많고 총명한 사람으로 만든다.

○ **목성: 함사(Hamsa) 요가**

삶에서 행운이 많은 사람으로 만들며, 종교적이고 영적인 성향이 있다.

○ **금성: 말라비야(Malavya) 요가**

부유한 사람으로 만든다. 쾌락을 추구하며, 화려하고 사치스러운 것들을 좋아한다. 사랑과 결혼의 행운이 있다.

○ **토성: 샤샤(Shasa) 요가**

강인하고 수행적으로 만든다. 권위적인 지위를 얻게 된다.

판차 마하푸루샤 요가는 흔히 일어나는 요가이다. 대체적으로 캐릭터에는 영향을 미치지만, 실질적인 요가 효과는 고서에 명시된 만큼 특출하게 나타나지는 않는다. 판차 요가가 명시된 요가 효과를 내기 위해서는 디스포지터(Dipositor) 행성이 강해야 한다. 디스포지터는 해당 행성이 있는 라시의 로드로서, 해당 행성의 내면적 에너지, 영혼과도 같다고 할 수 있다. 즉, 디스포지터 행성이 강한 경우 몸과 마음이 모두 강한 것에 비유할 수 있으며, 명시된 요가 효과도 제대로 발현될 수 있다.

32개의 나바스(Nabahs) 요가

나바스 요가들은 파라샤라(BPHS) 35장 전체에 기술되어 있는 총 32가지 조합들의 요가이다. 차트 주인의 삶에서 전반적인 패턴들을 형성하는 요가로서, 행성들의 로드십, 합치, 어스펙트, 다샤 등과는 상관이 없는 순수한 캐릭터 요가이다. 차트를 디테일하게 분석하기 이전에 반드시 먼저 나바스 요가를 체크해야 한다. 나바스 요가들은 인생 전반에 걸쳐 두루 영향을 미치게 된다.

32개의 나바스 요가는 크게 네 그룹으로 나누어져 있으며, 각 그룹마다 몇 가지 세분화된 요가들이 있다.

- **아쉬라야 요가(Ashraya Yoga, '쉬는 장소'): 행성들이 있는 유동적, 고정적, 변통적 에너지 양식에 따라 형성되는 조합들(3개)**
- **달라 요가(Dala Yoga, '꽃잎'): 행성들의 크루라, 사움야 성향에 따라 형성되는 조합들(2개)**
- **아크리티 요가(Akriti Yoga, '모양', '형태'): 행성들이 차트에서 만들고 있는 모양에**

따라 형성되는 조합들(20개)

- 상키야 요가(Sankhya Yoga, '숫자'): 행성들이 분포되어 있는 하우스의 숫자에 따라 형성되는 조합들(7개)

○ 첫 번째 그룹 – 아쉬라야(Ashraya, '쉬는 장소') 요가들(3개): 행성들이 있는 라시들에 따라 생성되는 요가

라주(Raju, '밧줄') 요가는 모든 행성들이 차라(유동적) 라시에 있을 때, 새로운 것에 도전하는 혁신적, 파이어니어 같은 기질들을 가지고 있다.

무살라(Musala, '공이') 요가는 모든 행성들이 스티라(고정적) 라시에 있을 때, 가장 오래, 장기적면서도 길게 성공을 할 수 있는 뛰어난 능력을 가지고 있다.

날라(Nala, '갈대') 요가는 모든 행성들이 드비스바 바바(변통적) 라시에 있을 때, 새로운 것에 도전하기보다는 기존의 것에서 창조성과 재능을 더 잘 발휘할 수 있다.

○ 두 번째 그룹 – 달라(Dala, '꽃잎') 요가들(2개): 사움야 혹은 크루라 행성이 앵글에 있을 때 형성되는 요가

말라(Mala, '염주') 요가는 사움야 행성이 앵글에 있는 경우. 바른 결정을 내릴 수 있고, 최상의 결과를 가져오는 바른 일을 할 수 있는 행운을 가졌다.

부장가(Bhujang) 혹은 사르파(Sarpa, '뱀') 요가는 크루라 행성이 앵글에 있는 경우. 보통 지나친 타마스로 고통을 받는다. 그래서 최상의 결과를 위해선 무엇을 어떻게 해야 할지 모르거나, 알아도 할 수 있는 능력이 없다.

○ 세 번째 그룹 – 아크리티(Akriti, '형태') 요가들(20개): 완전하게 맞아 떨어지지 않아도 된다. 가까이 있는 행성들을 움직여서 가장 근접한 형태의 요가를 찾으면 된다.

가다(Gada, '클럽', '곤봉') 요가는 모든 행성들이 두 개의 이어지는 앵글에 있는 경우. 1/4, 혹은 4/7, 혹은 7/10, 혹은 10/1번째. 칼보다 곤봉을 사용하는, '영성'을 인생의 중요한 포커스로 둔다. 삶에 대해 어느 정도 철학적인 태도를 가지는 경향이 있다. 좋은 안 좋든, 자신의 지금 모습에 만족하며, 대체로 믿을 수 있고 좋은 사람들이다. 가다

요가는 좋은 요가로서, 내적인 안정성을 주고 장애물이나 어려움을 이겨낼 수 있는 저력을 준다.

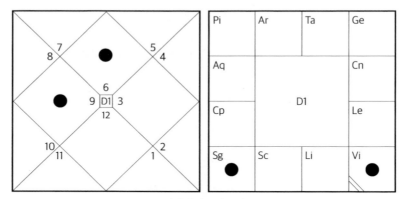

가다 요가: 1번, 4번

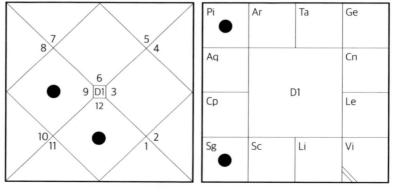

가다 요가: 4번, 7번

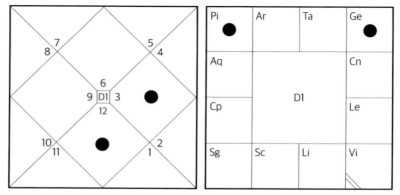

가다 요가: 7번, 10번

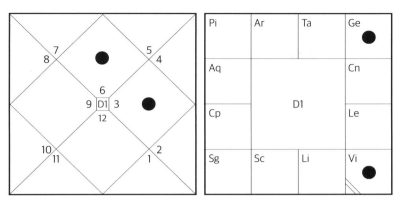

가다 요가: 10번, 1번

사카타(Sakata, '카트', '수레') 요가는 모든 행성이 1번째, 7번째 하우스에 있는 경우. 고통스런 요가. 열정에 의해 조정되며, 인생에서 오르락 내리락 굴곡을 경험하며, 비이성적이다.

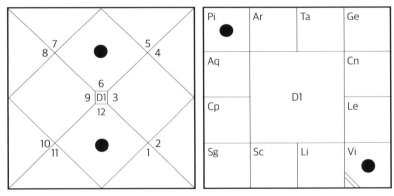

사카타 요가

비하가(Vihaga, '새', '하늘을 나는 자') 요가는 모든 행성이 4번째, 10번째 하우스에 있는 경우. 새, 화살, 혹은 태양처럼 하늘을 나는 어떤 것들을 의미한다. 행복을 찾는 데 어려움이 있다. 내면적으로 느끼는 부족함을 만회하기 위해, 실제보다 자신이 더 위대한 능력을 가진 것으로 믿는 경우가 자주 있다.

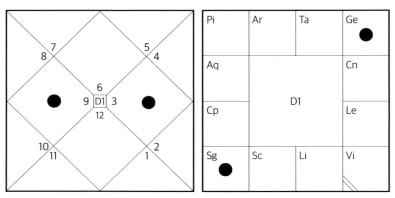

비하가 요가

쉬링가타카(Sringataka, '세 개의 봉이 있는 산') 요가는 모든 행성들이 1번째, 5번째, 9번째에 있는 경우. 차트 주인이 하는 일들이 자신보다는 다른 사람들에게 더 유익하다. 어떤 일이든 극복할 수 있는 청렴한 신조를 가지고 있는 좋은 요가이다. '자기 계발'에 포커스를 두며, 사회생활이나 이성관계에 그다지 집중하지 않는다.

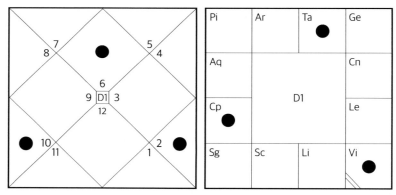

쉬링가타카 요가: 다르마 트라인

할라(Hala, '쟁기') 요가는 모든 행성이 2번째, 6번째, 10번째(아타 트라인)에 있는 경우(가장 미약함), 모든 행성이 3번째, 7번째, 11번째(카마 트라인)에 있는 경우(중간 정도), 모든 행성이 4번째, 8번째, 12번째(목샤 트라인)에 있는 경우(최악). 쟁기는 열심히 일을 하는 심볼, 인생에서 극복해 나가야 하는 어려움, 시련의 정도를 나타낸다. 아타 트라인은, 행복이나 안정성을 느끼기 어렵게 한다. 카마 트라인은 항상 가지고 있지 않은 것,

없는 것에만 집중을 한다. 공허함과 부족함에 시달린다. 목샤 트라인은 아주 부정적이고 불만족스럽다. 감정적으로 가장 혼란스럽고, 예민하고, 자신의 진정한 자아와 완전히 절단되어 있다. 아주 중독적이고 비정상적인 행위를 하게 만든다.

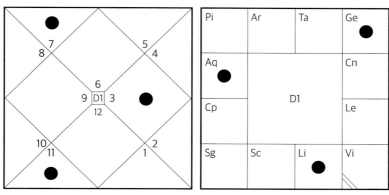

할라 요가: 아타 트라인

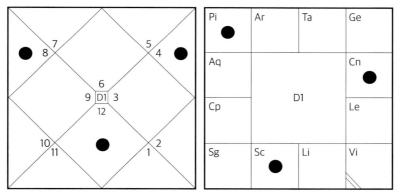

할라 요가: 카마 트라인

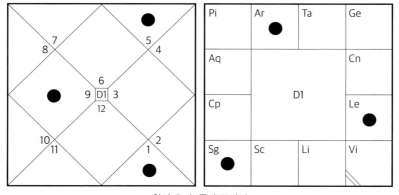

할라 요가: 목샤 트라인

아래는 **할라(쟁기) 요가**의 예시인 아돌프 히틀러이다. 최악의 할라(쟁기) 요가 조합을 목샤 하우스에 가지고 있다(1889년 4월 20일 18:30, Austria, Branauan Inn 출생).

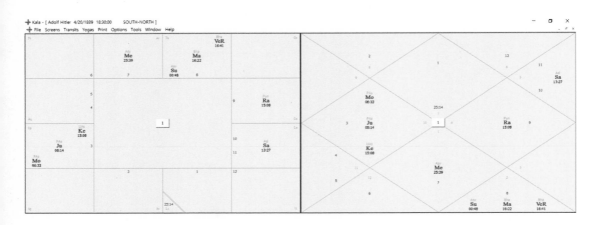

바즈라(Vajra, '천둥번개') 요가는 모든 길성이 1번째, 7번째에 있고, 모든 흉성이 4번째, 10번째에 있는 경우(괜찮은 요가). 굉장히 파워풀한 사람들이다. 하지만 4번째에 있는 흉성은 어느 정도 차가운 심장을 준다. 대체로 인생의 많은 좋은 것들을 가졌으며, 행복을 찾을 수 있는 능력도 높다. 그러나 기본적으로 반드시 극복해야 하는 삶의 숙제, 어려움들이 있다.

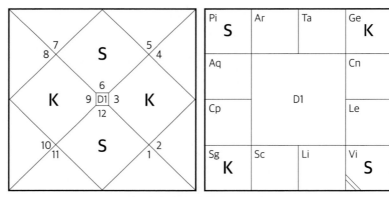

바즈라 요가: K - 크루라, S - 사움야

야바(Yava, '보리 알') **요가**는 모든 흉성이 1번째, 7번째에 있고, 모든 길성이 4번째, 10번째에 있는 경우. 바즈라 요가보다 좋은 요가이다. 바즈라 요가와 야바 요가들은 아주 드물게 일어나는 요가이다. 금성이 태양으로부터 한두 개 이상의 하우스보다 멀리 가지 못하기 때문이다. 그래서 나밤샤 차트에 적용될 수도 있는 요가이다. 4번째와 10번째에 길성이 있다 보니, 이런 사람들은 언제나 행복하고 좋은 일들을 찾아서 한다. 흉성이 1번째와 7번째에 있다 보니, 설령 개인적으로 인생이 고통스럽거나 어렵더라도, 늘 유익하고 가치 있는 행위들을 한다.

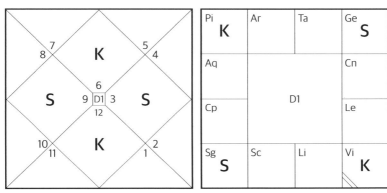

야바 요가: K - 크루라, S - 사움야

카말라(Kamala, '연꽃') **요가**는 모든 행성이 네 개의 앵글에 있는 경우. 훌륭한 요가이다. 아주 에너제틱하고, 언제나 제일 낫거나, 잘 할 수 있는 일들을 하며, 어떤 어려움이 있든지 이겨낼 수 있는 훌륭한 능력을 가지고 있다.

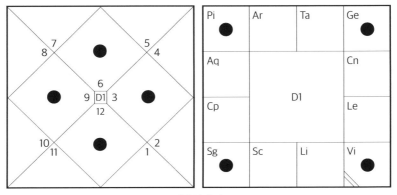

카말라 요가

바피(Vapi, '물웅덩이', '연못) 요가는 모든 행성이 네 개의 파나파라(2, 5, 8, 11번째, 재물과 안정성의 하우스들)에 있는 경우, 모든 행성이 네 개의 아포클리마(3, 6, 9, 12번째, 지식과 스킬, 재능의 하우스들)에 있는 경우. 카말라 요가와 비슷하지만 앵글이 아니다. 인생에서 필요하고 좋은 것들이 굳이 열망하거나, 찾아 나서지 않아도, 때가 되면 자연스럽게 오거나 주어진다.

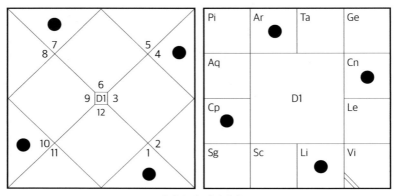

바피 요가: 파나파라

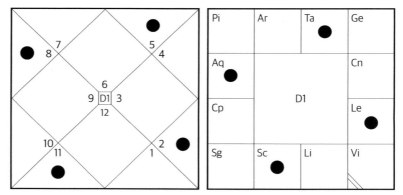

바피 요가: 아포클리마

유파(Yupa, '희생용으로 세운 기둥') 요가는 모든 행성이 1번째에서 4번째 사이에 있는 경우. 좋은 요가이다. 삶의 어려움들로부터 회복할 수 있는 능력을 가지고 있다.

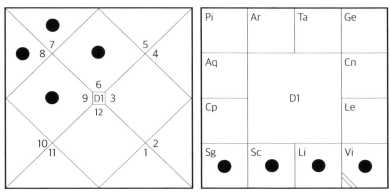

유파 요가

사라(Sara, '화살') 요가는 모든 행성이 4번째에서 7번째 사이에 있는 경우. 어려운 요가이다. 화살은 아프게 한다. 감정적으로 아주 공허하며, 감정적인 불균형과 정신적으로 비정상적 성향을 준다.

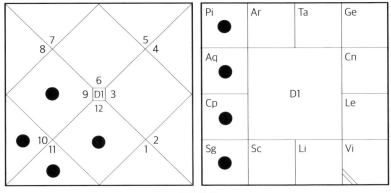

사라 요가

샥티(Shakti, '힘') 요가는 모든 행성이 7번째에서 10번째 사이에 있는 경우. 주로 배우들에게 흔한 요가이다. 욕망과 열정이 많고, 이기적인 성향이 있으며, 충족되지 못한 욕망에 시달리며, 행복을 찾는 어려움이 있다. 좋고 안 좋은 혼합된 결과를 주는 보통의 요가이다. 에너지가 강물처럼 계속 흐르는 경향, 일중독인 사람들이 많다.

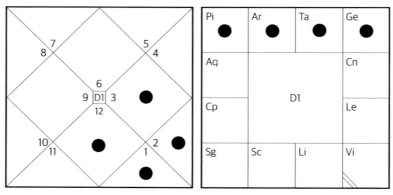

샥티 요가

단다(Danda, '막대', '장대') 요가는 모든 행성이 10번째에서 1번째 사이에 있는 경우. 어려운 요가, 전생에 못다한 일, 카르마를 현생에서 완성하는 요가. 단다 요가를 가진 이들은 인생의 마지막에 태어날 때 가지고 있던 처음 상태로 대부분 되돌아가는 경향이 있다. 인생의 끝에서 되돌아보니, 그동안 이룬 일들이 별반 소용이 없게 느껴지거나, 혹은 살아온 인생에 대한 후회를 하게 되는 경향이 있다.

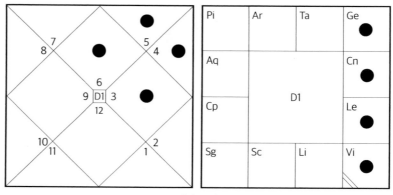

단다 요가

나우카(Nauka, '보트') 요가는 모든 행성이 1번째에서 7번째 사이에 있는 경우. 어려운 요가. 1번째 '셀프'에서 7번째 '욕망', 항상 외부적으로 충족시켜줄 뭔가를 기대하게 만든다. 감정에 집중하는 사람들이다. 이성이나 인간관계성의 굴곡을 경험한다.

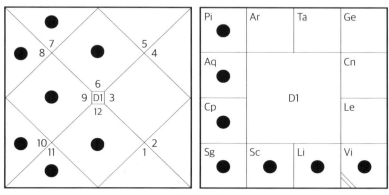

나우카 요가

쿠타(Kuta, '피크', '산봉우리') 요가는 모든 행성이 4번째에서 10번째 사이에 있는 경우. 행복을 찾기 어려운 요가이다. 자신의 행복을 모두 액션에만 집중하고 두는 경향이 있다. 자신이 하는 액션에 감정적으로 개입한다. 감정적으로 내키지 않으면 그만둬버린다. 쿠타는 산봉우리, 숨겨진 무기, 동물을 잡기 위해 친 덫, 환상, 속임수, 가짜 등의 의미를 가지고 있다(자기 꾀에 잘 넘어가는 경향).

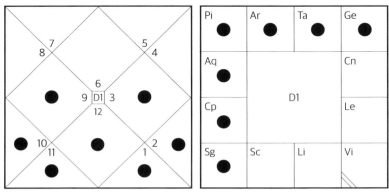

쿠타 요가

차트라(Chatra, '우산') 요가는 모든 행성이 7번째에서 1번째 사이에 있는 경우. 자신이 원하는 것을 찾을 수 있고, 원하는 것을 충족시킬 수 있고, 감정적인 어려움들을 이겨내고 다시 일어설 수 있는 능력을 가졌다. 7 체인 요가들 중에서 유일하게 가장 좋은 요가이다. 에너지가 다른 사람(7번)에서 시작하여, 셀프(1번)에서 끝이 난다. 자신에게 좋은 요가이다.

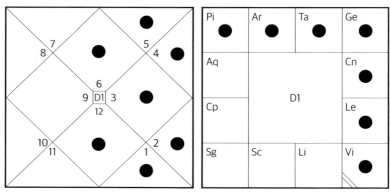

차트라 요가

챠파(Chapa, '활', '어떤 것이든 휘어진 모양을 가진 것') 요가는 모든 행성이 10번째에서 4번째 사이에 있는 경우. 안 좋은 요가이다. 행복이 자신이 하는 액션에 달려 있다. 자신이 하는 액션의 많은 부분들이 감추어져 있다. 자신이 한 떳떳하지 못한 행동이나 약점들을 드러내기 좋아하지 않는다.

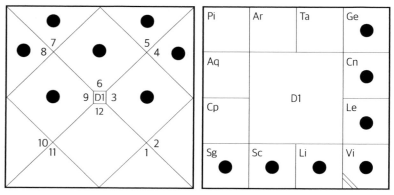

챠파 요가

아드라 찬드라(Ardra Chandra, '반달') 요가는 모든 행성이 처음에 파나파라 혹은 아포클리마 하우스에서 시작하여, 연속적으로 7개 하우스들에 있는 경우(앵글 하우스에서 시작하지 않음). 수용적이고 좋은 요가, 가장 흔히 일어나는 요가 타입 중의 하나이다. 어떤 하우스에서 시작하여, 어떤 하우스에서 끝나는지가 중요하다. 마지막 하우스에서 그 사람의 엔딩을 알 수 있다.

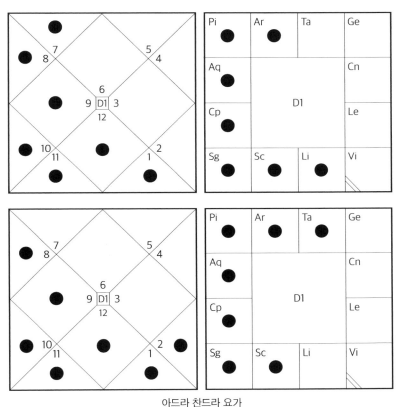

아드라 찬드라 요가

차크라(Chakra, '수레') 요가는 모든 행성이 1번째 하우스부터 시작해서 이어지는 6개의 홀수 하우스에 있는 경우. 좋은 요가로서, 파워풀하고 강한 요가이다.

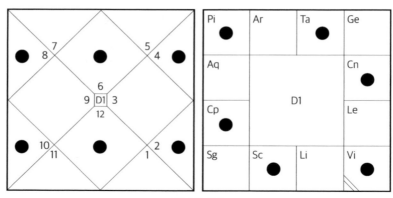

차크라 요가

사무드라(Samudra, '대양', '의식') 요가는 모든 행성이 2번째 하우스부터 시작해서 이어지는 6개의 짝수 하우스에 있는 경우. 좋은 요가로서, 뭐든지 자신이 상상하는 대로, 꿈꾸는 대로 이루어지는 요가이다.

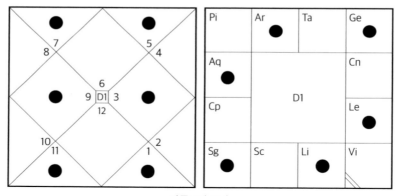

사무드라 요가

○ 네 번째 그룹 - 상키야(Sankhya, '숫자') 요가들(7개): 행성들이 있는 라시들의 '숫자'에 따라 형성되는 요가이다.

골라(Gola, '공') 요가는 모든 행성들이 1개의 라시에 있는 경우(키 행성: 태양). '셀프 위주로, 전 우주가 자신을 중심으로 돌아가는 것 같은 마인드.

유가(Yuga, '노른자') 요가는 모든 행성이 2개의 라시에 있는 경우(키 행성: 달). 변덕스럽고 잘 변한다. 행복을 느끼거나 만족을 잘 하지 못한다.

술라(Sula, '가시') 요가는 모든 행성들이 3개의 라시에 있는 경우(키 행성: 화성). '아이디어, 개념, 관념'으로, 가슴보다는 머리를 많이 쓰며 정신적인 의지로 삶을 헤쳐나가는 마인드.

케다라(Kedara, '필드') 요가는 모든 행성이 4개의 라시에 있는 경우(키 행성: 수성). 생산적이고 실질적으로 이득이 될 만한 일에만 개입을 하는 자연스런 능력.

파사(Pasa, '올가미', '고삐') 요가는 모든 행성이 5개의 라시에 있는 경우(키 행성: 목성). '파사'는 쉬바 혹은 야마와 연관된 도구이다. 파사 요가는 이중성, 즉 길조적이고 비길조적인 면을 같이 가지고 있는 요가이다.

다마(Dama, '화환', '화관') 요가는 모든 행성이 6개 라시에 있는 경우(키 행성: 금성). 같이 어울리기 가장 편안하고 좋은 사람들이다. 인생의 행복을 찾을 수 있는 능력이 뛰어나다. 차트에서 금성의 상태가 좋을수록 삶의 행복도가 크다. '다마'는 화환, 화관, 줄이나 고리밧줄 등의 의미를 가지고 있는데, 메리트, 성공 등이 줄에 줄줄이 엮여 있는 모습을 나타낸다.

비나(Veena, '루트') 요가는 모든 행성이 7개 라시에 있는 경우(키 행성: 토성). 차트 주인이 가진 재능을 가장 성공적으로 계발할 수 있게 해준다.

솔라, 루나, 라그나 요가

○ 솔라(Solar) 요가

태양이 형성하는 요가이다. 태양은 우리가 가진 본성을 나타낸다. 태양 옆에 있는 행성들은 우리가 가진 본성적 면을 드러낸다. 태양은 존재의 빛을 발휘하게 하는 행성이다. 만약 태양 옆에 아무런 행성이 없거나, 혹은 아무런 어떤 판차 마하푸루샤 요가도 없는 경우, 어떤 '존재감'도 전혀 없는 사람이다.

보시(Vosi) 요가. 좋은 요가이다. 행성이(달과 두 노드를 제외한) 태양으로부터 12번째 하우스에 있을 때 형성되는 요가. 태양이 뜨기 전에 먼저 올라오는 행성으로, 태양의 길을 밝혀주는 역할, 태양의 오른팔(힘이 되는)과도 같은 역할, 삶의 경험을 먼저 주도하는 역할을 한다. 해당 행성이 가진 특성이 차트 주인의 첫인상에 아주 뚜렷하게 나타난다.

베시(Vesi) 요가. 좋은 요가이다. 행성이(달과 두 노드를 제외한) 태양으로부터 2번째 하우스에 있을 때 형성되는 요가. 태양이 올라온 후에 따라서 올라오는 행성. 태양의 왼팔(위안을 주는)과도 같은 역할. 어느 정도 안면을 만든 후에 서서히 알게 되는 차트 주인의 캐릭터.

우바야차리(Ubhayachari) 요가. 좋은 요가이다. 행성이(달과 두 노드를 제외한) 태양으로부터 2번째와 12번째에 있을 때 형성되는 요가. 가장 균형적인 요가. 뚜렷한 개성, 카리스마를 준다.

○ **루나(Lunar) 요가**

달이 형성하는 요가이다. 달은 우리의 감정과 마음을 나타낸다. 그래서 차트에서 달과 연관된 행성들은 차트 주인의 정신건강에 지대한 영향력을 미치게 된다.

샤타카(Shataka, '예술문학적인 책') 요가. 달이 목성으로부터 6번째, 8번째, 혹은 12번째에 있을 때 형성되는 요가. 부유함과 어려운 시간의 사이클을 교대로 경험하게 된다. 만약 달이 라그나로부터 앵글에 있는 경우에는 이 요가는 형성되지 않는다.

케마드루마(Kemadruma, '가난한', '고적한', '빼앗긴') 요가. 달의 앞뒤 하우스에 아무런 행성(태양과 두 노드는 제외)도 없을 때 형성되는 요가. 혼자 있는 달은 외롭기 때문에 가난하거나 어려운 삶을 살게 된다. 만약 달이 앵글이나 트라인에 있거나, 혹은 다른 행성과 합치를 하고 있을 때 케마드루마 요가 효과는 많이 누그러지게 된다. 만약 목성이 달로부터 앵글에 있으면서 가자케샤리 요가를 형성하면, 케마드루마 요가는 취소가 된다.

수나파(Sunapha) 요가. 달로부터 2번째 하우스에 한 개 혹은 그 이상의 행성(태양은 제외)들이 있을 때 형성되는 요가. 부와 행복, 인생의 편안함, 이름이나 명예 등이 점점 늘어날 수 있는 높은 가능성을 가지게 된다. 특히 자연적 길성인 경우에 더 효과적이다. 만약 자연적 흉성이 있으면 그다지 좋지는 않으나, 수나파 요가를 망치지는 않는다.

아나파(Anapha, '어떤 것') 요가. 행성이 달로부터 12번째(태양은 제외) 하우스에 있을 때 형성되는 요가. 수나파 요가가 비슷한 요가효과들을 가져온다.

두라다라(Durudhara) 요가. 태양을 제외한 다른 행성들이 달로부터 2번째와 12번째 하우스에 있을 때 형성되는 요가. 스피치와 배움을 통해서 인정을 받게 해주며, 순수함과 덕이 넘치는 본성을 가지게 만든다. 부와 인생의 편안함도 부여한다. 수나파 혹은 아나파 요가보다 훨씬 더 효과가 큰 요가이다. 그렇지만 자연적 길성들이 개입되어야만 두드러지는 요가 효과들을 가지고 온다. 만약 자연적 흉성(화성, 토성)들이 개입된 경우에는 요가 효과를 많이 손상시킨다. 노드나 태양이 개입된 경우에도 마찬가지이다.

○ 라그나 요가

라그나가 형성하는 요가이다. 라그나는 바디를 의미한다. 라그나와 연관된 행성들은 신체적인 안위에 영향력을 미치게 된다.

슈바 카르타리(Shubha Kartari, '가위', '화살의 모양을 한') 요가. 길성이 라그나의 2번째와 12번째 하우스에 있을 때 형성되는 요가. 좋은 건강과 부를 축적할 수 있는 능력을 준다.

파파 카르타리(Papa Kartari) 요가. 흉성이 라그나의 2번째와 12번째(두 노드는 제외) 하우스에 있을 때 형성되는 요가. 나쁜 건강과 경제적 어려움을 준다.

아티 바슈만(Ati Vasuman, '아주 많이', '부유한', '부자인', '아름다운') 요가. 세 개의 길성(수성, 금성, 목성)들이 라그나로부터 우파차야(3번째, 6번째, 10번째, 11번째) 하우스에 있을 때 형성되는 요가. 풍요로움과 부유함을 준다.

아말라(Amala, '순수한', '오점이 없는') 요가. 자연적 길성이 라그나 혹은 달로부터 10번째 하우스에 있을 때 형성되는 요가. 다른 사람들에게 친절하고 돕는 자세를 가지게 한다. 커리어는 어떤 식으로든 다른 이들을 케어하거나 공익을 위한 일 등을 가지게 만든다. 다른 사람들이 아주 좋게 생각하며 부유해질 수 있는 가능성을 가지고 있다.

그 외의 몇 가지 중요한 요가들

○ 가자케샤리(Gaja Keshari, '위대한 덕을 주는') 요가

목성이 라그나, 또는 달로부터 앵글에 있으면 가자케샤리 요가가 된다. 달과 목성이 서로 삼반다를 형성하는 경우 아주 길조적인 효과들을 가져다준다. 좋은 행운, 훌륭한 지성, 고상하고 덕스러운 본성, 행복, 높은 교육 등 온갖 좋은 이득들을 주는 요가이다(목성의 품위가 고양, 물라, 오운, 혹은 좋은 친구의 품위여야 한다).

가자케샤리 요가를 판단함에 있어 달이 가진 팍샤발라(달의 크기), 달과 목성이 있는 라시들, 위치한 하우스들, 품위, 어스펙트 등등에 따라 요가가 가진 효과 정도가 좌우된다. 달로부터 목성이 앵글에 있는 경우는 아주 흔히 일어나기 때문에, 그보다는 라그나로부터 목성이 앵글에 있는 경우 언급된 요가효과가 훨씬 더 선명하게 나타난다.

○ 마하 바기야(Maha bhagya, '위대한 행운을 주는') 요가

남자의 경우 낮 출생이며, 라그나, 태양, 달이 모두 양의 라시들에 있을 때 형성되는 요가. 이러한 요가가 있는 남자는 인생의 온갖 행운이 따르며 모든 남성적 자질들을 훌륭하게 갖추고 있다.

여자의 경우 밤 출생이며, 라그나, 태양, 달이 모두 음의 라시들에 있을 때 형성되는 요가. 이러한 요가가 있는 여자는 인생의 온갖 행운이 따르며, 모든 여성적 자질들을 훌륭하게 갖추고 있다.

○ 칼라사르파(Kala Sarpa, '어려움과 시련을 주는') 요가

칼라는 시간 혹은 어두움, 사르파는 뱀이라는 의미이다. '어두운 시간의 뱀'이라는 의미로, 모든 일곱 행성들이 라후-케투 축의 어느 한쪽에 몰려 있을 때 형성되는 요가이다. 어려움과 시련을 주는 요가로 알려져 있으며, 두 타입의 칼라사르파 요가가 있다. ① 아눌로마(Anuloma)는 모든 행성이 라후를 향해 움직이고 있을 때, ② 빌로마(Viloma)는 모든 행성이 케투를 향해 움직이고 있을 때. 행성들이 어느 방향으로 움직이고 있든지, 트랜짓하는 라후, 혹은 케투가 이들 행성 중에 어느 하나를 만나게 될 때, 심각한 문제나 위기를 만들어내는 것으로 알려져 있다. 종종 해당 차트 주인의 사이킥 성향에 강한 영향을 미치게 된다.

아눌로마의 경우에는, 라후의 영향이 다른 행성들에게 깊은 영향을 미친다. 라후는 환각, 야망, 세속적 욕망 등을 나타낸다. 이러한 형태의 칼라사르파 요가의 경우, 강한 사이킥 에너지 전류가 두드러지게 되며, 특히, 아스트랄 바디의 작용에 방해나 어려움을 만들어낼 수 있다.

빌로마의 경우에는, 케투의 영향이 다른 행성들에게 깊은 영향을 미친다. 케투는 깨달음이나 완결, 과거의 집착으로부터 자유로워지고자 하는 영적인 감응이나 동기를 준다. 어떨 때는 다른 사람들에 대한 컨트롤을 통해 자신의 의지를 굳히려 하기도 한다.

칼라사르파 요가는 긍정적인 효과보다는 장애물이나, 갈등, 오해 등을 만들어내는 경향이 있다. 라후와 케투가 있는 하우스가 중요한 비중을 차지한다. 아눌로마의 경우 라후가 있는 하우스가 중요한 고려 사항이 되는데, 라후와 연관된 하우스의 특성들이 키 팩터가 되며, 방해가 해를 입을 수 있다. 빌로마의 경우 케투가 있는 하우스가 중요한 고려 사항이 되는데, 케투와 연관된 하우스의 특성들이 키 팩터가 되며, 내적인 모순 갈등을 겪거나 영적인 관심대상에 완전히 집중을 하게 될 수 있다.

(2) 하우스 로드십에 따른 요가들

행성들은 타고난 자연적 성향에 따라 크루라, 사움야가 되는 것 외에도 라그나에 따라 달라지는 하우스 로드십에 의한 임시적인 크루라, 사움야 기질도 가지게 된다. 점성학에서 다샤 효과를 가지게 되는 요가들은 행성들이 가진 자연적, 임시적 성향들이 같이 어우러져 만들어내는 다양한 효과의 조합들에 한한다. 이러한 요가는 어떤 특정한 결과들을 만들어내기 위해서 필요한 행성들의 특정한 조합들이다.

점성학 고서들에 기술된 이러한 요가 조합은 수백, 수천 가지가 넘는다. 차트에 이러한 조합들이 있는지 없는지, 그리고 요가를 형성하는 행성들이 충분한 저력을 가졌거나 좋은 위치에 있는지 하는 사항 등이 기본적 삶의 수준이나, 성향, 직위 등을 결정하게 된다.

모든 요가들을 다 기술하기는 불가능하기에, 행성들의 하우스 로드십에 따라 형성되는 기본 원칙적인 요가들만 몇 개의 그룹으로 분류하여 간단히 소개하기로 한다. 더 많고 좋은 요가 조합들이 있는 차트일수록 그만큼 충족적이고 행복하며 생산적인 삶을 누릴 수 있다는 것이 기본적 원칙이다.

여섯 축의 요가

베딕 차트에서 열두 하우스들은 여섯 사적, 대외적 요가들로 정렬된다. 하우스들은 절대로 단독적으로 작용하지 않는다. 하우스들이 가진 안정적, 의식적인 힘들은 '요가 조합'에 의해서 이루어진다. 그리하여 우리가 가지는 개인적인 경험들은 언제나 다른 사람들과의 상호관계를 통해 작용하게 된다. 여섯 축의 요가 조합들은 인간 삶이 가진 모든 범위를 포함하는 구조체계를 갖추고 있다. 점성학에서 가장 기본적인 나탈 차트는 1번째 라시 차트이다. 360도 둥근 원형의 조디액을 각 30도씩 동등한 파트로 나누어 12 파트(라시) 하우스들을 형성한다. 이러한 열두 하우스들은 여섯 쌍으로 작용하면서 인간 삶의 6 요가 조합들을 만들어내는데, 다수의 행성들이 서로 이러한 축에 위치하고 있을 때 형성되는 요가이다. 이처럼 주요 축을 형성하고 있는 행성들은 차트 주인의 삶에서 가장 중요한 테마로 작용한다. 요가의 효과들이 생산적이거나 길조적일지, 혹은 비생산적이거나 비길조적일지 하는 사항들은 다음 항목의 '행성들의 저력 재기'에 기준하여 판단할 수 있다.

○ 첫 번째 축의 요가: 1번과 7번 하우스

셀프와 다른 사람(배우자)에 대한 테마가 인생에서 주 이슈가 된다. 가장 파워풀한 축의 요가이다.

1번 하우스는 바디, 셀프(오운 바디, 외모, 개성, 생기, 인생).

7번 하우스는 나의 삶과 함께 하는 다른 사람의 삶들(배우자의 바디, 결혼, 섹스, 파트너십, 계약, 동의, 균형, 법정).

○ 두 번째 축의 요가: 2번과 8번 하우스

감각기관과 연결된 정보, 물질적 부와 연관된 테마들이 삶에서 주 이슈가 된다.

2번 하우스는 감각기관과 감각기관 정보(자신의 센스감각, 음식, 스피치, 태어난 가족, 돈 가치, 부).

8번 하우스는 자신의 부와 합치는 다른 사람의 부(배우자의 돈, 배우자의 센스감각, 배우자의 출생가족, 펀드, 숨겨놓은 비밀스런 것들, 유산, 세금, 다른 사람의 부).

○ 세 번째 축의 요가: 3번과 9번 하우스

생각과 믿음 체제에 연관된 테마들이 삶에서 주 이슈가 된다.

3번 하우스는 자신의 사고 과정과 평소 생각들(자신의 형제, 정신적 활동, 일상적 생각, 짧은 여행).

9번 하우스는 자신의 생각과 합치하는 다른 사람들의 생각, 타고난 문화(배우자의 형제, 아버지, 의식, 전통적 종교, 믿음 체제, 문명, 문화, 장기 여행).

○ **네 번째 축의 요가: 4번과 10번 하우스**

감정적, 사회적으로 사적인 것들에 대한 테마들이 삶에서 주 이슈가 된다. 라시 차트에서 두 번째로 가장 파워풀한 축의 요가이다.

4번 하우스는 자신의 어머니, 사적인 감정, 필요(집, 개인적 감정, 사생활, 정규교육, 수명의 주 팩터).

10번 하우스는 자신의 사적인 필요와 합치하는 대중적 개인사(배우자의 어머니, 배우자의 교육, 배우자의 감정적 사생활, 부모의 외적인 생활, 의무, 다르마, 천직, 커리어, 공적 직위).

○ **다섯 번째 축의 요가: 5번과 11번 하우스**

창조성과 공동체에 연관된 테마들이 삶에서 주 이슈가 된다.

5번 하우스는 자녀, 유산 (아이들, 창조물, 유산, 자기표현).

11번 하우스는 자신의 유산과 합치하는 다른 사람의 유산(배우자의 자기표현, 배우자의 유산, 인맥, 마켓, 공동체, 네트워크, 이득, 수입 근원).

○ **여섯 번째 축의 요가: 6번과 12번 하우스**

용서와 용해, 자유로움에 연관된 테마들이 삶에서 주 이슈가 된다.

6번 하우스는 자신의 건강(자신의 적, 질병, 빚, 고통, 불균형, 균형을 되찾기 이전 상태, 건강).

12번 하우스는 자신의 고통과 합치하는 다른 사람의 불균형(배우자의 건강, 질병, 자선, 기부, 영적 자유, 후퇴, 은퇴, 출가, 병원, 수도원, 다른 사람들의 고통, 독).

라자 요가(Raja Yoga, '왕의 지위를 주는')

라자 요가는 부와 성공, 직업적 성공 등을 가져다준다. 이러한 요가들은 차트 주인의 직위를 마치 '왕'의 직위처럼 향상시켜주기에 붙여진 이름이다. 행성들이 저력을 갖추었거나, 길조적 하우스에 위치했을 때 언급된 요가 효과들이 완전히 나타날 수 있게 된다. 만약 행성들이 가진 저력이 약하거나, 취약한 하우스에 위치했을 때 언급된 요가 효과들은 완전하게 형상화될 수 없으며, 많은 장애와 시련들을 겪게 한다.

○ 라자 요가를 형성하는 기본적 원칙

라자(로얄) 요가는 행운(트라인)의 로드와 액션(앵글) 로드의 조합을 의미한다. 5번째, 혹은, 9번째 로드가 1번째, 4번째, 7번째, 10번째 로드와 삼반다를 하게 되면 이러한 라자 요가가 형성된다. 삼반다 강도가 강함에서 약함의 순이다. ① 합치 ② 상호 행성 간 어스펙트 ③ 하우스들의 상호교환 ④ A행성이 B행성의 하우스에 있으면서 B행성에게 행성간 어스펙트를 받는 경우.

앵글 하우스들(1, 4, 7, 10번)은 비슈누(Vishunu) 신의 하우스들로 알려져 있다. 트라인 하우스들(1, 5, 9번)은 비슈누 신의 배우자인 락시미(Lakshimi) 여신의 하우스들로 알려져 있다. 라그나는 앵글이나 트라인으로 간주된다. 라자 요가들은 이들 사이의 상호 관계성에서 형성된다.

- 1번 로드와 4번, 5번, 7번, 9번, 혹은 10번 로드가 상호관계성을 맺을 때(5가지 조합)
- 4번 로드와 5번 혹은 9번 로드가 상호관계성을 맺을 때(2가지 조합)
- 5번 로드와 7번 혹은 9번 로드가 상호관계성을 맺을 때(2가지 조합)
- 7번 로드와 9번 로드가 상호관계성을 맺을 때(1가지 조합)
- 9번 로드와 10번 로드가 상호관계성을 맺을 때(1가지 조합)

이렇게 모두 11가지 가능한 라자 요가 조합들이 있다. 그중에서도 다섯 번째, 9번과 10번 로드 사이에서 일어나는 요가와, 첫 번째, 라그나 로드와의 요가 조합들이 특히 가장 길조적인 결과들을 가져온다.

특정한 라그나들의 경우엔, 한 개의 행성이 앵글과 트라인 로드가 된다. 황소, 게, 사자, 천칭, 악어, 물병으로 총 여섯 라그나의 경우에 해당된다. 흔히 해당 행성이 무조건 라자 요가 카라카인 것으로 잘못 알고 있다. 이러한 라자 요가들은 해당 행성이 앵글이나 트라인 하우스에 위치하고 있을 경우에만 라자 요가를 형성하면서 아주 길조적인 효과들을 낼 수도 있다.

○ 다른 유형의 라자 요가들

파라샤라에 의하면 다음과 같은 몇 가지 예외적 경우의 라자 요가 조합들이 생성된다.

- 5번과 9번 로드가 서로 합치하거나, 상호 어스펙트하는 경우 높은 관료 직위를 준다(민주주의 국가에서는 9번 로드는 장관직이고, 5번 로드는 의원직을 나타낸다).
- 4번과 10번 로드가 상호교환하거나, 서로 어스펙트하거나, 5번 혹은 9번 로드와 연관되었을 때 높은 공무원 직위를 준다(민주 국가에서 10번은 정부를, 4번은 국회를 의미한다).
- 4번과 10번 로드가 5번 혹은 9번 로드와 연관되면 라자 요가를 준다.
- 5번 로드가 1번 로드와 연관되었거나, 혹은 9번 로드가 1번, 4번, 혹은 10번에 있을 때 왕의 직위를 준다.
- 목성과 금성이 9번에서 합치하거나, 혹은 5번 로드와 연관이 있을 때 왕의 직위를 준다.
- 금성이 1번에 있으면서 달과 목성에게 어스펙트를 받으면 라자 요가를 준다.
- 취약의 품위에 있는 3번, 6번, 8번, 혹은 12번 로드가 강한 라그나 로드와 함께 있으면서, 라그나를 어스펙트하거나 라그나에 있으면, 이들의 다샤에 라자 요가를 준다.
- 10번 로드가 고양 혹은 오운 라시에 있으면서 동시에 라그나를 어스펙트하면, 라자 요가를 준다.

○ 비파리타(Vipareeta, '역전의 성공을 주는') 라자 요가

차트에서 어떤 어렵고 힘든 조합이 있어, 삶에 성공을 방해하는 주원인인데 이를 역으로 이용하여 오히려 더 큰 성공을 가져다주는 '비파리타(역전시키는)' 요가 조합을 뜻한다. 일반적인 점성가들이 이해하고 있는 비파리타 요가는 6, 8, 12번 로드가 6, 8, 혹은 12번 하우스에 있으면서 다른 행성들과 합치를 하거나 어스펙트를 받지 않는 경우에 해당한다. 하지만 이는 정확하지 않다. 파라샤라의 144 요가에 의하면 12 로드가 8번 하우스에 있는 경우를 제외하곤 모두 부정적인 효과를 주기 때문이다.

다음과 같은 조건들 하에서만 파라샤라(BPHS)가 기술한 비파리타 요가가 성립된다. 기술한 순서대로 요가 강도가 가장 세거나 가장 미약하다.

- 파라샤라가 언급한 각 라그나의 파파 행성들이 합치를 하거나 서로 풀 어스펙트할 때
- 이러한 파파 로드들이 서로 라시를 상호교환할 때
- 이러한 파파 로드들 중에 어느 하나가 다른 파파의 라시에 있을 때
- 이러한 파파 로드들 중에 어느 하나가 다른 파파 로드에게 어스펙트를 받을 때

이러한 비파리트 조합들은 차트 주인을 그러한 행성들이 관장하는 다른 삶의 영역을 아주 효율적으로 다룰 수 있게 해준다. 그리하여 남은 시간들을 자신의 다르마를 추구하는 데 전념할 수 있게 한다. 뿐만 아니라, 비파리트 요가 행성들은 삶에 있어 필연적으로 일어나는, 예상된 혹은 예상치 못한 어려운 문제들이라도 잘 극복하는 데 뛰어난 능력을 준다.

다나 요가(Dhana Yoga, '부를 주는')

다나 요가는 부와 풍요로움을 주는 점성학적 조합들이다. 이러한 조합들은 강한 라그나 로드와 함께 있거나, 혹은 라그나 로드가 저력을 갖추었을 때 열매를 낳게 된다. 다나 요가뿐만 아니라 라자 요가도 마찬가지로, 라그나가 강할 때 기술된 효과들이 완전히 형상화할 수 있다.

2번과 11번 하우스는 수입을 벌고, 부를 축적하는 하우스들이다. 이들 외에도, 부의 여신 락시미가 관장하는 트라인 하우스들도 부의 하우스로 알려져 있다. 그러므로 이들 하우스 간에 삼반다는 다양한 부와 풍요로움을 보장하게 된다.

○ 다나 요가가 형성되는 기본적 원칙들

• 라그나 로드와 2번, 5번, 9번 혹은 11번 로드가 상호관계성을 맺을 때(4가지 조합)
• 2번 로드와 5번, 9번, 혹은 11번 로드가 상호관계성을 맺을 때(3가지 조합)
• 5번 로드와 9번 혹은 11번 로드가 상호관계성을 맺을 때(2가지 조합)
• 9번 로드와 11번 로드가 상호관계성을 맺을 때(1가지 조합)

이렇게 총 10가지 가능한 다나 요가 조합들이 있다. 그 외에도 점성학 고전들에서 언급한 수없이 많은 다나 요가들 조합이 있다. 하지만 어떤 요가 조합들이든지, 반드시 행성들이 가진 저력, 로드십, 위치, 그리고 사움야 혹은 크루라 행성들이 영향을 미치고 있는지 아닌지 하는 팩터들을 주의 깊게 살펴야 한다.

○ 다른 유형의 다나 요가들
파라샤라에 의하면 다음과 같은 몇 가지 예외적 경우의 다나 요가 조합들이 생성된다.

5/11 축의 중요성	금성이 5번에서 오운 라시에 있고, 화성이 11번에 있을 때
	수성이 5번에서 오운 라시에 있고, 달, 화성, 목성이 11번에 있을 때
	태양이 5번에서 오운 라시에 있고, 달, 목성, 토성이 11번에 있을 때
	토성이 5번에서 오운 라시에 있고, 태양, 달이 11번에 있을 때
	목성이 5번에서 오운 라시에 있고, 수성이 11번에 있을 때
	화성이 5번에서 오운 라시에 있고, 금성이 11번에 있을 때
	달이 5번에서 오운 라시에 있고, 토성이 11번에 있을 때

라그나와 라그나 로드의 중요성	태양이 사자 라그나에 있으면서 화성, 목성의 영향하에 있을 때
	달이 게 라그나에 있으면서 수성, 목성의 영향하에 있을 때
	화성이 오운 라시의 라그나에 있으면서 수성, 금성, 토성의 영향하에 있을 때
	수성이 오운 라시의 라그나에 있으면서 목성, 토성의 영향하에 있을 때
	목성이 오운 라시의 라그나에 있으면서 화성, 수성의 영향하에 있을 때
	금성이 오운 라시의 라그나에 있으면서 수성, 토성의 영향하에 있을 때
	토성이 오운 라시의 라그나에 있으면서 화성, 목성의 영향하에 있을 때

5번과 9번 하우스의 중요성	5번과 9번 하우스는 특히 부를 주는 하우스들로 잘 알려져 있다. 이들 로드 행성이나, 혹은 이러한 하우스에 위치한 행성들은 부를 이룰 수 있게 한다.

아리쉬타 요가(Arishta Yoga, '질병을 주는')

아리쉬타 요가들은 건강을 해하는 요가 조합들이다. 라자 요가, 다나 요가를 주는 행성들이 아리쉬타 요가들에 연루되어 있으면 길조적인 효과들을 효율적으로 내지 못한다. 두스타나 하우스(6, 8, 12번)들은 건강에 해를 미치게 된다. 특히 이들이 마라카 로드들과 연루되었을 경우 나쁜 효과들은 가중된다. 아리쉬타 요가는 다음의 경우에 생긴다.

- 라그나 로드가 6번, 8번, 12번 로드와 연관되었을 때(3가지 조합)
- 6번 로드가 8번 혹은 12번 로드와 연관되었을 때(2가지 조합)
- 8번 로드가 12번 로드와 연관되었을 때(1가지 조합)

이러한 여섯 조합들이 만약 마라카 로드(2번, 7번)와 삼반다가 되었을 때 나쁜 효과 들은 더욱 심각해진다.

다리드리야 요가(Daridrya Yogas, '가난과 시련을 주는')

다리드리야 요가들은 가난과 고통, 시련들을 주는 비길조적인 요가이다. 다리드리야 조합들이 있으면서 동시에 라그나 로드가 약하거나 손상되었을 때 이러한 나쁜 효과 들이 나타나게 된다. 파라샤라가 언급한 다리드리야 요가 원칙들은 다음과 같다.

- 1번 로드가 12번에 있고, 12번 로드가 1번에 있으면서, 이들 중 어느 하나가 마라카 로드(2번, 7번)의 영향을 받고 있을 때
- 1번 로드가 6번에 있고, 6번 로드가 1번에 있으면서, 이들 중 어느 하나가 마라카 로드의 영향을 받고 있을 때
- 라그나 혹은 달이 케투와 합치하고, 라그나 로드가 8번에 있으면서 마라카 로드 의 영향하에 있을 때
- 손상된 라그나 로드가 두스타나 하우스에 있고, 2번 하우스가 컴바스트되었거 나 6번에 있을 때. 이런 경우, 비록 왕족으로 태어났더라도 가난하게 된다.

- 5번 로드가 6번에 있고, 9번 로드가 12번에 있으면서 마라카 로드의 영향하에 있을 때
- 크루라 행성이 길조적 하우스에 있고, 사움야 행성이 두스타나 하우스에 있을 때
- 두스타나 하우스 로드와 연관된 행성이 5번, 9번 로드에게 어스펙트를 받지 못할 때 그러한 행성의 다사에 큰 부의 손실을 입게 된다.
- 화성, 토성이 2번 하우스에 있을 때(만약 수성이 어스펙트하게 되면 큰 부를 이룬다)
- 토성이 2번에 있으면서 태양에게 어스펙트를 받을 때
- 태양이 2번에 있으면서 토성에게 어스펙트를 받을 때(만약 토성이 태양을 어스펙트 하지 않으면 아주 부유해진다)

파리바르타나 요가

이러한 요가들은 행성들이 서로 하우스를 상호교환하는 경우에 생기는 조합들이다. 두 행성이 서로 하우스를 교환할 때, 이들은 좋은 저력을 얻게 되며 마치 자신의 하우스에 있는 것처럼 행동을 한다. 하우스를 상호교환하여 서로 깊은 관계성을 맺게 된다. 이들이 길조적인 하우스의 로드이면 좋은 효과들이 나타나고, 비길조적인 하우스의 로드이면 안 좋은 결과나 효과들이 나타나게 된다. 파리바르타나 요가는 세 그룹으로 나눌 수 있다. 마하 요가(Maha Yoga, 위대함을 주는 조합), 다인야 요가(Dainya Yoga, 괴로움을 주는 조합), 칼라 요가(Khala Yoga, 사악함을 주는 요가)이다.

○ 마하 요가

- 라그나 로드가 2번, 4번, 5번, 7번, 9번, 10번, 11번 로드와 상호교환하는 경우
- 2번 로드가 4번, 5번, 7번, 9번, 10번, 11번 로드와 상호교환하는 경우
- 4번 로드가 5번, 7번, 9번, 10번, 11번 로드와 상호교환하는 경우

- 7번 로드가 9번, 10번, 11번 로드와 상호교환하는 경우
- 5번 로드가 7번, 9번, 10번, 11번 로드와 상호교환하는 경우
- 9번 로드가 10번 혹은 11번 로드와 상호교환하는 경우
- 10번 로드가 11번 로드와 상호교환하는 경우

이러한 상호교환적인 조합은 2번 로드, 11번 로드, 트라인 로드, 앵글 로드 간에 일어날 수 있는 총 28가지 조합들이다. 부와 직위, 신체적 안락함을 주는 요가들이다.

○ 다인야 요가
이러한 괴로움의 요가들은 다음의 경우에 일어난다.

- 6번 로드가 1번, 2번, 3번, 4번, 5번, 7번, 9번, 10번, 11번, 12번 로드와 상호교환하는 경우
- 8번 로드가 1번, 2번, 3번, 4번, 5번, 7번, 9번, 10번, 11번, 12번 로드와 상호교환하는 경우
- 12번 로드가 1번, 2번, 3번, 4번, 5번, 7번, 8번, 9번, 10번, 11번 로드와 상호교환하는 경우

○ 칼라 요가
이러한 요가들은 3번 로드가 다른 두 스타나 하우스 로드를 제외한 다른 하우스 로드들과 상호교환할 때 일어나는 조합들이다. 칼라 요가는 사악하고 변덕스런 성향, 굴곡이 심한 부, 쉽게 분노하는 기질들을 주게 된다.

- 3번 로드가 1번, 2번, 4번, 5번, 7번, 9번, 10번, 11번 로드와 상호교환하는 경우에 생긴다.

기타 요가들

위에 언급한 주요 요가들 외에, 다양한 주제별로 수천 가지 조합의 요가들이 칼라 소프트웨어에 저장되어 있다. ① 144 요가 ② 코어(Core) 요가 ③ 다샤와 연관된 요가 ④ 질병, 사고 등과 연관된 요가 ⑤ 재미니 요가 ⑥ 수명과 연관된 요가 ⑦ 섹스, 결혼과 연관된 요가 ⑧ 정신적 질병과 연관된 요가 ⑨ 영성과 연관된 요가 등등이 저장되어 있다. 차트 주인에게 해당되는 요가가 있으면 마우스 클릭으로 단번에 알 수 있다. 하지만 이러한 모든 요가들은 아주 오래된 인도의 고전들에 기술되어 있는 내용들로, 오늘날 글로벌 21세기 시대에 살고 있는 현대 한국 사회처럼 전통, 문화, 관습, 종교가 전혀 다른 곳에 문자 그대로 적용하기에는 어려움과 잠재적 위험성이 있다. 보다 상식적이면서 효율적인 방식으로 이러한 요가들을 사용하는 법을 알기 위해선 점성가들의 해박한 지식과 경험, 주의가 반드시 필요하다. 동시에 앞으로의 점성학적 연구와 발전을 위해 상당한 가능성과 잠재성을 가지고 있는 영역이기도 하다.

16.

행성들의
저력 재기

 행성들이 가진 특성이나 효과들을 잘 발휘할 수 있기 위해선, 그리하여 우리를 보호
해주고, 원하는 네 가지 삶의 목표를 충족시키고, 행복하고 건강한 삶을 누릴 수 있게
하기 위해선, 각자 맡은 역할들을 잘해낼 수 있는 충분한 저력을 가지고 있어야 한다.
이처럼 행성들이 가진 저력을 재기 위한 방법에는 네 가지가 있다.

- **행성들의 품위에 기준**
- **샅발라(Shadbala)에 기준**
- **아바스타즈에 기준**
- **요가와 이쉬타/카쉬타 도표에 기준**

행성들의 품위에 기준

 행성간 상호관계에 의한 행성들의 품위에 기준을 해서, 이들이 가진 저력의 강약 정

도를 재는 방법이다. 행성간 상호관계는 두 가지가 있다. 자연적 상호관계와 임시적 상호관계이다. 행성들의 품위를 결정함에 있어, 자연적 상호관계뿐만 아니라 임시적 상호관계를 같이 고려해야 한다. 임시적 상호관계란 개개인의 차트에 따라 달라진다.

일반적으로 라시 차트에 있는 행성들의 품위에만 기준하여 이들이 가진 저력 여부를 쉽게 판단하려는 경우가 자주 있다. 하지만 라시 차트는 16 바가스 중에서 단지 하나의 차트에 불과하며, 생일이나 생시가 비슷한 사람들은 거의 동일한 라시 차트를 가지게 된다는 사실을 상기하면 라시 차트 품위만으로 행성들의 저력을 재는 것이 속단임을 알 수 있다. 행성들의 품위로 저력을 잴 때, 1번째 차트인 라시 차트만 고려하는 것이 아니라, 나머지 15개 부속 차트들에서의 품위도 같이 고려해야 한다.

○ 자연적 상호관계

	친구	적	중립
태양	달, 화성, 목성	금성, 토성	수성
달	태양, 수성	없음	나머지 모든 행성
화성	태양, 달, 목성	수성	금성, 토성
수성	태양, 금성	달	화성, 목성, 토성
목성	태양, 달, 화성	수성, 금성	토성
금성	수성, 토성	태양, 달	화성, 목성
토성	수성, 금성	태양, 달, 화성	목성
라후와 케투	위치한 라시의 로드의 품위를 따른다.		

○ 임시적 상호관계

어떤 행성이 위치한 하우스에서, 2번째, 3번째, 4번째, 그리고 12번째, 11번째, 10번째에 있는 행성들은 친구이다(다른 하우스에 있는 행성들은 모두 적이다).

어떤 행성이 위치한 하우스에서, 1번째, 5번째, 6번째, 7번째, 8번째, 9번째에 있는 행성들은 적이다.

○ **자연적 상호관계와 임시적 상호관계를 같이 조합하면 다섯 가지 복합적 상호관계가 나온다**

좋은 친구, 보통 친구, 중립, 적, 나쁜 적. 이러한 조합된 복합적 상호관계를 결정함에 있어, 고양(EX), 물라(MT), 오운(OH), 취약(DB)은 별도로 분리한다.

- **친구 + 친구 = 좋은 친구(GF)**
- **친구 + 중립 = 보통 친구(F)**
- **중립 + 중립 = 중립(N)**
- **친구 + 적 = 중립(N)**
- **적 + 중립 = 적(E)**
- **적 + 적 = 나쁜 적(GE)**

Dignities in Vargas						
	Su	Mo	Ma	Me	Ju	Ve	Sa
1	EX	MT	GE	E	N	E	F
2	EX	E	GE	N	N	E	F
3	MT	GF	EX	F	DB	GE	N
4	GF	E	N	N	F	N	GF
7	GF	E	E	N	N	N	GE
9	MT	GF	MT	N	GF	N	EX
10	OH	OH	N	E	N	GE	OH
12	E	E	EX	F	OH	DB	N
16	N	GF	E	DB	N	OH	GF
20	N	E	E	OH	N	F	F
24	GF	F	N	F	OH	N	DB
27	GE	E	MT	E	N	EX	GE
30	E	MT	N	F	MT	E	GF
40	N	E	OH	N	GF	DB	OH
45	N	E	N	E	N	E	GF
60	E	OH	E	N	N	OH	OH

로버트 다우니 주니어의 16 바가스의 복합적 상호관계 표 예시

Dignities in Vargas							
	Su	Mo	Ma	Me	Ju	Ve	Sa
1	N	F	DB	OH	N	F	OH
2	N	F	EX	OH	GF	OH	OH
3	F	F	GF	OH	DB	F	OH
4	OH	F	MT	OH	GF	GF	OH
7	GE	F	N	OH	OH	DB	N
9	EX	GF	E	GF	EX	OH	OH
10	N	F	OH	OH	EX	F	N
12	DB	MT	F	OH	DB	GF	OH
16	GE	F	F	F	EX	F	DB
20	OH	F	GF	GF	DB	N	DB
24	N	F	GF	GF	GF	GF	N
27	F	GF	OH	GF	DB	F	N
30	GF	E	OH	F	N	GF	EX
40	N	GF	DB	F	DB	MT	EX
45	N	GF	F	F	OH	GF	DB
60	GF	F	N	OH	N	GF	OH

오드리 헵번의 복합적 상호관계 표 예시

이러한 복합적 상호관계를 기준으로 행성들의 품위에 의한 강약 효과를 다음과 같이 판단한다.

- 고양(EX), 물라(MT), 오운(OH) = 100%
- 좋은 친구(GF) = 90%
- 친구(F) = 75%
- 중립(N) = 50%
- 적(E) = 35%
- 나쁜 친구(GE) = 25%
- 취약(DB) = 0%

행성들이 좋은 품위에 있을수록 좋은 환경이나 여건에 있음을 의미하며, 그만큼 행성들이 가진 저력을 쉽게 발휘하고 연관된 하우스들의 좋은 점들을 잘 충족시킬 수 있으며, 나쁜 품위에 있을수록 어려운 환경이나 여건에 있음을 의미하며, 그만큼 행성들이 가진 저력을 발휘하거나 연관된 하우스들의 열매들을 실현하는데 어려움을 겪는 것을 의미한다.

샽발라(Shadbala)에 기준

행성들은 차트에서 자신이 가진 저력, 혹은 무력함에 따라 그에 따른 효과들을 발휘하게 된다. 행성들이 가진 저력을 정확하게 재기 위해 사용하는 수학적 계산방식의 샽발라(Shadbala)라고 하는 시스템이 있다. 샽발라는 개인의 차트에서 행성들이 '타고난 저력'을 재기 위해 사용하는 복잡하고 정교한 계산 방법이다. '타고난 힘'이란 행성이 가진 순수한 원래의 힘을 의미한다. '샽(Shad)'은 '여섯'이라는 뜻이고, '발라(Bala)'는 '힘', '저력'이라는 뜻이다. 샽발라는 행성들이 무게를 운반할 수 있는 힘을 여섯 가지 방식으로 잰다는 뜻이다. 사움야(길성)냐 크루라(흉성)냐 하는 분류 방식과는 완전히 다른 뜻이다. 샽발라는 개인의 차트에서 행성이 가진 역할을 완수할 수 있도록 충분한 저력이 있느냐 없느냐 하는 것을 재는 시스템으로, 아마도 가장 복잡하고 디테일한 점성학적 시스템인 동시에 그만큼 가장 신뢰할 수 있는 방식이기도 하다. 그러나 샽발라를 계산하는 방식이 워낙 복잡하고 정교해서 21세기 컴퓨터 시대가 도래하기 전까지만 해도 수작업으로 샽발라를 정확하게 계산하는 것이 거의 불가능했다. 그뿐만 아니라 샽발라를 계산해놓고도 어떻게 사용해야 할지 제대로 아는 사람이 거의 아무도 없었다. 이러한 코드를 깬 천재적 점성가가 미스터 윌헴(Mr. Ernst Wilhelm)이다.

샽발라 저력이 강한 행성은 차트에서 능력을 발휘할 수 있을 것이지만 그것이 좋을지 나쁠지 하는 점은 행성이 가진 특성에 달려 있다. 샽발라 저력이 약한 행성은 많은 일을 할 수가 없으며, 질병이나 어려움 등을 가져올 수 있다. 하지만 설령 어떤 행성이 샽발라가 약하다고 해서 무조건 해가 되거나 아무런 소용이 없어지는 것은 아니다. 모든 행성들은 각자 수행해야 하는 역할들을 가지고 있다. 행성들이 우리들 삶에 필요한 것들을 얼마만큼 충족을 시킬 수 있을지 없을지는 각종 요가나 다샤에 의해 더 많이 좌우된다. 그래서 샽발라와 함께 라시, 하우스, 어스펙트, 요가 조합들, 그리고 무엇보다도 다샤의 흐름이 중요하다. 샽발라는 행성이 자신이 맡은 역할을 해낼 수 있는 충분한 저력이 있는지 없는지, 혹은 아주 대단하게 혹은 그저 평범한 수준으로 표출하게 될지 등을 알 수 있게 한다.

샽발라는 행성이 가진 저력을 총 여섯 가지 발라(Bala, '힘')로 잰다.

- **위치의 힘**(스타나 발라, Stana Bala)
- **방향의 힘**(디그 발라, Dig Bala)
- **시간의 힘**(칼라 발라, Kala Bala)
- **운행의 힘**(체스타 발라, Chesta Bala)
- **자연적인 힘**(나이사르기카 발라, Naisargika Bala)
- **어스펙트의 힘**(드릭 발라, Drik Bala)

이러한 여섯 발라 외에 별도로 유다 발라(Yuda Bala)를 잰다. 유다발라는 행성간 전쟁의 힘을 재는 것을 나타낸다. 차트에서 두 개의 행성이 1도 간격 내에 있을 때, 서로 너무 가까이 있기 때문에 행성간의 전쟁이 일어나게 되는데 앞서 간 행성이 위너 행성으로 간주한다. 통상적으로 조디액 각도로 평가를 한다. 하지만 로컬 스페이스에 따라 정확하게 재어야 하기 때문에, 차트에 나와 있는 각도만 보고서는 서로 행성간 전쟁이 있는지 없는지 알 수가 없다. 각도만 봤을 때 두 개의 행성이 1도 내에 있지만 실제로 행성간 전쟁이 일어나지 않는 경우, 혹은 두 행성간 간격이 몇 도 이상으로 벌어져 있는데도 불구하고 서로 행성간 전쟁에 있는 경우가 자주 있다. 행성간 전쟁은 칼라 소프트웨어에 있는 샽발라 차트를 통해 정확하게 알 수 있다.

○ **위치의 힘**(스타나 발라, Stana Bala)
위치의 힘을 재는 스타나 발라는 5가지 팩터로 이루어져 있다.

- 우차 발라(Ucha Bala): 행성이 고양의 포인트에서 얼마나 가까이 혹은 멀리 있느냐를 잰다.
- 삽타바가 발라(Saptavarga Bala): 일곱 바가스(D-1, D-2, D-3, D-7, D-9, D-12, D-30)에서 위치한 저력을 잰다.
- 오자유가마 발라(Oja-yugama Bala): 음, 양의 라시에 있는 저력을 잰다.
- 켄드라 발라(Kendra Bala): 앵글에 있는 행성들의 저력을 잰다.
- 드레카나 발라(Drekkana Bala): 드레카나 위치에 따른 저력을 잰다. 드레카나는 한 개의 라시 30도를 3등분하여 1번째, 2번째, 3번째 드레카나로 부른다.

○ 방향의 힘(디그 발라, Dig Bala)

행성들이 가진 방향의 힘을 재는 디그 발라는 행성들 저력의 강약 정도를 판단하는 데 중요한 팩터로, 하우스에 위치한 행성들이 가진 힘을 이해하는 데 상당히 도움이 된다. 행성들은 최고의 디그 발라를 얻는 자리의 정반대편에서 최저의 디그 발라를 얻는다. 디그 발라가 강한 행성일수록, 설령 다른 발라가 약하더라도 만회를 할 수 있는 능력이 크다. 디그 발라가 약한 행성일수록, 적절하게 사용하지 못할 취약성이 크다.

- 태양, 화성은 10번째 하우스에서 최고의 디그 발라를 얻는다.
- 달, 금성은 4번째 하우스에서 최고의 디그 발라를 얻는다.
- 목성, 수성은 1번째 하우스에서 최고의 디그 발라를 얻는다.
- 토성은 7번째 하우스에서 최고의 디그 발라를 얻는다.

○ 시간의 힘(칼라 발라, Kala Bala)

시간의 힘을 재는 칼라 발라는 출생 시간에 따른 저력을 재는데, 전통적인 방식은 총 9가지 팩터로 판단한다. 그러나 미스터 윌헴은 총 7가지 팩터로 칼라 발라를 잰다. 나머지 두 팩터는 칼라 발라에 포함하는 것이 아니라, 별도의 발라로 분리하여 나타낸다.

- 나토나타 발라(Natonnata Bala): 밤과 낮의 힘을 잰다.
- 팍샤 발라(Paksha Bala): 달 사이즈의 힘을 잰다.
- 트리바가 발라(Tribhaga Bala): 세 개로 분할한 힘을 잰다.
- 바르샤 발라(Varsa Bala): 년(年)의 힘을 잰다.
- 마사 발라(Masa Bala): 월(月)의 힘을 잰다.
- 디나 발라(Dina Bala): 일(日)의 힘을 잰다.
- 호라 발라(Hora Bala): 시(時)의 힘을 잰다.

○ 나머지 두 팩터
- 아야나 발라(Ayana Bala): 행성이 북쪽, 혹은 남쪽에 있을 때 얻는 힘을 잰다.
- 유다 발라(Yuda Bala): 행성간의 전쟁이 있을 때 승리 혹은 패배를 하는 힘을 잰다.

○ 운행의 힘(체스타 발라, Chesta Bala)

체스타는 '자신감'이라는 의미이다. 운행을 하고 있는 행성들의 자신감의 힘을 재는 발라이다. 복잡한 천문학적 자료와 원칙들에 기준하여 재기 때문에 컴퓨터의 도움이 없이는 계산하기 거의 불가능하다.

○ 자연적인 힘(나이사르기카 발라, Naisargika Bala)

이 힘은 모든 차트에서 동일하다. 행성들의 밝기에 따른 타고난 자연적인 저력을 재기 때문이다. 태양이 가장 밝은 행성이기에 가장 높고, 달, 금성, 목성, 수성, 화성, 토성의 순으로 지구에서 보았을 때 나타나 보이는 밝음의 정도에 따라 자연적인 저력을 가지고 있다.

○ 어스펙트의 힘(드릭 발라, Drik Bala)

행성들이 받고 있는 행성간 어스펙트의 힘을 재는 발라이다. 사움야에게 어스펙트를 받는 행성은 긍정적인 저력을 얻고, 크루라에게 어스펙트를 받으면 부정적 저력을 얻는다. 행성들이 받는 모든 어스펙트의 힘을 잰 것이 드릭 발라이다.

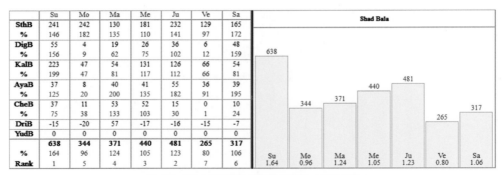

	Su	Mo	Ma	Me	Ju	Ve	Sa
SthB	241	242	130	181	232	129	165
%	146	182	135	110	141	97	172
DigB	55	4	19	26	36	6	48
%	156	9	62	75	102	12	159
KalB	223	47	54	131	126	66	54
%	199	47	81	117	112	66	81
AyaB	37	8	40	41	55	36	39
%	125	20	200	135	182	91	195
CheB	37	11	53	52	15	0	10
%	75	38	133	103	30	1	24
DriB	-15	-20	57	-17	-16	-15	-7
YudB	0	0	0	0	0	0	0
	638	344	371	440	481	265	317
%	164	96	124	105	123	80	106
Rank	1	5	4	3	2	7	6

로버트 다우니 주니어의 샽발라 도표와 그래프 예시

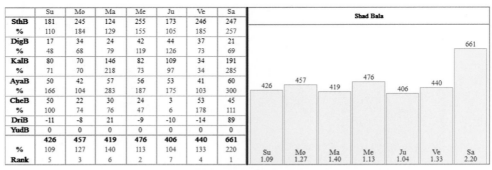

	Su	Mo	Ma	Me	Ju	Ve	Sa
SthB	181	245	124	255	173	246	247
%	110	184	129	155	105	185	257
DigB	17	34	24	42	44	37	21
%	48	68	79	119	126	73	69
KalB	80	70	146	82	109	34	191
%	71	70	218	73	97	34	285
AyaB	50	42	57	56	53	41	60
%	166	104	283	187	175	103	300
CheB	50	22	30	24	3	53	45
%	100	74	76	47	6	178	111
DriB	-11	-8	21	-9	-10	-14	89
YudB	0	0	0	0	0	0	0
	426	457	419	476	406	440	661
%	109	127	140	113	104	133	220
Rank	5	3	6	2	7	4	1

오드리 헵번의 샽발라 도표와 그래프 예시

　　이렇게 계산한 샽발라를 구체적으로 사용하는 법은 샽발라 코스 실제 강의를 통해서만 설명과 이해가 가능하다. 일단, 칼라 소프트웨어에서 위의 예시처럼 간단하게 뽑을 수 있는 샽발라 도표와 그래프를 통해 차트 주인의 행성들이 가진 기본적인 저력 상태를 알 수 있다. 가장 높은 그래프의 행성이 바로 차트 주인이 제일 많이 사용하거나 의지하는 행성이고, 가장 낮은 그래프의 행성은 차트 주인이 가장 덜 사용하거나 의지하는 행성이라는 정도로 이해하면 된다. 위의 예시에서 로버트 다우니 주니어는 사자 라그나로서, 라그나 로드인 태양의 샽발라 파워가 가장 세다. 오드리 헵번은 물병 라그나로서, 라그나 로드인 토성의 샽발라 파워가 가장 세다. 특히 배우라는 직업은 '라그나(바디)'가 가장 중요한 재산이다. 두 사람 모두 강한 라그나 로드의 파워로 인해 전 세계적으로 유명한 배우로 성공할 수 있었음을 보여준다.

아바스타즈에 기준

행성들의 저력을 재는 세 번째 방법은 아바스타즈에 기준을 하는 것이다. '아바스타즈(Avasthas)'라는 말의 뜻은, '행성의 상태들'이라는 의미이다. 사람들의 정신적, 심리적, 육체적 건강상태 등을 재기 위해, 현대의학, 한의학, 자연치유법, 인도고대의학 아유르베다 등등 여러 가지 방법을 사용할 수 있는 것처럼, 점성학에서 행성들의 상태를 재기 위해 사용하는 아바스타즈에는 현재 다섯 가지 종류가 있다.

○ 1번째 발라디(Balaadi) 아바스타즈

행성들이 가진 각도에 기준하여 행성들이 가진 나이를 재는 아바스타즈이다. 발라디 아바스타즈는 행성들의 나이를 재는 방법으로, 카르마와 연관을 시켜 사용한다. 행성들의 나이가 젊을수록 새로운 카르마를 만들게 되며, 행성들의 나이가 많을수록 묵은 카르마를 정리하는 행성임을 의미한다. 행성들의 나이는 총 다섯 그룹으로 나눈다.

아바스타즈	상태	양의 라시	음의 라시
발라(Bala)	아기	0~6°	24~30°
쿠마라(Kumara)	청소년	6~12°	18~24°
유바(Yuva)	젊은이	12~18°	12~18°
브리다(Vriddha)	중년, 노인	18~24°	6~12°
므리타(Mrita)	죽음	24~30°	0~6°

○ 2번째 자그라디(Jagraadi) 아바스타즈

행성들이 얼마나 '깨어 있느냐' 하는 정도를 재는 아바스타즈이다. 자연적 상호관계와 임시적 상호관계를 종합한 복합적 품위에 의해 결정된다.

• **자그라(Jagrad, 활짝 깨어 있는 상태): 고양, 물라, 오운의 품위에 있는 경우**

- 스밥나(Svapna, 졸고 있는 상태): 좋은 친구, 친구, 중립, 적의 품위에 있는 경우
- 슈슙티(Sushupti, 잠자고 있는 상태): 나쁜 적, 취약의 품위에 있는 경우

○ 3번째 딥타디(Deeptadi) 아바스타즈

행성들이 '어떤 경험' 상태에 있느냐 하는 정도를 재는 아바스타즈이다. 딥타디 아바스타즈에 대해선 『하늘의 금괴』 7장에서 간략하게 소개를 하였다. 행성들의 품위에 따라 총 12가지 딥타디 아바스타즈가 있는데 2가지 딥타디 그룹으로 나눈다. 첫째 그룹은 행성의 복합적 품위에 달려 있다. 두 번째 그룹은 행성의 주변 여건에 달려 있다. 좋은 경험 상태에 있는 행성일수록 긍정적인 저력을 발휘할 수 있다.

첫 번째 딥타디 그룹은 8가지이다.

- 딥타(Deepta): 반짝반짝 빛이 아는 상태. 고양과 물라의 품위에 해당
- 스바스타(Svastha): 자신감이 넘치는 경험을 하는 상태. 오운 품위에 해당
- 무디타(Midita): 즐거운 경험을 하는 상태. 좋은 친구의 품위에 해당
- 샨타(Shanta): 평화로운 경험을 하는 상태. 친구의 품위에 해당
- 디나(Dina): 겨우 연명하는 경험의 상태. 중립의 품위에 해당
- 두키타(Dukita): 고통스런 경험을 하는 상태. 적의 품위에 해당
- 칼라(Khala): 잔인한 경험을 하고 있는 상태. 나쁜 적의 품위에 해당
- 비타(Bhita): 경고의 위험신호를 알리는 상태. 취약의 품위에 해당

두 번째 딥타디 그룹은 4가지이다.

- 비칼라(Vikata): 훼손당한 경험을 하는 상태. 크루라와 합치한 경우에 해당
- 니피디타(Nipeedita): 억압의 경험을 하는 상태. 행성간 전쟁에서 지는 경우에 해당
- 샥타(Shakta): 파워풀한 경험을 하는 상태. 역행을 하는 경우에 해당
- 코피(Kopi): 화가 난 상태. 태양에게 컴바스트가 된 경우에 해당

○ 4번째 라지타디(Lajjitadi) 아바스타즈

행성들이 타고난 잠재성을 잘 발휘할 수 있는 여건하에 있느냐, 혹은 어려운 상태에 있느냐 하는 정도를 재는 아바스타즈이다. 자연적 품위에 기준하여 행성간의 합치, 행성간 어스펙트, 샅발라 포인트를 같이 사용해서 계산한다. 가장 복잡하고 범위도 넓어서, 계란의 노른자 비중을 차지하고 있는 중요한 아바스타즈 이다. 비록 BPHS에 라지타디 아바스타즈에 대한 언급이 짧게 있지만 어느 누구도 사용법을 몰랐기 때문에 지금까지 제대로 사용하는 점성가들이 없었다. 그러다가 미스터 언스트 월헴이 코드를 깨어서 사용 비법이 비로소 대외적으로 알려질 수가 있었다. 정신적, 심리적, 감정적, 물질적 등 삶의 모든 분야에 영향과 효과를 미치는 가장 중요한 아바스타즈로서, 사용 방법이 복잡하면서도 적용 범위가 아주 넓다. 특히 카르마적으로 타고난 정신적, 심리적 성향에 지대한 영향력을 미치기 때문에 현대 시대에 살고 있는 현대인들을 위한 훌륭한 힐링과 상담 도구로서 유용하게 사용될 수 있다.

라지타디 아바스타즈의 자세한 효과들에 대해선 필자의 저서『베딕 점성학 입문서』 1권 4장에서 이미 소개를 한 바가 있다. 이후에 진행된 연구들을 통해서 더욱 정교한 단계들로 보다 세분화되었다. 라지타디 아바스타즈는 총 7가지가 있으며, 각 아바스타즈별로 몇 가지 변형이 있고, 강약 수준의 정도도 각자 다르다. 또한 평균적으로 몇 가지 아바스타즈가 겹치기 때문에, 최종적으로 어느 라지타디 아바스타즈가 우선적인가 하는 결정을 내려야 한다. 이러한 과정은 상당히 복잡하고 다단계적이기 때문에 실질적인 강의를 통해서만 익숙해질 수 있다.

2021년 현재까지 알려진 라지타디 아바스타즈는 다음과 같다.

- **라지타(Lajjita): 수치심을 느끼는 상태. ① 5번 하우스에 태양, 화성, 혹은 토성이 있으면서, 다른 행성과 합치를 하는 경우 ② 5번 하우스에 태양, 화성, 혹은 토성이 라후, 케투와 합치를 하면서 동시에 다른 행성이 합치를 하는 경우 ③ 5번 외의 다른 하우스에 태양, 화성, 혹은 토성이 라후, 케투와 합치를 하면서, 동시에 다른 행성이 합치를 하는 경우**
- **가비타(Garvita): 자부심을 느끼는 상태. 고양 혹은 물라 품위에 있는 경우**

- 스바스타(Svasta): 평화로움을 느끼는 상태. 오운 품위에 있는 경우
- 슈디타(Shudita): 굶주림을 느끼는 상태. ① 적의 라시에 있는 경우. ② 적과 합치한 경우 ③ 적에게 행성간 어스펙트를 받는 경우 ④ 토성과 합치를 하는 경우
- 트리쉬타(Trishta): 갈증을 느끼는 상태. ① 물의 라시에 있으면서 크루라 적에게 행성간 어스펙트를 받는 경우(게, 전갈, 물고기 라시) ② 트리쉬타가 취소되는 경우(물의 라시에 있지만, 크루라 적이 어스펙트를 하지 않거나, 혹은 사움야 행성이 합치를 하거나 행성간 어스펙트를 하고 있으면, 트리쉬타가 성립되지 않는다)
- 무디타(Mudita): 기쁨을 느끼는 상태. ① 친구의 라시에 있는 경우 ② 친구와 합치를 하는 경우(토성은 제외. 비록 친구라도 토성과 합치하는 행성은 무조건 슈디타가 된다) ③ 자연적 친구에게 어스펙트를 받는 경우 ④ 목성과 합치를 하는 경우(비록 적인 행성이라도, 목성과 합치하면 무조건 무디타를 얻는다)
- 쇼비타(Shobhita): 안절부절함을 느끼는 상태. ① 태양과 합치하는 경우(비록 친구인 행성이라도, 태양과 합치하면 무조건 쇼비타가 된다) ② 적인 동시에 크루라 행성이 어스펙트를 하는 경우(화성, 토성, 지는 달이 크루라 행성. 예를 들어 달이 금성과 합치하거나 어스펙트를 하는 경우, 달은 비록 적이지만 자연적으로 사움야 행성이기 때문에 금성에게 쇼비타를 하지 못한다)

○ 5번째 사야나디(Shyanadi) 아바스타즈

행성들이 위치한 하우스와 라시(환경)에서, 얼마나 '체스타'를 가진 상태에 있는지 여부를 재는 아바스타즈이다. '체스타'의 뜻은 '움직임', '액션', '행위'라는 의미로, 행성들이 하는 행위를 나타낸다. 샅발라에서 사용하는 '자신감 = 체스타(Chesta) 저력(bala)'과는 다른 개념으로, 샅발라에서 재는 체스타 발라는 행성이 얼마만큼 자신감 있게 행위할 수 있는지 아닌지 하는 저력, 힘(액티브)을 재기 위해 사용한다. 사야나디 아바스타즈에서는 행성이 얼마만큼 행동의 자신감을 가진 '상태(수동적)'에 있는지 여부를 알기 위해 사용한다. 『하늘의 금괴』 원본에 사야나디 아바스타즈에 대한 장(章)이 있으나, 아직 베딕 점성학 초창기 단계에 있는 한국 사회 현실에서 소개하기엔 너무 벅찬 내용이어서 미스터 언스트 윌헴과의 협약 하에 번역을 하지 않았다. 위에 언급한 다른 4개의 아바

스타즈에 비해 사용 방법은 아주 간단하나 내용이 상당한 분량을 차지하고 있다. 보충 설명과 사용법은 실질적인 강의를 통해서만 전달 가능하기에 본문에서 구체적인 기술은 생략한다.

사야나디의 뜻은 '누워 있는' 등의 의미로서, 제일 먼저 '누워 있는' 상태부터 시작하여, 총 12가지 상태(열두 하우스 개념과 비슷함)에 있는 것을 나타내는 아바스타즈 그룹이다.

- **사야나**(Shayana): **누워 있는**(Lying)
- **우파베샤**(Upavesha): **앉아 있는**(Sitting)
- **네트라파니**(Netrapani): **손을 가이드하는**(Guiding the Hand)
- **프라카샤나**(Prakashana): **밝혀주는**(Illuminating)
- **가마나**(Gamana): **떠나가는**(Departing)
- **아가마나**(Agamana): **도착하는**(Arriving)
- **사바야바스티**(Sabhayavasti): **모이는**(Congregating)
- **아가마**(Agama): **접근하는**(Approaching)
- **보자나**(Bhojana): **먹는**(Eating)
- **느리티얄립사**(Nrityalipsa): **춤추고 싶은**(Desiring to Dance)
- **카우투카**(Kautuka): **열성적인**(Eagerness)
- **니드라**(Nidra): **처져 있는**(Slumbering)

나탈 차트는 우리가 태어날 당시의 하늘의 모습을 포착한 천문학적인 사진과도 같다. 그러나 하늘도 '나'도 태어난 그 모습 그대로 고정되어 있는 것이 아니라, 계속 숨을 쉬면서 살아 움직이고 변화하면서 꾸준히 성장을 해나가고 있다. 나탈 차트도 마찬가지로, 타고난 그대로 정체되어 있는 것이 아니라 낙샤트라 다샤의 흐름에 맞추어 계속해서 숨을 쉬며 변화와 성장을 거듭해나가고 있다. 사야나디 아바스타즈는, 빔쇼타리 다샤에서 마하 다샤가 바뀔 때마다 개인의 삶이나 하는 행위에 주요한 변화가 일어나는 것을 보여주는 아바스타즈이다.

○ 예시 차트: 로버트 다우니 주니어 사야나디 아바스타즈 도표

Kala - [Robert Downey Jr. 4/4/1965 13:10:00   SHAYANADI AVASTHAS]
File Screens Transits Yogas Print Options Tools Window Help

(이하 사야나디 아바스타즈 도표 화면 — 각 행성별 MahaDasa 별 상태 목록)

요가와 이쉬타/카쉬타 도표에 기준

행성들의 저력을 재기 위해 사용할 수 있는 4번째 방법은, 요가와 아쉬타/카쉬카 포인트 등에 기준하여 판단하는 방법이다. 행성들이 형성하고 있는 특정한 조합들을 '요가(Yoga)'라고 한다. 베딕 점성학에서 사용하는 '요가'는 행성들이 라시, 하우스, 어스펙트 등을 통해 어떤 식으로든 삼반다(Sambandha), 즉 서로 같이 연관을 가진다는 의미이다. 그런데 설령 이러한 요가들이 차트에 있더라도 무조건 효과가 나타나는 것은 아니다. 행성들이 가진 긍정적, 혹은 부정적 요가 조합들의 효과가 발휘될 수 있기 위해서는 충분한 포인트가 필요하다. 이처럼 요가 효과의 발현 가능성 여부를 수학적으로 판단하는 것이 이쉬타/카쉬타 포인트 도표이다. 이 도표를 계산하기 위해선 세 가지 포인트들을 사용한다.

- 이쉬타/카쉬타(Ishta/Kashta): 행성들이 가진 바람직한/바람직하지 못한 효과들을 계산하는 포인트. 고양의 품위에 가까울수록, 그리고 지구에 가까이 있을수록 유리하다.
- 슈바/아슈바(Shuba/Ashubha): 행성들이 가진 길조적/비길조적인 효과들을 계산하는 포인트. 삽타 바가스에서 행성들이 좋은 품위에 있을수록 유리하다.
- 디그 발라(Dig Bala): 행성들이 효과를 내기 위한 충분한 방향성의 저력을 가졌는지 여부를 계산하는 포인트. 디그 발라 위치에 가까이 있을수록 유리하다.

파라샤라 혹은 다른 점성학 고전들에서 기술하고 있는 요가들의 종류는 마치 해변의 모래알처럼 수를 셀 수 없을 정도로 무수하며, 조합들도 아주 복잡하다. 그래서 활자 문화와 책들이 없었던 옛날에는, 점성가들이 이러한 무수한 요가 조합들을 기계적으로 암기하여 기술적으로 차트 풀이를 하곤 했다. 오늘날 컴퓨터 시대에는 소프트웨어가 발달되어서, 이러한 무수한 요가 조합들을 굳이 암기하지 않아도 마우스만 클릭하면 차트가 가진 무수한 요가 조합들을 알 수 있다.

어떤 요가가 있거나 없거나, 혹은 이러한 요가들이 효과를 낼지 아닐지, 긍정적 부정적 효과를 가져올지 하는 사항들은 먼저 행성들이 가진 이쉬타/카쉬타 (긍정성/부정성) 파워에 달려 있다.

이쉬타/카쉬타 포인트를 산출할 때, 특히 역행하는 행성은 좀 더 긍정적으로 높은 포인트를 얻게 된다. 통상적으로 앞으로 운행하는 행성이, 지구와 가까운 위치에 오게 될 때 속도 조절을 위해 가끔씩 역행을 하게 된다. 역행하는 행성들은 그만큼 지구와 가까이 있기 때문에, 지구상에 살고 있는 우리들에게 미치는 영향력도 그만큼 밀접해지게 된다.

그러한 이쉬타/카쉬타 파워를 가진 행성들이 슈바/아슈바(길조적/비길조적) '열매'를 가져올지에 대해서도 계산을 해야 한다. 슈바/아슈바는 삽타 바가스(D-1, D-2, D-3, D-7, D-9, D-12, D-30)의 총 7개 바가스에서 행성들의 품위를 기준으로 산출한다. 높은 슈바 포인트를 가졌으면 그만큼 길조적인 열매를 가져오고, 높은 아슈바 포인트를 가졌으면 그만큼 비길조적인 열매를 가져온다.

그러한 열매들이 우리 삶을 생산적으로 충족시킬 수 있기 위해선 어느 정도의 디그 발라(위치의 힘)도 가지고 있어야 한다. 행성들이 특정한 하우스에 있을 때 위치적으로 힘을 얻게 되기 때문에 그만큼 능률적이고 생산적으로 일을 할 수 있다.

이러한 이쉬타/카쉬타, 슈바/아슈바, 디그 발라의 세 가지 고려 사항에 기준해서 요가들이 힘을 발휘할 수 있는 최종적 포인트를 계산하게 된다. 어떤 행성의 최종적 포인트가 6점 이상이면 요가의 저력이 아주 높은 것에 들어가며, 2점 이하이면 요가의 저력이 낮은 것으로 간주한다. 높은 포인트를 가진 행성은 자체적으로 요가를 발휘할 수 있는 능력이 아주 뛰어나다. 낮은 포인트의 행성이 어떤 요가를 형성하고 있을 때, 다른 도와주는 행성이 없으면 자체적으로 요가 효과를 발휘하기는 힘들다.

하지만 중요한 사실은, 아무리 행성이 최종적 포인트가 높은 요가 저력을 가지고 있다고 하더라도 행성들이 가진 요가가 발현되기 위해서는 무엇보다도 다샤가 받쳐주어야 한다. 해당 행성의 시간, 다샤에 요가 효과가 나타나게 되기 때문이다. 그래서 아무리 좋고 나쁜 요가가 있어도, 그러한 다샤가 인생에서 오지 않는다면 소용이 없다. 바다 밑바닥에 있는 진주와도 마찬가지이다. 좋은 요가를 가지는 것이 중요할 뿐만 아니라 적절한 다샤, 시간을 적절한 시기에 가지게 되는 것이 훨씬 중요하다.

	Su	Mo	Ma	Me	Ju	Ve	Sa	Avg.
Ishta and Kashta								
I	47.9	33.0	33.7	31.8	31.0	27.5	11.2	30.9
K	12.1	27.0	26.3	28.2	29.0	32.5	48.8	29.1
Subha and Asubha								
S	37.5	23.9	22.9	9.6	16.1	4.3	18.1	18.9
A	22.5	36.1	37.1	50.4	43.9	55.8	41.9	41.1
Subha and Asubha Dig Bala								
SD	54.5	4.3	18.7	26.3	35.9	6.0	47.8	27.7
AD	5.5	55.7	41.3	33.7	24.1	54.0	12.2	32.3
+	139.9	61.2	75.3	67.7	83.0	37.8	77.1	77.4
-	40.1	118.8	104.7	112.3	97.0	142.2	102.9	102.6
IxSxSD	27.2	0.9	4.0	2.2	5.0	0.2	2.7	6.0
KxAxKD	0.4	15.1	11.2	13.3	8.5	27.2	6.9	11.8
Uccha	58.4	54.6	14.1	12.1	47.1	54.7	12.7	36.2
Cheshta	37.4	11.5	53.3	51.6	15.0	0.3	9.8	25.5

Vimshottari			1	2	3	4	5	◄◄ ►►
Su	07/29/1964	05:15	0yrs -8mts					
Mo	07/29/1970	16:08	5yrs 3mts					
Ma	07/29/1980	02:16	15yrs 3mts					
Ra	07/29/1987	18:57	22yrs 3mts					
Ju	07/29/2005	03:35	40yrs 3mts					
Sa	07/29/2021	00:35	56yrs 3mts					
Me	07/28/2040	15:02	75yrs 3mts					
Ke	07/28/2057	17:51	92yrs 3mts					
Ve	07/28/2064	10:32	99yrs 3mts					

로버트 다우니 주니어의 이쉬타/카쉬타 도표, 빔쇼타리 마하 다샤 예시

　　로버트 다우니 주니어의 경우, 라그나 로드인 태양의 최종적(**하단의 IxSxSD섹션, 녹색 숫자로 표기됨**) 요가 포인트가 27.2로, 아주 예외적으로 파워풀한 저력을 가지고 있다. 그리고 빔쇼타리 마하 다샤가 태양의 다샤부터 시작하였다. 아버지가 영화감독이며, 어머니가 배우였던 그는 태어날 때부터 배우로서 성공할 수 있는 환경에 있었음을 보여준다.

	Su	Mo	Ma	Me	Ju	Ve	Sa	Avg.
Ishta and Kashta								
I	49.4	31.7	15.6	24.4	24.0	52.3	40.6	34.0
K	10.6	28.3	44.4	35.6	36.0	7.7	19.4	26.0
Subha and Asubha								
S	15.4	18.3	17.4	27.1	17.0	18.6	31.0	20.7
A	44.6	41.8	42.6	32.9	43.0	41.4	29.0	39.3
Subha and Asubha Dig Bala								
SD	16.9	33.9	23.7	41.6	44.0	36.7	20.8	31.1
AD	43.1	26.1	36.3	18.4	16.0	23.3	39.2	28.9
+	81.7	83.8	56.6	93.1	85.0	107.6	92.4	85.8
-	98.3	96.2	123.4	86.9	95.0	72.4	87.6	94.2
IxSxSD	3.6	5.4	1.8	7.7	5.0	9.9	7.3	5.8
KxAxKD	5.7	8.6	19.1	6.0	6.9	2.1	6.1	7.8
Uccha	49.0	41.2	0.9	25.1	45.3	51.4	36.7	35.6
Cheshta	49.8	22.2	30.3	23.7	2.8	53.3	44.6	32.4

Vimshottari			1	2	3	4	5	◄ ►
Ju	07/08/1927	04:07	-1yrs -9mts					
Sa	07/08/1943	01:07	14yrs 2mts					
Me	07/07/1962	15:34	33yrs 2mts					
Ke	07/07/1979	18:23	50yrs 2mts					
Ve	07/07/1986	11:04	57yrs 2mts					
Su	07/07/2006	07:20	77yrs 2mts					
Mo	07/06/2012	18:12	83yrs 2mts					
Ma	07/07/2022	04:20	93yrs 2mts					
Ra	07/06/2029	21:01	100yrs 2mts					

오드리 헵번의 이쉬티/카쉬타 도표, 빔쇼타리 마하 다샤 예시

오드리 헵번의 경우, 라그나 로드인 토성의 최종적 요가 포인트가 7.3으로 높은 편이다. 그리고 여배우로서 한창 전성기를 누리던 때에 빔쇼타리 토성의 마하 다샤에 있었다. 토성이 가진 요가는 아주 지속적인 성공을 준다. 1993년에 타계하였지만, 그녀는 시대를 초월하는 전설적인 여배우로서의 명성을 현재까지도 누리고 있다.

17.

다샤, 시간의 수레바퀴

많은 사람들이 숙명(宿明)이나 운명(運明)은 태어날 때부터 이미 고정되어 있거나, 타고난 청사진은 마치 바위에 새겨진 도면처럼 평생 변하지 않는다고 믿는 경향이 있다. 하지만 어떤 역학이나 점성술, 점성학이든 조금이라도 공부해본 사람들은 금방 알 수 있다. 삶이란 한 자리에 고정되어 있는 것이 아니라, 늘 흐르고 변하고 있다는 사실을. 세상에서 유일하게 변하지 않는 것은 존재하는 모든 것들은 항상 변한다는 우주적 법칙이다. 그 외에 모든 것들은 항상 변화하고, 진화 혹은 도태하는 과정에 있다. 이러한 변화를 주도하는 힘이 바로 '시간'으로, 베딕 점성학에서는 '다샤(Dasa)'라고 한다. 다샤는 '무대', '조건', '삶의 상태'라는 의미로, 삶이 제시하는 다양한 시간적 무대에서 차트 주인에게 어떤 일들이 일어나고, 어떤 경험들을 하게 될지 이해하고 예측할 수 있게 한다. 이처럼 차트가 가진 잠재성이나 효과들이 언제쯤 나타날지 하는 시간의 가능성을 재는 방법들, 즉 '다샤(Dasa) 시스템'들이 베딕 점성학에는 많이 있다.

파라샤라(BPHS)에서 언급하고 있는 다샤의 종류만 해도 사십여 가지가 넘는다. 그 중에서도 가장 널리 사용되는 다샤가 빔쇼타리 다샤(Vimshotari Dasa) 시스템인데, 우두(Udu) 다샤로 불리기도 한다. 파라샤라는 빔쇼타리 다샤가 가장 사용하기 쉽고 적절한 최상의 다샤로 칭찬하였다. 그래서 대부분의 점성가들은 빔쇼타리 다샤만을 사용하고 있거나, 혹은 빔쇼타리 다샤만이 유일한 다샤 시스템인 줄 잘못 이해하고 있는 사람들도 많다. 파라샤라 점성학에서 사용하는 다샤들은 대체로 낙샤트라 위치에 기준하여 계산을 하기 때문에 '낙샤트라 다샤'라고도 칭한다.

그에 비해 재미니 우파데샤(Jamini Upadesa, 재미니 점성학)에서는 '라시'를 기준으로 다샤를 계산하기 때문에 '라시 다샤'라고 칭한다. 재미니 점성학에서 언급하고 있는 다샤 종류는 십여 가지가 있다. 그중에서도 가장 대표적인 다샤는 '차라나밤샤 다샤'로, 나밤샤의 라그나에 따라 계산하는 시스템이다.

라시 다샤와 낙샤트라 다샤들은 독자적으로 사용하는 것이 아니라 같이 병용해서 사용하는 것이 중요하다. 태양이 만들어내는 낮과, 달이 만들어내는 밤이 합해서 하루가 되는 것처럼, 라시 다샤들은 태양의 길인 조디액을 기준으로 하고, 낙샤트라 댜사는 달의 길을 기준으로 하기 때문이다. 태양은 계절의 변화를 만들어내고, 달은 조류의 변화를 만들어낸다. 마찬가지로 라시 다샤들은 차트 주인의 삶에서 일어나는 계절의 변화들, 낙샤트라 다샤들은 차트 주인의 삶에서 일어나는 감정, 느낌의 변화들을 만들어내게 된다. 계절이란 객관적인 자연기후 현상으로 우리가 가진 주관적 감정들과는 별개이다. 일 년에 사계절이 변화하는 것은 자연적으로 일어나는 현상이다. 그런데 어떤 사람은 봄이나 가을을 좋아하고, 또 어떤 사람은 여름이나 겨울을 좋아할 수 있다. 우리가 원하거나 싫어한다고 해서 여름이나 겨울이 오지 않는 것도 아니고, 빨리 지나가는 것도 아니다. 감정이나 느낌들이란 마음의 내면에서 일어나는 주관적인 현상으로서 외부에서 일어나는 객관적인 현상들과는 별개이기 때문이다. 그래서 베딕 차트의 다샤를 사용함에 있어 최소한 한 개씩의 낙샤트라 다샤와 라시 다샤를 같이 사용하는 것이 보다 실질적이고 효율적인 방법이라 하겠다. 이 책을 통해 파라샤라와 재미니의 대표적인 다샤 시스템인 빔쇼타리 다샤와 차라나밤샤 다샤에 대해 소개하기로 한다.

빔쇼타리 다샤(Vimshottari Dasa)

빔쇼타리는 '120'이라는 의미이다. 빔쇼타리 다샤는 120년 삶의 시간이라는 뜻으로, 총 9개의 행성이 모두 돌아가면서 우리들 삶의 시간을 지배하는 데 걸리는 시간이 총 120년이 걸린다. 각 다샤들의 기간은 최소 6년에서 최장 20년까지이다.

빔쇼타리 다샤 순서와 기간	
행성	다샤 기간
케투	7년
금성	20년
태양	6년
달	10년
화성	7년
라후	18년
목성	16년
토성	19년
수성	17년

빔쇼타리 다샤는 출생 달의 정확한 위치에 의해 결정된다. 출생 달의 위치를 분초까지 정확하게 계산해서 해당 낙샤트라에 상응시킨다. 낙샤트라는 조디액 360도를 27개 동등한 부분으로 나누어, 각 부분마다 로드하는 행성을 배당시킨 시스템이다. 한 개의 낙샤트라는 13도 20분이며, 다시 각 4개의 파다(Pada, 파트)로 나눈다. 그러면 한 개의 파다는 3도 20분으로, 360도 원형은 총 108개 낙샤트라 파다들이 있다. 출생 달이 있는 낙샤트라의 위치를 찾아서, 이미 지나간 파다 부분은 제외하고 남은 부분만 다샤의 출발점으로 계산해서, 로드하는 행성의 남은 다샤 기간을 산출한다. 그리고 이어지는 다샤들은 행성들의 빔쇼타리 순서대로 이어지게 된다.

27 낙샤트라와 로드 행성			
낙샤트라	낙샤트라	낙샤트라	로드 행성과 다샤 기간
1. 아쉬위니	10. 마가	19. 물라	케투 7년
2. 바라니	11. 푸르바 팔구니	20. 푸르바 아샤다	금성 20년
3. 크리티카	12. 우타라 팔구니	21. 우타라 아샤다	태양 6년
4. 로히니	13. 하스타	22. 쉬라바나	달 10년
5. 므리그쉬라	14. 치트라	23. 다니스타	화성 7년
6. 아드라	15. 쓰바티	24. 사탸비샥	라후 18년
7. 푸나르바수	16. 비샤카	25. 푸르바 바드라파다	목성 16년
8. 푸시야	17. 아누라다	26. 우타라 바드라파다	토성 19년
9. 아쉴레샤	18. 지예스타	27. 레바티	수성 17년

아홉 행성들의 기간은 마하(Maha) 다샤이다. 각 마하 다샤들은 5레벨까지의 서브 다샤들로까지 나누어진다(다샤, 북티, 안타르, 숙시마, 프라나. 보다 자세한 내용은 『하늘의 금괴』 20장, '빔쇼타리 다샤' 참고).

행성들 마하 다샤 - 북티 테이블									
서브 다샤 ⟍ 마하 다샤	태양 북티 개월/일	달 북티 개월/일	화성 북티 개월/일	라후 북티 개월/일	목성 북티 개월/일	토성 북티 개월/일	수성 북티 개월/일	케투 북티 개월/일	금성 북티 개월/일
태양 다샤 6년	**3/18**	6/0	4/6	10/24	9/18	11/12	10/6	4/6	12/0
달 다샤 10년	6/0	**10/0**	7/0	18/0	16/0	19/0	17/0	7/0	20/0
화성 다샤 7년	4/6	7/0	**4/27**	12/18	11/6	13/9	11/27	4/27	14/0
라후 다샤 18년	10/24	18/0	12/18	**32/12**	28/24	34/6	30/18	12/18	36/0
목성 다샤 16년	9/18	16/0	11/6	28/24	**25/18**	30/12	27/6	11/6	32/0
토성 다샤 19년	11/12	19/0	13/9	34/6	30/12	**36/3**	32/9	13/9	38/0
수성 다샤 17년	10/6	17/0	11/27	30/18	27/6	32/9	**28/27**	11/27	34/0
케투 다샤 7년	4/6	7/0	4/27	12/18	11/6	13/9	11/27	**4/27**	14/0
금성 다샤 20년	12/0	20/0	14/0	36/0	32/0	38/0	34/0	14/0	**40/0**

로버트 다우니 주니어로 예를 들면, 출생 달은 황소 라시 19:11에 있고 낙샤트라는 세 번째 크리티카 낙샤트라의 1번째 파다에 있다(낙샤트라의 정확한 각도는 천체력으로 확인해야 한다). 크리티카 낙샤트라의 로드 행성은 태양이므로, 태양의 다샤부터 시작하게 된다. 로버트 다우니 주니어가 태어났을 때 달이 크리티카에서 이미 지나간 부분을 뺀, 남은 기간은 약 5년 3개월이다. 그리고 달, 화성, 라후 등의 다샤로 순서대로 이어진다. 아래의 도표에 기재된 날짜는 다샤가 시작되는 날짜를 나타낸다.

Vimshottari		1	2	3	4	5	
Su	07/29/1964 05:15	0yrs -8mts					
Mo	07/29/1970 16:08	5yrs 3mts					
Ma	07/29/1980 02:16	15yrs 3mts					
Ra	07/29/1987 18:57	22yrs 3mts					
Ju	07/29/2005 03:35	40yrs 3mts					
Sa	07/29/2021 00:35	56yrs 3mts					
Me	07/28/2040 15:02	75yrs 3mts					
Ke	07/28/2057 17:51	92yrs 3mts					

빔쇼타리 다샤를 해석하는 법(K. N. Rao)

지금부터 나열하는 원칙들은 북티(안타르) 다샤뿐만 아니라, 서브북티(프리얀타르) 다샤를 해석하는 데도 적용할 수 있다.

○ 첫 번째 원칙

사움야 혹은 크루라 행성들은 자신의 안타르 다샤에 자신의 길조적, 혹은 비길조적 효과들을 주지 않는다. 이들은 자신이 연계되었거나 혹은 자신과 기질이 비슷한 행성의 안타르 다샤에(예를 들어, 사움야는 다른 사움야 행성의 시간에, 크루라는 다른 크루라 행성의 시간에) 자신이 약속한 효과들을 준다.

○ **두 번째 원칙**

마하 다샤의 로드 행성과 연계가 되지 않은 행성의 안타르 다샤에, 혹은 마하 다샤의 로드 행성과 적인 행성의 안타르 다샤에는, 점성가는 아주 주의를 기울여 예측을 해야 한다.

○ **세 번째 원칙**

서로 연계가 된 앵글 로드와 트라인 로드 간의 상호적인 마하 다샤와 안타르 다샤에는 좋은 결과들이 나타나게 될 것이다. 만약 두 행성이 서로 연계가 되지 않았으면 비길조적인 결과들이 나타날 수 있다.

○ **네 번째 원칙**

① 마라카 행성의 안타르 다샤라고 할지라도, 라자 요가의 효과들이 이미 나타나기 시작했으면, 그러한 좋은 효과들이 없어지지 않는다. 오히려 길조적인 효과들이 점차적으로 증가할 수 있다. ② 요가 카라카 행성과 연계된 사움야 행성의 안타르 다샤에는 행복을 기대할 수 있다.

○ **다섯 번째 원칙**

만약 라후와 케투가 트라인 하우스에 있으면, 요가 카라카 행성처럼 길조적인 결과들을 줄 수 있다.

○ **여섯 번째 원칙(혼합된 결과들)**

① 만약 마하 다샤 로드가 크루라이면, 비록 사움야의 안타르 다샤라고 하더라도 어려운 일들이 생길 수 있다. 두 행성이 서로 연계가 되지 않았더라도 마찬가지이다. ② 만약 두 행성이 서로 연계되었으면, 혼합된 결과들을 준다. ③ 크루라 행성의 마하 다샤에 요가 카라카 행성의 안타르 다샤는 아주 나쁠 수 있다.

○ **일곱 번째 원칙**

마라카 행성의 마하 다샤에 사움야 행성의 안타르 다샤이면 그는 죽이지 않는다. 하지만 만약 마라카 행성과 연계가 되지 않는 크루라 행성의 안타르 다샤이면 분명히 죽음을 가져온다(계산된 수명이 다하였을 경우).

○ **여덟 번째 원칙**

토성과 금성은 상호적 다샤에(금성-토성, 혹은 토성-금성) 두 행성이 위치한 영역과 연관된 좋거나 나쁜 결과들을 가져온다. 그런데 전혀 다른 방식으로 일어나게 된다. ① 토성-토성 다샤는 토성-금성 다샤와 같을 것이다. ② 금성-금성 다샤는 금성-토성 다샤와 같을 것이다.

○ **아홉 번째 원칙**

① 만약 라그나 로드가 10번에 있고, 10번 로드가 라그나에 있거나, ② 라그나 로드와 10번 로드가 함께 10번에 있거나, ③ 라그나 로드와 10번 로드가 함께 라그나에 있으면 이는 라자 요가일 뿐만 아니라, 위대한 명성을 주는 요가이다. 좋은 다샤에 일어나게 될 것이다. 전 인생에 걸쳐 일어나게 될 훌륭한 분(Boon)이다.

○ **열 번째 원칙**

이어지는 원칙들도 그러하다. ① 1번 로드와 9번 로드가 함께 9번에 있는 경우 ② 1번 로드와 9번 로드가 함께 1번에 있는 경우. 이 또한 라자 요가와 명성을 준다. 전 인생에 걸쳐 일어나게 될 조합이다. 좋은 다샤에 그러한 결과들이 일어나게 될 것이다.

안타르 다샤가 주는 효과들

○ 특별한 점들

지금까지 위에서 제시한 모든 원칙들은 마치, 라시 차트만 기준해야 하는 것 같은 인상을 주었다. 이제부터 차트 해석을 위한 진짜로 중요한 원칙들을 나열하겠다. 모든 차트 해석을 할 때 항상 적용해야 한다.

- **정확한 각도를 표기한 라시 차트를 준비한다.**
- **이제 나밤샤(D-9) 차트를 준비한다**(이러한 행성들이 나밤샤에서 어떤 상태에 있는지, 어느 하우스에 있는지 본다. 또한 이들 행성이 위치한 하우스의 로드도 살펴야 한다. 최종적으로 이들 하우스의 로드와 라시 차트의 라그나 로드와의 자연적 상호관계성을 고려해야 한다).
- **마지막 단계는, 드레카나(D-3), 드와다삼샤(D-12), 트림삼샤(D-30) 차트에서 이들 행성들에 대한 전체적인 상태를 살펴야 한다.**

이들 행성이 라그나 로드의 하우스에 있는지, 4번 로드의 하우스에 있는지, 5번 혹은 9번 로드의 하우스에 있는지 어떤지 주의를 기울여서 살핀다.

○ 쉬운 방법

라시 차트의 라그나를 그대로 유지한다. 게 라시의 경우를 예로 들어보자.

- **나밤샤 차트의 행성들을 모두 계산한 그대로 배치한다. 그러나 라그나를 게 라그나로 가정한다.**
- **드레카나, 드와다삼샤, 트림삼샤 차트들도 같은 방식으로 배치하고, 게 라그나를 가정한다.**

이제 총 몇 개의 행성들이 게 라그나에 있는지, 5번(전갈)에 있는지, 4번(천칭)에 있는지, 9번(물고기)에 있는지 살펴본다.

이제 세 가지 중요한 포인트들을 주목해야 한다.

- **라그나 로드의 경우, 대부분 라그나 라시에 있어야 라그나 로드의 안타르 다샤에 좋은 결과들이 일어날 것이다.**
- **4번과 5번 하우스에 있는 행성들의 안타르 다샤에는 좋은 결과들을 줄 것이다.**
- **9번 하우스에 있는 행성들의 결과는 아주 훌륭할 것이다.**

안타르 다샤에 대한 예측을 할 때 분명히 해야 할 포인트는, 이들 행성이 세 바가스에 있는 위치들을 잘 살핀 뒤 해야 한다는 것이다.

○ 키 팩터

가장 주요하고 중요한 분석은 이러한 행성들이 삽타 바가스(D-1, D-2, D-3, D-7, D-9, D-12, D-30)에 있는 상태를 종합해서 살핀 뒤에 해야 한다. 이러한 행성들이 있는 품위(고양, 물라, 오운, 친구, 중립, 적, 취약 등) 여부를 잘 살펴야 한다.

안타르 다샤의 결과들은 이처럼 두 가지 방식의 분석에 기준해야 한다. 경험상으로 어떤 다샤든지 아주 훌륭한 경우는 드물다. 대부분의 경우에 혼합된 결과들이 나타나고, 완전히 나쁜 경우도 거의 드물다.

○ 생년정보가 정확한 호로스코프의 경우

경험이 많은 점성가들은 라시 차트, 나밤샤 차트, 그리고 샤시티얌샤(D-60) 차트들을 사용한다. 가장 중요한 세 개의 차트들이기 때문이다. 파라샤라가 할당한 바가스들의 비중은 다음과 같다.

라시 차트	3.5 포인트	
나밤샤 차트	3 포인트	총 10.5 포인트
샤시티얌사 차트	4 포인트	
호라 차트	1 포인트	
드레카나 차트	1 포인트	
트림삼샤 차트	1 포인트	총 15.5 포인트
쇼담샤 차트	2 포인트	
나머지 9개의 부속 차트		각자 0.5 포인트
총 합계		**20 포인트**

그러므로, 어떤 예측을 하기 이전에 최소한 라시 차트와 나밤샤 차트를 함께 사용해야 한다. 다샤를 해석하는 데 있어 다음과 같은 점들을 유의해서 살펴야 한다.

○ 트러블을 줄 수 있는 안타르 다샤

아래의 포인트들은 질병 등을 주는 기간으로, 아주 오랜 경험을 통해 확인할 수 있었던 원칙들이다. 치명적인 기간에는 죽음까지 올 수도 있다.

- **원칙 1: 6번, 8번, 12번 로드의 안타르 다샤는 트러블을 가져온다**(만약 손상이 되었는지 아닌지 확인하고 난 뒤 예측할 것).
- **원칙 2: 라그나 로드의 안타르 다샤, 혹은 마라카 행성과 연관된 6번 로드의 안타르 다샤에는 질병이 있을 것이다.**
- **원칙 3: 이제 샅바가스**(여섯 바가스 D-1, D-2, D-3, D-9, D-12, D-30)**를 사용하는 방법이다. 만약 라그나 로드와 6번 로드가 합치하거나, 혹은 라그나 로드가 샅바가스에서 대부분 비길조적인 위치에 있으면**(최소한 3번 이상)**, 다음과 같은 질병들이 생길 수 있다.**

라그나 로드가 샬바가스에서 있는 위치		
태양	피타 로가(pitta roga)	심장과 연관된 문제
달	잘라 로가(jala roga)	늑막염 혹은 폐렴 등
화성	루디라 로가(rudhira roga)	피와 연관된
수성	바유 로가(vayu roga)	풍과 연관된
목성	카파 로가(kapha roga)	당뇨병, 신장염 등
금성	스트리 상감 잔야 도샤(stree-sangan janya dosha)	성적인 질병
토성	샤니팟 로가(sannipaat roga)	마비 등
※ 여기에 라후와 케투는 사용하지 않았다. 사용하는 것이 좋을 수도 있다. 그러나 라그나 로드와 6번 로드가 합치한 경우에만 적용된다.		

- 원칙 4: 라그나 로드 혹은 6번 로드의 마하 다샤에 마라카 행성의 안타르 다샤는 죽음을 가져오거나 무기로 인한 상처를 입을 수도 있다.
- 원칙 5: 라후 혹은 케투가 8번에 있거나, 혹은 토성이나 화성이 마라카와 연계되었으면 위험, 질병, 사고, 혹은 죽음까지 가져올 수 있다.
- 원칙 6: 라그나 로드 대신에 만약 6번 로드가 3번 로드와 합치를 하고 있으면 형제들에게 어려움을 나타낸다. 만약 4번 로드와 합치를 하고 있으면 운송수단이나 어머니에게 어려움, 만약 9번 로드와 합치를 하고 있으면 아버지를 향한 적개심이나 아버지의 질병을 줄 수 있다.
- 원칙 7: 자연적 크루라 행성이 라그나 로드이면서 6번 혹은 8번 로드, 혹은 마라카 로드와 합치를 하면, 두려움을 주는 다샤일 수 있다. 질병, 혹은 상(喪)이 날 수 있다. 만약 이러한 조합들이 사움야 행성에게 어스펙트를 받고 있으면 어려움들이 줄어들 수 있다.

재미니 차라카라카들 (Cara Karakas)

행성들은 특정한 것들을 카라카(Karaka, '나타내는')한다. 이러한 카라카십에는 모든 사람들에게 공통적으로 해당되는 일반적인 카라카십이 있다(태양은 권위적 인물이나 아버지, 달은 어머니 등등). 그 외에, 개인의 차트에 따라 달라지는 차라카라카십(Chara Karakaship, '유동적인')이 있다. 재미니 점성학에서 사용하는 개념이므로 '재미니 차라카라카'라고도 부른다. 라후와 케투를 제외한 일곱 행성들이 차트에서 가진 각도의 순서에 따라서, 가장 높은 각도의 행성부터 가장 낮은 각도의 행성 순서대로 해당되는 일곱 차라카라카, 혹은 라그나를 포함한 여덟카라카들을 가지게 된다. 이러한 차라카라카십에 대해서는 파라샤라(BPHS)에서도 기술을 하고 있기 때문에 빔쇼타리 다샤에도 적용을 할 수 있다. 특히, 재미니 다샤를 해석하는 데 중요한 비중을 차지한다.

○ 일곱 차라카라카

주로 사용하는 차라카라카십으로, 같은 행성이 MK, PuK를 공유한다.

- **아트마 카라카(AK, Atma Karaka): 1번째로 높은 각도**(자아, 셀프의 카라카, 가장 중요함)
- **아마티야 카라카(AmK, Amatya Karaka): 2번째로 높은 각도**(중요한 사람들의 카라카)
- **브라투 카라카(BK, Bratu Karaka): 3번째로 높은 각도**(형제들의 카라카)
- **마트리 카라카(MK, Matri Karka): 4번째로 높은 각도**(어머니의 카라카)
- **푸트라 카라카(PuK, Putra Karaka): 4번째로 높은 각도**(자녀의 카라카)
- **피트리 카라카(PiK, Pitri Karaka): 5번째로 높은 각도**(아버지의 카라카)
- **그나티 카라카(GK, Gnati Karaka): 6번째로 높은 각도**(친척들의 카라카)
- **다라 카라카(DK, Dara Karaka): 7번째로 높은 각도**(배우자의 카라카)

○ 여덟 차라카라카

특별한 경우에 라그나를 포함하여 사용하는 차라카라카십이다.

- AK: 1번째로 높은 각도
- AmK: 2번째로 높은 각도
- BK: 3번째로 높은 각도
- MK: 4번째로 높은 각도
- Pik: 5번째로 높은 각도
- Puk: 6번째로 높은 각도
- GK: 7번째로 높은 각도
- DK: 8번째로 높은 각도

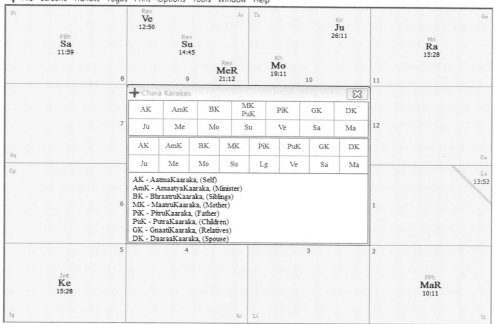

로버트 다우니 주니어의 차라카가카 도표를 시각적 목적으로 라시 차트 중간에 배치한 예시
(라시 차트의 각도가 높은 순서대로, 일곱 혹은 여덟 차라카라카십이 정해짐)

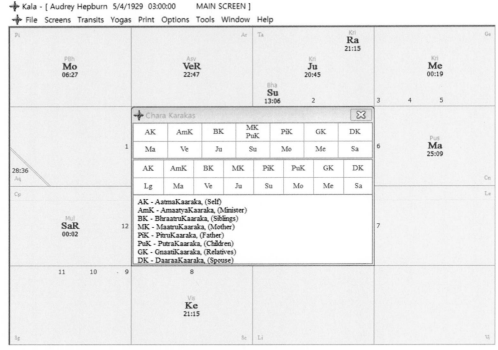

오드리 헵번의 라시 차트와 차라카라카 도표

재미니 다샤와 차라나밤샤 다샤

재미니 점성학에서 가장 중요한 것은 '라시(Rasi, 사인)'이다. 라시는 '환경'을 나타낸다. 실질적이고 구체적인 경험들이 일어나는 삶의 영역들을 의미한다. 좋고 편안한 환경에 있는 행성일수록 긍정적이고 생산적인 효과들을 위한 저력을 발휘할 수 있을 것이다. 반대로 어렵고 힘든 환경에 있는 행성일수록 부정적이고 비생산적인 결과들을 낳게 될 것이다. 열두 개 라시들은 열두 하우스 삶의 영역들을 만들어낸다. 그래서 재미니 는 총 열두 가지 라시 다샤들을 통해 이러한 열두 가지 다른 삶의 영역들을 중점적으 로 다루고 있다.

- 차라나밤샤(Caranavamsa) 다샤: 라시 차트처럼 삶의 전반적 사항들

- 아야(Aya) 다샤: 2번 하우스 팩터와 연관된 사항들

- 스바켄드라(Svakendra) 다샤: 3번 하우스 팩터와 연관된 사항들

- 차투시타야(Chatushtaya) 다샤: 4번 하우스 팩터와 연관된 사항들

- 만두카(Manduka) 다샤: 5번 하우스 팩터와 연관된 사항들

- 니르야나(Niryana) 다샤: 6번 하우스 팩터와 연관된 사항들

- 칼라차크라(Kalachakra) 다샤: 7번 하우스 팩터와 연관된 사항들

- 요가르다(Yogarda) 다샤: 8번 하우스 팩터와 연관된 사항들

- 드리그(Drig) 다샤: 9번 하우스 팩터와 연관된 사항들

- 트리코나(Trikona) 다샤: 10번 하우스 팩터와 연관된 사항들

- 타라 아르캄샤(Tara Arkamsa) 다샤: 11번 하우스 팩터와 연관된 사항들

- 스바(Sva) 다샤: 12번 하우스 팩터와 연관된 사항들

베딕 차트를 읽고자 할 때, 이러한 열두 다샤들을 모두 함께 고려하기는 불가능하다. 하지만 의뢰인이 하는 질문의 성격에 따라 구체적인 라시 다샤를 통해 답을 예측할 수 있다. 예를 들어, 자녀와 연관된 질문이라면 5번째 만두카 다샤와 7번째 칼라차크라 다샤를 함께 살펴야 한다. 5번 하우스는 자녀를 나타내고, 7번 하우스는 섹스를 나타내는데, 자녀들이란 성관계로 생기기 때문이다. 커리어에 관한 질문이라면 2번째 아야 다샤, 4번째 차투시타야 다샤, 10번째 트리코나 다샤를 함께 살펴야 한다. 커리어를 통해 부와 재산을 늘릴 수 있기 때문이다. 이런 방식으로 모든 열두 다샤들을 질문 특성별로 활용할 수 있다. 그중에서 삶의 전반적인 분야에 대해서 다루는 1번째 차라나밤샤 다샤가 가장 일반적으로 사용할 수 있는 라시 다샤이다.

메인 라시 다샤 기간 계산 방식

먼저 라시 차트(D-1)에 기준을 해서, 모든 열두 라시의 메인 다샤 기간을 계산해야 한다. 빔쇼타리 다샤의 길이는 모든 사람들에게 동일하게 적용된다(케투 7년, 금성 20년, 태양 7년, 달 10년 등등). 하지만 라시 다샤들의 길이는 개인의 라시 차트(D-1)에 따라 달라진다. 해당 라시에서 로드 행성이 얼마나 떨어져 있는지에 따라 메인 다샤 길이가 결정된다.

- 로드 행성이 해당 라시에서 몇 개 하우스 떨어진 곳에 있는지 세어서 -1을 한 것이 해당 라시 메인 다샤의 연(年) 길이이다.
- 로드가 오운 하우스에 있으면 해당 라시의 다샤는 총 12년(年)으로 가장 긴 라시 다샤의 길이이다.

○ 로버트 다우니 주니어의 예시

Kala - [Robert Downey Jr. 4/4/1965 13:10:00   MAIN SCREEN]
File Screens Transits Yogas Print Options Tools Window Help

Pi		Rev **Ve** 12:50	Ar	Ta		Kri **Ju** 26:11		Ge
	PBh **Sa** 11:59	Rev **Su** 14:45			Kri **Mo** 19:11		Mri **Ra** 15:28	
			Rev **MeR** 21:12					
	8		9			10	11	
	7						12	
Aq								Cn
Cp								Le 13:52
	6			1			1	
	5	4		3		2		
	Jye **Ke** 15:28					PPh **MaR** 10:11		
Sg			Sc	Li			Vi	

산양 라시 다샤 5년(화성이 산양에서 6번째에 있으니 -1을 하면 5년).

황소 라시 다샤 11년(금성이 황소에서 12번째에 있으니 -1을 하면 11년).

쌍둥이 라시 다샤 10년(수성이 쌍둥이에서 11번째에 있으니 -1을 하면 10년).

게 라시 다샤 10년(달이 게에서 11번째에 있으니 -1을 하면 10년).

사자 라시 다샤 8년(태양이 사자에서 9번째에 있으니 -1을 하면 8년).

처녀 라시 다샤 7년(수성이 처녀에서 8번째에 있으니 -1을 하면 7년).

천칭 라시 다샤 6년(금성이 처녀에서 7번째에 있으니 -1을 하면 6년).

전갈 라시 다샤 10년(화성이 전갈에서 11번째에 있으니 -1을 하면 10년).

인마 라시 다샤 5년(목성이 인마에서 6번째에 있으니 -1을 하면 5년).

악어 라시 다샤 2년(토성이 악어에서 3번째에 있으니 -1을 하면 2년).

물병 라시 다샤 1년(토성이 물병에서 2번째에 있으니 -1을 하면 1년).

물고기 라시 다샤 2년(금성이 물고기에서 3번째에 있으니 -1을 하면 2년).

○ 참고 1

로버트 다우니 주니어 차트의 경우에는 오운 하우스에 있는 행성들이 아무도 없다. 태양과 달은 고양과 물라의 품위에 있는 것이지, 오운 라시에 있는 것이 아니다. 그래서 12년 기간의 다샤를 얻게 되는 라시는 하나도 없다. 그런데 예를 들어 목성이 인마 라시에 있다고 한다면, 인마 라시 다샤는 12년이 되고, 물고기 라시 다샤는 9년이 된다. 금성이 황소 라시에 있다고 하면, 황소 라시 다샤는 12년이 되고 천칭 라시 다샤는 5년이 된다. 이렇게 로드 행성이 있는 라시들은 풀 12년을 갖게 된다.

○ 참고 2

위에서 계산한 열두 라시의 기간은 로버트 다우니 주니어의 차트에서 고정되어 있다. 이제 열두 종류의 라시 다샤들을 각자 다른 방식으로 계산을 하게 된다. 그래서 어느 다샤에서 어떤 라시의 다샤에 있는지는 각자 다를 수 있다. 하지만 해당 라시 다샤의 기간은 동등하다. 예를 들어, 로버트 다우니 주니어는 출생 시에 차라나밤샤 다샤는 사자 라시에서 시작했고, 아야 다샤에서는 게 라시에서 시작했다. 위에서 계산한

대로, 두 다샤 모두에서 사자 라시 다샤는 8년이고, 게 라시 다샤는 10년으로 고정되어 있다. 하지만 두 다샤에서 언제 사자, 혹은 게 라시가 오는지는 각자 다르다. 차라나밤샤 다샤에서 사자 라시는 0~8세까지, 게 라시는 67~77세까지이다. 77세 이후에는 다시 사자 라시부터 사이클이 반복된다. 아야 다샤에서 게 라시는 0~10세까지, 사자 라시는 69~77세까지이다. 77세 이후에는 아야 다샤도 다시 게 라시부터 사이클이 반복된다.

Caranavamsa		1	2	3	4	5		Aya		1	2	3	4	5
Le	04/04/1965 13:09	0yrs 0mts						Cn	04/04/1965 13:09	0yrs 0mts				
Vi	04/04/1973 11:40	8yrs 0mts						Ge	04/04/1975 23:17	10yrs 0mts				
Li	04/04/1980 04:21	15yrs 0mts						Ta	04/04/1985 09:25	20yrs 0mts				
Sc	04/04/1986 15:14	21yrs 0mts						Ar	04/04/1996 01:21	31yrs 0mts				
Sg	04/04/1996 01:21	31yrs 0mts						Pi	04/04/2001 06:25	36yrs 0mts				
Cp	04/04/2001 06:25	36yrs 0mts						Aq	04/04/2003 18:03	38yrs 0mts				
Aq	04/04/2003 18:03	38yrs 0mts						Cp	04/03/2004 23:51	39yrs 0mts				
Pi	04/03/2004 23:51	39yrs 0mts						Sg	04/04/2006 11:29	41yrs 0mts				
Ar	04/04/2006 11:29	41yrs 0mts						Sc	04/04/2011 16:33	46yrs 0mts				
Ta	04/04/2011 16:33	46yrs 0mts						Li	04/04/2021 02:41	56yrs 0mts				
Ge	04/04/2022 08:29	57yrs 0mts						Vi	04/04/2027 13:33	62yrs 0mts				
Cn	04/03/2032 18:37	67yrs 0mts						Le	04/04/2034 06:14	69yrs 0mts				

차라나밤샤 다샤 계산 방식

차라(Chara)는 '유동적'이라는 의미이고, 나밤샤는 '아홉 파트: D-9'라는 의미이다. 그래서 차라나밤샤 다샤는 나밤샤 차트에 따라 변하는 다샤를 뜻한다. 차라나밤샤 다샤를 계산하는 방식은 간단하다.

'나밤샤 차트에서 라그나가 양의 라시이면, 그곳에서 시작한다. 음의 라시이면 맞은편에서 시작한다.'

- '맞은편' 라시를 알기 위해선 행성의 로드십을 기억하면 쉽게 이해가 된다.
- 모든 음의 라시들은 맞은편에 있는 같은 로드의 양의 라시에서 시작한다는 의미

이다.

- 각자 한 개의 라시를 다스리는 달과 태양은 맞은 편에 있는 토성의 라시와 관계성을 형성한다. 게 라시의 경우 맞은 편에 있는 물병 라시에서 시작하고, 악어 라시의 경우 맞은 편에 있는 사자 라시에서 시작한다.

○ 로버트 다우니 주니어의 나밤샤 차트

Pi	Ar	Ta	Ge
	Ma 01:43 2 6	5	9 Mo 22:45
Ra 19:19 7 10 Aq		9	Ve 25:37 Cn
Cp			Su 12:48 Le 04:5. / Ke 19:19 4 / Ju 25:45
3 Sg	11	Sc Li 8 Sa 17:54 12 Me 10:48	Vi

로버트 다우니 주니어의 나밤샤 차트는 사자 라그나이다. 양의 라시이기에, 차라나밤샤 다샤는 사자 라시에서부터 시작된다.

만약 악어 라그나였더라도 사자 라시에서 시작될 것이다.

만약 게 라그나였다면 맞은편에 있는 물병 라시에서 시작될 것이다.

만약 황소 라그나였다면, 맞은편에 있는 천칭 라시에서 시작될 것이다.

만약 전갈 라그나였다면, 맞은편에 있는 산양 라시에서 시작될 것이다.

만약 처녀 라그나였다면, 맞은편에 있는 쌍둥이 라시에서 시작될 것이다.

만약 물고기 라그나였다면, 맞은편에 있는 인마 라시에서 시작될 것이다.

○ **차라나밤샤 다샤의 서브 다샤 계산 방식**

서브 다샤를 계산함에 있어서도, 위에서 설명한 '맞은편' 라시에서 시작하는 법칙을 고수한다.

연(年) 단위로 계산한 열두 라시의 메인 다샤는, 다시 열두 개의 서브 다샤로 나눈다. 빔쇼타리 다샤의 경우에는 다섯 레벨의 서브 다샤까지 산출하지만, 모든 라시 다샤들은 두 레벨까지만 산출하여 적용한다. 각 메인 다샤 기간을 12로 나누면 하나의 서브 다샤 길이가 나온다.

아래의 예처럼 로버트 다우니 주니어의 차라나밤샤 다샤는 사자 라시 메인 다샤부터 순서대로 이어진다.

Caranavamsa			1	2	3	4	5	
Le	04/04/1965	13:09	0yrs 0mts					
Vi	04/04/1973	11:40	8yrs 0mts					
Li	04/04/1980	04:21	15yrs 0mts					
Sc	04/04/1986	15:14	21yrs 0mts					
Sg	04/04/1996	01:21	31yrs 0mts					
Cp	04/04/2001	06:25	36yrs 0mts					
Aq	04/04/2003	18:03	38yrs 0mts					
Pi	04/03/2004	23:51	39yrs 0mts					
Ar	04/04/2006	11:29	41yrs 0mts					
Ta	04/04/2011	16:33	46yrs 0mts					
Ge	04/04/2022	08:29	57yrs 0mts					
Cn	04/03/2032	18:37	67yrs 0mts					

사자 라시의 열두 서브 다샤는 사자 라시에서 시작된다. 사자/사자, 사자/처녀, 사자/천칭, 사자/전갈 등등(메인 사자 라시 다샤가 8년이니 각 서브 다샤의 길이는 8개월이다).

처녀 라시의 열두 서브 다샤는 맞은편에 있는 쌍둥이 라시에서 시작된다. 처녀/쌍둥이, 처녀/게, 처녀/처녀, 처녀/천칭 등등(메인 처녀 라시 다샤가 7년이니 각 서브 다샤의 길이는 7개월이다).

천칭 라시의 열두 서브 다샤는 천칭 라시에서 시작된다. 천칭/천칭, 천칭/전갈, 천칭/

인마, 천칭/악어 등등(메인 천칭 라시 다샤가 6년이니 각 서브 다샤의 길이는 6개월이다).

전갈 라시의 열두 서브 다샤는 맞은편에 있는 산양 라시에서 시작된다. 전갈/산양, 전갈/황소, 전갈/쌍둥이, 전갈/게 등등(메인 전갈 라시 다샤가 10년이니 각 서브 다샤의 길이는 10개월이다).

인마 라시의 열두 서브 다샤는 인마 라시에서 시작된다. 인마/인마, 인마/악어, 인마/물병, 인마/물고기 등등(메인 인마 라시 다샤가 5년이니 각 서브 다샤의 길이는 5개월이다).

악어 라시의 열두 서브 다샤는 맞은편에 있는 사자 라시에서 시작된다. 악어/사자, 악어/처녀, 악어/천칭, 악어/전갈 등등(메인 악어 라시 다샤가 2년이니 각 서브 다샤의 길이는 2개월이다).

물병 라시의 열두 서브 다샤는 물병 라시에서 시작된다. 물병/물병, 물병/물고기, 물병/산양, 물병/황소 등등(메인 물병 라시 다샤가 1년이니 각 서브 다샤의 길이는 1개월이다).

물고기 라시의 열두 서브 다샤는 맞은편에 있는 인마 라시에서 시작된다. 물고기/인마, 물고기/악어, 물고기/물병, 물고기/물고기 등등(메인 물고기 라시 다샤가 2년이니 각 서브 다샤의 길이는 2개월이다).

산양 라시의 열두 서브 다샤는 산양 라시에서 시작된다. 산양/산양, 산양/황소, 산

로버트 다우니 주니어 황소 라시의 서브 다샤 예시 스크린

양/쌍둥이, 산양/게 등등(메인 산양 라시 다샤가 5년이니 각 서브 다샤의 길이는 5개월이다).

황소 라시의 열두 서브 다샤는 맞은편에 있는 천칭 라시에서 시작된다. 황소/천칭, 황소/전갈, 황소/인마, 황소/악어 등등(메인 황소 라시 다샤가 11년이니 각 서브 다샤의 길이는 11개월이다).

쌍둥이 라시의 열두 서브 다샤는 쌍둥이 라시에서 시작된다. 쌍둥이/쌍둥이, 쌍둥이/게, 쌍둥이/사자, 쌍둥이/처녀 등등(메인 쌍둥이 라시 다샤가 10년이니 각 서브 다샤의 길이는 10개월이다).

게 라시의 열두 서브 다샤는 맞은편에 있는 물병 라시에서 시작된다. 게/물병, 게/물고기, 게/산양, 게/황소 등등(메인 게 라시 다샤가 10년이니 각 서브 다샤의 길이는 10개월이다).

재미니 다샤를 사용하는 가이드라인

재미니 점성학에서는 '라시'가 가장 중요하다. 이러한 라시들에 행성들이나 바바 포인트(Bhava Cusps)들이 합치, 혹은 라시 어스펙트 등을 통해 미치고 있는 영향력을 종합적으로 고려하여 해당 라시의 상태를 판단하고 분석한다. 좋은 영향하에 있는 라시의 다샤에는 길조적인 결과들을 기대할 수 있을 것이다. 별달리 중요한 영향력이 없는 라시의 다샤에는 그저 평범할 것이다. 안 좋은 영향하에 있는 라시의 다샤에는 어려움과 비길조적인 결과들이 나타나게 될 것이다. 재미니 다샤를 잘 사용하기 위해서는 행성들과 열두 라시들의 특성에 대한 숙지를 잘 하고 있어야 한다. 특히 재미니의 차라 카라카십이 라시 다샤의 효과들을 이해하는 데 중요한 비중을 차지한다. 더 많거나 중요한 행성들이 영향을 미치고 있는 라시일수록 해당 라시의 다샤에 적극적으로 효과들을 낼 수 있을 것이다.

다음과 같은 영향하에 있는 라시들은 좋은 효과들을 낼 수 있다.

- 라시의 로드가 합치하거나 라시 어스펙트를 할 때(행성은 로드하는 라시의 효과들을 향상시켜줄 수 있다)
- 수성, 혹은 목성이 합치하거나 라시 어스펙트를 할 때(수성과 목성은 좋은 것들을 발현시킬 수 있는 특별한 능력이 있다. 이들의 품위가 좋을수록 실질적인 효과를 내는 데 도움이 된다)
- 사움야 행성들(뜨는 달이나 금성)이 합치하거나 라시 어스펙트를 할 때(실질적인 효과를 내는데 직접적인 도움보다는 좋은 지인처럼 공감이나 위로를 해주는 간접적인 효과가 있다)

다음과 같은 크루라 행성들의 영향하에 있는 라시들은 비생산적이거나, 안 좋은 효과들을 낼 수 있다.

- 크루라 행성들이 합치하거나 어스펙트할 때(라후 혹은 케투, 지는 달, 태양, 토성, 화성)
- 취약이나 나쁜 품위의 행성들이 합치하거나 어스펙트할 때

빔쇼타리 다샤를 사용하는 가이드라인

라시 어스펙트, 행성간 어스펙트 모두를 사용한다.

○ 다샤 결과들을 판단하기 위해선 다음의 사항들을 고려해야 한다

로드십	다샤 로드는 로드십을 가지고 있는 하우스의 결과들을 준다.
위치	다샤 로드는 위치하고 있는 하우스의 결과들을 준다.
어스펙트와 합치	다샤 로드는 다른 행성들과의 어스펙트나 합치 등의 종합적 여건에 따른 결과들을 준다.

○ **행성들이 가진 저력에 따른 다샤 결과들**

만약 행성이 강하고 좋은 품위에 있으면, 행성의 특성에 부합하는 웰빙과 풍요로움을 준다.

만약 행성이 약하면(하우스와 라시 위치), 건강과 부에 해를 가져온다.

만약 행성이 취약의 품위(아바로히니)로 접근하고 있으면, 해당 다샤는 트러블과 어려움을 가져다준다.

만약 행성이 고양의 품위(로히니)로 접근하고 있으면, 해당 다샤는 점점 더 길조적이 된다.

만약 행성이 부속 차트(인너바가스), 특히 나밤샤 차트에서 좋은 위치에 있으면, 해당 다샤는 더욱더 길조적이 된다.

만약 행성이 위치적 힘(딕발라)를 얻고 있으면, 해당 행성의 다샤에 그 행성이 나타내는 특성에 따라 원하는 일들에 성공하고 이득을 볼 수 있다(딕발라 위치는 목성과 수성 1번째, 금성과 달 4번째, 토성 7번째, 태양과 화성 10번째).

○ **행성들의 위치에 따른 다샤 결과들**

앵글 하우스(1, 4, 7, 10번째)에 있는 행성들의 다샤는 생산적이다.

두스타나 하우스(6, 8, 12번째)에 있는 행성들의 다샤는 트러블이나 어려움을 가져다준다. 두스타나 하우스의 로드가 트라인(5, 9번째) 로드와 삼반다를 맺고 있으면 그러한 다샤는 길조적이다.

만약 자연적 길성이 3번째, 6번째, 혹은 11번째에 있으면, 해당 다샤에 좋은 결과들을 주지 못한다.

만약 자연적 흉성이 3번째, 6번째, 혹은 11번째에 있으면, 해당 다샤에 해로운 결과들을 주지 않는다는 점에서 이로운 결과라 할 수 있다.

가장 길조적인 다샤는 ① 앵글 로드가 트라인 하우스에 있거나 혹은 트라인 로드와 삼반다를 맺고 있을 때 ② 트라인 로드가 앵글 하우스에 있거나 혹은 앵글 로드와 삼반다를 맺고 있을 때.

행성의 다샤는 ① 마라카 하우스(2번째, 7번째)에 있거나 ② 마라카 로드와 삼반다를 맺고 있거나 ③ 8번째 하우스에 위치하고 있는 경우, 건강상의 어려움을 나타낼 수 있다. 만약 수명과 연관된 시간이라면 죽음을 의미할 수도 있다.

○ 다른 주요 고려 사항들

행성이 차트에서 어떤 의미나 삶의 영역들을 나타내고 있는지를 살펴보고, 그러한 특성들이 해당 다샤에 강조되고 하이라이트가 될 것이다.

3번째, 6번째 혹은 8번째 로드가 취약의 품위에 있거나 혹은 취약의 행성이 3번째, 6번째, 8번째에 있으면, 그러한 행성들의 다샤에는 로드하는 하우스들의 부정적인 특성들을 발현하지 못한다.

행성의 다샤 동안, 해당 행성이 카라카십을 가진 것들이 모두 액티브하게 될 것이다.

행성의 다샤 동안, 해당 행성이 형성하고 있는 요가들의 효과가 강조되고 발현될 것이다.

행성이 두 개 하우스의 로드십을 가지고 있는 경우, 물라트리코나 라시의 특성들이 더 주도하게 될 것이다. 다른 하우스의 특성들은 평범하다. 하지만 여전히 두 개 하우스와 연관된 효과들이 해당 다샤 동안 크든 작든 발현되게 될 것이다.

행성이 두 개 하우스를 로드하는 경우에, 해당 다샤의 처음 절반 동안에는 조디액 순서상 앞에 있는 라시의 결과들을 주는 경향이 있으며, 해당 다샤의 나머지 절반 동안에는 나중에 있는 라시의 결과들을 주는 경향이 있다(예를 들어, 황소 라그나의 경우에 토성이 9번째, 10번째 하우스를 로드한다. 이 경우에는 9번째 악어라시의 특성이 토성의 마하 다샤 처음 절반에 나타나고, 나머지 절반에 10번째 물병 라시의 특성이 주로 나타나게 된다. 또 다른 예를 들면, 전갈 라그나의 경우에 토성이 3번째, 4번째 하우스를 로드한다. 이 경우에는 3번째 악어라시의 특성이 토성의 마하 다샤 처음 절반에 나타나고, 나머지 절반에 4번째 물병 라시의 특성이 주로 나타나게 된다).

다샤 로드가 있는 하우스의 로드(디스포지터)가 위치한 하우스의 특성들이나, 디스포지터 행성에게 어스펙트받는 하우스들의 특성 또한 액티브하게 될 것이다(예를 들어, 목성이 쌍둥이 라시에 있으며 수성이 5번째 하우스에 있는 경우, 수성은 목성의 디스포지터가 된다. 목성의 다샤 동안 5번째 하우스에 있는 수성의 효과들도 같이 액티브하게 될 것이다. 수성이 어스펙트를 하고 있는 다른 하우스의 특성들 역시 액티브하게 될 것이다).

어떤 행성이든지 절대적으로 좋거나 나쁜 효과들을 주는 예는 없다. 해당 행성이 가진 자연적 특성이나 자질들, 차트에서 로드하고 있는 하우스의 특성들에 따라 좋고 나쁜 효과들이 뒤섞인 결과들을 준다.

행성들의 품위(고양, 물라, 오운, 친구, 중립, 적, 취약 등)의 여건에 따라 행성이 해당 다샤 동안 어떻게 활약하는가에 영향을 미친다.

행성들이 역행을 하느냐, 컴바스트를 하느냐 하는 팩터 역시 해당 다샤에 영향을 미친다.

○ 라후와 케투

라후와 케투의 다샤는 디스포지터 로드들의 결과를 가져다준다.

라후와 케투는 또한 ① 자신의 본성에 따른 결과들 ② 위치하고 있는 하우스의 효과들 ③ 합치나 어스펙트를 하고 있는 행성들의 효과들을 준다.

만약 라후나 케투가 앵글이나 트라인 하우스에 있거나, 앵글이나 트라인 로드들과 삼반다를 맺고 있으면 라자 요가를 형성하며, 해당하는 노드 다샤에 그러한 효과들이 나타나게 된다.

같은 원칙이 북티에도 마찬가지로 적용된다.

○ 다샤와 북티 행성간의 상호관계를 판단하는 법

두 행성이 상호 어떤 자연적 관계에 있는가, 적 혹은 친구인가? 두 행성이 상호 어떤 임시적 관계에 있는가? 두 행성이 서로 친구 관계이면 좋은 결과들을, 적의 관계이면 해로운 결과들을 가져오게 될 것이다.

행성의 다샤 동안, 차트에서 연관된 하우스들의 특성들이 모두 작용하게 될 것이다. 마하 다샤 로드가 특히 강한 삼반다를 맺고 있는 다른 행성이 있으면, 두 행성의 다샤-북티 동안 그러한 삼반다의 효과들이 나타나게 될 것이다.

다샤 로드와 북티 로드가 서로 어스펙트를 하고 있는 경우, 상호 어스펙트 효과들이 해당 다샤-북티 동안 강조되어 나타나게 될 것이다.

행성의 마하 다샤 동안, 해당 행성이 있는 라시를 라그나로 다루어 다른 행성들과의 관계성을 분석한다. 특히 마하 다샤 행성과 6번째, 8번째, 12번째 위치에 있는 경우에는 그러한 다샤-북티 기간은 보통 비길조적이거나 부정적이다. 만약 서로 앵글에 위치하고 있는 경우에는, 그러한 다샤-북티 기간은 보다 다이내믹한 효과들이 나타날 것이다. 만약 서로 트라인에 위치하고 있으면, 그러한 다샤-북티 기간은 보다 길조적으로 나타날 것이다.

행성의 로드십에 따라 기대할 수 있는 다샤 효과들의 요약

다음의 간단한 가이드라인들은 낙샤트라 다샤와 라시 다샤의 마하 다샤, 서브 다샤들에 모두 공통적으로 적용된다. '좋고 나쁜 상태'라 함은, 앞 항목에서 설명한 '행성들의 저력 재기에 기준하여 판단할 수 있다.

○ 1번째 하우스

좋은 상태	라그나 로드의 다샤는 파워와 권위, 인정, 신체 전반적인 안녕과 행복이 늘어난다.
약한 상태	낮은 자신감이나 자기가치성, 다른 사람들의 오해, 안 좋은 건강 등에 시달린다.

○ 2번째 하우스

좋은 상태	부나 재정적 향상을 가져올 수 있다. 행복하고 흡족한 가족생활. 글쓰기나 강연, 가르치는 일들에 성공을 거둔다.
약한 상태	약한 2번째 하우스 로드의 다샤는 건강을 해칠 수 있다(마라카 하우스). 교육의 어려움, 재정적 곤란, 목과 연관된 질병에 시달릴 수 있다. 배우자와의 어려움(7번째에서 8번째)을 겪을 수도 있다.

○ 3번째 하우스

좋은 상태	3번째 로드의 다샤는 숨겨진 재능이나 소질들이 고개를 들 수 있다. 원하는 것들이 이루어진다. 에너지와 동기가 넘친다. 형제들과 더욱 가까워지거나, 그들로부터 이득을 본다. 움직임이 많고 단기 여행도 잦다. 예술(극장, 음악, 댄스 등등)과 연관된 분야에서 성공을 거둔다.
약한 상태	원하는 것이나 야망을 이루기가 어렵다. 동기가 부족하다. 형제들과 연관된 어려움을 겪는다. 단기 여행 계획들에 차질을 빚을 수 있다. 폐나 청력과 연관된 건강상 어려움을 겪을 수 있다.

○ 4번째 하우스

좋은 상태	4번째 로드의 다샤는 행복과 부유함, 자동차나 운송수단과 연관된 즐거움을 누린다. 대체로 좋은 다샤이다. 아버지와의 어려움은 있을 수 있다(9번째에서 8번째). 어머니와 연관된 일에 이득을 본다. 가정적 여건이 좋다. 부동산이나 이사를 통해 이득을 본다.
약한 상태	어머니가 어려움을 겪거나, 어머니와 연관된 문제에 어려움을 겪을 수 있다. 집이나 부동산과 연관된 트러블, 물질적 편안함이 결여된다. 가슴이나 배와 연관된 질병을 겪을 수도 있다.

○ 5번째 하우스

좋은 상태	5번째 로드의 다샤는 자녀들을 준다. 공부를 하거나, 보다 창조적으로 자신을 표출하고자 하는 경향이 있다. 영적 수행을 하면 이롭다. 손위 형제가 결혼을 할 수도 있다(11번째에서 7번째). 투자로 인한 재정적 이득을 본다. 낙관적 느낌이나 정신집중력이 더욱 좋아진다. 다른 사람들을 돕는다. 대체로 더욱 창조적이고 즐거운 인생의 기간이 된다.
약한 상태	자녀들과 연관된 문제의 트러블, 투자나 투기 등으로 인한 손실을 본다. 전반적으로 성공을 거두기가 어렵다. 우울하거나 자신의 미래에 대한 불확실성에 시달린다. 척추나 심장과 연관된 질병에 시달릴 수도 있다.

ㅇ 6번째 하우스

좋은 상태	6번째 로드의 다샤는 6번째 하우스와 연관된 어려움이나 장애물들을 극복할 수 있는 에너지나 스태미너들이 늘어난다. 힐링 재주를 통해 건강도 증진된다. 경쟁적인 성향을 부추길 수 있다. 직장이나 일상적으로 하는 일에서 만족을 얻는다. 아버지와 연관된 것들에 좋다(9번째로부터 10번째).
약한 상태	다양한 유형의 어려움들이 나타날 수 있다. 적이나 경쟁자들과 연관된 트러블을 겪는다. 질병이나(6번째 로드나 6번째 하우스에 있는 행성과 연관된 유형의) 사고, 빚 등에 시달릴 수 있다.

ㅇ 7번째 하우스

좋은 상태	7번째 로드의 다샤는 만약 적정 시기이면 결혼이나 파트너십을 준다. 비즈니스 파트너십에 좋으며, 다른 새로운 지위나 대중적 위치에 오르는 데도 좋은 시간이다. 비즈니스를 확장하기에 좋다. 특히 대중과 상대하는 비즈니스이면 더욱 좋다.
약한 상태	결혼이나 안정적인 이성관계를 가지는 어려움이 있다. 로맨스의 어려움, 결혼의 트러블, 혹은 이혼을 할 수도 있다. 건강상(7번째 마라카 로드)의 어려운 시기이기도 하다.

ㅇ 8번째 하우스

좋은 상태	8번째 로드의 다샤는, 기대치 않았던 재정적 수입이나 유산상속 등을 가져온다. 배우자나 사업 파트너로부터 경제적 이득을 볼 수 있다. 그동안 잠재적으로 있던 과거 생의 습관이나 성향들이 드러나는 시기일 수도 있다. 비밀스런 사이킥 파워나 오컬트 등과 연관될 수 있다. 혹은 비전통적이거나 독특한 아이디어나 관념, 영적 활동 등에 개입할 수도 있다. 모순적이거나 구설수에 오를 수도 있다. 8번째 로드 다샤는 대체로 인생의 큰 변환을 가져오는 시기이다.
약한 상태	감춰둔 삶의 영역들이 표면적으로 나타날 수 있다. 배우자와의 연계시킨 재정의 트러블이나 빌려준 돈을 받지 못하는 어려움이 있다. 예상치 못한 위험, 사고, 장기 질병 등에 걸리거나, 혹은, 수명과 연관된 시간이면 죽음이 올 수도 있다. 생식기능과 연관된 질병에 시달린다.

○ 9번째 하우스

좋은 상태	9번째 로드의 다샤는 자선적 행위를 하거나 종교적 행위, 특히 성지순례를 가거나 종교적 의식을 하기에 좋은 시간이다. 영적 수행을 하는 데 좋으며, 높은 수준의 지식을 얻는다. 친구를 만날 수도 있다. 다른 나라로 여행을 하기에 좋은 시간이다. 대체로 운이 좋은 시간이다. 아버지와 연관된 일이나, 아버지와 좋은 관계를 즐긴다. 자녀의 출생에도 좋은 시간이다(5번째에서 5번째).
약한 상태	어떤 영적 추구 활동에 열매를 거두지 못하거나 좋지 못하다. 신념이나 믿음이 부족하다. 외국 여행의 어려움이 있다. 어머니가 건강문제를 일으킬 수도 있다 (4번째에서 6번째). 좋은 복이 부족하다.

○ 10번째 하우스

좋은 상태	10번째 로드의 다샤는 지위와 부를 준다. 프로페셔널로 인정을 받거나 커리어의 향상을 얻는다. 권위적 사람들, 정부, 관공부서 등으로부터 좋은 이득을 본다. 하는 일로 대중의 인정을 받거나 명예, 상장, 표창 등을 받는다. 권력과 세상에 미치는 영향력이 늘어나는 시간이다.
약한 상태	권위적 인물들과 트러블, 이름이나 지위와 연관된 어려움들, 직업적 혹은 커리어로 겪는 문제

○ 11번째 하우스

좋은 상태	11번째 로드의 다샤는 수입이 늘어나거나, 승진을 하거나, 전반적인 이득이 늘어나는 시간이다. 중요한 목표나 야망을 성취한다. 위 형제들과 좋은 관계를 가진다. 새로운 친구들을 사귀거나 친구들의 이득을 본다. 자녀가 결혼할 수도 있다(5번째에서 7번째).
약한 상태	목표나 야심을 이루는 데 어려움이 있다. 프로젝트에 실패한다. 기회들을 놓친다. 위 형제들과 어려움을 겪거나, 그들에게 어려움이 닥칠 수 있다. 사고의 가능성(6번째에서 6번째), 어머니에게 위험한 시기(4번째에서 8번째)일 수도 있다.

○ 12번째 하우스

좋은 상태	다양한 프로젝트에 돈을 투자할 수도 있다. 성적 경험이나 쾌락이 더 중요해질 수 있다. 외국과 연결되거나 먼 외국으로 여행을 할 수 있다. 12번째 하우스는 영적 깨달음, 자유와 연관된 하우스이기 때문에 어떤 영적인 계발을 하기에 좋은 시간이다. 수도원이나 아쉬람 등에 살거나 혹은 혼자 동떨어져 살 수도 있다.
약한 상태	기대치 않았던 비용이나 빚이 생길 수 있다. 12번째 로드의 시간은 어떤 식으로든 잃는 것과 비용 등을 나타낸다. 갇히거나, 병원에 입원하거나, 수감될 수도 있다. 도둑이나 다른 범죄행위들로 인한 어려움을 겪을 수도 있다. 발이나 시력, 청력과 연관된 건강문제를 겪을 수 있다. 대체로 전반적인 건강이 좋지 않거나 에너지 저하를 경험하는 시간이다.